大人

（五）

沈葦窗與《大人》雜誌

蔡登山

已故香港邵氏電影公司在台分公司總經理馬芳蹤說：「文化事業出版界，我最欽佩兩個人，一是台北《傳記文學》的社長劉紹唐兄，以單槍匹馬一個人的精力，把中國近代史的資料蒐集成庫，且絕不遜於此地的『歷史博物館』與大陸的『文史檔案館』。另一位就是香港《大成》的沈葦窗，《大成》是專門刊載藝文界的掌故與訊息，目前海峽兩岸包括海外，似乎還找不出第二本類似的刊物。」其實《大成》還有個前身就是《大人》雜誌，它創刊於一九七〇年五月十五日，至一九七三年十月十五日停刊，前後出了四十二期。一九七三年十二月一日《大成》緊接著創刊，至一九九五年九月沈葦窗病逝終刊，出了二百六十二期。兩個刊物合起來共三百零四期，前後有二十五年之久。它也是「一人公司」，香港作家古蒼梧說：「《大成》的業務，從編輯、校對到聯絡作者、郵寄訂戶，幾乎都由沈老一人包辦。每次我到龍記樓上《大成》編輯室送稿，總見到他孤單地在一堆堆雜誌與書刊中埋首工作，見我來了，便露出燦爛的笑容，跟我閒聊幾句，臉上毫無倦容。……」。當然可想見更早的《大人》的情況，亦是如此。

關於沈葦窗的生平資料不多，他是一九一八年十二月三十日出生，浙江省桐鄉烏鎮人。正如他自己說的：「我寫作至今，從未提過自己的家世。」只在〈記從兄沈泊塵〉一文中，他透露一些蛛絲馬跡：「祖父右亭公生子女九人，泊塵是三房長子，能毅、叔敖是他的胞弟。我父季璜公行九，娶我母徐太夫人，婚後居上海之台灣路，姪輩到上海求學，多住我家。我家兄弟都以『學』字排行，泊塵名學明，家兄吉誠名學謙，我名學孚。我生在台灣路，大約我出世未久，這位『明哥哥』便去世了！」沈泊塵卒於一九一九年，得年僅三十一歲。沈泊塵兄弟三人曾合辦《上海潑克》畫報，為中國漫畫報刊的始創者。作家陳定山就說：「上海報紙之有漫畫，始於沈泊塵。若黃文農、葉淺予、張光宇正宇兄弟，皆為後輩矣。」

沈葦窗畢業於上海中國醫學院，據香港的翁靈文說沈葦窗自滬來港後，雖投身出版事業，但也常應稔友們之請，望聞切問開個藥方，多能藥到病除。沈葦窗曾任香港麗的呼聲廣播有限公司金色電臺編導、電視國劇顧問。他的夫人莊元庸也一直在「麗的呼聲」工作，莊女士其實早在上海名氣就很大了，每天擁有十萬以上的聽眾，她口才好，聲音悅耳，有「電台之鶯」的雅號。後來在台灣的華視也工作過，我還看過她演出《星星知我心》的連續劇。

沈葦窗是崑曲大師徐凌雲的外甥，徐凌雲曾對寧波、永嘉、金華、北方諸崑劇，甚至京劇、灘簧、紹興大班等悉心研究，博採眾長。十八歲登臺，堅持長期練功不輟，生、旦、淨、末、丑各行兼演，「文武崑亂不擋」。後來又與俞粟盧、穆藕初等興辦蘇州崑劇傳習所，培養「傳」字輩一代崑劇藝人有功。沈葦窗說他自己：「少年時即好讀書，有集藏癖，年事漸長，更愛上了戲曲。其時崑曲日漸式微，但因我的舅父徐凌雲先生是崑曲大家，總算略窺門徑；還是和平劇接近的機會多，凡是夠得上年齡的名角，都締結了相當的友誼，搜羅有關平劇書籍更不遺餘力。」他後來將這些重要史料收藏，如《富連成三十年史》、《京戲近百年瑣記》、《清代燕都梨園史料》、《菊部叢譚》、《大戲考》等十二部珍貴或絕版史料，以「平劇史料叢刊」由劉紹唐的傳記文學社出版，嘉惠後學。

沈葦窗在上海時期，就在小報上寫文章。一九四〇年金雄白在上海創辦一份小型四開報紙，名為《海報》，當時寫稿的人可說是極一時之選，長期在《海報》撰稿的有陳定山、唐大郎、平襟亞、王小逸、包天笑、蔡夷白、吳綺緣、徐卓呆、鄭過宜、范煙橋、謝啼紅、朱鳳蔚、盧一方、沈葦窗、陳蝶衣、馮鳳三、柳絮、惲逸群等，女作家中，更有周鍊霞、陳小翠諸人。沈葦窗當年曾是金雄白辦報時的作者，沒想到幾十年後金雄白變成了是沈葦窗的作者。《大人》初創時期，就有一個非常壯觀堅強的撰稿人隊伍，這些人大多是大陸鼎革後，流寓在香港和臺灣的南下文人、名流和藝術家，大都是沈葦窗的舊識，也可見他在舊文化圈中人脈的廣博。

《大人》雜誌給這些人提供了一個發表文章的重要平臺，刊載了大量有價值的文章和重要的第一手史料。其中像被稱為「中醫才子」的陳存仁的兩本回憶錄《銀元時代生活史》、《抗戰時代生活史》，都先後在《大人》及《大成》上連載，而後才集結出書的。《銀元時代生活史》後來在一九七三年三月，由香港吳興記書報社出版，張大千題耑，沈葦窗撰序云：「一九七〇年五月，《大人》雜誌創刊，我承乏輯務，初時集稿不易，因而想到陳存仁兄，他經歷既豐，閱人亦多，能寫一手動人的文章，於是請他在百忙之中為《大人》撰稿，第一期他寫了一篇記章太炎老師，果然文筆生動，情趣盎然，大受讀者歡迎。存仁兄的文章，別具風格，而且都是一手資料，許多事情經他一寫，躍然紙上，如歷其境，如見其人，無形之中成為我們《大人》雜誌的一員大將。《銀元時代生活史》刊載以後，更是遐邇遍傳，每一段都富有人情味和親切感，存仁兄向有考證癖，凡是追本究源，文筆輕鬆，尤其餘事。綜觀全篇，包含著處世哲學、創業方法、心理衛生、生財之道，對讀者有很大的啟發性和鼓勵性，實在是老少咸宜的良好讀物。今當單行本問世，讀之更有一氣呵成之妙，存仁兄囑書數言，因誌所感，豈敢云序。」

再者在《大人》甚至後來的《大成》上，占有相當份量的，莫過於「掌故大家」高伯雨（高貞白、林熙）的文章了。一般說起「掌故」，無非是「名流之燕談，稗官之記錄」。但掌故大家瞿兌之對掌故學卻這麼認為：「通掌故之學者是能透徹歷史上各時期之政治內容，與夫政治社會各種制度之原委因果，以及其實際運用情狀。」而一個對掌故深有研究者，「則必須對於各時期之活動人物熟知其世襲淵源師友親族的各族關係與其活動之事實經過，而又有最重要之先決條件，就是對於許多重複參錯之瑣屑資料具有綜核之能力，存真去偽，由偽得真……」。能符合這個條件的掌故大家，可說是寥寥無幾，而高伯雨卻可當之無愧。高氏文章或長篇大論，或雋永隨筆，筆底波瀾，令人嘆服！難怪香港老報人羅孚（柳蘇）稱讚說：「對晚清及民國史事掌故甚熟，在南天不作第二人想。」而編輯家林道群也讚曰：「高伯雨一生為文自成一家，他的『隨筆』偏偏不如英國的essay，承繼的是中國的傳統，溶文史於一，人情練達，信筆寫人記事，俱是文學，文筆之中史識俯拾皆是。」這是高伯雨的高妙處，也是他獨步前人之處。

資深報人金雄白筆名「朱子家」，曾在《春秋》雜誌上連載《汪政權的開場與收場》而聞名。沈葦窗邀他在《大人》再寫了〈「海報」的開場與收場〉、〈委員長代表蔣伯誠〉、〈梁鴻志死前兩恨事〉、〈「入地獄」的陳彬龢〉、〈倚病榻，悼亡友〉、〈梁鴻志獄中遺書與遺詩〉等文，因大都是作者所親歷親聞，極具史料價值。一九七四年他的《記者生涯五十年》開始在《大成》雜誌第十期連載，迄於一九七七年六月的第四十三期為止，前後達兩年又十個月之久，共六十八章，幾近三十萬字。金雄白說：「七十餘年的歲月，一彈指耳，回念生平，真是如幻如夢如塵，在世變頻仍中，連建家毀家，且已記不清有多少次了，俱往矣！留此殘篇，用以自哀而自悼，笑罵自是由人，固不必待至身後。」

還有早期的老報人，著名雜誌《萬象》的第一任主編陳蝶衣，他後來來到香港，還是著名的電影編劇、流行歌曲之王。六十多年來，陳蝶衣光是歌詞的創作就有三千多首。人們尊稱他為「三千首」。周璇、鄧麗君、蔡琴、張惠妹……，中國流行音樂史上一代又一代的歌后們，都演唱過他寫的歌。他在《大人》除寫了〈一身去國八千里〉、〈舉家四遷記〉、〈我的編劇史〉、〈花窠素描〉等自身的回憶文章外，還有《銀海滄桑錄》的專欄，寫了有關張善琨、李祖永、林黛、王元龍、陳厚、胡蝶、阮玲玉、李麗華、周璇等人，所記多是外間少人知的資料。後來以《香港影壇秘錄》為名出版了。

曾經在上海淪陷時期，創刊《古今》雜誌，網羅諸多文人名士撰稿，使《古今》成為當時最暢銷也最具有份量的文史刊物的朱樸，一九四七年到了香港，早已成為一名書畫鑑賞家了，並以「省齋」為筆名撰文。沈葦窗說：「我草創《大人》雜誌，省齋每期為我寫稿，更提供許多書畫資料。那時，省齋在王寬誠的寫字樓供職，薪水甚少，但有一間寫字間卻很大，他每天下午到那裡去轉一轉，看看西報，主要的工作是為王寬誠鑑定書畫。」

當時已渡海來台的陳定山，是名小說家兼實業家天虛我生（陳蝶仙）的長子，他早年也寫小說，二十餘歲已在上海文壇成名了，他工書，擅畫，善詩文，有「江南才子」之譽。來台後長時期在報紙副刊及雜誌上寫稿，筆耕不輟，同時也為《大人》寫稿，陳定山因長居滬上，嫻熟上海灘中外掌故逸聞，一代人事興廢，古今梨園傳奇，信手拈來，皆成文章，乃開筆記小說之新局，老少咸宜，雅俗共賞。這些文章後來成為《春申舊聞》的部分篇章。

詩人易順鼎（實甫）之子，寫有《閒話揚州》引起揚州閒話的易君左，在一九四九年冬抵香江時，曾在鑽石山住過，當時那裡住有不少是國內逃避戰禍而抵港的知識份子，因此他寫有〈鑽石山頭小士多〉、〈記香港幾次文酒之會〉等文。更值得重視的是他寫的「文壇憶舊」，包括：〈我與郁達夫〉、〈曾琦與左舜生〉、〈詞人盧冀野〉、〈田漢和郭沫若〉。這些文章所寫的人物皆作者有過深交的文友，寫來自不同於一般的泛泛之論。可惜的是一九七二年易君左病逝台北，一九七二年四月十五日出版的《大人》刊出的〈田漢和郭沫若〉已註明是「遺作」了。

國民黨政要雷嘯岑，歷任南昌行營機要秘書、安徽省政府委員兼教育廳廳長、鄂豫皖三省總司令部秘書、湖北省第七區行政督察專員、重慶市教育局局長、《和平日報》社總主筆、《中央日報》社主筆。一九四九年七月去香港、任《香港時報》社總主筆。一九六〇年在港創辦《自由報》並受聘為香港德明書院新聞學系主任。他在《大人》以筆名「馬五」，寫有「政海人物面面觀」一系列文章。

他如，老報人胡憨珠長篇連載的〈申報與史量才〉，及當年曾在上海中文《大美晚報》供職的張志韓，所寫的〈血淚當年話報壇〉長文，都有珍貴的一手資料。

而沈葦窗自己也寫有〈葦窗談藝錄〉，談得較多的是京劇，這是他的本行。甚至《大人》每期有關京劇崑曲的文章，都佔有一定的比重，這也是這個雜誌的特色，同時也成為喜好京劇崑曲的讀者的重要收藏。沈葦窗的哥哥沈吉誠，在香港電影戲劇界、文化新聞界都相當吃得開，他在《大人》以「老吉」筆名，從第二期起寫有〈馬場三十年〉至第三十八期連載完畢，講的是香港的賽馬。在上世紀五〇年代，老吉的《馬經大全》，曾經風行一時。

《大人》每期約一百二十頁，用紙為重磅新聞，樸素大方。內頁和封底為名家畫作、法書或手跡，畫家有齊白石、吳湖帆、黃賓虹、張大千、溥心畬、傅抱石、關良、陳定山、黃君璧、吳作人、李可染、周鍊霞、梅蘭芳、宋美齡等。從第三期開始，每期都有四開彩色精印的銅版名家畫作或法書的插頁，精美絕倫。這些插頁除已列的上述部分畫家外，還有：邊壽民的蘆雁，新羅山人、虛谷的花鳥，沈石田、陸廉夫、吳伯滔、金拱北的山水，鄧石如、劉石庵、王文治的法書等。但由於這些插頁開本極大，採折疊方式，裝訂在雜誌的正中間，常為舊書店老闆取下，另外販售。此次復刻本，多期就沒有這些插頁，但在目錄中編有該插頁的頁碼，有時會有八頁之多，其實它是一張大畫折疊的頁碼，如今畫雖不見，但不影響內文，因該畫和內文是完全不相關的。在此聲明，希望讀者明瞭，不要以為雜誌有所「缺頁」是好。

這次能輯全整套雜誌而復刻，首先要感謝熱心協助，並提供收藏的師長好友：資深報人鑑賞家黃天才先生、收藏家董良彥（君博）先生、史料家秦賢次先生及香港的文史家方寬烈先生、學者作家盧瑋鑾（小思）女士。《大人》在臺灣流通極少，甚至國家圖書館都沒有收藏，筆者首先見到的是秦賢次兄已捐贈給中央研究院文哲研究所的部分雜誌，驚嘆之餘，才興起要收藏這份雜誌的念頭。但談何容易，歷經數載，找遍舊書攤才得不到四分之一之數。後經黃天才先生提供他的收藏，並熱心找到收藏家董良彥先生的珍貴收藏，董先生的十幾本雜誌品相極佳。在整理蒐集到手的四十二期雜誌，發現其中兩期有脫頁，於是藉著到香港開學術研討會之便，我和賢次兄又找到方寬烈先生及小思老師，經他們協助影印，補全了全套雜誌的內容。

我曾在二〇一〇年十月十七日香港的《蘋果日報》副刊寫有〈遲來的懷念〉一文，開頭說：「今年九月底，我到香港參加張愛玲誕辰九十週年國際學術研討會。十五年前的九月八日張愛玲被發現死在洛杉磯公寓，無人知曉，據推測她的死亡時間應該是九月二日或三日。而幾天之後的九月六日沈葦窗因食道癌在香港病逝。之所以將兩人並提，是他們都是『寂寞的告別』人世。正如作家穆欣欣所說的：『張愛玲走得孤寂而熱鬧。說孤寂，到底是她自己選擇的一種方式，待世人知曉，已是六七天之後；說熱鬧，是世人不甘，憐她愛她。她像中秋的月亮，走了之後，人間還得追望。比起張愛玲，另一個人走得更寂寞。起碼，他連最後的繁華都沒有。他是《大成》雜誌的主編沈葦窗先生。』是的，早在一九九三年，我籌拍張愛玲的紀錄片，次年還收到張愛玲的傳真信函。她故去之後《作家身影》紀錄片播出，之後我又寫了兩本關於她的書，並推薦李安導演拍她的〈色，戒〉。而對沈葦窗我至今無一字提及，這篇小文就算是遲來的懷念吧！」現在把這段文字轉錄於此，依舊是對他的懷念！

目錄

第二十期（一九七一年十二月十五日）：

第二十一期（一九七二年一月十五日）：

大人

論天下大事

談古今人物

第十九期

劉石庵書名滿天下

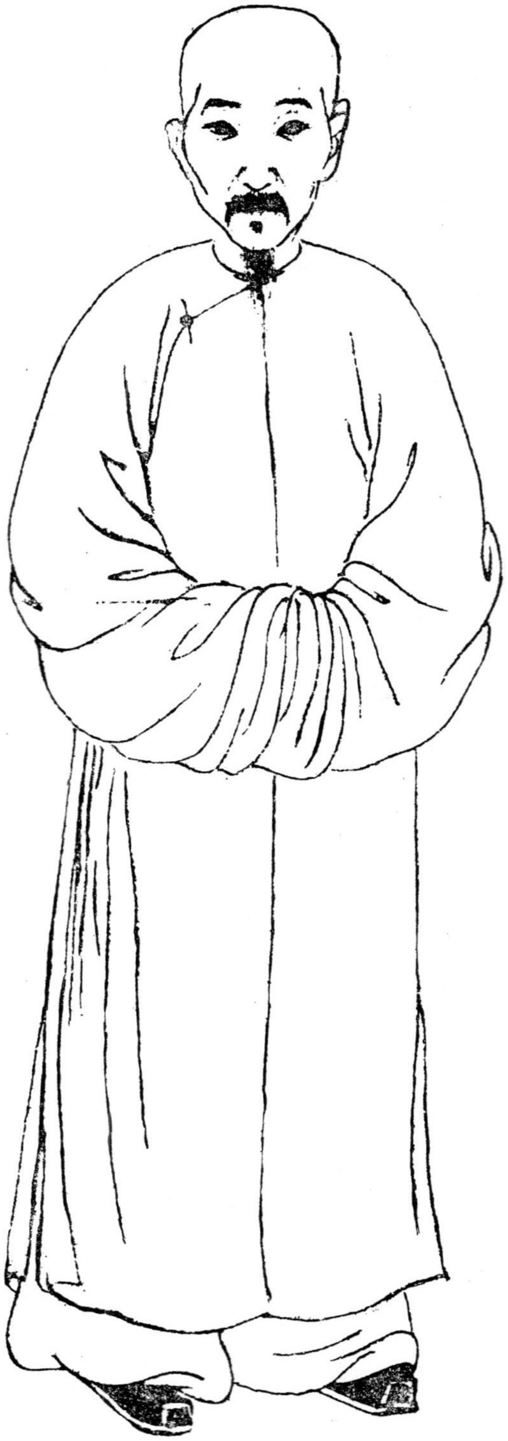

劉墉，山東諸城人。父統勳，雍正進士，官至東閣大學士，加太子太保，卒謚文正。墉字崇如，號石庵，乾隆進士，由編修累官體仁閣大學士，加太子太保。善書，名滿天下，政治文章悉爲書名所掩，卒謚文清，父子並爲名相。

——清代學者象傳——

大人 第十九期 目錄

一九七一年十一月十五日出版

封面：齊白石畫耳食圖　封面內頁：劉石庵造像

彩色插頁：劉石庵書法橫披屏條對聯中堂　共八頁（定齋藏）

大人

每逢月之十五日出版

出版及發行者：大人出版社有限公司
督印人：王朝平
編輯者：大人雜誌編輯委員會
總編輯：沈葦窗
社址：九龍西洋菜街三號A 即彌敦道六一〇號後座
電話：K八五五七三〇
印刷者：立信印刷公司 九龍新蒲崗伍芳街緯綸大廈十一樓
總代理：吳興記書報社 香港租庇利街十一號二樓 電話：H四五〇五六一 H四五〇七六六
星馬代理：遠東文化事業有限公司 新加坡廈門街十九號 檳城沓田仔街一七一號
泰國代理：集成圖書公司 曼谷耀華力路二三三號
越南代理：聯興書報社 越南堤岸新行街二十二號

其他地區代理：
澳門：可大文具店　漢城：汎亞書籍公社
亞庇：利民公司　寮國：永珍圖書公司
千里達：中華公司　斗湖：光明書店
菲律賓：華安書局　菲律賓：玲瓏書局
倫敦：東寶公司　紐約：友聯圖書公司
芝加哥：杏林春　紐約：友方圖書公司
波士頓：中西公司　洛杉磯：永安堂
三藩市：新生圖書公司　檀香山：大元公司
三藩市：益智圖書公司　三藩市：文化商店
加拿大：香港商店　加拿大：新國華公司

紀念先師余叔岩先生

孟令輝

今年十月十七日（農曆）爲 先師羅田余先生八十誕辰，先期，在港的幾位景仰 先師的朋友，要我寫一點文字以資紀念，自屬義無可辭；但筆墨久疏，身體孱弱，縱然握管，又何能述 先師的盛德於萬一呢？

先師爲湖北省羅田縣人，羅田在鄂東爲黃州府屬，與黃岡黃陂接近，其語言最爲圓潤，在國劇界裏頭所謂湖廣音也。 先師三世名家，淵源有自，又兼有良好的師友，其因素不是普通人所能具備的。

我們知道；做一樣學問或藝術，總不外乎三個條件，第一是天賦，第二是毅力，第三是師友；沒有天賦，不能領會；沒有毅力，半途而廢；沒有師友，無人研究。 先師既有天賦，也有毅力，更有良好的師友，而他老人家那份困心衡慮、努力向上的精神，只有親炙於他的人，才能體味着他那份心胸。孟子上說：「天之將降大任於斯人也，必先苦其心智，勞其筋骨，」他老人家在藝術上的造就，是有其原因的。

先師於戲劇上，有其先世的祕本，而且親炙了譚大王，雖然譚大王僅給他說了一齣「太平橋」，相信他們師徒之間，在國劇的原理原則上，必然談過了許多，以 先師聰敏絕頂，舉一反十的天資，自然心領神會，用不着刻劃的摹擬，而可達到了最高的境界；況且譚劇上演，均會到場諦觀，去蕪存精，胸有成竹，否則何以能自成面目。古人嘗謂杜工部爲詩聖，若以工部比譚大王，則 先師應爲李商隱或黃山谷，也是直接杜工部，而各有其本人的面目。

先師好學不倦，虛心接納，凡一字一事之不安，必研求而弗懈，故其所用劇本，皆經通人修訂，如「珠簾寨」坐帳之念白：「我父朱雅赤

余叔岩師生合影：右本文作者孟令輝（小冬）女士、左李少春

心……御賜姓李」；「御碑亭」之詩：「方知宋弘是高人」；「盜宗卷」之唱詞：「第二排太子嬰」，這些都經過了刪改、增加，使他唱詞，合乎史冊，顯得與衆不同的講究，而是別人所不注意的。

我在未曾立雪之前，對於譚劇已下了不少年的功夫，也經過了不少名家的指點，但聽了 先師的戲之後，不覺心嚮往之，門牆雖高，終成我願。記得當年，自己每晚下戲之後，再趕往聽 先師的大軸戲，彼時影響之深，獲益之多，非可言喻，及入門以後， 先師精心教授，不厭其詳，使我今天得有具體而微的相似，實在難忘 先師嚴格的訓誨。想起從前椿樹頭條受教之時，範秀軒中談笑風生的情況，歷歷在目，眞是每天每刻沒敢把 先師的聲音笑貌忘卻一點，駒光不駐；自己亦已六十開外之人了，能無棖觸，而慚愧？

先師逝時，年纔五十四歲，若處於目下醫藥發達之世，雖有疾病尚可拖延，何止遽然奄忽，使我永失教導之人，豈不悲痛。

先師逝後，二十六年來，我除於民國三十六年在上海演出「搜孤救孤」兩場外，迄未再有表演，自覺承受 先師付託的衣鉢，以環境及身體關係，始終未能有表襮的機會，實在深深的愧負 師門，惟有繼續精研敬謹保守，以求他日發揚光大的機會耳。

多年以來，國劇寖衰，所幸香港台灣兩地甚至遠在美國，研求此道者，頗不乏人，而余派唱腔，亦仍到處可以聽到，比較「滿城爭唱叫天兒」的時代，着實開濶了許多， 先師天上有知，亦必欣然色喜，爲門人的我，定當賈其餘勇，來光大師門，以報 先師的恩德也。

香港幾位筆友，時常在刊物上，撰寫梨園掌故，頗興白髮龜年之感，尤其推崇 先師，愛屋及烏，連本人亦獲逾格的器重，際茲 先師八十誕辰，遠道徵文，囑撰數語，以資紀念，殊爲盛事。

伏念 先師未臻上壽，實爲藝林缺憾，但論其藝術，已屬登峯造頂，無以復加，那種深刻嚴格的精神，實在我未見過有第二人可以比擬，成功不是偶然，大名不是倖致，必有其獨特的優點爲他人所不及者，方克臻此。

很抱歉，本文未及細談 先師的戲劇，蓋言之：浮泛草率，非我所願，若說之過於精細，必嫌篇幅冗長，自己亦無此精力撰寫長篇，敬就個人感想所及，寫此短文，以示崇敬云爾。

宦海浮沉話當年

——政府部員與地方官吏的經歷談——

馬五先生

我自從離開學校生活後，即因緣時會，踏入了政治界，一開始就作了五年的簡任職京曹——內政部參事，乃覺得虛度光陰，毫無意義，根本就不瞭解自己國家的社會結構和人民生活實況爲如何，隔靴搔癢，徒亂人意，對國家對個人，皆沒有絲毫裨益可言。於是，決心到民間去，曾在湖北省做了三年地方官，纔知道中華民國肇建數十年，而政治始終不上軌道之所以然，很想及時有所作爲，怎奈機會難再，囘憶前塵，歷歷在目，濡筆記述，不勝滄桑之感！

內政部有如駢枝機構

凡是政治上了軌道的國家，內政部十分重要，在行政組織體系中，位居各部會之首，因其職司全國的戶籍、警務、地政、禮俗、地方自治與醫藥等事項，皆與人民日常生活息息攸關，影响甚鉅，而部長職位，自非愼選賢才充任不可。然吾國的內政部却異是，北洋軍閥政府時代固無論矣，國民政府的內政部亦等於虛設，不發生什麽作用，祗是將『部長』這一高官作應酬品而已。內政部的主要職責，就是管理民政與警政，可是，各省民政廳長的人事進退，以及業務推進情況，內政部根本無從過問，即公文亦常是有往無來，更談不到考核成績、獎懲功過的話。至於警政，不特各省情形非內政部所能與聞，即首都的警務亦與內政部不相干。論警政性質，原係屬於行政學的範疇，沒有法政知識的人，決不能勝任警政首長之職，而我們乃視爲軍事機構的孿生體，中上級警官十九都是穿二尺半戎裝出身的赳赳英雄，他們心目中，認爲本身業務與內政部幷不發生關係呢！

按照內政部組織法，設置民政、警政、禮俗、土地、衛生各司，表面冠冕堂皇，與世界的憲政國家並駕齊驅，實際却係空心大佬倌，聊以裝點門面罷了。因而內政部長之更迭頻繁，允屬各部之冠。從民國十七年四月起成立，到廿一年四月的四載之間，政府任命部長即有八位之多，依其次序爲薛篤弼、趙戴文、楊兆泰、鈕永建、劉尚清、李文範、汪兆銘、黃紹竑。冠蓋來去匆匆，乃由於不重視內政部職責對國家治亂的關係，而以部長位置作爲安撫一般擁兵割據之軍人，或者在政治上會經興風作浪之政客們的禮品。所以，內政部的實際作用，還不如素被諡爲閒散機關的『蒙藏委員會』。上述八位部長，除却汪兼部長外，我都會經伺候過，說到政績，太可憐了！

薛篤弼專作表面工夫

內政部於民十七年設立，中樞爲要拉攏雄據西北的第二集團軍總司令馮玉祥，乃任命馮的親信幹部薛篤弼（子良）爲部長，我亦受命担任參事職務。薛持身廉謹，也想作事，然學識才能皆不相稱，而內政部的主要職務如民政與警政又管不着，他就致力於表面工作。先把西北軍一些特殊的生活方式，搬來內政部表演，例如全體職員到部辦公時，必須穿上短裝馬褲，每日清晨要在外面曠地集合，從事體操一小時，過了九點鐘到部的，即不許簽名而以曠職論，跟今日在台灣各行政機關實行的三卡制，後先媲美。此外，每逢西北軍有什麽紀念儀式，如馮玉祥的所謂『灤州起義』與『五原誓師』紀念日，內政部亦照樣舉行，好像這機關是屬於西北軍管轄的，與國民政府無涉。似此怪象，中樞亦熟視無覩，眞是笑話！

薛雖想作事，而力不從心，他任職一年之中，幹過兩樁自鳴得意而於事無濟的傑作，即擬訂地方自治法與首都實行禁娼是也。前者無裨實際，徒然製造檔案；後者魯莽從事，貽譏中外。

地方自治法由民政司主稿，參預其役者盡係北方籍人士，多未幹過地方行政工作。他們要把北方社會結構若干方式，通行全國，却忽視南北各地區的風俗習慣，有許多不同之處。例如區、鄉、鎮以下的『坊』『閭』組織和名稱，在南方即很生疏——南方只有『里』的稱謂；又民間的公共財產，如宗廟祠堂的產業，以及社倉積穀等，乃係辦理地方自治的財源，必須交由老百姓自行處理纔行；然原擬的自治法對此皆未顧及，且主張地方財產應由縣府統收統支。因而地方自治法頒訂後，大多數省區皆認爲扞格難行，而民政司更不斷擬訂所謂『坊民大會』『閭民大會』規則，通令實施，內容無非讀總理遺囑、宣誓喊口號這些官樣文章，一般老百姓多莫名其妙。參事的職責是擬訂或審核法令，當時我雖然對於全國各地方的實際情形不甚了了，但生長農村，來自田間，認定這類閉戶造車的法規，難期實用，會經提出意見，主張悉心研討，集思廣益，不宜草率爲之。然薛部長急求表現，不暇考慮了。此項自治法規，直到民國卅九年，許多省區亦未曾通行呢！

民十七年秋間，『國際聯盟』發表其調查全球各國的禁娼情形報告書，說美英法德意與蘇俄的首都，皆無公娼存在了。另有個『國聯』衛生機構的委員來到南京發表談話，說是爲着增進國民健康起見，殊有禁娼之必要。我們的薛部長便要查禁首都娼妓，予以肅清，而事前幷無任何計劃，即協同南京警察廳派遣大隊警士，由內政部職員領隊，分乘大卡車，馳赴公娼集中地的夫子廟一帶各街巷，挨家挨戶，捉拿妓女，用卡車押解至下關車站，教她們即日各自還鄉，別謀生計，毋許逗留，鬧得鶯啼燕噪，里巷騷然。這些被解出城的妓女，託詞集合親屬一道回鄉，暫住下關旅社，矢言不復賣笑了。於是，內政部即通過大衆傳播工具，向海內外宣稱南京娼妓已經禁絕，可與西方文明國家看齊了！

詎知不到半個月，所有在南京城內被驅逐的娼妓，聚集到下關對岸的浦口鎭，高張艷幟，笙歌喧天，每天下午五時後，由南京渡江到浦口尋芳的人——以公務員佔多數——絡繹不絕，多於過江之鯽，比較南京未禁娼時的情況更熱烈。因一般公務員在城內冶游，多少尙有些顧忌，於今渡江玩樂，儘可肆無忌憚了。至於南京市內的私娼應運而起，自不待言。我在部務會議中，從事禁娼問題時，認爲這是社會問題，不是表面文章，非籌劃善後之方不可。然大家急功好名，虛矯蠻幹，對我所說，置不理睬。繼而我在當時中央黨部發行的『內政月刊』上撰文指斥這種掩耳盜鈴的禁娼作風，大乖治道，不足爲訓。迨薛去職後，浦口的鶯鶯燕燕，又相率飛回南京秦淮河畔，度其王謝堂前的舊時生活。所謂首都禁娼，適爲一場庸人自擾的鬧劇而已！

趙戴文以孟子治天下

越民國十八年春間，由於馮玉祥不滿意中央的編遣計劃，在豫陝集中兵力，蠢蠢欲動，而第三集團軍總司令閻錫山出面調解，中樞對閻特別重視，又以內政部長職位作禮物，請閻舉薦大員接受，而趙戴文（次隴）欵段來京矣。此時馮玉祥尙未公然反動，對薛子良仍須敷衍，苦無適當位置可以安排，乃將內政部的衛生司劃出，擴充爲『衛生部』，由薛担任部長，以示其仍爲部長階級。

趙戴文不失爲一個通達政術的官僚人物，他只帶了一名五台縣小同鄉速記員來南京就職，說是他的五台話別人聽不清楚，所以纔自用一名速記。他宣告內政部同仁，照舊供職，即工役亦不會有所更換，更切囑薛部長，千萬不可把內政部的人調到衛生部去，否則認爲『子良老弟就對不起我！』情詞懇摯，幷無虛僞，確與普通官僚不同。

趙戴文就職後的第一道命令，就是頒發全體職員每名『孟子』一部，他在紀念週會中，闡述治國平天下的大經大法，殆莫過於遵從孟子一書的見解，敎同寅悉心研讀，身體而力行之，必能建設强盛的中華民國。他滿口是五台方言，我曾在張家口住過半年，又到過山西太原，勉强可以聽懂十分之五六，其餘的同事若非山西人，即完全不知所云了。趙係閻錫山的老師兼小同鄉，閻對他很尊信，他原是文人，體格矮小，却做過晉北大同鎭守使。民十五年五月我到太原公幹時，他正在鎭守使任內，瞧見他穿着軍服騎在馬上，另由弁兵牽着馬在市街緩步行走，爲之忍俊不禁。閻錫山曾在督署招宴我，趙亦參加，他戎裝赴宴之際，對閻行軍禮的姿式，使閻亦大笑不已。可是，他在內政部的作風，頗能綜持大體，每日核閱公文時，必邀集各司長曁主任參事到部長室，大家圍坐大辦公桌旁，他先詢問主管者處理某事項的意旨，認爲可行，即簽一『可』字於文稿上，交給主管司繕發，幷不咬文嚼字，多所瞻顧，却要引述一番『孟子』的道理，以資印証。

是年秋末，馮玉祥把駐在河南山東地帶的部隊撤回陝西，別有異圖，閻錫山以調人資格，邀約馮到太原面商一切，馮知道閻亦不滿意中樞的編遣計劃，欣然赴晉，却被閻很禮貌地軟禁於五台縣建安村，欲歸不得。中樞對閻更示拉攏，又升任趙戴文爲監察院長，另由閻錫山舉薦楊兆泰接長內政部。

楊兆泰才識平庸，是個未曾離開過家鄉的土包子，氣局渺小，見解低能，充其量是個縣令材料而已。他在內政部全靠原來担任警政司長、而於趙部長時升任政務次長的山西人樊象離悉心輔弼，不求有功，但期無過。趙任內的常務次長王俊，始終未就職，加以時局動盪，內政部又係冷衙門，當然無事可作。迨十九年春間，閻馮聯合起來，對國事別作主張，閻把馮釋回西安，彼此亟亟於軍事佈署，內戰形勢日迫。趙戴文先返太原，楊兆泰、樊象離亦奉閻錫山密電及早離開南京。但大局尙未決裂，楊樊未便棄職潛去，乃一面向中樞乞假，同時以部令指派我兼代常務次長，維持現狀，俾得脫身，未幾，中原大戰即勃發了！

內戰既起，趙戴文、楊兆泰、樊象離皆聲明辭職。此時中央對內政部長這份禮品，不知贈送何方爲是，又不宜虛懸久待，斟酌再三，以江蘇省主席鈕永建升任之。鈕是位好好先生，心裏固不願作此鷄肋式的特任官，託詞辦理省府交代事宜，遲遲未就職。旋由國府令派張我華爲內政部常務次長，

鈕永建繼長姗姗來遲

在部長與政務次長皆缺的情形之下，經過了三個月的眞空期間，鈕部長纔到部視事，時值內戰方酣，他亦無心處理部務，每天到部長室坐一會兒就走了。在這一階段中，內政部十足地成了養老院，大小職員連普通的公文亦少撰製，閒得無聊之至。

未幾，中原戰事由於張學良通電反對內戰，聲言進兵關內，實現和平，閻馮以後路將被抄襲，急從魯豫前線撤退，大局急轉直下，汪兆銘在北京導演的『擴大會議』和『國民政府』，不崇朝即一哄而散，黨政人員相率逃往太原。陳公博在太原看山西梆子劇名旦粉菊花演出，曾作打油詩一首云：『國事蜩螗丟那媽，滿懷心事亂如麻，平生不吃山西醋，今夜來看粉菊花。』

劉尚清隨而走馬上任

閻馮的軍事反動，在前線幷未敗績，實被張學良一紙主和通電搞垮了的，這樣不戰而屈人之兵的功勞，非同小可，中央除特任張學良爲革命軍副總司令外，又把內政部長這份禮物送給張的親信大員劉尚清（海泉）。劉作過奉天財政廳長和省長，是張作霖最得力的文職幹部，張作霖在皇姑屯遭日本人炸死時，劉適任省長，對於料理善後，秘不發喪以待張少帥之歸來，佈署周密，深得各方讚美，少帥對他很尊崇，即將內政部長這份禮品請劉接受，以示酬庸。

在我侍候過的列位部長之中，懂得爲政之道，而又明達政理，有所作爲的，只有劉一人。他就任未到兩月，於調閱部存重要檔卷內，見有當年革命軍佔領南京後，凡屬齊燮元、孫傳芳時代的文武幹部，曾在南京置有房地產業的，皆以逆產論，一律沒收。內政部設有『土地司』，主管這類事件，歷年來各個產業所有人紛紛呈請發還，然歷任部長對此皆不願負責處理，免遭物議。劉廉得其情，先約我談話，說革命已告成功，全國統一了，應該與民更始，沛施仁政。諸如南京沒收的反革命份子的產業，盡係北洋軍閥底下的中下級僚屬所有物，這些人說不上反革命的元兇大惡，他們的一棟房屋或一塊土地，政府自可不必計較，予以矜全。他教我按照這種義理，撰擬說帖一件，以便面呈蔣主席核示處理。旋奉准照辦，即在部內組織『逆產清理委員會』，派我作主任委員，負責進行。我當時表示『人言可畏』，不敢應命，他說：『我都不怕別人閒話，你怕什麼？我相信就得了。』實際這類懸案幷不多，其中比較鉅額的產業，就是曾任孫傳芳時代的江蘇財政廳長某人在南京城內購置的兩棟屋宇，此外皆係微薄財產，可說無關宏旨。劉部長的用意是要一律發還，我在兩個月之內，清理完竣，列具表冊，由劉部長呈送行政院核備，呈文內聲明是遵奉蔣主席核許辦理的，政院自無異議。

劉部長另一措施是關於警政問題。他認爲內政部既沒有警政司，即應該過問一般警務人員的功過獎懲，至少對於首都警察首長的進退升遷，內政部應有預聞之必要，雖不直接薦舉人才，但於任用時，內政部可以審閱該員的資歷，考核其工作成績，這意見亦係用簽呈請示蔣主席認可的。嗣後南京警察廳長乃隨時到內政部周旋，不像過去之相應不理了。

劉爲人頗耿直，亦擅詞令，在東北有『劉鐵嘴』之號，遇事認眞，公私分明，決不苟且，他嚴禁職員將公家的信紙信封寫私人函札，吩咐總務司不能隨便發給公用信箋。某次他在私宅的書桌上，見有一疊內政部的信箋和大小封套，詰詢係何人拿來的？隨從副官承認是他替部長準備的，劉大怒，立飭副官原件送還內政部總務司。我聞知此事，認爲些小問題，部長何必重視，他說『我在東北亦係這樣的作風，小事馬虎，就會貽誤大事的！』他每次在部務會議時，說話斬釘截鐵，毫不含糊，因而同寅們對他的觀感都很好，覺得劉部長有事業心，也有魄力。可是，他在部長任內，除却上述兩項事情跟其他的部長不同，差强人意外，亦就沒有什麼建樹可以稱述了。

劉的日常生活頗有規律，但喜歡在家約自己的親信朋友玩玩麻將。曾有江西省民政廳長王尹西具呈內政部，請示人民如在家中玩牌消遣，警察機關是否可依刑法上的賭博罪論究？這公文先交參事室核閱，我簽具意見，認爲可依違警律處理，他一笑答曰：『我每天要在家裏玩八圈麻將，如果贊成警察可入民家干涉，豈非作法自斃嗎？咱們內政部不必出主意，據情轉請司法院解釋可也。』經過兩個月後，司法院的解釋下來了，說是：凡不在公共場所聚衆以賭博爲目的者，不爲罪。換言之，人民偶爾在家中玩牌作樂，治安機關即不必過問。劉部長閱罷，表示贊同，囑由民政司辦文答復江西省政府查照。

劉担任內政部長未滿一年，即出任安徽省主席了。這時行政院長譚延闓已去世，由孫科承乏行政院長之職，新任內政部長爲李文範。

李文範忙於人事更張

這位李部長一到任，即將部內的幹部人員如司長參事科長等，大事更換，弄得人心不安，公務停頓。參事室原有四名參事，一名秘書，只留下我一人，其餘全換了新的。他做了一個月左右的部長，並未開過一次部務會議，亦未曾召見過幹部人員，我就始終沒有見過他，悽悽惶惶，不知他忙些什麼？孫內閣成立三十多天，由於上海金融界不合作，財政部長黃漢樑無從籌措政費，只好下台，李文範亦就難安於位，鍛羽而去了。他是任期最短，而更換職員最多，又不曾處理過一樁公務的部長，給人印象甚壞，可說是所有內政部長羣中之最不利於人口者！

孫內閣垮台的主因，就是財政部長黃漢樑——原任上海和成銀行的買辦——對財部人員亦多更動，引起衆人不滿，財部的重要幹部，盡係宋子文孔祥熙時代的舊人，跟上海的東南財閥很有關係，這些財閥與黃漢樑不合作，他就一籌莫展，要想臨時調動一些欵項以應政費急需，亦不可能，當然束手無策，衹能知難而退了。但黃私人却另有所獲，據說他在三十多天的財長任內，從上海股票市場上，撈取了二百萬元的利潤收入呢！

汪兆銘以院長兼部長

民國廿一年初，汪兆銘由反南京而轉變態度合作，接任行政院院長之職，他所領導的『改組派』人士，亦紛紛脫穎而出，頗有『冠蓋滿京華』的氣象。內政部長正缺人，此時國內各實力派軍人，如閻、馮、李宗仁等，早已失勢，而粵南的陳濟棠之流，又藉胡漢民幽居湯山事件，宣言自主，中央歷來將內政部長作贈送實力派的禮品這辦法，即用不着了。於是，汪精衛爲着安置『從龍之士』，決定兼任內政部長，而派彭學沛、羅貢華爲次長。汪到部就任之日，對全體職員發表演說，洋洋灑灑，說得頭頭是道，以後就沒有到過內政部了。

彭政務次長跟我在日本東京同時求學，雖不是同一學校，但他担任中國留日學生總會理事長時，我替他作過文書幹事，不能說是素昧生平吧？詎料當我應召赴部長室跟兩位次長晤面之際，彭裝着不相識的樣子，一片官腔，哼哼哈哈，我亦不敢高攀，對他淡然處之，很少說話。倒是眞正初次見面的常務次長羅貢華，却對我表示很親切，彼此攀談甚歡，以後成了好友。彭學沛回國來只做過中央日報社長，從未幹過行政工作，他以政次代理部務，每天在部內辦公的時間亦很少，我至今想不起他做過什麽有關內政的事情，但有幾樁關於他的豔事軼聞，却記憶猶新，不妨談談。

彭以青年革命黨人，顯達一時，又未帶有家眷，女朋友當然不少。一夕，他變易姓名在南京『安樂酒店』闢室居住，有一女友陪伴着。夜深時分，警察來稽查旅客，并不省識他就是內政部代部長，以爲係普通旅客，瞧着房裏那位風姿綽約的青年女人，懷疑她是應召女郎，硬要將一對男女帶到派出所去，因此時南京取締私娼甚力也。彭再三解釋是自己的眷屬，警察追問他家住那裏？有何証明？彭無以應，處此十分窘迫的情勢下，彭怕受辱，祇好向警察表明身份，說自己係現任的內政部代理部長。警察聞之疑信參半，自不敢採取行動，即以電話報告派出所，請示如何處理？派出所長聽說是內政部長，驚詫之餘，亦不敢作主，急忙據情轉報警察廳長姚琮，廳長即乘車親來『安樂酒店』查看，果然是彭代部長，即令警士們趕快回去，莫再嚕囌。這消息第二天傳遍九城，成爲報紙上的花邊新聞，但未註明當事人的姓名，只說是有一政府大員，帶着女友在酒店住宿，幾乎被警察捉去究罰云。這豔事發生不久後，彭的糟糠之妻在江西鄉間得悉良人顯貴了，走來南京要跟彭共享榮華，然彭拒不相見，該婦又請旅京的贛省熟人從中調解，彭堅決否認。該婦乃倩人撰寫了一封信送給彭，痛罵他不認髮妻，歷數過去患難相依的情形，指其太無良心。這信的全文曾在南京報紙上披露，社會人士議論紛紜，認爲職司全國禮俗的內政部首長，竟有此遺棄髮妻的行爲，太笑話了！論道理，這是公務人員違悖紀律，有忝官箴，政府應該查究的，但在革命空氣中，認爲個人私生活與公務無關，始終沒人理會。

後來彭担任行政院政務處長時，利用政院建築公廨的機會，由營造廠將原來以公帑購入的剩餘材料，替他建築了一座私宅，事爲南京『民生報』採訪到了，在地方新聞欄內，和盤托出，彭指爲造謠誣陷，報請汪院長核准，命令治安機關將『民生報』主持人成舍我拘捕下獄，擬按刑事犯究處，成乃挽請黨國要人李石曾先生向汪疏解，經過一個多月的縲絏之災，纔得恢復自由。『民生報』是否因此停刊，我已記不清楚，成舍我現居台灣，可以質証上述事件爲不謬。

汪兼內政部長未及三箇月，廣西的李（宗仁）黃（紹竑）白（白崇禧）三巨頭，內部發生了變化，黃季寬認爲廣西的人力物力決不足以問鼎中原，應該和平統一，藉中央力量以建設廣西，減輕人民負担。李白不同意黃的主張，黃即隻身離開桂省，先赴香港休息，通欵於南京當局，中央當然嘉許，請他到上海談談，爲着拉攏黃，又把內政部長這份禮品贈給他，汪和政務次長彭學沛祇好卸職，常次羅貢華依然在位。

黃紹竑是位風流部長

黃紹竑到達南京，尚未就職之前，某夕他和唐生智在龔家橋陳調元公館閒談，我亦是陳公館的常客，每夕必到的，剛走進客廳，唐生智說：『你來得正好，我們的牌局三缺一，請你加入。』我遜謝，理由是不敢在部長面前放肆。黃笑謂：『我尙未就職，不算是部長，不必客氣。』我覺得此人很開朗，并無官僚習氣，祇好從命奉陪了。

黃部長視事後，部內的人很少更動，他作過廣西省主席有年，對政治不是外行，處事亦能綜持大體。我久聞廣西的民團辦得很好，曾向他請教，他指出一點很重要，即民間的自衛槍支，經過縣府烙印登記後，在任何情況之下，公家或軍隊萬不可收繳一支民鎗，否則民團絕對辦不好。談到地方自治，他亦指出民間的公共財產，須由民衆自己管理支配，省縣政府只是指導監督就行了，這是地方自治的命脈所在。我把薛部長任內頒訂的地方自治法內容報告他，他說在桂省已經看到了，大家認爲許多地方窒礙難行，僅作參考而已。

民國廿一年四月，黃部長派我赴北平監試『內政部高等警官學校』畢業大考，順便整理內政部所屬的『古物陳列所』。我在北平于役時，『國際聯盟』對日本『九、一八』事變的調查代表團亦蒞臨故都，有美國代表麥考夷將軍，於參觀『古物陳列所』地下室陳列着明清兩朝特製的磁器後，要求陳列所長錢桐，用那些古窰製造的盌碟杯盤，請調查團的代表們宴會一次。錢所長不敢答應，問我意下如何，我說萬一使用時不小心，打破了一件古磁，誰能負責呢？祇好婉詞答復那位美國將軍，表示歉意。故宮武英殿內陳列着一座時鐘，中間嵌有小型的地球儀，分藍白兩色，自動旋轉，每逢初一朔日，白色的一面全部現出，十五望日，藍色的一面亦如之。鐘的頂上有一金屬的葡萄架，每到鐘鳴時，即有一金屬的小鳥在葡萄架裏上下飛鳴走動，煞是奇觀，據說這是英國維多利亞女王時代贈送給滿清王朝的貢品。我每天皆見一外國人坐在那座時鐘之前注視很久，錢所長告訴我，那是英國的一位鐘錶業技師，因為這座古鐘的製造法，在英國失傳了，所以特遣一位專家來實地考察，希望能夠得其竅要，重新製造出來。但不能拆卸審查，很難洞悉其內容，但那位技師的研究精神，殊堪贊佩。

前任代理甘肅軍務督辦，西北軍師長劉郁芬，家住北平，他訂期某日正午招宴我，席設前門外的『戲劇學校』，陪客全係北平的名角，如梅蘭芳、楊小樓、余叔岩、小翠花、尚小雲、荀慧生都在座，只有程硯秋不在北平，新艷秋因母喪不便應酬，未及參加。我提早赴約，初跟齊如山先生晤談，見他的辦公室墻上掛着幾把胡琴，取下一把試拉之，本係初學程度，有如殺雞殺鴨之聲。適梅蘭芳穿着很講究的西服走進來了，他并不認識我，瞧我衣襟上綴有行政院証章，知道是南京來的官兒，即笑嘻嘻地說道：『您也喜歡這玩藝嗎？我來唱一段，請您拉拉』。我聞之惶恐極了，忙說『我這種胡琴技術，怎能對梅老板獻醜呢？』他說『不要緊，我唱「兒的父去投軍」這四句西皮原板，很容易拉的。』我被迫無奈，齊如山又從旁慫恿，硬着頭皮拉完四句原板，渾身冒出汗來了！余叔岩拿着一把扇子，宴會時坐在我隔鄰的席次上，我看他那扇子的兩面書畫，都是他自己的手筆，殊出意外，言談亦溫文有致，并無普通伶人的俗氣，我問他為何輟演了？答以小便出血，身體支持不住。然據齊如山先生事後告訴我，小余輟演是另有原因的。飯後由梅蘭芳、楊小樓陪我參觀戲劇學校諸生的教學情形，梅楊對着學生們現身說法，講解各種動作的要點，甚為詳盡。晚上四川人李準（曾任廣東水師提督）在中央公園『來今雨軒』約宴，席間他敘述當年在廣州被革命黨人投炸彈的經過情形，且解下衣服，將背上被炸裂的傷痕露給我看，笑謂『你們那些革命同志好厲害喲！』宴罷，教他的兒子李景武陪我去看章遏雲、侯喜瑞、周瑞安合演『刺巴杰』，這時的章遏雲風頭很健，李準大捧特捧。這些都是我在北平出差時最可紀念的際遇，值得記述回憶的。

古物陳列所樓上（在武英殿附近），庋藏着清代乾隆帝御用的特製毛筆和朱黑色墨錠幾箱，實係珍品，我把玩許久，認為毛筆若不使用，將成廢物，未免可惜。錢所長說：『參事若欣賞這些筆墨，可以取用幾件，反正沒有總數字可查的。』我謂：『監守自盜，該當何罪？』笑謝之。往後這些文房珍寶，不知落入誰家了？

我在北平停留了個多月期間，宿食皆由北平警察局長鮑毓麟（奉軍要人鮑貴卿之子）招待，他住家近中央公園。某天我在鮑寓閒談，他閱及天津大公報上刊出一則『育才鑒』的大字啓事，內容說鮑育才私自潛逃，若在外有抵押財產情事，概屬無效，却未署有啓事者的名字。然鮑局長閱罷搖頭慨歎不已，我問是怎麽回事？他說這是家醜，言之丟人。原來鮑育才係鮑局長的弟弟，娶妻是張作霖的大小姐，平日懼內如虎，太太到外面應酬，必得隨侍在側，寸步不離，每天太太未曾起床以前，雖過中午亦不敢不陪宿，肚皮餓了，悄悄輕步走入廚房，抓一團冷飯吞下，再回到床上侍寢如儀，其他的家庭生活情況，可想而知了。因此，鮑育才懾於閫威森嚴，常常逃亡在外，不願回家。育才住家天津，最近曾經潛逃到北平一次，張大小姐遍尋不獲，即來找鮑局長理論，她說：『北平全市皆歸警察局管，現在你弟弟失踪了，你得給我找出來！』局長答以北平地面這麽大，馬上不易尋找。她即謂：『好！我自己帶衛兵到各個旅館去搜查。』她果然走到順承王府張少帥的行轅，呼喚了四名槍兵，隨往各大旅社實行搜尋丈夫，鮑局長聞訊，深恐鬧出事情，急派人四下打聽乃弟的下落，最後在東交民巷一個德國洋行的大鐵櫃中，纔把乃弟尋獲，交給張大小姐領回天津去。鮑育才原係住在旅館的，聽說太太帶領衛兵大搜旅館，害怕被捉到，臨時纔跑入東交民巷德國洋行的大鐵櫃中躲藏以避禍。於今未到一個月，育才又離家出走了，所以，他的太太張大小姐即在大公報刊出前項匿名啓事，鮑局長看了，知道弟弟又告逃亡，很傷腦筋，怕的是弟媳婦再來理論，沒法應付啦！

民廿一年五月我回京銷差，并從古物陳列所所携帶了一部『圖書集成』，作為內政部的藏書。這時候，日本軍閥在我國內蒙古積極進行分裂運動，德王與李守信等地方實力派人物，頗受日人挑唆釀亂，國府特派內政部長黃季寬為內蒙宣慰使，黃氏率同隨行人員北上，號稱『宣慰團』，團員中有位女性譚惕吾，原係內政部的一名編審員，年方少艾，尚未婚配，她是青年黨員，在部服務數年亦未能升遷，承黃部長垂青，指派她參加宣慰工作，當然樂於奉命，就在宣慰期間，她和黃部長暗中發生了超尋常的關係，使黃部長在旅途中獲得慰藉，可謂克盡職責，不負知遇了！這項豔聞很快就傳到南京，內政部同寅竊竊私語，認為譚女士回來必然辭去編審員職務，而以『部長夫人』姿態出現，結果不然，而黃部長的信譽却損失不小。這也增進了我要改變政治環境的決心。未幾，常務次長羅貢華從武漢公幹回到內政部，他告訴我：蔣委員長決定在武漢設置『豫鄂皖三省勦總』，注重『政治勦共』工作，擬將勦共區域的行政制度加以改革，要在省縣之間，增置一級行政機構，擴大其職權，簡派幹濟之士担負這項職責，這官職的名稱尚未定，然事在必行，問我有意於此否？當時我以內政部亦設置着『政治勦共委員會』，我與各司長係當然委員，另外聘有高一涵等為專任委員，這是汪兼部長的新猷，但每週舉行會議一次，徒託空談，無裨實際，因而對於羅次長的詢問，也就未置可否。迨六月初，新任湖北省府保安處長老友范熙績（紹陔），來函邀約我赴武漢一行。他知道我少時曾在家鄉辦過團練，保安處主管各縣的保安團隊，他原係職業軍人，對地方行政缺少經驗，希望我到武漢幫助他草擬關於地方團隊的組織和管訓法規。我預備在武漢停留一個月即遄返南京，乃向黃部長乞假出發。不料此行竟改變了我的政治環境，從冷寞的京曹生活，進入了繁劇的地方官境遇。

綜合于役內政部五個年頭的觀感，可謂一無是處。內政部之所以沒有建樹，時局動亂，內戰不息，固屬主要原因。但中央不重視內政改革，部長隨時更換，中級職員十九都是些初出茅廬，或不諳政理的外行人士，全憑人事關係而來的雜湊班，沒有一定的制度，也無所謂考績，亦使內政部形同贅累，暮氣沉沉，變成了養老院。試看內政部成立迄今，歷時四十餘年了，然對於全民的婚喪禮儀和服制，始終沒有規劃；雖曾由中央黨部決議以長袍馬褂為國民常服，等於具文。這是表示一個國家的文化精神所在，決不宜漠視的。

無意中離開了內政部

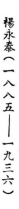

民國廿一年夏七月某夕，我和鄂省保安處長范熙績在漢口『民生公司』茶座乘涼時，遠遠瞧見一個穿着薄綢長衫的人走進來，後面跟着一人是陳希曾。范熙績謂：『那位穿長衫的就是豫鄂皖三省勦總楊秘書長』！我久聞楊永泰之名，却未見過面，偶爾相逢，似有『貌不驚人』之感。正在端詳諦視之間，楊已來到我們這茶桌旁，揀位置坐下，與范談話品茗，范即為我介紹道：『這是老友內政部參事某，他早歲在湖南家鄉辦過團練，特約他來幫我擬訂各縣保安團隊的組訓法規，不日即回京。』楊聞之，乃將座位拉近我身旁，笑謂：『很好！我要請教你先生一個問題。凡是地方上的土劣，決不會跟共黨妥協的，我們想利用土豪劣紳的力量來勦共，却不要被土劣所利用，應如何進行纔對呢？』我說：『土豪劣紳只可利用他們在當地的號召力，協助地方政府推行政令，如組織民眾之類的事情，却不宜假以名器，而使他負訓練民眾之責。他們在工作時，不妨給以物質的報酬，但不宜給予正式名義。』楊聽罷，很感興趣，約我次晨到他的寓所吃早點，再詳細研究。屆時如約而往，則勦總參謀長老友曹浩森亦在，三人對組訓民眾，實施保甲制問題，討論很多。楊很誠懇的教我暫不回京，即在豫鄂皖三省勦總秘書處于役，另請蔣總司令電達內政部，調我到漢服務，不以告假論。

楊永泰（一八八五——一九三六）

我到勦總秘書處于役的第一樁公事，就是審核保甲條例草案，要我簽註意見，我認為原草案很好，不須多所損益了。次則楊秘書長主張整理勦區內各省市的黨務，主要意旨是要黨員養黨，黨部經費不再由政府供應，黨部也不復過問行政事宜，專負組訓民眾的職責。他把擬好的『整理黨務綱要』十六條，交給我研究，看看有無修正之處？我說茲事體大，涉及『黨治』的中央既定政策，似須考慮。他謂原則已奉蔣公核示照辦，即擬通令頒佈共區各省市遵行可也。詎通令發出後，以湖北省黨部為首的長江流域七省市黨部，聯銜通電全國表示反對，指係楊永泰毀黨篡黨的陰謀。楊不加辯解，依然尊其所聞，行其所知，毫不瞻顧，毅力有足多者。

繼而蔣總司令交下德國顧問建議，認為吾國的行政區域太遼濶，而交通不發達，文盲又佔着全人口的半數以上，只有省縣兩級的行政機構，殊難求治，即共患亦不容易消除，應該縮小省區，創立一種新的行政制度。楊秘書長對這項建議的原則贊同，但以縮小全國各省區的程序和手續，頗為繁重，擬先就勦區內，每省劃成若干區，區轄若干縣，增設一行政官署，作為省縣之間的核心機構兼負保安責任，由總部遴派幹員為首長，且兼任駐在地的縣長職務。關於這種行政首長的名稱，有的主張稱『節度使』，有的主張稱『按察使』，最後決定為『行政督察專員』。

初次嘗試地方官滋味

當三省勦總遴派第一批行政督察專員時，楊秘書長問我有意作地方官否？若願幹，豫鄂皖三省各區的行政專員位置，任我選擇。即答以『對行政專員並不稀罕，但對兼任縣長很感興趣。因久作京曹，不知地方實況如何，猶之乎未作過排連長，就貿然充當高級軍官，沒有不僨事的。至於地點我不選擇，可請總座派到共患最深的地方去，試試自己的能力是否勝任？』於是楊即簽呈蔣總司令，派我為湖北第七區行政督察專員兼江陵縣長，共黨賀龍盤踞『紅湖』屬監利縣，就在我管轄之內。命令發表後，楊又告訴我：『總司令要你先到監利縣就職。』我說可以，但須調派一營紀律良好的部隊歸我統率指揮，蓋地方團隊多不可靠，擾民有餘，保民不足也。迨我訂期出發的前夕，楊說『總司令教你還是先赴江陵接事，部隊已派好了。』說着拍拍我的肩膊道：『你有胆量，很不錯，所謂先赴監利云云，乃是我考驗你有無胆量的戲言啊！』

我這行政區的管轄縣份，共計八縣，位屬鄂西，除松滋，枝江二邑的社會秩序尚未完全糜爛外，江陵、公安、石首、監利、潛江、荆門等地區，滿目瘡痍，民不聊生。我到江陵縣接事之日，城門外即遍聞鎗聲，社會動亂的情況，可見一斑，如不肅清匪患，什麼事亦不能做，所以，我的施政方針即以使民衆安居爲急務。號稱爲保護治安秩序的民團，官兵多與匪勾通，白晝是保安隊，晚上便係土匪，四出刧掠民財。經過短時期的考查，知道各縣的匪患，只有『紅湖』賀龍一大股是有組織的共軍，其餘盡係散兵游勇與地痞流氓的烏合之衆，却冒充共軍。『紅湖』的共軍已由國軍負責圍勦潰滅了，我以一營兵力清勦散匪，綽有餘裕。即着手整理地方團隊，派遣軍事人員督同各隊長，早晚從事術科操練與學科講習，毋許逸豫。那些隊長都有鴉片烟癮，士兵盡係游手好閒之徒，當然受不了嚴格的訓練，不到半個月，官長紛紛請辭，一律照准，士兵開小差的，捉回來即就地鎗決，我掌握着一營的兵力，他們決不敢反抗。有些保安隊長原是土匪頭子出身的，辭職後又將私自埋藏地下的鎗枝子彈挖出來，企圖重理舊業，我逐一偵查逮捕到案，訊處極刑，會於一天之內，分從四條城門押解這類人犯到城外執行，風聲所播，民間爲之震慴，匪類聞而喪胆，只花費半年的時間，駐在地江陵縣的匪患粗告肅清，其他各縣即責成縣長照我的方法進行，若有困難，我即馳往處理，結果亦都順利。

匪患逐漸敉平，社會秩序比較安定了，而一般流亡在外的土豪劣紳和地主惡霸等，紛紛回到家鄉，報怨尋仇。指控某些人作過共軍的『人民法庭』司法委員，殺過多少人，抄沒過若干私人財產；某些人是共軍的『赤衞隊』份子或『少年先鋒隊』首領；某些人又是共軍的『婦女聯合會』領導人，害死了不少的良家婦女。這類呈詞紛至沓來，証據多端，並非羌無故實的謠言，若予追究，勢必人人自危，天下大亂。我決計一概不問，另印製一種『良民証』交給區公所，轉發各地民衆，註明嗣後凡不通匪，不作惡的人都是良民，政府一體保護。又親自出巡各鄉區，集合民衆講話，特別聲明這項政令的用意，教大家不必驚疑，我決不會失信的。如此現身說法之後，土劣與地主們的心裏固不樂意，然報怨尋仇之風亦稍戢了。

我的駐在地江陵縣，原係明神宗時代著名宰相張居正的故里，疆域甚廣，仕宦人家雖然多趨落寞，但權豪縉紳仍不少，綜計全縣土劣人物有『十三太保』之稱，過去的縣令對這些人皆敬憚不遑，無敢攖其鋒者。我自幼生長農村，目擊土豪劣紳魚肉民衆、濫逞威福的情形，印象至深，認爲不除土劣，人民即無從安居樂業。適有聲名最惡劣的本縣土豪周瑞卿，由武漢歸來，手持鄂省軍政要人的介紹信到公廨見我，且表示今後要『幫忙』我弄錢的想思，登時將他扣留，列舉若干劣迹和證據，備文交由沙市公安局長鍾鼎解送武漢勦總法辦。詎知周瑞卿神通廣大，當夜竟逃脫了！我即將公安局長撤職查辦，他是湖北省主席夏斗寅的舊部，省府大員聞訊向我函電紛馳，爲鍾說項，我概置不理。這消息傳佈後，其他各個『太保』土劣，相率銷聲匿跡，不敢問事了。另有省府民政廳派來本縣查案的委員某人密向當事人勒索賄賂，我將他拘押訊究，處以一年徒刑，報告省府核准。於是，地方正紳與民衆皆相信我有爲民除害的決心，翕然景從，無所憂懼了。

求治的要訣首在立信

大亂之後，使人民得以安居的工作；幸而如願以償，第二步就得讓人民樂業了，而樂業的先決條件即爲培養民衆自衛力量，創造安定的生活環境。

舊有那種官兵與土匪二位一體的保安團隊，已經全部解散了，新建的民團，我乃採行徵兵制，按照保甲戶口名冊，分別徵調壯丁入伍，規定服務滿一年即退役。初時人民觀望不前，害怕入伍受訓後，調赴遠方改編爲國軍，永無退役之日。我赴各區公所召集民衆講話，保証決不遠調，滿一年絕對退役，希望大家試試我的諾言是否有信用？次年滿期退役時，有些壯丁要求繼續服役，我斷然拒絕，非退不可。從此老百姓才相信我不欺騙，每接到徵調入伍通知，即爭先恐後的前來報到了。這證明中國老百姓最馴良，官吏只要憑事實奠立信用，且無貪汚行爲，人民對於政令，沒有不遵從的。至於中央政府各部門頒佈的法令規章，在地方上可說是牛頭不對馬嘴，十九皆行不通，而以內政部頒行的法規爲尤甚。我作過一年多的地方官後，對過去在內政部的工作，認爲完全胡扯，毫無價值，眞是悔之晚矣！

農村老百姓受害最普遍而深鉅的，無過於政府所派的田賦征收人員之舞弊削剝，除却納糧時的銀錢換算率隨便搾取濫收外，豪富人家串通稅吏，私將賦額『飛』入若干到小民的田糧冊內，因而產生田多的納糧少，田少的完賦多的現象。江陵縣田賦最多，弊竇亦最甚。全縣分設錢糧征收所八所，各置主任一人，由縣長每年委派一次，實際皆須斥資賄買。我把這些征收主任人選，交由縣財委會推薦，但規定受委人出具切結，不得舞弊多收民賦，否則鎗決不貸，並於暗中隨時派人偵查。再將上述所謂『飛』糧切實鈎稽，予以糾正。一般征收胥吏，怕我說幹就幹的作風，不敢以身試法，亦就規規矩矩、少作弊端了。然我懷疑他們口服心不服，或有陽奉陰違之處，於是，將縣府每月可收入數千元的額外稅欵，移交縣財委會管理之。這原是縣長私人可以納入荷包的儻來之物，每年有四萬元以上的進益。此即川黔出產的鴉片烟，經常運到武漢一帶銷售，必須經過江陵縣所屬的沙市鎮，每担鴉片，由江陵縣府附加稅欵大洋四元，名義是補助保安隊經費，實際十分之九皆歸縣長所有。我征收了十個月之後，認爲是不義之財，乃交給縣委會負責收取，作爲辦理地方公益之用，同時發出一部分增加田賦胥吏的薪資，使其足以養廉。這樣一來，他們良心發現，相率奉公守法，誰也不忍向老百姓有所剝削了。這是我對地方民衆立信最昭著的事，也是自己感覺最得意的事，全縣人士皆大歡喜，爲之稱讚不衰，我乘機整理全縣財政，得心應手，收效甚速，且因此奉到蔣總司令明令嘉獎，併加薪俸每月四百元。

江陵縣城內駐有國軍某部一團，紀律不佳，一日有士兵二人竟在城門附近靜寂地點，刼掠民財，我據報後，立即派隊緝拿搶犯到案，居然武裝整齊，確係某部列兵。旋以電話報告駐在沙市的該部隊最高長官，請示如何處理？他否認係該部士兵，教我依法嚴辦，我就不客氣將該犯押赴出事地點予以鎗決。地方民衆見我胆敢處決國軍的不法士兵，既驚詫，亦傾服，我的信用更堅定了，但我後來因此幾遭不測之禍。

經過了一年又半的努力，原來擬定要使人民『安居樂業』的計劃，徼倖實現了。某次我赴武漢述職時，聽朋友吹噓，微服往著名星相家胡紹陶處請教，他不相信我是商賈人物，勸我以後少殺人，要爲子孫積德。聽罷，不覺悚然。回到任所不久，國軍從監利縣解來一個姓劉的共黨俘虜，右手沒有了，據說是在『紅湖』替賀龍印『紅旗報』的幹部，詢悉籍貫係湖南瀏陽人，曾留學莫斯科『孫文大學』，原係帶兵的角色，其右手在作戰時被砲彈擊中而鋸去，不能再任軍職，乃以左手寫鋼板，在『紅湖』用油印發行『紅旗報』。我喚他進入辦公室內，跟他談談革命理論，希望他能夠改變思想，對他客氣，不以罪犯看待。但他倔強如故，說三民主義是『反動』思想，又說國民政府的政治腐敗，我的秘書和承審員，皆主張處以極刑，然我聽受了星相家胡紹陶的警告，不願再殺人，祇好將他遞解到長沙，交給省主席何鍵發落了。

我原不兼理普通民刑訴訟，只是管軍法事件的。但地方民衆凡有爭端，都來專員公署呈訴，說是只要專員評評理，怎樣吩咐皆遵從，免得到法院去打官司，花錢又受氣。我覺得言之成理，每以調解方式肆應之，可使人民減少困苦。曾有個年老的乞丐者，走到專員公署求見我，衛兵不許他進入，大起爭執，適我出來瞧到，問他何事求見？他說兒子做了保長，有吃有穿，却不肯養老子，請縣長主持公道。我以電話詢問該管區長，是否有此事？答曰然。即囑區長轉告該保長，父母年老無依，兒子必須贍養，否則我要查究的。過了一個月，我騎着馬在鄉間巡視中，忽有老年人站立道旁向我作揖打拱，查詢之下，原來就是那一乞丐老者，現在他那當保長的兒子供養如儀了，特來向我道謝云。你看中國的老百姓是多麼馴良而容易滿足啊！

我的轄區松滋縣治，由於交通關係，原設在偏北地帶，接近大江邊，相沿久矣。該縣南部的士紳，忽認縣城不適中，遞呈省府，要求遷治於南部的『磨盤洲』，省府令飭我實地勘查具報。我親赴該縣南部巡視，見那磨盤洲係一小盆地，四面環山，缺乏平原，交通阻塞，有如袋形，當地居民不過十餘戶，絕無設治的條件，而且偏在南邊，照樣不適中，何必枉費財力，多此一舉呢？即將勘查實情繪具圖說，呈復省府，認爲斷不可行。

爲政而不顧民情之害

詎有舊國會議員韓玉宸（達齋），是該縣南部人，在國會號稱『政學系』要角，他與當時鄂省主席交誼頗深，乃運用人事關係，貿然通過省務會議准予遷治到磨盤洲，該縣多數人士羣聲反對，請我以客觀地位，主張公道，代向省府陳情，所得到的答復是『應毋庸議！』這時松滋縣長是江文波，其人頗持重，且諳星相風水之術。當新縣治籌備建築公廨之際，我邀同江縣長前去視察，即見縣政府建立在一山丘之上，我問江氏『這縣衙門的風水如何？』他說：『將來做縣長的必死於非命，我決不幹，等到實行遷治時，一定掛冠而去。』閱數月後，縣治遷到了磨盤洲，而江縣長仍在任，我很奇怪？這是民國廿三年春間的事。

是年八月賀龍與共黨政委夏曦，率領共軍萬餘人，由湘西竄到『津市』，與松滋縣南部的『西齋』鎮隔河遙望，距新縣治不過二十華里。某晨，共軍以一連人潛繞山谷小徑，突襲新縣治，縣長江文波體胖不能疾走，乘輿奔逃，目標顯著被共軍追及捉去，用鈍刀殺死在深山中，新縣府亦遭焚燬，依然搬回舊治，省政府再不說遷治的話了。爲着聽從權紳的私見，抹煞地方民意，漠視我的實地勘查報告，貿然從事，徒招匪患，枉耗人力財力之外，更使守土的縣令慘遭殺身之禍，難道這便是現代中國政治的本質表現嗎？

前文說我在江陵縣城內鎗斃了刼掠民財的國軍某部士兵，因而幾召不測之禍的話，即指這次共軍賀龍率衆進擾鄂西之役。

當賀龍率衆竄到津市之際，『鄂西勦總司令』徐源泉就駐在沙市當地，他的直屬部隊駐防江陵、荊門的不少，堵勦大股共軍，應該是鄂西勦總的份內之事，然湖北綏靖主任何雪竹（成濬）命令我督率團隊赴松滋縣的西齋防禦。我只有民兵二千人，而鎗械皆駁雜陳舊，又缺乏重武器，士兵亦未經過戰陣，實在沒有單獨對抗大敵的能力。但軍令不可違抗——行政專員兼保安司令——乃請鄂西勦總派一團人放在第二線，藉壯民兵的胆量，它拒絕；我再要求撥借重機關鎗兩挺，子彈一萬發，亦拒不應。於是，我以『初生之犢不畏虎』的心情，硬着頭皮，帶同二千名保安隊，馳赴西齋佈防。旋據津市方面的行商把賀龍發出的一張佈告，携來觀覽，上面列有『政委夏曦』（曼伯）的銜名，我跟夏於民國十年冬間在長沙相識，又一路同行到上海，彼此投契甚歡。登時我用粗紙寫信給夏，派當地一個貧民送往津市遞交，信上說：彼此濶別多年了，現以政治立場互異，老友竟成敵對，殊出意外。如迫不得已而戰鬥，曼伯萬一爲我所獲，决不加以殺害；我若爲曼伯所俘，自當聽候處置云。過了一星期，並無囘信，我囘返江陵後，即發生松滋江縣長被共軍捉去屠殺事件，而賀龍與夏乃率共軍別從來鳳、鄖陽山區，轉趨川黔長征了。事後據鄂省保安處長范紹陔兄說，湖北綏靖公署命令我統率民團防禦賀龍的主意，是沙市的鄂西勦總所出。他們料定民團絕對沒法達成任務，我若被共軍俘獲，必無生理，若幸而免，綏靖公署即以作戰不力，失守城池的罪名，按軍法懲治我，縱不鎗斃，也得坐牢，他們是要藉此報我一箭之仇呢！詎共軍臨時改道遠去，使他們的陰謀終不得逞，眞是『人算不如天算』，而怨毒之於人，可謂甚矣！

行政督察專員之所以兼駐在縣份的縣長，目的就在示範，而於督導所屬各縣縣政時，才知道實事求是，非同尋常。我願意接受行政專員任務的唯一志事，便是要作縣長。民國十九年冬間，我供職內政部，曾要求江蘇省教育長周佛海向主席顧祝同說項，委派我爲某縣縣長，但佛海答以『莫開玩笑，那有從簡任職位降格作委任官之理呢？』再三解釋，他亦不相信。這次到湖北作行政專員兼縣長，好容易實現了多年來的願望，乃把十分之七八的精力，都用在兼縣長的職責上，而以先使人民安居樂業爲首務。

教養工作做得不夠多

要使人民安居，必須肅清匪患，健全民衆自衛力量；要樂業，即非剷除土劣惡霸，樹立廉潔政風不可。這兩點消極的工作，我在兩年之內，幸告完成了。若就『管、教、養、衛』的政術而言，這祇是做到了『管』與『衛』而已，教、養尚談不到。我接任的次年，以江陵縣由於連年匪患不息之故，大小地主不是逃亡在外，便遭匪徒殺害，全縣耕地半數以上俱已荒蕪，我想試行國父孫先生手創『平均地權』政策，曾專函內政部長黃紹竑，主張把全縣耕地按人口重新分配，且保証不會發生大問題，請示他可否由內政部建議行政院特許以江陵縣爲平均地權實驗區？然他囘信說，這是重大的非常措施，應由中樞統籌辦理，地方官不宜輕於嘗試，我祇好作罷了。

從第三年——即民國廿三年，我就注意『教、養』問題。曾在江陵縣創立一所『農業專科學校』，附設模範農場，經費由轄區各縣分攤，學生亦由各縣保送，教員商請南京金陵大學農學院推薦，該院院長爲張之汶，並由該院選擇若干種農作物改良種籽，以及家畜類的品種，無償贈送，藉資實驗，進行很順利。本行政區所屬各縣，皆在大江邊，水利事項甚關重要，江陵、公安、石首三縣原有一共同建築的大水閘，地點在公安境內，名叫『閘口』，規模不小，因失修已經傾圮，許多農田失却灌溉之益。若要重建，需費相當可觀，而三縣受益的程度各別，談到派欵問題，意見即難統一，歷任各縣縣長明知其關係農民利害甚鉅，必須加以修復，然始終辦不到。我以行政督察專員地位，比較好說話，而三縣的士紳對我亦很信任，乃決心促進重建工作，分別向三縣縣長與紳耆們剖析利害，並表示江陵縣願意多担負一些費用，大家認爲我很公正，一致贊成，很快就把這道大水閘修建好了，且由公安縣一位前清孝廉鄒月階撰寫建閘紀念碑文，叙述經過情形，刻石樹立當地，碑文中對我謬加稱贊，實則此乃地方官應有職責，沒有可以矜伐的。以上這兩項設施，算是屬於『教』『養』政術範圍，對人民的生活和社會生計，稍有裨益。

江陵縣城原係舊時荆州府治，地面很寬敞，農業專校附設的農場亦在城內，農場上種植若干外國品種的農作物，於苗長枝葉後，每被民間的家畜踐踏啃吃殆盡，員生引以爲苦，請我設法制止，我即油印了一紙通知單，分送全城各戶居民，說明農場種植品，都是爲老百姓改良農作物試驗的，希望各戶人家莫再讓家畜走入農塲去，否則查出來就要處罰。嗣後即未見有家畜進擾農塲了。中國老百姓對『父母官』的話，如此誠意信從，稍有良心的人，何忍凌虐他們呢！

枝江縣治瀕臨大江邊，與松滋縣毗隣，中隔一山岳，距枝江城僅有三華里之『洋溪鎮』，亦在大江邊，去松滋在二十里以上。然該鎮竟分由枝江、松滋兩縣各管一半。因而居民不相合作，姦宄犯禁之徒，潛踪於其間，爲非作歹，遇枝江縣治安人員，即謂「我係松滋人」，對松滋治安人員，又以枝江人自居，馴致兩縣政令皆無從在該鎮實施，民間時起糾紛，形同脫節，相沿已久，無法糾正。我認這情形有乖治道，不應漠然置之，先赴松滋說服該縣士紳，將洋溪鎮全歸枝江統治，再約枝江縣長饒光亞，向該鎮居民說明改制理由，大家並無異議，而若干年來的『分治』秕政，乃告剔除，旋將此項措施，呈報省府備案。嗣是，姦宄之徒即不能以洋溪鎮爲巢穴了，對人民安居樂業生活，甚有裨助。

幾項特殊難忘的事情

湖北當陽縣與江陵縣相隣，但不屬於我這行政區管轄。民國廿三年冬，我因追勦地方土匪，事前來不及通知，即率團隊馳入當陽縣境，一路走到了縣城，地方民衆以爲是國軍過境，紛紛趨避，我騎在馬上高聲教大家莫驚惶，說我們是江陵的保安隊，秩序才告恢復。我走過那歷史上有名的『麥城』地區，滿目都是堤港交錯，形如織網，堤外就是大江，假使三國時的地理形勢，跟現在相差不遠，則關雲長於兵敗後，倉皇之間，走進這種畸形地帶，自非被敵人俘獲不可也。到達當陽縣治後，即往叩謁縣長，表示越境勦匪的歉意，他却很客氣，挽留聚餐畢，又領我到西門外的名勝古蹟『長坂坡』游覽一番。這地方沒有山谷，是個坡度不高的梯形地段，並不險要。史稱趙子龍在此大戰，殺得幾進幾出，大概是弓矢戈矛戰爭時代的現象吧？坡上豎立着一塊大石碑，上刻『長坂雄風』四個擘窠大字，據說是

本文作者於民國廿三年十一月過湖北當陽在西門外「長坂雄風」碑旁留影

滿清乾隆帝的御筆，我站在碑旁攝影一幀，藉作紀念。夷考關雲長鎮守荊州時，他經常往來當陽與荊門之間，綜持防務，很少時間駐荊州（即今江陵縣），當陽荊門如失守，江陵即不攻而自下矣。現代戰爭的形勢，亦復如是。

我所管轄的潛江縣，與監利縣壤地緊接，當共軍賀龍盤據『紅湖』時，監利全境除縣城外，俱已赤化，即潛江亦少乾淨土。該縣縣長方毅年富力强，頗能治匪，於民國廿二年出巡清鄉之際，就地鎗决了一名匪徒，該縣劣紳指爲『擅殺良民』，向武漢『三省勦總』控告，而該縣巨室權紳李書城（筱垣）住在漢口，他與勦總楊秘書長永泰交厚，李亦向楊攻訐方縣長甚力，勢將遭受嚴厲處分。方縣長乃以黃岡小同鄉關係，赴沙市請求『鄂西勦總司令』徐源泉，給以核准方縣長處决該匪徒的令文，証明並無擅殺情事，然徐拒不應，方縣長就來找我。我知道方平日勇於負責，應予維護，即赴該縣巡察，詳詢地方一般公正士紳以被殺者是良民？抑係土匪？衆口一詞指爲確係匪類。我乃毅然補發該縣長一道指令，准予備查。方縣長憑此得以解脫『擅殺良民』責任。但武漢『三省勦總』下令指我輕率從事，記過一次，我告訴方縣長，這才是眞正的『代人受過』，他極表感愧之意，由是更努力工作，聲言必期有以報答我。事後思量，我確實失之輕率，若不是楊秘書長在勦總主持政務，我將受到更重的處分無疑也。

民國廿四年秋，省府忽來訓令，內容說：『據該區民衆代表某某等若干人，呈控該專員在江陵沙市鎮組織「湖南同鄉會」，强佔民地，勒索民財等情，殊堪駭異；特檢同副本，令仰該員據實申復，以憑核辦』。我對被控告一事，迭有經驗，絕不介意。唯省府對此等荒謬不近情理的控狀，既不飭原告舉証查核，亦不管被告三年來的服務信用及其事實表現，沙市鎮湘籍居民極少，根本就沒有『湖南同鄉會』之組織，當地交通便利，距武漢亦甚近，稍事訪查，立得眞象，而所謂『民衆代表』也者，又無一人出面，顯係匿名揭帖，應該飭令原告檢送証據，方能依法處理。乃竟視爲嚴重事件，煌煌明令教我申復，不啻對我公然侮辱，認定這是故意給我難堪，此中有人要我走路的信號。於是，親擬電文答復省主席曰：『奉讀某月某日某號訓令，如墮五里霧中，無從申復，立候派員實地查究，以明是非』，旋接復電，亦有『接閱該員來電，本主席亦如墮五里霧中』之語，更証明是借題發揮，完全不講法制紀綱的私人好惡表示，即日呈請省府辭職，另電駐節成都的蔣委員長迅賜核准，然楊秘書長永泰先生不明內幕，又來電謂：『兄在鄂政績方彰，何遽言去？』我怕夜長夢多，急赴武昌要求省主席先派員代理我的職務，俾得早日交卸，而主席亦即照辦了。這時是民國廿四年九月，我恰恰做滿了了三年的行政專員兼縣長，來得甚愉快，去得亦很痛快也。

結語

三年地方官的生活，雖然比較作京曹辛苦而繁劇十倍，然對於吾國社會結構與民情，得有深切的認識和瞭解，允屬最大收穫。我在地方上幸獲大多數民衆贊許，然爲上級的少數文武大員所不喜，蓋我每以强項吏自任，遇事專替老百姓設想，而忽於討取達官貴人的歡心，換言之，即係不會作官的書生，自屬不合時宜。民國廿三年春，我到南昌行營出席行政會議時，江西省主席兼行營辦公廳主任熊天翼先生問我在鄂西爲政的要訣如何？他很客氣，誇稱我有成績。我答以四字訣：『依法跋扈』，意謂遇事奉公守法，恪盡職責，却不接受權威人物的無理干涉或囑託。像我這種思想與作風，根本就不適宜於現代中國的政治生活。所以，對日抗戰初期，老友周佛海在重慶曾問我：『很奇怪！某公對於楊暢卿（永泰）所賞識的人才，莫不器重，何以對你的情形竟不一樣呢？』我笑謂：『因我並非人才，當然兩樣看待，殊不足怪。』我深知自己的缺點，也懂得怎樣才可以博得權威人物嘉許的技術，如參加政界派系小組織，走裙帶路線，替要人設法弄錢或找女人等等，就是不願昧廉鮮恥地躬行實踐，而樂以自由職業終其生焉。

徐志摩與「新月」

——詩人徐志摩逝世四十周年——

梁實秋

民國二十年十一月的一晚，我的青島魚山路四號的寓所有敲門聲，時已十一點多鐘，我已入睡，季淑說：「這樣晚還有客來？」我披衣下樓，原來是楊今甫（振聲）先生派人送信來。紙條上寫着：「請示志摩滬寓地址。」我覺得奇怪，志摩時而在北平，時而在上海，但多半時候是在北平的，要他的上海住址做什麼呢？我在條上批寫：「上海福煦路××坊×號，」上樓重復入寢。

第二天早晨，到青島大學去上課，課畢踱到樓上校長室，想問個究竟。王秘書在外間辦公，面對着窗，我沒和他打招呼，一直衝進內間。今甫的臉色很嚴肅，這一回沒有笑臉相迎，坐在轉椅上發楞。他說：「你知道了麼？志摩死啦！」這眞是晴天霹靂，我怔住了。我那時是個三十歲的人，從來沒想到過「死」，而像志摩那樣一個生龍活虎般的人，如何能和「死」聯在一起？

今甫說：他接到濟南何仙槎廳長的電報，電文很簡畧，只是說：「志摩乘飛機在山失事，速示其滬寓地址」。飛機失事，當然乘客沒有倖理。志摩已死，是一定的了。這消息很快的散佈開，聞一多、趙太侔大家都來了，相顧愕然，無話可說。一陣驚駭的寂靜過去，我們商量應該做些什麼事，最後決定由沈從文耑赴濟南探詢一切。

沈從文一向受知於徐志摩，從北平晨報副刊投稿起，後來在上海新月雜誌長期撰稿，以至最後被介紹到青島大學教國文，都是志摩幫助推薦。所以志摩死耗給他的打擊是相當沉重的，沈從文一聲不响的立刻就到濟南去了，他在濟南盤桓了好幾天，直等到志摩屍體運走安葬一切辦完之後才回青島。他有信給今甫報告詳情：志摩是由滬搭飛機回北平，到泰山南一帶，遇霧，誤觸開山山頭，機身破毁，滾落於山脚之下，當即起火，志摩頭部撞一巨洞，手足燒焦，爲狀至慘。何仙槎先生料理後事，最爲出力。

提起志摩坐飛機，我就想起他對我一次的談話。他說：「實秋，你坐過飛機沒有？」我說我沒有坐過，一來沒有機會，二來沒有必要，三來也太貴。「喂，你一定要試試看，哎呀，太有趣，御風而行，平穩之至，在飛機裏可以寫稿子。自平至滬，比朝發夕至還要快，北平吃早點，到上海吃午飯，太好！」在那時候，航空事業還不發達，一般人坐不起，同時也視爲畏途，志摩飛來飛去，在一般文人裏可謂開風氣之先。但其中也是機緣凑巧，志摩有個朋友在航空公司（保君建），知道志摩在平滬兩地經常奔波，便送了一張長期免費票給他，沒想到一番好意竟招致了災禍。

詩人徐志摩遺像　胡亞光畫像　張大千補衣褶

爲什麼志摩要經常在平滬之間奔走？志摩住在上海已有好幾年，起初是相當快樂的。後來朋友們紛紛離開了上海，胡適之先生到北平作北大文學院長，胡先生是志摩的朋友，眼看着他孤另另的住在上海，而他的家庭狀况又是非常不愉快，長久下去怕他要頹廢，所以就勸他到北平去換換空氣，在北大教書倒是次要的事。志摩身在北平，而心不能忘上海的家，月底領了薪金正好送到上海去，他經常往返平滬者以此。

志摩這一死，確實是死得不平凡。英國浪漫派詩人，如拜倫、雪萊、濟慈，沒有一個能享大壽。拜倫是三十六歲時死在希臘的，志摩也是三十六歲死。想他正在「乘風而行，冷然善也！」的當兒，心裏一定是一片寧靜，目曠神怡，也許家裏的尷尬事早已撇到九霄雲外，也許正在寫詩，驀然間轟然一響，飛機裏天翻地覆，機身打幾個滾，然後是一團黑烟烈火！志摩在這幾秒鐘之間，受到了致命傷，可能沒有太久的苦痛而即失去知覺。這種死法，固然很慘，但從另一方面看，也可以說是轟轟烈烈的。拜倫是志摩很崇拜的一位詩人，志摩的死也可以說是拜倫式的。濟慈死得更年青，他給自己撰寫的墓銘是：「這裏睡着一個人，他的名字是寫在水上了。」志摩的名字可以說是寫在一團火焰裏了。

附錄　民國二十年十一月二十一日上海新聞報

中國航空公司京平線之濟南號飛機，于十九日在濟南黨家莊附近遇霧失事，機既全毀，機師王貫一、梁璧堂，及搭客徐志摩，均同時遇難。華東社記者昨往公司方面及徐宅訪問，茲將所得彙誌如後：失事情形：濟南號飛機於十九日上午八時由京裝載郵件四十餘磅，由飛機師梁璧堂駕駛出發，乘客僅北大教授徐志摩一人擬去北平，該機於上午十時十分飛抵徐州，十時二十分由徐繼續北飛，是時天氣甚佳，不料該機飛抵濟南五十里黨家莊附近，忽遇漫天大霧，進退俱屬不能。致觸山頂傾覆，機身着火，機油四溢，遂熊熊不能遏止，飛行師王貫一、梁璧堂及徐志摩遂同時遇難。辦理善後：後為津浦路警發覺，當即報告該地站長，遂由站長通知公司濟南辦事處，再由辦事處電告公司，公司于昨晨接電後，即派美籍飛行師安利生乘飛機赴京，並轉津浦車往出事地點，調查眞相，以便辦理善後。公司方面，並通知徐宅，徐宅方面，一方既囑公司代為辦理善後，一方面亦已由徐氏親屬張公權君派中國銀行人員趕往料理一切。公司損失：濟南號機為司汀遜式，于十八年蓉滬航空公司管理處時向美國購入，馬力三百五十四，速率每小時九十哩，今歲始裝換新摩托，甫於二月前完竣飛駛，不意偶遇重霧，竟致失事，機件全毀，不能復事修理，損失除郵件等外，計共五萬餘元……徐氏上星期乘京平線飛機來滬……才五六日，以教務紛煩，即匆匆擬返，不意竟罹斯禍……徐之乘坐飛機，係公司中保君建邀往乘坐，票亦公司所贈……票由公司贈送，蓋保君方為財務組主任，欲藉詩人之名作宣傳，徐氏留滬者僅五日。

志摩的作品，最大的成就是在新詩方面。他的第一部詩集「志摩的詩」，是他自己印的，中華書局出版，連史紙，中式線裝，仿宋體的字，古色古香。以後幾部詩集，「翡冷翠的一夜」、「猛虎集」、「雲遊」，都是在上海新月書店印的。「志摩的詩」最先出，也是比較最弱的，以後的作品漸臻於成熟之境。

志摩有天生的詩人的氣質，他對於生活的興趣，異常濃厚，他看見什麽東西都覺得有意思，所以他的詩取材甚廣。他愛都市，也愛鄉野，喜歡享受物質文明，也喜歡徜徉於山水之間。他很少描寫醜陋的，他常常留連在象牙之塔裏；但是對社會政治也偶然有正義的流露，這是最好的詩人氣質，能這樣才能充實，「充實之謂美」。

志摩的詩之異於他人者，在於他的豐富的情感之中帶着一股不可抵拒的「媚」。這嫵媚，不可形容，你不會覺不到，它直訴諸你的靈府。從表面上看，這嫵媚的來源可能是他的文字運用之巧妙。陸小曼說：「他的詩比一般的來得俏皮，眞是像活的一樣，字用得特別美，神仙似的句子，叫人看了神往，忘却人間有烟火氣。」這話是對的，我還嫌不夠。志摩的詩是他整個人格的表現，他把全副精神都注入了一行行的詩句裏，所以我們覺得在他詩的字裏行間有一個生龍活虎的人在跳動，他的音容、聲調、呼吸，都歷歷如在目前。他的詩不是冷冰冰的雕鑿過的大理石，是有情感的熱烘烘的曼妙的音樂。他平常說話就是慣用親暱的熱情的腔調，所以筆底下也是一派撩人的嫵媚。

再別康橋

輕輕的我走了，
正如我輕輕的來；
我輕輕的招手，
作別西天的雲彩。

那河畔的金柳，
是夕陽中的新娘；
波光裡的艷影，

在我的心頭蕩漾。

軟泥上的青荇，
油油的在水底招搖；
在康河的柔波裏，
我甘心做一條水草。

那榆蔭下的一潭，
不是清泉，是天上的虹，
揉碎在浮藻間，
沉澱着彩虹似的夢，

尋夢？撐一支長篙，
向青草更青處漫溯，
滿載一船星輝，
在星輝斑斕裏放歌。

但我不能放歌，
悄悄是別離的笙簫；
夏蟲也爲我沉默，
沉默是今晚的康橋！

悄悄的我走了，
正如我悄悄的來；
我揮一揮衣袖，
不帶走一片雲彩。

志摩的詩之另一特點是，在白話中夾雜着不少文言的詞藻。有人也許以爲這是毛病，白話詩裏何以要加入這樣多的文言詞藻？我倒不這樣想。我以爲，中國人以中國文字寫詩，不可能完全摒棄前人留下的美妙的詞藻。白話詩和文言的舊詩，不可能有個一刀兩段的分界線。須知白話裏面也有成色之分，「引車賣漿」之流有他們的白話，縉紳大夫也有他們的白話，各人教育程度不同，所使用的白話就有不同的詞藻。我並不要在其間強分優劣，有時候使用粗淺的口語頗能傳神，有時候要使用較雅馴的詞句方能適當的表達意境。詩人手段高强，便能推陳出新，他有摭取文言詞藻的自由；一味的使用粗淺的口語，並不一定就是成功的作品的保證。志摩使用文言詞藻，我們不嫌其陳腐，因爲他善於運用。他的國文有根柢，有那麼多的詞藻供他驅使，新詞舊語，無往不宜。當然，他也有很多詩篇，完全是使用較淺近的口語的。

有一首詩我特別喜歡，我曾在這首詩初在「新月」發表時告訴過志摩，他表示驚訝，也許是因爲他自以爲這不是得意之作，這首詩題目是：

這年頭活着不易

昨天我冒着大雨到烟霞嶺下訪桂；
南高峯在烟霞中不見，
在一家松茅舖的屋檐前，
我停步，問一個村姑今年
翁家山的桂花有沒有去年開的媚？

那村姑先對着我身上細細的端詳：
活像隻羽毛浸扁了的鳥，
我心想，她定覺得蹊蹺，
在這大雨天單身走遠道，
倒來沒來頭的問桂花今年香不香？

「客人，你運氣不好，來得太遲又太早；
這裏就是有名的滿家弄，
往年這時候到處香得凶，
這幾天連綿的雨，外加風，
弄得這稀糟，今年的早桂就算完了。」

果然這桂子林也不能給我點子歡喜；
枝上只見焦萎的細蕊，
看着悽慘，唉，無妄的災！
爲什麼這到處是憔悴？
這年頭活着不易！這年頭活着不易！

據志摩講，他到滿家弄訪桂，原意是希望在那漫山的桂林當中檢一個路邊的茶座坐下，吃一碗新鮮桂花煑的新鮮栗子湯，——悶熱的，噴香的，甜滋滋的栗子湯！沒想到撲個空，感而賦此。感得是人生凋敝，世事紛紜，眞可說是「人猶如此，木何以堪」了。這首詩末尾帶着一點子悲觀氣味，容易令人聯想起哈代 Thomas Hardy 的特有的作風，就是詩的形式和那平易的語調，也都頗似哈代。是的，志摩受哈代的影響很大，他曾在英國訪問過這位詩翁，也曾譯過他的若干首短詩。哈代的小詩常常是一個小小的情節，平平淡淡，在結尾處綴上一個悲觀的諷刺。這是哈代的獨特的作風，志摩頗能得其神韻。志摩說：「老頭難得讓他的思想往光亮處轉」，即是指哈代的悲觀。新月月刊第一期，有志摩介紹哈代的文章，及譯哈代詩。

太戈爾訪中國與北方教育界人士合影

前排右起爲辜鴻銘、太戈爾。後排自右至左爲王文顯、曹雲祥、張歆海、徐志摩、張彭春。時爲民國十三年四月，攝于清華園之工字廳。

另一個人多少影響到志摩的詩，是太戈爾。這一個老人是印度人，愛和平，愛山水，帶着宗教的神秘的氣息，於第一次大戰後大家詛咒西方物質文明聲中，卓然成爲一個脚色。他在民國十三年四月裏到中國來，到各處講演，頗極一時之盛，尤其是在北平天壇開的歡迎會，當時曾有人作如下之記載：

「林小姐（徽音）人艷如花，和老詩人挾臂而行，加上長袍白面郊寒島瘦的徐志摩，有如蒼松竹梅的一幅三友圖。徐氏在翻譯太戈爾的英語演說，用了中國語彙中最美的修辭，以硤石官話出之，便是一首首的小詩，飛瀑流泉，琮琮可聽。」（吳詠天壇史話）

太戈爾的思想在中國沒有留下影響，在文學方面他的散文詩以及自由詩之類倒是引起了一些人的注意。志摩的第一部詩集裏面有若干首或者是受太戈爾影響的。不過，新月社的命名，無疑的是由太戈爾的詩集的暗示。志摩在上海的寓所三樓亭子間有一精舍，屋裏沒有桌椅，只是地上舖着厚厚的毯子，有幾個軟靠枕，據說這是印度式，進門即可隨意在地上翻滾，別有情趣，這也許是受太戈爾的影響罷？

「新月雜誌」是民國十六年出版的，距今已有四十多年，我對它的記憶已有些模糊不清。前些時在友人處居然看到了十幾本「新月」，雖然紙張有些焦黃，脊背有些蟲蝕，却好像是舊友重逢，覺得非常親切，不知這幾本雜誌看到了我如今這老醜的樣子是否也有一點傷感。

辦雜誌是稀鬆平常的事。那個喜歡搖搖筆桿的人不想辦個雜誌？起初是人辦雜誌，後來是雜誌辦人，其中甘苦誰都曉得。「新月」不過是近數十年來無數的刊物中之一，在三四年的銷行之後便停刊了，並沒有什麽特別值得稱述的。不過辦這雜誌的一夥人，常被人稱爲「新月派」，好像是一個有組織的團體，好像是有什麽共同的主張，其實這不是事實。胡適之先生曾不止一次的述說：「獅子老虎永遠是獨來獨往的，只有狐狸和狗才成羣結隊！」辦「新月雜誌」的一夥人，是不屑於變狐狸變狗的。

民國十六年春，國民革命軍北伐到了南京近郊，當時局勢很亂。我和余上沅都在東南大學教書，同住在學校對門蓁巷四號，我們聽到炮聲隆隆，看到街上兵慌馬亂，成羣的散兵游勇在到處拉夫抓車，我們便商量應變的方策，決定携眷到上海再說。於是把衣物書籍裝箱存在學校圖書館裏，我們闖到下關搭船到了上海。學校一時無法開學，後來開學之後我們也不在被續聘之列，我們只好留在上海。我們到上海，是受了內戰之賜。

這時節北方還在所謂「軍閥」的統治之下，北平的國立八校經常在鬧「索薪」風潮，教員的薪俸積欠經年，在請願、坐索、呼籲之下每個月也只能領到三幾成薪水，一般人生活非常狼狽，學校情形亦不正常，有些人開始逃荒，其中一部份逃到上海。徐志摩、丁西林、葉公超、聞一多、饒子離等都在這時候先後到了上海，胡適之先生也是這時候到了上海居住。

同時有一批批的留學生自海外歸來。那時候留學生在海外受幾年洋罪之後很少有不回來的，很少人在外國長久居留作學術研究，也很少人耽於物質享受而留連忘返。潘光旦、劉英士、張禹九等都在這時候卜居滬濱。

上海是熱鬧的地方，究竟是個彈丸之地，我和上沅到了上海之後立刻就找到了我們所熟識的朋友們。我起先住旅館，隨後住到潘光旦家裏，終於在愛文義路租到了房子。有一天遇到余上沅，他告訴我他也有了住處，可是地點尚未確定，這話說得有些蹊蹺，原來是徐志摩、胡適之幾位想要在上海辦一個雜誌，並且開一爿書店，約他去代為經營，想物色一幢小小的房屋，樓下作為辦事處，樓上由他居住，後來選中了法租界環龍路環龍別墅四號。

兩個人辦不了一個雜誌，於是徐志摩四出訪友，約集了潘光旦、聞一多、饒子離、劉英士和我。那時候雜誌還沒有名稱。熱心奔走此事的是志摩和上沅，一個負責編輯，一個負責經理。此外我們幾個人對於此事並無成見，以潘光旦寓所為中心，我們經常聚首，與其羣居終日言不及義，倒不如大家拼拼湊湊來辦一個刊物，所以我們同意了參加這個刊物的編輯。上沅傳出了消息，雜誌定名為「新月」，顯然這是志摩的意思，因為在北平原有一個「新月社」，「新月」二字是套自印度太戈爾的一部詩「新月集」，太戈爾訪華時梁啓超出面招待，由志摩任翻譯，所以他對「新月」二字特感興趣，後來就在北平成立了一個「新月社」，像是俱樂部的性質，其中份子包括了一些文人和開明的政客與銀行家。我沒有參加過北平的「新月社」，那時候我尚在海外；一多是參加過的，但是他的印象不大好，因為一多是比較的富於「拉丁區」趣味的文人，而「新月社」的紳士趣味重些。不過我們還是接受了這個名稱，因為這名稱，至少在上海還是新鮮的，並不帶有任何色彩。後來上沅又傳出了消息，說是刊物決定由胡適之任社長，徐志摩任編輯，我們在光旦家裏集議提出了異議，覺得事情不應該這樣由一二人獨斷獨行，應該更民主化，由大家商定，我們把這意見告訴了上沅。志摩是何等明達的人，他立刻接受了我們的意見。「新月」創刊時，編輯人是由五個人共同負責，胡先生不列名。志摩是一團熱心，不大講究什麽辦事手續，可是他一團和氣，沒有人能對他發脾氣。胡先生事實上是領袖人物，但是他從不以領袖自居。

「新月」出版了，它給人的印象是很清新。從外貌上看就特別，版型是方方的，藍面貼黃籤，籤上橫書古宋體「新月」二字。面上浮貼一張紙條，上面印着要目。方的版型大概是襲取英國的十九世紀末的著名文藝雜誌Yellow Book的形式。這所謂的「黃皮書」是一種季刊，刊於一八九四至九七年，內有詩小說散文，作者包括Henry James, Edmund Cosse, Max-Beerbohm, Earnest Dawson, W. H. Davis 等，最引人們注意的是多幅的Aubrey Beardsley 的畫，古怪誇張而又極富頹廢的意味，志摩、一多都很喜歡它。「新月」模仿了「黃皮書」的形式，却很少人注意到，因為國內很少人看到過這「黃皮書」。

「新月」一夥人，除了共同願意辦一個刊物之外，並沒有多少相同的地方，相反的，各有各的思想路數，各有各的研究範圍，各有各的生活方式，各有各的職業技能。彼此不需標榜，更沒有依賴，辦刊物不為謀利，更沒有別的用心，只是一時興之所至。「我們的態度」一文，是志摩的手筆，好像是包括了我們的共同信仰，但是也很籠統，只舉出了「健康與尊嚴」二義。以我個人而論，我當時的文藝思想是趨向於傳統的穩健的一派，我接受了五四運動的革新的主張，但是我也頗受哈佛大學教授白璧德的影響，並不同情過度的浪漫的傾向。同時我對於當時上海叫囂最力的「普羅文學運動」也不以為然。我自己覺得我是處於左右兩面之間。我批評普羅文學運動，我也批評了魯迅，這些文字發表在「新月」上，但是這只是我個人的意見，我並不代表「新月」。我是獨力作戰，「新月」的朋友並沒有一個人挺身出來支持我，「新月雜誌」上除了我寫的文字之外，沒有一篇文字接觸到普羅文學。

「新月雜誌」在文化思想以及爭取民主自由方面也出了一點力。最初是胡適之先生寫了一篇「知難行亦不易」，一篇「新文化運動與國民黨」。這兩篇文章，我們現在看來，大致是平實的，至少在態度方面是「善意的批評」，在文字方面也是溫和的，可是那時候有一股凌厲的政風，不知什

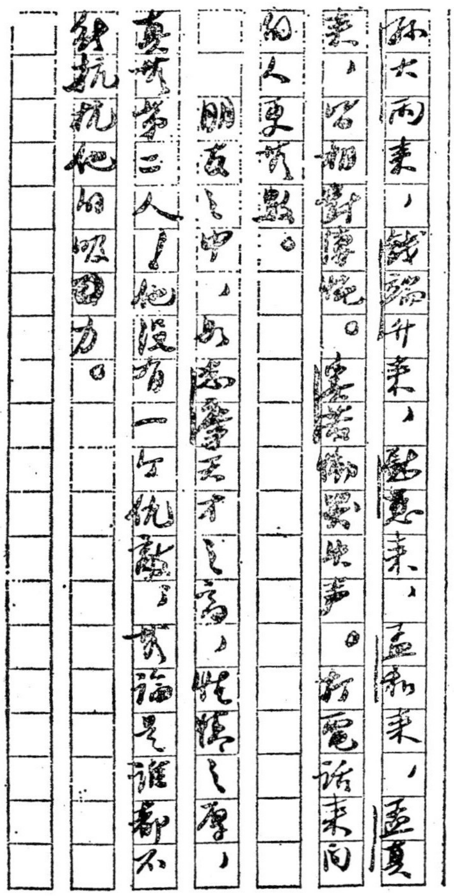

胡適日記有關悼念徐志摩的一頁

麽人撰了「黨外無黨，黨內無派」的口號，只許信仰，不許批評。胡先生說：「上帝都可以批評，爲什麽不可以批評一個人？」所以雖然他的許多朋友如丁轂音、熊克武、但懋辛都力勸他不可發表這些文章，並且進一步要當時作編輯的我來臨時把稿逕行抽出，胡先生還是堅決要發表。發表之後果然有了反響。我們感到切膚之痛的「新月」被郵局扣留不得外寄，這一措施延長到相當久的時候才撤銷。胡先生寫信給胡展堂先生抗議，所得的回答是：「奉胡委員諭：擬請台端於〇月〇日來京到……一談。特此奉陳，即希查照，此致胡適之先生。胡委員秘書處謹啓。」這一封信我們都看到了，都覺得這封信氣派很大，相當嚇人。胡先生沒有去，可是此後也沒有再繼續發表這一類的文字，這兩篇文章也不見於現行遠東版「胡適文存」中。我寫了一篇「論思想統一」也是主張思想自由的。這時節羅隆基自海外歸來，一連串寫了好幾篇論人權的文章，鼓吹自由思想與個人主義，使得「新月」有了更濃厚的政治色采，引起了更大的風波。胡先生對於人權的觀念是很簡單的，他的出發點只是法治精神與人道主義，並沒有任何黨派主張或政治意味。我記得最初觸起他有關人權問題的注意者，乃是報載華北唐山某一老百姓被地方官吏毆辱的故事，他認爲這不是偶發事件，這是全國到處皆然的，他認爲這種「一朝權在手，便把令來行」的態度是要不得的。我又記得，胡先生編了一本「宋人話本八種」由「亞東」出版，裏面有一篇「海陵王無道荒淫」，租界巡捕房認爲有傷風化，逕予沒收，胡先生很不謂然，特去請教在英國學過法律的鄭天錫先生，知道「沒收」是附帶處分，如果被告沒有罪刑，便不應該發生附帶處分的可能，可見胡先生是非常注意法律程序的。

有關人權問題的文字一共有十幾篇，後來印成了一個小冊子，名爲「人權論集」由新月書店出版，現已絕版。

說到新月書店，也是很有趣的。我們一夥人如何會經營商店？起初是余上沅負責，由他約請了一位謝先生主持店務，謝先生是書業內行，他包辦一切，後來上沅離滬，仍然實際上由謝先生主管，名義上由張禹九當經理，只是遙領，蓋蓋圖章而已。書店設在鬧區之望平街，獨開間，進去是黑黝黝的一間屋子，可是生意不惡。一年後遷到四馬路中市九十五號。這書店的成本只有四千元，一百元一股，五十元半股，每人最多不能超過兩股，固然收了「節制資本」之效，可是大家誰也不願多負責了。我只認了半股。雖然我是書店的總編輯，我不清楚書店的盈虧情形，只是在股東會議聽取報告。「新月雜誌」每期實銷多少我也從來不知道。不過我們出了不少書，有些書留下很清晰的印象。

胡先生的「白話文學史」是新月書店出的第一本書，也是最暢銷的一本書。像他的「中國哲學史」一樣，只有上卷。白話文學史寫到唐朝爲止。他的主要目的是在說明白話文學是古已有之的，是中國文學裏的傳統之一。後來他又出版了他的「四十自述」，其中一部份是在「新月雜誌」上發表過的，他現身說法提倡傳記文學。我們遺憾的是他寫到四十爲止，以後沒有續寫下去。但是這個遺憾是可以彌補的，胡先生有一部偉大的日記，他的留學日記是大家所熟悉的，一個人在學生時代能有那樣豐富的日記，是很不尋常的，他的頭腦之成熟比一般人要早一二十年以上。胡先生於這部留學日記之後，一直從不間斷的在記日記。有一天，我和徐志摩到他家裏去（上海極司非而路），他不在家而樓下適有他客，胡太太吩咐我們到樓上書房裏去坐，志摩是閒不住的，進屋便東看西看，一眼看到書架上有一大堆稿子，翻開一看，原來是日記，寫在新月稿紙上（這種稿紙其實原是胡先生私人用的稿紙，每頁二百五十字，空白特多，甚爲合用）寫得整整齊齊，記載着每日的活動感想等等，還剪貼了不少的報紙資料，不僅是個人的日記，還是社會史料。我們偸看了一部份之後，實在佩服他的精力過人，毅力亦過人。胡先生說：「這是我留給我的兒子們的唯一的遺產，要等我死後才能發表。」我們當時就希望能有一天看見這一部偉大的日記出版。胡先生還有一本「廬山遊記」，這小冊子被常燕生先生評爲「玩物喪志」，胡先生很不服氣，他說：「我爲了一個塔寫許多字來考證是爲了提供一個研究的方法。」是的，胡先生後來寫了幾百萬字考證水經注，據說也是爲了提供一個研究方法。

徐志摩的作品在「新月」出版的有「翡冷翠的一夜」、「巴黎的鱗爪」、「自剖」、「卞昆岡」等。聞一多的「死水」也是「新月」出版的，這一本詩集會發生很大的影響。志摩和一多的詩，有人稱爲新月派，也有人諡爲「豆腐乾式」，他們是比較注重「形式」，尤其是學繪畫的聞一多，他不知道除了形式還有什麽美。他們都有意摹倣外國詩體，當時是新詩的一大進步。有人常把朱湘也列入新月派，事實上朱湘與「新月」毫無關係。年青一輩的陳夢家、方瑋德在「新月雜誌」上初露頭角，後來在「詩刊」裏佔比較重要的地位，「詩刊」是月刊，志摩主編，記得只出了三四期。

潘光旦在「新月」出了好幾本書，如「小青之分析」、「家庭問題論叢」、「人文生物學論叢」。光旦是社會學的一位傑出人才，治優生學，頭腦清楚，有獨立的見解，國文根柢好。

我在「新月」出版的書有：「浪漫的與古典的」、「文學的紀律」、「阿伯拉與哀綠綺思的情書」、「潘彼德」、「織工馬南傳」、「白壁德與人文主義」等。

此外「新月」出版的書之我留有印象的，如：陳西瀅著「西瀅閒話」，凌叔華著「花之寺」，陳衡哲著「小雨點」，邢鵬舉譯「歐卡珊與尼珂

徐志摩（全集未載）致郁達夫書

達夫兄：
我將去北平，與公等自此相遠，曾聞知否？筆會再三相請，未蒙枉駕，近來酒興何如？「新月」要問達夫討書印，有希望否？令友何撰一詩，無人承印，只得送回，即乞轉還。前承允與中華一書，至今未聞消息，念念。我北平寓後門米糧庫四號。適之家時代險惡，我輩祇許閉口，此頌
香福
志摩敬候

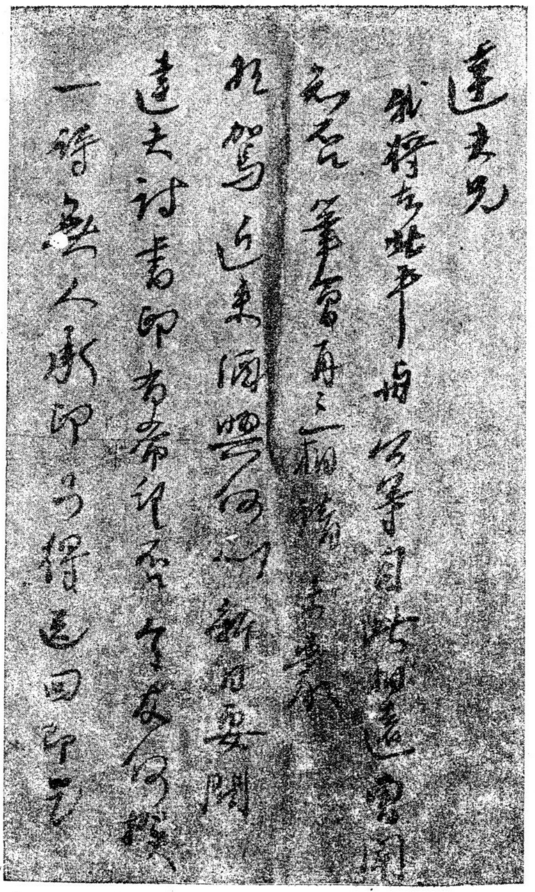

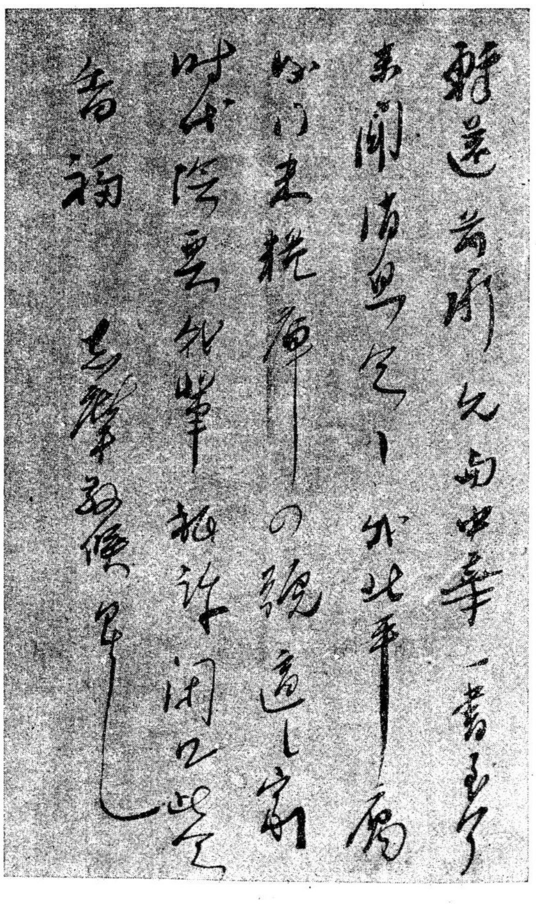

萊」，徐志摩、沈性仁譯「瑪麗瑪麗」，余上沅等著「國劇運動」，余上沅譯「可敬的克萊登」，伍光建譯「造謠學校」、「詭姻緣」，顧仲彝譯「威尼斯商人」，劉英士譯「歐洲的向外發展」，費鑑照著「現代詩人」，陳西瀅譯「少年歌德之創造」，陳楚淮著「金絲雀」，趙少侯譯「迷眼的沙子」等。沈從文在「新月」出版的小說。有「阿麗思中國游記」一二卷、「好管閒事的人」和「蜜月」。

到了民國十九年，「新月」的一夥人差不多都離開上海了。聞一多本來不在上海，十九年夏他到上海來，我們兩個應楊今甫邀赴青島參加正在籌備中的國立青島大學。胡先生和志摩都到北大去了，上沅也早就到了北平。「新月雜誌」在羅隆基編輯之下逐漸變了質，文藝學術的成分少了，政治討論的成分多了，這是我們始料所不及的事。書店在光旦的長兄潘孟翹先生勉强支撐中也不見起色。所以胡先生有一次途經青島時便對我們說起結束「新月」的事，我們當然也贊成，後來便由胡先生出面與商務印書館王雲五先生商洽，由商務出一筆錢（大約是七八千元）給新月書店，有這一筆欵彌補虧空，「新月」才關得上門，「新月」所出的書籍一律轉移到商務繼續出版，所有存書一律送給商務，「新月」宣佈解散。

這便是「新月」的源源本本，一夥人萍蹤偶聚，合力辦一個雜誌開一個書店，過三四年勞燕分飛，頓成陳迹，只是回憶的資料而已。有多少成績，有什麽影響，自己也不知道。胡先生最喜歡引佛書上的一句話：「功不唐捐」，意思是「努力必不白費」，有耕耘即有收穫。這收穫究竟在哪裏呢？回憶之際，覺得惶惑不已。

前年，我和蔣慰堂先生主編了「徐志摩全集」，由傳記文學社出版，共分六輯，因爲坊間翻印志摩的書很多，但往往將一本書割裂成幾本，號稱「全集」者又缺漏太多，魯魚亥豕，更不必說，情形實在不能令人滿意。胡適之先生生前，也覺得這是一件憾事！幸得該書在志摩的兒子徐積鍇先生協助下，編印完成，亦足以慰老友於地下了！

戴笠其人其事

·彬彬·

中美合作所協定成立簽字者戴笠

名聞中外的中國現代人物戴笠（雨農），筆者僅於對日抗戰結束不久時，偶爾在重慶應酬場合，遇見他一次，却未交談一語，但我對他頗為欣讚。原因是當時有他的一個老友會對他說：『抗戰勝利了，你的公務亦比較輕鬆些了，希望你對自己的兒子好好管教一下，免誤前程。』戴謂：『像我這種人，將來自己的下場如何，亦不知道，還有心管下一代的事嗎？隨他去吧！』我覺得此人很朗爽，不失其為豪邁之士，竊心儀之。迨他遇難去世後，又知道他身後並無資財積存，也沒有片瓦寸土的私有房地產遺留在各大都市中。以他二十年來所担任的職務和其權力機會而言，若要撈錢，十分容易，攪多少亦不致發生問題，然廉潔自持，有所不為，這是很難得的。我沒有足夠的資料來寫「戴笠評傳」，祇就見聞所及的若干事情提出來談談，表示個人對他的一點贊許之意而已。

民國卅五年初，對日戰爭剛告結束不久，滬上聞人楊虎（嘯天）尚住在重慶，維時素以星相之術著稱的民社黨人盧毅安亦在渝市，楊慕其名，特託皖人張稚琴介紹，請陪盧到楊寓一談。張與盧於某日午後應約而去，然楊虎猶在樓上午睡未起，二人只好暫入客廳稍待。未幾，有來賓乘汽車馳至楊宅，入門不經傳達，即逕自登樓，而楊宅傭人並不阻止，且對來賓極表恭敬。盧毅安坐在客室中目覩此狀，知非尋常的訪客，便問張稚琴以剛纔上樓的來賓是什麽人？張亦不認識。等他下樓辭別主人之際，楊虎很禮貌地恭送如儀，盧亦走出客廳，見楊與來賓站立大門外交談不歇，盧趨前睨視之。繼而楊送客後囘入客室跟盧張寒暄時，盧詢楊以適所送之客係何等人物，楊謂：『這人你們不認得嗎？他就是鼎鼎大名的戴笠嘛！』盧默然。旋登樓跟楊虎談星相甚詳，事畢辭歸後，盧告訴張云：『我在楊宅大門外，仔細觀看了戴笠的氣色，很不好！』張問：『不好到甚麽程度呢？』盧搖手謂：『不能說，關係重大！』張更詫異道：『對我說說，毫無關係，我絕對不會向外人洩漏的。』於是，盧輕聲說道：『他一臉的死氣，不出半年，必死無疑。』張聞而駭然，但謂『我們且看結果如何罷！』到是年三月下旬，戴由青島乘飛機趕回滬上與美國海軍上將柯克晤面，而上海機場以霧大不能降落，改飛南京途中，竟在句容縣境的「戴山」相撞，機毀人亡，盧毅安的預言果實現了！一九五〇年冬，盧毅安到了香港，住灣仔「六國飯店」，筆者由民社黨元老伍憲子介紹，與盧閒談，先問他在重慶給戴雨農看相這囘事，他承認不錯。這時美國正大選總統，艾森豪與塔虎脫競爭甚烈，我再問盧：『就這兩人的相片觀察，誰的勝算為多呢？』答者：『根據相片的輪廓和容顏仔細省覽，艾森豪一定當選，但其政績將來一場糊塗，毫無成就可言。』後來果然不錯，這是我親身經歷的事。現聞盧毅安旅居美國舊金山，而吾友張稚琴仍居香港，可以質証前述盧關於戴雨農的星相判斷為不虛也。

戴係黃埔軍校第六期騎兵科的學生，浙江江山縣硤口鎮人，以未及參加民十五六年北伐戰役，畢業後落拓上海，殊不得意，然多與滬上三教九流的人物交游，喜歡打聽各方面的時事消息。民國十七年冬，原來屬於唐生智的革命第八軍三個師，因唐在武漢被打垮後，已由白崇禧改編統率在河北一帶駐防着。既而唐暗與閻錫山聯合，閻給他三百萬元，運動舊部脫離桂系南下，中央亦同意唐生智再起領導湘軍，唐即以『囘到老家』的口號煽動舊部，白崇禧倉皇棄軍，隻身南來，湘軍仍歸入唐掌握，帶到河南漯河戍屯待命，旋參預中央討馮（玉祥）戰役後，仍在河南整訓。詎唐好亂成性，又與汪精衛勾結，密謀反抗中央。當時國內各方軍閥，經常派有嘍囉在上海租界內活動，或採購軍用器材與醫藥品，或從事合縱連衡的政治陰謀，戴笠在滬交游既廣，聞得唐生智不穩消息後，即調查湘軍在河南駐防的位置分佈詳情，寫成秘密報告文件，馳赴南京，請託在蔣校長侍從室服務的同學代爲轉呈，然同學們以其所述事項殊突兀，疑係道聽途說的訛傳，恐非事實，徒亂人意，束之高閣，未予轉遞。戴乃乘蔣校長坐車到總司令部辦公之際，佇立車前，高舉雙手，大呼『報告校長：學生是戴笠，有機密情報面呈。』衛士將其所謂『機密情報』收下，教他走開。他在報告書中，已附註着自己的通訊地址，祇好回到上海，靜候下文。過了不久的時間，唐生智果然打出『護黨救國』的旗幟，在漯河通電造反了！這纔知道戴雨農的情報是可靠的，即通知他到南京面覲校長，頗示嘉許。戴又擬有計劃進呈，主張在中樞設置情報機構，專責進行，當蒙採納，即命戴策劃一切，另派鄭介民、張炎元、陳希曾等三人相助爲理，而戴即從此發跡，成爲情報首腦人物了。往後經過了民十九年中原大戰，以及民二十年西南爲胡漢民幽居湯山事件而宣告獨立自主，民廿二年『福建人民政府』諸變亂之役，戴的情報工作皆表現很好，乃將軍事委員長南昌行營原設的『調查科』，亦歸併於戴的情報單位，改稱爲『軍事委員會調查統計局』，而以軍委會辦公廳主任兼局長，戴笠任副局長，實際由戴主持其事，局長完全不過問，僅於每年元旦，調查統計局全體人員團拜聚餐時，恭請局長到場，由戴領導同人向局長敬酒一次而已。

關於『軍統局』的日常業務情況，我不清楚，祇就戴公開表現的重要事項，而對國家有益者，畧述一二，以概其餘。

對日抗戰中期，大後方物資缺乏，對外的交通孔道，僅有滇緬路一線而已。此外就是由上海方面搶運一些日常生活必需品，藉以接濟巴蜀民衆。至於必不可少的舶來品，全靠滇緬路輸入，政府管制甚嚴，普通商人不能經營，尤禁奢侈品進口。政府特設『國際運輸統制局』，綜持其事，由軍政部長何應欽兼局長，下設『指揮處』，由交通部長俞飛鵬兼任，『監察處』初由曾養甫担任，後派戴笠兼任之。政府在國外所購物資，先從仰光運至臘戍儲存，逐漸轉運昆明。財政部在昆明設置『西南運輸處』，專負接運一切物資之責，派林士良爲處長，又以中央銀行信託局名義，在臘戍設置招待所，亦由林士良兼任該所主任職務，旨在使往來仰光與昆明之間的運輸處人員食宿方便也。

西南運輸處受國際運輸統制局監督指揮，該處擁有貨運大卡車二百餘輛，每次所運貨物，皆用財政部印製的封條貼在貨品箱上，沿途軍警機關即免予檢查。西南運輸處長林士良，係孔祥熙部長的親信幹部，據說他原係孤兒院出身的，由孔資助他完成學業，再入財政部任事，人亦聰頴，深得上峯信任，孔夫人亦深喜之。

民國卅三年正是仰光被日軍佔領，我國抗戰吃緊，重慶大後方物資最缺乏之秋，而市面上各種外國奢侈品琳瑯滿目，公開出售，始以爲係美軍方面拋售出來的，經查明不確。蓋美軍的軍用物資種數有限，祇是香烟啤酒之類，若男女衣料絲襪暨婦女化裝品以及打火機等等，是少有的。戴雨農的情報工作很嚴密，知道這都是由西南運輸處利用職權，走私進來的。但未獲得証據，不便究辦。於是，他以國際運輸統制局監察處長身份，親往昆明偵查。這時仰光失守，臘戍很危急，西南運輸處長林士良親自到臘戍搶運儲存該地的貨物。某日，林以一百五十輛大卡車載運物資到昆明來，戴從長途電話中詢知這批卡車何時由臘戍開出，林士良親自押運等情況後，屆時帶同衛士在昆明車站上，等候大隊車輛一到，即隨車開至存貨的倉庫中，立即拆去封條，檢視全部貨物，大部分皆係走私的奢侈品，旋將林士良扣留訊究，以人贓俱獲，無從狡賴，乃據情呈報重慶最高當局，請將林置之大辟，藉伸法紀，而渝方大員爲林士良緩頰的電報紛至沓來，孔部長且電令戴——他兼任財政部緝私署長——着將林押解重慶處理，不得違誤。戴知若將林解赴重慶，勢必不了了之，即將林槍斃，復電孔謂奉到電令時業已將林處決了！

消息傳播後，各方人士初則震驚，繼則稱讚戴此項非常舉動，足以廉頑立懦，戢止貪風。然孔已爲之大怒，指戴抗命擅殺政府要員，非同小可。戴回渝晉謁財孔，報告本案經過時，孔夫人曾斥責道：『戴笠，你有幾個腦袋？』其忿慨可知。既而孔乃下令裁撤『財政部緝私署』，戴兼任署長已久，經手公帑亦多，倉猝移交，措手不及，然又無法挪移『軍統局』公欵濟急，因該局經費係由中樞派遣經理處長綜持的。他怕授人以虧欠公欵、移交不清的罪名，祇好四出張羅，幸得杜月笙大力幫忙，纔使緝私署的移交辦妥，未出紕漏。

林案發生後，外間忽有訛言流傳，謂戴之敢於處決林士良，背後必有特殊力量支持他，否則不致如此大胆。未幾，香港廣東銀行總務處長鄧勉仁由港赴渝，臨行有人秘密託他帶信交給渝方要員，內容是談中日停戰言和問題。蓋此時日本軍閥自知必敗，急求中日和談，曾挽周作民向渝方要人接洽。鄧勉仁原係毫無政治知識的純粹商賈之輩，以爲帶一信到重慶，無關宏旨。他到達渝市時，原信即被檢查機構查獲了，認有通敵嫌疑，報告戴笠處理。廣東銀行的董事長是宋子文，於是，即有人對戴說：『孔部長手下的人走私，你將他殺了，宋部長手下的人通敵，看你怎麽辦？』戴爲澄清訛言，報請最高當局核准，即把鄧勉仁執行槍決！實則林士良案發生時，宋子文正在美國公幹未歸。

戴雨農對於剷除貪污的果敢精神，是值得稱贊的。他接任『國際運輸統制局』監察處長後，查得前任處長曾養甫任用的三個上校科長和兩個諮議，皆有利用職務從事貪污的確証，曾將兩個科長槍斃，其餘三人予以撤職，這時曾養甫担任滇緬鐵路督辦，亦住在昆明，但戴不顧一切，依

戴笠挑起了「特務」的擔子

法行事。至於他直屬的軍統局大小職員，如有貪污行爲，一經發覺，决無倖理。所以戴在生時，很少聽說有軍統局人員犯貪污罪行的，因爲戴自己很廉潔，絕不積蓄私財，有目共覩。假使他好貨，包括海陸空的全國緝私事宜皆在掌握中，要弄錢，太方便了。迨他去世後，情形就不同，人亡政息，可發一嘆！

對日抗戰中期，中國戰區已有美軍駐在，而由美方的高級軍官担任中國戰區參謀長兼美軍司令。民國三十二年華府五角大厦决計要派遣軍隊在中國東南沿海岸登陸，協同國軍攻擊敵寇，但須瞭解日軍在沿海地區的活動情况暨該地區的氣象、水利等，又對日本海空軍的密電碼，亦須隨時偵查翻譯。乃派遣曾任遠東艦隊艦長的梅樂斯中校，到重慶來接洽一切，我方即由戴笠負責洽商，擬設置『中美特種技術合作所』負責進行，經華府五角大厦同意後，於一九四三年五月中旬，在重慶簽訂合同，正式成立合作所，參加簽訂合同典禮的美方代表爲羅斯福總統私人代表魯斯（生活雜誌主持人）與梅樂斯中校，我方代表爲外交部常務次長胡世澤與戴笠。中美合作所的主任由戴担任，副主任爲梅樂斯。

戴賦性爽朗豪邁，勇於負責，亦重然諾，他待人接物的作風，很適合美國朋友的脾胃，副主任梅樂斯跟他相處甚融洽，毫無芥蒂。因而中美合作所舉辦的各種技術訓練班的器材與教官，都由美方儘量供應，成績斐然，其中尤以特種警察訓練班，辦理得最有成績。爲着加强對日作戰的力量，美方又答應協助戴建立一支特種武裝部隊，專負責敵後游擊任務。戴即將原有財政部緝私署所屬緝私隊作基礎，組織『忠義救國軍』，由黃埔軍校四期畢業生周偉龍担任總指揮；隨後再成立『別動總隊』，以軍校二期畢業生馬志超爲總隊長；這兩支特種隊伍，皆派在東南各省區從事敵後游擊工作；並受中美合作所在福建建陽設立的『東南辦事處』直接指揮，使敵寇增加很大的威脅。到了一九四五年夏間，中美合作所在東南沿海地區進行的接應美軍登陸計劃，已告完成，若不是美國造出原子彈，使日本迅速投降，美軍一旦登陸上海，進攻日軍，戴雨農佈署的潛力，必能有所表現的。但他的忠義救國軍總指揮周偉龍，曾在上海幹過一樁對國家大有裨益的事情，世人莫悉其詳，於今事過境遷，關係人物皆下世了，不妨附帶談談。

時人僅知唐紹儀在上海被刺殞命這回事，却不知以利斧劈殺唐的就是周偉龍。當時唐在上海受日寇煽惑，甘作大漢奸，而以統一南北兩個僞政權，由他担任領袖爲出山條件，日寇亦表同意，唐即積極斡旋於其間，進行很順利，如果奸謀得逞，對抗戰前途，危害甚大。戴笠廉悉眞實情况，密令駐在浙江境內游擊的周總指揮，實行除奸工作。但唐的居處警衛嚴密，且拒見普通賓朋，初次派往上海執行的人，殊難着手，周乃親自出馬化裝爲商賈，潛入上海租界內，偵悉唐紹儀嗜好古玩，常由其青年外甥某，引導素有往來的一家古董商人，持貨品至唐宅求售。周先以重金購買該古玩店，仍由原店主担任經理之職，厚其待遇，然後利用他的關係，結識唐的外甥。某日，以一隻高盈數尺的珍貴古瓷瓶，協同唐的外甥，携往唐宅請唐賞鑑。當唐低首省察古瓶之際，周出利斧予以劈死，該青年外甥警駭失魂，周又脅其不許聲張，得以從容離開。他早已購置船票在身，急馳赴碼頭圖逃，旋被緹騎追及，由該青年外甥指認，捉到日本憲兵隊去，受盡各種酷刑，他只供說是報私仇，並未暴露身份，戴雨農不惜一切耗費，最後將他保釋出來。洎是，周的兩頰皮肉常作波動狀態，據他說，就是飽受日寇的電刑所使然也。

軍統的主要職責是在偵查敵情，防制叛亂，有時要滲入敵人的陣營，發揮作用。共黨大力宣傳『國特』的罪惡，實則全世界任何國家都有特務機構，如美國的『聯邦調查局』，其規模之龐大，遠非吾國的軍統所能望其項背，而共黨敎全體人民彼此互相監視偵查，可謂全民特務化。

在對日抗戰以前，廣西宣稱自主，拒奉國府正朔，對於戴雨農的情報工作人員，防範嚴密，很不容易滲透於其間。桂省亦專設情報機構，而以留俄學生黃公度主持之，黃係托派份子，乃堅决反抗南京的死硬派，他以廣西建設廳長兼桂軍政訓處長職位，掌管情報工作。政訓處第二組主任邱春光爲其親信幹部，邱出身黃埔軍校第四期，是共產黨徒，黃氏倚之爲股肱，其餘的第一組主任程思遠，第二組主任盧英隆，皆不能參預極機密的情報事宜。戴雨農即利用黃埔同學關係，跟邱春光取得了聯繫，把秘密電台用桂軍政訓處名義由香港運入廣西，建立地下工作據點，逐漸發展後，黃公度亦知道了。但邱春光認為少數的『軍統』隱形份子，既在自己控制之中，殊不足懼，且可施行『反間』工作，黃公度深以為然，但不能不秘密向桂軍副總司令白崇禧報告，請白轉達李總司令宗仁備悉其情。所以，後來廣西方面亦潛派人員到戴所辦的訓練班受訓。

越民國廿五年秋，兩廣問題和平解決，戴笠派在桂省的情報人員更趨活躍了。然黃公度與邱春光皆反對廣西與南京合作，而李白不從，黃邱乃命其指揮下的情報嘍囉，向駐防柳州的桂軍軍長廖磊告密，把軍統設在柳州的秘密電台破獲了。廖係白崇禧的親信，即向黃公度提出嚴厲詰問，指責黃事前明知柳州有軍統的地下組織，竟不使駐防當地的最高軍事長官知悉，此即表示對本人（廖自稱）不信任，詞意甚為憤懣不平，黃答以早經報告白副總司令在案，詎白忘記了告訴廖軍長，迨廖赴南寧面將此事詢問白時，白謂『我也不知道』。於是，廖大怒，要求李白非將黃公度撤職不可，李白祇好照辦，黃與邱春光即離桂到了香港。但黃在桂省担任重要職務有年，應該移交的手續很多，不能不回去料理，而邱春光拒絕回桂。黃由香港遄返桂林後不久，蘆溝橋事變發作，李白通電即率桂軍北上抗日，然廖磊與一般桂軍將領，平日深惡黃公度殊甚，認為廣西尚留下一個陰賊險狠的黃某，出征的將士們都引以為憂，大有此人不除，則六軍不發之勢。李白為着安定軍心，乃以密謀釀亂的罪名將黃槍斃了！

若不是戴雨農設法派人潛入廣西工作，這一著名的反動份子黃公度即不致於消滅，而對抗戰前途，很可能發生若干不良影響吧？

日本宣告投降後，戴與杜月笙、錢新之等，首先到達上海。汪政權巨頭周佛海，早與戴有密切聯繫，戰時戴派在上海的地下工作人員暨電台，即潛留在周宅內。所以，關於接受汪政權的軍事和財政方面各項事宜，皆由周與戴直接處理，翔實順便而不費力。後來周佛海被判處無期徒刑，筆者到南京老虎橋監獄去看他，他很感慨地對我說：『我在重慶看到雨農罹難的消息，就知道我完了！因為我在戰時「通謀祖國，企圖顛覆敵國」的經過事實，只有雨農最清楚，他一死，再無人替我作証了。』

戴笠（右）與梅樂斯（左）攝于一九四五年聖誕

戰事既告結束，原有的忠義救國軍與別動總隊，已無存在之必要，應該別作安排。此時美國特使馬歇爾正在我國調停國共之爭，各地設置『軍調小組』，要雙方就地停戰，國軍當然照辦。但共軍却以化整為零的詭術，於夜間從各處鐵路線左右地帶，向前滲透推進，遇着政府守軍力量較弱的，即加攻擊繳械。戴笠明知其然，乃將忠義救國軍和別動總隊，連同接收偽財政部的稅警團，合組為『交警總隊』，屬交通部管轄，受軍統局指揮，每隊人數等於一個混成旅，士兵制服與警察相同，武器却很新式，盡係美國製的卡賓槍，只是沒有重武器而已。交警的任務是保護交通安全秩序，目的即在對付共軍化整為零的滲透戰術，收效甚宏。初時成立八個總隊，分別駐防京津滬漢各鐵路幹線兩旁，往後逐漸擴充，另設『交警總局』綜持其事，到民國卅八年，交警總隊已增至二十四個單位了。交警總局長首任是吉章簡，周偉龍、馬志超亦先後担任過局長職務。

參加中美合作所的美國代表，原係海軍將領，經過了幾年的合作關係，他們對戴雨農極示推崇，認為是中國的特出人才，曾慫恿戴今後致力於海軍建設工作，美國願盡力協助。戴個人雖未必有意於變換職位，然藉此機會能替國家增强海軍實力，自屬一大佳事。他在遇難以前的青島之行，就是奉命去接收當地一所海軍學校，嗣以接得美海軍柯克上將到滬，等候他晤面的電報，纔急於趕回上海，終因大霧迷濛，不幸遇難，天實為之，謂之何哉！

戴所綰領的軍統局直屬人員，到對日抗戰結束時，共計有三十餘萬人了。這些人到職後即成為軍統這一特殊組織的一份子，遵守嚴格紀律，無法踰越，否則予以『家法』處置，可說是戴在政治上一種雄厚的力量。抗戰結束初期，住在重慶的一般所謂民主人士，紛紛組織政黨，冀圖攘取政治權利，據說，曾有人建議戴，將軍統所屬的文武人員作基幹，大可創立一個新的政黨，必能凌駕諸在野黨派之上，很有發展希望，但戴以自己不是搞政治的人，笑謝之。他對於建設海軍却感興趣，可惜所志未酬身先逝了！

戴不貪財，亦無烟賭嗜好，在私生活方面，唯一貽人口實的即係好女色。他中年悼亡之後，未再續娶，食色，性也，自古以來，凡是在政治上有作為的人，十九都免不了這種嗜好的，就道德觀點說，亦不過是人生的小疵而已，於戴何責乎？固不失其為一代人傑也！

綺麗莎 INNOXA 美手膏
能保護指甲・使玉手添姿
獨有保護指甲作用：使容易折斷的指甲，變爲堅固；老化的指甲變爲嫩潤。
如果妳想保護妳寶貴的指甲，使玉手顯得格外嬌嫩，請即到各大公司葯房選購綺麗莎"美手膏"。
總代理：太平洋行

張競生之死及其遺作

王鴻升（寄自星洲）

編者按：在本刊第十一期中，刊有范基平先生所撰「我所知道的張競生」一文，殊為周詳。在第十三期中，復有陳存仁先生大作「張競生性史內幕」，補充翔實，惟于張競生先生之暮年情況，無法獲悉，引為憾事。近獲星洲讀者王鴻升先生向我們提供了張競生先生晚年的生活情況及其死訊，並附寄張的兒子張友的信札，証實此事，及張競生的遺墨、遺作兩篇，藉表對這位學術界奇才的悼念。

張競生于一九四九年即返其故鄉，亦即其出生地廣東省饒平縣黃岡鎮，住在丁未路四百五十二號，與其妻子女兒同住。中共當局給以廣東文史館館員之職，薄有薪給，但以維持一家人之生活，尚感拮据。張競生身體素健，時已年逾六十，仍能從事譯述及著作不輟，或于國内出版，或在香港發表，而他所最愜意的作品是他自己研究數十年的「哲學系統」。為了這部書的出版，他曾和我通函多次，茲擇其中一信，製版刊出，藉明真相。

去年秋天，張的同鄉許日通、遜茂父子曾以民信滙欵給張競生，遲遲未見覆信，正在驚訝之時，忽然接到張的兒子張友來信，訃告其父已在一九七〇年六月十八日早晨在黃岡廠埔逝世，享壽八十二歲。

懷念情人

張競生

唉！當我寫到這篇目，提筆時，滿身消魂，停筆時，全神在惆悵！

當我第一次到法國時，野蠻的第一次世界大戰不久就發生了，德酋威廉第二不顧國際的公約，攻破中立國的比利時，從法國的北方，直驅雄兵，不久將到巴黎了。

我此時住在巴黎近郊的凡爾賽故宮左近的村落，日間遨遊於其中山林的勝景，又常信步到達它的近鄰——聖格魯野花園。謝天謝地，我就在這野花園遇到我第一次而且終生難忘的情人。

有好幾日，我在散步中注意到一位少女，淡素衣裳，神情有些鬱悶，也在園中各處流連。「休題眼角留情處，也在許多脚跟兒將心事傳」，那時眞是風魔了張解元，不啻為我們此時的寫照。況且暮春天氣，醉人是草芬、花香、雀喧、蝶旋，我終於禁不住向她通個殷勤了。

一聞知她是法國北方人，避兵禍流落到這裏來，我的同情心更加勃發了。她向我申說她家鄉的陷落，田園荒蕪，屋宇焚燒，德國軍人的搶掠奸淫，說時聲淚俱下，憤恨塡胸。說後，且從她衣袋中取出幾篇她所作的感時詩給我看。

「人生何處不相逢？天涯共掬有情淚」，我讀完她的詩篇，不免於眼淚四垂！她本是深情者，向我更表出她無限的柔腸，我們終於成為一對情侶了。

她不喜歡酒，只喜飲好咖啡與吸一些好煙捲。當我們在飯館飲了極濃厚芬馥的咖啡後，各抽上一根好的埃及烟，一同携手散步於野花園的叢林中，促膝談心，外境的戰勢，於我們都不相干

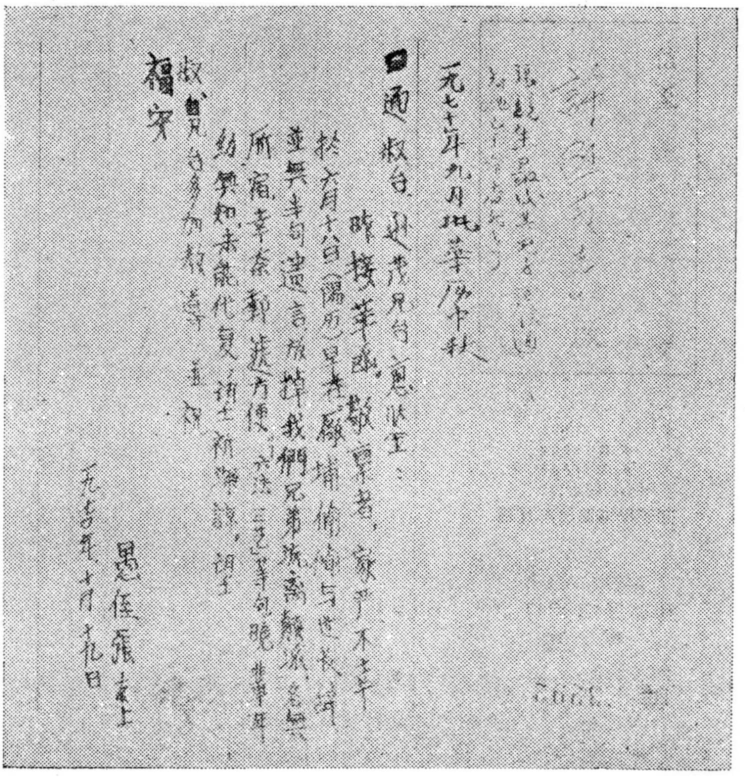

張競生之子張友報告老父病逝信札

了，縈繞於我們的心靈中，只有大自然的鑒賞與我們二人的情懷。

我和她的唇深緊地接吻時，覺得有一股的香甜氣味，直打攪到我全身酥融。我有時問她這是她唇上所抹的香膏所造成嗎？她却笑而不答。這或許她唇膏的香甜，也或許大部份是她身上生來的香氣自然流散於口唇。到後來，我能接觸她全部玉體時，就已証明她在極快樂時所呼出的香甜口氣與她全身所發散的芬芳。

我此時極盡生平所未有的快感，以爲是我所擁抱的不啻「香妃」的化身。香妃是乾隆帝的愛人，她是西藏藩王族所進貢的寶貝。傳說滿身是香氣，我那時所擁抱的那位情侶，不但滿身是香氣，而且是芬香中帶上清甜的氣味，連香妃也比不上她了！

可是，好景不常，勝會難繼，一日她向我說有先前的愛人因戰傷到南方去醫治，她奉母命不得不到他所在地去照顧。這是她的義務感戰勝愛情感的一種高尚人格的表示。

別了！別了！一別，此生不能再見了！我們半年間的情侶生活，從此消滅一去不復返了！

當我與那位情侶分離後，萬分煩悶苦惱，聖格魯野花園中每株樹每叢花都逗引起我的舊情，覺得在大自然中我是孤單者，冷清清的，終於忍捱不住，而決定到海邊去消遣了。

在湖波掀動中，我極喜歡去參加游泳。此中有一位美人魚，那樣壯健活潑的身體，愉快的神情，衆人都鑒賞她藍色清潤的眼睛，柔軟的金絲髮，晶瑩透光的皮膚與充份發達的胸膛。她在游泳中表演各種形形式式的超人技術。有一次是大潮來期，波濤洶湧，一羣人遠遠地離開海岸到波濤處去迎接，我也不量力地去參加。這是在兩潮流中間的分界線上，水勢掀動得格外厲害，我的抵抗力衰落了，只有一搖一擺地在掙扎，眼見離岸向遠，我的心慌了；幸而她，那條美人魚在我旁邊，舉手援引我一同到沙際。她微微向我一笑，我此時感激她的幫助，就彼此攀談起來了。

她是巴黎的衛生員，到此來過暑假的。她是未婚的壯年姑娘。若說那位第一次的情人給我是柔媚的感受，在這第二次的情侶上，她給我是雄健的心懷。她是衛生人員，自然是極講究衛生的。但她所講究的衛生，不但是消極的如細心消毒之類，而是在積極上養成鋼鐵般的體魄，富有抵抗力以戰勝一切的毒菌與病魔。她反對古典式的愛情，在大城市的茶

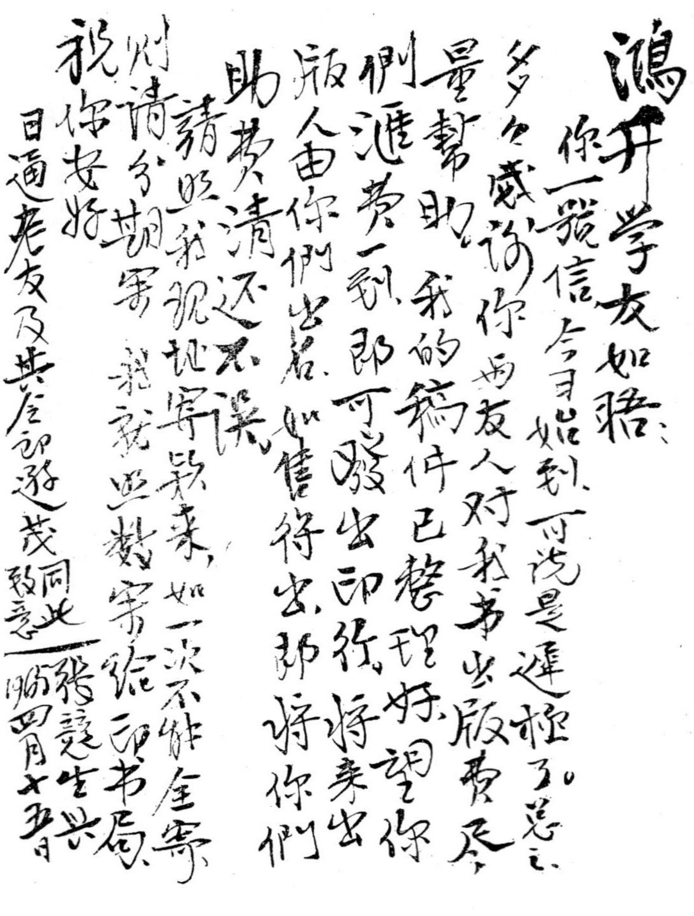

張競生先生遺墨（王鴻升先生供給）

張競生之子張友復信報告其父死訊

日通叔台、遜茂兄台惠鑒：

昨接華函，敬稟者，家嚴不幸於六月十八日（陽曆）早在廠埔偷偷與世長辭，並無半句遺言，放掉我們兄弟流離顛派，各無所宿，幸奈郵遞方便。「六法三藝」等句，晚輩年幼無知，未能代復，望祈深諒，望

叔兄台多加教導，並祝

福安

愚姪張友上

一九七〇年十月十九日

張競生親筆信（一九六五年四月十五日）

鴻升學友如晤：

你一號信今日始到，可說是遲極了。總之多多感謝你與友人對我書出版費盡量幫助，我的稿件已整理好，望你們滙費一到，即可發出印行，將來出版人由你們出名，如售得出，即將你們助費清還不誤。

請照我現址寄款來，如一次不能全寄，則請分期寄，我就照數寄給印書局，祝你

安好

張競生具

日通老友及其令郎遜茂同此致意

樓、飯廳、跳舞場，與及個人「沙龍式」的愛情、而是在大自然中，在高山大海間的愛情生活。總之，她宜傳提倡與實行一種新興的「衛生的愛情」，與世上「麵包的愛情」、「勢利的愛情」等等相對立。

「衛生的愛情」，這是一個簇新的名詞，我初聞及也不免爲之一跳。可是請看她的內容吧，這位愛人說現代人的愛情是神經質的，在燈光酒巵下的愛情是衰弱的。只有衛生的愛情，在大自然中男女雙方充分鍛鍊好身體，又深深地親密地與大自然長期接觸，而且生活於其中，養成與萬物一體的同情心，然後男女開始有雄偉而溫柔的眞正永久的愛情。

她在我面前，立在風濤澎湃的海岸爲我跳舞那些天仙下凡的姿態；她在高山烈日中，爲我表演那樣飛鳥的翱翔。

這時她引帶我到法國自然派的衛生島——日出島，極快樂地過了一長期的衛生的愛情生活。在這個島中，我們日夜裏可說是全身赤裸裸一絲不掛，在大自然的高山大海中逍遙。我們的心靈是與大自然相合爲一。我們的身體是與太陽、月光、星辰合成一氣不相制開。我們的愛情是擴大到浮雲、落霞、鳥啼、蟲鳴的心腔裏。一切都是可愛的，一切都是愛情的對象。這個愛情眞是廣大無邊。

我們就這樣享受了「衛生的愛情」，也講究到「愛情的衛生」。返巴黎後，我們仍然繼續這樣的愛情。我們一到夜間，不去咖啡店、跳舞廳，一直就到郊外去享受大自然的樂趣。

從這樣情人制的國土，我歸回本國，以爲情人制比婚姻制爲好，我就想在本國考驗這個事實是否行得通。

當我担任北大哲學教授時，我就在一本「美的人生觀」上主張我所謂的情人制。恰巧有位同事（一位教授）於其妻死後和小姨發生關係。小姨是與人有婚約的。她的未婚夫聞知，從廣東跑到北京，大辦交涉，幾乎要把這位教授置於死地。我看不過了，就在晨報上發表我所謂的「愛情定則」，即是：

（一）愛情是有條件的；

（二）是比較的；

（三）可變遷的；

（四）夫妻爲朋友的一種。

那時，我在後頭作了一個總答覆。有識人士尚算把月，我表同情，其中最重要的，爲當時的周作人，對我表同情，其中最重要的，爲當時的周作人，他介紹一件故事，說有一個痴人愛上了一個女吊頸鬼，因爲這個女鬼是美麗而且具有女性的條件，所以能被他所愛。假使全無條件，就不能發生痴人的愛慕了。但事實上，且看我怎樣失敗！

在這個文戰搶攘中，有一日，晨報上登出一位女士，自述她逃開不爭氣的小官僚丈夫，獨自走到北方爲小學教師，在我眼前出現了一個娜拉，我悲哀她的身世凄凉，遂與她通一封信，不意由此我們變成了情侶。

可是中國式的情侶，畢竟有些與西方式的不相同。這位女士，中國文尚過得去，但對於科學及藝術却是門外漢，她所要的，是與一位能在社會政治活動的人結婚。而我此時，對於世事極是厭惡的。在南北軍閥混戰的時代，我對於世事極端痛恨，只好向着書本，過書獃子的生活，這是她所不願意的，在我們同居二三月後，她不告而別的走了。

我對這樣的打擊，有好幾個月魂不附體，自怨自艾，自視爲不成材；連這樣的女子也不能得到她的青睞。回想我在歐洲情場上的「勝利」而今竟一敗塗地這樣相思的痛苦情懷，好得有一位朋友勸解。他向我說：「中西的女心是不相同的，西女是爲愛情而愛情，中女的愛情是附屬的條件，她們最重要是有一個永久可靠的婚姻。你那位女子既然以勢利爲選擇對方的條件，對你這個書空咄咄的書獃子不能相合，這是勢所當然的，你已主張愛情是有條件的，你當自寬慰，勿爲此事而摧殘自己！」

多謝愛友的勸勉，可是當我夜靜獨處時，仍然不免於眼淚暗吞。

愛情是有條件的：但有些是進化的，如以才、貌、德、健康之類；也有些是退化的，如以財、地位、勢力爲依據。愛情是可變遷的，只要看它從進化或退化的方面去變遷。

當這位女士離開我時，我初則以爲過失在我，每想及此，總是對她這次的決絕，抱了無窮的苦惱。

好了，有一晚，僕人通知我有一位女客在廳等我，我從樓上下來，使我驚喜出天外，原來就是她！

她冷淡地對我說，此來是解決她腹內的胎兒問題，或許我有意保存，或者由她打下。我勸慰她，說我先前的錯誤與別離後的相思，我懇求她繼續舊緣。到後來她要求我二條件：（一）是同居；（二）是我須與家中結髮妻離婚。我就即刻答應了，窺她意思或許有第三條件是彼此結婚，但她是不肯出口的，況且她對她先前的丈夫尚未經過離婚的手續。

我們就同住在什剎海旁邊，當馮玉祥軍隊入

張競生在香港最後出版之「浮生漫談」

北京這一日，我們的小孩也就出世了。我往後，又再租一小屋居住，她們母子時來聚餐，我也時常到她們那邊去。那樣分居在我意或許增加彼此的情趣，就這樣極和氣地住了一年餘，中間也曾經到哈爾濱去避暑。

因爲我在北大已有五年，照例可請假一二年，照常支薪到歐洲去。我就携眷到上海等待放洋，可恨張作霖入北京後，他所最恨的北大就被他摧殘，我的出洋計劃不能實現了，只好由友人出小資本在上海開「美的書店」。

在此時，我的娜拉又第二次出走了，在這時期，我們生活得極和暢，但她爲一位先前的愛友所掀動，就想去依靠他了。

美的書店一開始，生意就極旺，我們除出全力譯述英國藹理士那部性心理叢書外，又介紹一些文學及我那本「第三種水」，也極見通行。（「性史」久已不敢繼續出版，除我那「性史」第一本之外，其餘的與那本「性藝」，都是一班文氓假我的名偷印的。）我極想聚集一班名人共同譯述二三百本世界的名著，可惜仇人極端陷害，美的書店終於倒閉了。

若說我在歐洲的情人生活是喜劇化的，那麽，在中國所遇到的都是悲劇，我在中國所遇到的那位，在她對我是喜劇式的舞弄，而在我所受的是悲劇式的苦惱。

以下我所寫的是純粹的悲劇場面了。

當我帶小孩歸家園時，在外則爲公衆築公路、辦苗圃，在內則治果木、種菜蔬。小孩還是稚齡，我日夜都在外，不能管顧。這時，我不但需要一位情人，而且需要一位管家主婦了。況且我漸漸覺得在中國行純粹的、公開的情人制是行不通的，只好在婚姻式中試行情人制吧。

適巧此時，鄉中小學請來一位女教師，是一位中年的未婚姑娘，高高的苗條身材，最引人是那雙帶愁的媚眼，這是西子的「顰態」，最值得引起人同情的。在許多次接觸之後，我們恍似一家人了。她感激我支持她所主張的女學生可到溪中去游泳，而她的校長却反對。我感激她的是當我在外間僕僕歸家時，她看到我的枯黑神情，讚譽我爲「東方的甘地」。

我們就這樣通過了朋友的情懷，在暑假時，我住到了她家中，我屢次向她求婚，都被她婉詞託故拒絕。到後，我查出她拒絕的理由有二：一是我窮，不肯積蓄家產。她曾一次向我女工指着我的滿屋書架說，如他有這樣的家財，我就樂意爲他的主婦了。而此中最大的理由，是她有先前的情人尚在追逐，她也公開向我承認此事，並說是她的過失，雖則尚在通信苦求她回心，而她仍在考慮中。

我不久就被當時的廣東省政府通緝，罪名是提倡男女學生在溪中裸體游泳（實則他們都穿了游泳衣），並公開宣傳「性學」。（實則如後來那位縣長爲我辯護說，在饒平縣的山村，張某只有向牛羣宣傳性學吧！）

眞情是我爲築公路，得罪了一個大姓的鄉里，他們出了數萬龍洋運動當時的民政廳長，藉故必要把我捕禁。我幸得汕頭市長及本縣縣長的通知，乘夜逃到香港來了。

在這樣倉卒逃走時，我把愛子付託與這位女教師。我到香港後，她帶來我的小孩，但表示極冷淡的態度，不久她就歸家了。以後我們一直不曾再見面，只在汕頭報上得知她最慘的下場。

她與舊情人到她的家中，在那樣封建的家鄉人眼中已經看不慣，況且她提出與家人分家產，她父先前是富有的華僑，到那時已是破落戶了，但尚有華麗的房屋，這個就引動了她姪子輩的惡意。一夜裏，這些惡姪及一幫惡徒，把她的四肢斬斷，用竹管插入她愛人的喉中，一同丟入於近海內。這個場面，極盡人間的慘酷，我從此更加深切了解情人制在中國是不能通行的。

當我當年在求她不得時，常在與友人杯酒之下，唸了范仲俺的：「酒入愁腸，化作相思淚」之句。當我看到這段悲慘的記事時，我的相思淚更與酒氣泛濫爲淚海了。

開書店和打官司

張競生

我想起在上海美的書店時期。

那時上海租界的警察局爲當然的檢察長，與所謂上海的國際法院的中國人審判官，組成爲司法機關。曾有七八次，都由檢察長起訴美的書店所出的性學是「淫書」，應予處罰。每次開庭時，理應由我這個負責人出場，但我不屑出庭，由一位極聰明的編輯彭兆良代表。處在他們勢力之下，每次當然都是他們勝利的，只好一次一次的罰款，少則一百，多則三四百龍洋。橫豎美的書店那時極興旺，錢銀是小事，我對每次的處罰，都不悲觀。檢察長也知罰款對我無大影响，時常要求審判官把我拘禁。審判官總是予以拒絕，僅以罰款了事。有一次碰到我所寫的「處女問題」一文，檢察長說是淫文，那位審判官說不是，說是極有功於世道的文章；彼此拍起桌子時，閙得無結果。最後，始由當日的陪審官——日本副領事，調停而罷。

我那位代表彭兆良先生是極聰明的，有一次就與當庭的檢察長辯論起來。彭君說：「你每次所起訴說是淫書，但這些文章我們都寫明是由英國大文豪藹理斯所著的世界名著那部性心理叢書所譯來的。又這部書也是在上海大馬路你們所開的大書店買到的，你們怎麽竟說它是淫書呢？」那位檢察長說：「不錯，但是我們外國人有足夠的程度，可以看這樣書，你們中國人程度低，不允許看的！」彭君又反駁說：「不錯，我們中國人的文化程度，普通比不上你們的，但凡能看我們所譯述的中國人，其文化程度，同樣與你們一樣高，怎樣你們可公開允許外國人看，而不允許我們中國人看呢？」對這番反駁，那位檢察長啞口無言，但還是把我們罰了。

那時的上海社會是烏烟瘴氣，我們的美的書

店經理是廣東人，未曾加入他們的集團，所以諸事未能應付，以至於失敗。

有一日那檢察長叫我們的代表去談。他說：「只要你們所出的叢書改名爲性教育叢書；又把那每本書面的圖畫刪去，又每月送警察所一千元，我們以後就不干涉起訴了……」。

代表回來會商之後，因爲上海郵局不肯把美的書店所出的書寄出，以致國內及南洋美國等處代理的書店所欠欵項完全不寄來，只靠每日的門市，除開銷外實在難以支付每月一千元的需索，所以決定關門大吉了。

以二千元的資本，奮鬥了二年餘，結局雖然失敗，但那精神總算不錯。我每一想及便引以自豪，以他們那樣大的壓力，到底不能不採取調和的手段了。

話說美的書店關閉後，我就與那時的情人及稚子，到杭州西湖旁邊小山上的棲霞寺避暑，未到二天，即被浙江省政府扣留。罪名是我到杭州來宣傳性學，鼓惑青年。

由待質所帶去問話，在過大院時，適遇張繼。他當時初任河北省主席，特來杭州參觀。他問我情由後，即向浙江省主席要求對我予以優容。我即時由最骯髒的待質所移到一間樓上的職員房，那晚飯菜尚好，但我滿腹抑鬱牢騷，一粒不能入口，經過一夜不眠，早晨又被帶庭受審。

那位審判官將預備好的供狀，要我簽字，罪名與上所說的一樣，我拒絕承認，我說事實上，我來西湖山頂不過二日，怎樣說我來杭州宣傳？他說這是上頭的命令，你不簽字，就不能放你自由，這樣彼此堅持了約有一個鐘頭。到後來那些等候我的友人，勸我姑且承認，只求自由算了，餘事都可不管，一場官司，就此終結。

可是喜劇的排演，原來是如此極有趣味的；當我那晚被扣留時，適浙江省政府大宴賓客。來賓中有大勢力的，向政府問明我的罪狀。這事原來是那時的教育廳長蔣某主持的。他說，我們從前在北大請張某爲教授，是請他教哲學的，他竟這樣搗亂，所以非治他不可。那位友人說，張某所主張的完全是人生哲學，你們所謂的哲學才是搗蛋的。那位友人承酒興舉起杯向大衆大叫：「爲第三種水乾杯！第三種水萬歲！」那時，蔣某眼看不能收場，就更加惡毒地誣蔑說我的伴侶是共產黨，此來住在棲霞寺，是專爲錢塘江共產黨暗通杭州消息的。幸而又一友人起來申說，蔣某又以莫須有的罪名加人，他敢保証張某及其伴侶並無這樣的行爲。到席終時，那位有勢力的人要求浙江省主席明早即把我放出，否則，他們就要爲我向上級起訴。

當我被扣留時，同時所有的行李也扣留。到審問時，當庭把箱囊打開，所有我從美的書店帶來的性書都不見了，事來我才知全被監守的職員偷去看，這或者也爲我減輕罪名。但此中尙有一本友人所送的巴黎裸畫冊；那位審判官想藉此入我以罪。我說這是一本巴黎所有書店的普通裸畫圖，並不是春宮。即使我箱內藏有奇怪的圖畫，也不能定我的罪。因爲我是哲學博士與大學教授，無論什麽書都可以看的，只要我不公開就算了，法官對此也啞口無言。總之，這場官司，眞是喜劇，在當時我極爲抑鬱，但在後來想起來，這也算是我一生最適意的事情之一吧。

我在上海所開的美的書店，旺時，每月可抽出二三千元爲出版、編輯及什費之用。在簿中記賬的或可有數萬元。那時上海風傳我由此可得數十萬元的收入，大有可能被匪徒「綁票」的危險。我也在預備被綁中。實則在那時的上海黑暗世界，又有什麽方法可以對付呢？幸而匪徒們究竟查到美的書店眞相後，把我放開了；但有二件事對我示警。

一日有二位法國警官到我寓中（我住在法租界），查問我近日有無租用汽車？我答無後，轉向他們的查問因由？他們說：「數日前，在某汽車出租店，用你名義，租去一輛汽車後，就沒交回，明知這件事是匪徒們向你開玩笑的，因爲斷無人偷物後，留下自己的眞住址呢。」又有一件來得也奇突。一日我寓來了三位中年人，中有一個面色稍黑，他們自稱是從南洋回來，特來專誠拜訪。過後，那個黑臉的，拉我到一房內，向我說那二位同來的是南洋大富人的子弟。若我肯與他合股，他有方法和他們玩牌，包管在短短時間可得一筆幾千元的橫財，我婉辭謝却，說我素來不喜以賭而得人錢財的。他們明知無機可乘，遂也散去了。

以上這二件事，總使我覺得綁票匪徒們對我算是優待。他們不是用野蠻手段，在街中或在屋內抓我拿去監禁待贖，而只採用一些小狡猾的欺騙手段，要我上當，則只丟失數千元即可了事。

當美的書店盛時，我寓也即是編輯部，固定是「座上客常滿，樽中酒不空」的，那時的生活極便宜，一罎紹興酒二十餘斤只值得二元，可以供給客人們盡量飲到十數日，桌上菜肴是豐足的，一角錢的老來嬌，或荷蘭豆筍，便可羮成一二大碗好味道。遇有突到的客人時，再添一元菜，便覺喫不完了。總之，我們那時偶然交一好運，但並未富裕，只是比普通人過了一點較好的生活吧了。但此好景只有數個月的時間，此後每月總有一次以上被法庭處罰。處罰時，他們大輛的貨車就到書店把所有書籍滿掠而去。向外埠的郵寄書包也被禁止，終於到後來關門大吉，連先前所投的二千元資本也賠去，這些事我已在前文記載過了。

關於財產方面的損失，在我毫不遺恨，但我在此時期正在計劃與各門學問家，共同編譯多少部的世界名著，是取通俗本的體裁，賣極便宜的書價，（我們那時美的書店出版的書價，通常爲每本二角）。假使書店不被人橫行摧殘，則在三數年間，我這個編譯計劃定可實現。可惜財既不可得，編輯與出版費都無方法對付，只有對它望洋興嘆了！

「洹上釣徒」袁世凱

六十年前舊辛亥之二

・林熙・

據華世奎後來對張國淦說出起用袁世凱內幕，今摘錄于左：

『廕昌督師，在當時已有點勉强，廕雖是德國陸軍學生，未曾經過戰役，受命後，編調軍隊，頗覺運掉爲難。其實此項軍隊，均是北洋舊部，人人心目中只知有「我們袁宮保」，慶、那、徐（按：慶親王奕劻、那桐、徐世昌也。奕劻時任內閣總理大臣，那桐字琴軒，滿洲鑲黃旗人，舉人出身，以外務部會辦大臣兼內閣國務大臣。徐世昌字菊人，天津縣人，光緒十二年翰林，以實錄館正總裁兼內閣國務大臣）等素黨袁，武昌事起，舉朝惶惶，慶等連日已私電致袁，並派員至彰德秘密商議大計，信使絡繹，他們本無應變之才，都認爲非袁不能平定，且是袁出山一絕好機會。乃于二十三日，由慶提議起用袁，那、徐和之，攝政不語片刻。慶言：「此種非常局面，本人年老，絕對不能承當，袁有氣魄，北洋軍隊，都是他一手編練，若令其赴鄂勦辦，必操勝算，否則畏葸遷延，不堪設想，且東交民巷亦盛傳非袁不能收拾，故本人如此主張。」澤公（即載澤，他的爵位是鎮國公，時任度支部大臣）等初頗反對，鑑于大勢如此，後亦不甚堅持。攝政言：「你能担保沒有別的問題嗎？」慶言：「這個不消說的，」攝政蹙眉言：「你們既這樣主張，姑且照你們的辦。」又對慶等說：「但是你們不能卸責。」于是發表袁爲湖廣總督。在慶袁秘密接洽時，袁曾言非純用兵力所能戡定。當一面主勦，一面主撫，故二十三日有「督辦勦撫事宜」之諭，二十八日有「宣布德意妥爲撫輯」之諭，九月八日，召廕昌還，授袁欽差大臣節制諸軍。同日，袁電奏起程日期，到漢五日，十一日即授袁內閣總理大臣，自此軍政大權，全操諸袁一人之手矣。』

我們讀了華世奎所說的這些話，對這一個時期清廷的處境和當時的客觀形勢便可得到了一個輪廓了。

廕昌雖然帶兵「出征」，但他心裏有數，北洋軍隊不是他能指揮得動的，雖然身爲陸軍大臣，無奈潛勢力很大，陸軍中人，個個只知袁宮保，誰知道有廕大臣呢。所以袁世凱一出山，廕昌就召回北京了。

袁世凱本來并不是清朝的忠臣，他有野心，他要爲自己打算，現在清廷求他出山挽回危局，正是他的大好時機，他運用南方民軍的力量來打擊北京清政府中的親貴，同時又利用清廷的軍事力量來打擊武漢的革命黨人。他運用很巧妙的手段，做得很有一定的限度，使自己成爲舉足輕重的主要力量。袁世凱歸隱彰德，自號洹上釣徒，他趁清廷與民軍相持之間，做了鷸蚌相爭中的老漁翁，自號釣徒，恰是名符其實。

庸劣的攝政王與貪鄙無能的慶親王都不是袁世凱的對手，他們很乖的就鑽入了袁的圈套，袁便提出了六個條件：（一）明年即開國會；（二）組織責任內閣；（三）寬容參與此次事變的人；（四）解除黨禁；（五）委以指揮水陸各軍及關于軍隊編制的全權；（六）須給以十分充足的

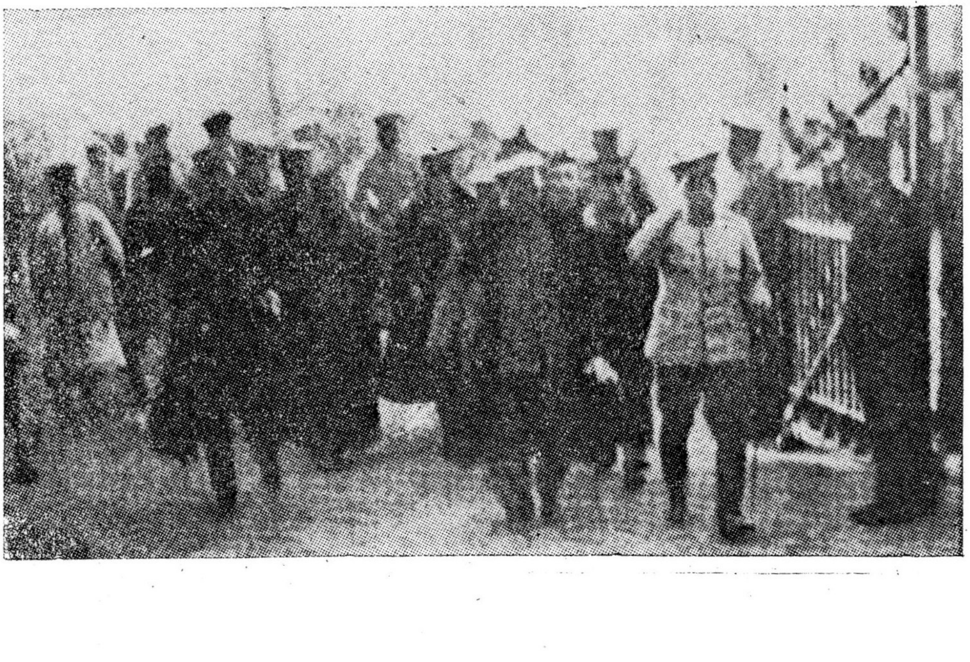

廕昌（軍服行舉手禮者）召回北京

軍資。清廷遂撤銷以親貴爲主體的慶親王奕劻的內閣。陰曆九月十九日，任命袁爲內閣總理大臣。廿四日，袁世凱到京，即往謁見攝政王，裝模作樣，懇切奏辭，攝政王不准，第二日他的內閣組成了。其陣容如左：

各部大臣	各部次官
外務大臣梁敦彥（胡惟德暫代）	胡惟德（曹汝霖暫署）
民政大臣趙秉鈞	烏珍
度支大臣嚴修（紹英暫署）	陳錦濤（辭）
學務大臣唐景崇	楊度（辭）
陸軍大臣王士珍（壽勳暫署）	田文烈
海軍大臣薩鎮冰（譚學衡暫署）	
司法大臣沈家本	梁啓超（辭）定成（暫署）
農工商大臣張謇（熙彥暫署）	祝瀛元（暫署）
郵傳大臣楊士琦（梁士詒署）	梁如浩（梁士詒暫署）
理藩大臣達壽	榮勳

袁世凱入京的一幕是很有歷史趣味的。一九一一年十二月廿九日，倫敦「泰晤士報」駐北京記者莫禮遜寫給他的朋友勃萊罕的信說，袁世凱入京後，英公使朱爾典去見他，問他是否有意推翻滿清帝國而做民主共和國的第一任總統。袁力言不會這樣做。他說：他和他的先人都在清朝做官，受國厚恩，怎能做一個篡位的臣下。（這段話見 Cyril Pearl 所著 Morrison in Peking 一書，一九六七年倫敦出版。）

一九三五、三六年間，我在北京常有機會和金梁（字息侯，滿洲人，光緒三十年進士，一九三四年做過溥儀的「內務府大臣」，一九六二年十月死于北京，年八十四）談天，他說辛亥年袁世凱入京組閣，日本駐華公使伊集院奉其政府密電，叫他找機會探聽袁是否有乘機報仇，推翻清室之意。伊集院向來與袁有交情，程度之深不下于朱爾典。袁世凱對伊集院表明心跡，說他這次入京，目的完全是主持勦滅叛黨，精忠報國，死而後已。伊集院還不敢十分相信，問他是否出于眞誠？袁指天日爲誓。伊集院即根據所見，向日政府報告。其後袁竟利用機會，獲得大總統之位，伊集院大爲生氣，認爲袁太不夠朋友，便和他疏遠。其後袁世凱常與之通信，他也不答。

金梁又說：朱爾典和袁世凱的交情最密，當時英國被稱爲世界强國，儼然有霸主執牛耳之盟的姿勢，袁世凱投靠「列强」，當然以英國爲首選，而朱爾典就是他的穿針引線的人，所以袁朱兩人密切關係，非伊集院所能望其項背的。世凱入京，初時還採取兩面政策，如果革命軍能成事，他就幫助革命軍，取得共和國的第一任大總統。如果革命軍只在武漢一處，幹不出什麽大事，他就助清朝撲滅革命勢力，做一個忠臣，進一步才效學司馬昭取得天下，以報兩年前攝政王命他開缺回籍之辱。怎知朱爾典見他時，握手言闊別之狀，幷沒有談到公事，朱爾典還帶着輕鬆的口吻說：「今天再見到您，非常高興，記得前兩年政府以一紙文書就把您趕出北京，我以爲從此不再有機會同您在這裏相見了，想不到今日又在此聚首。」世凱聞言，爲之色變。自此即改變初衷，必欲早日復仇，推翻滿清，要做中國的「華盛頓」了。

金梁此說雖未必完全可信，但按之當時情形，亦有可能。不過從各方面的形勢看起來，袁世凱實在沒有立心做「會國藩」，也沒有意做「司馬昭」，當他出山時已成竹在胸，決心要倒滿清的台了。劉厚生（垣）所作的「張謇傳記」（劉垣與張謇有很深的交情，宣統初年，劉任張家的大生第二紡織公司經理，張做總長時，他又做次長。劉一直到一九六五年四月方才逝世。此書是一九五八年在上海出版的。）有這麽一段：

『讀我此傳記的人，或者會疑心張謇不過一個書生，並沒有多大勢力。袁世凱是一個罷斥的官吏，亦無實在權柄，怎樣兩人一夕之談（按：指宣統三年五月，張謇與劉垣入北京，順路往彰德見袁世凱，張單獨與袁長談了七八小時），竟能決定清廷之運命呢？事實是如此，張謇本身並無勢力，而當時諮議局議員，的確是各省社會的優秀分子，的確能領導當時一般社會的能力，而張謇的聲望，又足以領導各省諮議局。世凱雖然身居彰德，其蓄養的政客甚多，豈有不知近情？至于袁世凱呢，自身有一手訓練的精兵十餘萬人。舊時代的軍隊，一向屬于個人，而不是屬于國家的。世凱雖在彰德，仍有猛虎在山之勢，亦爲張謇所十分明瞭。當謇初晤世凱時，世凱對張謇的來意不明，談吐之間，一味閃避，專打官話。後來見謇坦白的態度，誠懇的語言，已完全明瞭謇的本心，不由得不把自己的意見畧畧吐露。世凱於送張謇出門時，很懇切的對張謇說：「有朝一天，蒙皇上天恩，命世凱出山，我一切當遵從民意而行。也就是說，遵從您的意恉而行。但我要求您，必須在各方面，把我的誠意告訴他們，幷且要求您同我合作。」

由于世凱基于個人陰謀出發，所以對於張謇所允許之諾言，倒是表現得絲毫沒有反悔：一、他把漢口、漢陽攻破之後，若要攻取武昌，易如反掌，但他幷沒有這樣做；二、當張勳在南京受攻時，他若派清江的軍隊、徐州的軍隊，兩路過江援救張勳，至少可以守住南京，但他也沒有這樣做；三、派唐紹儀到南方議和時，他很秘密的叮囑紹儀，到上海後，必須想法先與張謇見面，你得告張謇，我必尊重他的意見而行事。唐紹儀先到漢口與黎元洪晤談一次，不得要領，遂到上海，另派蔡廷幹在漢口與元洪接洽。紹儀到上海後，首先訪問趙鳳昌，要求鳳昌密約張謇在鳳昌宅中見面。紹儀先述世凱誠意，但已吐露南方須擧世凱爲總統之要求。後來黃興、孫文先後到滬，亦即在鳳昌宅中會談，甚至革命軍方面全權代表伍廷芳亦每晚到趙宅晤面，至於雙方代表之公開會議，不過是一種形式而已。

以上三項事實，還能說不是張謇路過彰德，與袁世凱一夕之談的結果麼？」

袁世凱組成內閣，抓到大權後，就一步緊一步，逼隆裕后把攝政王載灃趕下台。袁內閣于九月廿八日宣布成立，十月十六日，清廷就下一道諭旨，叫攝政王不必管理政事，諭旨措辭頗有趣，摘錄如左：

『據監國攝政王面奏：自攝政以來，于今三載，用人行政，多拂輿情，立憲徒託空言，敝蠹因而叢積，馴致人心瓦解，國勢土崩，以一人措施失當，而令全國生靈橫罹慘禍，痛心疾首，追悔已遲。……泣請辭退監國攝政王之位，不再干預政事……自應俯如所請：……以醇親王退歸藩邸，不再預政，着賞給歲俸五萬兩，由皇室經費項下支出。嗣後用人行政，均責成內閣總理大臣各國務大臣担承責任，所有頒布詔旨，應請蓋用御寶，並覲見典禮，予率同皇帝將事……』

從此袁世凱就一手接過了大權，攝政王黯然下台了，至于隆裕太后和宣統皇帝，不過是一個擺樣子的統治君主，和日本差不多。

相傳光緒帝臨終有遺詔殺袁世凱，載灃攝政後，亦欲爲乃兄復仇，擬執行遺命，處袁以極刑，經張之洞力諫，認爲如果實行，恐怕袁所練的新軍有變，並且兩宮新逝，就殺戮大臣，于天下人心大有影响，結果由張之洞想出一個「縱虎歸山」的辦法，以足疾爲名，把他的官職解除，叫他回故鄉養病。

清末內閣總理大臣時代的袁世凱

兩年後，清廷因武昌革命爆發，慌作一團，便起用袁世凱來支持危局，這本非攝政王之意，但攝政王與慶親王這批親貴，自知無本領可以應付，就寄望于袁宮保。袁入京「扶大清江山」，攝政王不無惴惴，恐怕這位欽差大臣對他不利，便叫他的七弟載濤（光緒帝之弟，其時主持陸軍。一九七〇年九月二日，在北京逝世，年八十四歲，後死溥儀三年）去試探一下袁世凱對他的印象如何。豈知袁世凱義形于色，滿腔忠憤的說：『濤貝勒，這是什麼話！攝政王是太皇太后遺命委以重任的，我是什麼人，胆敢存有貳心，請回去對王爺說，袁某人不是這樣忘恩負義之輩，王爺在位一日，我就擁戴一日，如太皇太后在生之時。請貝勒回去把我的心事轉達給王爺知道，感激不盡。』

載濤回去對哥哥說了袁世凱這番話，載灃還很天眞，以爲袁世凱始終效忠于太皇太后，對太皇太后任用的人不敢有什麼變動的，自己的攝政寶座，可以安坐無憂了。怎知三天後，攝政王歸藩的諭旨頒下，載灃此時才知道袁世凱的手段厲害。

攝政王下台後，隆裕太后更是孤掌難鳴，一切聽命于袁世凱了。前些時候，袁已把握了北京的軍政大權，同時又取得了近畿北洋各鎮及毅軍姜桂題等部的節制調遣全權，同時，又把載濤的軍諮府軍諮大臣的職務解除，交給他的心腹徐世昌接任。（軍諮府是宣統元年四月十日，由管理軍諮處改組而成的。軍諮處成立于宣統元年五月，軍諮大臣爲貝勒毓朗、郡王銜貝勒載濤。）禁衛軍大臣一向都是滿人承乏，袁世凱爲了奪去禁衛軍大臣載濤之權，派徐世昌兼任，更重要的是，從前線把馮國璋調回來任禁衛軍統制官。湖北方面，袁世凱派段祺瑞爲湖廣總督，全權主持軍事。又把自己帶來的衛隊編爲拱衛軍，以段芝貴爲統領，而把禁衛軍調駐北京郊外。

這一切安排妥當，內內外外都是袁的勢力了，他便進行他的第二步計劃。

袁世凱先給革命軍一個下馬威，命令部下進攻漢口。在武漢的革命軍，本來餉械皆極缺乏，而且漢口又是一個軍事上不易守的地方，經北軍水陸夾攻，士氣大受挫折。正在漢口十分危險的時候，九月初七日黃興到了，親自指揮軍事，企圖挽救危機，並且親手殺死了幾個臨陣退縮的高級將領，勉力支持到九月十一日，沒法再支持下去了，因爲犧牲太大，只得放棄漢口，退守漢陽。是日晚上，軍政府接到黃興報告，漢口各戰鬥部隊，除傷亡外，所存的人數總計還不到五千名，已無戰鬥能力，暫維現狀，打算固守漢陽等待援兵。

黃興（一八九三——一九一六）

黃興綜合此次打敗的原因有五：一、各隊新兵太多，秩序不甚整齊，很難指揮；二、軍官的程度太低，他們都不親自上前指揮；三、各隊以作戰日久，傷亡過多，官兵都疲勞太甚，毫無勇氣，一聽見機關槍聲就向後退；四、兵士中在武漢附近招募的很多，一到夜裏，他們就偷偷溜回家中，以致戰鬥員減少，各軍官因匆匆招募，也無法查實；五、革命軍的軍械，全部是步槍，沒有機關槍，一經與敵軍接觸，就大爲吃虧，因此傷亡甚重。革命軍的炮隊，又是小炮，子彈射出，又不開花，而且射程太近，不及敵軍大炮之遠。但革命軍所可恃者爲士氣。清軍係北洋久經訓練之兵，秩序甚好，射擊亦精，只是衝鋒時不及革命軍靈活，所以他們一聽到革命軍喝殺衝鋒之聲，就嚇慌了向後退。

根據黃興的意見，如果沒有湖南援軍，很難保守着固有的地方，所以，他建議待湖南方面的軍隊到後再圖反攻。衆人皆以此爲然，便一面準備固守漢陽及武昌，一面急電响應首義各省派兵來湖北接應。

黃興退返武昌後，居正、田桐邀請一班同志開秘密會議由居正提議，打算公推黃興爲湖南、湖北大都督。因爲，這次漢口之役，黃興僅僅依靠過去的威名來指揮作戰，沒有正式的職權，各軍不願接受調度，以致不能挽救漢口的危局。當時有同盟會同志極力附和此議。但吳兆麟立即加以反對，理由是這個提議千萬不可給黎元洪知道，否則影响大局。于是衆同志又再商議，結果擬舉黃興爲戰時總司令，請黎都督聘黃爲總司令，效漢高祖劉邦聘韓信爲大將故事，登壇拜將。據「革命軍文牘」三集記其盛況如左：

『（九月）十三日午正，在都督府前築一將台，四角樹四軍旗，中央樹一旗，上繡「戰時總司令黃」六字。武昌軍政府各機關長官及各部隊均列隊參加。首由黎都督登台講話，盛贊黃興屢經戰爭，富于軍事知識，特舉爲戰時總司令官，凡我將士皆當聽其指揮。語畢，即請黃總司令登壇，黎都督親將印信委任狀及令箭奉交黃興親受。于是台上台下，高呼萬歲，歡聲若雷。旋由黎都督請黃興當衆演說。』

黃的演說詞大意是：『此次革命，是光復漢族，建立共和政府，斯時清廷仍未覺悟，派兵來鄂與民軍爲敵，我輩宜先驅逐在漢口之清軍，然後進攻，收復北京，以完成革命之志。今日既承黎都督與諸同志舉兄弟爲戰時總司令，爲國盡瘁，亦屬義不容辭，但是軍人打仗，第一要服從命令，第二要同心協力，自今而後，對于作戰，倘有不服從命令及臨陣怯敵者，即以軍法從事，尚望大衆努力前途爲要。』演說畢，在塲衆人皆拍手，高呼黎都督、黃總司令萬歲。

十四日，黃興在漢陽西門外昭忠祠（昭忠祠是清軍與太平軍作戰時戰死的軍人祠堂）組織總司令部。司令部的組織與人選，黃興和宋教仁、田桐、居正等人磋商後才決定的，設參謀、副官、秘書、經理四處，偵探、間諜兩科，以李書城爲參謀長，曾昭文爲副官長，耿覲文、何成濬爲副官，田桐爲秘書長，蔡濟民爲經理處長，蔣翊武爲經理處副處長，日本人萱野長知、湯米爲軍事顧問。

據萱野長知的「中華民國革命秘笈」第八章記他初到漢陽會見黃興的情形云：

『我們抵達門司，在川卯旅館集合，到有金子克己、布施茂、三原千尋、龜井祥光、岩田愛之助、加納清藏等，即日登輪，先赴上海，轉往漢口。某日黃昏，到達漢陽，直往革命軍總司令部，會見黃興。當時的司令部在歸元寺內，設備簡單，我和黃興合宿一榻，電話機聲，徹夜不絕，報告前方戰況，參謀長李書城，同居一室，商洽軍事，緊張情形，達于極點。』

民軍的總司令部組織既成，積極備戰，但袁世凱則于攻佔漢口後，却展開和平攻勢，先叫與黎元洪有同鄉關係的道員劉承恩寫信給黎元洪，勸他講和，元洪置之不理。袁又再派劉承恩、蔡廷幹到武昌見黎元洪，請黎就此收塲，一切從長計議。據說黎元洪的態度還算溫和，但軍政府裏的各位革命同志就不同了，他們對劉、蔡說：革命政府絕無與朱溫同類的袁世凱妥協之理，并痛責世凱暗殺吳祿貞之罪。同時有民衆團體在督府門前作示威運動，劉、蔡失意而去。尙秉和「辛壬春秋」記此事有云：

『世凱命停戰息兵，遣道員劉承恩、海軍正參領蔡廷幹，渡江說黎元洪曰：「湖北倡義，東南十餘省相繼响應，海內欽佩。第革命本旨，由朝廷立憲，徒託空言，今已下詔罪己，宣誓太廟，與民更始，若再久戰，非惟塗炭生靈，外患或相繼而起。望統籌大局，電各省息兵，公舉代表入都，共襄新政。且十九信條，帝室徒有虛名，參政之權，固在國民……」語未竟，元洪曰：「愚哉項城！忘國門被逐時乎？今反以德報仇，何夢夢至此！昔者滿人待遇漢功臣，用之則倚如泰山，及其功成，則棄如土芥。歷史所載，無不皆然，項城豈忘之耶？以項城威望，返旆北征，廓清幽冀，大功既就，選舉總統，非伊而誰？且滿人爲天下公仇，入關之始，殘暴淫殺，奴虜我人民，不耕而食，不織而衣者數百年，項城即忘其私仇，亦不得以公仇爲請。」元洪聲色甚厲，廷幹因不復言。夜宿府中，各部長陪飲，盡歡而歸。』

「莫里遜在北京」一書，提到蔡廷幹親口對他談及到武昌見黎元洪的情形，摘譯于後：

『蔡廷幹到了黎元洪的總部，主人請他上座，獻茶，他們開始談判，革命軍方面大約有四十多個代表參加……蔡廷幹見到這班代表都是很年青的人，使他很是驚奇，他們都是來自長江一帶省份的人物……年紀最大的是黎元洪，照中國的計算，他是四十七歲。這班代表多數是留日學生，在日本時就接受了革命的思想的。……他們請蔡廷幹說明來意。蔡說，他此行的目的，在恢復和平，又說，中國是不適宜于共和政體的。照袁世凱的意思，還是保留滿清王朝，而限制其權力，這樣才能夠避免帝國的分裂。他說，民軍所要求的各種改革，朝廷已經實行了。于是各代表相繼發言，他們大都表示要推翻滿清統治者，幷說：「我們不能信任滿洲統治者所說的每一句話。」救中國之道，只有消滅了滿清的統治才行。清帝下台，中國會保証給他優待費，並加以保護。……

晚上，主人設宴招待蔡廷幹。他們談得很高興，如一家人。他們對袁世凱都很贊揚，不過，覺得很奇怪的，清廷既然把他解除職務，放逐回籍，爲什麽他現在又肯出來替它效勞。蔡說：國家在危急之時，朝廷徵召，袁世凱如果不肯出來救國，便是懦夫了。』（按：蔡廷幹，字耀堂，廣東中山人，留學美國，一八八八年歸國，在大沽水雷學堂服務，又任海軍水雷艇隊司令官，中日甲午之戰，他以游擊之職在威海衛與敵人周旋，兵敗後爲日軍所擄，因于大阪，遂被革職。海釋回後，由袁世凱保奏，留在北洋服務。海軍部成立，任軍制司司長。辛亥後，任總統府高級軍事顧問官、英文秘書長，遂成爲袁世凱的親信。一九二五年任稅務處督辦，一九二六年兼外交總長，不久辭兼職，一九二七年，辭稅務處督辦。自此即脫離政界。）

袁世凱所派的兩個說客得不到結果，失望而歸，袁乃行另一辦法，他請駐華英國公使朱爾典密議，由朱介紹提議三項條欵：一、即日停戰；二、清帝退位；三、袁世凱爲大總統。陰曆十月初，朱爾典密電駐漢口英總領事和到漢口的各省代表協議。各代表徵求黎元洪、黃興、程德全（程是當時的江蘇巡撫，武漢起義後他曾電奏清廷請早日變法改憲，九月十五日，江蘇各界人士，擁程爲江蘇都督，程被迫接受，江蘇遂獨立了。）等，皆認爲可行。經雙方同意後，于是公開成南北停戰議和之局。

張國淦在「辛亥革命史料」記議和事有云：

『據當時江蘇代表雷奮身親其事者云：「鄂中首義，清廷不得已起用項城。項城遂利用機會，一方派馮國璋率隊南征，鎭壓黨人方張之氣，使其易于就範；一方則利用楊晳子與汪精衛通欵，藉以威逼清廷，雙管齊下，以遂其推倒清室取而自代之野心。南北協商，由精衛居間說合。凡參與辛亥秘密者，皆甚了解。即精衛本人，雖爲孫中山心腹，亦視此爲收拾時局，合理解決之最好方案。當時協議之條件有三：一、雙方即日停戰；二、清廷宣布退位；三、選舉項城爲大總統。經過相當周折，項城得達到目的。先是獨立各省，因無臨時機關，對內對外，均感不便。由鄂督黎公電邀各省派遣代表赴鄂會議。當各省代表抵鄂之日，正北軍炮擊武昌之時，都督府已移駐洪山。遂假漢口英租界愼昌洋行爲會議之所，臨時約法之草案，協議條件之承認，均成于該行樓上。各代表抵漢口之次日，已由北京英公使電致漢口英領事，轉告各代表，提出三項條件，謂如能照辦，則共和即可成立。各代表討論之結果，並徵求黎元洪、黃興、程德全之意見，均認爲可行」云云。（按：雷奮，字繼興，江蘇松江人，留日學生，他是清末立憲派中優秀分子，長于演說。宣統元年，他被選爲江蘇諮議局議員，在諮議局中受到一般議員的推崇，張謇倚之如左右手。宣統二年，他被選爲北京資政院的江蘇民選議員。資政院開會時，又博得一般議員的敬愛，可惜他短命，一九二〇年就逝世了。』

十月十二日，南北軍議訂停戰條欵，停戰三日，自本日早八時起至十六日八時止。駐漢口英國總領事奉朱爾典電，叫他出面調停，幷約日本、德、美、俄、法各領事，向南北兩軍代表提議，雙方停戰，討論和局。但停戰三日，時間太短促，談不出什麽來，十六日，袁世凱提出停戰展期十五日，此電由漢口英領事轉交軍政府，條件共五欵：一、三日停戰期滿，續停戰十五日（自十九日早八時起，至十一月初五日早八時止；二、北京不遣兵南向，南軍亦不遣兵北向；三、總理大臣派各省居留北方之代表人，前往與南軍代表討論大局；四、唐紹儀充總理大臣之代表，與黎軍門或其代表人，討論大局；五、以上所言南軍，山陝及北方土匪不在內。

黎元洪接到袁世凱所提停戰展期十五日的建議及五項條件，知道袁世凱此舉存有各個擊破革命軍的企圖，因爲第五條說「山陝及北方土匪不在內」，就是想利用停戰機會，以便先把山西、陝西的革命軍打敗，然後再向南方進攻。因此各省代表決議，一面積極援鄂，一面集中力量北伐，以水陸幷進，同時加緊在南京成立臨時政府，以利指揮及號召天下。

南北雙方既同意停戰議和，清廷便于十月十七日，派袁世凱爲議和全權大臣，但袁不能分身親自到南方開會，爲了變通起見，世凱又委託唐紹儀爲全權大臣總代表，嚴修、楊士琦爲代表，以汪兆銘、魏宸組、楊度爲參贊，又以在京每省一人爲各省代表。（按：嚴修與楊士琦皆爲袁世凱的密友，但嚴却不是他的死黨，袁是以師友的態度待他的；嚴此次亦未隨唐紹儀出發。）

南方的軍政府各省代表，公舉伍廷芳爲議和代表，與清廷的內閣代表議和。黎元洪立即致電上海伍廷芳，告知此事，幷說他已委派江蘇代表雷奮往上海迎接他到漢口開會。伍廷芳覆電，說各省留滬代表，正在組織臨時政府，他沒法抽身往漢，請黎轉告唐紹儀，不如請唐快來上海。二日後，伍廷芳又再電黎元洪，說駐滬各國領事都希望和議在上海舉行，英領事已電北京英公使，請他轉告袁世凱，命唐紹儀往上海出席。于是唐紹儀一行，便由漢口趁「洞庭湖」號長江輪往上海。

張國淦當時是隨同唐總代表南下的各省代表之一，他記述此次南北議和一些內幕事情，很有趣，節錄如次：

『據趙秉鈞言：「唐紹儀到北京，住東交民巷六國飯店。直隸候補道洪述祖，在北洋時與唐有舊，力勸其不就郵傳大臣職務，乘此機會，仿照美、法，將中國帝制，改成民主。其進行，一方面北方勢力與南方接洽；一方面借南方勢力，以脅制北方。其對于宮廷、親貴、軍隊、外交、黨人，都有運用方法，照此做去，能使清帝退位。清廷無人，推倒幷不甚難，可與宮保（指袁）詳密商定。創建共和局面，宮保爲第一任大總統，公爲新內閣總理」云云。後來大都不出其策劃，此民元趙秉鈞在國務院稱贊洪述祖之才言之，似有過譽之處，此事外間絕少知者，

唐紹儀（中）乘洞庭江輪到上海開會後隨者英商李德立前行者為英國領事

除趙以外，唯國務院秘書程經世言，洪會勸唐不任職，未言其他。

此次以唐紹儀、楊士琦爲代表，一時論者，唐紹儀主張共和，楊士琦維持君主，究竟袁如何授意，非外間可得聞知。其實唐主共和，就其辭氣間，可以斷定。楊士琦則以袁之意旨爲意旨，曾未露出一字。汪、魏、楊度，分野顯然，袁派此三人，當亦有深意。各省代表，直隸劉若曾、山東周自齊、山西渠本翹、陝西于邦華、江蘇許鼎霖、浙江章宗祥、安徽孫多森、江西朱益藩、湖北張國淦、湖南鄭沅、四川傅增湘、福建嚴復、廣東陳錦濤等，均以全權大臣名義，用照會分致各代表。次日，袁約各代表談話，到者十餘人，袁就坐，發表意見謂：「君主制度，萬萬不可變更，本人世受國恩，不幸局勢如此，更當捐軀圖報，只有維持君憲到底，不知其它。」反覆推論至數十分鐘，語極沉痛。各代表退後，如劉若曾、許鼎霖等，喜形于色，以爲君主決無問題，殊爲懵懵。

十九日，我等隨同唐代表同行，汪兆銘、魏宸組、楊度等三人，日與唐代表在一起，我等僅餐時見面，汪、魏告余，唐主共和，但慮北方周折太多，楊士琦沈默唯唯而已。越日，車過孝感，少停。我到第一軍司令部見段軍長，段從容自若言：「湖北人當服從湖北大衆公意，」反復徵其意旨，彼但微笑不表示，其左右如徐樹錚、丁士源、曾毓雋、黃開文等，在車往來忙碌，不能交談。到大智門停車，又派蔡廷幹、劉恩源往武昌謁黎，仍不得要領。其時議和地點，本預定在漢口，而民軍推伍廷芳爲南方代表，主張上海開會，于是改乘洞庭江輪往上海。

唐代表等到上海，南方預備滄州別墅，爲北方代表駐所，唐下榻戈登路英人李德立家，汪、魏另住一處，余與章宗祥、馮耿光同住禮查飯店，傅增湘住孫多森家（傅終日校書），其餘住滄州別墅，我輩隔二三日到唐處，不過照例文章，其秘密，汪、魏時時來告，故得聞其詳。』

宣統三年廿八日（一九一一年十二月十

八日），南北代表在上海公共租界南京路的市政廳開第一次會議，是日下午五時，正式舉行談判，北方代表唐紹儀與南方代表伍廷芳彼此驗看文憑。南方代表的參贊隨同出席者爲温宗堯、王寵惠、汪兆銘；北方的是楊士琦。伍廷芳提出民軍議和條件四項：一、廢除滿洲政府；二、建立共和政府；三、優給清帝退位的歲俸；四、優郵年老貧苦的滿洲人。自十九日停戰以後，凡湖北、山西、陝西、江蘇、奉天各省，均應一律停戰，不得進攻，待得確實回電承認後，始行正式討論。在開會以後，如再有此等情形發生，須將擅自行動之軍隊，彼此均處以嚴罰。唐紹儀答應即電袁內閣請示。而伍廷芳亦電山西、陝西兩省軍政府，請其在停戰期內不可進攻。

南北代表開會的上海市政廳外貌

十月廿九日，因爲未得到北京袁內閣回電，所以這天沒有開會。十一月初一日，唐紹儀抄送袁內閣電文云：「停戰命令，早經通飭湖北、山西、陝西、山東、安徽、江蘇、奉天等省，均歸一律，自無疑義，倘于議期內有擅自行動之軍隊，定行處以嚴罰。至山西、陝西兩省，彼因電報不通，囑爲轉電，頃已照轉，望即告前途爲要。」同時，唐紹儀約伍廷芳于初一日下午三時，再行開會。

第二次會議是十一月初一日開的。伍廷芳堅持一定要改政體爲共和，清廷非承認共和，別無議和之法。唐紹儀因爲這是變更國體問題，關係重大，要電請袁內閣，待得到答復後，再行開會商議。

張國淦在「辛亥革命資料」記滬上議和內幕，甚見精采，摘錄如左：

『唐代表本傾向共和，惟以清政府關係，不能于會議席上明白主張，而以各方面情形複雜，亦感覺此項問題之困難。因我曾在程德全幕，託余致函程（光緒末年，徐世昌總督東三省，唐奉天巡撫，程黑龍江巡撫，其後以周樹模代程，爲唐主張，兩人即無往來，故託我致函先容），程復函，南方一意孤行，頗難說話，在個人無不盡力，此時局面，全國趨向共和，似尚不難解決，所慮者，來日大難，今日多周密一分，將來少痛苦一分，幷請隨時與季直（張謇）、蟄仙（湯壽潛）商洽。附致唐函通候，幷密碼電本。唐以後即逕與程函電往來，張、湯亦隨時聯絡。

伍、唐同鄉老友，共和主張，又同在一條路線。有趙鳳昌者，曾在張文襄幕，與伍、唐俱舊識，有策略，此次革命，活動甚力。趙住上海南洋路，伍、唐遂假其寓所，每夜同往聚談。在議場時，板起面孔，十足官話，及到趙處，即共同研究如何對付北方，以達到目的。趙參與密議，且在滬久，革命黨人及江浙知名人士，尤其張、湯等，皆能聯絡。據魏宸組告余：「所有和議中主張及致北方電，俱是夜間在趙寓雙方商洽，精衛（汪兆銘）與本人（魏自謂）常到彼處，晳子（楊度）則未參加，而袁內閣與唐亦先有秘密私電往還，均從促成共和着手」云云。

初五日深夜，唐囑汪、魏來約余往戈登路，唐言：「若不承認共和，不能開議，已電袁內閣，袁主張亦困難，但在會議席上，又不能公然表示，奈何！」余言：「在武漢起事時，我曾有一說帖，召開國民大會，此時如以國民大會討論國體問題，代表人民公意，似尚不難解決。」唐言：「召集大會，須相當時日，又不敢言確有把握，奈何！」余言：「不必過慮，在今日共和已不成問題，此不過一種過程，在此過程中，一再醞釀，當有多方面湊合，得以達到目的，何妨與伍代表一商。」唐沈思半晌言：「確是好辦法。」唐告伍廷芳，伍亦欣然接受，當密電袁，袁覆電同意，故有初八日召集臨時國會之電。』

張國淦所說的趙鳳昌，字竹君，江蘇武進人，任張之洞的湖廣總督幕府，極得張信任，有「兩湖總督張之洞，一品夫人趙鳳昌」之諺，意指張對趙之言無不聽，計無不從。後以妬趙者衆，竟被清廷革職；以趙本身亦有功名，逐回原籍。卜居上海南陽路，名所居曰惜陰堂，一九三八年四月逝世，壽至八十四歲。

走馬看花遊日本

李北濤

月前應友之邀再往日本小遊，友人業輪船公司有年，心思明細，學驗俱豐，故其業務蒸蒸日上，成爲航業界巨子。尤其兩位公子，自美學成歸來，克紹箕裘，助長父業，有如外國所謂父子公司兄弟公司者然。今因其在日本大阪訂造之巨輪，將于十月二十一日行下水儀式，承邀同往觀禮，一行多人，於上月十九日，乘機飛行，逕赴大阪。在日旅遊一星期，行經大阪、京都、東京三處，匆匆一過，走馬看花，雖屬舊地重游，可惜老馬已不識途，遂不免時有異樣觀感。

大阪

大阪爲日本之工商地區，工廠林立，戰爭時期，受美軍之轟炸最烈，目的在摧毀日本之工業心臟。所以戰後大阪，幾成廢墟，滿目瘡痍。不意現在又復烟卣電槽，鱗次櫛比，其復興之速，誠可驚人。在飛機降落時，遠見市區山間，燈火密布，想見人烟之盛。下機後，見機場規模，雄偉整潔，超過香港多多，詢知乃係因萬國博覽會在大阪召開，特意加工擴建者。下機伊始，我感覺到日本崇洋心理，奢侈風氣，較之往昔，不知高出若干倍。

是晚，我等俱投宿一西式旅館，名 Plaza Hotel，有二十四層高樓，據云乃大阪新建最大之旅館，旅客多是西人。門口大廳廣濶，櫃台服務人員，對客人皆用英語，我連英文字母，亦認不清，況又久未遊日，此際恍如劉姥姥之進入大觀園，又似鄉下佬初入城市，好容易尋到所住之房，侍者將我衣箱送到即走，須我自己安頓，取出物件，更衣休息，口內奇渴，不見送茶人來。往年總是投宿日式旅館，一進大門，主婦笑臉跪接，隨有艷裝下女，引導入房，安置用品，代爲解脫西裝束縛，取出和服，加于我身，讓我安坐蓆上軟墊，隨將清茶送來，跪坐身旁，柔聲伺候。似此，確可使遠途征人，忘却一路辛苦。今則不然，一室之中，四顧蕭然，開門外視，走廊空寂，找不到一侍者，只得到他友房間尋問，此友大笑，說我何以如此冬烘？房中現有電話，吩咐帳房，要什麽都有，況且你精通日語，爲何不用，反來裝糊塗嗎？我被他奚落一陣，如夢方醒，回房用日語電話要茶，對方回問要奶茶還是檸檬茶？我說都不要，要的是日本御茶，如此，方有茶送來解渴。

次日晚間，造船廠晚宴招待，先有一人來館接洽，與各人周旋，我聽不懂他太高明的英語，乃以日語答之，他一聽如釋重負，欣然叙談，三言兩語，我對他言語很客氣，他忽肅立，用極恭敬之言詞，連稱失禮失禮，灣腰鞠躬而去。晚宴設在本旅館四樓一大客廳，主人方面，大約係船廠高級人員數人，一個個西裝齊整，肅立門外，迎接我等，一一握手，用英語寒喧。入門見其社長某某先生夫婦握手歡迎，社長夫人身穿華貴和服，接待女賓，亦用英語，頻頻鞠躬，羣讚夫人這身和服之美麗，我說價錢可眞不小，總值好幾萬日圓，折合港幣千元左右，蓋此等服料之花樣意匠，皆係名手，而且祇織一件，不得有同樣第二件，所以名貴。日本貴婦人，皆喜虛榮，考究服飾，此是一例。我與社長相見握手時，用很客氣之日語寒喧，此時先前招呼之日人，前來與社長耳語，社長旋對我，亦用極禮貌言詞周旋。餐廳裝備，非常美觀，花飾器皿，均甚考究，有少女多人，身穿花花綠綠之和服，往來穿梭，接待客人。冷盆菜餚，係中國菜，用自助餐式，客人隨便取食，另備有日本菜，如天婦羅明蝦，成串燒鷄，厨師當塲燒製，客人立等取食，又有海鮮生蠔等，則用西菜吃法，各色水菓中，有日本蜜瓜，切成數瓣，每瓣之上，蓋有小薄片燻火腿，別有風味。此一席，可以名之爲中日合璧，和洋拼盤。

記得民國三十四年，參加中國經濟考察團赴日，團長吳達詮（鼎昌）之外，有周作民、錢新之、宋漢章、陳光甫、劉鴻生諸公，每日飲宴，皆刻板文章。暇輒往尋中國菜館，換換中國口味，彼時中國菜館，概係小本營生，設備簡陋，古老骯髒，陳光甫徐新六二公，均爲新派人士，爲之食不下咽。有一天，正金銀行頭取（即總裁）兒玉謙之，來約我等小吃，在一家日本人開設之中國料理屋，進門脫履，地板光滑如鏡，室中踏踏米（蓆）之上，置中國之紅木棹椅及西式沙發，碗筷器皿，皆甚清潔，食後，陳光甫遽曰：現在我們慣用「合理化」的新名詞，什麽是「合理化」，如今天的吃法，可以算是「合理化」了吧！此係三十多年前的逸話。今晚船廠之招待宴，或亦可稱爲「

合理化」矣。陳光老今年九一高齡，神明不衰，當是其生活「合理化」的所致也。

新船下水禮，因就潮水關係，定於早晨八點舉行，故二十一日黎明六點鐘，船廠即派大型遊覽汽車，來接同人前往，先入船塢參觀，仍由社長先生率領各員招待，舉行儀式時，先由船主我友的長媳用英語致詞，繼由其戚某小姐國語頌詞，然後由我友之次媳擲瓶，於是新船在雙方國旗交义之下，緩緩滑動，駛下海中，同時，爆竹聲響，音樂齊鳴。是日也，天朗氣清，風和日麗，一切順利完成，羣向我友及社長握手慶賀。旋入禮堂，共進早餐，先由社長用英語致頌，我友亦用英語答詞，攝影祝頌，盡歡而散。

日本造船工業猛進，其成就已佔世界首位。憶當日本戰敗投降，四强（中美英蘇）管理解除，賦與獨立，吉田組閣，首先急務，打撈沉船，修理舊艦。吉田第二次連任內閣，即制定條例，復興造船工業，免息貸欵與造船工廠，因之，造本減輕，廉價招徠，以經以營，得有今日。

京都

大阪到京都，乘汽車約一小時可到，仍由船廠派遊覽車接送，昨日曾過奈良小遊，參觀公園養鹿，今日直駛京都。車中有一招待員，沿途指告名勝古蹟，操得一口中國話，問其何處所學？則云，係在本地「日中友好協會」所學，此會內有中國語文班，據此人云：現在日本各處，學中國語文者甚多，後在旅館電視中，果見有節目，教中國語，其教師說話發音甚好，再一詢問，原來係中國人，可以說華僑又多了一噉飯之門。

京都爲日本之故都，古蹟甚多，爲文物薈萃之所，又稱爲文化城。戰時美國飛機，多轟炸工業地帶，而對京都迄未光臨，蓋亦意在保全文物。所以在京都，猶能看到二三千年以前之宮城樓閣，古寺老松，西人旅客，來游最多。若論山川名勝，歷代古蹟，日本何能與中國相比，但中國頻年兵災，多遭毀壞，即有存者，又不知保護修理，日本則事事物物，加意護持，且能巧爲裝點，引人入勝，歐美遊客，不斷湧來，故日本每年觀光收入，爲國庫進項的一大宗。我等車抵京都，已近午分，投一大旅館休息午餐，此館陳設極佳，窗外山光明媚，一切西式布置，而有日本風味之點綴。舉一小例，在電梯的角隅，置有一精緻小花瓶，插有鮮花少許。餐廳中除我等外，餘皆西人，男女老少，有幾個老婦，塗脂抹粉，身着和服，脚穿草屐，談笑自若。

飯後驅車遊玩古蹟二三處。其一爲德川將軍府邸，古代日本政權，操於德川手中，天皇不過備位而已，德川號稱將軍，其府宛如朝廷，一切政事在此取決。迨至明治天皇，收回大權，削平藩鎭，其制乃廢，後乃遷都江戶，改稱東京，訂立憲法，成爲君主立憲政體，是即所謂明治維新。京都之將軍府遺址，則仍保存，猶如中國的故宮，供人考古遊覽，我等入內參觀，見其保存完善，各處宮院，皆有文字說明。有一處，塑有許多人像，似係朝中議事，皆着古時衣冠，地面皆舖錦蓆，德川將軍據坐於院之裏面中央，旁有一官，手捧長劍，危坐其前側，前面有四大臣，分立兩旁，再前則有十餘人俯伏，似係文官，不知在啓奏或係聽訓，雖是塑像，氣象頗爲莊嚴。又有一處，似係便殿，德川另着一套裝束，斜倚矮几而坐，後有宮女，持紈扇，跪於其旁，稍前，有一紅衣宮女，手捧酒卮，似係由外步入，長衣曳地，再前則有四五宮女或坐或立，互相牽袂私語，所有形狀，栩栩如生。宮女裝束，頗似中國的古畫，日本文化，取法於唐，此或亦係仿照唐制。我人於此，可以想像中國古代君王臨朝及後宮休憩情形，殆亦與此相似，特規模或有大小的不同耳。

我等因當日欲趕赴東京，不暇細細考證觀賞，且遊客衆多，不容久留一處，於是匆遽走出，往看寺院二處。日本寺院，大多有歷史性質，其中佛像彫刻，皆圍柵欄保護，立有說明文字木牌，各法器或古樹，亦係如此，但廟中不見一僧人，佛前亦無香花供養，聞僧人另有修行之處及宿所，且多娶有妻室，故京都各廟，成爲供人遊覽之所，有似博物館之性質，此與中國廟宇不同之處。然日本並非無高僧，禪宗大德，不乏其人，惜無暇前去參訪。近代高僧鈴木大拙（D. SUZUKI）活至九十五歲圓寂，生前常在美國以英文著書說法，博得美國人之信仰不少。日本投降後三年，曾偕故友吳蘊齋兄游日，得晤一有名禪師（忘其名）目光明澈，示語警闢，承告每天須往巢鴨（地名）監獄，爲東條英機等人說法，問其所以，則云：東條大將，當秉政時，誠然赫赫不可一世，但下台後，身無長物，淡泊自甘，戰後被列爲戰犯，但審訊時，不肯認錯，彼云：「只知有日本國家，不知什麽侵畧不侵畧，成則爲王，由我審你，敗則爲寇，只好讓你們審我，惟望速判，別無他言。」彼現知必被判死刑，並不懼悔，惟求佛法懺悔其殺害生靈之罪業而已。

東京

由京都坐火車抵東京，天色已晚，萬家燈火，在的士中，祇見大厦蔽空，遠非昔比。投宿于原名「帝國旅館」之 IMPERIAL HOTEL，比大阪所住之旅館，更爲宏偉而更歐美化，一切取價極貴，每天房價，約合港幣近百元，一杯咖啡，約合港幣三元，老友招待殷勤，太覺破費，心殊不安。此館在三十餘年前，曾經住過，即經濟考察團來東京之時，建築古老堅實，圖樣係德國工程師所設計，當年圖成，爲衆反對，而此德人云：若千年後，你們即知我的好處，卒被採用。後經日本二一六事變，及大地震，高房大厦，坍毀無數，而此館屹然未動，日人始服此德國工程師之用心。此館地點，在皇宮之旁，門前廣場，屋爲古銅色，似古堡型，有一大噴水池，每當斜陽夕照，風景宜人。我今再來，正喜可以復覩故屋，舊夢重温，不意舊景已杳，面目全非，蓋早已夷平，建成此新型大厦。乃嘆事物之無常，有如此者。

在東京住三天，飲宴遊玩而外，陪女太太們在百貨公司買物，最爲耗時。各百貨公司，家家生意興隆，聞每天下午五點以後，更爲擁擠，公司商店，下班仕女，都來買點什物回家，此可見現在日本人生活之富裕；來香港之日本遊客，喜購珠寶飾物，亦原于此。市中少年男女，携手拍拖，比香港多，男子多嬉皮士，女子時裝短褲，一見尚以爲係香港遊客，有一今昔不同之現象，即外國貨品之廣告，所在多有，此爲昔年所無。詢得因日本國庫充裕，外滙存多，故開放洋貨進口，畧示調劑。日本人之崇洋心理，喜愛洋貨並不亞於中國人，不過人家現在是眞買得起，中國人恐多半窮濶耳！

東京市上，行人及車輛之多，比香港爲尤甚，但交通行政，辦得甚好，天上地下一切交通設備，至可驚嘆，所謂天上者，乃高空道路（HIGH WAY），現在港九雖然已有，但不及日本之多而距離長，所謂地下者，乃地下鐵道，（用電力）昔祗一條，今則四通八達，有若干條，妙在地下之下，又有地下，一層又一層，縱橫敷設，巧奪天工，此則大有助於市面之交通矣。

集體遊行示威，搖旗吶喊，有文有武，日本各地，是所常見，如有遇到，急宜遠避，的士司機，能遠遠察覺，即會繞道而行。在大阪東京均曾見到，晚間電視，即有放出，其標語多爲「打倒佐藤」「榮作速走」等字樣，查其目標有三，（1）反對冲繩留有美軍核子基地，（2）反對佐藤接受美國纖維方案，（3）速與中國大陸建交。又有一天，在東京逛街，忽見幾個白衣少年，手持宣言，題目爲「斬却戰犯天皇」，走到我前，要我簽名，我大駭，佯作不懂，搖頭而去。

日本人對中國事物，每多喜愛，學中國話吃中國菜而外，近來中國藥，很多吃香，如當歸、枸杞等，日本已有種植，但售價不及中國貨之貴，品質亦不及中國貨之好。至于成藥，則雷允上之六神丸，香港製之「三消治尿丸」（云可治糖尿病）皆甚暢銷。市上有專售漢藥店舖，我看見有「梅蘭芳丸」，覺得稀罕，其廣告云；服後可使皮膚白嫩，姿容艷麗，有如梅蘭芳一樣云，日本人之好奇心，可說是多姿多采的。

日本梅蘭芳—丸山明宏

臨別東京前一晚，在本旅館演劇廳晚餐，幷觀一名貴表演（SHOW），係日本有名之歌舞明星丸山明宏演出，此人係一男星，而扮女角，能歌善舞，能自編曲譜，譯寫小說，負有文名，日本人固甚風靡，西洋人尤多欣賞，故有人稱之爲日本梅蘭芳。是晚見其所演，一人獨演四齣，一日本歌劇，三西洋劇。扮相不錯作西洋女子裝束，衣飾鮮艷，一切姿態走路動作，甚肖洋婦，惟無日本女人儀態；布景、音樂，及許多少女之舞蹈，均極美妙。歌唱甚多，全係洋歌，即日本劇，所歌亦係西曲；惟惜女裝腰不夠細，身段顯不出婀娜，而歌聲則係男音，我這鄉下佬頗有點聽不慣，其歌似係男低音，有點像平克勞士比，大約其歌甚有工夫，閉目聽之，當是男角，應該讚好，惟且角而用男人粗音，不知西方歌唱有此一門否？觀衆頗多西人，似甚讚美，拍手不已，觀於此，宜乎我們的梅畹華博士，在美國之大受歡迎也。

日本梅蘭芳表演節目單

遠客情懷与南天風韻

易君左

尼庵素食·法雨紛紛

我和內子熊芳在星加坡住了整整一個多月，也整整的等候入馬來西亞聯邦一個月，然後才入馬來西亞。我們在星加坡忙着三件事：第一是親友間的應酬，大吃小吃，吃了許多大館子小館子，乃至街邊飲食檔。第二是詩友們的唱和，你一首詩來，我一首詞去，積稿盈寸。第三是我帶在身邊十幾幅近年所作的畫，參加了星加坡公教中學擴充校舍籌集基金的義展，總算在幫助教育事業上有一點小貢獻。現在依序寫下來，作為此次南遊紀念。

我一到星加坡，六妹慧華為我們洗塵，安排了一次晚宴。這是很別緻的一次：一來是吃有名的素菜，二來使我得見星大和南大的幾位老友教授。這晚，充滿了詩情畫意，也充滿了禪境，情調是澹雅、高潔而親融。

晚餐地點在星加坡漳宜海邊的自度庵，由庵主達賢比丘尼法師親自下厨。達賢法師是一位接近老年的女子，她告訴我：她是在台灣剃度的。她精於烹飪，著有「素食譜」，素食而有譜，恐怕是初見吧。這晚的素食，雖然照例離不了豆類，但製法精美，而且絕少味精，所以大家吃得津津有味，稱讚不已。周旋於其間最忙的自然是六妹，她眞賢慧而明幹，對我們做大哥大姐的極盡照料關切之能事。她首先要我題「素食譜」一詩，當晚一揮而就：

題達賢法師主編素食譜

好友如雲集，清齋細品嘗。

同來獅子國，共嚼菜根香。

素食新成譜，名厨舊擅場。

人間真摯味，妙手出禪房。

這次晚餐參加的朋友，除星大饒宗頤教授、南大黃勗吾教授、錢歌川教授及夫人凌琴如女士外，尚有星加坡的實業家兼收藏家張振通先生及夫人，吉隆坡名工師彭勿奴先生及夫人梅笑櫻女士，星加坡實業家陳鵬澤先生及夫人，星加坡僑領兼詩人陳玉符先生及夫人，與源則倹先生等。吃完飯後，首由黃勗吾教授寫臨江仙新詞一首：

臨江仙　有序　　黃勗吾

辛亥孟秋之夕，翁慧華女棣設齋宴於漳宜路之自度庵，由庵主達賢法師自親下厨督導烹飪。清浮玉盌，翠點冰盤，錦帶雕胡，備極精美，眞乃寶剎名羹，迥異凡响也。是晚參與讌會者，有來自海外之嘉賓，有邀自邦中之俊彥。玄履絳裙，高談驚座。餐後，君左兄復出其近作畫幅多幀，供衆欣賞。另有君左、選堂、歌川諸家及余即席揮毫題詠，以助清歡，洵秋夕文娛之一韻也。歸來倚聲，即成此解。

一雨千山添爽氣，屐裙來傍禪庵。流雲如夢塔如簪。空亭閒眺處，秋影碧毵毵。　庵主明心還辨味，蘭蘇桂髓親採。詩魂搖曳綺霞酣。鐙前揮醉墨，依約是江南。

我的和詞如次：

臨江仙　自度庵素食和黃勗吾原韻

竹下花間同駐馬，海濱靜靜尼庵。白頭搔去不勝簪。青菘紅蒟裏，禪味影毵毵。　為問輕羅歌扇客。何時重把梅探？亂愁湧處酒微酣。諸天香四散，一夢又天南。

另外，我又有一詞。

醉思仙　和黃勗吾兄原韻

又重逢，憶當年往事，獅子城中。看飛濤驚浪，打户豪雄。人清麗，水似湘；恍士傲岸，嶽疑嵩。新詞頌，書法美，恍如天矯神龍。　十載夢境寂，可憐彈指匆匆。只桑田滄海，一例相同。列李杜，比蘇辛，鬢已白，臉微紅。夜光浮，椰影亂，遠天明月孤鴻。

更值得一記的是饒宗頤（選堂）教授的題素食譜，也是即席揮毫的，詩與書法均佳絕，不可不寫下來：

題素食譜　　饒宗頤

心齋清供一成純，妙手江湖自不羣。

不塞不流林外澗，自來自去嶺頭雲。

眼前禪炬清明在，舌本茶香冷暖分。

共了人間塵俗事，無花法雨已紛紛。

此詩充滿禪意，尤以第二聯為名句，比我的詩强多了。

星洲新聲詩社同人歡宴本文作者及北婆詩人張濟川、新大教授饒宗頤、南大教授黃曧吾、錢歌川、張天健等。

每次飲宴總是雜些詩歌，即如星加坡新聲詩社諸友歡宴我於北方菜館之翠華樓，吟詠尤多。就在近幾年間，星馬各地開了好幾家北方餐館，生意興隆。當我入翠華樓時，一個高大個子的掌櫃笑嘻嘻的道：「啊！原來是易先生來了。」我一看，才知他是過去香港北方館子泰豐樓的熟人。北方菜和廣東菜在星加坡和馬來西亞都風行。星加坡另一家最新開張的北方館子會賓樓，由陳玉符伉儷帶我們去嘗試。我吃得最舒服的是老友陳稚農李樂眞伉儷專車來接我和內子到北方菜館金玉樓的一餐，以盛筵欵待，四冷碟最精美。坦白的說：單是那盤水晶肴肉我就吃了好幾塊。名貴的鷄煲魚翅大鍋，用的排翅、原鷄燉湯，風味之美，不減於我往年所吃的九龍仙宮樓（已遭火焚停業）。以後陳玉符先生又請我吃了金玉樓一次。在稚農兄爲我請客那一次，特約了我所想見的老友如錢歌川夫婦及吳君亦夫人，還有陳玉符夫婦及劉英舜女教授等。稚農請我替他一位好友所珍藏的「阿里山晨霧圖」題詩一首：

題阿里山晨霧圖

人但知雲海，誰能識霧山？
樓臺如畫稿，草木作雕闌。
旭日藏天際，晨風拂嶺端。
丹青傳妙筆，淡淡有餘閒。

此外，當我快離星加坡時，忠厚的陳鵬澤先生和他的賢淑的北方籍的夫人就在我的寓所十二層樓天台上爲我們夫婦錢別，筵開十席，同時歡迎來自香港的暨大同學。源則儉先生和夫人也請過我們到他的家裏吃自助餐，欣賞收藏的名家字畫。

更不可忘的是南大的老友。我們先後去過南大七八次，一次由錢歌川教授請客，一次由黃曧吾張天健兩教授合請，都在南大圖書館的四樓，歡談暢叙，攝影留念。

女中豪傑·海上樂園

星加坡有一位潮籍的女中豪傑，即有名的女教育家劉英舜女士。我以前兩次南來都沒有認識她，也許她還在美國，這次見到了。

好幾年以前，在台灣的幾位老朋友，也就是當代知名的幾位學者：巴壺天、錢歌川、李辰冬三教授，應聘連袂南來星加坡，任新創辦的義安學院教席，那時我雖然還在香港，但已經知道：義安學院的院長就是劉英舜女士，可以說心儀已久了。

她卸任義安學院後，即任星加坡師資訓練所教授，所以都稱她爲劉教授，同我另外兩友鄭子瑜、劉天中同事。而我這次見着她乃在另一老友陳稚農、李樂眞伉儷爲我夫婦洗塵的歡宴上，一見如故，同坐的還有她的姐夫陳玉符、姐姐劉纕英伉儷。

我們還沒有去拜訪她，她就來看我們了。她說話比較快，用純粹的國語像銀鈴一般的說：「本星期天，你們得閒嗎？你們在星加坡市中也吃膩了、玩膩了，我接你們到一處郊外走走，吃點新鮮東西，好不好？」眞的，我們巴不得到郊外走走，我說：「好極了！」她很高興，我們第一次接受了她的熱情的邀約。

就在禮拜日這一天上午，星加坡的天氣照例是晴明的，究竟是秋天了，白雲加意的舒卷，而涼風拂拂吹來。劉教授自駕的一輛車靜靜的停在我們寓所前面廣坪，坐電梯上十二層樓，我和內子匆匆隨她下去，上了車，直馳到星加坡大學去接她在美國時的好朋友，新任星加坡大學工程系主任的區鯉騰博士伉儷。

那一雙中年夫婦已在大學宿舍側門等候，相見寒喧，然後同登車，風馳電掣的奔向郊外，正午時分，到達海濱的一個小鎮，叫做「榜鵝」。（Pongool）

走下石級，看見兩三個穿紗籠的少女也像我們一樣在等候船來，偶與交談，她們都能說流利的華語。

一艘相當大型的汽船免費把遊客送到孤立在海心的一座龐大建築下面的躉船，循木梯走上去，那就是號稱海上樂園的「海宮大酒店」。

海面平靜，遠島近嶼羅列海中。遠望「海宮」，像是一座古堡，所佔面積廣大。接連這棟大建築物的是一長條大木樁，我最初不知道是什麽，後來才明白：原來是捕魚的設備，但這設備是古老的。遊人不但能夠在酒店享受海鮮之美，而且住在這裏還可以參觀捕魚的情景。

這座海上之宮的大廳，設備也並不怎樣華麗，也有夜總會和舞塲。劉教授點了幾樣魚蝦和蟹，味道總算過得去，女招待還殷勤。中西遊客陸續來到，吃得都很簡單。我們一面觀覽海景，一面聽歌女唱歌。連這一個位置偏遠的娛樂塲所也有台灣歌星獻藝。看來，台灣來的歌星到星加坡非常吃香，全星加坡有夜總會的就有台灣歌星，報紙上捧得最熱烈，但除了常在台北電視露面的名歌星如楊小萍、趙曉君、鄧麗君、左艷蓉，以及最近來星的白嘉莉、尤雅等人，爲我們所素悉外，其他的芳名似乎是很陌生的。

這座海上娛樂塲所與香港以吃海鮮爲號召的「沙田畫舫」及香港仔的「太白畫舫」等不同之處，即前者設備簡陋而後者裝配豪華，前者是宮殿式建築而後者是船舶式建築。論海鮮之美還是香港，論視聽之樂則在星加坡。

精力充沛和藹可親的劉教授，帶着我們到各處獵影。海宮的後邊和下邊都有一種馬來式土居的板屋，情調蒼古，分別拍了許多張照片。劉教授忽然發現好似照相機走了光，白拍一塲，實在可惜。雖是工程學者而富有文學家幽默感的區博士幽默的對她說：「妳再請一次客，再拍一次，不是一樣嗎？」說得大家都笑起來了，幸而並沒有那麽一回事，有當時所拍多張照片爲證。劉教授又像大導演指導電影明星，安排我們兩對夫婦，一會兒作鴛鴦式，一會兒作蝴蝶式，拍了幾捲彩色電影，興高彩烈，指揮若定，她是多麽天眞和熱情。

這樣，我們一行吃吃喝喝，談談笑笑，玩得眞開心，直到下午四時餘才乘坐原渡船回榜鵝，又在這小鎮上拍了幾張照片，然後同車駛入市區。本來要遊另一處名勝的，車子七彎八拐，迷失了路，這中間，爲着親自駕駛，已不知消耗了我們這位女教育家多少精力，實在太勞苦了。

本文作者夫婦在星洲榜鵝海上與劉英舜教授（右）合影

在出遊以前，我和內子先到劉教授的家裏。她靜靜的一人獨居，几無纖塵，整齊清潔，壁上懸有于右老的字和溥心畬的畫，皆屬精品。她僱不到女工，上課又忙，應酬也繁，而治家待友，有條不紊，所以我說她是女中豪傑。

榜鵝之遊約一週後，劉教授把我寫贈她的一張詩幅也掛起來了，那首詩是：

辛亥秋，劉英舜教授導余夫婦暨區鯉騰博士伉儷暢遊星洲榜鵝海心，同餐海鮮，歸賦贈謝。

白魚鮮嫩紫螯肥，自駕輕車緩緩歸。
海浪天風同蕩蕩，遠山近舍總依依。
楚人作賦情如昔，伏女傳經事莫違。
半日榜鵝郊外客，清才高誼印心扉。

大概南洋許多朋友家裏都懸有我的詩幅吧？過一些時，詩友陳寶書先生在一天弦月之秋夜，又爲我餞別於榜鵝大酒店，生意清冷，只我們五六人，外加三數西籍遊客，我即席爲酬答好友感情，寫了一詩：

辛亥秋夕謝陳寶書兄邀宴榜鵝

海岸海清伴夜遊，榜鵝歡宴謝陳侯。
知人詩意惟弦月，動爾鄉愁是冷秋。
談盡古靈精怪事，夢殘蘆荻薜蘿洲。
南來一月波濤闊，幸得趨陪共唱酬。

水塘夜色·紅蓮詩情

陳寶書、張濟川兩位詩友問我和內子吃過星加坡大會堂的菜沒有？我答：「沒有」。便坐陳先生的車子到大會堂，觀覽一遍，規模比香港的大會堂小；進入一餐廳，佈置整潔，已到晚餐時，却只有我們四個客來，年青的女待比我們多幾倍，殷勤招待。

陳張都是潮州人，吃甜甜酸酸的福建菜，可能比我們湖南人專喜吃辣的適宜一點。這天却吃了一樣新鮮菜：鹿肉，就像牛肉一樣的味道，據說是從聯邦（馬來西亞）運來的。柔佛州的蘇丹愛鹿，不准射獵屠殺，星加坡吃的鹿肉是從柔佛以外的地區弄來的，價錢比牛肉豬肉昂貴。

吃完飯後，陳先生問我們到過新建的水塘沒

有？我答：「也沒有」。于是帶我們到了麥克里芝蓄水池，欣賞夜景。

所謂「夜景」，可以分兩方面說：一是這座水塘雖不甚大，但環境清幽，古木參天，雜花滿地。池中一座彎彎曲曲的九曲橋，在夜色迷濛中，人行其上，好像到了杭州西湖的三潭印月。小立橋頭，貪看池心的彩色噴泉，水花高入雲霄，水色隨時變幻，有時戛然停止，有時忽然湧出，比起陽明山噴泉，又是一番新的設計。大概最堪留戀的夜色，就是這個噴泉。

另一是夜遊人甚多，簡直可以說：除了我們四人外，全是一對一對的青年男女，携手抱腰，歪頭倚肩，輕言細語，緩緩而行，那一種親熱體貼的氣氛是沒法來形容的；不走路的，便一雙一雙的挨坐綠陰如海枝葉掩映的大樹下，娓娓傾談，那些白色的、淡綠色的和橙黃色的燈光，偸照着每一個幽闇的角落，有時也故意投射一些陰影，好讓情侶們保持機密。

其實這個蓄水池，應改名爲「鴛鴦池」。

在遊人中我最慚愧，其次是寶書，除了我們兩名不折不扣的老人外，成雙作對的全是針對我們蒼顏白髮的綠鬢朱顏，像是一種無情的諷刺。

夜色蒼茫，緊跟着我們的脚步，走出大門，登車疾馳，回到陳先生的家裏。陳先生是潮州人，敬了有名的「功夫茶」，清談移時，夜已漸深，於是告別。剛走出院子，忽見庭前三大缸荷花，只有一枝紅蓮婷婷含苞將放，說時遲，那時快，寶書便一下折下來送給我，竟來不及阻擋。我把這一枝紅蓮花帶回旅寓，插在一個清水瓶裏，中夜夢迴，花已怒放，其大如盤，清香滿室，開到第二天上午，花瓣才落。我順手畫了幅「紅蓮圖」以報陳先生，並題一絕句：

幽庭忽覺沁清香，手摘紅蓮贈楚狂，
畫出一枝無比潔，長隨高士納新涼。

又在我的「旅星雜詠」十首裏，有一首是：

無意彈箏撫素琴，有時淺酌作微吟，
紅蓮折贈惟良友，花共詩情抵萬金。

過了兩天，陳先生也有詩來了：

君左過訪折紅荷花一枝賦贈

高軒過訪到寒家，菡萏紅酣正放花，
手揀一枝新折贈，好描色相付籠紗。

我萬想不到在數千里迢遙客旅中，除老妻依依外，尚有一枝美麗芬芳而聖潔的紅蓮花相伴。

我因此詩興泉湧。記遊水塘得一詩一詞。

辛亥初秋寶書邀濟川曁余與內子夜遊麥克里芝水塘，寶書有詩來，因答謝一詩一詞。

寶劍名書夜見邀，一車驅向水塘迢。
黃騰紫沸千尋瀑，綠暗紅稀九曲橋。
過盡鴛鴦皆倚傍，夢殘蝴蝶亦逍遙。
先生欲覓華嚴境，只在眉梢與樹梢。

鷓鴣天

翠竹窗前偶駐車，盤旋直到夕陽斜；
水塘同賞燈光幻，情侶相偎樹影遮。
餐鹿肉，折荷花，功夫三進小杯茶；
南來第一人緣好，不是詩家即畫家。

至於陳寶書先生的原詩是：

夜偕君左濟川遊麥克里芝水池

相邀名士此尋幽，樹影燈光映碧流。
噴水奔騰珠濺玉，清池盪漾夜橫秋。
客從曲折紅橋眺，人效鴛鴦翠岸遊。
一路徜徉風景異，望中何處是神州？

星加坡這座新水池確有一遊的價值，尤其值得夜遊，眞是充滿了畫意詩情和密意濃情。

飛禽公園·鳥鳴嚶嚶

星加坡在今年初春創辦了一座嶄新的「飛禽公園」，地點在新工業區的裕廊鎭附近，離南洋大學不遠，園中全部養着鳥雀，有三百五十多種類，可謂洋洋大觀，但星加坡至今尙沒有一個以走獸爲中心像台北那樣規模宏大的動物園。

我是三下南洋而七訪南大，那天又去訪南大諸教授老友，坐的是譚焜元老弟自駕的車子，從錢歌川敎授之家出來，是下午四時，還有時間到一些要去的地方蹓達，於是焜元帶着我和內子，還有一位婆羅洲坤甸的旅客林太太，同遊我們還沒有去過的有名的飛禽公園。

這個公園的園址相當廣大，完全是依自然的丘陵形勢而圈起來的，其間雖點綴着一些山亭池樹，人工裝璜的成份比較少，可惜林木還不太繁茂，然已不失爲一個郊外遊樂的好塲所。

遊覽這個公園的方式則頗爲別緻；到園門前停車和入園內都要購票，第三次購票是坐所謂遊覽車，三架笨重的車子連在一起，由馬來人司機在車頭開動，蠕蠕的曲折的穿過全園，以便遊人悠悠的欣賞風景和兩旁的珍禽，你如果發現路邊那個鐵絲籠裏的孔雀正開屛，你可以在附近一站到達時下車，然後等第二班開來時再上車。所以遊人儘可化費大部份時間優哉遊哉的看那些奇奇怪怪的鳥雀。

我們遊了不久，印度的總統光臨星加坡，旁的地方他不去，單選這個飛禽公園來光顧，對乘坐這種遊覽車非常感着興趣，報紙上大登特登，可見這個新興的大鳥籠已馳譽亞洲。

雀子的種類雖號稱數百種，但我們所看到的並沒有太珍奇的禽鳥。可是一坐上遊覽車便聽到鳥兒吱吱喳喳的鳴聲，原因是遊覽車上裝有一套播音器，可以把全園鳥兒叫的聲浪都收入而播放出來，這種設計相當巧妙。

我們先後看到的鳥兒不過是駝鳥、鸚鵡、孔

雀、天鵝、鳧雁、鴛鴦、鷹鷲、鷗鷺等等，像這些都很普通，只有一些朱紅色和粉紅色的鳥兒不知其名，有些鳥籠太遠沒有去，其中鸚鵡羣毛羽鮮艷，非常美麗，不但我們和一些遊人圍觀，許多小麻雀都飛來欣賞。

在全園各處，陳列許多鐵絲網編成的樊籠，幾乎每個鳥籠都相當大，籠內有木石池沼等各種設備，精巧淸潔。這些散佈山崗與平原的一大片鐵絲籠，叫做「天羅地網」，防止鳥兒的自由飛翔，大概也從不會有「網開一面」的仁政。

唯一可看做「網開一面」的是那些小麻雀獲得特別權利而沒有被網起來，毫無拘束的飛來飛去，啄取其他「珍禽」的殘粒，因爲它們不是「珍禽」，反而自由；其次有一個棲止野鴨和鷗鷺的池子沒有「天羅地網」，我們親眼看見兩隻野鴨飛向禿頂的老鷹籠前似乎故意賣弄光采，則因它們還能保持幾分「野性」，反而自在。

這個公園除以飛禽號召外，在宣傳上還有園內的一條人工的大瀑布。我們不能不驚佩園主氣魄之大，橫亙大山坳裏一望無際重重密密的絕大的鐵絲網，隱約可見百丈高懸的瀑布直瀉下來，就好像瀑布也入了「天羅地網」。據說：這是全亞洲唯一的一條人造大瀑布，值得驕傲。可惜我們只幽幽的散坐在瀑布的出口那一條小溪頭，貪看淸泉白石的自然景色。

星加坡居民有兩種悠閒的生活習慣，便是釣魚和養鳥。我在夕陽西下時曾經駛過一處，看見圍繞一座廣坪的四周簡陋的廊房裏掛滿了鳥籠也擠滿了人羣。我沒有下車參觀，但可以看到籠內的八哥和鸚鵡之類，也聽到一片嚶嚶的鳥聲。星加坡是一座花園都市，林木茂盛，我住的寓所樓下也多大樹，淸晨常常聽到鳥兒歌唱。究竟是一些什麼鳥兒？我還弄不淸楚。

我有幾次經過私人設置的釣魚池，一區就有好幾處，大羣汽車停在那裏，車中人都下來坐在池邊靜靜的釣魚，有些乘黑夜竟偷入蓄水池釣魚，現已懸爲厲禁，所以蓄水池邊掛着「禁止釣魚」的招牌。

星加坡居民也喜歡打麻將，釣魚養鳥總比打麻將好。我親眼看到星加坡華人集中的區域如大坡小坡一帶，有以「修理麻雀」爲招牌的專門商店，可見打麻將的風氣，並不減於香港台灣。

就在裕廊鎮的飛禽公園不遠有一家露天的大電影場，看電影是坐着汽車開進去，也就坐在汽車裏看電影，廣坪可容幾百輛汽車，都是夜場，塲塲客滿。六妹帶着幾個兒子和我們夫婦分車去看，演的是韓國彩色片子「孝女救父」用華語配音，與台灣上演的彩色巨片「緹縈」異曲同工。

酒樓飯店。街邊食攤

張振通先生爲我洗塵在一家新開張的廣東菜館美加都大酒樓，菜也相當精美，附設夜總會，晝夜都有歌星歌唱，最吃香的是台灣歌星。這裏的規矩，歌星輪唱一直要唱到全酒樓無一客爲止，我們當晚離開已近午夜，可憐歌聲猶繞樑。這一次有一個小揷曲不妨一記；星加坡的大酒樓全部女招待，張先生請客這一家，更是女侍如雲。有一個活潑的女侍姓單，看來她是讀過書的，她說她是「單雄信」一家，大家酒酣耳熱，要我就單小姐出一副對聯，我想了一想，在便條上寫道：「單」女不孤單，堪稱一「堂」之「選」。本來是和在座的饒選堂（宗頤）兄開開玩笑，在座尚有源則儉先生和陳鵬澤先生，有人對道：「源」君有本源，不愧萬「澤」「之鵬」。又有人對道：「易」公好容易，盍從百「越」移「家」？因我學名爲「家鉞」，此處之「越」字乃假借。又有人對道：詩人未賦詩，頓教滿「川」無「歌」，則係指在座的錢歌川教授。在座尙有陳玉符先生和主人張振通先生，于是又有人對道：「陳」君有條陳，無計可「符」金「玉」，及：「張」君有主張，必能共「振」相「通」。又有人對：「源」君有本源，何必守「則」從「儉」。一時博得酒樓一片歡笑。

星加坡建國才六年，而頗有開國氣象。茶樓酒館雖小，也如雨後春筍產生。最合國際標準的觀光酒店和大酒樓已有多起。彭勿奴夫婦曾帶我和內子到一家叫做「香格拉底」的大酒店，也是最近開張的，派頭眞不小。這些大酒樓大酒店許多是廣東派飲食，飲茶之風亦盛。我們去時已人滿，由待役小姐登記候補。其實，我到星加坡最注意的是異國風味的情調和華僑商人們所設的各種食檔，這才足以代表星加坡的「吃」。因此，我曾由陳稚農兄帶着一位懂得馬來話的友聯書店的幹部到一家純粹馬來食品的餐廳去嘗試。說老實話，馬來式的食品實在不合我們的胃口，那些咖啡甜醬等混合物與淡而寡味的「黃米飯」，隔座的馬來人吃得津津有味，我們只選點了一兩樣比較可口的菜如炸鷄之類，聊以果腹。這家馬來亞餐廳是有名的，馬來西亞國王和總理不到星加坡則已，一到即來這裏大嚼一頓，所以壁上懸有多幅紀念性照片，東姑拉曼的鏡頭尤多。我們嘗馬來風味只此一次而已。

星加坡居民生活簡單節約，一般公教人員和普通老百姓在家庭自開火食的並不多，總是在街頭巷尾買幾包「鷄飯」回家而與家人共食。所謂鷄飯是用葉子包着一包米飯和鷄肉鷄腿，另一小包爲辣糊等佐料。著名的「沙爹」即烤肉，我們也吃過，但總不如鷄飯之普遍與價廉。一包鷄飯不過叻幣幾毫，合港幣一元多，合台幣六七元，已夠吃飽。我和內子於沒有宴會時，常託旅寓中的女工劉姐鳳姐便帶鷄飯回來，內子吃得非常香，我則有點膩，因爲自到星加坡以後，大宴小吃餐餐有鷄，甚至一桌酒席有好幾樣屬于鷄的成份，吃到蔬菜甚艱難，在香港台北價錢很便宜的韮黃，星加坡奉爲珍品。話雖如此，吃鷄之風已成普遍化，其中大坡有一家叫瑞記的餐館，鷄飯最爲有名，我要吃鷄飯，就指定在這家，星加坡個個都知道這家餐館的。

我三次南遊，前兩次吃街邊的食檔次數多，這次少一點，小吃的特點是合乎經濟實惠而美味可口。我們曾到著名的牛車水地區去吃廣東式的小食，如滑鷄、豬手、扣肉、燒肉、包餃、點心，樣樣都有，叫一碟滑鷄飯，外加五香排骨一碟，清茶免費，只花一元。星加坡多潮州人，潮州人的小食攤集中在同濟醫院一帶，以鹵鵝鹵鴨和原塊醬油豬脚最有名，價錢稍貴，飽吃一頓也不過一二元，還有羊肚湯、牛肉肋條、炸五香食品等，一到下午五點，人潮湧來，後至即無坐位。

前述以賣鷄飯出名的瑞記就是海南人所開，在海南街賣一種怪食品，叫做「草龜與山瑞」，說是吃了滋陰補腎有奇效，也門庭若市，我們行經該處，即嗅到一股腥味，未敢問津。

吃牛肉是客家人的拿手傑作，包括炒牛肉、煲牛腩、炒牛肝、炒百葉、牛肚肛五種名菜。我們也去嘗過一次，單點牛肚肛吃，這樣怪食品必須通過名厨妙手，要橫切又直切，炒時必將水滴乾，配料是豬油、薑絲、蒜米碎、上等魚露，再加點兒芹菜與糯米酒，炒到八成熟，還加一個鷄蛋，你說怪不怪？

不要小看這些街邊小食檔，星加坡的百萬富翁千萬富翁常常輕車簡從，或帶着一家人來光顧。而我們一錢莫名的窮書生，却常常被人擁上大茶樓大酒店，相形之下，覺得慚愧。我們住在那間校友會的對面華北同鄉會就有位女老板賣排骨麵、餃子和小籠湯包的，常常照顧她，可是每餐兩人得破費三元餘，我的太太說：「還是買一包鷄飯吃吃，或者去吃小食檔，豈不簡省一點？」我却有時不大同意，因為我最愛吃北方麵食。

書畫義展・我也參加

我這次南遊星馬，重點在代表我們在台北的中華詩學研究所參加舊曆中秋在馬來西亞檳城舉行的「泰馬詩人大會」，其次是看看一別九年分住在星馬五家結義弟妹和其他老友。身邊帶了約

二十幅近年所作的畫，並不打算像往年一樣又去星馬開畫展，只準備送給海外的至親好友，作為紀念罷了。

不料到了星加坡，一間最有名的公教中學為擴充校舍籌集基金將要舉行一次書畫義展，校長張世典修士特別拜託我的六妹向我徵求同意，可否將我的畫件全部捐出參加義賣，因為六妹的幾個孩子都是公教中學的學生，星加坡國總理李光耀氏的兒子也在公教中學讀書，在我的老友中如黃光明、陳稚農諸先生的子弟也都是該校的學生，公誼私情，我都應該接受，除已將二三幅分別贈給老友以及我們易氏家族會外，剩下還有大小幅十八張，包括山水、花鳥和人物，一古腦兒便捐獻出去了。我覺既來星加坡觀光訪友探親，應該畧盡遠客的情意，能夠幫助一間有名的學校以促其發展，站在教育事業文化工作的共同立場，也有意義和價值，只可惜我帶來的作品太少，聊表微忱而已。

我的十八張畫數字不夠展覽，可以稱為「全能」的六妹，又由于她的設計，以家長身份替學校安排，和星加坡東豐有限公司董事長張振通先生情商的結果，把張先生珍藏的名畫家劉海粟先生的作品二十二幅和任眞漢先生的作品八幅，湊齊四十八幅展覽義賣。我的十八幅畫是：菊花壽石、荷、江南風韻、遠浦歸帆、老子圖、八哥圖、歸牧圖（見圖）、水仙圖、古木寒鴉、海角雙帆、牡丹圖、陽明春遊圖、碧潭泛舟、松巒望月、陶淵明像、北山寒飛瀑、紅棉圖、松瀑圖。

這次書畫義展完全由公教中學主持，我國北方人的張世典校長能以短促時間籌備就緒，可謂賢勞備至，又印了一份精美的特刊，照特刊所載，這個畫展是在一九七一年九月十六日（星期四）下午五時半假禧街中華總商會二樓開幕，展覽期間是九月十七日至十九日，上午十時至下午四時半。具名的是公教中學擴建委員會：吳若霭、卓建水、張明添、孫炳炎、蔡普中、駱木森諸先

生和張世典校長揭幕。由拿督陳錦泉先生剪綵，本來是請我的本家星加坡政府文化部易潤堂部長剪綵的，因他出使西德，遂改請陳錦泉拿督。陳先生和我都有致辭，場面熱烈。

在展覽期間，先後訂去了不少畫幅。我的作品，當然趕不上劉海粟先生，但因劉先生的近況比我還差，值得同情，聽說他現在還在上海，年老又患半身不遂，但仍能勉强作畫；富有道義精神的張振通先生是一位有名的收藏家和鑑賞家，常常滙錢和寄藥品給劉先生，因此劉先生寄畫報答，於是積存了二十二張之多，難得張先生慷慨全部捐獻，而且自己選購了兩大幅捐贈南大博物館，他捐給南大的古物更多，有幾百件。

這個特刊圖文並茂，首先是陳錦泉先生的獻詞是：「易教授趁南來之便，做到了以文會友、以友輔仁的境地，把自己精湛的傑作，公諸同好，藉以幫忙公教中學擴建籌欵，這種慷慨大方的仁風義舉，實在令人景仰。」接着是南大錢歌川教授的一篇長文，對我本人及作品有深入淺出的介紹，使我感謝和慚愧。其中有一段是：「君左長兄在文學上及學術上的造就，實不讓前賢。以詩詞論，因天賦獨厚，復承家學，在享譽中國文壇垂五十年當中，尤以詩鳴於世。以散文言，爲當代罕見之高手，尤長於遊記文學。以書法言，合王蘇之胚胎，融顏柳之骨幹，益以清秀之氣，挺拔之姿，自抒機軸，不入古人窠臼。以繪畫言，少年時即拜京師畫壇名宿姜筠老人爲師，筠老曾題其作品，有句云：『此君左世兄近作也。筆力雄厚，章法蒼莽，饒有郭河陽、范華原一輩人氣概，雖間或未能穩健渾融，自是爲年齡所限，由此精進，不患不出人一頭地。』可謂期許備至。然君左長兄原非職業畫家，其作風，瀰漫文人生動流麗之筆觸，而無刻意雕琢之形迹，而文人畫之所以可貴，亦即在此。猶之東坡畫竹，並不亞於文同，然畫爲詩名所掩；石田山水，入老而更疏淡，然奇氣終不能自抑。」又有一段是：「君左長兄這次南來，本來只是觀光星加坡近年的建設以及訪候親友，隨身只帶了二十多幅字畫是準備贈給親友的，因爲一別十二年，秀才人情紙半張，只有這一點禮物；恰巧公教中學有書畫義賣的準備，他是一個非常慷慨素重道義的人，因此便一口答應全部送交義賣了。」

其次的文章便是黃葆芳先生介紹他的老師劉海粟先生，和小黎先生介紹他的老師任眞漢先生，都非常精采。

特刊上還以「嵌字詩」一題，由編者來介紹「此次公教中學爲擴建校舍籌集基金之名人書畫義展中，有別具風格之一種詩體出現，即易君左教授應本坡各界賢達伉儷之請求，特將各人芳名嵌於每首七言絕句詩中之第一字，匠心獨運，非常自然，誠屬難能可貴。茲將已成各詩先行披露如次，以供欣賞。」下面便是嵌字詩的節錄：

陳錦泉拿督暨夫人黃楚環女士

錦簇花團事業豪，泉清石白位名高，
楚人詩獻齊家樂，環繞羣星北斗朝。

蔡普中先生暨夫人水仙女士

普渡羣生廣結廬，中華兒女展宏謀，
水流月照南天影，仙侶翩翩入畫圖。

黃富南先生暨夫人陳潔冰女士

富強自古萬方宗，南國宏猷氣正雄，
潔似蓮花成眷屬，冰心一片玉壺中。

周崇實醫生暨夫人李真寶女士

崇高醫德泰山尊，實至名歸古道存，
真意真情隨唱樂，寶釵光采已超羣。

林子勤先生暨夫人曾愈真女士

子以儒林貨殖兼，勤于助友盛名傳，
愈能光大文公化，真是夫賢婦亦賢。

唐裕先生暨夫人陳妙華女士

唐詩最重中興頌，裕國安民事業多，
妙手栽來連理樹，華嚴境界一家和。

駱木森先生暨夫人方連德女士

木石清華泛玉溪，森然一列茂長堤，
連枝並蒂金閨侶，德配梁鴻舉案齊。

張慶類先生暨夫人吳春英女士

慶開五福畫堂春，類似神仙傳裏人，
春草春花含笑意，英華盡聚海之濱。

陳永進先生暨夫人黃麗貞女士

永和而後繼蘭亭，進寫雙雙伉儷型，
麗似梅蘭欣自秀，貞如松柏喜長青。

李嘉興先生暨夫人呂美齡女士

嘉言懸似碧籠紗，興趣清如雀舌茶，
美妙音諧琴瑟曲，齡芳宜室又宜家。

周震漢醫生暨夫人何彬彬女士

震驚醫學有奇才，漢室華佗衆所推，
何處天涯芳草碧，彬彬文質在金閨。

其他未在特刊登載的嵌字詩尚多，雖是一時應酬之作，但我僑胞之深情厚意，實不可却，所以隨時隨地留下了一些，以志鴻爪。上述詩中，如屬於林子勤先生那一首蓋有所本，我與林先生是初識，但一見如故，畫展前夕，爲我在一大酒樓請了三席客，盛情可感。此外，陳錦泉先生是亞洲商業銀行董事長，也請我寫一首嵌有「亞洲商業銀行」的詩，我見他意氣殷勤，也照辦了，詩如次：

亞字闌干倚淺洲，商量別業築瓊樓，
銀花玉樹相輝映，行近名湖訪莫愁。

我自己覺得這首嵌字詩，也還自然。

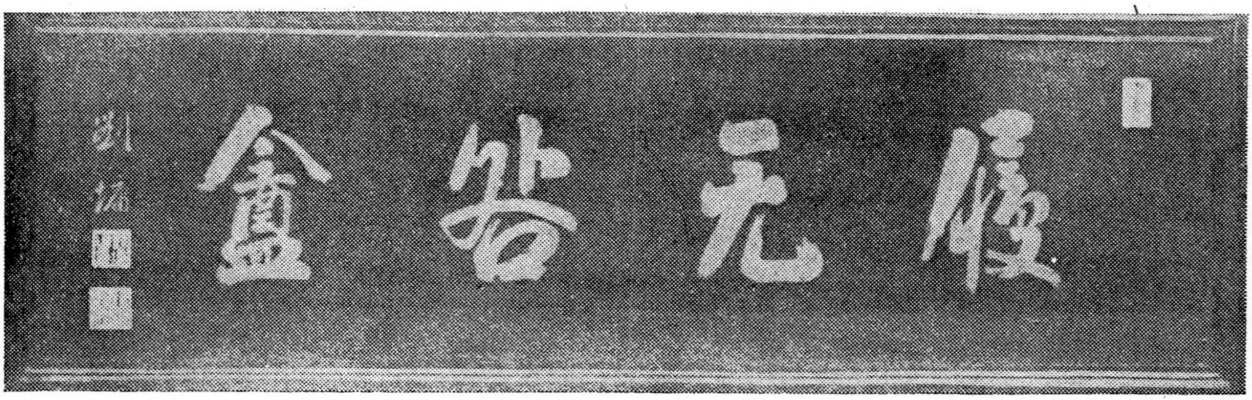

劉石庵書「履旡咎盦」橫額（定齋藏）

劉石庵書名滿天下

·張隆延·

幼年讀杜詩，頗受少陵「書貴瘦硬方通神」論調的影響，每見劉石庵蹲熊榜書，又惑於山谷屢爲「翰林蘇子瞻用墨太豐」所作的轉語，影響所及，似乎看不出劉石庵的字妙處何在？

及至臨楊少師「韭花帖」，見鍾太傅「還示表」，方始悟得石庵書法結體用筆所由來。在江寧洪府偶見鈐有「飛騰綺麗」朱文印記的石庵七十以後行草傑作；又嘗得譚瓶齋舊藏宮牋本臨古三段小軸；才知道包愼伯「藝舟雙楫」書劉文淸四智頌後所說：「……然而筆法則以搭鋒養勢，以折鋒取姿，墨法則以濃用拙，以燥用巧，結法則打叠點畫，放寬一角；使黑白相當，枯潤互映」之妙。

觀石庵書體證驗，其掣管高懸，意在筆先地落墨——天馬行空，隨緣着跡，神氣縈回——全篇竟是「一筆書」！古人說一氣呵成，細察石庵書體，便有此光景。

王夢樓快雨堂題跋稱：「石庵於軌則中時露空明；於運用中皆含虛寂。拙中含姿；淡中入妙。反復審觀，乃見異趣。」眞是欣賞劉書的不二法門。

「淸稗類鈔」稱：「文淸書法，融會歷代諸大家書法而自成一家，迨入台閣，則炫爛歸於平淡，而臻爐火純青之境矣。世之談書法者，輒謂其肉多骨少；不知其書之佳妙，正在精華蘊蓄，勁氣內斂，殆如渾然太極……」又如康有爲在「廣藝舟雙楫」行草二十五中所說「石庵亦出於董，然力厚思沉，筋搖脈聚，近世行草書作渾厚一路，未有能出石庵之範圍者。」一例贊其樸渾，這種美是淸水芙蓉，全無雕琢的，恰似包愼伯「論書十二絕句」自註中所說「諸城劉文淸相國，少習香光，壯遷坡老，七十以後，潛心北朝碑版，意興學識，超然塵外」的成就。

論書道使筆技巧本有所謂「山安」、「泉注」、「鋪豪」、「蹲鋒」這類徐、疾、輕、重的筆法，尤之音樂的旋律，憑此以見變化神明。康有爲「廣藝舟雙楫」餘論第十九說「本朝書有四家，皆集古大成以爲楷，集分書之成伊汀州也，集隸書之成鄧頑伯也，集帖學之成劉石庵也，集碑學之成張廉卿也。」

石庵書法得力董思翁，繼學趙松雪，專攻閣帖，都合時趨。楊惺吾（守敬）「書學邇言」說：「石庵初學松雪，晚師鍾王，用筆如綿裏裹鐵，卓然大家。」自阮芸臺作南北書派論後，乾嘉間北碑之學方在萌芽，但劉石庵已能集帖學之大成，算得是有淸書家中書名滿天下的代表人物了。

「藝舟雙楫」中有一節是談到包愼伯見劉石庵的談話：「僕嘗謁諸城於江陰舟次，論晋唐以來名跡甚協，諸城曰：『吾子論古，無不當者，何不一論老夫得失乎？』僕曰：『中堂書可謂華亭高足。』諸城曰：『吾子何輕薄老夫耶！吾書以拙勝，頗謂遠紹太傅？』僕曰：『中堂豈嘗見太傅書乎？太傅書傳者，惟受禪、乙瑛兩分碑，受禪莊重，乙瑛飄逸，彙帖唯唐摹戎路，略有乙瑛之意，季直表乃近世無識者作僞，中堂馬敢紹之耶？中堂得力在華亭，然華亭晚年，漸近古澹，中堂則專用巧，以此稍後華亭耳！』諸城默然良久曰：『老夫數十年心力，被吾子一語道破。』」以書家論書，神情如畫，躍然紙上。

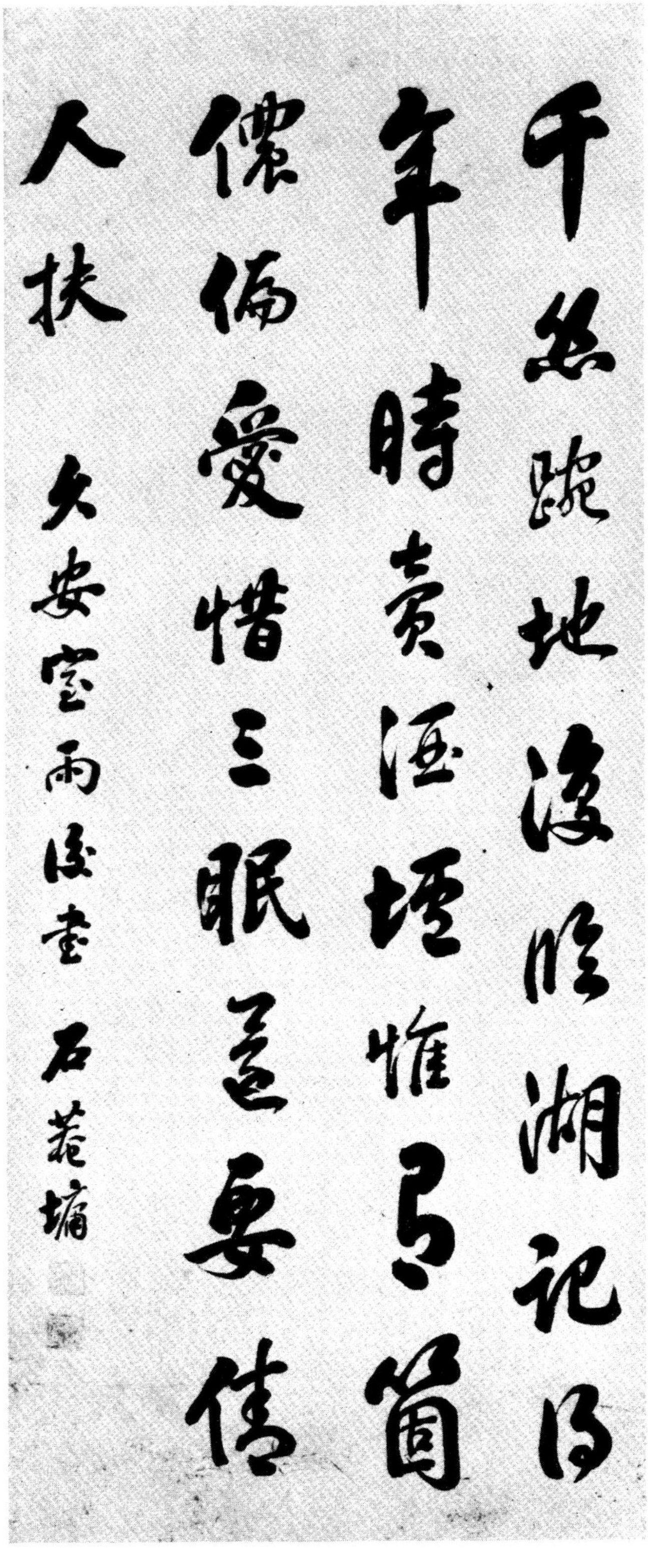

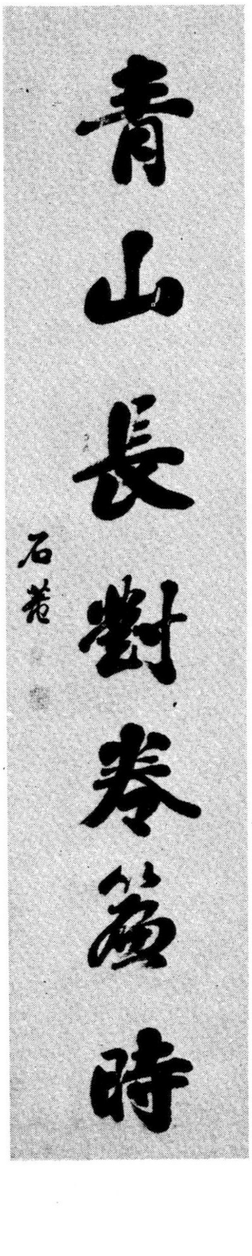

清　劉石菴書字軸及字聯（定齋藏）

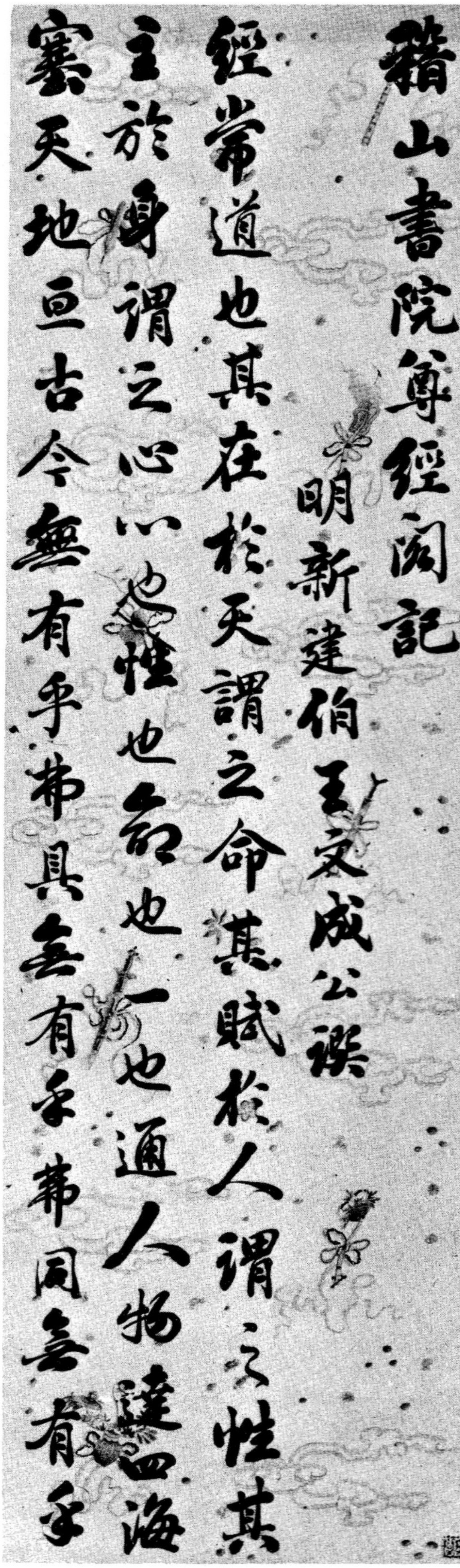
稽山書院尊經閣記
明新建伯王文成公撰
經常道也其在於天謂之命其賦於人謂之性其
主於身謂之心心也性也命也一也通人物達四海
塞天地亘古今無有乎弗具無有乎弗同無有乎

或變者也是常道也其應乎感也則為惻隱為羞
惡為辭讓為是非其見於事也則為父子之親為
君臣之義為夫婦之別為長幼之序為朋友之
信是惻隱也羞惡也辭讓也是非也是親也義
也序也別也信也一也皆所謂心也性也命也通

清　劉石菴書稽山書院尊經閣記字軸其一其二（定齋藏）

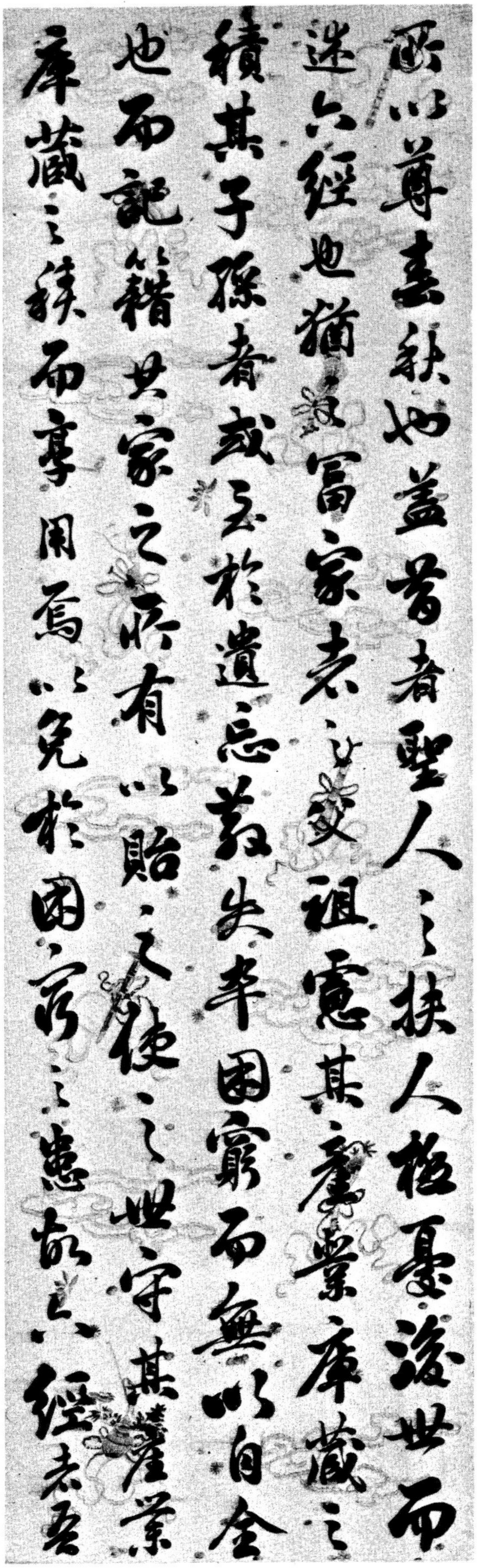
所以尊經也蓋昔者聖人之扶人極憂後世而
述六經也猶之富家者之父祖慮其產業庫藏之
積其子孫者或至於遺忘散失卒困窮而無以自全
也而記籍其家之所有以貽之使之世守其產業
庫藏之積而享用焉以免於困窮之患故六經者吾

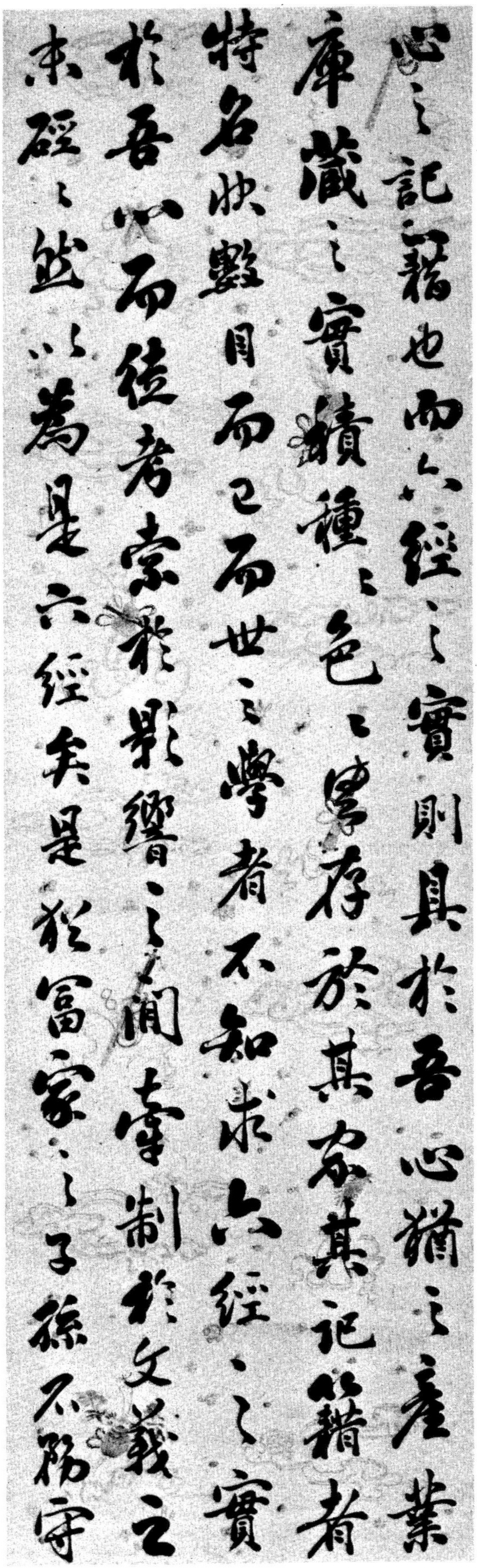
心之記籍也而六經之實則具於吾心猶之產業
庫藏之實積種種色色具存於其家其記籍者
特名狀數目而已而世之學者不知求六經之實
於吾心而徒考索於影響之間牽制於文義之
末硜硜然以為是六經矣是猶富家之子孫不務守

清　劉石庵書稽山書院尊經閣記字軸其三其四（定齋藏）

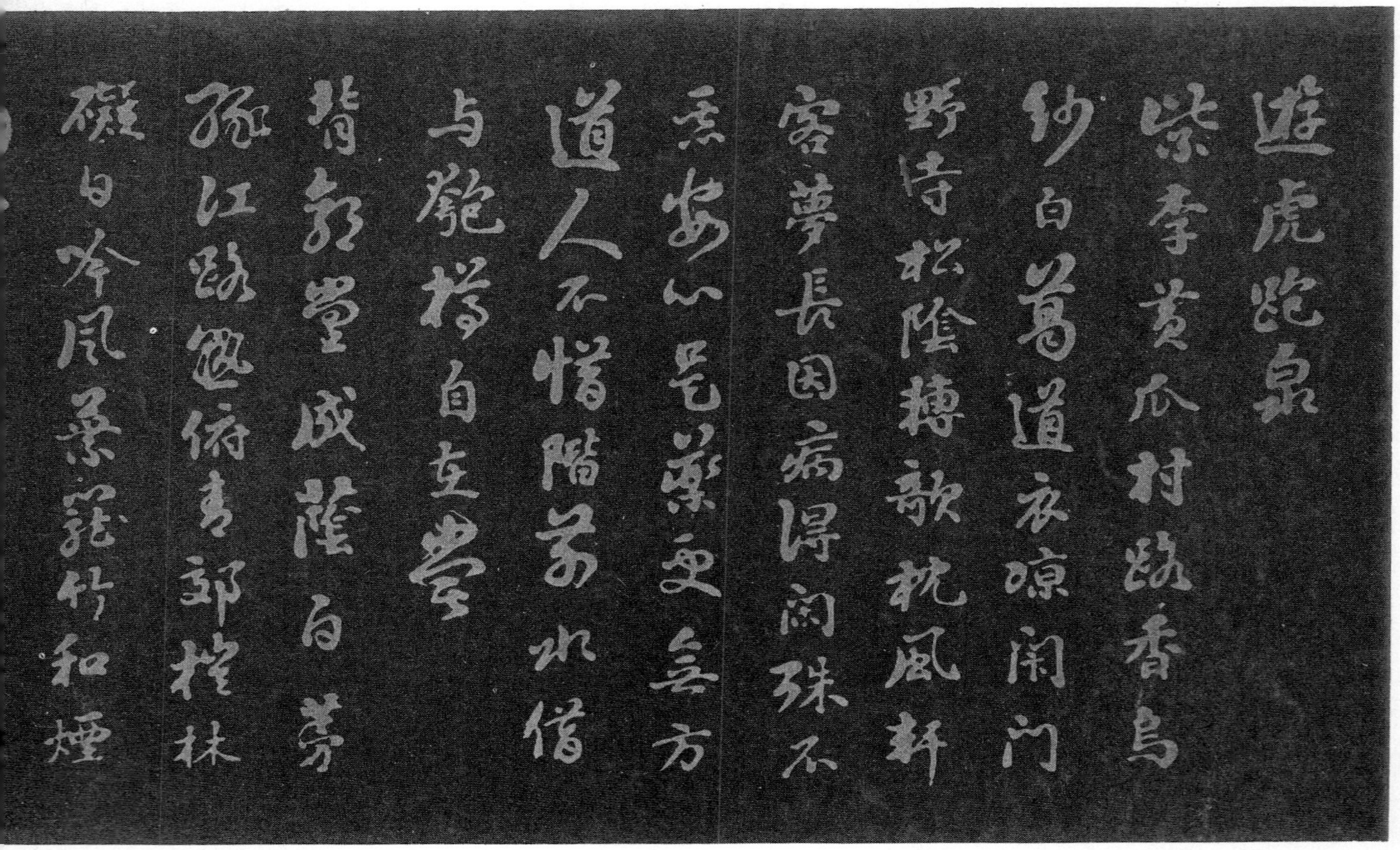
遊虎跑泉
紫李黃瓜村路香烏
紗白葛道衣涼閑門
野寺松陰轉欹枕風軒
客夢長因病得閑殊不
惡安心是藥更無方
道人不惜階前水借
与匏樽自在嘗
背郭堂成蔭白茅
緣江路熟俯青郊榿林
礙日吟風葉籠竹和煙

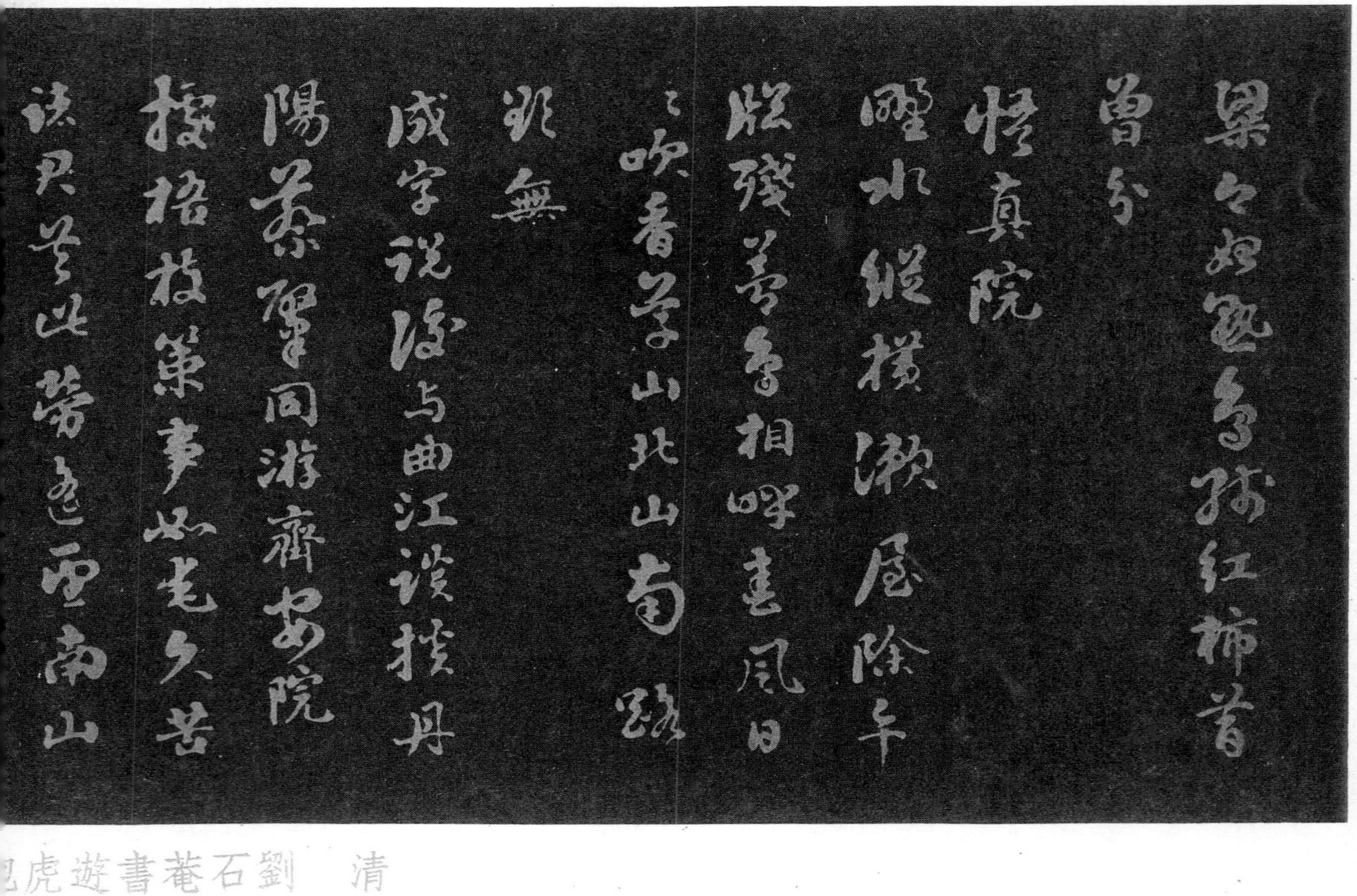

清　劉石菴書遊虎跑

莫傷人錯比揚雄宅
懶惰無心作解嘲 軾
此詩公以雅之姿媚去
似學聖教蘭亭序也
示寶覺二首
火煖燃然燭一盂晨與
相對寂無魚鳥能迴出
山林不必尋禪天好
淨居
重將壞色染衣帬共
臥鍾山一塢雲家書黄

福巖仙山傳得種閻浮
種此蓮成花光明一室
真至之詩似異那長
老家
歸巷
焰雕花水綠秧齊松
鬱蒻乾為有泥隨塞
尋閒悄獨汲東巷孫
萬年附雞
癸丑三月石菴跋於
天香涼室

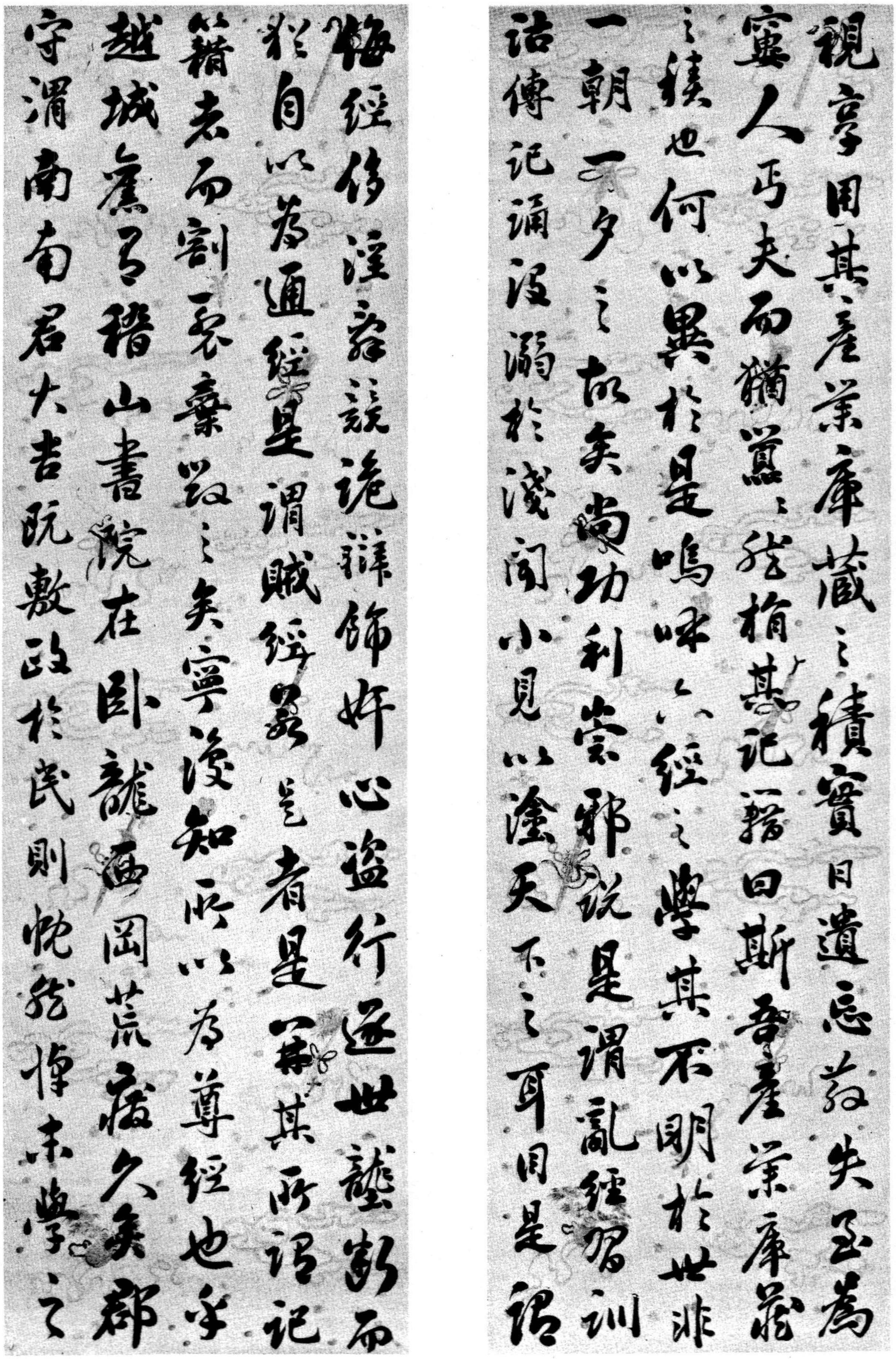
視吾用其產業庫藏之積實日遺忘散失至為
窶人丐夫而猶囂囂然指其記籍曰斯吾產業庫藏
之積也何以異於是嗚呼六經之學其不明於世非
一朝一夕之故矣尚功利崇邪說是謂亂經習訓
詁傳記誦沒溺於淺聞小見以塗天下之耳目是謂
侮經侈淫辭競詭辯飾奸心盜行逐世壟斷而
猶自以為通經是謂賊經若是者是并其所謂記
籍者而割裂棄毀之矣寧復知所以為尊經也乎
越城舊有稽山書院在臥龍西岡荒廢久矣郡
守渭南南君大吉既敷政於民則慨然悼末學之

清　劉石菴書稽山書院尊經閣記字軸其五其六（定齋藏）

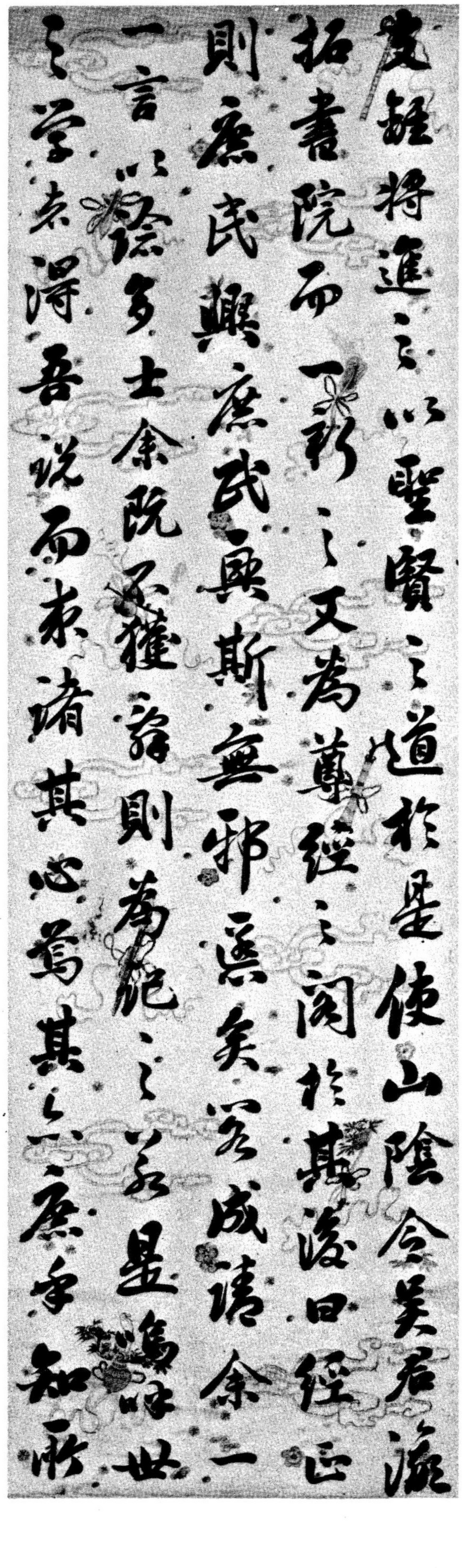

支離將進之以聖賢之道於是使山陰令吳君瀛
拓書院而一新之又為尊經之閣於其後曰經正
則庶民興庶民興斯無邪慝矣閣成請余一
言以諗多士余既不獲辭則為記之若是嗚呼世
之學者得吾說而求諸其心焉其亦庶乎知所

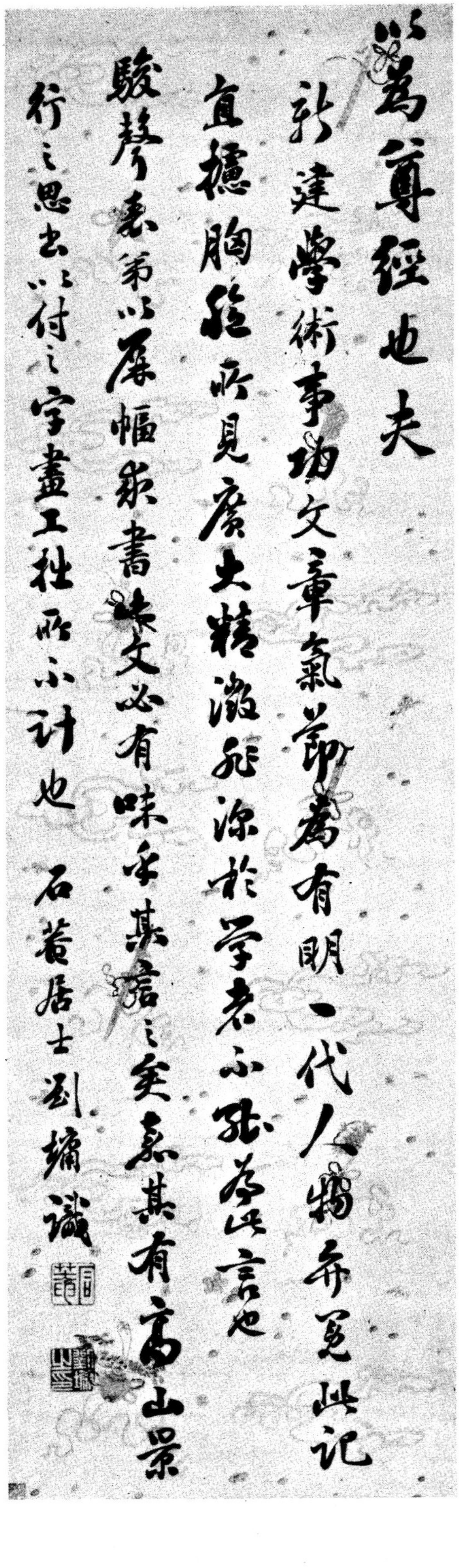

新建學術事功文章氣節為有明一代人物弁冕此記

行之思者以付之字畫工拙所不計也
石菴居士劉墉識

清 劉石菴書稽山書院尊經閣記字軸其七其八（定齋藏）

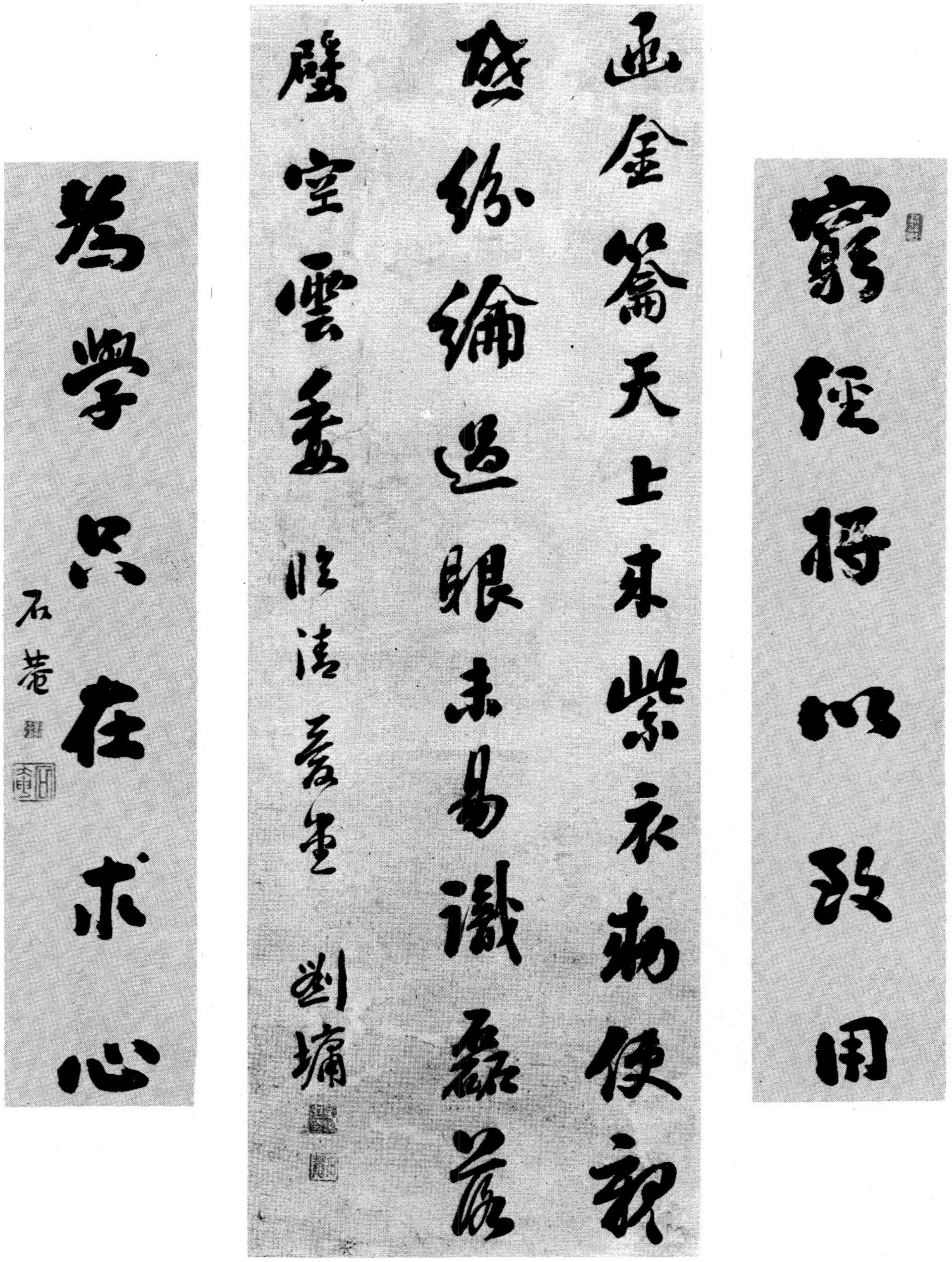

清　劉石菴書字軸及字聯（定齋藏）

·道載文·

劉石庵軼事

劉墉（一七一九——一八〇四），字崇如，號石庵，山東諸城人，書名滿天下。世稱劉、翁、成、鐵爲四大家，以劉與翁方綱、成親王、鐵保並稱，推劉、翁爲首。

石庵之父劉統勳，乾隆中久居相位，卒後，高宗坐黃轎子親自去他家祭奠。因門閭隘小，要把轎頂去掉了，才可以抬進去。高宗歸告近臣曰：「如劉統勳方不愧爲眞宰相，爾等宜效法之。」

包世臣「藝舟雙楫」有云：「乾隆之間，都下言書推劉諸城（石庵）翁宛平（方綱）兩家，戈仙舟學士宛平之壻而諸城門人也，嘗質諸城書詣於宛平。宛平曰：『問汝師那一筆是古人？』學士以告諸城，諸城曰：『我自成我書耳，問汝岳翁那一筆是自己？』」一時藝林，傳爲逸話。

劉石庵對於自己所寫的字，並不自滿，六十以後，尚有書致其十姪云：「叔無日不求字好，而竟無好處可言，一藝且然，況其大者遠者，豈易長進耶？」謙抑可風。

劉石庵之曾祖劉必顯，乃順治九年進士，必顯有四子，曰楨、曰果、曰棨、曰棨，石庵爲棨孫。父曰統勳，卒贈文正。石庵官階不下乃父，時稱父子宰相，而文名書法，且淩駕乃父而上之。

劉石庵的宦途，中間亦經拂逆，自乾隆十六年入翰林，登仕途，至嘉慶九年卒，五十餘年間共失官三次。第一次在乾隆二十年，因老父劉統勳查勘巴里坤哈密駐兵事，逮繫刑部，後獲釋放，賞還編修，那年劉石庵是二十七歲。第二次在乾隆三十一年，因他在太原府知府任內，有失察屬吏，侵蝕庫帑之嫌，革職發往軍臺効力，逾年釋還，在修書處行走，那年劉石庵是四十八歲。乾隆三十三年，特諭「劉統勳年屆七旬，止此一子，仍加恩以知府用。」次年始授江甯府知府。第三次在乾隆五十四年，因爲他那時已是上書房總師傅，七日不入直，名爲曠班，降秩侍郎，其時他已七十一歲了。總言之，俗語所說的「伴君如伴虎」，一點也不錯。

乾隆末年，和珅當權，最尙奢華，翰苑部曹，多効和所爲，一帽一履，一衣一袍，爭妍鬥奇，祇有劉石庵敝衣粗服，同列朝班，並云：「吾自視衣冠禮貌無一相宜，乃能備位朝廷，不致隕越者，何故？寄語諸君，可以豁然矣。」

和珅既貴，延名師於家，日與講論今古，故于詩文亦能粗解，有所作，常請紀曉嵐爲之潤色，紀無奈，屢爲作刀，祇有劉石庵不畏權貴，時以詭語刺和珅，和不能忍受，則飾詞以訴之乾隆前，高宗亦知二人不相洽，每以溫言解之。

某年新春，劉石庵知道和珅應召入宮，時值風雪載途，泥濘遍地，他故意穿了敝舊衣履，坐在小轎內，在路邊迎候。和珅轎子經過，他命從人高持名帖上前請安，並說：「中堂親自過府拜年，適遇大人公出，現在中堂下轎給您老人家拜年啦！」說罷，劉石庵親自下轎，和無奈，也只好出轎，方擬和劉中堂寒暄幾句，而劉已跪在雪地裏行大禮了，和珅急忙答禮，皮裘官服，汚穢滿身，哭訴乾隆，皇帝大笑，和珅見了劉中堂，正是一點辦法也沒有。

英和（煦齋）是劉石庵的及門弟子，師生同列朝廷。有一天，劉告訴英和說：你將來爲我作傳，當云：「**以貴公子，爲名翰林，書名滿天下，而自問則小就不可，大成不能，年八十五，不知所終。**」方其時，劉尙未滿八十。等劉石庵逝世之年，那天是臘月二十三日，師生同在南書房值日，對英說：「我從前和你說要你爲我作傳，你可不能忘記呀！昨天，我已經請英夢禪爲我刻一方圖章，是洞門童子四字，算起來日子近了，難道老天爺還要讓我展期嗎？」說罷笑着離去。出去之後，又還南書房跟英和說了會兒閒話，方才說：「應該走了，還留戀什麼呢！」次日早上，飲啖如常，日中時分，端坐而逝。他的卒年共有三說：據「清代學者生卒及著述表」作嘉慶八年卒，年八十五。「歷代名人年譜」作嘉慶十年卒，年八十七。「歷代名人年里碑傳總表」作嘉慶九年卒，年八十六，今從後說。

石庵之父統勳，兄弟十人，八人中春秋榜，餘二人亦均爲貢生，子姪之多無慮數十人。石庵弟名堪，早喪，石庵無子，即以堪之子爲嗣，名鐶之，字信芳，乾隆五十四年翰林，嘉慶間官至戶部尙書。石庵卒後，奉旨刻石庵字成「清芬堂帖」。

劉石庵立朝謇諤，世以笑比河淸之包孝肅相擬。王惕甫「淵雅堂集」有句云：「詩人老去鶯鶯在，甲秀題籤見吉光」。自註云：石庵相國有愛姬王，能學公書，筆跡幾亂眞，惕甫嘗見姬爲公題甲秀堂法帖籤署，故云。「藝舟雙楫」則記諸城有攝夫人黃氏，嘉興人，筆勢極似，惟工整已甚，較諸城疏散，韻味微減耳。王黃二姓，不知孰是？

石庵卒後，遺稿多散失，道光初年，其孫福海爲搜輯遺詩，成石庵詩集二十卷。石庵曾兩督江蘇學政，一在乾隆二十四年，一在乾隆四十三年，故遺墨在蘇省較多。

名律師江一平

·大方·

上海名律師兼立法委員江一平，最近以肝疾逝世於台大醫院，存年七十四歲。噩耗傳來，使相識者對此法律界的一代才人，莫不表示痛惜和悼念。江氏生平的立身行事，其舉犖犖大者，早深印於相識人士的腦海中，毋庸贅述。本文所記，祇是筆者以多年老友身份，遙念故人，畧舉其一些瑣屑之事，使讀者作爲談助，也使讀者藉此一鱗半爪，可以想見江氏的生平，對這位上海法律界中帶有傳奇性的人物，留下一種深刻的印象。

按江氏初名億平，原籍浙江杭縣，寄居海上，就讀於聖約翰大學，後轉入復旦大學。江氏天資卓越，少具大志，鑒於當時之上海租界，相等於半殖民地之情況，乃有志於研習法律，以期學成後藉此保障人權，故除就讀復旦之外，更入東吳法科大學夜校，兼攻法律。民國十年左右，兩校相繼畢業，即在上海會審公廨登記，執行律師業務。時其兄萬平，亦修業期滿，執業爲會計師，當時二人均極年輕，而其成就，却不簡單，論者對此一雙少年昆季，乃以江家雙鳳稱之。

江一平與五卅慘案

江氏爲人外圓內方，忠誠而重義，其於辦案樂於爲弱者方面努力。平時的一貫作風，喜歡代表國人與外人對抗，喜歡代表女界與男方對抗，寓有一種扶弱鋤强的意義。在其執行律務後之不久，値五卅慘案發生，普通律師，對工部局有所顧忌，獨江氏挺身而出，毅然義務承辦其案，博得社會廣泛同情。加以江氏才思敏捷，法理稔熟，發言時雄辯滔滔，使人心折。故在五卅慘案取得勝利時，江一平三字一炮而紅，其聲名竟凌駕於任何老牌名律師之上。

成名以後的江一平，律務乃有越來越旺之勢，幾乎應接不暇。究其來源，一部份得力於杜月笙方面的介紹，另一部份得力於其丈人峯虞洽卿的推荐，而主要關鍵，還是憑仗其本人之才能，其所承辦案件，勝利者常佔十之八九，在一帆風順之下，使外界認爲江一平是法律界的傳奇人物，也是法律界的天之驕子。

全盛時代的江一平，雖然生意滔滔，賺了許多公費，但因他手面寬，交遊廣，開支浩大，又好賭成性，故雖收入豐富，但祇屬於外面好看，骨子裏並無積蓄。有人之於江一平，曾對他下了八個字的評語是：「輕財」、「好客」、「任俠」、「豪賭」。尤其他的賭，一向抱着三光主義，非至人光、錢光、天光，不肯歇手。杜公館的賭，輸贏很大，他的技巧又不高明，自然每賭必輸，因之在別人眼內，他是唯一豪客，却不知自己常常鬧窮，這情形後來到了台灣，還是如此。

江一平義務打官司

江一平年輕時，有着充份輕財任俠的優點，處事以交情爲重，不計報酬，而又有好打不平的習性。這些，可於他幫我打一場義務官司證之。筆者在二十歲左右，因打詩謎之故，認識了一平的尊人子誠先生，承他不棄，引爲忘年之交。那時一平在法律界已有地位，他反對父親開設詩謎總會，因之，很少到他父親所設的老芝詩社那裏走動，我是在偶然的機會見到他，經江翁介紹相識，彼此也祇是頷首而已。相隔三四年後，詩謎已告淩替，我在上海創辦一張題名「鈴報」的三日刊。那個時候，適值電影明星胡蝶，和她的未婚夫林雪懷發生婚變，各報都記着「雪蝶離緣」的花絮，我的報上也採登了一則外稿，對胡蝶的家世，有記載失實之處；當時未加注意，忽然一天接到法院的一張傳票，指稱「鈴報」某日一稿，記載失實，涉有誹謗之嫌，要我如期到庭受審，我也未加重視。因爲報紙記載失實，屬於常情，大不了加以更正而已。不想庭訊那日，胡蝶的控詞，竟說是某月某日，有一個自稱盧某的人，登門索詐，因索詐不遂，挾恨刊登誹謗稿件，應請從嚴究辦云云。當時法官問她，可有證據？胡蝶回說：本人剛剛出外，沒有見到，是由我父親應付的，我父親便是證人。這時便有一個年將花甲的老者，走上法庭，自稱胡少貢，是胡蝶之父，指着我對法官說：就是這個人，那晚穿的也便是這一套衣服，一些不會弄錯，我是老實人，不會說謊，請求庭上明鑑云云。那時候筆者還年輕，根本不知人世間的險惡，絕不防對方會來上這一套，眞是「賊咬一口，入骨三分」，除氣得渾身發抖外，一句話也說不出來！在不知者還以爲我是情虛，頗能使外界對我產生不良印象。

胡蝶是明星公司的演員，幕後靠山是明星公司，他的勢力，當然不是我這麽一個年輕人所可對抗的。因之在退庭以後，公堂記者發送各大報的稿件，採的都是原告一面之詞，於是這一樁訟案，便成爲小報記者向電影明星索詐的花邊新聞，這些消息如果掃數刊登出來，其後果足以使我身敗名裂。

幸爾當時上海各大報的本埠新聞編輯，都是我的朋友，他們都相信我決不會向胡蝶索詐，便留稿不發，等待我的解釋。我在退庭以後，立即分訪各報編輯，我不能要求他們捨棄這項消息，祇要求他們憑事實眞相，主持公道，結果在稿件披露時，爲我分辯的也很多，不致造成一面倒的形勢。

這案件一經報紙騰載，情形鬧得很嚴重，雙方朋友見了，都認爲彼此並無深仇大恨，何必弄得如此不愉快，便有人從中提出和解。不過明星公司方面，對此分爲兩派，一派是鄭正秋、周劍雲、徐欣夫等，是主張和解的，另一派是張石川、張巨川等，則是主張訴訟的，但礙於調解人的面子，所提出的和解條件，是要我刋登申新兩報道歉和更正，我那時少年氣盛不肯接受道歉之舉，調解談判決裂，訴訟結果，官司失敗，罰欵大洋五百元。

四十年前的五百元，不是一個小數目，心不甘服，決計提出上訴。在初審時，我有兩位律師，一位是小說家張恂子，（即手相專家張碩人之父）掛牌名張崇鼎律師，又一位是目前台北華報副社長黃轉陶的大哥—黃覺律師，他們都爲我義務辯護。我不好意思再託他們提出上訴，和朋友商量以後，朋友說你同江一平交好，何不去找一平，朋友不知我和一平是並沒有什麼交誼的，但在沒有辦法之際，祇得斗胆前去試試。

一天早上，我到巨潑萊司路江寓去訪一平，他在書房中和我相見，當時印象我記得很清楚，他穿了一件狐嵌的長袍，腰際鬆鬆的挽了條帶子，身長玉立，眞有羊叔子輕裘緩帶之概，看了足使我自慚形穢。他不過比我大了五六歲，但在社會間已有了很高的地位，兩相比較，我實在覺得太渺小了。在經過寒暄以後，我不必道出來意，一平已自動接受我的商請，他說那次初審的遭遇，我很爲閣下不平，你是早應該來找我的，現在可能太晚，但我一定會替閣下盡力，他的那種夠交情又夠爽快的作風，眞使人由衷的感動。

上訴的結果，罰欵由五百元減爲三百元，我倒不是感謝一平，替我省去了兩百元的損失，而是他的駁復，替我湔滌了索詐的惡名，這對我來說，將是如何重要的事。

一平爲我辯論的要點，是力證其索詐爲虛構事實，他說胡蝶指控盧某登門索詐，自已並未見到，推說父親是證人，但胡少貢也祇是一面之詞，他的證人又在那裏？我相信庭上聽訟數十年，對這些花樣洞若觀火，盧某人即使再笨，也不會登門索詐，予人以指摘的機會，這明明是一種策略，讓不察之人加以迷惑而已。復次報紙記載失實，亦屬事理之常，失實而加以更正，即可恢復名譽，原告對於被告，儘可堂堂正正的起訴，博得公平審判，何必節外生枝，給被告裝上一頂索詐的帽子，使他蒙上垢名。原告自知名譽的重要，但已所勿欲，勿施予人，他平空給盧某人戴上一頂罪惡的帽子，難道盧某人的名譽便不重要嗎？那天上訴，法庭擠滿了旁聽的人，一平言詞朗澈，雄辯滔滔，陳述至此，聽衆中居然引起一陣掌聲，對他的辯詞表示同情，也表示喝采。

上訴案件的結果，經過一平的努力，使與論方面大爲改觀，因爲這次各報發表的消息，所採都是一平辯詞中的要點，這使外界明瞭了索詐是一種誣蔑性，絕非事實眞相，而對我起了同情。

這一場訴訟，拖了幾及一年，在身經打擊之下，使我感覺到人心的險惡，若非一平爲我洗刷，這一記悶棍，將拿我打入萬丈深淵，至於萬劫不復之地。我不知和對方有何深仇宿恨而至於如此，但我明白，對方這一布置，不是胡蝶，也不是胡少貢，顯然有第三者從中作祟，胡氏父女，不過受其利用而已。

我和一平祇是點頭朋友，不想因打官司而打出了交情，他曾屢次勸我，他說：小型報可能沒有什麼前途，你何不去讀法律，以閣下之才，如果學成執業，保證也可成爲一個紅律師，閣下又何不試試呢？這種勸告，眞是沉疴的良藥，也是指迷的南針，就我的朋友而論，如平襟亞後爲平衡大律師，金雄白後爲金烯民大律師，余空我後爲余哲文大律師，他們都是三十歲以後，就職業以外的學習、纔取得律師資格的。我如聽了一平之言，努力求進，自然也可得到上述三人的同樣收穫，惜乎我那時方迷戀於黑籍，官司失敗後，意志消沉，無論如何，也鼓不起研讀法律的勇氣，流光如駛，一再蹉跎，終於踏上了一事無成的階段，至今託身異地，投老漂零，想起老朋友往日對我的諍言，而我無狀，不能自行振作，辜負了老友一番勗勉的苦心，迄今想起，更多媿感！

江一平義助劉泗橋

江一平的「輕財」，可於義助劉泗橋遺孤一事證之。劉泗橋是一位中醫師，中文程度很好，當時和惲鐵樵、何鐵珊、陸士諤三人，同負海上儒醫之號。他喜歡做做詩，也喜歡打詩謎，和筆者是詩謎社中的賭友。他學識雖好，而醫運欠佳，並且跛一足，不良於行，皮相者戲稱他爲蹩脚醫生，卻不知他的醫理很好，祇是不走運而已。他平常也從事著述，筆者和他論交不久，得悉他正在翻譯一部日本人著的「皇漢醫學」，業已譯就，整備付印問世。一晚，他乘了人力車，赴印刷所從事校對工作，中途遇到一輛狂馳的汽車，迎面一撞，車仰人翻，劉氏竟因此一撞，傷重致死。過後發現肇事人是潘某的兒子，潘是海上聞人，在工部局方面頗有勢力，對此推卸責任，不肯作任何賠償。泗橋夫人擬延請律師，訴諸法院，但有好多律師，礙於潘某的面子，不敢承辦，都勸泗橋夫人不爲已甚，和解了事；但和解條件，實在不能使她滿意。因鑒於江一平律師頗有俠名，並悉筆者和江律師交好，便專誠前來看我，要我引見江氏，請他矜惜孤兒寡婦的可憐情況，代爲仗義執言，這一件事，當時很使我爲難，因我和一平，祇是所謂相識而已，何況在不久前，我和胡蝶打官司，他已經幫了我一個大忙，若論交誼，是我欠他很多，何況泗橋夫人情形困苦，根本拿不出公費，對於這一要求，似乎礙難啓齒，但泗橋夫人的堅請，使我無法拒絕，不得已，硬着頭皮去晉謁江氏尊人子誠先生，告以劉醫生的遭遇情形，和遺孤的凄苦狀況，要求江老先生傳語一平仗義協助。我這一要求，本來認爲希望很少的，不想江老先生一口答應，立即致電話給一平告以經過，更難得的是一平也一口答應，並着我們隔日到他辦公室簽訂委託書，一件很爲難的事，竟然片言解決。

這一樁案件，出諸於江律師的有力控訴，經過兩審，官司獲得勝利解決，對方應賠償死者家屬撫卹費法幣三萬元，在收到對方支票以後，一平且託人帶信給我，叫我陪同劉夫人到他辦公處去領取這一筆欵子。

依照當時的一般狀況，像江一平那樣的紅律師，接一樁關於人命的案子，其公費至少需一千元，如當事人拿不出來，則有所謂「樹上開花」的辦法。所謂「樹上開花」，便是當時並不受酬，一切由律師代爲籌劃，等官司勝利後，就在賠欵數內，提出三成，作爲酬謝。當一平接辦此案時，一因基於友誼，二因見義勇爲，根本未談起報酬二字，可是在既經獲勝和取得撫卹金之後，當事人是不能不付出這三成酬金的，但當這三萬元支票，交與泗橋夫人時，泗橋夫人感激涕零，率同子女三人，齊向江氏行了一個磕頭大禮，以謝江律師義助之德。當時也無別的作用，不想一平見此情狀，對劉氏遺屬大爲同情，偸偸對我說：劉夫人環境很苦，我這三成佣金不要了，留給她子女作爲教育費用罷。這一措置，眞使我聽了動容，由於四十年前的九千大洋，在上海可以買兩幢房子，足夠普通人半世吃着之用，而一平對此，絕不吝惜，具見其輕財好義之性，爲任何人所不及。當時滬上曾傳出江一平一個頭磕去九千元的趣事，即指此舉而言。其後劉氏遺孤，均能受到相當教育，立身於社會，都可說是拜受江氏所賜。

章士釗贈詩江一平

江一平爲杜月笙公館常客，是衆所盡知之事，有一個時期，章士釗南下，也作了杜公館嘉賓，愛一平亢爽，引爲知己，自言將寫一詩爲贈，可是在那個時候，彼此都很繁忙，章氏雖發出諾言，始終沒有動筆。直到一九五六年，章氏由國內抵港，時一平亦來港小游，彼此異鄉重晤，握手言歡，章氏記起昔日諾言，特寫了一首五古爲贈，這首詩，題爲「與江一平共話有作」，收入「章孤桐南游吟草集」（未發行）。在這一首詩內，充份地寫出了一平的性格和其可愛的素行，極爲相識者所樂誦，茲特節錄片段，以見章孤桐筆下之江一平，是如何一種值得令人傾慕的人物。其第一段云：『一平冰雪姿，談言無不中，指揮見能事，制動在不動。夷塲昔用律，對案理辭訟，庭辯每多方，得力由控縱』。這是指出一平成名之後，在會審公廨時代，那一種活躍情狀。其第二段云：『有時憐我老，出語婉而諷，勝人作微笑，敗亦心不恫。身長法衣飄，視聽爲一聳，平生交道廣，形色不一種，大抵皆老蒼，最少梁江總』。這一段是描寫一平的性格和身材，及誇其交游之廣，而凡所交往，都是年高德劭者，一平在此圈內，乃爲年齡最少的一人。其第三段云：『京腔口不停，飛鴻目兼送，方罫必長夜，客冗甘同夢。坐隅爭小食，俄聞早雀哢，幽會疑未終，重逢始惶悚』。這一段是描述一平迷於京劇的情狀，同時也指出他每賭必樂於通宵達旦的癖好，寫來歷歷如繪。最後一段云：『眼前見滄海，羞與兒曹鬨，相戒不談政，德衰惟歎鳳。世亂無紅裙，酒紅爲補空，贈詩本夙諾，寒風吹欲凍』。這一段，章氏感慨於與一平重晤，已有滄海桑田之概，爲踐宿諾，遂寫了這麼一首長詩，而一平獲此一詩，也可證章氏足稱他生平唯一知己，不過章氏最後所謂『世亂無紅裙』句，却並非事實。一平在抗戰以後，得識一沈女士，在台適性同居，幾達二十年之久。沈夫人名門閨秀，識者無不敬其賢能，對一平客中生活，有着許多幫助，正和章氏之與雪明珠女士那樣，享受到紅袖添香的福份的。章士釗贈詩時，且告一平曰：詩中「身長法衣飄」的「飄」字，自認爲得意之筆。

江一平與大千昆仲

筆者認識張大千在十七八歲時，認識一平，則在二十歲以後，我和大千訂交以後，不久即告隔別，一晃四五年，纔在孟德蘭路的老芝詩社中重行晤面，那時大千聲譽雀起，成爲畫苑霸才。筆者由打詩謎而認識了一平的尊人江子誠先生，江老先生是一個多能而又好客的人物，他本人通劇藝，精賞鑑，旁及園藝食譜，件件皆能，提起江四爺，其名可說如雷貫耳，因是他創設的老芝詩社，經常蒞止的都是社會名流，而我的認識一平，倒是江老先生所介紹的，就關係來說，我和一平可稱爲兩代交情。有一個時期，老芝詩社經常發現大千蹤迹，我曉得那個時期，大千除賣畫外，還兼做一些收購古畫的生意，而江四爺也是收購古畫的巨擘，我遂以爲大千和江老先生是同行，應該屬於江四爺的朋友，却不知事實並不如此。大千和我一樣，與江氏父子也是兩代交情，不過大千祗算一平的朋友，不僅朋友，並且誼屬同門，由於一平與乃兄萬平，少年時曾同拜清道人李瑞清爲師，而大千及其兄善子，亦係李門弟子，從李學書法，故大千字體，含有濃厚的北魏氣息，即係脫胎李書之故。不過他和一平絕少見面機會，彼此遂也不知有着同門之誼。及後清道人逝世，開弔之日，門弟子集於靈堂，應推一人爲主祭，一平推舉大千，因見大千長髯飄拂，道貌岸然，以爲年長，故請主祭，及經序齒，始知大千尚小於一平一歲餘，應稱一平爲兄；書法名家曾農髯（熙）先生其時正在主持李氏喪事，就說你們兩人正是「大水衝了龍王廟」，一家人都不認識一家人了！聞者傳爲美談。

江一平之愛好戲劇

江一平對唱戲的嗜好，可說生與俱來。某年，全國律師公會在上海開大會，一平特與馬連良商量，包下新光大戲院全晚，請馬的劇團演戲娛賓。馬特貼演「四進士」，一平大樂，謂劇中的宋士杰，正是我們法律界的老前輩。

民國二十六年，上海有所謂救國會七君子事件，向江蘇高等法院提出答辯狀，被告七人，每人延請三位名律師爲辯護人，計有張耀曾、秦聯奎、李肇甫三律師代表沈鈞儒。江庸、李國珍、劉世芬三律師代表王造時。汪有齡、鄂森、陳志臯三律師代表李公樸。江一平、徐佐良、汪葆楫三律師代表沙千里。陸鴻儀、吳曾善、張志讓三律師代表章乃器。劉崇佑、陳霆銳、孫祖基三律師代表鄒韜奮。俞鍾駱、俞承修、劉祖望三律師代表史良。一時高等法院中，共到名律師二十餘位，濟濟一堂。江一平最後至，見此情狀忽笑曰：「今日最難得，乃我儕法律界之『群英會』也。」出口成戲，闔座絕倒。

江一平與郵票公主

江氏一門風雅，他尊人江四先生是位青衣名票，因之一平少年時，也學過青衣，並且瀟灑風流，扮相儁美。嘗有人這樣笑說，一平如果不做律師而演戲的話，也一定能成爲一個名角兒，他的青衣造詣，至少不在高華之下，後來他改唱老生，精研余派。在台北的一段悠久時間，律務之外，惟以唱戲打牌消遣，聘有台北第一琴師王克圖爲之操琴。吊嗓之日，台北票界名流如唐纘之、朱聯馥、趙班斧、毛家華等，經常蒞止行歌，寓所非常熱鬧。

一平雖風流瀟洒，然操守謹嚴，生平極少韻聞艷事。衆所週知，一平德配虞大小姐澹涵女士，雖長於一平十歲；然伉儷甚篤，其後一平與沈女士之結合，係由環境使然，除此以外，絕無膩友。不過一平在未婚前，亦曾有過一段艷史，號稱郵票大王周今覺之女公子叔蘋，係中西女學高材生，美麗聰明，負有校花之目。在一偶然機會中，得識一平，兩人一見鍾情，互相傾慕，幾至有嫁娶之約。終以虞大小姐相愛在先，無法完成心願，引爲遺憾。關於江周戀愛經過，當時上海的三日刊「晶報」，曾一度刊載其事甚詳。

江一平開輪船公司

一平定居台北，已在五十歲之後，那時他以立法委員身份，兼執業律師，來往的都是達官貴人。外表上生活優裕，實際則是甘苦自知，因爲他是成名的律師，小的案子他不能接，大的案子不是經常可以接到，他的開支又大，經濟方面，遂造成外强中乾之局，不過外人不易瞭解而已。忽然在一個偶然機會中，有一個名叫黃河清的，拉攏他經營輪船生意，組織了一家益明輪船公司，一平雖然祇加入少許股份，但大家尊重他的地位，推舉他做了董事長，負起全責，不想最後，這家輪船公司，替他帶來了好多麻煩。

台北有好多家輪船公司，範圍小而祇擁有一條輪船的，大家戲稱之爲「一輪公司」，原本這種公司的生意很難做，因爲收入方面祇靠「一輪」，而開支方面則和擁有多艘輪船的並無兩樣，在這種情況之下，經營自極困難，不過益明公司在一平主持中的一年，生涯不惡，有了盈餘，股東方面發生意見，一平不願讓步，便向合作金庫借了一筆巨欵，照盈利的數字，收購了別人的股份，從此益明遂成一平個人事業，但也因此使他遭到巨大損失。

在益明創設後的第四年，業務上忽然發生一樁意外，據傳公司方面代客裝運一批貨物赴印度，抵達後，買方發現貨物不夠水準，引起交涉，益明方面不過是代爲運輸而已，貨物好壞根本不須負什麼責任，但印度方面的法律，和我國有異，買方竟向當局申請，要益明繳交一筆很大的保證金，纔可將輪船放行，理由是輪船一經開走，買方勢將無法追還貨物上的損失，故應由益明負其責任云云。這一舉措，一平認爲太不合理，當然不肯付這筆保證金，輪船既不獲放行，遂與印度政府引起訴訟。

依照航業慣例，輪船必需不停的來往，纔有收入，若停在那裏不動，則開支巨大，有付出無收入，益明遭此糾葛，弄得欲罷不能，這件案子拖了將及一年，纔告解決，結果是損失浩大，拖垮了一平的整個事業。

據益明公司的經理人告訴筆者，益明那次損失，達台幣一千萬元，一平是一個硬漢，不欲因欠債而投人以口實，但本身又無力還債，精神上頗受打擊，事後，幸由他兩位夫人分別取出私蓄，替他清償了債務。一平生平常走順境，一旦遭逢拂逆，弄得他意志消沉，連健康也大受打擊，故在益明債務清理之後，他雖有東山再起之意，終因健康欠佳，經親友們的婉勸，卒作罷論，從此一直帶病延年，直至最近竟以肝疾逝世。

綜觀一平的生平，以一個夜大學的法科學生，憑仗他的聰明與努力，成爲上海第一流紅律師，投身社會後，更多貢獻，曾由復旦校長李登輝，贈以法學博士的學位。歷任：制憲國民大會代表，上海工部局華董，外交部顧問，復旦大學副校長，國民參政員，制憲國民大會召集人，律師公會聯合會常務理事，立法委員等。在抗戰期間，支持地下工作同志，不遺餘力；同時組織難民協會，發動捐欵，救助了不少遭難之人。他的一生遭遇，不僅多采多姿，他的一生努力，對國家社會，也盡了不少貢獻，說他是法律界的天之驕子，可說他是律師中的非常人物亦無不可。

筆者和一平締交達四十餘年，由一個點頭朋友，承他折節下交，竟然成爲知己，一旦知己云亡，眞使人有過黃鑪而腹痛之感，不辭筆拙，寫上這麼一篇蕪文，藉以紀念亡友，並使一般不識江氏者，讀此一則，亦可以想見江氏的生平云。

童言無忌

文：莫以名
圖：嚴以敬

晚飯以後，看完電視新聞，小兒子在父親身旁發問：

「爸爸，何以聯合國要趕台灣出會？」

「因爲開會通過，要服從公議，我不是早就告訴過你的嗎？少數要服從多數。」爸爸說：

「台灣是否即是中華民國？中華民國是聯合國創辦人之一，怎麼可以趕他走呢？」小兒子又問：

「因爲他們歡迎中共的中華人民共和國入會，所以中華民國要讓位。」爸爸說：

「美國不是主張中華民國和中華人民共和國一齊入聯合國做會員的嗎？叫什麼兩個中國。」小兒子再問：

「美國的提案被否決，通過了驅台案。」爸爸此時沒有什麼表情。

「他們講美國極力幫台灣保持席位？」小兒子大惑不解。

「但是支持美國的票數不多，而且美國也歡迎中共加入聯合國。」父親嚴肅地回答。

「不是說美國是台灣的死黨嗎？爲什麼他們又贊成請中共來加入聯合國呢？」小兒子問個不休。

「這是政治問題，你不要多問，去睡覺。」爸爸辭窮。

小兒子在那裏不走，爸爸看報，小兒子忍不住又問：

「基辛格一次兩次去大陸，安排尼克遜到中共去訪問，爸爸，你猜尼克遜會不會去？」

「當然去，除非中共不給他去。」爸爸順口回答。

父親：「你説聯合國大厦為什麼要造成這個樣子？」
兒子：「因為這個樣子像一個火柴盒嘛！」

小兒子問：「美國現在承認中華人民共和國了嗎？」

「到現在爲止，還沒有。美國只和台灣有邦交，也可以說他們沒有承認中共的政府。」爸爸打點精神回答。

「那末，尼克遜他是以什麼身份到中共去呢？」小兒子大有「打碎砂鍋問到底」的精神。

「當然是美國總統！」父親順口回答。

「他們又不承認人家，兩國之間又沒有邦交，而且他們是承認台灣的，等於和中共是敵對的地位，那尼克遜到大陸去，豈不是去拜候一個敵對的政府？」小兒子此時忽然滔滔不絕的提出了他的疑問。

「我叫你快點去睡覺，小孩子要聽話，時間晚了！」父親要小兒子回房睡覺。

父親：「你知道聯合國的國旗是什麼意思嗎？」
兒子：「當然知道，包圍着地球的是火焰，中間一塊塊黑色的是燒焦了的地方。」

父親：「最近聯合國驅逐台灣出會，你知道這是什麼原因嗎？」
兒子：「何必大驚小怪，他們不是說驅逐會員不算是重要問題嗎？」

「明天禮拜天放假，用不着這麼早睡。爸爸，尼克遜和中共沒有邦交，他到中共大陸去玩，中共可以不當他是個總統，只當他是一個普通游客，他愛去就去，但是可以不把他當作一個國的元首來歡迎他，是不是？」

「爸爸沒有讀過國際法，也沒有做過禮賓司，這些問題我不懂，你大了將來自己去學，就可以明白了！」爸爸無法回答。

「聽說有好多國家都欠了聯合國的會費，會不會是因為台灣欠了聯合國會費，所以要被趕出會？」小兒子又問。

「欠聯合國會費的國家很多，不止中華民國一家欠會費，你看，報上登着呢……中華民國共欠聯合國經費超過三千一百萬美元，蘇聯欠九千九百萬美元，法國欠二千二百萬美元，美國欠一千三百四十萬美元……」父親讀報給小兒子聽。

「美國不是最有錢的嗎？他怎麼也會欠聯合國的會費呢？」小兒子疑惑不解。

「當年聯合國四大發起國，中、蘇、美、英，祇有英國，對於聯合國會費，完全繳清，不欠一文。……」父親繼續讀報紙。

「英國反而不欠，美國也要欠，蘇聯欠的最多！爸爸，你不是說有義務才有權利，一個國家加入了一個會，也要欠會費，那就莫怪昨天股票公司也派人來追你找數了！」

「別胡說！……中華民國一向依期繳費，但自一九六六年時，當法蘇兩國拒付中東和平特別經費後，中華民國即開始欠會費……」父親讀報，認為欠債也是有理由的。

小兒子認為父親說的欠債有理，反而催父親繼續讀報。

「根據聯合國憲章規定，每一會員國如不在明年一月一日前清繳特別費，將不能在聯大享受投票權利，當聯大於本週一舉行中國議席投票時，中華民國共欠聯合國經費一千八百二十萬美元、中東和平特別費六百二十萬美元、剛果和平特別費六百七十萬美元，三柱共三千一百一十萬美元，本年度之經費，中華民國要負担六百二十七萬二千九百美元。」父親讀到此時，小兒子又要插嘴。

父親：「你看，宇丹為什麼躺在那裡？」
兒子：「這個我不知道啦，只知道他打完電報請中共入會，跟着就聽見他叫暈啦！暈啦！」

「被趕出會，這筆欠款是否還要清償？中共是否會代台灣付出這筆欠款？」

父親漠然無表情。

「如果美國不承認中共，中共派代表去聯合國做安全理事，開會的時候，美國會不會退出會議？不同新理事們打交道？」小兒子的問題似乎越來越多了。

「去睡罷，問這麼多問題幹什麼？」爸爸見小兒子這樣問法，有些頭痛。

「爸爸，你猜猜看，台灣會不會因此同美國絕交？」

「天下有許多事情不好亂猜，現在的時勢，有好多事情都是意想不到的！」

小兒子還要再問，爸爸祇有扳起了臉，喝令小兒子回房睡覺。小兒子很不滿意的回房睡覺，爸爸再繼續看他的報紙。

父親：「聯合國還沒有看完，你又趕着拉我到那裡去？」
兒子：「回家去找華仔、牛仔……，也攪個聯合國玩玩。」

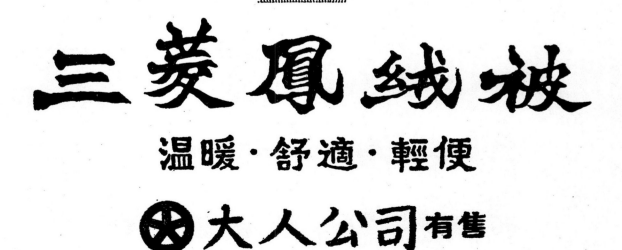

大八小語

總理誕辰

孫中山先生誕辰，左右兩派報紙，同聲紀念。先生如仍健在，不知他將安身在大陸？還是台灣？

聯合國應設何處？

阿拉伯一位外交家說：紐約是瘋狂的城市，聯合國總部應設歐洲。或者如同奧林匹克世運會一樣，在世界各大城市輪流舉行。

最美麗的謊言

周恩來告日記者，中共獲准入聯合國，北京與華盛頓同感驚異。說謊爲外交技術中最重要之一部份，上述之言，即爲最美麗之一種。

「新花園」與「新公園」

台灣客從澳門皇后娛樂公司出來，喚的士去「新公園」。司機答覆，把他唬了一跳。他說：這裏祗有「新花園」，「新公園」是在台北。

「槍」從何來？

罌花何以代表和平，其故不詳。「罌花」既然代表和平，吸食鴉片的人，何以名爲「老槍」？

有碍衛生

工廠區內，烟囪連續噴烟三分鐘者，即屬違例。大庭廣衆間，忽有將放未放之感者，速去廁所，以重衛生。

水深火熱

印度總理甘地夫人在巴黎宣稱：由於巴基斯坦的邊界問題緊張，她覺得好像是坐在一座火山上。中國老百姓早就處身於水深火熱之中，甘地夫人至今才嘗到這滋味。

女人的手

維納絲女神無臂，無損其美。有些女人太不可愛，因爲她們對男人伸手太多！

名符其實

台灣「懼內會」，無疾而終。據我推測，原因是太太不准加入。

永不打倒

西方服裝專家大發高論，西式女服，終將打倒中式旗袍。無論如何，外國女人，永遠不能打倒中國女人。

進補之用

時屆深秋，亟宜進補。女的進補目的在美容，男的進補目的在强身，一言以蔽之，都是爲了別人。

校對原稿

機場送行，最易令人黯然神傷。能黯然神傷，也是感情上一大痛快，天下最可憐事，莫若佇立於送行羣衆之列，等待校對原稿。

上國衣冠

日本菜與韓國菜，近來在香港頗爲流行。和我們的涮羊肉與蒙古烤肉一比，方知什麽叫做雕虫小技，什麽叫做大塊文章。

兹事體大

英國教會對於結婚以外的性行爲，認爲應予寬容。結婚後而沒有性生活，當然不可寬恕。

成功歟？失敗歟？

英國一婦女創設婚姻介紹所，開幕之日即與一顧客結婚。這使人很難判斷，她底事業究竟是成功，還是失敗？

中國人之茶

法國醫生勸人：茶與咖啡中弗加牛奶，免得消化困難。中國人極少消化不良，因爲他們在龍井香片之中，從不加入牛奶。

貨眞價實

某影片公司請根本七保子爲他們拍片，據說合約已經秘密簽訂，指定題材是「香妃」，嫌太古老，何不拍「蘇加諾夫人傳」，担保貨眞價實。

天然名畫

美國一天文學家推斷，宇宙無數行星中，其中均有人物花卉。加上山水翎毛，即可成爲一幅値得裱起來的國畫。

·上官大夫·

港幣軍票滄桑錄

·范基平·

我於「八一三」滬戰發生後不久即來香港，時在一九三七年九月。香港幣制一向追隨中國，我國取消銀本位後，發行法幣，廢除銀洋，香港亦步亦趨，緊緊跟隨，所以到香港時，亦已祇見一元紙幣而不見銀洋了。

當初香港的「扯旗銀洋」與我國的「鷹洋」（實爲墨西哥幣）、「袁頭」、「孫頭」，無論體積重量成色，相同率在百分之九十九以上，每枚含有純銀七錢二分，因此兩地幣值相同，物價與生活費用亦不相上下，不過由於香港洋貨免稅，舶來品物價乃較國內畧爲廉宜。

銀元每元含白銀七錢二分，每元十角，每角七分二，一角又分兩個「斗令」，每一「斗令」含銀「三分六」，「斗令」俗稱「三分六」，原因在此。斗令以下最小輔幣單位則爲「仙」，係銅質鑄造。

一元以上的紙幣，共分五元，十元，廿五元，五十元，一百元，五百元多種。其中五十元不多，廿五元更少，當時人口不足百萬，流行通貨紙幣總額七億。物價廉宜，五元紙幣即受相當重視。當時五元以上紙幣，每一張均經發行當局簽字後方於市面流行，與戰後「大鈔」之簽字或印鑑均係印刷者，截然不同。

一九四一年年底以前的一般日用品物價及生活費用，約爲現在十分之一以下，普通薪水階級月入三五十元，百元以上算是高薪，拿了一張百元紙幣，有時要連走好幾家小店方能兌開。

那時稿費普通是千字二元，高者四元，以兩元港幣，你可以吃一客西菜全餐，看一場電影，飲一餐下午茶，買半打西餅，回家之後還可以叫一碟炒麵和兩碗魚生粥。

電車票價頭等六仙，三等三仙（祇筲箕灣一線是一角和五仙）。巴士二等五仙，頭等一角。的士香港七角起碼，九龍五角。茶樓點心，每碟五仙以上，一角以下。小型餐室，咖啡紅茶，每壺五仙。高羅士打、香港大酒店、聰明人咖啡室等高級去處，每位四角，有人認爲貴得不可思議。香烟比現在約平三倍，洋酒比現在平四倍，這也可以見得多年來消費品的上漲率尚不算高。

其時舞場盛行散跳，舞票每元三張，跳一隻給一張。坐枱子是表示濶氣，每小時十元，票價與時間，均屬不折不扣，小職員的一個月薪水，只能坐枱數小時而已，所以若說目前物價之廉，當以跳舞爲第一，但等級之差，不可同日而語。當年普通的五口之家，每月開支五十元已經不錯，意即一張「小牛」可以解決全部問題，港幣貶值與香港物價之漲，係於太平洋戰爭爆發後開始。

日軍攻佔香港已是三十年前的舊事，但是它所遺下的創傷，却永遠無法磨滅，其中之一是日佔領軍當年所發行的軍用手票，不少人還仍有貯藏，做着終有一天可以獲得賠償的好夢，所以直到今日，若干舊貨店雜架攤上，仍有「日本軍票」買賣，而且每年十二月初，週期性地必然引起一陣漲風，尤其是一九六八年冬，面額百元的「大日本帝國軍用手票」，每一萬元忽由平時的港幣五六元升至四十元以上，而與此同時，市面上謠言四播，說是日本軍票賠償有望，經過一段短時間之後，謠言又告消滅，一無下文，這種謠言無疑是炒家自己放出來的，趁此機會讓自己手上的存貨，得以較高的價格脫手，藉以混水摸魚而已。

日軍攻佔香港，筆者躬逢其盛，大日本帝國軍票下的生活、也曾嘗了三、四個月時間，現在不妨再來回味一下。

戰事爆發，物價飛漲，原有通貨，不敷流通，五十元以上紙幣兌換不易，港府更不敢輕率增發新鈔。最感缺乏者爲一元紙幣，傾庫而出，無濟於事，乃向香港中國銀行借到國幣五元紙幣一批，加蓋「香港政府港幣一元」藍色印章，暫作港幣一元通用。

兩星期後，港九全部淪陷，英軍投降，金融益見混亂，以大紙兌換十元小票，五十元紙幣須打八折，百元紙幣須打七折，五百元紙幣打六折五折不等。由於通貨不足，當時滙豐銀行「大班」，每日均由日軍押往半島酒店，在武裝監視與威脅之下，囑令於尚未出倉之新鈔上簽名，以備發行。蓋太平洋戰爭以前，香港物價廉宜，五元紙幣與十元紙幣均被當作「大鈔」看待，每一張必須由發行機構負責人親筆簽字後方能正式發行使用。

日軍侵港，早有計劃，所以淪陷不久，佔領軍當局即有「軍用手票」發行。這種軍票既無準備基金，也不公佈發行數量，甚至票面上連機印號碼亦付闕如。發行三日，同時宣佈軍票一元等於港幣兩元，顯然是有意廢棄港幣的掠奪行爲。

軍票開始流通之日，由於每元以一作兩，原來已漲數倍之物價，因此又漲一倍，民間痛苦也立刻增加了一倍。我於一九四三年四月離港赴桂，其後得知日軍佔領當局不久又將軍票升值一倍，亦即軍票一元作港幣四元。香港居民，抗拒無力，只能聽其宰割掠奪。大部份人不知何時方能重見天日，又怕港幣再被貶值，祇好把所有港幣現鈔，悉數換成軍票，以維生計。

但也有少數居民，他們或者因爲手頭港幣現鈔積貯較多，以一部份換了軍票之後，尙有餘剩，乃加以保留，秘密收藏。或者因爲不忍將辛苦血汗得來的港幣貶值使用，或者因爲對於英國政府抱有信心，深信港幣必有翻身之日，乃寧可出售家中雜物，換取軍票，藉以應付日常生活，仍將原有港幣，珍惜貯藏。

但這種人，在當時港九居民之中，究竟僅佔極小極小的一部份，而他們這樣做法，實在也相當冒險，因爲誰也沒有十足把握，預知戰爭結果如何？英國是否能於日軍手中取回香港？更沒有人預料得到，香港即使重歸英國統治，是否會另發一種新幣，以代替經過一番混亂的舊港幣而讓它們成爲廢紙？

這是必然之理，當糧食發生問題的時候，黃金也就失去了它的價值。至於港幣，在這個時候，任何經濟學專家也不會再去研究它的儲備基金、發行數字，而祇能承認其購買力已不及軍票。日本軍用手票的購買力是槍尖挑起來而由飛機大炮在後加以支持的，它根本沒有準備基金，而它的購買力却是港幣的四倍。那是說每一張本來應該一文不值的十元軍票，現在要把它和一張五十元的港紙一樣看待——因爲軍票十元等於港幣四十元，而一張五十元面額的港幣只能交換四十元港幣碎票，或者當作四十元港幣來使用。

其時港九兩地，賭館林立，市民趨之若騖，日軍視若無覩。一般人之前往賭舘，原因有二，其一是百業停頓，人們終日無所事事，乃以賭博爲唯一消遣，贏則大吃大喝，輸則自嘆悔氣，反正可以從平淡無聊中找些刺激；其二是賭舘爲了吸引賭客，對大鈔的使用，不加限制，不打折扣，五百元大鈔，當五百元使用，這樣一來，輸了兩百元就等於未輸，其吸引力之强，眞是無可比擬，所以芸芸衆生，有許多人是爲了賭博而去賭場，也有許多人是爲了兌換大鈔而去賭場，所以當時賭場生意之旺無可比擬，而它們對於紙幣流通的貢獻之大，亦屬不可否認。這是香港淪陷期間港幣所經歷的實況之一，至於賭場之准予存在，爲時若干，這却因爲我於一九四二年四月以後便離開香港，不得而知了！

勝利後，我於九月初自渝間道來港，到梧州時，聽說國幣六七十元可兌換港幣一元，到廣州時，港幣已經漲至一元可兌國幣九十元。抵穗後第一天，剛接收西南日報的「星島」舊人毛子明在大同酒家請胡好和我們一批朋友接風，國幣七千元一席的酒菜，與現在港幣五百元一席的相比決不會差，折合當時港幣不過七十元左右，由此可見港幣在其時行情已經看漲，貯有港幣現鈔之人，心中無不竊喜，而軍票當然已一文不值。

在此我必須加註一筆，淪陷時間，香港用的是日本軍票，廣州用的是儲備票，勝利後。政府命令將儲備票與國幣的兌換率定爲二百對一，所以七千元國幣一席的酒菜，如果用儲備票折算，已達一百四十萬元之鉅。

勝利後，廣州與國內各地，儲備票身價雖然跌了兩百倍，但究竟尙非一文不值。至於軍票則立刻變成廢紙，乃令擁有大量軍票之人，當堂破產。說來這也只怪他們當初眼光短而又太過勢利，藐視港幣，終至自食其果，不值得加以同情。

但最初還不算完全絕望，一絲希望是寄託在英國當局所採取的財政政策上面。最堪研究的是香港政府會不會把舊港幣根本廢除，或者另外增發一種新幣，讓舊港幣打個折扣與之並存。也有人以爲軍票的持有者可能得到一些安撫與憐恤，例如規定期限或數目，以軍票若干元對港幣一元的比率准予對換之類。

英國當局在其對香港金融政策作出最後決定之前，曾對港幣在香港淪陷期間，有無濫發一點加以鄭重考慮。結果認爲港幣因爲每一張發行之前均須經過簽字，而且後來因爲港幣變成濕柴，索性不發，並無濫發現象，且在倫敦貯有足夠之儲備金爲之保障，因此決定繼續承認及堅決支持港幣爲香港合法通貨，對日軍所發軍票不作百分之一的承認。

軍票至此乃被判處死刑，而港幣亦於此時得以復甦。英軍光復香港後，首先成立一軍政府，以率領英軍艦隊抵港受降的夏慤海軍少將爲最高行政長官，處理一切軍事及民政事宜。當時民間需要港幣孔殷，一部份則正逐漸自收藏者手中漏出，但不敷甚鉅，政府當局的處理方法，十分謹愼，認爲增發新鈔，可能造成通貨膨脹，乃與若干藏有巨額港幣現鈔的豪門磋商，向之暫借，這對港幣持有人說是有百利而無一弊，他們自然都樂於合作借出，其中某豪門事前已將大批港幣貯於澳門，乃由港府特派戰艦前往運載來港，香港市面的通貨問題，隨之解決。

此後港幣市價每日上漲，等到我於十月初自穗抵港時，已漲至國幣每百元方可兌換港幣一元，而軍票則絕無人顧問。

但仍有一部份人，希望該項成爲廢紙的軍票，可能由日本政府賠償，所以在以後多年間，我們還常在報上看到「徵購軍票」的小廣告，及至對日和約簽字，軍票才正式蓋棺論定。近兩年來，間或有人重提要求日本軍事賠償之說，有時軍票居然也忽然有價，據我推想，必然是有人在幕後興風作浪有所圖謀。但事實上日本對香港的軍事賠償，絕無可能，因爲英倫方面在多年以前早已公佈，因日軍佔領香港而發生的一切問題，已在與英國的談判中合併解決，日本對香港的軍事或民事賠償問題，一切應毋庸議，不可能獲得任何賠償。所以在戰後若干年月間，縱然軍票數度有價，也都是暗中有人故弄玄虛，表面上是收買軍票，以待賠償，實際上是推出軍票，趁此機會撈回一筆而已，今者十二月八日又將到來，類似的謠言與投機可能再行蠢動，讀者苟有所聞，置之一笑可也。

望平街憶舊

申報與史量才

胡憨珠

史量才在民國十四年到杭州裏西湖湖岸遙對孤山的地方，買了一幅地，建造別墅，題名秋水山莊。每逢春秋佳日，他就要和秋水夫人雙携到杭州，享受湖光山色的情趣。却是這所別墅流年不利，先爲政府築路，讓掉若干屋前餘地，繼而又爲裏西湖增建長橋，正對了秋水山莊的大門，吳純白認爲破壞了大好風水，秋水夫人急求禳解之法。

「秋水山莊」那是杭州西子湖畔一所莊園的別墅名詞，爲史量才所有的財產物業，而它的興築時期，大約在民國十四年間。史氏於他發達多財以後，便急亟要到西湖地方的湖山勝處，前去購置地產，建造別墅。在外表面看來，似乎他爲酬報他的秋水夫人慧眼識英雄於未遇之時，竟然傾心相從的紅粉知己之德。究其實情，那是他在趕緊完却早年所許下的一項心願，亦即所謂「大丈夫當如是也」的一些願望。蓋時當滿清政府的光緒中葉時代，史量才考入浙江省立蠶桑傳習所，攻讀樹桑養蠶的這門專科學術。諒以該所所址就設立在西湖蘇堤第一橋南的金沙港地方關係，因此史量才於讀書之餘，日與同學們徜徉於六橋三竺之間，領畧湖光山色的景物。是他眼看偌大西湖區域的原郊土地，已被古今世人佔有殆盡，不是富有者的莊園第宅，即是長眠人的墓塋墳塚，天下掃興之事，莫逾於此。

當他日與西湖朝夕相處，縱目所及的這種環境情況之下，免不得要激動了他的心弦，誘引了他的欲念。所以他慨然地嘗對同學立下着心願說：「我若有天發迹，定要在這裏西湖地方，買得數弓土地，蓋造幾間房屋，與家人棲息其間。白晝則嘯傲泉石，優遊湖山，晚上則賞玩風月，夜讀禁書，能得毋憂毋慮地享受着這樣的淸閒生活，那便算得天不虛我生了。」誰知他於畢業蠶桑傳習所離開校門，跨入社會以後，歷經二十多年的努力奮鬥，慘淡經營。如今已告成功，上海的申報館獨資老闆，成爲國中的名報人，不但大發其迹，而且大發其財。爲要實踐他往昔的買山西湖之約，了却心頭所許之願，於是便到杭州西湖地方來建築一所「秋水山莊」的別墅房屋。但不過在此時此地，他前來買地建屋的年代，却要感覺已經遲慢了十多年的時日光景，因爲當這期間，內外西湖的四周地方，比較地形空曠，環境淸幽之處，早已被有錢人買去建造花園別墅了。

秋水山莊宅前談風水

史量才總算熟悉西湖風物而有心機辦法之人，所以他就在瀕臨裏西湖湖岸，而遙對孤山的地方。買進一塊佔地不太大的地產，建造一座半洋式的樓房，屋形方型，樓高一層。却建築得極盡其富麗堂皇之能事，屋外四圍以「半爲鐵欄半爲牆」的那種西式短牆，牆內遍植花樹，越顯出屋主人胸中所具有的文化程度。且榜其所居房屋的名爲「秋水山莊」，使相識之人一望便知此山莊，即爲史量才與他秋水夫人偕隱雙棲所在。本來此地屬於裏西湖風景區的葛嶺範圍，就因它佔地不廣，以往年月不爲有錢的置業人所重視。但經史量才經營了「秋水山莊」之後，才把此地瀕湖對山的優美景色，眩耀人眼，見者艷羨。甚至有人認爲這裏西湖與孤山之間的一角湖山風光，都被「秋水山莊」的男女主人佔領去了。其實此間的幽美景色，當與天生麗質的村女蛾眉一樣，要不施以膏沐，披以綺羅，有誰會識得她是個絕代佳人呢！

但是不幸得很，後來杭州市政當局爲要幫潘寶泉所辦的永華公共汽車公司的忙，說是便利來遊西湖的遊客們出遊，不再緩慢的泛舟而改爲快速的乘車，於是把裏外兩西湖的堤岸放濶，興築環湖馬路，以便飛車疾駛，得以絕塵而過。於是，凡瀕臨湖濱水次的所有建築物，一律需要拆除縮進，放寬基地，作爲建築馬路之用。幸而所有此類建築物，十有其九皆爲堂樓屋宇前邊的餘地，不是花圃，即爲草坪。尚不需要有拆樓拆屋的不幸遭遇，只不過經此變動改易，各家莊園別墅的前門風光，已告全部面目全非了。秋水山莊的前門，也是瀕臨裏湖的湖濱而建築的，當亦難逃例外。此點蓋凡見者有鑒於秋水山莊的樓廳階前，所種植花樹的花圃，佔地非常淺窄。似與那所高大方正、雄踞中心的樓屋建築物，令見者有大不相稱的觀感，所以相信猜測該山莊的建築，即在興築環湖馬路之前的明証。

當時秋水山莊的一所整體建築物，其華貴大方的型式，與清麗絕俗的氣氛，都被建造環湖馬路而破壞殆盡了。但是它的命運比之別家沿湖建築物的命運，尤爲不如，蓋它更遭受着不幸的一事相繼而來，那是浙江省的主席張靜江有「西湖博覽會」的舉辦，因該會爲便利遊客要到孤山去遊覽，探訪林和靖梅妻鶴子的古蹟。特別在裏湖中央建造起一條堤塘式的水坭鋼骨長橋，有此橋樑的設置，可以縮短不少路程，從此，南北兩岸的遊客來去，只需徒步過橋，橫渡湖中。可以毋需再要繞行半個裏西湖的圓徑途程，既省遊覽的時間，也省行路的脚步。這對遊覽「西湖博覽會」的遊客們而言，實是該會主持人對遊客的設想，可說周到之極。但不過對「秋水山莊」說來，所受破壞幽靜氣氛的損害，却極其巨大，也爲別家所無的遭遇。因爲該座長橋的南端，其出入橋面的吞吐口，方向築得不偏不倚的恰恰正對秋水山莊的大門。若說建橋的設計人故意劃繪成這樣的圖則來，其人與史量才無仇無怨，此說似乎不是。若說世間世事有巧合之說，似乎差可近似，諒因世間巧合之事眞多的是；但如果作尋根溯源的仔細分析，覺得仍屬不是，按之實際的揣測，却實在於「秋水山莊」的地理形勢，所佔得的太於美好之故，因此，既享其利，遂受其害了。

原來「秋水山莊」的座落所在，却是遙遙面對隔湖彼岸的那座孤山。如此的地理形勢所佔，若落入於堪輿家之目而再出諸其口，那該要說此爲「照山風水」非常美好的吉地。其實當時史量才來西湖地方，想要尋找一處建築別墅的空地，本諸他的原意，是要買得較大地方，蓋造一所豪華新式的花園別墅。怎奈他跑遍裏外兩西湖總是無法尋找得着，不得已退而求其次。終於由熟朋友介紹認識一個小地主，有祖產座落在裏西湖地方，却是佔地不大的一塊空地皮，而地價所索，則並不低廉。大約史量才同唐代詩人白居易一樣心理，就是：「不忍抛得杭州去，一半勾留是此湖」。現在既然有了一方空地產發現，於是，他的內心認爲小就小點，時不我待，只得將就些罷。把這塊空地買下造屋，雖不若何寬大，但是總歸在西湖地方，佔領得一角湖山的風月景物，就算如願以償了。因此，趕快完成這塊地產的買賣交易，他是個性格急進積極之人，凡有事情說幹就幹，決不遲宕拖延。是以忙即鳩工庀材，從事興建這所「秋水山莊」的湖上別墅，便很快速而順利的宣告落成。只因他一向以來，以具有現代思想的文明人自命，對於世俗的看風水、擇日子等行爲，概以迷信視之。

也就因此，史量才不管在上海靜安寺路的建造住宅，在杭州裏西湖的建築別墅。祇委託劃則師繪畫房屋圖樣，決不請堪輿家來觀看風水，指定開門方向，也不去請求卜易家排算八字，選擇破土和上樑的日子。一切施爲的佈置和安排，全憑自己所需要的心想行事，抱定了古人所說「卜以決疑，既不疑，復何卜哉？」的宗旨。這次建築「秋水山莊」除掉委託上海名打樣師戚鳴鶴繪就房屋的一張藍圖以外，至於瀕傍湖濱的砌築埠岸，建造正門，一切方向所定。都就地勢的所限關係，而所形成的廣濶尺度，乃採取其正中地位，作爲關設正門的「門檔子」。在史量才當時對「秋水山莊」湖埠和屋門的方向所定，定是偶爾興發，隨心所至的尋常行爲，並不着意於風水感應禍福之說。只是一班到「秋水山莊」作過座上客的朋友，有些對陽宅或陰宅的風水書籍，自問有過研究心得的人們，都向史量才盛讚此屋的地基佔得吉壤，明堂坐對孤山，方向定得又是非常的準確，這裏的好風水、好風景、好風月，都被你一人佔盡了。

這種譽美之詞，確使當場的史量才聽得，感覺萬分受用。自然，引得說話的來賓，聽話的主人，雙方皆大歡喜，不在話下。但是事實也是事實，史量才的家鄉松江泗涇地方，雖有「三茅九峰」之勝，但他總覺「故鄉無此好湖山」。是以每逢得有暇日，便偕同他的秋水夫人前來「秋水山莊」作雙棲渡假，享受清福。在此數年間的時日過程裏，不但無災無禍，無憂無慮，而且所有事業，無不在順利發展中。尤以他基本事業的申報，自經民國十六年的國民革命成功，建都南京以後，申報的銷數大加，廣告的收入大增，這對史量才而言，正是名成利就，凡百如意。及至民國十七年浙江省主席張靜江爲謀振興杭州商業市面，於是乃有西湖博覽會的舉辦，交由建設廳長程振鈞負責主持其事。程爲安徽的徽州人，早年負笈英倫，攻研建築橋樑工程之學。學成歸國，從事教職，此次受張靜江的汲引，任長建設，可說是學以致用。只因在全體委員的籌備會議中，曾有一項在裏西湖增建一座長橋，以便利兩岸遊客往來的決議案。

這件決議案事的施行，正是建設廳長程振鈞本工的拿手傑作，是以他在興工建造之前，曾率同手下測量製圖的重要工作人員，前往裏西湖南北兩岸實地勘察。在他勘察之下，認爲孤山的山麓地方與正對對岸的「秋水山莊」門前，那是裏西湖的「蜂腰」地處。在此處築建長橋，以湖面較爲狹窄，兩岸距離較近，則施工不多，需材亦少，而橋的功用效率則一。於是，如此這般，裏西湖中一座短程的長橋，乃得永留人間，確使當時與後來遊西湖、逛孤山的遊客們稱便不置。但橋雖造好，却使「秋水山莊」的大好風水，非但破壞殆盡，而且帶給莊主人的不利凶險，指証此項說法的就是前邊所記述的四川人吳純白。原來時在西湖博覽會的會期終了、功德圓滿、曲終人散之時，史量才正與秋水夫人同到「秋水山莊」

來小住數日，憩養身心。

有天在傍晚時份，雙携外出，徜徉在孤山路上的夕陽影裏。恰巧遇上這位吳純白却像被放逐的屈原一般，正在裏西湖邊行吟澤畔，那種搖頭幌腦的模樣，殊覺滑稽可笑。史量才一時被好奇心所驅使，破格例外的很有禮貌上前和他搭訕幾句閒話。不料一經接觸，那吳純白所答的話，却極有自然吸引力的說話藝術，纔知道他是個博學多能、多才多藝的才人。最最使史量才和秋水夫人聽得入耳的一句話，那是他說：「一向以來即以教人琴藝爲生，」因爲他們此時正在訪請教古琴的老師，於是他倆很熱情的把吳純白挽留到他們家裏去做嘉賓，以便結萍水相逢的杯酒之緣。當吳純白隨同到「秋水山莊」的門前，就舉目四顧，既看看莊屋的全形方向，也回頭望望對面的隔湖孤山。立即連連點頭，不絕口的讚說：「好風水、好地形，正是一所好去處的第宅。」及至他收縮視野的眼光，放低到眼前近處，發現一座平直的長橋，正對着「秋水山莊」的大門時。陡然臉色沉重，便即連連搖頭嘆息着：「可惜、可惜！完了、完了！」

飛離相國家的一隻鶴

吳純白於突然間顯現出這種怪異的奇詭行動，與夢囈似的喃喃自語。頓使站在他身邊的史量才和秋水夫人看到，都感覺他這個人却像是個神經不正常病症的患者。怎爲一邊在連連讚說此地是好風水所在，但讚美之聲猶未告絕，却又發出連連可惜和完了的嘆息之聲來？因爲史量才的站處與他距離較近，便向他問說：「吳先生，對這裏你有什麼不妥當之處發現麼？」吳純白毫不猶豫地立即答說：「有的，怎麼沒有，當我看見尊宅這裏。覺得坐山和照山，所佔得的地形風水非常美好，就是方向也定得相當準確，這不管名利兩途，都可佔得感想的自然便宜。尤其是尊府門前所經的那條裏西湖湖流，對於你的財運方面而言，更有積聚不散的重大感應。你看從外西湖所流入的湖水，折向裏西湖的西邊流去，只見其入，不見其出。這就是你所居的陽宅風水所應，象徵你積財豐富、聚藏不散的反証。怎爲這樣大好風水所在，眞使人不可理解的，却首當其衝建築一條長橋起來，把風水擅自把它破壞毁滅。史先生，你來看這條橋的形狀，可不是像一柄白刃利劍麼？現在劍及刃及，直貫門前，對地理風水來說，實是不利於主人的。」

史量才本來以具有現代新思想的文明人自命，關於起課卜卦、看相算命等等的一切世俗玄虛之事，皆以迷信觀念，荒謬行爲一概予以無視而心輕之。自然，對於吳純白所說「秋水山莊」地理風水的一番得失禍福之談，認爲此事玄之又玄，虛之更虛。所以他毫不介意，無動於心，淡然處之，言態如常。對吳純白的說話，並不作如何接口的繼續話題，只是微笑點頭，含糊地唯唯以應，因爲他的內心，此時早已引起一個最現實而最正確的辯証法。就是「秋水山莊」當門前的一座水泥鋼骨造成的平直長橋，從西湖博覽會籌備動工以迄建成應用，計算時日，也已有將近半年之久。如果眞有破壞風水，不利於此屋主之話，那我時至今日，不是起居飲食一切如常麼？即我所有事業也不是賺錢獲利依舊麼？連之平日之間，最多惹是生非的申報，近來各版新聞報導，連請求更正的來函，都沒接到一封。這樣平安順利的日子，實是辦理出版事業的報人，難得有過的太平時日。也可以辯証破壞風水、不利於主的純屬危言聳聽之談，當不得眞，作爲妄言妄聽。所以，他對吳純白所說的話，只是應聲，不加答話，正是遵奉孔老夫子「子不語怪力亂神」的教條之誡。

但是秋水夫人聽見「秋水山莊」的風水被破壞，有「不利於主人」這句話，却聽得她心胆驚怯，毛骨聳然。只因她有鑒於史量才對她本身的不利問題，神色毫不緊張，非常淡漠視之。要知夫婦的利害禍福關係，至爲密切重大，她認爲史量才的不利，等於她的不利。因此逼得她只有代爲插口，便向吳純白問說：「吳先生，我家秋水山莊的風水被遭破壞，不利主人。不知這主人的不利，却要遭遇到那種的不利事件。與不利到那樣程度？請你吳先生指點指點我們的迷津，好作個趨避解救的預防措施。」吳純白却很正色的回說：「夫人，請你試想當前有人持執一柄明晃鑠亮、鋒利無比的白刃，直刺胸腹。請問那自是只有不利的後果、但不過後果怎麼樣的造成，造成果實的爲大爲小，這實非不才如鄙人所能知曉的了。至於趨避解救的預防方法，除掉小心對人，謹慎對事，少作冒險犯難的情事而外，實無其他方法可想。只是爲要解除心理上的威脅，也爲要爭取精神上的安慰，那請夫人就去購買圓形鏡子一面，高懸在尊府大門的正中地位，這是世俗古老相傳的一種鎮壓邪魔惡煞的禳解法。此法在我國可以說是地不分南北，家不論貧富，却是信之者多，奉之者衆，夫人何妨試試，說不定可能收得萬一的實效，好在夫人的希望不奢，祇求家宅平安，萬事亨通而已。」

秋水夫人果然聽從吳純白之話，於第二天就親自乘坐汽車到旗下、羊壩頭等市區所在，竟買不到一面合意的鏡子，後來到清和坊一家張允升百貨商店，方始選買得一面圓形如三五滿月的大鏡子，歸來即叫汽車夫高懸在大門的門楣上邊。相信當年曾去「秋水山莊」做過座上客的，或者是經過門前的遊客，或許此間海隅尚有人還能憶想得起「秋水山莊」大門上的這面大鏡子。不過這種門上懸掛鏡子作爲鎮壓邪魔惡煞的禳解法是否發生實效，實在無從話起。因爲到了民國二十二年冬間，史量才終於在翁家埠地方，發生突遭暴徒狙擊而死的流血慘案。這不是無實效的現實反證麼？不過此是後話，暫且按下不提。且說吳純白就於此時日開始，接受史量才的聘請，担任教授秋水夫人彈奏七絃古琴的琴藝教師。準此，我們可以忖知秋水夫人的學琴，那是民國十七年間的事，也是杭州西湖博覽會會閉幕以後一個月的事。秋水夫人短短於四五年中學習琴藝，她已學彈得一手好古琴。在史量才之死，陳尸廳中，是她不作一般婦女撫棺慟哭的世俗悲傷之態，竟於靈前，鼓琴演奏一曲，敬獻給她在天之靈的丈夫欣賞。人或以爲她在悲中作樂，不知她的悲思哀緒，比之一般婦女哭夫的搶天呼地，其沉痛哀傷却要遠遠過之呢。

從這靈前鼓琴一曲的事件發生，當時無人不讚揚秋水夫人的聰明智慧，少人能及。但人們所讚揚的，倒不是她對學琴進步的快速，而在於鼓琴靈前一幕悲劇的表演，而且眞實的是一幕賺人熱淚的大悲劇。不過曾有人却猜疑着說秋水夫人表演這幕悲劇的設計導演者，便是她的教琴老師吳純白，因他是個懷有鬼才的才人。我們不管當時這幕大悲劇的演出，主動人是秋水夫人呢還是吳純白，在此應該把吳純白的身世畧歷，覺得有稍作叙述之必要，以便知其人有所自來。雖然，在前邊已經說過，他是個多才多能的第一流清客人才。此次他來投史量才家，任做秋水夫人的古琴教師以前，那是誰家的清客呢？話說出來可說來頭大，那是上海第一家著名的旅滬巨室，即爲合肥李鴻章相國家。只是他來去李相國家的地方，已不是麥根路李公館的老宅。（按：李公館老宅的地產，早已讓售給張佩綸爲業，張爲李相國之愛婿，亦即是女作家張愛玲的祖父）而是麥特赫司脫路李公館的新宅，而他所從事之人，亦已是李相國之冡孫李國杰（偉侯）。不過海格路「枕流小築」李相國少子李季高的家裏，也是他常去的地方。

從前陳眉公也是個傑出的清客才人，人見他奔走權門的忙碌，曾賦詩以諷之，有句云：「翩然一隻雲間鶴，飛去飛來宰相家，」料不想吳純白奔走大小兩個李相國家，也是忙個不了。可見每個做清客之身的才人，不是理合閒雲，情同野鶴，爲了衣食生活，不得不飛來飛去而要奔走豪門巨室。此次吳純白之所以飛離李相國家，遠遊杭州，徜徉西湖，實因他的清客職業，發生問題。原來上海招商局長趙鐵橋突然遭遇暗殺，李國杰本屬招商局董事，關係密切至深，尤以董事與局長之間，難免權利上發生爭執磨擦，趙鐵橋之死，李被受主使嫌疑，遂致身羈縲絏。於是一向依他仰食爲活的門下清客們，現實情況演變至此，不能不另尋生活，吳純白亦即是鶴羣中的一隻幸運之鶴，竟會在裏西湖去孤山路上，邂逅史量才與秋水夫人。並且雙方話得投機，產生感情，竟聘請他任做教琴老師，這該是佛說的因緣了。

吳純白的原名爲「浸陽」兩字，要知世人的名字作用，實同事物的記號一般。題取字面看來的文雅一點，字音念出的好聽一點，固然是大好事，否則欠缺一點，也無所謂。吳純白自到史量才的公館來任教琴藝以來，就膳宿史家，外出時少。每天到史公館來的朋友又多，大有孔北海家座客常滿之概，所有來人都是年齡少壯，性格開朗，可說多的是現代人物，若對比與到李公館去的一班賓客人士，他們多是莊敬矜持，肅穆自律，滿座中毫無一點喜笑的和諧融協氣氛，吳純白對這兩家公館的來往賓客，多有接觸和相識，他自己賦性詼諧，本來喜歡湊趣說笑，只因時常見面，熟不拘禮，所以他和史公館的來賓們相處得如交融的水乳，也如交投的膠漆，因此，他們對他浸陽的名字作爲開玩笑的資料，常對他說：「吳先生，你的大名『浸陽』兩字，大堪製作謎語。」就以該兩字作爲謎面，謎底各人自編自射，以對謎面最恰切配合者勝。於是有的人說：可以射成語的「大丈夫」。也有的人說：可以射藥名的「胖大海」，還加以闡釋說明着說：「這海者，乃是海參也。」有的人說：還可以射新名詞的「偉男子」呢。

就是這樣的你猜我射，我說你評，擾擾嚷嚷，說說笑笑，把史公館的廳堂造成無比的熱鬧場面。而且把主人史量才逗引得笑口常開，顧而樂之，客與主人皆大歡喜。同時也把平日之間喜愛說笑的吳純白被圍攻得啼笑皆非，無法反唇相譏。所以他最後認爲無能舌戰羣英，只有稱降服輸。並且當場宣佈從此時此地爲止，決定把浸陽兩字的名廢棄不用，就永遠以純白別字的以字行了。因此，舊日朋友還知道他名叫浸陽，新識朋友祇知他爲吳純白而已，便是這場謎語之戲的關係。是以後來吳純白在香港之時常對人說：「是我一生中，以在史公館作客幾年的時期裏。覺得日子所過，生活所享，爲最最舒適，也最最快樂，實爲我生命中的黃金時代。」及史量才被暗殺殞命以後，他還對人閒話前塵舊事。總是無限哀傷地說：「此生此世，是我的前途整個兒全部宣告完結了。試想在那裏能得再會遇上像史量才先生和秋水夫人這一對賢伉儷的男女東家呢？」

李府古物易主入史家

原來塵世中的人與人之間，不論感情上的恩恩怨怨，也不論相處間的離離合合。正像有一種不可思議的神秘因素，摻雜融和其中，終於演變成好好壞壞的自然結局。這大概就是我佛所說「人生因緣，前世註定」的那兩句佛語眞諦之話了。便亦因之研究佛經的通才碩學之輩，融而化之，闡釋倡成世俗的一句勸世名諺，即爲「事有因緣莫羨人」的那句至情至理之言。證之於吳純白念念不忘於史量才與秋水夫人，對待他的深恩崇惠，這就會令人感覺得「事有因緣莫羨人」語意的既眞且切。要知吳純白之所以對人表示，「那裏再會遇上像史氏夫婦的男女好東家」，此語的眞意義所涵。那是他在史家做西賓期內，史氏夫婦對他經濟狀況，大量接濟，大力支持的有感而發。他是個純然讀書人，向來讀書人於「百無一用是書生」的定律以外，多是家道式微，生活清苦而不爲人所重。薄命詩人黃仲則於他本身的白眼所遭，悽苦所受，體會出個中滋味的沉痛與悲楚。所以詠成「十有九人遭白眼」的那些名句來，作爲古往今來的普天下貧寒讀書人，同聲一哭之語。

雖然，吳純白流浪到上海來，在合肥李相國家任做他們叔姪兩代的清客有年。若對相國少子的李季高而言，他已是個生有崇洋輕華的行爲乖僻，脾氣古怪的畸行之人。所以他一向以來，離羣索居，從不回到老家李公館去居住。只是携帶他唯一的愛子威廉，長伴在身邊，他們父子兩人長期寄寓在靜安寺路的滄洲飯店多年，因爲這家早年的滄洲飯店爲租界中第一流的外國旅館，所有稅居下榻的旅客，全部都是高貴而富有的外國人，籍隸中國的祇有李季高父子兩人，除此以外，實在找不出第三個中國旅客來。他們兩父子所以要住在滄洲飯店的原因，第一爲了居室內外的環境氣氛，純屬於外國方面的景色情況與風物情調。其次就是他們兩父子吃不慣中國飯菜，一日三餐飲食，全要吃食歐美兩大洲的西洋風味。原來他們兩父子都在外國留養長大，過慣了外國生活，這也是非要居住滄洲飯店不可的最大焦點。後來該飯店的營業計劃，逐漸變更，其問題關鍵，因爲第一流新式的外國旅館和公寓，絡續在開設，生意被奪，往昔概予拒絕，不受歡迎。形勢演變至此，降格遷就，於是滄洲飯店退而求其次，對於華貴而富有的高尚華籍旅客，放開禁例，對中國旅客只要付出房錢，一概歡迎，作兼收並蓄的一律招待。

李季高有一種最惡劣不堪的怪脾氣，也是有損李氏家聲的可恥行爲，就是他瞧看不起黃臉黑髮的中國人，可能包括他家鄉合肥人在內。當他認爲滄洲飯店已有同種族的中國人入住，緊結芳隣，可能成爲他的恥痕辱點。於是急亟的雇工建造，在他自有滬西的海格路空地皮上，建造一所日本式的花園房屋。其房屋的所在地，即在丁香花園的對面，佔地也有七八畝之大。即顏其居題該房屋的里門扁額，爲「枕流小築」，所謂「流」只是一條黑而臭的小河流而已，這「枕流」實在無從枕起。李季高於枕流小築的房屋落成以後，就遷入居住，不過却要增多幾個他所不喜歡瞧看的中國傭人了。但事實也是事實，他的朋友大部份爲碧眼黃髮的外國人。中國人朋友的遊讌伴侶，也只有唐腴廬兄妹兩人。絕無其他朋友。是以每夜到東到西的歡娛與飲食場所，總可以看見的是李季高父子和唐腴廬兄妹四人共在一起。於此足以忖惻而知他中國人的朋友，實在稀少之極。唐氏兄妹都受西洋文化的高等教育，而他和她的父親唐乃安那是著名西醫，（按：唐乃安的診室就設在四馬路與河南路轉角處的中英大藥房內）這就是李季高和唐氏兄妹交友的基本條件了。

李季高却是俗諺眞正「季子多金」的李合肥相國的季子，他父親生前替他作出周密而妥善的安排。安排的周妥維何就是在上海滙豐銀行存入一注財欵，其數字的多少，非但李氏的所有家人無從知曉。即該銀行中人除總行長、總經理、總華買辦等三數最最高級的中西人員以外，也別無一人知曉。但對於這筆存欵因爲該銀行受存欵人的鄭重囑託，保守特別秘密，客戶支取欵項，一向不用支票。只憑李季高的簽字便條，要多要少，隨時隨地的隨便兌取。若要支取萬元以上的大數額欵項時，則必需要李季高親自去見該銀行的總行長或總經理的西人不可。所行的手續程序，於說明需欵數字，也可立刻支取。亦祇在他們辦公的寫字間裏，當場書寫一張簽字便條而已，據說此項手續程序，都是該存欵人在囑託書上所載明的條規。但不過如有人向李季高問說「你在銀行的存欵，究竟有多少呢？」對這問話的答復，是他只會搖頭回說不知。原來他的所知，祇知是支欵的數字，沒有知道存欵的數字，這也是李相國在囑託書上的一項規定。

及李季高去世，他的兒子「威廉．李」向上海滙豐銀行支取欵項，亦只憑他的簽字便條。一切的手續程序，仍照舊貫，而且非僅此也，傳說中的李威廉居留外國，對於生活費仍可向銀行照常支取，不致陷於飄零異國、窘迫窮途的苦難環境中。於此可見李合肥相國往昔對滿清政府的爲國之謀，自有他的一套辦法。現今對他親生少子的爲家之謀，也自有他的一套辦法，此合肥相國之所以爲合肥相國。閒話表過，且說當年的相國少子李季高雖然擁有多金，但對時來時去的清客吳純白，並不作按月致薪的生活費規定，因爲多金的富有之人，決不會瞭解沒錢寒士的苦難慘況的。或許他認爲吳純白既然無所勞，自然無所給，這也難怪其然；不過李季高還是個有些德性之人，只要吳純白開口要求，必定照數付給，如願以償。可是李國杰對吳純白的辦法，却又不同，那是月致生活之費的薪金，只是所致送的薪給，則爲一般普通清客的尋常待遇，沒有當他多才多藝的奇士相視，予以比較特殊的一點優待。

所以吳純白自從投入史量才家，任做琴藝教師以來。覺得生活所享的舒適稱心，日子所渡的快樂滿意，與在李公館做清客的情況作比，其榮辱與憂樂之分，不啻天壤與雲泥之判。所以吳純白對史量才和秋水夫人對待他的好處，由衷心的感激不已，因而後來史氏發生不幸被狙擊的慘案事件以後，他却要興「何處再逢這對夫婦兩位好東家」之悲了。原來史量才對於吳純白確屬破格待遇優厚殷渥。於供給好吃好住以外，還按月致送一筆比較高數額的老師修金，有時史氏夫婦恐怕他，這點修金使化不夠，各人暗中還分別再贈送些錢鈔給他，藉幫助作無形式的賑濟。因爲吳純白的名士習氣甚重，家鄉習俗甚深，只因其是四川人，四川的民衆社會有一種擺「龍門陣」的所好習慣。日間的龍門陣擺在茶館裏，晚上的龍門陣擺在酒店裏，早晚地點不同，供人的歡叙則一。當龍門陣擺列開展的時候，大夥兒人們上天下地的談談講講，說說笑笑，確屬是賞心樂事，只是上海茶館和酒店的龍門陣場面，擺得沒有像四川的熱鬧興旺而已。

（下期續刊）

留臺劇話

陳定山

顧家班

顧家班在「永樂」登台，一唱五六年，可說春秋鼎盛，一直不衰。好的日子，滿坑滿谷，經常賣座，每天也在八成以上，而角色的整齊、紮硬，也可說得極一時之選，開出那張名單來，就夠你瞧半天了。

青衣：顧正秋。
鬚生：胡少安、李金棠。
花旦：梁正瑩、張正芬。
裏子老生：馬驥良、王質彬。
武生：劉正忠、李鳳翔。
架子花：高德松、牟金鐸。
小生：儲金鵬、馬世昌、劉玉麟。
小丑：周金福、于金驊。
武丑：景正飛。
胡琴：王克圖。
司鼓：侯佑宗。
包頭：于玉蘭。
領班老師：關鴻賓。
後台管事：顧鳳雲。

從這張名單裏看得出：正字輩是屬上海戲劇學校出身，德字、金字輩是北平戲曲學校出身，而玉字輩却不是「戲曲」和「富連成」出身。原來劉玉麟本是麒派老生，後來儲金鵬、馬世昌都走了，才由劉玉麟頂上去應當家小生，他是劉玉琴的弟弟，也是前時來香港演出花旦劉復雯的父親，生性聰明，扮相俊秀，改行小生，一唱就紅，直到如今。不知道的都目他為當家小生，知道的都稱他為麒派小生。（按麒派亦有小生戲，而麒麟童對沒有鬍子的小生戲，特別有癮。）

顧家班這張脚色名單，可說金樑玉柱，各有專長，後來六王分立，多已紛紛飛上枝頭作鳳凰了。最可惜的是儲金鵬回了大陸，現在都不知所往矣！雖則朱世友、馬世昌都是富連成出身，比儲金鵬還差着多少里呢！最有趣的是顧正秋說的：「我最怕和馬世昌老板同台演戲，他身上那股大蒜味兒眞受不了。」

第二個可惜的是武生劉正忠。他玩藝兒眞夠，扮相也帥，就是不肯卯上，「長坂坡」打八將，全是虛招，但馬躍重圍從桌上一個八字拍下來，靠旗不動，靠身舖滿台毯有如一朶蓮花，誰也辦不到。

李金棠唱二路老生，帥極了。胡少安常常被他相形見拙。看戲的無不惋惜他，為什麽他不改應正工老生呢？後來胡少安與顧家阿姨鬧翻，拂袖他去，自主成班，李金棠就頂上來唱當家老生。他的用功向上，虛心求教，可說無人能及。說也奇怪，他唱二路扮相唱做什麽都好，一唱正生便處處見弱，於是我們不得不佩服當年的老師，他們傳授子弟，派定角色，只要看一眼，就能派定了你的終身。例如貫大元的老弟貫盛習唱二路時，都紅得發紫，一改正工，便使人不無求全責備。這不是祖師爺傳下來的規矩，而是限於本人的天賦了。

顧正秋得天獨厚

論色藝雙絕，顧正秋都算不得最上乘，但他得天獨厚，無人能及。第一：她到台灣，可算劇運第一個開荒者。論當年四大名旦到上海，多不過一月半月。便是梅蘭芳也不過連一二個月，便要貼臨別紀念，下次再來。誰能像小秋，一到台灣就紅，在「永樂」靠她這根台柱，連堂客滿，五年如一日，這份人緣，有誰趕得過她？第二：前面說過她的色藝都不算最上乘，圓圓的臉蛋兒，胖胖的腰肢，綽號小皮球，但一看到她便是滿面春風，叫人從心嵌裏喜歡她，難怪有人會連看她幾個月，從不缺席。她的美，正合着「關睢樂而不淫」，這是天賦，不是做作。論唱工是大路的，梅、程、荀、尚一鍋下，但是從頭到尾，沒有出過亂子，甜美的嗓子五音俱全。這是最不容易的，除了梅蘭芳，可說沒有第二人。第三：我最佩服她的是她的急流勇退。試問：從古至今，誰能在聲名鼎盛的尖頂，突然拋棄現實，擺脫一切，像小秋這樣從繁華燦爛中抽身出來，卸却歌衫退藏於密，十餘年如一日？她的歸宿非常美滿，我說她得天獨厚，洵非虛譽。

鎖麟囊滄桑錄

「鎖麟囊」是後期的程派戲，說清楚點，它是抗戰時期，程硯秋在北平上海兩地唱紅的。程的本戲多出金仲蓀手筆，此戲獨為翁偶虹所編，因為場子通俗，唱腔繁重，頗為外行人所喜，故一唱而紅，但眞正學程派的對它並不重視。例如新艷秋、侯玉蘭當年都不曾唱過此戲。顧正秋在「永樂」演出頗為叫座，但她不是程派正工，謔者稱之為「陳（程）皮梅」。

直到周長華來台，在電台教戲，才把此戲眞正唱紅，而胡琴把子則是他的太太顯若館主，字正腔圓。那一時期「怕流水」、「春秋亭外」幾乎家絃戶誦，比到崑曲當年的「家家收拾起」、「戶戶不提防」並無遜色。但眞正的程派正宗，票友如高華、內行如章遏雲皆不唱此戲；章遏雲近年始應各界煩請演出「鎖麟囊」，以此戲場子

顧正秋「鎖麟囊」劇照

太碎，唱腔近俗，實不能與「文姬歸漢」、「荒山淚」諸名劇並駕齊驅也。

眞正唱「鎖」劇的還是推顧正秋，可是此戲的配角排名，二十年來，也就歷盡滄桑了。

當年顧正秋唱「鎖麟囊」的時侯，盧夫人是梁正瑩應行。後來梁正瑩辭班，才起用張正芬演盧夫人，顧正秋息影，張正芬桃樑主演「鎖麟囊」，盧夫人改用于玉蘭應行。再後，于玉蘭也唱薛湘靈了，盧夫人歸誰應行，我就想不起了。

紫金冠

哈元章唱「鄭成功」，戴紫金冠，有人說他長相兒不合於小生模樣，不該戴這頂冠。我曾經代他呼寃，元章爲二路老生哈寶山之子。

紫金冠好似小生的專利品，在三國戲中，又是呂布、周瑜的專利品。有人在疑惑呂布、周瑜的年紀，（其實呂布比劉備還大）這且不言，只說三國戲裏一個準小生，還沒份兒戴這頂冠呢？那是陸遜。但是說開來：這頂紫金冠又不限於小生。大花臉宇文成都、司馬師、李元霸這幾個花鷄蛋兒，爲什麼也配戴紫金冠？還有一嘴蒼白鬍鬚、滿臉奸邪的屠岸賈，他也帶上一頂紫金冠。於是紫金冠這樣東西，究竟什麼人該戴，什麼人不該戴，反而難下確定的斷語。說實話，什麼穿破不穿錯，不過是戴慣了，穿慣了，看慣了，習慣成自然而成爲梨園行中不成文法的一個例規。譬如陸遜，他倒是比呂布、周瑜上場的時候還要年輕的準小生，如果有人唱「連營寨」而替他戴上一頂紫金冠，恐怕台下要譁然說他鬧大笑話了。難道陸遜的腦袋就是個劊頭腦袋，應該和鄧禹一樣戴土頭土腦的金踏蹬嗎？其實鄧禹上場的時節，也只有二十四歲，再說我們看慣了羽扇綸巾的諸葛亮，走到成都武侯祠，一見相貂披蟒的諸葛亮，反而會說他不像諸葛亮。其實你再想想：丞相不戴相貂，又叫誰戴相貂呢？所以說鄭成功做世子，戴紫金冠，是沒有錯的，難道他連一個劉封的份兒都沒有嗎？哈元章從善如流，聽說後來改了，其實是不必改的，多戴幾次，讓人家看慣了，也就習慣成了規矩。

沈氏三鳳

沈弘一教授，台北世家，他自己是學聲樂的，却把家財全部犧牲在研究平劇。讓他四位小姐都去學戲。長女沈灕，次女沈嘉，三女沈涪，四女沈寧。張曉峯創辦國立藝專，成立戲校，沈灕帶藝入校，爲該校的青衣台柱。貌美音寬，她是純正的梅派，當時演出「二城復國記」轟動一時，可惜不久離校，轉入中廣電台，她的妙奏，只能在空中傳播，極少機會現身紅氍毹上了。

次女沈嘉，則和她的妹妹，都在王振祖創辦的復興劇校坐科，復字排名，所以她們的藝名都加上了「復」字，而成爲復嘉、復涪、復寧。內外行都管她們叫沈氏三鳳。三鳳以復嘉的造型最佳，她的扮相，完全像當年在北平富連成出科的小花旦劉盛蓮一模一樣，而她那雙大眼睛更像了當年不可一世的陳永玲。按劉陳二伶均得小翠花親授，可惜復嘉趕不上。她的藝術可說別具會心，出科以後，至今依然小姑居處，還在孜孜不倦的潛心研究劇藝，前途無量，寶島花旦首座，他日將非復嘉莫屬。

復涪、復寧同習武旦，藝亦不弱。沈涪早嫁名武生李環春。當年她父親曾一度反對，及後阿侯生子，玉雪可念，老外公也樂得含飴弄孫，安之若素了。

復寧最小，扮相最美，武功不弱，出科後不常登台，却在電影界做武俠片的替身，進益不惡，她的夫婿是大鵬後起之秀，大武生張富椿。

小妹子張正芬

顧家班三十七年來台，張正芬還是梳兩條辮子的小妹子，我們都管正秋叫小秋，正芬叫美芬。她母親是個美人胎子，所以美芬從小也是一個美人胎子。由於關老師對她的鍾愛，自幼錦衣玉食，無憂無愁。說眞的，她的劇藝，小時可沒有下過苦功，而她的甜美，她的靈活，使她成爲天之驕子，前後台的唯一寵兒。我們常和她們倆（小秋美芬）談到蹻工、小秋說：「每日在練」，美芬却說：「我的木底兒丟在大陸，還沒有帶來呢。」說得關老師都笑，呵着道：「美芬，你姐姐唱正旦的，她倒練。你唱花旦，倒把蹻丟了。」美芬躲到她母親懷裏笑：「阿姨瞧，老師又要打我呢……。」（張阿姨是顧家班的衆家阿姨，所以美芬也管她叫阿姨）這股稚嫩嬌酣的美勁兒，眞叫人記憶猶新。

可是從小秋卸去歌衫，美芬就爲全班挑起千觔重担。在永樂戲院獨挑大樑，她也下了苦功，日夜勤練，文武不擋，她原是絕頂聰明的，又加是美人胎子的扮相，關老師要她唱「起解」，這是小秋的絕唱，她不肯冒這個險。我爲關老師建議：「爲什麼不叫她唱『天女散花』呢？」關老師說：「好，她本是個天女，可又怕戲太冷」，我建議：「我們給她加上十八羅漢跑圓場，一個個亮相，這台戲就熱鬧了。」關老師說：「對，我們就這樣辦吧。」三天打泡，果然連賣滿堂，我還做了一副二十四字的長聯，由梅花館主寫了，剪成金字，貼在二丈四尺的雙幅紬幛上，眞覺得滿台瑞氣，字字生輝，「張正芬」三個字也就繼位正秋，登了寶座。而她最稱心拿手的一齣戲，還是「雌雄鏢」，演小生的韓紫峯，演二娘的于玉蘭，皆可圈可點。

正芬嗓子本來不夠正秋，在「永樂」時期，她都避去小秋的拿手而自向花衫刀馬戲裏找門路，所以她的「拾玉鐲」、「雌雄鏢」、「梁紅玉」，「破洪州」均非常叫座。「永樂」報散，她也卸衫息影，于歸庾郎（昆明市長庾晋侯公子），近年來為了從事文化復興工作，加入「陸光」，時常出現電視，却專以青衣唱工見長，「大保國」「二進宮」尤為絕唱，不但嗓音寬亮，做表到了爐火純青的境界，而且弱不禁風的嬌軀也豐腴了。我曾在莒光車中遇見她，我說：「美芬，你的腿，還像以前那麼細嗎？」她得意地說：「瞧，我穿熱褲呢！」

大武生

行話：武生有大小之分，一般分別，長靠為大武生，短打為小武生。其實不然；例如楊小樓當然是大武生，但他的「八大拿」（黃天霸戲）都是短打，李春來是以短打見長，黃天霸固然演得好，「花蝴蝶」、「拿謝虎」、「蓮花湖」都是他的絕唱。蓋叫天師承李春來，極少演靠把戲；李春來尚演「伐子都」，但他們全是大武生。其次如北方的尚和玉、孫毓堃，南方的楊瑞亭、張桂軒都夠得上大武生，所謂大者，第一要氣魄雄偉，武藝精湛，只要向台上一站，便感到八面威風，楊小樓演「長坂坡」（靠把），尚和玉演「一箭仇」（箭衣），蓋叫天演「武松」（短打），莫不如此。換過來說，如果叫他們演不對功的戲，便不是那回事了。演員貴在有自知之明，不是他不會演，而是他不肯「露短」「顯弱」，而他們之所以成為一代名伶，也在此。

李桐春是個好武生，現在胖了，不再動俊扮的大武生，他要動開臉的大武生，「鐵籠山」、「拿高登」都夠，但他從不來動李元霸戲。我曾多次央他和環春合演一次「四平山」，他的李元霸、環春的裴元慶，在寶島不作第二份想。桐春答應了，但這句話說了十年，始終沒有排出來。他說：「這是尚道爺（尚和玉）的絕活，楊宗師都沒動過，我們怎敢？」憑這句話，李桐春便坐穩了是個大武生。

目前的大武生，後起之秀，我寄望於兩個人：李環春和張富椿。

張富椿出科大鵬，三年前他到台中受訓，暫隸於預訓部的干城康樂大隊，我一聽他的嗓子，吃了一驚，簡直是當年楊小樓的雛型，論藝弱了些，却非常邊式。第一天看他只是「盜仙草」的鶴童，配上沈寧的白素貞，兩個一身白，那份俊扮相，簡直可喜極了。過後，丁仲陪他們到我家來，我就開玩笑說：「你們在台上簡直是一對兒天生璧人」。他倆笑笑，從此形影不離，他們是繼李環春、沈涪而做了沈弘一兒的乘龍快壻。

趙玉菁的拿手戲

趙玉菁工「烏龍院」，第一「京白」好，大家都離鄉背井一二十年了。在今日社會中，五方雜處，風土人情不一，言語因省籍而異。任何人都難保持純淨之鄉音，多少總有點走樣；惟有趙玉菁的純正京白，叫人聽着舒服。

閻婆惜之於宋江，情感破裂，已移情別戀，又未便形於外表，內心之厭惡，恨不能宋江立刻死去才好，所以表面敷衍，三分勉强，話雖聽着似好話，骨裏帶刺，尤其冷嘲熱諷的言語，佯俅不睬之神態，玉菁做來妙極。

我聽玉菁此戲者屢，越看越覺得她不凡。當張三在烏龍院未去，宋三已在外叫門，立將張三匿之馬二娘屋中，出與宋三週旋，滿想三言兩語把他打發走，不想宋江無話找話，厚着面皮窮泡。婆惜屋裏藏着個人，小鹿心頭，不時後顧，這是他人所沒有的，玉菁演來細膩已極。

當馬二娘騙以：「你那心腹上的三郎來了。」她踩着蹻，藕合的褶子，墨綠坎肩，盈盈出台，姍姍下樓，亭亭玉立，婀娜多姿，最漂亮的閻婆惜也。尤其到了：「……八成丟了東西吧！是不是要飯的口袋？幸虧丟在這兒了，給你！拿去！」一下扔在地上啦！這種八個不在乎的勁兒，有所恃而無恐的神氣，把人氣得要死。

趙玉菁最好笑場，尤其是一吃「栗子」（內行又名吃螺螄，唸錯了戲詞）能笑得直不起腰來，一次在：「……酒言酒語，得罪你啦！得啦！我一個人兒的宋大爺。」搬着哈元章腦袋，足這麼一晃，方巾蓋住眼睛了，髯口跑到鼻子上了，玉菁又笑了，我也笑了，大家都笑了。

顧正秋與胡少安

顧正秋來台的第一天，時在十一月中旬，第一天為她接風的是無錫首富楊翰西先生和他的五公子楊啓予，而應邀作陪的特客就是我一個。原來，楊氏父子在青島辦有很大的企業，而顧正秋和胡少安都曾在青島唱戲，啓予捧得很夠勁。顧胡初到台灣，舉目無親，第一份登門拜帖，就投到楊家父子。而我和啓予是過房親家，他的千金櫻寶小姐是我的乾閨女，也愛唱戲。正秋本是上海戲劇學校的台柱，我們在上海常見，而胡少安則是初見，當晚酒餘飯罷，也曾吊嗓消遣，我聽少安的嗓門有點像宋寶羅，身上比較一下，却有高慶奎氣派。我告訴他，宋寶羅在上海很吃香，但他的綽號却叫「洋鐵皮，火車頭」。少安也善用假音，但他嗓子裏有底氣，能高能低，最好從沉着方面用功，將來受用不盡。

當時，少安很服膺我的說法，後來就從沉着一方面用功至今，他是一位非常虛心好學，賣力認眞的藝員。

漫談美國之三

美國學生看京戲

·林慰君·

幾年以來，舊金山如有京戲，我總是勸我的學生們去看。希望他們能因此對中國的文化、道德，與思想，有進一步的認識。因爲中國的舊戲裏，表演的多半是忠孝節義，而這四件事，美國的年輕人，幾乎是「不知爲何物」的！

在未去之前，我多半總是先把故事告訴他們，以免他們莫名其妙。回來後，我又常常問他們對那些戲有何意見，並和他們詳細討論，或對他們解釋劇情和動作。不過有許多學生，事前總是不注意聽我所講的故事內容。

最近我帶了幾個學生到舊金山去看戲。那天晚上的戲，是金山平劇社爲慶祝雙十節而公演的，戲碼計有「女起解」、「打龍袍」和全本的「紅鸞禧。」我的學生中有三十多人，由我們學校的所在地，開三小時的汽車，到舊金山去專誠看那難得一看的中國戲。

那天因爲我沒有跟他們坐在一塊兒，所以也沒有能隨時給他們解釋劇中的詳細動作和所唱的詞句。回來後的第二天，我就問他們對這次所看的戲有什麽感想，叫他們把意見告訴我。提到「女起解」時，有一個學生問我：

「你從前不是說紅顏色是吉祥顏色嗎？你說中國從前的新娘子都穿紅衣服，過年過節，女人也都常穿紅衣服，死人時穿白衣服，對不對？那麽爲什麽一個犯罪的人會穿紅衣服嗎？難道說犯罪是一件吉祥的事嗎？」

他這第一砲幾乎把我打垮了！我只知道「罪衣」是紅的，但不知道爲什麽要穿我們向來認爲吉祥的紅顏色！然而在美國學生面前，總不能輕易說「我不知道」這四個字，你如果說「我不知道，」那他們對你的信仰就要動搖了。於是我只好如此說：

「新娘子穿的的是紅裙子，不是紅褲子，普通女人穿紅衣服時，都穿長袍或長衫，沒有人穿紅掛子和紅褲子。而且從前的女人，根本不穿長褲到街上去的。」

這樣一說，算是把第一個問題解決了。我很高興這個學生並沒有「打破沙鍋問到底」的精神。如果他再問爲什麽非用紅顏色做罪衣不可，我不知又要胡謅些什麽呢！我決完以後如有機會，一定要請教一位對這件事有研究的人，以便將來再有這個問題時，好給我的洋學生們一個圓滿的答覆。「知識到用時方恨少」，變成了我的新格言！

第二齣戲是「打龍袍」，我問他們有什麽問題，有一個事先沒注意聽我說劇情的學生，很快的就發揮了他的意見：

「這齣戲不算壞，那個演女王的小姐眞好看，我最喜歡她。」

「這齣戲裏那裏有什麽『女王』？你所說那個很好看的人是皇帝。」我一邊說一邊笑，可是心裏又有點怪那個學生事先沒有把故事聽清楚。

「皇帝？中國皇帝說話怎麽會跟女人一樣那麽嬌聲嬌氣的？她的聲音爲什麽那麽細？」他好像很有理似的又問我。

這個學生眞是讓我啼笑皆非！於是我又很耐心的告訴他：

「中國戲裏，年輕的男人，說話和唱，都是用這種聲音，爲的是表示他的年歲小，聲音還沒有變得很蒼老。你們西洋歌劇裏，不是也有男高音，和男低音不同的聲音嗎？這只是一種誇大的描寫法，用以表示他是多麽年輕而已。我們有很多男演員也演這種角色，他們說話也必需用這種腔調。」我一邊給他解釋，一邊心裏在想：「這一點，我們不能怪他們，因爲他們既不懂中國古時的服裝，又不知道中國演戲的習慣，看着明明是一位嬌小玲瓏的小姐，却偏偏說是男人，這在他們那洋腦子裏，的確不容易了解！」

「你對那個戲裏各人不同的聲音和唱法，有什麽要說的話嗎？」我很得意，這齣戲有各種不同的角色——老旦、小生、花臉、鬚生，每個人的聲音都不同。

「那個黑臉的男人聲音太大，有點大得不自然。我覺得那個演瞎子的男人聲音，比黑臉的還自然些！」

「嗐！你也錯了！做瞎子那個人，在戲裏是一位老太太，她是皇帝的母親！……」我還沒有說完，另外一個學生插了嘴：

「他既然裝女人，爲什麽嘴上有鬍子？」我被他一問，倒也覺得有點可笑。大概這位仁兄天生的的鬍子很濃密，所以嘴唇上鬍子的青顏色看得很清楚。於是只好勉强對他說：

「中國舊戲的規矩，無論演員是男人是女人，凡演老太太的，臉上都不許擦任何化裝品，所以沒法子把他的鬍子遮住。如果這次演老太太的是女人，就不會如此了。」

「可是，讓我看着一個有鬍子的男人飾演女人，多不舒服！你不覺得難過嗎？」他反問我。

「我不看他的嘴，只聽他的唱。」爲了免得和這個死心眼的學生囉嗦，所以只好這麽回答。

不過我告訴他們，這齣戲的意義是注重「孝」這個字，兒子做了皇帝，母親還是可以叫人打他，可見中國古時對母親是多麽尊重。

最後那齣是捧打薄情郎，關於這個戲的故事，他們知道得比較清楚，而且對在這裏演小生莫稽的那位小姐，也沒再說她是女人……等等。

不過有一個二十多歲的大孩子發表了一點意見：

「中國人度密月去，都帶着他們的父母嗎？我覺得人家是剛結婚的新夫婦，好容易有機會離開家，那個老頭兒也跟着一塊兒去，多麽討厭！我看那個年輕的男人就是恨這個老跟着他的岳父，才把他太太推下水去的！我如果有一個岳父總跟着我，那麽一定要跟我太太離婚！」

楊柳青年畫中的「紅鸞禧」圖中的金玉奴早年作此扮相

「請你讓我分兩部份來答覆你。第一，他們不是去度密月，而是去上任作官。第二，中國人向來喜歡和父母或岳父母住在一起，我們認爲他們年紀老了，做子女的應當奉養他們，照顧他們。很少有人覺得父母或岳父非常討厭的，這也是中國人注重『孝』的好習慣。」

他們聽了，嘴裏雖然不再說什麽，但是我知道他們心中還是認爲父母或岳父母都是討厭鬼，他們都不應當和子女住在一起。有許多美國學生，連『孝』這個英文字（Filial Piety）都不知道是什麽意思呢！你還能說什麽？

一九七一年十月廿日

美國通訊

香港節會景巡遊

·范正儒·

香港自一八四一年開埠後來，迄今不過一百三十年的歷史，儘管中外紀念日及節日繁多，却從沒有關於香港自身的節日。自從一九五三年十月廿三日有了街坊節以後，已經舉行過十八次。跟着在一九六九年十二月六日至十五日又有第一屆香港節，精彩節目多至四百七十三項，耗資四百萬元。第二屆的香港節則定本年十一月廿六日至十二月六日舉行，精彩節目更多至六百項，估計耗資將超過六百萬元左右。

據關祖堯爵士指出：『香港節是以與衆共樂爲目的，是全港市民大衆公有的佳節，所以動員龐大的人力物力，務使各項娛樂節目，均能表現香港一體的意識與精神。』又據懷德氏指出：『舉辦香港節的用意，係使本港居民尤其是青年人，獲得一段鬆弛與歡樂之時光，同時亦在於培養使衆人以身爲香港居民而引以自豪，並使個人及團體能盡量參與其盛。』

中西藝術傳統的滙流

這個香港節從第一屆的開端到第二屆的繼續，都是爲期十天，一切活動以文化娛樂爲中心，精采節目分別在港九新界及離島各處表演，使聲與光，動作與色彩，歡樂與遊戲，交織成一片，極其視聽之娛，可供市民大衆享受和欣賞的。其中最盛大的是花車會景巡遊，花車是西洋的藝術傳統，會景是中國的藝術傳統，兩者作成了中西文化滙流的高潮表現，創下本港「香港節」歷史嶄新的一頁。

第一屆香港節的煞科戲，是花車會景巡遊，在九龍彌敦道舉行，觀衆約五十萬人。由中國傳統的會景作先頭部隊，有二十六頭南獅，二頭北獅，三條金龍銀龍，一頭鳳凰，加插踩高蹻及大頭仔，沿途製造笑料，以娛觀衆。潮州音樂則演奏水滸傳一百零八條好漢，音韻悠揚，色藝俱佳。花車隊中共有花車四十二輛，每輛都有特殊裝飾和七彩燈光，車上美女頻向觀衆揮手，送秋波，飛吻。還有嘉年華會及各種工業展覽。

花車會景與嘉年華會

第二屆的香港節巡遊節目分爲兩部份：港島方面於本年十一月廿六晚上舉辦一項傳統式的會景巡遊，作爲香港節開幕儀式的一部份。該隊伍行列將有金龍、銀龍、紗龍、南獅、北獅，彩鳳，及中國傳奇人物的造型等。會景巡行以大會堂爲起點，經海傍道至維多利亞公園爲終點。到了十二月六日晚上的煞科戲，由九龍界限街球場爲起點，沿彌敦道至九龍公園作終點，可以見到一連串花車大巡遊，還有舞獅，舞龍等會景。相信比第一屆參加的花車還要多，情形更熱鬧。

此外，第二屆香港節推出的節目將比第一屆更爲多彩多姿，除在繁盛街道有各類迷人燈飾及旗飾外，更將蓋搭大牌樓，以美化市容。十二月四日五日，在皇后像廣場舉行嘉年華會，秩序包括綜合遊藝表演，流行音樂，中國戲劇表演，中國武術示範，並以時裝方式表演「香港百年服裝大觀」。還有電台播送粵曲歌唱比賽，展出十七個龐大展覽會，包括郵票、航空、航運、雕刻、攝影、貨幣、報業歷史等，增添不少異彩。

會景中的獅子上樓台

銀禧節首次出現會景

撫今追昔，香港有史以來的第一次會景巡遊，是在一八九二年（即清光緒十八年）一月廿六日，紀念本港開埠五十週年的銀禧節起始的。在那個時候，香港雖然經過五十年的經營，人口不太多，地方自然不甚繁榮，所以當時華商各行業，爲了招徠廣東內地同胞來港觀光，倡議舉辦會景巡遊。因爲還沒有總商會組織，只有一個機構叫做華商公所，便由公所值理負責籌備，並呈經華民司憲（即今民政司署）核准。

銀禧慶典節目，是由街市五行分別担任。所謂五行就是鷄鴨行、牛羊肉行、鮮魚行、菓菜行、猪肉行。這五行大都是年强力壯的青年人，因此推定五行首先報效景色，例如金龍、銀龍、綵龍的舞龍壯士，約需數百人，分爲數班，不斷的轉替，決不是別一行人所能辦到的。最吃力的是幾位龍頭龍尾的壯士，還有舞龍珠和扮演大頭佛的角色，表演神態各異。既經決定，於是首次會景便出現了。

大頭佛遇雨銀龍打滾

舞龍這一節目，原是華人春節娛樂的習俗，每年都有舉行，照例是由五行壯士負責。而這次的銀禧會景，舞龍珠的那位壯士，豪邁有力，雄糾糾地引導龍的行踪，飄忽迴翔，大有神龍見首不見尾之概。扮大頭佛這位仁兄，便要手拿葵扇，突梯滑稽，引人發笑。但是這一次會景，扮大頭佛的却鬧出笑話，原來會景巡遊至皇后大道中時，忽然落起大雨，大頭佛的紙糊頭壳被雨水淋得十分狼狽，大出意外。

會景在最後一天，設於何東行舊址的「水車館」（即今消防總局），在三樓上懸出錦標兩枚，還吊上一大串紙幣賞金，於是一隊舞獅的武館教頭，表演獅子上樓台，獻出採青技術，他從竹竿扒上，揚威一回，把青采去，最後便是龍來了。出會景慣例，舞龍必是殿後，雖然有幾條龍，但最後的一條是銀龍，銀光燦然，昂頭掉尾，肖妙如生。舞龍壯士，擊鼓揚威，鳴鑼助興，眞似生龍出海，蔚爲壯觀。

正當舞得起勁，觀衆萬頭攢動，掌聲如雷的時際，驀然間「水車館」火警鐘猛响，却原來是下環（灣仔一帶）發生火警，「水車」（今稱救火車）立刻出動，觀衆紛紛走避，街上秩序大亂，那條銀龍龐然大物，進退維谷，好在龍頭壯士機警，馬上轉過威靈頓街這一邊，滾作一團，不敢動彈，人稱爲「打滾龍」。實際上，舞龍是有「打滾龍」這一景的，却演得非常好看！

舞龍中的精彩一景——打滾龍

英皇慶典的首次花車

及至一九三七年六月十二日英皇喬治六世登極的加冕禮，成爲香港的盛大慶典，才開始出現西洋藝術傳統的花車巡遊，由各地區及各行業機構報效，共有花車二十五部，以各種不同形式裝飾起來，並以美女爲拱襯，頗爲別致。至於會景的最大特色，就是潮連紗龍，長達二十丈。廣東潮連鄉的舞龍，原出自國技的武功，進退有序，演來矯健活潑，宛如遊龍，煞是動人！

除了舞龍以外，還有廣東南海的舞獅，是南方獅子的代表，繪着紅色的獅頭，掛着白色的長鬚。舞獅另有一人擊鼓，一人鳴鈸，一人敲鑼，以爲節拍。一個大頭和尙在前引導，表演獅子睡覺，過橋，滾球，登樓，采青等節目。

女皇加冕時舞大金龍

一九五三年六月二日，英女皇伊利沙白二世登極的加冕禮，又成爲香港盛大的慶典，各大街道蓋搭中國傳統的大牌樓，以示慶祝。花車會景巡遊的節目，包括燈籠，頭籠御扇隊，花籃，花車，高蹺，旗幟，醒獅和金龍等。那條大金龍的龍身，配以鍍K金的鱗片，共五千五百枚，煞費舞龍壯士的氣力，需配以二百餘人分三批接替舉舞，演得好似生龍活虎，博得觀衆喝彩不少。

其他彩飾，地彩，飄色，大排樂，飛報馬，各種化裝人物等會景的景色，無不應有盡有，五光十色，娛人耳目。當時巡遊隊伍，交通秩序井然，殊少意外事故，眞箇達到「與民同樂」「安全第一」的目標，迄今仍爲人所稱道。這樣看來，今日香港節的花車會景巡遊，是總結了過去中西藝術傳統滙流的經驗結晶，而造成時代進步的豐富表現，乃是有其歷史因素所使然的。

記神眼温永琛

·呂大呂·

近代廣東有三個奇人，都以「神眼」見稱：一是馮適如；一是陳啓沅；另一位是温永琛。這三個奇人都能作肉眼所見不到的小字，他們都給人稱作「神眼書家」。馮適如和陳啓沅已先後作古，現在就只剩温永琛一人。温永琛不只能作蟻頭蚊鬚小字，他還是個畫家，是個書法家，是個攝影家和旅行家。固然可以稱「神眼」，也可以稱「神手」，更可以稱「神行太保」。集三「神」于一身，眞的堪稱是個奇人。這個奇人現在去了菲律濱，他今年四十九歲，十五歲時便有驚人的成就，這裏且從他的十五歲成了名時說起，說到他兩個月前還留在香港的事。

十二失學十三學書

温永琛是廣東的鶴山人，幼年讀書不多，到了十二歲便失學了。沒有書讀，在一間商店裏學習做店員。不知怎樣，他讀書時對寫字沒多大興趣，反而入了商店做工却會大大的有興趣寫字。拿每月所得的薪水，見字帖便買，把有空的時間，見字帖便臨。學了兩年，居然什麽也寫得來，自甲骨、石鼓、鐘鼎、魏碑以至于唐宋法帖，凡篆書、隸書、行書、草書和楷書無所不能，儼然是個小書法家。能作種種書法之後，跟着却還出現了奇跡，這便是他的神眼。

他喜歡臨王右軍蘭亭序帖，天天拿起筆來寫蘭亭序，寫的字，越來越細小。他自己覺得越是寫得小，越是覺得好，也越見精神。結果越寫越小，可以拿一張捲烟的紙，寫上二三千字。這樣一張小紙上寫到二三千字，拿出來給人看，但見密密麻麻，誰也不相信寫的是字。但經過放大鏡一看，何祗是寫滿了字，還寫滿了很好的字，工整，行氣好，有帖意，一時可就使到不少人在交口稱譽之下，都稱他爲神童。

當時馮適如正在廣州以「神眼書家」稱，陳啓沅以「神眼彫刻家」稱。温永琛既然也有這「神眼」的本領，便在香港脫穎而出了。奇怪的是這個「神眼神童」是幼年失學，竟能憑一股勁而成爲一個書法家和「神眼書家」，便有人協助他在香港開一次書法展覽會。開過了書法展覽會後更多人知道，他在十五歲那年，離開香港，暢遊大江南北，也在上海開了書法展覽會。

上海的書家多得很，書法好過温永琛的也多得很，但一個十五歲的孩子開起書法展覽會來，可就沒有。而温永琛還展出他這要用放大鏡才可以看到的蠅頭書法，這更使參觀展覽會的人嘖嘖稱奇。當時申報有一位記者，在參觀過後，除了在申報寫過一篇文章外，還以「嶺南神童」來稱呼他。

抗戰時期避地泰越

温永琛去遊遍了大江南北後囘到香港來不久，抗戰軍興，他離開了香港到泰國去，後來又由泰國轉到越南。這時他的字已經進步到由蠅頭而爲蟻頭。他在泰越兩地，并不惜墨如金，隨時以他的書法示人，來求墨寶的也有求皆應。越南那裏一位法國記者很是佩服，稱他爲「Lynx-Eyed Calligraphit 」。這是法文，譯出來便是「神眼書家」。

八年抗戰當中，他在泰越兩地渡過了這一段日子，勝利後，他囘來了。就在香港，寫寫畫寫寫字過日子；除了這個，他還温馨旖旎的過着羅曼斯的生活。

這時粵劇名伶鳳凰女在香港初露頭角，鳳凰女有兩個很談得來又認爲知己的朋友，一個是工商日報的攝影記者林季廉；一個便是温永琛。鳳凰女還沒結婚，他和林季廉也還沒結婚，這一段日子如何，可不說了，結果是鳳凰女爲林季廉所奪得，正式結了婚。而跟着不久，温永琛也另有對象，是一位有名氣的歌星，也就結了婚了。

但過了幾年之後，他這段婚姻并不美滿而仳離，使他不願還在香港這傷心地住下去，便離開了香港作萬里行。二十多年來棲遲異地，足跡遍太平洋沿岸諸國、中南美諸國，反因此而蜚聲馳譽國際間。

結交王室傾動朝野

在這二十多年間，温永琛經歷了菲律濱、馬來亞、婆羅洲、澳洲、紐西蘭、大溪地、秘魯、檀香山、加拿大、美國、南非、東非等太平洋沿岸各國和中南美各國。雖然每到一處，都是搭飛機，搭船，搭火車去的，但足跡踏遍了這許多地方，拿「神行太保」這個名字來給他，也可以說是很恰當。

温永琛在這許多國家的旅程中，大都流連了一個時期才轉到別處去。他每到一處，便開一個書畫展覽會，更喜對人即席揮毫，因而朝野無不傾動。使到他的書畫展覽會，每展覽一次，便都大有所獲。難得他每有所獲，便取之于斯，用之于斯，當地的慈善機關，不少得到他的捐欵。因而每到一地，當地的國家元首，都與他結交，攝影留念。在他的行篋中，藏有的國家元首和他一起拍攝的照片，眞的是多到不可勝數。

不過，他藏的照片固然多，各國元首藏他的字畫可也不少，他有例在各國元首和他論交，宴會，拍照，題贈之後，他就會送給他們一幅字，或一張畫。因之他的字畫，在上列這些地方的元首，可說沒有一個不藏有他的字畫，他不只足迹遍多處，字畫也多處留下了不少。

温永琛（右）與馬來西亞第三位國王

在他的旅程中，有幾件事是他這世人引以爲榮的。在美國的荷理活，華納電影公司曾邀請他以其書法，如何寫蠅頭蚊鬚小字的情形，攝成了新聞片和教育片，發給各地放映，這是一件事。在美國、加拿大、澳洲、紐西蘭、秘魯和巴西的電視台，都曾請他在螢光幕前作書法表演，主要是神眼書法的表演，這是第二件事。巴西國家藝術學院，贈以永久名譽會員，這是第三件事。後來他到台灣又獲得了教育部獎以金質文藝獎章，這是第四件事，都是他引以爲榮的事。

藝苑題詞元老贈詩

除了上面說的這四件使温永琛難忘的事，在他數十年的旅程中，他還得到不少藝林知名人士的題贈：計有張大千題「神妙直到秋毫巔」；于右任題「玉雪爲骨冰爲魂」；許世英題「小如針孔，直如玉杵，書法風韻，更如龍跳天門，虎臥鳳閣，神妙極矣」；黃君璧題「精妙入神」；趙少昂題「芥子雖微下筆神」；陳荆鴻題「寄蜉蝣于天地，渺滄海之一粟」，都是對他的神眼書法稱譽的。

民國三十一年，正是抗戰時期他避難泰越的時候，剛好黨國元老、詩人、書畫家，又是教育廳長的陳融也從廣州到越南來避居。由于他在那裏舉行書畫展覽，即差人請他來寓所。融老和他一席談，相見甚歡，從此時相往還。在一次花間酌酒，一老一少，談得投契的時候，陳融詩興勃發，即席揮毫，吟了一首詩贈給他。這首詩寫的是：「青春挾藝故山來，流轉江湖事可哀；告我年來離別友，幾人窮餓在江限。花顏綠酒醉顏酡，淪落相鄰巧遇多；神眼不露青眼少，碧睛人也說當歌。」這首詩由陳融親筆書寫，至今還藏在温永琛的篋中，而陳融墓木已拱矣！

陳融的贈詩以外，還有李仙根和桂南屏的兩首贈詩。李仙根的詩是「細書舊見黎子杰，神技譽稱譚衡陽；靈眼願君好珍惜，留將百步好穿楊」。桂南屏的詩是「如此眞爲絕妙才，蒼蠅頭上筆花開；羡君明察秋毫末，疑是離朱再世來。」李仙根也是革命元勳，當年任鐵路局長，詩書皆能，桂南屏爲留居香港有數的太史公。

字寫得細欵捐得大

上面說過，温永琛輪迴各地開書畫展覽會，大有所獲，但却取之於社會，用之社會。而且每次所捐的錢，數目却很鉅，他寫的字是這樣的小，捐的錢却這樣大手筆，好些人都說他是「字細捐欵大」，成爲一時佳話。

在他的捐欵中，有幾宗是值得一說的。一九四五年，他離越赴泰。臨行，捐出了越幣十萬元給西貢、堤岸、河內、海防、金邊的醫院和學校。這筆錢，以當時的幣值論，十萬越幣相等于黃金六十兩之多。一九五一年他再到泰國，又曾捐出了泰幣一萬銖給曼谷的天華醫院。一九五二年，他在星加坡，捐出了星幣一萬二千元給星加坡的中國學會、檳城的藝術協會，和吉隆坡的華僑醫院。一九五八年，他在法國的大溪地，捐出了法郎一萬元給華僑學校。一九五九年，他在馬達加斯加，這一年的三月，大風成災。當地政府發

陳融（右）與温永琛（左）一九四二年攝于西貢

起救濟，他捐出了一萬法郎作爲急賑。這些是捐欵中較大的數目，在各地較小的捐欵，也記不得許多了。

温永琛弃非富有的人，他捐欵給慈善機關，動輒以萬計，他從那裏來的這許多錢？這都是他在當地開書畫展覽會所得。只有馬達加斯加這一次捐欵，却不是在馬達加斯加得到，他的書畫展還未開幕，風災便來了。

元首名流識滿天下

温永琛由於去的地方多，因而識人也多，眞可以說是相識滿天下。他所識的人，包括各國的元首、名流、藝林中人、藝術界的人。對于名流、藝林中人，藝術界的人識得多，可不算一回事，好些人都會這樣。但相識各國元首這樣的多，相信却找不出幾多個。主要是他經歷的國家太多了，每一國家的元首都接見過他，這便成爲相識。這裏且來說說他的貴要之交：

先說總督級的計有荷屬西印度羣島士拉修總督士碧健比齡、葡屬東非洲莫三鼻給總督白理覺。千里達總督何才爵士、法屬大溪地總督巴依。英屬來亞那總督季里爵士、沙勝越總督艾貝爾爵士、塞浦露斯總督曉福爵士、英屬洪都拉斯總督湯尼爵士、北婆羅洲總督湯堡爵士、西印度羣島總督希士勳爵、紐西蘭總督頓咸子爵、檀香山總督三苗京、香港總督葛量洪、加拿大英屬哥倫比亞副總督華爾爵士這等，些總督在現在來說，都先後卸任了。

再說總統級的計有菲律濱總統麥格西西、秘魯國總統巴那盧、薩爾瓦多國總統奥沙寮、玻利維亞國總統丁蘇羅、巴拿馬國總統里加度、馬拉加斯國總統施蘭能、哥斯達黎加國總統斐加里、洪都拉斯國總統羅山奴、危地馬拉總統阿姆斯、尼加拉國總統蘇慕沙、這幾個總統也有已經卸任，也有現在還在任的。

另外國王級的，計爲丁加奴邦蘇丹王納西露丁（第四任馬來西亞聯合邦國）、玻璃市邦王布特拉（第三任馬來西亞聯合邦國）、婆羅乃國蘇丹王沙花甸。彭亨邦蘇丹王鴨都拿·亞末沈沙、吉打邦蘇丹王東姑·谷里沙爵士、吉靈丹邦蘇丹王，東姑·依布謙四世。

其餘還有總理級，市長級，像千里達總理威廉博士、占美加國總理畢丹奴爵士、紐西蘭總理納殊、澳洲總理孟齊斯等。澳洲雪梨市長尊臣、南非約翰堡市長麥士等等。這都是温永琛每到一處獲得他們的招待，題贈，一同拍照留念的，從此而知，他不只交上這許多元首，去過幾多地方，也可想而知了。

對這些外國的顯貴，他竟然會結識上不少，如果不是他去過這許多地方，當然不會識得到。但他所識的書畫藝院中人藝林中人就更多。有一次，筆者和他吃飯，說起了這些藝林中人，他不覺嘆息起來，說他對許多書畫名家都曾論交，數起來單單是已經歸道山、作古人的起碼總在五十多人。像簡琴石、高劍父、鄧芬、李鳳公、鄧爾雅、羅叔重等等，太多了，一時都數不盡，總之不是墓木已拱，便是新墳未乾。另外在大陸的，在海外或台灣或香港，今猶健存的總也有三四十人。不過作古的還要多，因此他一面說，一面唏噓嘆息不止。

一九五一年自右至左温永琛、胡蝶、任新泉攝于星洲

不履日本卜居秘魯

温永琛去的地方太多了。却是有一處地方，他曾四過其門而不入的。這地方便是日本。爲什麼他會不去日本？原來，抗戰期中，他一直避地越南，和國內的父母兄弟斷絕了音訊，什麼也不知。勝利後返國，才知道他的父母兄弟都死于炮火，因而對日本正是國仇家恨，永記心頭。當他離開了香港，到各國各地，不少地方去過，幾次由于行程關係，途經日本，他也不踏入日本本土一步，原因便在此。

他在各國各地巡迴作書畫展覽，幾次去過秘魯，他見到秘魯的元首，終于在一次，提出了要在秘魯作久居之計而獲准。現在，他的家庭是在秘魯的，他的家庭是有妻有子，而他的妻是大溪地一位華僑的女兒，他和香港的太太離了婚，隻身遠適異土，在大溪地那裏，留居的時間頗多，因而有了戀愛對象，由戀愛而正式結婚，最後便卜居秘魯。今年夏初，他回到香港，是從秘魯他的家回來的，在香港逗留了幾個月，和新知舊雨相敘，也曾和他前妻所生的兒子共敘一堂，前月再赴菲律濱作遠遊，就和這兒子同去，他準備再回香港時，稍事稽留，便回秘魯他的家了。

一九五三年薛覺先（左）温永琛合攝于星洲

影后伶王相逢異地

在他的二十多年旅程中，有一段較長的時期留在星加坡。就在這一段時期中，他鄉遇故知，他見到了第一屆影后胡蝶，和粵劇伶王薛覺先。他是鶴山人，胡蝶也是鶴山人，那年胡蝶去到星加坡，鶴山會館歡迎她，他和星加坡的鶴山會館很有關係，鶴山會館正門那個大橫額「鶴山會館」四個大字，便是由他寫的。鶴山會館歡迎胡蝶，邑人異地聯歡，自然少不得他份。他們自然是頗形親切，除了「進行親切的談話」外，還在鶴山會館大門前同拍了一張照片，這是一九五一年的事。

到了一九五三年，薛覺先從香港領班到星加坡。温永琛和薛覺先是舊相識，難得在異地相逢，自然過從甚密。温永琛久居星加坡，在人事上很活躍，他對薛覺先事事幫忙，協助一切，還作了一次東道，在星加坡一間大酒樓請客，歡宴覺先聲的全班台柱。薛覺先在離星回港時對他表示感謝，可惜温永琛這次回港，薛覺先夫婦在粵，墓木已拱了。

蟻頭蚊脚神眼神手

說温永琛是個奇人，一因他十二歲失學，却能以書畫聞于時，又能作蟻頭蚊脚小字，用一張郵票，在郵票底，可以寫上三千字，故稱「神眼」。二因他不只能書畫，還善攝影，他的攝影傑作，有「汽車之家」，是在某處地方一個停泊了三千多部汽車的停車塲拍的。有「尼的拉科大瀑布」，這是新畿內亞有名的大瀑布。另外還在南非洲黑人部落拍了不少照片，越南吳哥窟的古代遺跡，他也有不精心拍攝的照片。因此他除了稱爲「神眼」外，也可稱爲「神手」。加以行萬里路，去過這許多國家，這便是個「神行太保」了。所以我說温永琛是個集三「神」于一身的奇人了。

他有不少畫，總是在花卉中寫上一隻螳螂、蚱蜢、蟋蟀之類。而這些昆蟲，正是他大顯蟻頭蚊脚身手的。他在這些昆虫的兩條鬚寫上小字，驟看是昆虫的兩條鬚，用放大鏡來看却是一邊中文字，一邊英文或法文字。眞的是妙到秋毫。他最近送了一幅畫給筆者，寫的是梅竹，枝上有一頭牽牛，那兩條鬚便中英法文皆備。中文是「四海之內，皆兄弟也，公元一九七一年七月二十八日于香港新書小字，琛。」共二十五字。英文是七個字，法文也是七個字。這十四個英法文，一共是六十二個字母。只是兩條昆虫的鬚，却能寫上這許多字，而用放大鏡放出來，是筆筆不苟且，行氣好，有帖意，教人嘖嘖稱奇，如何不叫人拍案叫絕呢！

這樣一個奇人，申報記者稱之爲「嶺南神童」，法國記者稱之爲「神眼書家」，一點也沒有錯。而「神眼」之外，還可稱爲「神手」，「神行太保」，說他集「三神」于一身，更沒有錯了。有一樣最希奇的是，他現在能文，能詩，而在十三四歲學書時，字是寫得好，那一家的書法，那一類的字體都能寫，而且開始發揮他的「神眼」，字越寫越小了。但是據牡丹畫家張留石說：他這時在學問方面，還是一些兒也沒有，居然連關公岳飛生在那一個朝代，說起來也不知道，像這樣一個人，你又怎估到他後來會能詩能文，能書能畫的人呢？

温永琛送給筆者的一幅梅竹圖牽牛兩條鬚上滿寫着中英法文中文二十五字英法文各七個字

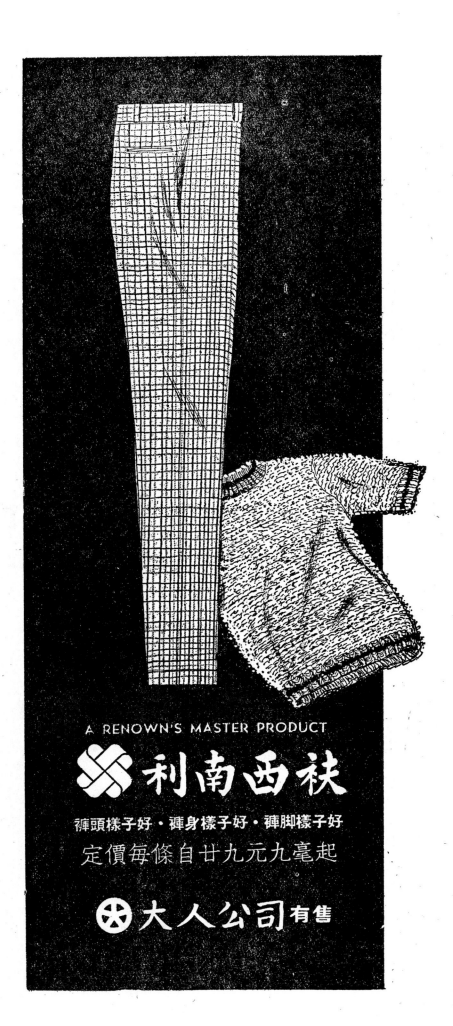

這一回：小老板絕處逢生　大恩人馬場救命

嘗讀大詩人陶淵明的「歸園田居」：

「少無適俗韻，性本愛丘山，誤落塵網中，一去三十年。羈鳥戀舊林，池魚思故淵，開荒南野際，守拙歸園田。方宅十餘畝，草屋八九間，榆林蔭後簷，桃李羅堂前。曖曖遠人村，依依墟里煙，狗吠深巷中，鷄鳴桑樹顛。戶庭無塵雜，虛室有餘閒，久在樊籠裡，復得返自然。」

在這七十年代的社會，人們的生活，充滿緊張刺激，不是衣食勞形，就是在鈔票上面打滾，能夠抽點空閒，享受一盞清茶，一卷在手，已經是十分福氣。「大人」是最佳的消閒讀物，可以暫時把世事渾忘，在下這篇蕪文，也來分佔「大人」一點點兒篇幅，覺得陶淵明所說：「誤落塵網中，一去三十年」；十分有意味，所以就用「三十年來目覩怪現象」爲題，爲讀者們說點人海百怪，大小人物的趣事。也許故事裏面，并無其事，也無其人，絕不是對任何人影射，霧裏看花，非花非霧，假如讀者們覺得像霧又像花的時候，一笑置之便是。

話說香港近年來工業發達，但許多大工廠都是由小工廠變成，有一位陳老三，本來是打工仔，爲人頭腦機靈，覺得做一份按月拿薪水的工作沒有什麼出息，便和太太商量，弄點本錢，做點小生意。太太認爲是好主意，於是變賣了釵環首飾，做了兩份義會，買兩架衣車，另外租一層寬濶的閣樓，開一間山寨式的家庭工廠。夫婦倆起早摸黑，拚命地幹，不出兩三年，就捱出點成績，擴充設備，幷且接入定單。再過兩年，已經是一間畧有規模的中型工廠了。香港就是這樣一個充滿機會的地方，肯苦幹的人，一定有收穫。

陳老三苦幹幾年，做了小老板，朋友多起來了，交際應酬也忙起來了。一晚陪一家洋行出口部的朋友老余上舞場，他是第一次，但老余却是個常客，幾乎每晚必到，眼見粉白黛綠，香噴噴的姐兒，來了去，去了又來，覺得十分新鮮。

老余道：「你喜歡那位小姐便跟她跳舞，不必客氣。」

陳老三自恨不識跳舞這門玩意，看見人家把千嬌百媚的小姐摟在懷中，便覺得自己是大鄉里一名，不配在交際場中露臉。這時，在他身邊一位小姐道：「陳先生，我陪你跳。」

陳老三道：「說實話，我不識，今兒才是第一次上舞場。」

「我教你，很容易，保證一學就識，很多人上舞場都不識跳舞的。來！我教你開步，」她把陳老三拖出舞池。

「小姐是……？」

「我叫凌鳳仙，現在你拜我做師父了！」她打趣說：

陳老三一學就會，這樣一跳就跳出趣味來，當晚便約好老余，明晚由他做東。老余喜道：「一定奉陪，跳舞好得很，一晚可以把十個八個不同的小姐摟在懷中，人生有什麼享受比跳舞有趣。」

任何嗜好都會使人沉迷，何況是臘板銀燈、美人在抱的場合，漸漸，陳老三自己是識途老馬了，凌鳳仙知道他是工廠老板，特別放出手段來，不久就巴結，從來沒有享受過脂粉生活的陳老三，小心着迷，當他成爲凌鳳仙的香閨常客的時候，便覺得錢不夠用了，要挪用貨欵和購買機器的分期付欵。

陳三嫂漸漸發覺廠裏週轉不靈，有時要拖欠欵項，給人家上門來追收，便向丈夫質問。陳老三道：「我在洋行定了一批新機器，首期交了幾萬元，自然頭寸調動得不靈活了，這批新機器來到後，我們的生產量可以增加幾倍，那時，就是大廠了。」

三嫂喜道：「那麽我們再拚命捱一兩年。」

在風塵裏打滾的娘兒，把一個有點油水的人客困在迷魂陣，便不會輕易放人的。陳老三對凌鳳仙越是迷戀，花的錢也就越多，漸漸，他覺得眞的無法支持了，機器的分期付欵欠了兩個月，第三個月非付不可，廠房的租金也欠了一個月，購入的原料布疋，也欠了幾條單未找，再不付欵，布廠便不送貨；同時工人必須出糧，否則女工們就立刻飛過別家，這時工廠不斷增加，女工十分吃香，有些工廠爲了趕貨，更出高價請人。每一筆錢都急待支出，覺得走投無路，找着老余想辦法，在洋行借點錢。

老余道：「陳兄，有句不中聽的話，你怎會在凌鳳仙身上花那麽多錢，我們去跳舞，一晚起碼跳十個八個不同的小姐，你却守住她一個，錢都花在她身上，人家把你當作瘟生冤大頭，你知不知？舞場的姐兒都在笑你了，要就把她娶回家去，不可晚晚買鐘帶出帶入。」

陳老三道：「多蒙指教，以後我明白了，但現在我過不得關，欠三萬元左右，老兄可否替我想個辦法，在洋行預借一點貨欵，將來扣還。」

「這不行，人家開出的信用狀都是定期的，這樣吧，你帶一點本錢，明天跟我入場賭馬，我有搭準天地線的貼士，因爲明天我們洋行大班有一匹馬出賽，大班說：一定可以贏，假如我們不是老朋友，我便不把這秘密貼士告訴你了。」

第二天，陳老三滿懷希望，帶了三千元入場，這是他工廠的全部現欵。老余道：「你跟我下注，什麽馬都不賭，祇賭一匹馬，叫『桃花王』的。」

陳老三也是第一次到馬場，什麽都不懂，眞是老余叫他下注，他才買了三千元『桃花王』的獨贏。果然，這匹馬跑出頭馬，陳老三道：「跑完了？結果怎樣？」

「我們大班的馬贏了，他正在那邊拉馬入場，派彩廿一元，三倍派彩有多，你連本帶利可以收一萬二千幾了。」

陳老三歡喜得跳起來，收了彩金，要請客，吃過晚飯跳舞。

老余說：「又去找凌鳳仙？」

「不，隨便你喜歡，我不作主張。」

陳老三憑這一萬二千元勉强應付了工人出糧和廠房租金，機器的分期付欵，由老余代爲說情，再拖欠一期。

陳老三對賭馬的興趣又來了，他認爲祇要有三幾場順手，什麽問題都可以解決，把凌鳳仙金屋藏嬌也可以實現了，到星期五，他又約老余入場，老余道：「明天沒有把握，祇可小賭，不能大賭。」

第二天，他們一同入場，但是在馬場裏面失散，陳老三祇得誤打誤撞，胡裏胡塗的投注，結果輸了千餘元。從這天起，他自己入馬場了，不必再找老余，因爲老余總是潑冷水，勸他不要大賭，但陳老三覺得，如果不大賭，便沒有辦法夠錢開支。

這天，他收了八千元貨欵，準備全部帶入場，三嫂道：「你把現欵完全帶在身上，有什麽用途？今天要找三千元扣布的貨欵，這筆欵再也拖不住了。」

「知道，我馬上就回來，這些錢是拿去露一露眼，讓人家相信我有錢吧了。」

陳老三袋了八千元入馬場，他以爲很容易贏三萬五萬回來，豈料不夠幾個回合，便輸到滿頭大汗，坐在看台上發呆。他想到這筆錢輸了，沒有錢付貨欵，沒有錢出糧，後天便沒有工開，工廠要關門，機器的分期付欵沒有付完，洋行會來收回機器，業主也收回廠房，這就完了，想到這裏，長嘆一聲，淚如雨下！

這時，有人拍他膊頭道：「朋友，你覺得怎樣？」

陳老三抬頭看見一個老人家，連忙拭淚道：「沒有什麽。」

老人家道：「怎麽，輸了很多錢？」

陳老三嘆氣道：「不祇輸錢，命也輸了！」

「這樣說不太嚴重嗎？不過我也覺得你不尋常，沒有人輸到哭的，你的臉色，蒼白得很，究竟你輸了多少？」

「八千元輸了七千幾，祇剩下六七百元。」

老人家道：「那麽我教你賭一場，快點趕去買票，買最冷門的『飛天神童』，告訴你，我是這個騎師的叔父，這貼士是可靠的。」

陳老三飛奔去買了五百元『飛天神童』，他這時已經毫無主意，一切都不由自主了。

這場『飛天神童』跑出來，跑出三百五十元大冷門，陳老三看見派彩數字，歡喜如狂，收了三萬餘元，到處找那個老人家。他站在馬場門口，終於等到那個老人家出來，擠過去和他握手，說了不知幾多聲多謝。

老人家道：「這是一年也沒有一次的機會，沒有準確的貼士，在馬場是必定輸錢的。好朋友，聽我勸一句，你既然輸不起，以後就不要再到馬場來，否則你終有一天把命輸去的。剛才我見你的臉色，像棺材裏面的死人，否則我也不會把貼士告訴你。」

陳老三要做東，老人家道：「不必，我約了朋友。」

回到工廠，三嫂在向布廠派來的收賬員求情，保證明天一定送上，陳老三道：「不必，我現在就付欵給你。」馬上清算了賬欵。

三嫂待收賬員走後，問道：「都是直版紅底，那裏來的？」

陳老三向三嫂苦笑道：「用命換來的。」

馬場三十年

老吉

上期寫的是我的「壽星」想在一場賽事中讓給憲兵曹長的「北斗」贏頭馬，等他可以拉拉頭馬開開心，不料人肯馬不肯，「壽星」出閘後飛馳而去，鞍上人拉到用盡吃奶力都無法拉慢，結果「北斗」跑第三，嚇得我魂不附體，憲兵隊的人要是來尋着你，豈非連命都沒有，幸虧這位曹長自己會騎馬，他知道「北斗」不及「壽星」遠甚，叫我不必介意。還有某一夜女佣人犯了燈火管制禁例，被憲兵隊發覺，如果不是客廳中掛了十幾幅我和內人拉頭馬照片，又是一場官非，結果却因養馬而逃過大難。

有幾位讀者來函問我，題目是「何謂馬王」？與「空中霸王」的一切，各位且聽我慢慢道來。

何謂馬王？

大家都講「馬王」，其實到底什麽叫「馬王」，怎樣纔能稱「馬王」呢。

看「字面」，當然要馬中之王，方能稱「馬王」，講嚴格一些，是「長、短、乾、爛」，加上能負重磅也一樣能贏第一，然後纔能叫做「馬王」。

如果照這樣的嚴格，要在香港產生一匹馬王，可說是難上加難了。

到底香港以前有過「馬王」否？我說是有，但，現在與今後，就不容易了。

我說的「有」這匹馬王，是中國馬，並不是澳洲馬，因爲中國馬身材短，脚短而馬蹄上部的關節粗，所以能負重，現在的澳洲馬，身材高，脚長而馬蹄上部的關節細，因爲不能負重，從前的中國馬賽跑，負頂磅（即是連馬鞍，馬鞍兩傍的帆布袋裏的鉛片，再加上騎師的身重）是一六八磅，還一樣可以次次贏第一，讓磅卅三磅毫無問題，（最輕磅是一三五磅）於此可見中國馬之能夠「任重致遠」，因爲，當年的賽事路程，每年有一塲「聖立治杯賽」（ST. LEGER），路程是一哩三個骨，而最長的路程，則是兩哩一個骨，直到現在，最長的路程是一哩一個骨，與當年（一九四一年及以前）的最長路程一比，相差竟有一哩之多，但，韌力則不及當年遠甚。當年有一匹「薩巴」（SAPPER）（騎師戴維士）跑兩哩一個骨，負一五九磅，還能以四分〇八秒一綫贏其頭馬，這個紀錄，在現在馬會每年出版的「紀錄簿」上的第三頁。（按：香港馬會，每年在季末賽事後約兩個月，必有一本「一季賽事紀錄簿」出版，現在最長的路程是一哩一個骨，所以「紀錄簿」上的紀錄，也祗有一哩一個骨爲止，至於戰前的「一哩半」，「一哩三個骨」，「兩哩」與「兩哩一個骨」四項路程，因從一九四七年恢復賽馬之後，從未跑過，所以對這一項時間紀錄，雖也聊備一格，却已是陳績了。）

以上談的都是澳洲馬，到底能勝任「負重」和「長、短、乾、爛」一應俱全的馬匹沒有，（因爲在其中有一塲賽事失敗，便不能稱爲「馬王」了），所以就不能稱某一匹馬是「馬王」，其原故在此。

那末，現在大家寫馬經，有時也有「馬王」這兩個字，到底是什麽原因呢。

原因是，每年度賽時到最後一天，馬會賽程中有一塲，「香港冠軍暨渣打杯賽」（Hong Kong Champions & Charter Cup），一般人俗稱叫牠跑「馬王」，跑得第一的，當然是「馬王」，不過，這個「馬王」名稱，在戰後廿四年來，祗有「龍章」和「堅橋」兩駒，一連贏過兩次「馬王」賽，這座「渣打杯」是渣打爵士後人送出來的，規矩是「如果某一駒能連勝三屆」，這座「渣打杯」便永遠爲此駒馬王保存，否則祗能在銀杯的木座上刻名留念，當年「龍章」祗能贏兩次，第三次賽便失敗；而「堅橋」的命運與「龍章」一樣，牠在一九六八至六九年度和一九六九至一九七〇年度，也連贏兩屆，而且第二次牠的一哩二五時間，做出了二分〇四秒的新紀錄時，大家以爲一九七〇至七一年度，此馬當可三捷而永遠保持「渣打杯」了，不料「堅橋」在這一年度，狀態剛剛低落，結果，此賽爲郭子猷的「寵兒」偷襲，未能完成三屆冠軍使命，所以你話，要連勝三屆「馬王」賽，多少困難呢。

我之所以寫這一節，便是說明「馬王」是不容易做的，戰前有一匹中國馬，可當「馬王」之譽無愧，那便是「自由灣」。

「自由灣」在戰前大約從一九三四或五年到一九四〇年這五六年之中，眞是由輕磅贏到最重磅一六八，無論長短途，乾爛地，一開閘便領先而去，一直領到終點贏馬，試想，在一九三八年起，馬會「獨贏」與「位置」彩池，竟將此馬不算在內，於此也可見此馬之對「馬王」兩字，當之無愧了。

理由是，「自由灣」每出必勝，「獨彩」與

「位置」每次都祇派五元一角，對馬會，幾乎每次連佣都蝕埋，對博彩者，毫無興趣，於是，馬會董事會，便開會討論此事，結果一致議決，從一九三八年起，「自由灣」在A班（當時不是分一、二、三、四……等班，而是分A、B、C、D、四班的）出賽，跑出頭馬，祇能獲得頭馬獎金，但是彩池方面，「自由灣」不售獨贏和位置票，而以跑第二的馬作爲頭馬，跑第三的馬作爲第二，跑第四的馬，作爲第三派彩，也即是跑第二而有「獨贏」票欵可領，也可說一件奇事，於是，也可見「自由灣」這匹馬的「威水」而可以對「馬王」這兩個字，「當之無愧」了。

後來，澳洲馬之中，也有一匹「女戰神」(ABLE AMAZON)試過不售獨彩票，可是祇試過兩次，第三次牠便吃了敗仗而第四次又恢復出售「贏位置」，這當然不及「自由灣」了。

「自由灣」後來，因受「摩那」輪船公司的東主小摩那挑戰，由摩那自騎「絲光」與「自由灣」兩駒跑一場一哩二五，並無博彩純粹表演式，結果，「自由灣」的騎師西人亞康君中了小摩那的欲擒故縱之計，而致輸了一個馬頭，「自由灣」馬主登巴君一氣，便致書馬會，將「自由灣」退出賽跑，頤養天年，一代馬王，從此再不能在香港馬場中，顯其馬王威風了。

戰後被稱作馬王者，幾乎三年有一匹，但，都不是「全材」馬，譬如「堅橋」，能贏兩次「冠軍賽」，但對一五九磅與短途，以及爛地便未能顯威風，至於一般人所看重的「超羣」，已贏過短途，或者也能勝任爛地，但，對負一五九磅重量則尚未贏過頭馬，而且此馬已流過鼻血，以後對體健方面，多少要打折扣，而且一九七〇至一九七一年度的馬匹，像「寵兒」、「順風」等，日有進步，所以「超羣」也不能做馬王了。

香港馬會，在一九四五年八月中，由英軍囘港之後，在四六年已開始籌備重新賽馬，戰時，主理馬會的「連士德」會計師樓主持人施理君，入了集中營，光復後，他立即設法恢復賽馬。一方面召集中西舊會員從新登記加入爲會員，禮儀周至。一方面收回山光道現在的馬房，以及向澳洲方面的馬販子恢復運馬來港，一切手續，相當困難，直到一九四七年一月一日，方纔正式恢復賽馬。

到一九四九年，方纔出了一匹可以勉强稱爲有「馬王」資格的馬，如果對香港賽馬有興趣的各位讀者而有在馬場或熟悉馬場歷史有二十年歷史的，當然會記得這匹「空中霸王」了。

這匹「空中霸王」的英文名字，叫做（SKY MASTER），馬主黃寶賢老兄，他爲此馬取這個名字，是因爲當時香港啓德機場頂有名的飛機，就叫做「空中霸王」，好像現在的「珍寶」一樣，不過當時是「引擎」（ENGINE）螺旋槳而現在則是噴射機時代，螺旋槳早已落後了。

可是，在當時，黃兄對他的寶駒安上這個名字，那裏想得到這匹寶駒後來竟成爲馬王呢。

「空中霸王」編號四十九，馬會對每一匹新馬來港之後，一定先在牠的臀部烙印，「空中霸王」的烙印是（JC/O49），這一點是說明J.C.代表香港賽馬會（Jockey Club），「O」字是代表年份，49是代表馬號，奇怪得很，香港馬會在一九四七年第一批馬是M字頭，四八年用N字頭，所以四九年便用O字頭。我記憶所得，馬會之所以不用A或B字頭，大約是一九四一年時的馬匹，是L字頭，四七年恢復賽馬，接住來便用M字頭了。

一九四七年的馬王？是「挪茜后」，其實，這匹雌馬，從新馬到港開賽以後，從不會在一季之中贏過五次頭馬，而五次頭馬之中能一連贏四次的，因爲牠在四七年一季中，（從一月十三日至五月廿四日一共四個多月），牠雖然出場八次而獲得五次頭馬，可是一連贏頭馬却祇有三次，第四次便落第，可是，「空中霸王」則在一九四九年一季中，（從一月十五至六月四日一共四個多月）祇出場六次，却曾一連獲得四次頭馬，打破了「挪茜后」的紀錄，（這一連能獲四次頭馬的紀錄，直到現在，尚未有一駒可以打破，近年來以「蒙地卡羅」爲最犀利，牠在一九六七年十月十四到六八年五月十一日，一共六個多月中，共出場六次，獲得五次頭馬，但，一連贏馬却也祇有三次，所以，「空中霸王」能連贏四次，已算得是一個紀錄了。

「空中霸王」在一九四九年週年大賽時，以新馬姿態出場，當時的賽程，不同現在，因爲新馬第一天上陣，除了有一哩路程分爲六組之外，尚有兩場新馬試驗賽，路程是一哩二五，其實這一天的十場賽事，新馬已佔了八場之多，當年是正午十二時開跑第一場，共跑四場，一時半後休息午餐，下午三時起再跑六場。（有時跑十二場，由上午十一時半開跑頭場，共跑四場，一時後午餐休息，下午二時半起再跑六場，至五時半完場）。

何以當年的澳洲馬，可以隨便跑一哩二五，甚而至於每年有一場跑一哩半，一場兩哩與一場兩哩又四份之一路程，而現在連一哩二五都很少馬匹報名，而現在則完全沒一哩二五以上的路程出現，這一點，我百思不得其故，大約是現在的馬匹，養尊處優，所以跑的路程，便越來越縮短了。

「空中霸王」第一次所出的路程，便是一哩二五「新馬試驗賽」，牠的騎師是爲已退休仍在本港的陶柏林君，澳洲新馬初次上陣，負磅與現在的一樣，一律一四七磅，可是因爲陶君本身體重，雖然加上了當年馬會最輕的馬鞍，都做不到一四七磅，所以，「空中霸王」的負重，却是一五一磅，比一四七磅過重了四磅。

這一場賽事，是「新馬試驗賽」的第二組，上陣馬六匹，「空中霸王」因試跑時馬身氣宇不凡，雖然過重，一樣成爲第一熱門，負票一萬一千多張，當時每張五元，與現在同樣，可是幣値却不同了，但同場另有一匹「捷足」，由退休騎師祁葛利執轡，負票却與「空中霸王」差不多，也有一萬多票，賽跑的結果，「空中霸王」大勝歸來，足足贏了十幾個馬位，跑第二的是「靈馬」（騎師阿圖茂，現在任職淺水灣酒店經理），「捷足」第三，又輸了半條街。

當時的時間是二分十六秒二，祇及現在的第七、八班的成績，因爲，近年來馬匹的時速，年年都加快了。

「空中霸王」經此一戰，聲名大震，第二次出「香港打比」賽一哩半路程，（當時路長，不比現在已縮短至一哩一七一碼了），成爲第一大熱門，負票二萬，佔了四萬票總數的一半，同場仍是六駒，牠又過重三磅，要負一五〇磅，大約此馬後來雖有馬王之稱，却與「打比」無緣，（這一點，歐美各國的一等良駒俱有此病），在第一次轉養和醫院灣時大大外避，變成了老遠的包尾馬，無法追趕，結果竟連位置都打出，這一場馬「金芍藥」，（由謝文玖執轡），是第三熱門，獨贏派彩三十元八角，馬主是關奮發、陳南昌（已故，現在香港的士公會的主席陳百强君，便是他的公子），與陳啓昌三位，後來，他們還在石塘咀現已拆卸改建大廈的金陵酒家五樓大宴親友慶功一番呢。

經此意外一敗，令練馬師林雲福君（現在早已退休），爲之氣頂，但仍悉心將「空中霸王」的劣脾校正，休息了一個月之後，再出賽新馬一哩，當時此賽因是讓磅者，「空中霸王」負重一五九，讓同場的七駒，由「龍都」的十一磅以至「狄安堡」廿四磅，可是牠一樣還是大熱門，也一樣大勝特勝了二馬半條街，獨贏派彩祇有七元四角。

「空中霸王」由新馬開始，一出場便贏「新馬試驗賽」一哩二五，而且因騎師陶柏林體重過磅關係，原應負一四七磅而「空中霸王」却要負一五一磅，牠大勝此賽之後，以爲接着的「香港打比賽」可如探囊取物，可能眞正好馬，並不一定與「打比」有緣的關係，（好像現在的幾匹第一班頂班好馬「堅橋」、「獲利山」與「超羣」以及經已退休的「蒙地卡羅」，其中除了「超羣」贏過「打比」之外，其餘三匹，連參加的份兒都沒有，馬匹的成熟與體健，皆有關係也），所以，「空中霸王」當年參加「打比」，以爲十拿九穩，可是還是無緣染指，可見好馬想贏「打比」未必一定成功，大約是這一場賽事，是大搖彩票開獎之故，彩票號碼對正好馬的，未必有鴻福享受頭獎，因而就失敗了。

但，此後此馬，負磅重到一五九，連出四場却連贏四場。

上文我祇寫過一場，這第二場與上一場，時間祇隔兩星期，又是一九四九年新馬賽一哩，條件與上次不同，上次是祇准跑過頭馬而獲獎金多過二千元者，（當年頭馬獎金二千元，不比現在已增加到六千元）不准參加，其實就是說祇准跑過一次頭馬者參加，這一次不同了，條件是馬匹獲獎二千元或二千元以下者不准參加，換言之，參加的馬匹獲獎一定要超連二千元，也即是至少要得過一次頭馬一次三馬（獎金七百五十元）或兩次二馬一次三馬（二馬獎金爲一千元，三馬七百五十元），或一次二馬兩次三馬（二千五百元）者，方准參加，條件比上次苛刻得多了。

「空中霸王」當然參加，同場八駒，牠仍要負一五九磅，這一次因爲是新馬的精華決賽，馬會破例，將頭馬獎金增加到二千五百元，（比平時加多五百元），二馬獎金增加到一千二百五十元，（比平時加多二百五十元），三馬獎金增加到一千元，（比平時加多二百五十元）。

除了「空中霸王」負一五九磅之外，還有一匹贏「打比」的「金芍藥」（這一回由主任騎師張和生執轡，跑「打比」時他因傷未能出賽，乃由謝文玖代騎而勝，都算夠運之至），也負一五九磅，此外各駒，負磅皆在一五〇磅以下。

這一匹「空中霸王」又以大熱門姿態，贏了第二保亨君騎的「阿刺伯刀」一乘，派彩祇派六元九角，「金芍藥」在此，竟連位置都打不進，時間是一分四十三秒三，在當時，已算是好功夫，可是與現在一比，祇及第五，六班馬功夫，可見現在的馬匹，質素高得多了。

再過了一個月「空中霸王」已編入了第一班，在一九四九年四月十六日第七場，出公開賽「沙宣杯」一哩二五要與他以前的馬王「娜茜后」爭勝。（巧得很，「空中霸王」是雄馬而「娜茜后」却是雌馬）。

這一場賽事，祇有三匹馬上陣，原該一律負一四七磅，因陶柏林過重，要負一五〇磅，「娜茜后」騎師黑先生，本是當年的最公正無二而自己從不賭馬的好騎師，西名D·BLACK，（大約因爲馬會中人，認爲他爲人正直，所以譯名不用「碧力」而用「黑先生」，騎師中文譯名而加上「先生」的，本港自有賽馬以來，他可以算得第一人了），還有一匹「流氓皇帝」，騎師是老將保亨君，（J·POTE－HUNT）。

「空中霸王」當然是第一大熱門，但，獨贏票不過九千六百多，不比現在，動不動便是三四萬票，也可見當年香港人少，而賭馬也沒有現在這樣熱烈了。

「娜茜后」六千五百多票，「流氓皇帝」祇有三千多票耳。

三匹馬跑，興趣全無，結果，「空中霸王」易勝，贏了「娜茜后」六馬位，「流氓皇帝」第三，再輸多兩馬位，獨贏派彩祇派八元七角，三匹馬祇有一個位置，派彩八元三角，這是以前的博彩法，到現在，如果這一場賽事，祇有三駒上陣的話，馬會祇發售獨贏票而取銷了位置票，因爲費事麻煩，也不必多此一舉也。

再過一個半月，是季末的最後第二天賽馬，當年不比現在，經常是跑到六月十號左右纔結束馬季，比現在要多一個月），「空中霸王」在第一班中出一哩二五長途，負重一五九磅，因爲有了輕易贏過「沙宣杯」此程的關係，當然變成了唯一的大熱門，六匹同賽馬負票的總數，還不及牠一駒所負，因爲總獨贏票數，售出二萬六千七百卅九張，而「空中霸王」却佔了一萬七千三百廿一張也，賽跑結果，自不必言，「空中霸王」又是第一，贏了第二的「阿刺伯刀」一馬位半，獨贏彩票祇派六元七角而已。

一九四九年度賽馬結束，「空中霸王」共上陣六次，除了跑「打比」賽不入位置之外，其餘五塲却跑了五次第一，當年馬匹獎金不及現在一半，但，牠已爲馬主黃寶賢兄贏了一萬二千元獎金了，這數目，如果是今日，至少應有五萬元以上的。

「空中霸王」長期要負一五九頂磅，照馬會在戰前時期的規例（不成文），如果某匹馬長期負頂磅而能連贏各種路程達五次，則此馬可以由馬會董事下令祇准競賽而不准博彩，我在上文早已講過了。

一九四九年度賽馬下半年，在九月中開始，在上半年度，跑到第六次賽馬，（當時，週年大賽，復活節賽等，不算在內，不像現在，跑一天算一天的），下半年便從第七次賽馬開始。

因爲第一班馬好的太好，差的次了半皮，於是分爲兩組，一組是第一班A，另一組是第一班B，這個辦法，其實對現在的第一班馬，最爲合用，因爲現在的第一班馬，確乎也有這種情形存在也，「空中霸王」當然在第一班A，九月廿四日的第五塲，牠與另外九匹馬跑一哩，第一大熱門，負票又佔了總數的一半，這一次這匹負一五九磅的馬王不夠跑了，因爲是大爛地，所以爲一匹輕磅一三六磅由郭子猷君執轡的「嬌羞美人」打倒，第二是一四五磅的「埃及市塲」，第三是一五二磅的「娜茜后」，「空中霸王」連第四都打不進，因爲「嬌羞美人」是第二熱門，但，獨贏票祇有「空中霸王」的四份之一，所以獨贏還有卅四元半派彩。

再過一個半月，到十一月五日第九次賽馬，牠平磅一五〇出「聖立治賽」一哩七五，因爲陶君過重，要負一五二磅，馬迷們知道牠上賽之敗，是爛地負重：故而這一次乾地，當然仍有博在牠的身上，結果獨贏票又佔了全體五匹馬的一半，這一回「空中霸王」大發神威，贏了二馬「埃及市塲」一條街，可是獨贏祇有八元八角而已。

十二月十七日第十二次賽馬，跑「香港秋季冠軍賽」一哩二五，也即是馬王戰，上陣六匹，五匹負一五〇磅，「空中霸王」又因陶柏林君體重關係，要多負四磅，這一回大熱門又因塲地軟爛關係，再敗於郭子猷的「嬌羞美人」蹄下三馬位，連馬王都做不成了。

這一次失敗，就此休息下次不報名，到底馬是血肉之軀，與人類一樣，機器開得時間太多不停，也要出毛病，何況馬非機器耶。（各位，我寫到這裏，不免要想起，有的馬主，養到了一匹一流好馬，於是乎便對這匹好嘢，希望牠每賽必出而每出必跑頭馬，對好馬十二分愛惜者，實在不多，但看近幾年來的好馬，像「百勝」、「獲利山」、「蒙地卡羅」這三匹頂兒尖兒的一等好馬，那一匹不是跑得太勤，拚得太多而拚出毛病，以至於一蹶不振，僅存的「堅橋」和「超羣」，祇有「堅橋」，因馬主是僅有的惜馬馬主，迄今狀態雖因週期性低落，却因每季祇上陣四次，所以至今無病無痛，但，「超羣」則因今季連出五次而連拚五次，結果在最後一次也流了鼻血，將來前途，當然留了一個陰影了）。

因而「空中霸王」便因上賽之敗而休息了兩個半月，然後再出復活節賽馬第二天的「沙宣杯」一哩二五，這是牠第二年出爭奪此杯了，因爲平磅一五〇，（可是因陶君過重，又要負一五二磅），而且塲地見好，五匹上陣馬，同塲雖然再與牠的大對頭「嬌羞美人」（郭子猷）見面，仍舊預備盡力一拚。

這一次因牠上賽之敗，負票之多，不及「嬌羞美人」了，原來，「嬌羞美人」負票一萬六千多而牠却祇有一萬〇九百多票耳。

這塲決賽，「空中霸王」復發神威，竟以一馬位半而戰勝了「嬌羞美人」，可是因爲上陣馬五匹太少，「空中霸王」的獨贏祇派十三元二角，仍是熱馬派彩也。

因爲威名復振，隔了一個半月又跑第一班A的一哩一七一碼，負磅又是一五九，與「嬌羞美人」一樣重，但負票却比後者的六千多多了一倍，可見當時的馬迷，對此駒仍有相當的信心。

這一塲賽中，「空中霸王」以一分五十三秒正當時平紀錄的時間又跑了第一，獨贏祇派十元正。

一九五〇年十月九日，牠再度失敗，因爲塲地黏軟，這一次跑「秋季碟」一哩，大熱而熱不透，而且牠負一五九頂磅又嫌太重，所以跑了第四。這一塲黑先生的「威域士山」以一三七磅贏了頭馬。

是年最後一次出「香港秋季冠軍賽」，這是牠第二次出爭此杯，塲地乾快，四駒上陣，同負一五〇磅，這一回一哩二五竟贏了「嬌羞美人」一條街，而時間二分十秒三平了紀錄。

一九五一年度，「空中霸王」撞見了大對頭了！

牠的眞正大對頭，不是以前的「嬌羞美人」，而是五一年新馬，先叫「倫敦十七」，再改名「十七號烟」，後來出讓以後，更名爲「螢火」的這匹一等灰馬。

「空中霸王」在一九五一年度，頭三次上陣還贏了三塲頭馬，那是，五一年三月廿四日出「沙宣杯」，負一四七磅，（陶柏林在此前拚命節食減肥，所以能騎負一四七磅，而不需過重），那一次是大爛地，牠居然能適應，苦戰贏了第二的「必得」（劉家麟君騎）一馬位，此後休息再出，出了又休息，爲了此馬，馬主和騎師失和，改請第二位騎師上陣，下次再談吧。（十八）

浙東敵後心理戰

實事間諜小說　圓慧

一九四四年冬，在被日軍包圍的温州平陽間翻山越嶺，兼程趕返閩北的建陽，担任前線日報分社主任，被安排在此，不是閒棋，一再催我離開浙東，早有默契。

在建陽享了四個月清閒之福，醞釀中的新任務成熟，上一天接到一個電話：「明天六點鐘出發，車子在北門外。」

匆匆辦理了移交，第二天天明前渡江，北門外有個停車曠場，一眼看到那輛「風塵滿面」的吉普車，拖着放行李的「方匣子」等在那裏，時間是五時五十五分正。

連同駕車的坐了六個人，中國人美國人各半，這輛車在三天內，走了四個省份，從建陽出發，夜宿鉛山，第二晚住在金華，抵目的地皖南的屯溪，已是第三天傍晚了。

天下事不可思議的，大半屬於巧合。

離開建陽這一天上午九時，分社裏來了兩位校級軍官，向一姓孫的營業部長：「請問你們的主任呢？」

「回上饒總社去了。」

「昨天他還在暨大同學生一起玩，怎麼一下子離開建陽，還會來嗎？」

「有什麼事，你跟我談好了。」前線日報係三戰區司令長官部直屬機構，有無上的勢力，營業部長自然不把這兩人看在眼裏。

「沒有什麼，」兩人之一說：「我是他的同學，昨天從江西來的，沒來得及拜訪，想不到今天你們的主任就走了。」

臨行，那人還裝作想起了什麼的，問孫先生：「今天上午沒有開上饒的公路車，他不會說走就走吧？」

當時爲我提行李渡江送上車的一個圖書出版社（分社的業務機構之一）職員搶着回答：「我們主任坐的是美國人吉普車。」

就是這麼一句話，被當作主要線索，雖是抗戰已至後期，東戰場的吉普車還是不多，使用的多數仍是美國軍人。他們用電訊追踪這輛車，江西浙江都會停留，一進入安徽省境脫了節，由於那時候單在歙縣（徽州），就有三個龐大的美軍單位，無法確定這輛車上的人歸那方管制。

案情當然未了，長官部的「聯秘處」（主理共諜活動的），認爲非求水落石出不可，派人有意無意在前線日報內部打探我的下落，碰到那位事務股長徐夢歐，講話有「懸空而來」的習慣。勝利後他在上海對我形容那段對白，非常儁永：

「老×終究去了那裏？」

「事情嚴重到這樣程度，勞動你大駕，也出動了？」

「沒大不了的，都是自己人，他躲起來總不是辦法。」

「顧長官都沒查問，前線日報的人爲什麼躲？你不要興風作浪，大水冲咱們的龍王廟。」

「說眞的，調查他在裏工作？」

「你死了心吧！他派到上海工作去了，不勝利，你再也找不到他。既不是大案子，通得了天，何必一定找到他問幾句？」

我那同事的「油腔滑調」大收功效，聯秘處內畢竟有我的同學張羅，最後，公事上作了「此人去滬工作」銷案。

回過頭來再說一九四五年的春夏之交，我到屯溪半月以後，突接宦鄉（中共第一任駐英代辦，曾任外交部部長助理）自上饒打來長途電話，用沉摯的聲音關照我兩點：一：有人在追踪你，不知有什麼東西落在他們手裏，行動要注意。二：新工作展開時，於公於私，你都不可露鋒芒，上饒如有風吹草動，有他在担待。

還沒有開始新工作，却從踏上新崗位的第一天起，被追踪被調查，甚至可能被「請到」應該去的地方，問上幾個鐘點。

是什麼事使聯秘處扳起面孔公事公辦呢？說穿了可發一笑。起初原不過有事無事問一下而已，及至知道我與美國人打交道，刺激了他們的警覺，誤以爲「事出有因，所以臨急抱佛脚」，想托庇於美軍勢力下了。

不是巧合，那有這幕喜劇？

按說，一個剛自浙東前線回到建陽，待命新

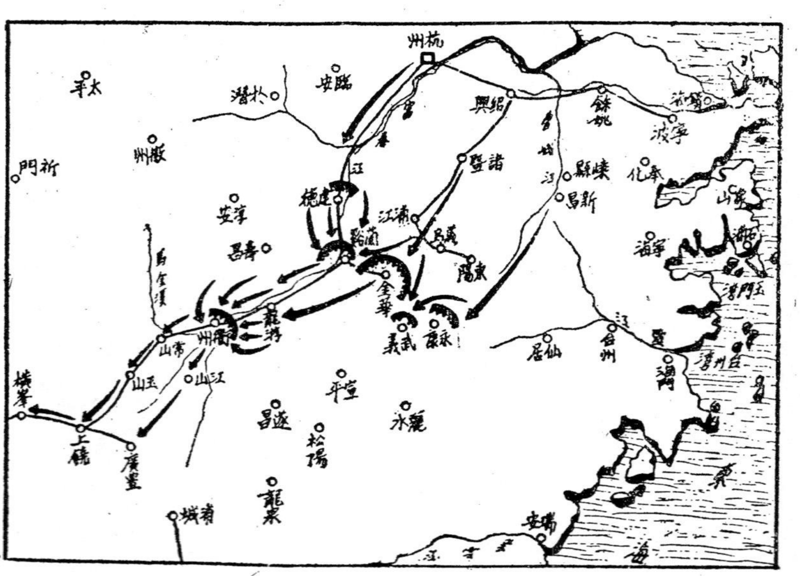

東戰場形勢圖

工作的怎會被「六親不認」的和同學同事和同階級的人特別照顧？

這事可大可小，亦眞亦假，是糊塗也不糊塗，從頭說起則非常滑稽。

衆所週知，共黨在浙東活動，最有聲有色的，在平陽瑞安一帶。我自那邊來，少不免認得幾個共黨地下活動的積極分子，其中之一，還是我赴溫州之前自上饒帶去的。

在同建陽以後，接到瑞安鄉間一個名叫趙圭的來信，他介紹一位女的小同鄉來看我，說她要去屯溪探親，知道我於抗戰初期在屯溪的人事關係搞得很好，所以託我為他的小同鄉介紹一個工作。

接信後第二天那個女的來分社看我了，這是一舉手之勞，不用思慮的，立時寫了兩封介紹信，送走了這位浙東鄉土氣很重的小姐。

不知怎麽一來，這女的一到屯溪就被捕（可能她一直被跟踪着，使我當時畧有懷疑的，她離開分社，不從熱鬧的北門渡江，却寧可繞公路，經暨南大學之側，自冷僻的東門坐渡船。）抄出我的介紹信，一問再問，對她與我的關係，始終答得不認為滿意（其實她不是掩護我，而是讓趙圭置身局外），也因此我幾乎做了替死鬼，牽涉進這重公案內。

舒口氣，這事是擺脫了，現在展開我這新工作的輪廓：

日軍在太平洋已敗象畢呈，美軍未登陸日本本土前，為了減少傷亡，瓦解日軍鬥志的心理戰，較越島攻擊更需要積極部署。

通過中國統帥部的同意，美軍決定在中國戰場設置兩個對敵心理戰機構，一是針對上海日本軍人的，這機構勢所必然放置在第三戰區，另一心理戰對象是香港日軍，那個機構設在廣東韶關附近。

美國人的保密工作很天眞，要就「密不通風」，非常謹愼，要就隻手遮天之下變作眼開眼閉

第三戰區司令長官顧祝同

，碰到中國人，你不問，他也會自願告訴你。

但是設立在東戰場這個對日心理作戰機構，自籌備以迄決定工作人選，連長官部的最高級人員都不知有這個機構存在，至於內部華人的主管與屬員，更屬絕大秘密。

組織過程也是縱線關係，主持的美國人叫勞思，自美國帶來一位生在蘇州的中國通，能講道地的蘇州話，名叫迪蒲司，另兩人屬於地下工作技術方面的，則早在重慶已負其他工作了。

華人方面，兩位教授是隨同勞思自美國來的，担任翻譯的幾位，在福建已與美國人在一起，當然不是三戰區的成員。

在醞釀時期，勞思謁見三戰區司令長官顧祝同，要求介紹一位華人主管，在對敵心理作戰上有經驗，熟悉華東敵情的，自然更理想。顧把此事交與前線日報社長馬樹禮（現任台灣國民黨中央第三組主任）與總編輯宦鄉（當時宦是顧的私人政治顧問）直接和勞思處理。

這樣情形下，我自浙東被召回（外借半年，代籌出版溫州陣中日報），就在建陽待命，及至一切就緒，一個電話決定行程，離開建陽第一晚住在鉛山，見到了勞思，他請吃夜飯，宦鄉担任翻譯兼陪客，有位生長在漢口的美國人（忘了名字，大約十年前曾任美駐香港總領事），也是座客之一。

席上，勞思宣佈了我的職務，對內是華人主管，由於這機構不能公開任務，用的是「美國駐華陸軍聯絡站」名義，所以對外只好不倫不類說是「秘書」了。約畧知道了內情，我提出需要的人選，最重要是一位漫畫家，原則同意；可是明天要趕程，那裏去找呢？

當晚散席後，碰運氣給政治部的漫畫隊一個電話，這時候有誰還就在隊裏？但偏有人接話，聽得出聲音，濃重的浙東口音，我說：「你是西厓嗎？」

他也聽出是我了，一是奇怪我好久沒消息，二是不知何以一出現就打這意料之外的電話。

「可有興趣回屯溪去玩？有個機會，請你到美國人的機構裏去畫點漫畫。」在他未允諾前，我不能講得清楚。

「待遇怎樣？」一般人都知道，這是高薪水機構。

「保証比你現職高兩倍。」

「你去不去？沒有你，那是空談？」

「趕快來我這裏，要去的話，明天一早就啓程。」我說了住的地方，那是美軍宿舍，距政治部不遠。

章西厓漏夜來看我了，圓滿談判成功，漫畫隊直屬政治部第三組，三組組長是馬樹禮，這請假手續因此也屬「秘密」之一，全是憑電話聯繫，通過前線日報關係，章西厓就這樣夤夜調用到不知什麽地方去了。

次晨，上車前，介紹章西厓與各人認識後，飽餐一頓，長途趕程。在金華休息時，擠出時間來與有關方面打聽一個人。

我問：「張樂平在不在金華養病？」

姑以「站長」名之，他說：「不會在，有半年未看到，連他太太都沒影兒！」

「有病在身，不見得天天上街給你瞧的。」

站長微微一笑：「要是在金華，住在那兒總瞞不了我的。」

「沒事了，謝謝你。」

「你問了我，我可要囘問你一句：是你找他嗎？」

「咱們是小同鄉，金平湖，銀嘉善，隔十八里的老鄉親，路過此地，先來問你，然後找他，沒失禮吧？」

被我迷惑了，站長來不及和我談別的，我已匆匆離去。

浙東交通孔道——富春江

找張樂平自有我的打算，章西厓的畫，功力或在張樂平之上；但不適於心戰的漫畫，對政治無透視力，諷刺與幽默就難表現得恰到好處了。西厓所短，正是樂平之長，對日心戰機構的用人，我有權處理，能找到張樂平，章西厓可另派工作的。

戰後囘上海，與樂平幾乎天天在一起，談起因勝利結束的心戰機構，相與大笑，原來美軍在中國戰場這兩個機構的華人主持者，就是我與他兩人。對華南日軍的一個也是在東戰場秘密接觸，派了張樂平去韶關。美國人唯有這一心戰工作做得層次分明，絕不產生橫的關係，不然我也不會在金華枝節橫生去找「站長」談話；這位仁兄也不致「全無所知」。當聯秘處追踪我去向時，他只能囘報經過金華可能去了皖南，如此而已。

這個對外公開「美國陸軍聯絡站」的辦公處連同宿舍，設在徽州（距屯溪五十里）西干，是孤立的風景區，也是方外之家的佛地，小山小水之間，有塔有禪房。遷入之前，江蘇省黨部「流浪」於此，所以已具辦公廳雛型。附近有三個美軍機構，與訓練及爆破等技術有關；但勞思對其同僚規定甚嚴：不能隨便與隣近機構本國人員往還。華人方面，只有主管可許有人到訪；去屯溪時負有任務的須穿民裝。

工作第一個月，一是挑選派往上海的地下工作者；二是接洽印製地下報紙事宜；三是計劃心戰種種。

第一項，由吳紹澍介紹青年團在上海工作的主管人員負責；但也派了四人來西干實習地工技術。第二項印刷問題，主要是携帶紙模到上海，也有部份是印好了偸運入境。徽州沒有日報，那時屯溪有三四家，珍珠港戰後自上海撤退的忠貞報人，多數在屯溪中央日報工作，接洽印刷很順利，保密就難說了；但除此別無他法，只能作爲心戰印刷品的一部份仰給於此，另一印製單位，乾脆由通訊站帶了資料到上海杭州就地去印。第三項的心戰策劃，幾乎每日作一結論，逐日推進行動，方式出奇制勝，運用之妙，可說是集心戰智慧的大成。在第一個月內已印製兩期「天亮報」及展開一次「對敵微笑攻勢」，並派出先頭部隊在上海建立據點。

但進入第三個月形勢有變化，這個東戰場對敵心戰總部來了一個韓國人（在戰時內地，中國人已不叫他們朝鮮人了），這個無階級的軍人，怎麽參加這工作的，不得而知，名義是繙譯，當然不參加高層會議，因歷史國籍甚至思想均有疑問，自知警惕性很高，自他遷入西干後，每晚沒以前那麽輕鬆入睡了。

有一晚，似有奇異的感應，佩槍上了子彈，放在枕下，就這樣在「不穩狀態中」尖着耳朶聽門外有無動靜？

平安過去，第二天一位來自美國的黃敎授告訴我：昨夜勞思從後面小坡上爬至那韓國人的臥室窗外，沒什麽發現，這傢伙睡得很濃。

「終究那個機構派他來的？」這原不屬我管的事，既然黃對我洩了秘密，所以乘機問一下。另一原因，他們時常講日本話，私人感情不錯。能告訴我不該講的內部大事，可見極端信任我，這時不摸淸楚那個人的底，杯弓蛇影，有得添麻煩的。

「勞思做事過份小心，假如他有三分懷疑，大家都是搞心戰的，我們豈非對他懷疑更增三分？我所知的此人是共產黨員，可能這裏懂日文的人手不夠，勞思向附近美軍機構調借而來。」

這變化是局部的，對這韓國人的戒心也不若他初來時的「視之如敵」。接着是德義戰敗，盟軍勝利結束歐戰。

大變化之來，我的任務變質，重要的一環：必須明瞭美國未來動態，是否準備在東南沿海登陸，開闢新戰場？主環的附屬一個任務：日本遲早垮台，及早在上海佈置人員接收敵僞報紙，令日勝利，前線日報明日即在上海出版。

天下那有這樣易事？美國人聘請你担任主管，而你却去搜集美國人的情報？別的美軍機關還可以「公私兩便」，在不傷兩國感情下，供應一點內情。這個心戰總部，組織嚴密，我只知在我份內的事，行動工作與技術訓練，不是直屬的，也就不過問了。

美軍會不會放棄登陸日本本土，改在東南沿海另闢戰場，關係中國抗戰前途太大了。約畧言之：（一）日軍在中國戰場有二百萬，集中應付中美聯軍，戰事會比登陸日本更慘烈，人民所受戰禍十百倍於過去的七年總合；（二）抽後腿的中共軍已經坐大，新戰場展開，美軍不知就裏，勢必大量裝備新四軍與八路；（三）憂喜各一半，東南有事，戰事可早結束，但中共軍必在日本倒下去後强壯起來。

在美國未投原子彈前，中國人有兩種看法：一是希望美軍在東南沿海登陸，中美並肩作戰，徹底打垮日軍，加速勝利到來；二是不能再給中共軍「發戰爭財」機會，中國戰場的任務是拖住日軍泥腿，打主力戰，消滅日本海空力量，戰爭矛頭應直指日本本土。

難道美國的未來動態，重慶看不出，猜不透，反而要在東戰場的「客卿」機構內窺動靜嗎？

這就是「公私兩便」打交情式的聽聽行情了。如果美國預定在中國開闢戰場的，新建的這個心戰機構必負「前哨」任務。從美機首次自航艦起飛炸東京，歸程降落我東戰場的衢州，過度的保密（亦因日船發現美艦，提早轟炸時間），通知中國統帥部太遲，衢州機場未能適時開放，致美機入夜在東南亂飛，十八架全部油罄墮毀，飛行員跳傘獲救。以此事爲例，可知美國的軍事行動，在冒險中不大講「人情味」，更可能中了共黨宣傳的毒，選的登陸地點與新四軍遙相呼應（如上海附近或蘇北沿海，甚至有心放棄最理想地點的杭州灣）。凡此種種，重慶不能一味揣測，（史迪威的陰影這時已自抗戰司令台輻射開去，使用了很多遮眼法，挫折國軍），爲爭取主動對策，尤其涉及中共軍的，不得不捨本逐末，需要在美軍的心戰機構內偵察美軍未來動態了。

我能說什麽呢？由於茲事體大，越出我的能力範圍以外，更由於特殊機密，連「聯秘處」都失了我的下落（也可能那時已大事化小，或上級畧知一二，不再過問；但並未在中下級檔案中銷案），我怎會太忠於意外的任務，在得失間毀了自己呢？

辦法之一借重宦鄉的專線電話，（整個戰區軍用線，顧長官在講話時任何接線站不得偸聽，宦是顧祝同的顧問，他們對講的時候多，所以宦也可利用此線和我聯繫），我避重就輕告訴他：在上海佈置人員接收敵僞報紙，已在進行。看大勢，我們是做對了，能告訴你的是這些。

另一個辦法是寫信給他參攷，强調我的看法：已見的迹象，美軍不會在東南沿海登陸，因爲心戰中有一項，是警告日軍：盟軍已完成開闢中國戰場準備，一旦登陸，你們更不能回家，要死作異鄉鬼了！這只可用在心理戰上，如果盟軍眞有行動，必先衡量得失，而多數是「不能弄巧成拙」，自我警告後，放棄這一攻心戰的。

力不勝任推却了這項兼差，副的一項安排收敵僞報紙的人選，進行順利，我在屯溪找到了沈可人，他原是前線日報採訪主任，也有興趣去上海。介紹與勞思時，我說：「上海的事，不能全交給吳紹澍的人，沈先生去上海，兩線並行，假如出事也不致中斷我們的工作。」

經過短期訓練，沈可人負雙重任務而去，我以私人資格給他「一頂降落傘」，餞行小叙時對他說：「你在上饒時見過徐采丞這個人嗎？還記得否？他帶走了我們的電台主任吳道彰？你知道吳道彰在上海的據點嗎？」

沈可人的作風，有點像平劇「失空斬」裏的馬謖，當時就言過其實的：「我一到上海，無論怎樣，一定找得到徐采丞，你的意思是要跟他打關係？」

不得不再說一遍，提起他注意：「我是要你知道有吳道彰這樣一個人在上海。」

「找他不找徐采丞？」

「萬一事急，沒處躲時，去看吳道彰好了。」我說。

「不愧你們是師徒，他在上海的據點你多知道。」沈可人並無諷刺之意，吳道彰確確實實叫我「師父」，也確確實實我沒什麽傳授過他。這對師徒很微妙，此後都未再拜過一個老師或收過一個徒弟。勝利後，我「玉成好事」介紹上海老作家陳靈犀的長女嫁給他，總算他沒有白認了我這老師。

待沈可人定着眼睛望了我很久，這才對他說：「徐采丞的無線電台設在周佛海家裏，吳道彰自然也在周家了。你到上海只要知道周佛海住處，危險性即可減却三分，至於運用之妙全看你的機智如何。」

說他是馬謖並不過份，沈可人潛入上海，展開工作，被捕獲釋，接收敵僞報紙，以迄在上海與我相見，加起來總時間不過兩個月。

還是我有選人遠見，他的地下工作做不好；但日軍一投降，立時從獄中出來佔領望平街，造成屯溪來的中央日報與江西來的前線日報「合署辦公」怪現象，不是他的怪才，怎會有此收獲？

東戰場的對敵心戰機構，因戰事在原子彈下奇妙的結束，短短不到半年即告解散，心戰的實效，這是抽象的，無法估計成敗。關於實際工作的，我只知道一個沈可人，可評以六字：「公有過，私有得。」由三青團負責的行動部門，非我指使，又因勝利來得太突然，人事與案宗都無法歸檔了。

在投原子彈前一月，張善琨夫婦離滬逃至屯溪，復在遊黃山時被捕。這在心戰機構說，是可以從張善琨身上發掘出一些最新敵人動態的，於是決定接觸步驟，漏夜進行。

銀海滄桑錄

「長春樹」李麗華

蝶衣

再度來港・二姊作陪

李麗華在拍完了曹禺編導的「豔陽天」以後，又有第二次香港之行。由於上次她來港主演岳楓執導的「三女性」一片之時，與大中華影業公司定下了口頭之約，該公司總經理蔣伯英，由香港去往上海，親自向李麗華促駕，邀請她主演「女大當嫁」一片。其時，上海已不再是城開不夜天的安樂土，李麗華正想遷地爲良，便趁此機會離開了上海，由她的二家姊李菁華陪同着，一起來到了香港。

抵港後的李麗華，住在九龍界限街一四四號的「大中華」宿舍裏。宿舍是一座花園洋房，樓分三層，分層而居的「大中華」同人，除了李麗華之外，還有周璇、孫景璐、陳娟娟等幾位女演員，以及「大中華」華南總經理兼廠長朱旭華、編導吳祖光、音樂組長陳歌辛等；蔣伯英的家屬也住在這裏。在香港影片公司之有宿舍，當以「大中華」爲始。

「女大當嫁」由胡心靈編劇，楊工良導演，主要演員是李麗華、王豪、洪波、蔣銳。李麗華主演此片的酬金，是港幣四萬元。

此片攝製於一九四七年。在攝製時期，「小山東」張緒譜曾「萬里尋妻」，一度由滬來港，盤桓了一個時期。當時，李麗華與張緒譜還保持着夫婦名義。但爲時不久，張緒譜即離港北返，自此一別，終成分飛之勞燕，不再相見了。

李麗華與張緒譜之離異，事在一九五九年，影人婚姻，離離合合，不過如滄海之一漚，瞬即成爲過去。在動亂的大時代中，夫婦因兩地暌隔不得相晤而鏡破釵分者不知凡幾。李、張之宣告判袂，僅是千千萬萬的例子之一而已。

李麗華與「小山東」張緒譜

陶金北歸・情緣告終

次年（一九四八），李祖永開始造塔，永華影業公司宣告成立，先後拍攝了大堆頭的「國魂」「清宮秘史」兩片，聲勢十分浩大。李麗華因亦轉入「永華」，担任「春雷」一片的女主角。在「春雷」中會同演出的還有孫景璐（第二女主角）嚴化（男主角），導演是李萍倩。

繼此之後，李麗華又主演了「海誓」，男主角是陶金，此外還有王斑、劉琦、姜明、戴耘、牛犇、羅維、吳家驤等參加演出，導演則爲前幾年在港謝世的程步高。

在此以前，陶金已是「永華」的當家小生之一，曾在「山河淚」與「火葬」兩片中，與白楊分任男女主角。他與李麗華在銀幕上合作，則始於「海誓」。

之後，李麗華曾爲南國影業公司主演了一部「冬去春來」，會同演出者有馮喆、王元龍、黃宛蘇等，由章泯導演，片成於一九四九年。

由顧而已、顧也魯、高占非會同片商趙家禹，集資組織的大光明影業公司，亦已於一九四九年開始拍片，創業作是「野火春風」，第二部出品是「水上人家」。

李麗華於一九五〇年應邀主演第三部戲「詩禮傳家」，男主角是陶金。

從「海誓」到「詩禮傳家」，李麗華與陶金之間，因工作接近而滋生了情感，閒來時共遊宴。這一段羅曼蒂克的過程，圈內人知者甚多，也毋庸代爲諱言。

遺憾的是使君有婦，陶金的太太章曼蘋，也是著名的影劇演員，不過她一直居留在上海，並未跟隨陶金南來而已！「詩禮傳家」攝竣後，在一九五一年的二月間，也就是農曆的正月，陶金在香港度過了春節，便在他太太函電交馳下催了回去。

陶金首途之日，李麗華親自送行，直到深圳纔又轉回頭，路程雖無「千里送京娘」之遠，但較之「梁祝哀史」中的十八相送，却也差不了多少。

圈內人都有如下的一個相同見解：如果不是陶金匆匆北歸，他便不至到了後來因「齊王求將」一片出岔子而遭受清算。同時，李麗華的歷史可能也要重寫了。

李麗華與張善琨（左）

公子情癡·單戀小咪

再以後，便是在張善琨策劃之下，香港影壇上飄起了一面「長城」的旗幟。李麗華迅即被羅致於「長城」旗下，先後主演了「說謊世界」「新紅樓夢」等片。

在此時期，李麗華海角孤棲，自不免成爲圈內圈外「君子好逑」的熱門對象。在常共遊宴的無數追逐者之中，有一個人值得一提，其人便是影業鉅子吳性栽（前「文華影業公司」創辦人）的公子吳熹升。喜歡哼幾句平劇，對李麗華十分傾倒，只要聽到別人談起小咪，他就會眉飛色舞，見了面自然是更痴迷了。

惜乎襄王有夢，瑤姬無心；吳熹升的一番好意，李麗華只是心領而已！好在吳熹升也不求眞個獲得李麗華的青睞，但望她稍假詞色，便非常滿意了。現在，吳熹升已作古人，他的一片情痴，也隨着他的一瞑不視而灰飛烟滅了。

倒反是彼時經常與吳熹升在一起的嚴俊，後來因緣時會，終於獲得了李麗華芳心的印可而託之以終身，成爲香港影壇上的佳話；其間經過，卻也頗有一番曲折。

這裏，且憑若干過去的資料加上記憶所及，作一概括的叙述。

初寫劇本·同結片緣

嚴俊，這位銀幕上的紅小生，一九四九年已經到了香港，開始在影壇上活躍。

合作影藝社出品，王引導演的一部「風流寶鑑」，演員名單中就有了嚴俊。

此外會同演出的還有白光、黃河、梅邨、白穆、韓蘭根、關宏達。其中的梅邨，是嚴俊的太太，早期曾是話劇舞台上的名旦。

我於一九五二年南來香港，應新華影業公司主持人張善琨之邀，開始寫第一個電影劇本「小鳳仙」，即是由李麗華與嚴俊主演，李飾小鳳仙，嚴俊飾蔡松坡；導演是屠光啓。

「小鳳仙」劇本的編寫，對我是一種考驗；因爲當我接受此一任務之時，此片籌備工作業已就緒，佈景即將在屬於「邵氏」系統的南洋片塲建搭，第一堂佈景是客廳連臥房，也就是小鳳仙棲身之處的北方書寓。

我的工作是：必須根據分塲，先寫客廳與臥房部份的戲，其它部份的戲則從緩。換句話說：也就像拍戲時的「跳鏡」一樣，需要「跳寫」。

這一個戲的劇本，在屠光啓兄的指點之下順利完成，全片攝竣後接筍處居然也天衣無縫，在我宛似做了一個夢。

由於李麗華與嚴俊的精湛演出，使這個戲創下了良好的賣座紀錄，其後並有「續集」的攝製，女主角仍是李麗華，男主角則換了黃河；那是爲了嚴俊飾演的蔡松坡一角，在上集已英雄氣短，死於東瀛，下集中不再有他的戲。

其時，嚴俊的情侶是林黛；他的太太梅邨早已北歸，不在一起。

林黛以「翠翠」一片崛起，亦因此片的工作關係而與嚴俊早晚相共，結成了銀幕上與銀幕下的雙重情侶。嚴俊之出任「小鳳仙」男主角，是憑張善琨的面子，向「永華」商借的。之後，嚴俊繼續爲「永華」導演了「巫山盟」「春天不是讀書天」諸片，女主角都是林黛。都是在永華片塲拍攝的。

嚴俊見邀·充當道具

若干年之後，林黛與嚴俊去往日本拍攝「菊子姑娘」一片，情感發生了裂痕，回到了香港即宣告判袂。

嚴俊成了孤家寡人一個，住在九龍摩地道（近彌敦道口）的萬邦酒店。有一天他特地找我，邀集了副導演何夢華及著名諧星劉恩甲，在萬邦酒店他房間裏舉行會議，商討新片的開拍事宜；片名是「秋娘」。

過去由於我曾應嚴俊之請，替他寫過一個「亡魂谷」的劇本；（亦係由林黛與嚴俊主演）嚴大哥特別看重我，「秋娘」的劇本仍要我爲他執筆。

劇情討論得差不多了，小圓枱上擺滿了汽水空樽，烟灰碟裏積滿了烟蒂與灰燼，大家都感覺有點疲勞，嚴俊站起身來說：「我去冲一個涼，你們坐一會兒。」

本文作者編劇的「小鳳仙」由李麗華主演

等到嚴俊浴罷，換上西裝革履，嚴大哥提議「出去走走！」於是一行數衆，魚貫而出，在彌敦道上緩步而行。

剛走過樂宮戲院，踏上路對面的階沿，嚴大哥忽然表示「到此爲止」，揮手與我們告別，然後掉身折回，走向原路而去。

我不免爲之愕然，劉恩甲與何夢華則相視而笑，彼此會意。

直到後來，我纔明白這一次的「萬邦會議」，我與何夢華、劉恩甲，都成了「活動道具」。連同小圓枱上的汽水樽與烟蒂烟灰，都是擺給一個人看的。

這個人，就是嚴俊的未來太太李麗華。

銀彈政策·聞者心驚

從一九五二年起，李麗華會爲張善琨主持的「新華」、邵邨人主持的「邵氏」（即南洋片場）拍過一連串好多部戲，包括屠光啓導演的「小鳳仙」正續集與「秋瑾」，陶秦導演的「寒蟬曲」，屠光啓導演的「風蕭蕭」，卜萬蒼導演的「漁歌」，易文導演的「盲戀」「小白菜」等等，此外還有去往日本拍攝的「櫻都豔蹟」與「蝴蝶夫人」，後者也是「新華」出品，劇本亦皆出於下走之手。

張善琨主持的「新華」，在資金缺乏的情况下，間歇不斷的拍片，李麗華是他手中一張皇牌。有李麗華在手，新片的拷貝便不愁賣不出去。當時，張善琨給予李麗華的片酬，高達港幣七萬五千元之鉅，是過去從未有過的紀錄。但李麗華主演的戲，星、馬方面的拷貝可以收入十五萬元的版權費。這也就是說：除去了李麗華的片酬之外，尚有半數剩餘，可以列入製作費的項下。

不久，一個威脅忽然降臨到了張善琨的頭上。風傳人語：「邵氏」系統南洋片場的「二老闆」邵邨人，準備以四十萬元現欵的代價簽十部戲，把李麗華羅致在「邵氏」旗下。

李麗華與邵邨人（左）

張善琨得訊後，這一驚非同小可，立即籌思對策；他耗去了三天的時間，終於想出了一個說服李麗華的絕招。

有那麽一天，身軀肥碩的張善琨，突然出現於九龍界限街李麗華寓所的客廳裏，手搖白紙扇，兩道眉毛緊湊在一起，似乎懷有重憂。

李麗華看在眼裏，覺得十分詫異，小咪一向是個直性子，忍不住問道：「啥事體勿開心？」

張善琨歎了一口氣，緩緩說道：「不能講，講了出來，妳要動氣的。」

李麗華聽了，有如墮入五里霧中，急急問道：「到底啥事體，爲啥我要動氣？」

張善琨欲擒故縱，還是那兩句話：「不能講，妳一定會動氣。」

李麗華坐在對面梳化椅上，身子往後仰靠，笑着說道：「我不生氣，你說好了。」吳儂軟語一變而爲清脆的京片子，表示她並不畏懼，顯示她懷疑中有安詳的成份。

張善琨眼看時機成熟，這纔把他的袖裏機關，巧妙地顯露出來。

彩片阻力·繫於眼皮

張善琨向李麗華說明，他有大量攝製彩色電影的計劃，發行網可以擴展至海外，自己先拍一二套彩色片作爲樣版，然後再與意大利電影界合作，攝製大型的歌劇片。女主角一席，表示非李麗華莫屬。

李麗華聽說要拍彩色片，並且還準備進行國際合作，倒也深信不疑；因爲張善琨確曾一度有歐美之行，回到香港還不很久。

因之，李麗華反而失笑起來，追問張善琨既有遠大計劃，何以反而要愁眉不展？最後她又饒上一句：「沒有錢，對不對？」

張善琨表示：錢的問題在其次，主要的阻力來自李麗華，他說：「可惜妳是單眼皮，拍黑白片不要緊，單眼皮可以畫成雙眼皮；拍彩色片可作假不得，作假一看就會看出來。」

李麗華不待張善琨言罷，立即接口道：「我正想過些時候，到日本去割雙眼皮，爲了拍彩色片，說不得，只好提早去了！我們立刻辦手續，去東京。」

張善琨見李麗華自動請纓，心中一喜，但緊蹙之眉峯並未鬆弛，他躊躇着說道：「我還要動腦筋，別頭寸，籌旅費。」

李麗華倏地站起身來，拍胸道：「旅費，我有！」

日本小生·千里追踪

張大王一番遊說，大功告成。邵邨人施展「銀彈政策」，企圖拉攏李麗華的計劃，就此被「雙眼皮」破壞掉，頓時成爲泡影。

不久，李麗華與張善琨、童月娟伉儷去了日本，小咪的單眼皮割成了雙眼皮，從此美上加美，「巧笑倩兮」加上「美目盼兮」！

關於彩色片的攝製，倒也並非虛言；過去張善琨主持「長城」時期，拍過一部黑白片「血染海棠紅」，係由白光、嚴俊領銜主演；張善琨靈機一動，把它再度搬上銀幕，改拍彩色片，片名逕曰「海棠紅」，由李麗華、王引担綱主演，另有陳厚、鍾情參加，飾演一雙小情人，「卡司」

相當紮硬。張大王的日本老友「東寶」巨頭川喜多長政，還買下了「海棠紅」的日本放映權，幫了張大王一個大忙。

附帶值得一記的是：在「海棠紅」攝製時期，日本影壇上的名小生池部良，經張善琨介紹之下認識了李麗華，對她大爲傾倒，不僅在李麗華旅日期間，趁着她拍片之暇，屢作東道主，甚至影片攝製完竣，李麗華回港以後，池部良還曾千里追踪，一度趕來香港，於此可徵這位日本名小生，對小咪的嚮往之深。

池部良有法國血統，（彷彿記得：他的母親是法國人。）長得頎長而英俊。他趕來香港以後，張善琨曾在私邸爲他接風，並邀約「新華」同人作陪，吃的是自助餐，時間是在夏季，李麗華是這次接風宴中的第一主客，此夕她打扮得特別明豔，她一出現，所有的光采便盡被她一人所奪，使其她的女賓無不黯然失色，也難怪池部良要爲了她而追踪前來，冀求一晤。

張善琨童月娟夫婦陪同李麗華由日本返香港

張善琨曾有將「香妃」故事搬上銀幕，內定由李麗華飾香妃，池部良飾小和卓木霍集占的計劃。我奉了張大王之命，破工夫寫成了「香妃」的分場對白劇本。其後此一計劃未能付諸實施，而劇本則至今猶存。

心上温馨·歸於嚴俊

陶金、吳熹升、池部良，對李麗華或苦戀，或暗戀，或單戀，數年之間，一一成爲過去。最後的心上温馨，則歸之於嚴俊。

從「翠翠」一片開始，嚴俊一手塑造的銀幕偶像林黛，於名成利就之後移情別戀，嚴俊第一次在情場上栽觔斗，對事業，對婚姻，不得不重新部署，另作打算。他一生埋頭苦幹，素來具有百折不撓的奮鬥精神，愛情方面雖受打擊，他也並不氣餒，終能從頹喪中抬起頭來。

其間，李麗華給予他的同情支持，無形中成了他事業再出發的一大助力。

自林黛在影壇上崛起後，李麗華的鋒芒雖未盡爲所掩，但畢竟是當前的一個勁敵。而林黛之所以聲譽鵲起，就是由於有嚴俊與她拍檔之故；這一點，小咪是看得非常清楚的。

現在，林黛既與嚴俊判袂，嚴俊固然亟須另覓合作的對象，李麗華也未嘗不想憑藉合作者的努力，而收取「相得益彰」的效果。

在逆境中建立起來的交情，往往較之順境中建立起來的交情爲持久。嚴大哥與小咪的終於結合，情形正是如此。

自從萬邦酒店一度扮演過「活動道具」之後，我並沒有實際參加嚴俊的拍片工作。「秋娘」的劇本，我也未曾動筆，只是從側面聽到：李麗華與嚴俊過從甚密，即將往星加坡拍攝新片「風雨牛車水」。

嚴俊獲得了以陸運濤爲後台的「國際電影懋業公司」之支持，已組成了「國泰影業公司」，擬定了一年拍片四部的龐大計劃。

「牛車水」是星加坡的一個地區名稱，猶之香港之有銅鑼灣，九龍之有榕樹頭一樣；再加上「風雨」二字，便成了電影的片名。

李麗華在星嘉坡拍外景注視着嚴俊

「風雨牛車水」的主要演員有六位，是嚴俊、李麗華、劉恩甲、姜南、高寶樹、莊元庸。其中莊元庸是臨時把她拉進的，她那時候正在星馬渡假，從事旅遊，人在吉隆坡，嚴俊從星加坡打了個長途電話給吉隆坡的光藝戲院經理，託他代找莊元庸。莊元庸就是被嚴俊的一個長途電話催着趕到星加坡，參加了「國泰」的外景隊，在「風雨牛車水」中飾演胖嫂一角，她有一篇「銀壇交往錄」，記述李嚴之愛。（未完·待續）

「銀元時代」生活史

—六十年來的物價追想—

陳存仁

鈔票流行之後，銀元漸漸感到衰落，自從政府發行十進制的輔幣以後，買郵票、車票，以及公用事業的付賬，確乎十分方便，可是市民都感覺到由小洋變爲大洋，生活程度不免高漲，俱有惶惶不安之象。

米價祇漲了一些，小市民們已感到威脅，我的門診診金依然收一元和小洋二角，出診收六元和小洋四角，市上輔幣多數仍以小洋計算。這時我的診務已入正軌，每天總有三四十號門診，三四家出診，在當時我的生活，除了付房租要付銀元之外，日常開支用一些小洋的銀角子，已經足夠使用而有餘了。

我唯一的娛樂，是公餘後看一場電影，至今數十年，依然如此。我的太太在婚後，初時因爲拿到了舊制中學畢業文憑，吵着一定要出去做事，也曾在一間小學校中教了兩個月的書，月薪三十元，放學歸來，改卷子極爲辛苦，我說：『你不要去教書了，祇要在家中處理家務，研究烹飪，每天燒些可口的菜餚就好了。』

我有一筆最大的支出，就是買書，佈置了一間寬大的藏書室，葉恭綽爲我的書齋寫了一個扁額是『書城』二字，我每天有閒時，坐在書室中翻閱各種書籍，覺得其樂無窮。

我受到丁福保老先生的影响，研究日本的『片假名』。（按片假名即是日本的拼音字母）從前的日本文，每一句漢字佔得很多，所以祇要懂得拼音和造句文法，看日本書就比較容易了。

日本漢醫書籍很多，因此我常到北四川路『內山書店』去買日本的漢醫書，主人內山完造是一個中國通，不但能說一口很純正的中國國語，還能說很流利的上海話。內山書店並不大，三面都是高大整齊的書櫥，中間放着一個紫陶炭爐，爐旁邊有四張小籐椅，專供顧客閱書品茗，這裏有一位常客，就是魯迅，他的名字和內山書店是經常聯在一起的。

內山書店的書，偏重於新書，內山和我說：『你要搜集漢方醫書的話，最好親自到日本去，東京神田區有書舖三五百家，那末所有的漢方醫書，都可以買得到。』

那時日本是金本位，中國是銀本位，其時銀貴金賤，雖然有大批學生都到日本去留學，但是旅客去日本的還是不多。我打聽到日本去要多少費用？因那時尚無空運，祇有乘坐日清公司管轄下的輪船前往。日清公司買辦是名畫家王一亭，

博學廣聞的丁福保翁（文震齋先生供給）

我去請教他老人家，他說『船上有一間買辦間，你可以不必買票，就睡在那間常常空着的買辦房裏，到達日本之後，祇要給茶房兩塊錢小賬就夠了。』我聽了很高興，準備去一次。但是我的太太，認爲去日本花費很大，而且言語不通，到了那邊又沒有熟朋友招呼，再說做醫生的常常出門，會影响到業務，不如過幾年再去，於是日本之行就作罷了。

遊莫千山　小有收獲

我在上海開業幾年後，病家日增。有一天某富紳請我出診，他是久病之人，他說：『今年夏天氣悶得很，我想到莫千山去養病，你能不能跟我一起去，爲期大約一個月，你的業務損失全部由我負責。』

我心想，暑期正是醫生的旺季，怎樣可以貿然離開？遲疑好久，答不出話，他說：『現在正是富商巨賈以及政壇名流到莫千山去避暑的時期，你去的話，除了爲我診病之外，還可以介紹這些人給你相識，要是他們有病的話，也都會找你去看。』我說：『莫千山沒有藥材舖，我要準備一些藥材，才能診病處方。』他說：『那便當得很，你要多少？就帶多少。』我回到家裏一想，成藥帶一百多種，飲片要應付暑期和調理的病症，也要用到二百多種，於是我特製了四隻大木箱，木箱一開，兩邊都是格子，每一個格放一味藥，但是仍然容納不了，因此另外又備了幾個藥草的包裹，以備添用，這四隻木箱裏的抽屜格子，是特地到虹口一家日本木器店定製的。

我一切準備完畢之後，某富紳和我就訂期啓程，從前到莫干山，要先到杭州，先坐船後坐汽車，再上莫干山。

先期打一個電報給莫干山鐵路飯店經理，要訂十個房間，經理還沒有回電，我們一行車輛已抵達莫干山庾村，坐着『竹兜』登山，一路上竹响泉吟，好景目不暇給。鐵路飯店經理周君看見大隊人馬已到，一時手足無措，對來客說：『我們祗收到訂房間的電報。但是我們的回電祗答應四間，兩間有套房，兩間雙人房，因爲軍政當局正在這裏開會，實在沒有空房間。』隨從中有人暴跳如雷，某公神色自若的說：『有四間已算好了，不可和別人爭論。』那位經理說：『這裏附近范師長有一個別墅空着，我想你們可以去住，飲食由我們這裏供應，不過床榻被褥祗能請各位將就一些。』某公說：『好極，好極，』接着他就對我說：『你同我都住鐵路飯店，不但有照應，而且兩間都是套房，一定有許多朋友請你看病，也很像樣。』我就接受了他的好意。

我在會客室中，安排下一個診桌，又將木箱打開，立刻成爲四具藥櫥，分開來能成八行，彷彿一間小型的藥材舖。

莫干山從前是西人避暑的區域，景色優美，尤其是傍晚日落時分，起初見到遠山的邊緣，沉下像半輪大的太陽，顏色鮮紅，金光四射，週圍陪襯着絢麗的彩雲，眞是美麗極了。區內馬路、水電，以及郵電設備，向由西人指揮管理。民國成立之後，收回主權，設莫干山管理處，置處長一人，警察二十名，這些警察祗管住客上山下山的出入口，管制得相當好，所以區內的治安非常寧靜。

山上有一條大街，兩旁都是私人別墅。時在盛暑，莫干山的氣候一如秋令，大家覺得舒服得很。

第二天一早，我走出旅店，在屋後環眺，遍山雲海，遮蓋了一切，祗隱約地看到一些亭台樓閣的影子，還有奇形怪狀的雲塊，在空氣中推動着，置身此地，如登仙境，一洗塵俗。我自己暗自慶幸，昨天看到日落，今晨又見到雲海，難怪達官貴人一時雲集，個個都輕裝便服的散步街頭，可以說省長軍長滿街，都是携着手杖陪了夫人在山上安步當車的散步，路上祗有幾間小商店，生意好得很，出售的東西，除了杭州的土產之外，都是英美兩國來的罐頭食品，還兼售中西家庭常用的藥物，價錢都比上海貴一倍，正式中西藥舖，一間也沒有。

山上的馬路清潔異常，有幾個掃街的人，一天要掃幾次，所以路上不但沒有垃圾，連廢紙也沒有一張。

當地還有幾間很大的茶館和菜館，座上客都是一些軍政首長與當地民衆共叙一堂，不論識與不識，見到就含笑點頭。菜館中常備的菜，以時蔬爲主，任何客人祗好有什麼吃什麼，好在都是新鮮的，吃起來也頗可口，菜的售價很便宜，每款不過三毫五毫，晚間常有人請客，也以四盆四碗一湯爲限，假使要吃豐富像樣的筵席，那是無法承辦的。

來訪問某富紳的人很多，而且知道他還邀請了一位上海醫生同來，兼備藥物，可以配方。莫干山地方畢竟不大，消息傳得很快，不上兩天，就有許多人來找我看病，看了病送我五塊錢，這個數目在當時看來已是很大了。有些當地人來看，送一元、兩元的也有，我對這些病人祗問姓氏，從不問名字，其中可能有不少大人物在內。

在短短的一個期間，若干種藥材，已不夠應用，鐵路飯店的周經理很熱心，他說：『你要什麼藥材，今天開出來，明天就可以託人從山下帶上來，是很方便的。』

因此，我從這時起，規定上午看病，下午遊山，莫干山養病的人很多，所以每天上午診務很忙。

鐵路飯店有一個大客廳，每逢星期一大清早，就有三百多人來這裏做紀念週，除了主席臺有一個小方桌之外，大家都站着講話和聽講，我看不到有什麼警衛人員，旅館中的旅客去參加的話，也不拒絕。我想鐵路飯店的客廳，看來是莫干山最大的，每次有什麼重要會議，也都是在這個廳中開會的。

我在莫干山，看早晚不同的景色，認爲那邊的三個廟很是美麗，而且可以去燒香品茗。又有一個尼姑庵，門雖設而常關，遊客也可以叩門而入，我也進去過一次。

我在莫干山住了一個半月，我的日用開支很少，而且還收到診金和藥費二千多元，離開莫干山返上海的時候某富紳還要送我一筆錢，我堅持不受，但是旅館的賬數目甚大，他早已付清了。

藥學辭典　好夢成空

我的『康健報』出版到第三年，已然小有積蓄。有一天，謝利恒老師約我到他家一談，見到謝老師面目浮腫，腿部也腫得厲害，坐定之後，他深深的嘆了一口氣說：『這次有病，恐怕不久於人世了。我多年以來，花了許多心血和金錢，搜集醫書近一千種，這些醫書，我想完全轉讓給你，隨便你給我多少錢，因爲愛書的人未必有錢，有錢的人未必愛這種書，祗有你才有用處。』我說：『這是無價之寶，我極願意拜領，但是代價若干，我實在不敢講，請老師吩咐罷。』謝老師說：『我祗想得到二千元，於願已足。』我說：『那似乎少一點，我願意奉呈老師二千五百元。』謝老師面上露出笑容說：『那就好極了。』

不久，謝老師的病霍然而愈，我約他到功德林吃素齋，謝老師說：『你買了我的醫書之後，我胸境大開，對疾病的消除大有幫助，否則，我爲了這些書，愁都愁死了！現在有一件事，本來我在商務印書館編了一部中國醫學大辭典，銷路很好，如今商務印書館又要我再編一部藥學大辭典，我想來想去，精力不夠，我願意推荐你去接

鬚髮如銀的謝利恒先生

任這項工作。』我說：『我年紀太輕，恐怕商務印書館不會接受的。』他說：『我的話，商務方面絕對信任，祗要你在舘外着手工作，相信一定會得到成功的。』我說：『那是求之不得的機會，我很願意去試試。』於是我就先擬了編著大綱和內容的一部份，即如『人參』一條，字數達二萬餘字。

這些稿件配上了彩色圖片，送交商務印書館編譯所所長張元濟（菊生）審查，初時好像石沉大海，杳無音訊，過了三個月時間後，突然張菊生來了一封信，約我去簽合同。那天是謝利恒老師陪我去的，張菊生見到我的年紀輕到出乎他想像之外，面上露出詫異的神情，就問我的學歷。我不慌不忙的一一作答，並且說：『我是章太炎、謝利恒、丁甘仁、丁仲英、姚公鶴的門生。』他聽了很高興，接着我拿出一套五彩藥物標本圖，畫得張張十分神似，他一再翻閱，問我這些圖片是那裏來的？』我說：『這些圖片是照着原株新鮮的藥用植物來寫生的。』他看了之後，就說：『你這部書編成之後，比你老師那一部醫學大辭典的還要實用。』他又問我：『這部書全書一共有多少字？』我說：『謝老師的醫學大辭典是三百二十萬字，我決定也是這個字數。』張菊生說：『這種專門圖書，稿費規定每千字是三元，全書應該是九千六百元，圖片稿費不計，你以為如何？』我說：『好的，』接着就簽了字，合約上寫明預付全部稿費的一成，為九百六十元。

張菊生詳詳細細的和我討論編纂大綱，他貢獻了好些意見，而且留我和謝利恒老師在他們餐廳中吃了一餐飯。這個餐廳並不大，祗能容六桌人，菜餚很簡單，和編輯部同人吃的一樣。其中有四桌人，是編譯所高級職員，都是全國著名的學者，如編輯『辭源』的陸爾奎、方正、莊俞、孟心史，教育家郭秉文、胡君復等。距離張菊生最近的一桌，有二人是專為商務印書館寫字的鄭孝胥、黃葆戉（別署青山農），大家微微點頭，進餐時，寂靜無聲。

和我們同桌坐的是蔣維喬、杜亞泉、王西神，雖在一桌共餐，大家都謹守着『食不言』的古訓，很迅速的吃罷了飯，起身就走。

臨行時，張菊生很高興的送我們到二樓樓梯口，恰好該館交際科科員（外號交際博士）的黃警頑上來，菊老就說：『警頑，你代我送送。』警頑本是我的老友，他問我：『你今天怎樣坐到菊老的桌上吃飯，有什麼大事情商量？』我說：『有一部中醫書稿要賣給你們。』警頑說：『那你真是運氣好，每逢星期三舘外的特約編輯，如西醫余雲岫、程瀚章，要是也在座的話，你的事就多少要受到阻礙了。』

出門後，謝利恒老師約我當晚到馬上侯酒店飲酒。晚上見面，他開口第一句話說：『稿費每千字三元，是商務印書館對學術著作的規定數目，這是沒有商量的。（按當時普通書店或報舘稿費每千字約一元），但是你這部書中的彩色圖畫，花了不少錢畫成的，怎麼你就答應他不計稿費，這是你讓步得太快，吃虧大了。』我說：『這部書祗求其能出版，已屬生平大幸，何況是由全國最大的商務印書館出版，即使吃虧些，也無所謂。這件事要不是老師幫忙，我是不得其門而入，所以我要提出五百元來孝敬老師。』謝老師一邊呷酒，一邊搖頭說：『你這部稿子照我推想，至少要請八個人幫助你工作，圖畫和攝影部份又要花許多財力人力，要是能在五年內完成的話，那末你所收的九千六百元，不但毫無進益，還怕有虧本之虞。』說畢，他連飲了兩杯酒，嘆了一口氣說：『從前我編中國醫學大辭典，因為那時我是舘中的編輯，祗受月薪，不受稿費，助編的有十個人，歷時九年之久，而且有兩個得力的同事助編，為了辛勞過度，都在半途期間死亡的。照商務方面的成本而論，你的稿費實在太便宜了，所以你送給我的酬報，我是不能收受的。』

我聽了他的話，一則以喜，一則以懼，喜的是簽約成功，懼的是不能如期交稿。我們師生兩人酒醉飯飽之後，就到大世界詩謎攤去打詩謎，結果贏了幾包香煙，方才分手回家。

隔了半年之後，商務印書館五千工人大罷工，而且一罷再罷，罷到張菊生一無辦法，總經理也辭去了，由原任東方圖書館館長王雲五來繼任總經理，提倡科學管理方法。不料工人的氣燄更勝從前，又因為閘北一場大火，把商務印書舘的工廠都燒了，王雲五立刻採用快刀斬亂麻的方法，把五千工人全部解散，同時把營業部編輯部對外一切合約，宣佈無效，已付的定洋不再追回。我收到通知信之後，再一查合同，果然其中有一條，訂明在天災人禍無法抗拒時，合同可以隨時取銷，於是我的醫藥鉅著一場好夢全部成空了。

挫折橫生　工作不輟

事前：我訂成合同要開始這件工作之時，曾去拜訪丁福保先生，要他提供一些意見。他說：『這是你終身的一件大事，時間不妨暫定為十年，稿件看來要隨着你編輯過程一改再改，可能要易稿四五次也說不定。』於是他就把如何編纂的意見，很詳細的提出，他說：『你先把稿樣做好，我幫你一次次的修改。』我就照他的辦法去做，隨時的去請教他。同時我告訴他，我和商務印書館簽訂合同的經過，他拍案長嘆，連說：『大錯！特錯！你這一回要受到合同的束縛了，即使你花了十年功夫完成全書，恐怕還有束諸高閣永不出版之虞。』

我爲之愕然，問他：『何以說這句話？』丁翁說：『商務印書館每出一部書，要經過編輯委員幾次審查，各委員都要加評語，祇要有二三人指出裏面稍有瑕疵，那末已購之稿，即不會出版。商務印書館爲了要到各省推銷教科書不受阻力起見，凡是有人做好了書，無法進入商務的門路，都託各省教育廳長，或是教育部長，甚至政界要人寫介紹信，商務印書館就不論書的內容好歹，一律照收，付欵如儀，但是這些書稿，十部之中，難得有一部出版。』

丁翁又說：『商務印書館編輯委員會的審查老爺，權力之大無與倫比，要是多數沒有意見，祇要有一個人提出些小問題，如涉及政治上的問題，以及在傳統上的見解，凡是能引起讀者爭執的話，就擱置起來了。當時胡適之著成了一部「中國哲學史」上冊，原稿是由蔡元培交給張菊生的，審查委員審查了六個月，有三個委員批了「存疑」兩字，意思是說裏面的問題太大了，一個委員批了「似曾相識」，意思指他這書與日本書頗有雷同之處。陸爾奎批了一句「無下冊例不刋行」，就因爲這些阻礙，胡適之的這部書稿，擱置多年並未出版。但是爲了蔡元培的面子，稿費早已付清，胡適之知道了原稿被擱置，由梁啓超出面向商務印書館交涉，編輯部還是不買賬，後來胡適之大紅特紅之時，張菊生會同董事高夢旦，不顧編輯部的反對，逕自出版。因爲祇有董事才具有這般超越一切的權力，「中國哲學史」上冊才能面世。』

他續說：『你的中國藥學大辭典，雖說是館方請你編纂的，將來稿件交出之後，要是編輯部大部份委員不加挑剔，祇要有一個人批上兩個字或一句話，你這本書也永不能出版了，何况高夢旦自鳴是個新派人物，他最反對中醫，高夢旦是鄭振鐸的岳父，他認爲惲鐵樵編的「小說月報」太舊了，批了一張條子試用鄭振鐸爲小說日報主編，惲鐵樵多年的心血即廢於一旦。所以，即使過了編輯委員會一關，恐怕高夢旦一關，也不容易過去。再說吧，商務印書館的股東夏氏（夏粹芳、夏筱芳父子）鮑氏（鮑咸昌、鮑咸亨兄弟）高氏（高鳳池、高夢旦等），這三大家族是商務的大股東，張菊老不過是客卿地位，所以你這張合同脆弱得很，將來稿費九千六百元，可能會全數付給你，正式出版的希望是很渺茫的。』

我聽到這裏，手腳都發冷起來。不料，丁翁又問我：『當時張菊生問你的學歷時，你有沒有說出姚公鶴是你的國文老師？』我說：『說過』，他聽了又拍了幾下桌子，連說『完了！完了！這件事永不翻身了。』

我就問：『何以提到姚公鶴事情如此嚴重？』他說：『「辭源」編輯成功，全書已經排好付印了。印出樣張，將「一」字項下的字彙全部刋在樣張之內，分甲、乙、丙、丁、戊五種版本，鄭鄭重重的發出預約廣告，當時全國學術界歡欣接受，紛紛預約，那知道姚公鶴的長兄姚爾泰，窮數月之力，將「一」字項下的字彙，指出了許多錯誤，說：這不是辭源，距源甚遠。他另外編輯了幾萬字，抄成一本精緻的樣本，由姚公鶴送到商務印書館。這件事商務方面，大大的緊張起來，總編輯陸爾奎認爲面目無光，後來幸虧商務的編輯都是常州人，由莊俞出面同姚公鶴商談，延請姚爾泰爲館外編輯員，祇支薪水，不用到館辦公，而且第一次還另送筆金四十元，才把這件公案了結，所以陸爾奎對姚公鶴也沒有好感，如此推想，你的書總是凶多吉少。』我們兩人商議之下，將來稿件交出時，唯有多留一個副本，預備他們擱置不出版時，再作易稿重編的準備。

本來我寫稿，寫好了一定先請人抄得整整齊齊，再行修改，向例如此，所以，僱了一個抄寫員專做這項工作。這回全書要三百二十萬字，原定易稿二三次，自已的抄寫員應付不了這項繁重的工作，我知道滿庭坊有一個地方，是專寫石印書的，裏面人才濟濟，抄得最工整，每千字計費大洋三角，次等的爲二角，再次等的爲一角，我因爲不需要印石印，說明祇要一千字抄費一角錢的，接洽妥當之後，幾個人開始爲我抄寫，那末易稿也不成問題，錄副本也不成問題了。

現在想來，文人眞是很辛苦，寫石印的人，都是些老先生，進過學，或者考過小考，所以都寫得一手工整的小楷，成千成萬字是一個模樣的，可憐他們最高的抄工每千字祇收三角錢，「百無一用是書生」，不勝慨嘆之至！

我想到「辭源」兩個字，是鄭蘇戡（孝胥）寫的，筆力雄渾，氣勢磅礴，因此我想我的「中國藥學大辭典」，也應該請他題簽，我到商務印書館去訪問了三次，他都不在，原來他每星期不過到館二三小時，看看書，寫寫字就走了。

一天，給我撞到了他，我就請他題字，他知道我的辭典已經簽約，他操着福建音的國語說：『你這部書，還要幾年後才出版，現在寫書簽似乎太早了。』我聽了這話，覺得話中另有別因，就去問黃警頑，黃警頑告訴我：『鄭孝胥經常鬧窮，以寫字爲生，你不如到他家裏去，照他的潤格，送他一些錢，那就可以辦到了。』

鄭孝胥住在南洋路一間住宅中，我去訪時，他自己開門，一見是我，他就說是不是要我寫字？我說：『是的』，到了他的書房，祇見桌面玻璃底下壓着八個字：『親友求書，概照潤例』。於是我就按着潤例：題書簽是一元，我就拿出一塊錢出來，鄭氏微有不慍之色，並說：『你不如多寫一些，我今天可以當場交卷。』我說：『很好』，看他的潤例：立軸二尺是五元，五尺中堂是拾二元，我全數照付，請他寫一幅單欵中堂，一幅立軸，一條書簽，共計大洋十八元，墨是老早磨好的，片刻之間，他操着狼毫筆，全部寫好。後來鄭氏到滿洲國當總理，還和末代帝王宣統結了一門姻親，等到我這本『中國藥學大辭典』正式出版之時，鄭氏題的書簽礙於形勢，迫得放棄，後來改請吳稚暉老先生題簽。

鄭孝胥寫的一件中堂，在敵偽時期有人求我出讓，我愛他的字，但不愛他的為人，結果以黃金壹條（即十兩）脫手，祇有一幅立軸帶到香港，因為有他所寫「存仁大兄」的上欵，不妨留作紀念。

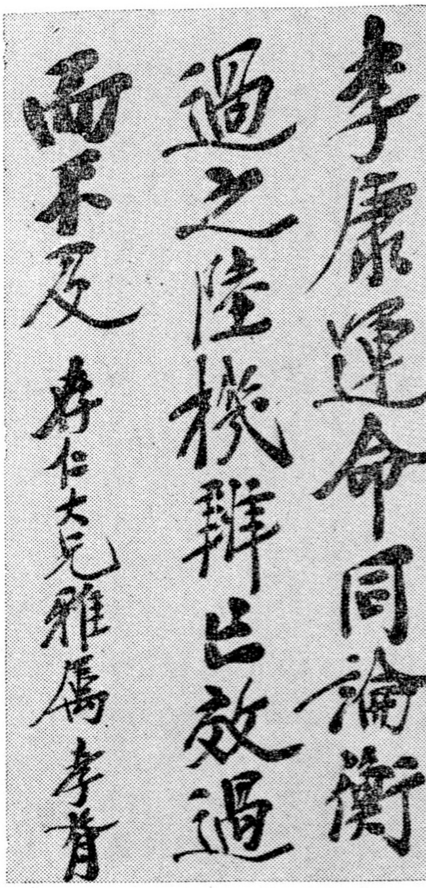

鄭孝胥為本文作者書軸

我為了拍攝藥物標本，特地與林雪懷合開了一家雪懷照相舘，為了彩色圖畫，特地請了四個會寫生的人，經年累月的工作。幫我編輯的人，請了尤學周、吳善慶等四位同學，我自己每天規定寫二千字，修改的時間花得更多。我還有四個學生，為我到十六舖藥行街去借用藥物來寫生，至於整株藥物的標本，我另外委托產地的同學代我搜集，一位四川同學替我搜得最多，可是中原幾省的產品搜集最困難，因為我慎慎重重的寫信委托同學們，而他們都借故推諉，一無成就。為了此事，我後來還特地到蘄州去過，因為那個地方是七省販運藥材的中心，要採整株標本，非走一次不可。

正在忙着工作之時，商務印書舘來了一紙文書，說是一切合作完全作廢，初時我呆了兩三天，後來和丁福保先生商量，他說：『塞翁失馬，安知非福。』商務不出版，尚有中華書局、世界書局等大機構，再不行的話，我用醫學書局的名義，為你出版。』於是我就不研究將來的出路問題，繼續做我的工作，那時我年紀還輕，有時一晚祇睡五小時，次日還是照常看病。

遠遊蘄春　訪李氏墓

我為了編纂『中國藥大學辭典』，知道全國藥材的轉運中心是在漢口，漢口的藥材行都大得很，但是藥材的彙集和販賣，自古以來，靠着長江的蘄州，民國之後，改稱蘄春縣，距離漢口相當近。

漢口我有一個中醫學校的同班同學楊先橘（樹千），他是大藏書家楊守敬的兒子，楊守敬到過日本，著有『日本訪書記』一書，文名甚著，後來他在上海鬻書度日，境况相當好，他長子楊樹千師事丁甘仁老師，曾和我同居一室，相處甚得，畢業後他在漢口行醫，成為漢口一位名醫。

我寫信去告訴他，我要到蘄春縣去觀察南北藥材交流情况，並憑弔李時珍的坟墓、故居、和訪問他的後人。樹千兄覆了一封信，表示歡迎，祇是要我携帶的箱櫳衣服越舊越好。我一看這信，就看出或許那邊治安不靖，所以我特地做一套粗布的棉袍棉褲，欣然就道。到了漢口之後，樹千兄招待週至，不過他說：『你的髮型是東洋頭（即中間開界，頭髮分兩邊梳的），令人一望而知不脫洋氣，這是你旅途中的一大阻礙，棉袍棉褲新得不得了，人家見了你，顯然是一個有錢的人，這種鄉下古老的地方，治安不靖，你還是打銷了這個念頭吧。』我說：『我既然乘長江輪到漢口來，已不容易，到了這裏，非到目的地不可。』他在無法勸阻之下，就叫一個老家人陪我前去，叮囑我一路上少開口為妙。於是我和那個老家人，往故衣舖買了壹套舊棉袍，頭上戴了一頂舊毡帽，腳上穿上了古老的布鞋，並且把頭髮完全剃掉，變成一個平頂頭，在中午時和那老家人一同進入一家很大的菜館，內部顧客雖多，但陳設古舊，板桌板凳，桌上放着一個筷筒，此外一無陳設，菜的名目一共祇有六七種，如牛肉、燒肉之類，這個情况和現在武俠影片中所描寫的還要差一些，我點了四個菜，土酒一瓶，老家人認為太過花費，吃不完是罪過的。付賬時拿出一塊錢來，老人家說：「你銀元千萬不可露眼，此地祇是使用銅元，連銀角子都很少使用的。」足見銀元時代，還是限於都市之間，鄉下人的生活艱苦，亦可想而知。

到了晚間，樹千兄在家裏請我吃飯，約了當地幾位名醫作陪，吃的是四炒四葷一湯，在將近敬席時，忽然上了四隻大盆，一盆是一條大魚，一盆紅燒猪蹄，一盆是全雞，還有一隻是全鴨，大家說：『吃不下了，吃不下了。』我也停箸稱謝。我看了這四隻大盆，色澤有些不對，我正想動筷來看一下，旁邊有一位醫友輕輕的拉了我一下，並對我說：『這四樣東西都是用木製的，上面澆了一些液汁，照規矩客人到此時是不動筷的。』我一時好奇乘着別人不留意時，仍然把靠近我的一條魚翻了一個身，一看果然全是木製的，而且後面還寫着『老大房公用』五個字，我見了簡直失笑出聲。原來從前人請客都很儉樸，為了虛張聲勢，不得不用木製的鷄鴨魚肉來充場面，特別是那隻鷄，彫得既粗又劣，死板板的，一望而知是木頭製的。這時我就想起成語所謂『呆若木鷄』，可能是由此而起。

樹千兄對我不遠千里而來，要往訪問蘄州先賢李瀕湖（時珍）的墓，表示欽佩，他說：『上海人從來沒有到過這個地方，所以我給你一個藥箱，倘有人問你來此何事，你可答以鈴醫賣藥便是。』因爲那時節，祇有拿着鈴串走江湖的醫生才會走到那裏去，如此說法，可以避免許多麻煩，同時替我包好了兩包銅元，每包是一百枚，另外還爲我預備了一大盒大英牌香烟，（按：每一大盒，內有五十小包），必要時可作送人之用，代我僱了一輛木質的獨輪車，兩邊都可以坐人，由一相熟的車伕推我們去，並備雨具及乾糧兩包，他說：『四鄉的風氣，搶劫是沒有的，不過外省人去，很容易遭到求賑或是借錢的麻煩，這兩包銅元，你們二人是斷斷用不完的，如遭到困難的話，這個車伕可以爲你們解決一切。』

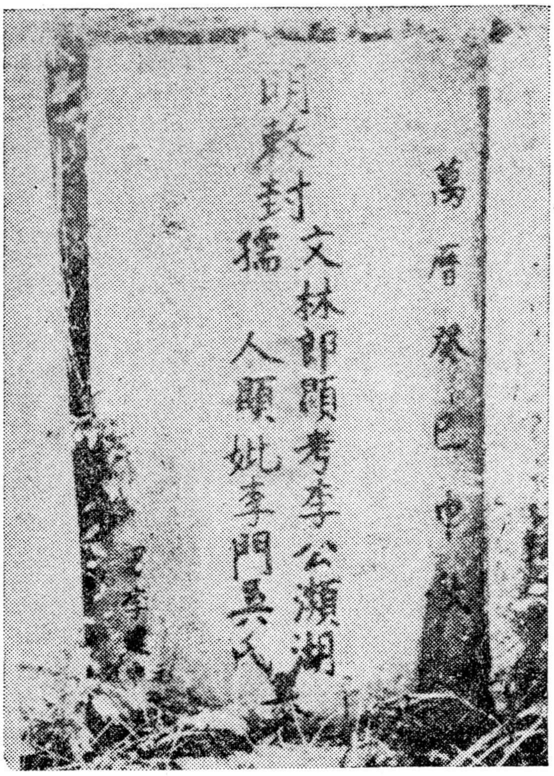
明藥物學大家李時珍墓碑

我剛要啓程，他忽然看見我手中拿了一個照相機，他急着說：『這東西你千萬帶不得，因爲當地鄉下人從來沒有看見過，否則鄉下人會成羣結隊來圍觀，一定要弄出麻煩來。』我說：『我此行目的，就就想拍幾張相片，所以非帶不可，而且這個照相機，是柯達式兒童機，是不值錢的。』樹千兄說：『不行，不行，你一定要用一塊舊花藍布包住，不到攝影的時候，千萬不要拿出來。』於是我和老家人在次日清晨六時許，一同登上了獨輪車，各坐一邊，由車伕咿咿呀呀的推行着，出漢口，接着到蘄州東門外，約二十里，到了竹林湖畔，去找李時珍墓，沿路荒涼得很，大約每行五里路光景，才有一爿小茶館，車伕要歇脚抽烟飲茶，我們兩人也乘機吃一些東西，這種小茶館，見到我們三人，招呼得很週到，先端出一盆清水供我們洗面，但是沒有毛巾，因爲毛巾是洋貨，他們是不備的，洗臉的布，是一塊花藍布，不很乾淨，車伕拿起一個竹筒，抽了幾筒旱煙，我就拿出大英牌來敬了一枝給車伕，車伕大爲高興。歇了一陣，我們又上車趕路，茶館飲茶祇付四個銅元，伙計看見我抽的是大英牌香烟，兩眼望着我，我就把剩餘的半包送了給他。我們上車之後，車伕就對我說：『你下次給人家香烟，每人祇可以一枝爲限，多給了便被人看出你不是本地人，』我說：『知道了，等回去之時，我除了照付車錢之外，還要送給你十包烟，作爲額外酬勞。』車伕高興得很，一路唱着歌，表示很得意的樣子。

途中我見到一件怪事，路上不但有許多小孩子完全赤身露體一絲不掛，若干農夫也都不穿褲子，祇在腑間縛上一塊藍布就算了。車伕告訴我，鄉下人家是很少有像樣的褲子的，逢到喜慶大事，一條褲子大家借來借去是不稀奇的。

到了中午時間，已經到達「李時珍祠」，這祠看來，已經年久失修，我就想到李氏是生於明朝正德十三年，卒於萬曆廿一年（1518——1593），這個祠堂是否建於明代，也難以確定。

這祠堂已經改爲一間私塾，裏面有學童二三十人，一位老師，看來有六十多歲，我就向他請教尊姓大名，原來他也姓李，並且說出他是李時珍的後裔，我就恭恭敬敬的和他談話，他說：『李氏後人現在多數在漢口經商，做醫生的不多，做藥材生意的有幾十人。』我表示是做鈴醫的，想瞻仰一下李公瀕湖的坟墓，他立即停止授課，陪了我走上半里路，才到墓地，我取出香烟一包送他表示敬意，那位老先生再三稱謝，這時我的火柴已經用光，一時無法點燃，那位李老先生說：『這裏不稱火柴，叫作「洋火」，因爲價錢貴，是不採用的。』說時他從懷中拿出兩塊火石和一根紙卷，打了幾十下才有幾粒火星點着紙卷，兩人才抽起烟來，我問他：『你們晚上用的是什麼燈？』他說：『當然是油燈，所謂油燈，是在油盞中放了幾支通草，晚上取光，賴此而已。』我心裏想到我們在上海用電燈，眞是福氣。

李老先生忽然指着一間大屋子說：『這間大屋，就是我們祖先著書之處。』我們就一同進入去觀看一下，裏面書架書桌都沒有了，祇堆了無數農具，我看了一番思古之念油然而生，接着我就看到了李氏之墓，當場拍了幾張照片。

這位李老先生，堅決要留我們吃飯，我說：『我們都備有糕餅乾糧，不敢打擾。』李老先生聽見我們帶有乾糧，格外高興，一定要留我們吃飯，不一會兒，兩盤蔬菜，幾碗飯已端了出來，我也把乾糧拿出來放在桌上，老先生看見了糕餅，起勁得很，他祇吃糕餅，不再吃飯，他說：『這種糕餅，祇有漢口大地方才有，我已多時沒有

李時珍著書圖

李時珍采藥圖

李時珍診病圖

吃到了。』我和老家人祇顧吃飯，蔬菜雖然糞得不好，却新鮮得很，因爲是剛從田裏拔出來的。

大家吃飯之後，李老先生拿出一部家譜，是手抄本，我立即把它節抄下來，家譜上看到李時珍有四個兒子：長子建中，當過雲南永昌府通判；次子建元，是黃州府儒學生；三子建方，是太醫院醫士；四子建木，是蘄州儒學生，還有孫三人，名樹宗、樹聲、樹勳。至於以下的後代子孫，我抄之不盡，也祇能不抄了。

我根據墓碑上字樣，問：『李時珍究竟幾時做過官？何以碑上寫着文林郎。』李老先生說：『時珍公自己沒有做過官，因爲長子做文林郎，所以死後他也加封爲文林郎。』接着我就問蘄州藥物生產和市塲情況？他搖頭說：『這些情況，我一些也不知道。』我聽見了之後大失所望，不過我能拍到這幾張照片，總算不虛此行。

我在墓地四週徘徊了多時之後，遠遠望到一個亭子，我問這亭子是什麽所在？他說：『那邊有一個很小的土地廟，不知在清代那一個年份，有人在裏面供奉了李公時珍的塑像，因此常有人來求籤取方，香火鼎盛，後來就改爲藥王廟，以供奉李公爲主。』我堅持要去看一看，看到李時珍的塑像，塑的是道教的服飾，因爲廟裏光線黯淡，拍照絕無可能。還有旁邊小室中掛了幾張李時珍著書圖和診病圖等，我匆忙的照圖描繪出一些大意，車伕催着快些動身，否則，便來不及回到鎭上。（按這幾幅圖，我回到上海之後，就請人重行描繪，比較清楚，除了一幅墓碑圖之外，後來許多書籍都有轉載，流傳甚廣。）我和李老先生分別的時候，我送他十包香烟，李老先生竟然打躬作揖，笑得眼水都流出來了。

回到蘄州縣城，天時已經很黑，但是城中並無萬家燈火之象，樹千兄在家等候已久，備了兩隻家常菜，請我們吃飯，我問車伕該給你多少錢，他說：『你數四十個銅元給我已夠。』計算這一天的費用，一百個銅元都沒有用完。

次日，樹千兄爲我約好了幾個藥材商人，搜集到整株藥物標本，另外有藥材很多，盤桓了兩天，我覺這次收穫很大。

臨別時我送給楊樹千一套文房四寶，送給他的太太四瓶雪花膏，就乘長江船回到上海。到了上海，第一件事就是冲晒相片，深恐技術不精，拍得不好，幸虧冲晒之後，張張都好，留下不少有關李時珍的參考資料。

本來我還想到四川和廣州，但是覺得到了當地，沒有熟人，收集藥物標本，一定會遭遇困難，所以川廣之行，想俟之異日，一拖延就把機會失掉了。不過，我覺得『本草綱目』上所有圖畫，雖然是木刻印得不好，但是前人的成就和苦心，還是值得欽佩的。（六）

蘄州東門外李時珍墓園

大人公司　平價市場　人人百貨　大方公司　來路鞋公司有售

大人

論天下大事
談古今人物

第二十期

唐繼堯氏手書光大漢族頌辭

（詳見黃天石趙旅生兩先生特稿）

炎炎大言十年磨厲布濩長舌
闡宏一姬以光漢族以宣民意其大
無外其小無內其高無間其光無
際我作頌詞千秋萬歲

繼堯

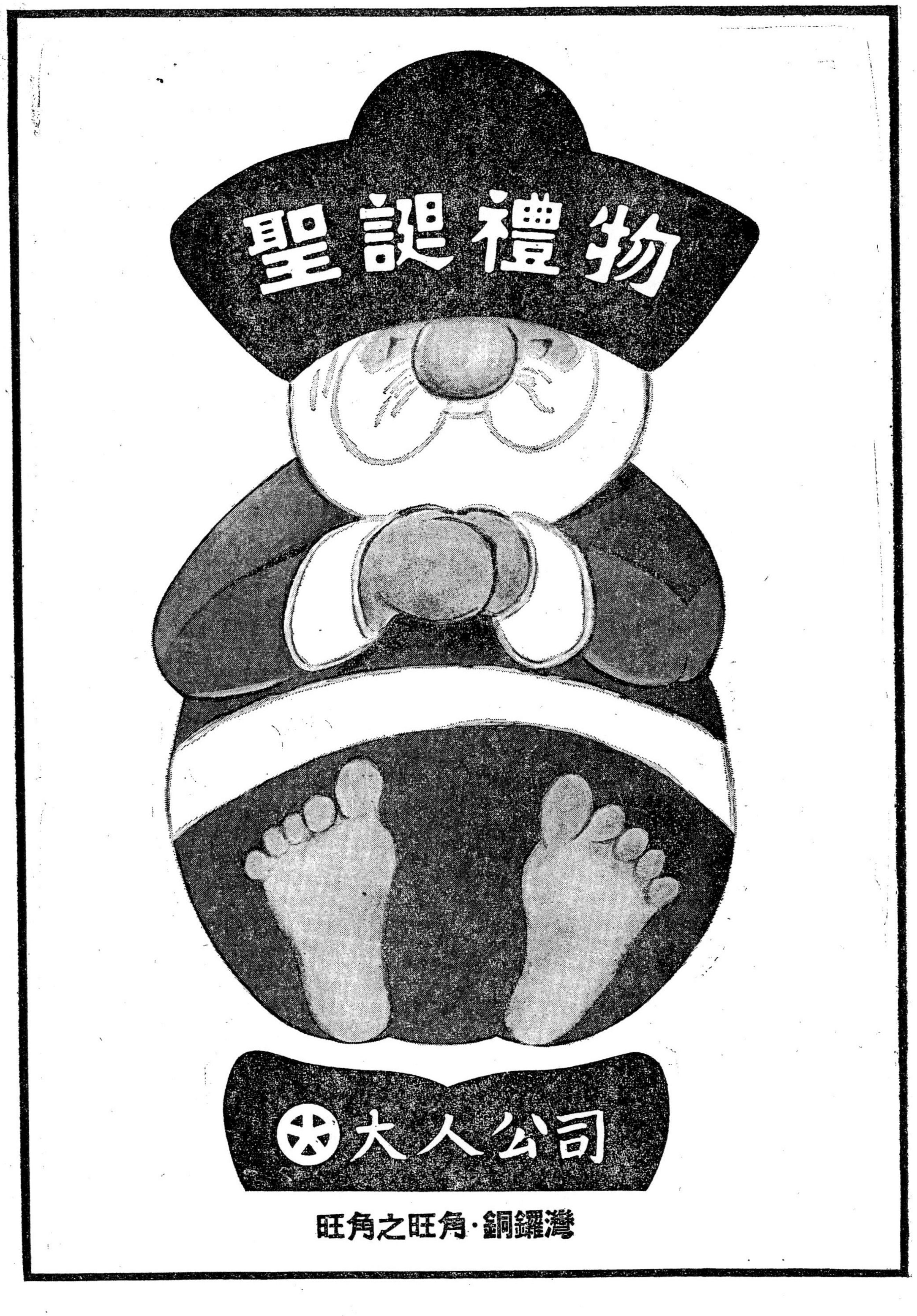
聖誕禮物
大人公司
旺角之旺角·銅鑼灣

大人 第二十期 目錄

一九七一年十二月十五日出版

封面：關良畫烏龍院　封面內頁：唐繼堯親筆手蹟

彩色插頁：王槩畫于老夫子功德圖八幅（定齋藏）

大人　每逢月之十五日出版

出版及發行者：大人出版社有限公司

督印人：王朝平

編輯者：大人雜誌編輯委員會

總編輯：沈葦窗

社址：九龍西洋菜街三號A 即彌敦道六一〇號後座

電話：K八五五七三〇

印刷者：立信印刷公司　九龍新蒲崗伍芳街緯綸大厦十一樓

總代理：吳興記書報社　香港租庇利街十一號二樓　電話：H四五〇五六一 H四五〇七六六

星馬代理：遠東文化事業有限公司　新加坡厦門街十九號　檳城沓田仔街一七一號

泰國代理：集成圖書公司　曼谷耀華力路二三三號

越南代理：聯興書報社　越南堤岸新行街二十二號

其他地區代理：

澳門：可大文具店　漢城：汎亞書籍公社
亞庇：利民公司　寮國：永珍圖書公司
千里達：中華公司　斗湖：光明書店
菲律賓：華安書局　菲律賓：玲瓏書局
倫敦：東寶公司　紐約：友聯圖書公司
芝加哥：杏林春　紐約：友方圖書公司
波士頓：中西公司　洛杉磯：永安堂
三藩市：新生圖書公司　檀香山：大元公司
三藩市：益智圖書公司　三藩市：文化商店
加拿大：香港商店　加拿大：新國華公司

雲南起義的史實解剖

黃天石

黃天石先生筆名傑克，以名報人馳譽文壇數十年。少時參與雲南戎幕，歷掌簿書，曾代表唐繼堯氏報聘湘粵。今值雲南起義五十七周年紀念，特請黃先生撰寫本文，公正平允，堪稱傳世之作。·編者·

今年十二月二十五日，為雲南起義的五十七週年紀念。

中華民國六十年來，開國是第一件大事；雲南起義則為第二件大事。這兩件大事，開國的意義，為摧毀數千年來的專制，盡人皆知；雲南起義的意義，則為消滅專制餘毒的借屍還魂，尚為國人所忽視。不知道沒有雲南起義，推翻袁世凱稱帝，則民國的運命四年便亡，那裏能延續到今天？太史公之論春秋，謂：『別嫌疑，明是非，定猶豫，善善惡惡，賢賢賤不肖，存亡國，繼絕世。』雲南起義一役，所造成的史實，意義在存亡繼絕，不可無至公至正的信史，紀念這件護國大事。

唯其意義重大，作者不願以應時文章式草率落筆。英國史論家麥考來 T. B. Macaulay 說：史論有兩類：一類是風景畫，一類是地圖。前者譬如雕刻家用刀尖，刻劃鮮活的偶像外貌；後者則如解剖學家動手術，剖開人體的內部，將五臟六腑赤裸裸的擺在我們眼前。

本文所採用的是後者的方法，解剖史實，所以：史料必力求真確；

態度必力求大公；

行文必力求正直。

不幸這場護國的神聖戰爭，混淆入許多流言。當時護國元勛的正氣血性，不顧成敗，揖讓謀團結，犧牲爭國格，那種高尚精神，事隔半世紀，被後人說得面目全非，將來變成怎樣？一段再造共和的光榮史，豈不成為傳奇化，神話化？大別之，流言可分為三種：

（一）蔡鍔之人格疑問？

詆譭蔡鍔為贊成帝制，首先簽名擁袁稱帝的罪魁，後來出爾反爾，入滇討袁，因失寵於袁，迫而出此，非真心舉義。

（二）唐繼堯之人格疑問？

詆譭唐繼堯因貪戀權位，袁世凱餌之以將軍侯爵之尊，原無反袁意，直至蔡鍔入滇，以手鎗威脅，被迫而同意討袁。

（三）梁啓超主動之疑問？

梁啓超本人亦公開表示，見諸文字，謂與蔡鍔有師生之誼，蔡之反袁，著梁所發蹤主使。甚至有人捏造事實，插入小鳳仙與蔡熱戀故事，則更可笑。

第一疑問，把蔡鍔說成一個反覆小人；一個沒頭腦的傻瓜。奸雄可以牢籠他，老師可以擺佈他，妓女可以指使他，本身絕無主動能力。咱們的大英雄，一變而為小花臉。

第二疑問，把唐繼堯說成一個貪生怕死的懦夫。蔡鍔一枝手鎗，便可將他威脅下來。可惜造謠者太沒常識，昆明五華山上的都督府，大門二門三門設有三道守崗。蔡鍔一條光桿，如何與唐拚？唐縱然是木偶，左右的侍衛難道盡是木偶嗎？可能那造謠者受了武俠小說劑的全身痳醉，滿口夢囈。

第三疑問，梁啓超公開演講，護國之役，蔡鍔入滇，是梁所主動。蔡鍔以苦學出身，赤手奮鬥，由留日士官生，囘國後在桂滇訓練新軍有年，位至督軍府將軍，對於國家存亡大義，個人出處大節，難道還要老師耳提面命，才知所取捨？妓女代為設計，才能脫網羅？把一個智仁勇兼備的蔡鍔，醜化成牽線木頭人似的，恐怕真正的木頭人也不會相信。

上述三點疑問，畧一思索，便不攻而自破。然而真相怎樣？仍待真憑實據的史實証明！

一個民族的引路明燈，便是歷史文化。歷史為人類生活的精神遺產，明燈不容有一點暗昧模糊，迷失人類生活前進的道路。我們對於虛偽荒謬的史實，不可不澈底澄清。春秋大義在「明是非」，明是非，必須提出有力的實證！

有力的實證在那裏？

一、「證人的證明」。

二、「事實的證明」。

先提出人證。有了證人，事實的證明便跟着而來。

第一個重要證人是周鍾嶽。

周鍾嶽，字惺父，亦稱惺庵，雲南劍川人，前清解元，後留學日本；性篤實，淡泊自守，先後為蔡鍔與唐繼堯秘書長，蔡唐皆尊之信之，唐每出征，周輒署理省長。年四十九，鬚髮盡白，以時事日非，體弱多病，去官謝客，以讀書著述自娛。然於迭次滇中內訌，恒正色而言；不聽，則通電鎮壓，叛將無不憚其威嚴而息爭，龍雲胡若愚均師事之。一幌十八年，周自分息影終老，與政治絕緣，不料抗戰軍興，遷都重慶，那年周已六十七歲了。軍事委員會委員長兼行政院院長蔣中正，為延攬老成，屢派人入滇，促周出山，共勷國事，周推老病謝絕。後來蔣專電滇主席龍雲婉達，說不任官職也得，請來講學兩星期。周

蔡　鍔（一八八二——一九一六）

唐繼堯（一八八三——一九二七）

梁啟超（一八七三——一九二八）

以情不可却，勉强一行。既抵陪都，蔣禮貌周至，果然絕口不提强他做官的話。周每天往各處講學。一到中午，蔣必派車接周到官邸，同進午餐。一客一主，一談便是一兩小時。及至講學期滿，周向蔣辭行。蔣才說出眞意，留他當內政部長，並開玩笑說：『我不發出境證，看惺老如何飛返昆明？』就那樣硬把周留下了。周當了三年內政部長，後轉任考試院副院長。那些經歷，旨在說明周鍾嶽是怎樣一個人？因本文既說他做雲南起義始末的主要證人，應該了解他的爲人。他最配做證人的一項資格，是在蔡唐二人主持滇省軍政期間，都是他當秘書長，對蔡唐無所左右袒，他對作者談的政治秘密，當然是最可靠的第一手資料！

民初，袁世凱對蔡鍔早有戒心。蔡爲新派少壯軍人，頭角嶄然，朝氣蓬勃，絕無舊軍人惡習。自主滇政，都督俸給自定一百六十元，其刻苦奉公，關懷民瘼的精神，眞能以身作則，軍民翕服。袁耳目甚衆，聽說蔡爲人持正不阿，機智深沉，文武兼資，才德俱備，用人行政，一反自己那種純用權術，以名利爲餌的腐化舊作風；顯然胸懷大志，欲與自己爭天下，深恐新政一經推行，風靡草偃，不但雲南一省掌握不住，新風氣漸漸展開，影响及於全國，自己領導的舊勢力，還站得住嗎？

自古奸雄多猜忌，袁世凱見蔡鍔勵精圖治，欲先把雲南建立一個模範省，然後進窺中原，建立一個新中國。周文王以百里而王，若不及早剪除，後患可虞，便决意用調虎離山計，下令把蔡鍔內調。

那時中央集權伸展到極度，所謂中央，其實是袁世凱一人大權獨攬，總統一句話，等於一道聖旨，違抗則性命可危，蔡鍔只有忍氣受命。袁氏那道命令，表面上很平和，任命蔡鍔爲將軍府將軍、經界局督辦，陽示拔擢，陰實左遷，陰謀解除他的兵權，分化他的潛勢力。同時故意表示

唐繼堯軼事

·趙旅生·

雲南起義，唐繼堯功在國家，本文由唐氏快壻趙旅生先生執筆，眞人眞事，信而有徵，並蒙惠假圖片，特爲介紹。

民國四年（公元一九一五年）十二月二十五日，雲南討伐袁世凱稱帝，再造共和，實爲中華民國開國之轉捩點，也是亞洲和世界最關重要之一件大事。蓋當時唐繼堯領導之護國軍若不幸失敗，則袁世凱之皇帝夢必成事實，而孫中山先生數十年革命之目的亦必成爲泡影，全國同胞又將受封建帝制之茶毒。護國之役，軍隊槍械及糧餉之籌劃均由唐氏領導雲南軍民自力爲之，其中雖有一部份南洋僑胞捐欵，但爲數極微。護國軍成功，袁世凱暴卒，中國重復民主，唐氏及雲南官兵及老百姓之功不可沒。台灣出版之敎科書有關護國之役一頁，根據史實證明後，方於數年前改正爲：「……接着高舉義旗出兵討袁的有唐繼堯、蔡鍔、李烈鈞等。他們以雲南爲根據地，組織護國軍，蔡率第一軍出四川，李率第二軍出兩廣，唐率第三軍居中策應。唐以護國軍總司令兼領第三軍。蔡將軍和袁的爪牙部隊，在四川展開血戰，護國軍無不以一當十，以少勝多，李聯軍在兩廣方面亦大勝」。較爲接近事實，蓋蔡鍔與李烈鈞未入滇之前，唐氏爲首義之舉，會與雲南各高級將領接連開過三次秘密會議，第一次在民國四年（一九一五）九月十一日，第二次在十月七日，第三次在十一月三日，討袁之决心早已在第一次會議時决定。先頭部隊鄧泰中與楊蓁兩支隊已先後於十一月十七日向四川出發，而李烈鈞於十二月十七日到

大方，命蔡鍔密保繼任滇督人選。蔡保荐羅佩金、黃毓成、唐繼堯等三人。唐繼堯提名居最後，以免袁世凱疑忌他們兩人的深厚交誼。

袁世凱果然上了大當！

袁一見前兩名威名遠播，恐怕不容易駕馭，唐繼堯年事最輕。袁詢問左右，聽說他綽號唐娃娃，原爲蔡部下的一名少校參謀。値貴州內訌，乞雲南請救兵，蔡派唐繼堯以大隊長名義，率兵入黔平亂。大隊長的階級，只等於營長，貴州震於雲南之軍威，作亂者其實只是幾個小軍閥，並無大企圖，不過因分配地盤不均而起紛爭。唐繼堯一面用軍事力量彈壓，一面用政治手腕調停，敉平變亂，安撫流亡。黔中父老夾道攀轅，挽留滇軍駐黔鎭壓叛變，推戴唐繼堯爲貴州都督，所以論資望唐氏最淺。

袁世凱怕的是養虎，不怕牧羊，一圈便圈定了唐繼堯。

蔡鍔携眷入京就職，心知袁不懷善意，把他關進牢籠裏。萬一有什麽不測，須有個心腹可託之人，與雲南保持經常的密切聯繫，便邀請周鍾嶽爲經界局督辦公署秘書長，同赴北京。

袁世凱先把蔡唐分了家，然後分別籠絡。蔡外貌嚴毅，一望而知爲難以利動的人。唐則一團和氣，大度汪汪，對袁方派來的人，周旋得極有分寸。袁便不加防範，全神對蔡，指定一班密探，日夜陪蔡花天酒地的胡混。蔡也裝作胡塗，沉着應付。

那時楊度爲首的籌安會策動帝制機構，明目張胆，製造空氣。蔡見勢危事迫，不革命則投降，不投降則革命，再沒第三條路可走。但兵柄既釋，怎能發動革命？計唯有先明唐的意向：若已附袁，連根據地也失了，無話可說；若唐意尚未決，事勢或有可爲。當即囑咐周鍾嶽擬密電致唐試探，畧謂：

『民間發起籌安會，討論國體問題。此事關係國家安危甚大，公意若何？』

唐繼堯的覆電是：

『中華民國國體已定，豈能動搖？如果實行，決難承認！』

是年九月，籌安會密鑼緊鼓，紛紛上表勸進，形勢愈急。蔡再次電唐：

『變更國體，勢在必行，國內必生動搖，望公預爲準備。』

唐繼堯立即覆電：

『業經有所準備，請公南來，共圖大計！』

唐繼堯兩次覆電，光明磊落，直爽乾脆，不作模稜兩可語，與蔡鍔肝膽相照，『二人同心，其利斷金』，決定了中華「民」國與中華「帝」國的最後命運！

根據上述的人証事証——

打破了第一疑問：蔡鍔的首先簽名贊成帝制，純屬權變，兵不厭詐，早具討袁的決心。

也打破了第二疑問：唐繼堯對蔡鍔視同手足，情逾骨肉，在蔡未入滇之前，便決定了興師討伐元凶，豈待蔡手鎗威脅而後發動？

同時更打破了第三疑問：蔡唐兩次密電往還，大計已決，又豈待梁啓超去促成？小鳳仙的戲劇性傳奇，更何從佔上一些邊兒？

蔡鍔雖盡力裝扮成腐化姿態出現，袁世凱始終不放心，曾經好幾次派密探往蔡官邸搜查，一獲証據，坐實罪狀，然後下毒手。可是蔡早將所有密碼電本，秘密文件，交周鍾嶽保管，收藏極密，歷經嚴搜，一無可得。周勸蔡先離京，自願留京觀變。蔡說：『要走一同走，此間不可久留。』當即囑周擬定請假呈文，託詞往天津養病。

蔡於十一月十一日秘密赴津，入日本共立醫院。十五日派韓鳳樓約周往德義樓相見，轉至奧租界蹇季常家密談，安排經界局善後事宜，由周再擬一呈文，謂往日本就醫，請假一月，於三天後遞呈。是日爲十九日，袁世凱閱呈大驚，急派唐在禮趕程赴津挽留。下午抵達，蔡已於上午搭昆明，蔡鍔則於十二月二十日始抵昆明，是日下午唐氏及各將領往火車站迎接，因唐氏及各將領與蔡爲日本士官同學，及後又曾同事。見面後唐氏告以討袁決心及計劃，蔡大驚曰：「怎麽這樣早？」蔡鍔與李烈鈞之參加護國之役，可謂同聲相應，同氣相求。旋於十二月二十一日，由唐召集蔡李及各方響應者、滇省高級將領等開第四次軍事會議，與會者即席議決，推戴唐繼堯爲護國軍都督府都督，主持全局，蔡鍔爲第一軍總司令，李烈鈞第二軍總司令，唐自兼第三軍總司令。無論從任何角度來講，雲南首義護國之役，係以唐繼堯爲主，茲將唐氏其人其事鮮爲外人所知者，畧述於后：

護國將領歃血爲盟

時在民國四年（一九一五）十二月二十二日夜，在昆明忠烈祠。唐繼堯、蔡鍔、李烈鈞、任可澄、羅佩金、黃毓成、趙又新、張子貞、劉雲峯、唐繼虞及方聲濤等三十八人爲表示打倒國賊袁世凱，不惜犧牲一切，不顧成敗利鈍，同生共死再造共和之決心，特舉行隆重之歃血盟誓，當時所用之杯，現陳列在台北市博物館孫中山先生革命紀念資料室內。

雲南起義盟誓之杯

袁世凱稱帝時之圖片資料

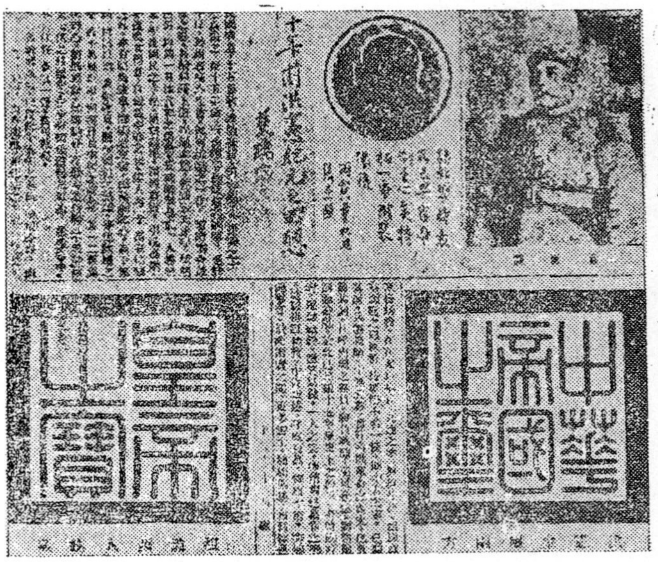

日本山東丸輪離津。

蔡鍔脫離虎口的實際情形如此。

唐繼堯覆蔡鍔的最後密電，謂「業經有所準備」。究竟怎樣準備呢？

大舉討袁，必須擴充兵源，籌措戰費。兵源不成問題，有的是壯丁，戰費則大成問題。以地瘠民貧的邊省，與擁有全國兵力財力的袁世凱作戰，强弱之分顯見，勝負之勢立判。然而當時雲南上下一心，正如初出犢兒，不知利害生死爲何物，誓與民國共存亡。其志壯，其氣銳，卒能號召全國，迫使袁世凱取銷帝制，終伏天誅，完成護國之大功，「師直爲壯曲爲老」，此語確有它不朽的價值。

雲南起義，在準備期間，前後召開過五次會議。

第一次（民國四年九月十一日）

唐繼堯召集雲南軍政要員，宣布與蔡鍔來往密電。一致主張袁若稱帝，不惜一戰護國，作原則上之決定。

第二次（十月七日）

根據上次決議之原則，具體分析當前之局勢。袁世凱逆跡已露，研究發動時機，預定之時機如下：

（一）中部各省，有一省可望響應時，

（二）黔桂川三省，有一省可望響應時，

（三）海外僑胞能接濟餉糈時，

（四）如以上三時機均歸無效，則本省爲爭國民人格計，亦孤注一擲，宣告獨立。

第三次（十一月三日）

商討軍事計劃。派唐繼虞往海防香港，歡迎蔡鍔、李烈鈞入滇。

第四次（十二月二十一日）

唐繼堯於十二月十八日先後接到蔡鍔李烈鈞抵滇，稍息征塵，與唐繼堯先行交換意見，定於二十一日開第四次會議。是日出席者，除唐繼堯及雲南軍政要員外，外來者有蔡鍔、李烈鈞、熊克武、王伯羣、但懋辛、方聲濤、戴戡等。議決致電警告袁世凱，促其取消帝制，悔過自新。

第五次（十二月二十二日）

此次出席者，即前次那些人，見袁世凱迄無覆電，顯無悔過之誠，義憤所激，一致主張用兵，當場全體宣誓，擁護共和；並發出最後通牒：請誅籌安會楊度等六人，及通電各省促成帝制之朱啓鈐等七人，以謝天下，限二十四小時之內答覆。

最後通牒發出後，袁世凱仍擱置不覆，藐視雲南一隅之地，決不敢當眞開釁，無非恫嚇而已，領銜的唐娃娃稚子可欺，未必有什麼眞本領。唐繼堯，雲南會澤人，前清秀才，留學日本士官，二十九歲當貴州都督，三十歲當雲南都督，時人戲呼之爲唐娃娃。在老奸巨猾的袁世凱心目中，也只當他一個娃娃看待；估計這批少壯軍人未

韓國獨立追贈勳章

一九六八年八月，據港台各報登載畧謂：「漢城消息：大韓民國爲感謝中國革命元老，曾協助韓國獨立運動者有孫中山、胡漢民、唐繼堯……等，決於慶祝獨立二十三週年大典時由朴正熙總統親將勳章追贈上述各元老之後人」。惜因當時各後人均無暇前往漢城，後改爲由韓國駐台大使在使館頒發。此雖屬酬庸報德之舉，但以當時地理形勢言，朝鮮遠在中國大陸之極北，雲南遠在大陸之西南，唐氏日理萬機，而尚有餘暇及能力協助韓國獨立運動，亦屬遠東近代史之一壯舉。

主持雲南講武學堂

唐繼堯被清廷選拔赴日留學時，擬學工業，抵日後深知祖國危狀，以救國莫急於練兵，乃改學陸軍，先入振武學校，後畢業於士官學校，經朝鮮回國後不久，即任雲南講武學堂教官，反正後（唐繼堯爲發動雲南反正之主要人物，講武堂學生爲反正之骨幹）唐氏曾任校長，大加整頓，效法日本士官學校體制及訓練方式，同時加以改善，學科術科適應中國學生，以期畢業後文武兼資，通曉中國及世界大勢，造就人材不少。清末雲南反正及護國之役中下級幹部大多出身雲南講武學堂，畢業生中有前國府軍事委員會副委員長朱培德、北伐第六軍軍長金漢鼎、前雲南省主席龍雲及盧漢、現在大陸之朱德及葉劍英等。抗日期間改爲中央軍校第五分校，唐氏族弟唐繼麟曾任校主任。

昆明開全國教聯會

民國十二年（一九二三）雙十節，全國教育協會聯合會在昆明開會，全國各省代表如黃炎培、袁希濤等均參加，一因當時唐氏對教育十分重視，遍邀各地教育家，學者及著名教授

必敢動，未必能動。不料袁世凱的估計完全錯誤，迫虎跳牆，雲南竟然動了！

藏於九地之下，動於九天之上。雲南於中華民國四年十二月二十五日，傳檄全國，宣布獨立，實踐第二次準備會議「本省爲爭國民人格計，亦孤注一擲，宣告獨立」的決議。

雲南未舉義前，警告袁世凱與最後通牒兩電，及雲貴檄告全國檄文，不僅理直氣壯，文章勁練，且有關歷史文獻，分別錄後：

雲南警告袁世凱電

「大總統鈞鑒：自國體問題發生，羣情惶駭；重以列強干涉，民氣益復騷然。僉謂誰實召戎，致此奇辱？外侮之襲，責有所歸。乃聞頃猶籌備大典，日不暇給；內拂輿情，外貽口實；禍機所醞，良可寒心。窃惟大總統兩次即位宣誓，皆言恪遵約法，擁護共和，皇天后土，實聞斯言，億兆銘心，萬邦傾耳。記曰：『與國人交，止於信。』又曰：『民無信不立。』食言背誓，何以御民？紀綱毀棄，國體既廢，以此圖治，非以敢聞。計自停止國會，改正約法以來，大權集於一人，凡百設施，無不如意。憑此勢以改良政治，鞏固國基，艸偃風從，何懼不給？有何不得已，而必冒犯叛逆之罪，以圖變更國體？比者，代表議決，吏民勸進，擁戴之誠，雖若一致；然利誘威迫，非出本心，作偽心勞，昭然共見。豈能一手掩天下目？幸大總統始終持穩重冷靜之態度，未嘗有所表示，及今轉圜，易如反掌。或者謂，因強鄰之責言，沮已成之計劃，國家之面目不保，後來之隱患恐滋。不知政府宣言，未經民意，民意孰袒？事實可稽。據多數人欲公天下之真情，遂大總統敝屣萬乘之初志。繫鈴解鈴，皆由自動，磊磊落落，何嫌何疑？若復怙惡遂非，緣羞遷怒，悍然不顧，以遂其私。窃恐人心一去，土崩之勢莫挽；外患沓乘，瓜剖之禍更酷。興念及此，痛何可言？繼堯等夙承愛待，參列司存；既懷同舟共濟之誠，復念愛人以德之義；用敢披瀝胆肝，敬效忠告。伏望大總統力排衆議，斷自寸衷，更爲擁護共和之約言，渙發帝制永除之明誓。庶使民碞頓息，國本不搖。然後延攬才俊，共濟艱難，滌蕩瑕穢，與民更始，則國家其將永利賴之。臨電零涕，不知所云。謹率三軍，翹企待命。唐繼堯任可澄劉顯世蔡鍔戴戡等叩。」

雲南致袁世凱最後通牒

「大總統鈞鑒：昨電未承示復，無任屏營。窃惟中外人士，所以不能爲大總統諒者，其首難之人，皆大總統之股肱心膂。蓋楊度等六人所倡之籌安會，煽動於最初，而朱啓鈐等七人所發各省之通電，促成於繼起。大總統知而不罪，民惑實滋。查三年十一月二十四日申令有云：民主共和，載在約法，邪詞惑衆，厥有常刑。嗣後如有造作讕言，叅亂國憲者，即照內亂罪從嚴懲辦等語。楊度等之公然集會，啓鈐等之秘密電商，皆爲內亂重要罪犯，証據鑿然。應請大總統查前項申令，立將楊度孫毓筠嚴復劉師培李燮初胡瑛等六人，及朱啓鈐段芝貴周自齊梁士詒張鎮芳袁乃寬等七人，即日明正典刑，以謝天下；則大總統愛國守法之誠，應可爲中外所信，而民怨可稍塞，國本可稍定矣。再者，此間軍

到雲南協助發展教育，教育廳經費之充足，學制之健全，智德體三項教育並重，其普及性與健全性，各地教育界早有所聞，故該年度全國聯合大會特在昆明開會。（又雲南航空學校亦爲全國最先成立者）。二因適逢東陸大學成立，其建築之宏偉，設備及儀器之完善，教授人選之聘請，亦爲當時國人所盛稱。東陸大學爲唐氏私人捐欵建立，唐氏少年時即作文排滿，署筆名爲東大陸主人，故用東陸爲該大學之名。抗日期間改爲雲南大學，校內最大建築名會澤堂。唐氏會澤縣人，因人尊崇其德望，稱爲唐會澤，猶稱曾國藩爲曾湘鄉，李鴻章爲李合肥，張謇爲張南通也。

法國人自動除苛例

清末民初安南法國人對一般中國商人過境百般刁難及侮辱，除嚴厲之檢查行李外，對懷疑人物，或有夾帶黃金出入之商人，特在與雲南交界處之老街海關處設一大秤，着令商人坐在竹製之大籠內，此籠頗似時下裝猪之竹櫳，用大秤衡其重量，被秤者莫不狼狽萬狀，但當時滇越鐵路爲雲南往港粵及華中最快捷及安全之通路，只得忍受侮辱。唐氏任雲南都督後，即命在華界之河口海關內亦設一同樣大小之秤及竹籠，凡有法國商人出入，一律照秤，否則不准通過，法國人不論男女一般體格均較中國人魁偉，而該竹籠與法人海關所設置者一樣大小，中國人尚勉强可坐，但法國人以體格較大，不易裝進，尤以大秤一升起，上下左右搖擺不定，法國商人莫不叫苦連天。法國駐昆明領事聞之大怒，提出抗議交涉，唐氏曰：「只須貴國先取消此苛例，我方自然取消」，法領事無法只好通知安南海關取消該大秤。嗣後中國人過境不必再受此侮辱，法方海關人員亦不敢再無理刁難過境華人，此爲唐氏對付無理之外國人之一貫政策。

民，痛憤久積，非得有中央擁護共和之實據，萬難鎮勸。以上所請，乞以二十四小時賜答，不勝悚息待命之至！唐繼堯任可澄劉顯世蔡鍔戴戡。」

唐繼堯等討袁檄

「慨自晚清失政，國命阽危，我國民念競存之孔艱，痛淪胥之無日；共倡義舉，爰建共和，統一需人，乃推袁氏。當元二年之交，舉國喁喁望治，愛國之士，不惜犧牲一切，與袁氏相戮力。豈其有所私於一人，冀藉手以拯此垂亡之國而已。袁氏受國民付託之重，於茲四年，在政治上未嘗示吾儕以一線之光明，而汲汲爲一人一家怙權固位之私計，以陰柔之方略，操縱黨派；以狠鷙之權術，踩躪國會；以卑劣之手段，誅鋤異己；以誘脅之作託，淆箝輿論；以朋比之利益，驅策群小；以虛憍之名義，刦制正人。受事以來，新募外債逾二萬萬，其用途無一能相公布。歐戰發生，外債路絕；則專謀搜括於內，增設惡稅，強廹內債，逼勒苛捐，更懸重賞，以獎勵掊克之吏；不恤民力，竭澤而漁；以致四海困窮，無所控愬，問其聚歛所入，則惟以供籠絡人士，警防家賊之用；而於國務，絲毫無與。對外曾不聞其爲國防之計劃，爲經濟競爭之設備，徒弄小智小術，以取侮於友邦，致外交着着失敗。對內則全不顧地方之利害，不恤人民之疾苦，盜賊充斥，未或能治，寃獄填塞，未或能理，摧殘教育，倡言復古，壟斷實業，私爲官營；師羸政愚黠首之謀，尊紅羊利出一孔之教；法令條紛如牛毛，朝令夕更，自出自犯，使人民無所適從，而守法觀念，馴致漸滅以盡；用人則以便辟巧佞爲賢，以苛酷險戾爲才，忠讜見疏，英俊召嫉，遵妄婦之道，則立躋高明，抱耿介之志，或危及生命。以致正氣銷沉，廉恥掃地，國家元氣，斲喪無餘。凡此政象，萬目俱瞻，以較前清，黑暗泯棼，奚啻什倍？我國民既懲破壞之不祥，復諒建設之匪易，含辛忍痛，冀觀後效，掬誠側望，亦既數年。方謂當今內難已平，大權獨攬，列強多事，邊患稍紓，正宜奮臥薪嘗胆之精神，拯一髮千鈞之國命，何圖彼昏，百事弗恤，惟思覬覦神器，帝號自娛，背棄口宣之誓言，干犯公約之憲典，內罔吾民，外欺列國，授意鷹犬，偏布爪牙，刦持國人，使相附和，良士忠告，充耳弗聞，興論持正，翻成罪狀。以致怨毒沸騰，物情惶駭，農輟於隴，商閉於塵，旅梗於途，士嘆於校，在朝節士，相率引退，伏莽羣戎，伺機思逞。馴致列強干涉，警告再三，有嚴密監視之宣言，作自由行動之準備。夫以一國之內政，乃至勞友邦之容喙，奇恥大辱，寗復堪忍？誰爲爲之，乃使我至於此極也？今猶不悛，包羞怙惡，彼將遂此大慾，屢其禍心，苟非效石晉割地稱兒之故技，必且龔亡清奬拳排外之覆車。二者有一於此，則吾國永沉九淵，萬刦寗復？先聖不云乎，亂賊之罪，盡人得而誅之。況乃受命於民，爲國元首，叛國之事實既昭然，賣國之陰謀且暴露，此而不討，則中國其如無人也已。嗚呼！國之不存，身將焉託？而立國於今，抑何容易？人方兆衆爲一體，日新月異，以改良其政治，稍一凝滯不進，已岌岌焉爲人魚肉之

詩書字畫均有造詣

唐氏年十五應童子試，補博士弟子員，自幼對詩書字畫富有興趣，並好研究理學，曾重印王陽明全集及呂新吾語錄。在日本士官時代及後居重任，雖簿書鞅掌，戎馬倥傯，每獲閒暇，必以詩書字畫自娛，書仿鄭板橋，善畫竹，少年時代即著有「東大陸言志錄」。

青年都督貌若婦人

唐氏眉目清秀，談吐文雅，二十九歲已任貴州都督，三十歲爲雲南都督，亦爲中國近代史中最年青都督之一。雖爲軍人，或穿西服，其儒雅風度，如名士，如外交官。日本之中國名人辭典中，有關唐氏一段云：「貌若婦人：：」當時筆者頗爲訝異，認爲日人有意訕笑，曾將原文抄錄，請教曾留學日本學生及日本友人，據云此乃日本人譽唐氏爲美男子之意，昔太史公撰留侯世家，謂張良狀貌如婦人好女，亦是此意。

拒受侯爵領事驚服

民國四年（一九一五）唐氏討袁之計劃早已決定，先頭步隊鄧泰中及楊蓁已於十一月十七日出發四川，曾通電全國中外聲明態度，但袁世凱之皇帝夢仍未覺醒，尚欲以高官厚爵籠絡唐氏，以期挽回頹勢，急電封唐氏爲一等侯開武將軍，當時駐滇英法兩國領事聞此，循例往賀，唐氏問其故，曰：「賀封侯」，唐氏笑曰：「余以爲君等來賀宣佈討袁耳，封侯何賀爲？」兩領事大驚，因嘆曰：「袁氏假託民意，篡取皇冠，今已數月矣，未聞有中國人起而反抗者，嘗謂非亡國滅種，决不至此，今滇人能倡大義，方知中國非無人也」。後袁世凱雖又加封唐氏爲親王，英法兩領事亦不敢再往道賀，以免再度表錯情焉。

懼。況乃逆流回棹，欲襲中世式東方式，奸雄之伎倆，弋取權位，而謂可以奠國家，安社稷？稍有常識者，當知其無幸也。袁氏對於國家，既瞤然不自知其職責；對於世界，復懵然不審潮流事會之所趨。其政法上之效績，受驗於我國民之前者，亦既有年，所餘者惟纍纍罪惡，污我史乘，他復何有？就令怵於名分，不敢明叛國體，然由彼之道，無變彼之術，亦惟有取國家元氣，旦旦而伐之，終亦醞釀大亂，以底於亡已耳。況當此禍至無日之時，乃更有帝制自爲之舉。譬猶熟視父母，宛轉屬纊，而復引刀以誅之，別有肺腸，是孰可忍？數月以來，淫威所煽，勸進之辭，所在多有。彼方假借，指爲民意，冀以窮譽當時，掩罪後史，實則羣公之權宜承旨，或出於顧全大局，投鼠忌器之苦心，或懷抱沉機觀變，待時而動之遠識。豈其心悅誠服，甘作貳臣，狂走中風，殉茲戎首？堯等或任職中樞；或濫竽專閫，爲私計則尊顯逾分，更何所求？與袁氏亦共事有年，豈好違異？徒以勢迫危亡，間不容髮。邦之杌隉，實由一人，亦既屢進痛哭之忠言，力圖最後之補救，奈獨夫更無悔禍之心，即兆衆日在倒懸之域。是用率由國憲，聲罪致討，剪彼叛逆，還我太平。義師之興，誓以皿事：

一曰：與全國國民戮力擁護共和國體，使帝制永不發生；

二曰：劃定中央地方權限，圖各省民力之自由發展；

三曰：建設名實相副之立憲政治，以適應世界大勢；

四曰：以誠意鞏固邦交，增國際團體上之資格。

此四義者，奉以周旋，以徼福於國民，以祈鑒於天日。至於成敗利鈍，非所逆覩，唯行乎心之所安，由乎義之所在。天相中國，其克有功，敢布腹心，告諸天下。

唐繼堯任可澄劉顯世蔡鍔戴戡」

唐繼堯等既傳檄天下，雲南全省轉入軍事狀態，立即組織護國軍大本營，統一指揮，發號施令，其最高機構爲都督府。

都督府都督之地位，猶之兵馬大元帥統轄三軍，下置三路總司令。當時起義人物，除唐蔡外，如李烈鈞、熊克武咸一時名將，具有都督資格，而且曾經當過都督。這第一把交椅應該誰來坐？值得商量。

當由唐繼堯推蔡鍔爲都督府都督。蔡在同輩中得志最早，資望最尊，做過雲南講武堂監督，反正後第一任雲南都督，爲唐的老上司、老大哥。可是蔡再三遜辭，理由是他爲反袁而來，恐怕外間不察，誤會他爲爭名位而來；再則他是湖南人，不是雲南人，滇中人情渾厚，民族性器度寬大，雖無省界觀念，但勞師動衆，統籌餉械，究不如本省人的唐繼堯，得當地父老子弟的信任愛戴，便力推唐任都督府都督。二人揖讓不下，即席付表決。結果一致附和蔡的主張，共同推戴唐繼堯爲都督府都督。

編制既定，羣情奮發，由都督唐繼堯主盟全體爲殲滅元凶，摧毀帝制，恢復共和國體而宣誓，歃血爲盟。（歃血杯年前由唐之長公子筱蓂獻與國家，陳列台灣博物館。）旋即決定出師計劃，唐繼堯立下動員令，三路大兵尅日開拔。第一軍先頭部隊左翼，陸行三週，於民國五年一月十七日，行抵滇川邊壤，與敵軍接戰。當時交通梗塞，榛莽遍野，軍行艱苦可想。敵軍早接諜報，沿邊密佈重兵，血戰四晝夜，佔領敘府，此爲

唐氏金銀幣在美國

唐氏執政時，雲南曾發行金、銀及銅幣，金幣又分大小兩種，即當銀元十元及五元兩種。其成色之充足，圖樣設計之精美，爲全國所僅見。筆者年前在紐約華埠，即俗稱唐人街區之白樂利街與康乃爾街轉角處美國大通銀行分行之大廳內，見有中國銀幣陳列櫃一個，任人參觀，發現內中亦有唐氏所發行之銀幣一枚，裝在特製透明塑膠袋內，並用英文註明，大意謂：「此幣十分稀罕，乃紀念唐繼堯將軍，打倒想做皇帝之袁世凱者。」後又聞友人言，紐約市繁盛區百老滙與第五十街附近之間，有一專賣世界各國金幣之猶太人商店內，亦有唐氏金幣一枚，筆者好奇，亦往一觀，果見該店櫥窗中有小型者一枚，問其價？猶太人答曰：「四百美元」，又問之如此重量不過幾安士之小

護國軍出師之第一次勝仗！此後三路義師浴血苦戰，節節進攻，迭克名城，而勝負互見。據周鍾嶽私人札記，在抗戰陪都對中樞公開演講，節錄全面戰況梗概如後——

護國軍戰時軍事系統如下表：

都督府都督唐繼堯
- 第一軍總司令蔡　鍔
  - 梯團長劉雲峯
  - 梯團長趙又新
  - 梯團長顧品珍
- 第二軍總司令李烈鈞
  - 梯團長張開儒
  - 梯團長方聲濤
  - 義勇軍何國鈞
- 第三軍總司令唐繼堯兼
  - 縱隊長楊　杰
  - 縱隊長徐　進
  - 縱隊長戴　戡
  - 縱隊長李雁賓
  - 縱隊長王伯羣
  - 別遣支隊李友勛
  - 挺進軍黃毓成
  - 梯團長趙鍾奇

護國第一軍攻川戰情

第一軍由趙又新，顧品珍兩梯團出永寗，取瀘州，為中路主軍。劉雲峯率鄧泰中、楊蓁兩支隊出昭通，取敘府，為左翼。戴戡率黔軍熊其勛一團，並由殷承瓛、葉封歌一支隊協助出松坎，攻綦江，窺重慶，為右翼。

左翼軍第一梯團兩支隊先出發，抵兩省接壤之新塲，一月十七日與敵軍交戰，節節進攻，二十一日克敘府。

中路軍先遣部隊於一月二十六日抵畢節。川軍第二師師長劉存厚輸誠，合力搗瀘城。敵軍踞險頑抗。袁世凱先後派遣北洋陸軍第三師曹錕，第七師張敬堯，第八師李長泰入川，分佈瀘州重慶，第六師馬繼增入湘。適三月二日敘府又陷敵手，左翼既失利，中路久攻不下，退駐大舟驛。

我軍以寡敵衆，鏖戰數月，至為艱苦，終以士氣奮厲，轉敗為勝，盡復失地，佔領新據點，追擊敵軍，大獲勝利。

護國第二軍在滇桂邊境戰情

第二軍經蒙自，出開廣，為由粵入贛之計。袁世凱派龍覲光（粵督龍濟光之兄）為雲南查辦使，假道廣西，進犯剝隘。

三月十一日，我軍張開儒梯團與敵戰於虹山。十三日，敵增援。十六日，我軍力攻，敵大敗潰走。

敵軍司令黃恩錫，由西林八達進犯，我軍方聲濤梯團奮勇將敵擊退。

第三軍以第二軍進軍屢受阻，令梯團長趙鍾奇由貴州黃草壩出發，向西隆推進。挺進軍第一縱隊由潞城進兵夾攻，敵潰退，我軍直取西林。趙鍾奇梯團，與黃毓成挺進軍，會合百色，進攻黃南田之敵。縱隊長楊杰，率第一營砲兵夾擊。敵軍大敗，龍覲光全部繳械，通電投誠，粵桂震動。

護國第三軍在黔湘方面戰情

第三軍原定作戰計劃，由參謀長韓鳳樓，率李植生、華封歌兩支隊會合入湘；挺進軍黃毓成，由貴州直下辰沅。嗣因川桂戰事緊急，華支隊改由殷承瓛統率，改道松坎，助第一軍右翼攻綦江；李支隊改由趙鍾奇統率，協助挺進軍改道西隆，攻百色。

金幣，為何如此高價，猶太人正色曰：「此人乃中國皇帝之一，全美國只有此枚出售，賣出後，不知何時才能再得一枚」，筆者笑曰：「此人並非中國皇帝之一，他是唐繼堯將軍，事實上他曾將一位想做皇帝的人打倒下台」。此種金幣有大小兩種，君現有者為小型，此兩種金幣在中國及東南亞流傳尚多。』猶太人聞之，半信半疑，面青面紅，啼笑皆非。

昆明大觀樓公園內雲南各界所建之唐氏銅像

入黔先遣軍徐進之混成縱隊，亦分撥入黔軍東北兩路。東部司令王文華，遣四混成團集中鎮遠銅仁一帶備戰。

一月二十五日晨，晃州敵軍來犯，我軍迎戰，大敗之。二月三日進佔晃州。五日攻克黔陽。六日克洪江。十四日佔領沅州。乘勝追擊，迭克麻陽、清縣、通道、綏縣諸城。

時敵軍大隊雲集川境，聞第三軍直下沅湘，大震驚，急調精銳增援。三月初，武岡敵軍擾綏甯，我軍於九日分由高沐梅口反攻，血戰四晝夜，敵退守武岡。

三月三十一日，沅州一路敵軍，由吳佩孚、張作霖兩部出戰，張之馬隊尤猛鷙，在沅城與我軍鏖戰三晝夜。我軍以武器不足，兵力單薄，不敵，退出沅城，猶賈餘勇分路反攻，斃敵甚衆。

是年四月，袁世凱舉棋不定，擬自動取消帝制，不復厚豢鷹犬，敵軍亦軍心渙散，請求停戰。我軍奉命暫守原陣地，停止進攻。

護國軍苦戰期間，獲得意外之收穫，是人心歸向，得道多助，各省先後响應：

貴州於五年一月二十七日宣布獨立。

廣西於三月十五日宣布獨立。

廣東於四月六日宣布獨立。

隨之浙江、陝西、湖南等省相繼獨立。袁世凱見大勢已去，乃於民國五年五月二十三日，下令取消帝制。猶妄冀重踞民國總統職位，但爲時太遲，無法挽囘已喪失的人民信念，而最後一道催命符，則爲四川宣佈獨立，與袁世凱斷絕關係。川督陳宧，原屬袁之死黨，袁正在病中，得此惡耗，疾益加劇，於六月六日病死。

元凶既斃，護國軍大功告成。此後護法、靖國兩役，雲南對國家尚担負一大段艱苦任務，以不屬於本文範圍內，從畧。

唯梁啓超對護國軍雲南起義爲主動一說，作者雖引據蔡唐雙方事前己密電決定之史實，（周鍾嶽不僅對作者私人談話，在中樞公開演講時亦如是說。）足以辯證梁主動之說不盡然。梁於其「護國之役囘顧談」一文中，憤懣不平，可窺見其內心。如云：『總之，因爲這種障礙，弄到蔡公要從大理府一帶調兵，就擱了十來天的日子。而且好的兵都留在省城，蔡公所能帶到前敵的，只是二等以下的兵，二等以下的軍械』云云。言外之音，似乎雲南害苦了蔡鍔。此點不可不辯！

須知雲南是個窮省，每年歲入在當時不過二三百萬元。據又一證人惠雲岑（雲南報界公會會長）跟作者說：『大軍出發，僅向總商會籌得三十萬元。』說也可憐。說到蔡所統率的是二等以下的兵，不知道梁以什麼等級做標準？就一般人所知，第一軍所部，有趙又新、顧品珍兩員大將，帶的是全省最精銳的部隊。至於軍械缺乏是事實，唐在起義準備期內向德與日本所訂購的槍械，給袁政府全部扣留。雲南急迫興師，全部護國軍只能用舊槍械，決非唐對蔡有所歧視。作者深信以梁啓超的人格，並非存心誣衊雲南爲不義。可是梁文對滇省一隅之地，犧牲如許生命財產，統籌全局的苦心孤詣，沒提及隻字，只有責備與怨懟，怎得謂之公允？梁爲一代賢者，非斤斤小丈夫，其中必有絕大的誤會！

誤會是怎樣發生的呢？

梁啓超本人從沒到過雲南，既未與雲南當局接觸，誤會何從發生？

毛病就出在梁啓超沒到過雲南！

作者爲此事，曾問過馬驄（曾任蔡鍔的參謀長；唐繼堯的參謀長，軍政司司長，代理督軍等職）。這也是一個重要證人。他在五次準備會議都出席，據他說，梁啓超沒到雲南，却派了一位代表某某君來。這位某君把事情搞糟了！

某君是梁的友人，出席會議時，老氣橫秋，提出一個大難題來，要首義諸人拍電歡迎梁啓超做護國軍的領袖。歡迎無問題，做領袖可大有問題。某君也許以爲梁啓超是蔡鍔的老師，唐繼堯與蔡鍔同輩，可以隨便發言。却沒顧慮到這個場

考秀才試場奪燭台

唐氏天資聰明，自幼好學不倦，十五歲時應鄉試，同試中童生有姓龍者，已忘其名，姑稱之龍生，亦爲諸童生中之表表者，兩人均有中試資格，冥思苦索，盡量發揮。至交卷時限，天色漸暗，應考諸生已先後交卷，惟唐氏與龍生尚在埋頭寫作，滿清考試制度及規則亦甚嚴格，必須限時交卷，當時主考官田某，特破例寬限，但天色已黑，只以半枝蠟燭爲限，命兩人對桌而坐，半枝蠟燭擺在桌中間兩人共用，燭盡必須交卷，當時土製蠟燭，燃燒性極短，光度極弱，龍生因患近視，無法看清楚，將蠟燭搶到自己卷前，唐氏雖非近視，但燭光太遠，亦無法寫作，只有將燭移囘中間原位，龍生大急，又搶置自己卷前，唐氏亦不肯罷休，於是兩人爭來奪去，有如拉鋸，忙亂中龍生將硯池打翻，唐氏試卷爲墨水所污，主考官見此，認爲有犯塲規，着令兩生停筆交卷，所幸試卷雖被墨水所污，但字跡尚可辨認。放榜之日，唐氏果中式，及唐氏發跡後，懷念故人，派人偏覓龍生，已不知所終。

識拔龍雲擺設擂台

民初俄國有一大力士，來中國擺擂台，此人身高六呎，體重二百餘磅，由哈爾濱南下，在各大城市擺擂台，因其孔武有力，體重如山，到處無敵手。唐氏閱報知其事，爲提倡體育，提高滇人對武術之興趣，特電駐滬代表，重金邀請大力士來滇表演，大力士欣然應邀。抵昆明後唐氏破例接見，果見其如山之體格，絕非普通身材之國人所能與之較量。即命講武堂各教官在學生中，選拔一二人來陪同大力士表演，旨在觀摩學習，不計失敗。各教官商討後，認爲學生中，龍雲身材雖瘦小，但武藝精嫻，且諳柔術，可出一試，但冀不致被俄國大力

合萬不能隨便發言！李烈鈞、熊克武、但懋辛等是國民黨人；雲南的軍政要人都是唐繼堯的親信部屬。這兩部分人，各有背景，豈能放棄固有的立場，擁戴一個外來的進步黨領袖？

因此，這個中心人物，只有唐繼堯最適合當時的環境。一則唐沒有黨派關係，不是進步黨，也不是國民黨。但重要的國民黨軍事人物如李、熊、但等，都跟他私交甚厚。二則唐爲人豁達大度，光明坦率，不喜玩弄政治手腕，對人和善誠懇。那些調和各方、籠罩全局的條件，都非梁啓超所具備，坐上頭把交椅，只有頭疼。蔡與梁縱然有師生之誼，但唐當護國軍都督府都督，是蔡首先推戴，並經會議表決。蔡也沒法推翻既成事實！何況陣前易帥，犯用兵之大忌。當時某君一提請梁啓超領導的話，全體不約而同的劇烈反對。某君乘興而來，只落得敗興而返。

某君回去覆命，說些什麼話，未便妄測，梁啓超可激惱了！不然，梁啓超何以會對雲南發生憤恨？馬驄之言如此。後來作者再詢問周鍾嶽，也這般說。馬周軍政耆宿，始終親歷其事，所言當然不虛假。

所以作者肯定梁啓超純出誤會！

幸而唐蔡梁都是中國典型的讀書種子，識大體，重道義，相忍爲國，沒鬧出更大的亂子來。儘管如此，梁啓超在護國一役，有其不可埋沒的功績。他的功勞，不在奔走游說，那是別人也做得到的事。別人做不到的是他手上的武器！引用梁啓超自己的話：『蔡公靠的是槍，我靠的是筆。』

這話一些不誇大。梁啓超確爲現代中國第一流政論家。那篇「異哉所謂國體問題者」，是倒袁的有力大文章。

第一，第二，第三，幾點疑問，都已解答清楚。梁啓超文字報國之功，聽信讒言之誤，也據實直書。如今剩下的一個問題，是後人爭訟的唐蔡二人，誰是首功？

唐蔡兩人的行事，心跡皎然，如日月經天，蓋棺定論，留芳萬古，還須後死者替他們來爭功嗎？作者的論斷：蔡唐兩人合起來原是一個人格，中國文化精神陶鑄成的典型人格！

這個人格，那有後人所想像的爭功利那種骯髒念頭？這個人格何自而來？

蔡鍔在軍中編有曾胡治兵錄。唐繼堯手編明代大儒呂新吾語錄，及重刊王陽明全集。可見二人秉承的是儒學思想。思想同出一源，言行同趨一軌，合起來不是一個人格嗎？

抗戰期間，作者旅居昆明，唐的長子筱蓂，（唐繼堯日本士官第六期畢業，筱蓂第十六期畢業，曾任陸大教官，現任國大代表，卜居台中。）筱蓂談起童年的事，有一段是他們父子倆的談話，那時筱蓂還不甚懂事。

唐筱蓂問：『蔡老伯留在這兒很危險，袁世凱封您的將軍侯爵，豈不都完了？還得殺頭，犧牲太大！』

唐繼堯答：『蔡松坡是我的知己！』

從那句話，可想見唐蔡兩人的交情，再不必旁人下註脚了。

作者以超然的立場，蒐集史實，解剖史實，說明雲南起義的眞相。

這件驚天動地的大事，是三個書生合力領導做成的：

唐繼堯主持全局；

蔡鍔勞苦功高；

梁啓超文章報國。

論功皆不在禹下，三人爲同一目標，奮鬥到底；還有一股看不見的巨大力量，那便是全國人民的愛國熱誠，和民族文化的精神遺產，支持他們克竟護國大功！

作者附註（一）本文為史論，遵史體例，所有「公」「先生」等稱謂全略。（二）滇中軍政耆宿張維翰、李宗黃諸先生對雲南一役，各有專著，恐犯重複，均未引用。

拋下擂台，保留面子。打擂台之日，風和日麗，講武堂大操場，特搭下擂台，高約三四英呎，方約二十呎，有如今日之西洋拳鬥比賽台，但四週無柱或繩欄，講武堂全體師生列席，昆明各學校放假一天以便學生觀摩，各界人仕亦紛往參觀，數千人環繞擂台席地而坐，唐氏亦親臨，另設木椅數張與各將領共賞。俄國大力士先出場，登上擂台，張開如普通人大腿之雙臂，鼓動肌肉，向四方觀衆炫示，其自高自大之驕態，令人側目，各觀衆惟有鼓掌一番，作禮貌捧場。稍後龍雲一躍上擂台，先向唐氏及四方觀衆一鞠躬，再向大力士行一鞠躬禮，擂台之戰旋即開始，只見大力士如大熊一般撲向龍雲，欲將其抓住拋下台，龍雲則如猴子般左跳右閃，以避其鋒，忽見大力士大吼一聲，箭步冲向龍雲，欲將其摔下擂台，龍雲不慌不忙，順其冲力，將身一閃，順勢將大力士推下擂台，赫赫巨人飛撲下台，幸而台下均屬草地，未致跌傷，但已遍身坭草，唐氏見此，即着人請大力士回賓舘休息，並問此學生姓名，答曰：「昭通龍雲」，唐氏除多加勉勵外，已有提拔之心。不久龍雲畢業，即調升偵飛軍大隊長，後唐氏發見其軍事材畧，又調升團長，屢建戰功，唐氏更不次拔擢，三年內連升五級，位至軍長，升遷之速，實爲奇蹟。

被尊爲東方拿破崙

護國之役後，安南法國人對侵吞雲南之念全消，蓋法國人自知侵吞雲南有如蛇吞象，懾於唐氏之雄才大畧，稱之爲東方拿坡侖，謂因唐氏軍事天才及像貌頗似法國之拿坡侖也。某歲唐氏祖母稱壽，法國某洋行經理亦來賀壽，一進壽堂，連走帶跑，跳到蒲團前，向唐氏祖母雙膝下跪行三叩首禮，唐氏及隨從阻止不及，只得由此法國人演出喜劇，雖屬小事，但可反映當時法國人對唐氏之敬畏云。

最新曼克頓恤衫

大人公司有售

大千居士畫「峨眉三頂」（一九五五年作）

小紀峨眉之游

李璜

「檢點平生事．無如此日閒」。

自從去年秋末將我近五十萬字的回憶錄中英文稿在美國校畢回到香港，我已算對歷史辦了一個交代，了却一樁心事，閉門讀書，聊以自遣。由來我的生活是多方面的。固然自少年時起，在理智的訓導上，感到知識的重要性，未嘗一日拋開書本，且多年來都在從事於教學；然而在情感的被激勵上，身處國家多故的內憂外患中，又不免要捲入了政治的游渦，歷與强權暴力抗爭，以致對內則左右開弓，曾招夾攻，對外則南北奔命，不遑寧處。因是我的回憶錄中所述，多半是一些家國恩仇、事變滄桑，曾將我所親歷的五十年間中國政治與社會變局歸納得一個因由的線路出來；而對於大好神州，山川風物，乃未暇道及。既生爲蜀人，好山佳水，自幼相習，感染實多，故我前半生在戎馬倥偬之間，抽暇仍喜作名山之游；而游踪之足念者，自然以青城峨眉爲最。閒中歲月，夢裏河山，前次已爲本刊第十六期寫了一篇青城游記，茲篇再爲之小紀峨眉之游。不過令人感慨的是，以青城之游比之峨眉，則前游正是少時，脚力甚健，不厭探幽涉險，毫無倦意；而後游則年已四十八歲，不免借助輿夫，坐滑竿走的都是通常山徑，就說不上有甚麼異於常人的盛境發現了。然而壯年結伴游歷，又多一層友朋聚賞之樂。且自古詩人多入蜀，而入蜀多至峨眉山，因是如唐之李白，宋之范成大等對茲山歌咏所留下的名篇妙句不少，乃令我昔時茲山之游，多添了一種詩意的新境界。

峨眉形勢

峨眉山本是邛崍山脈的餘脈，以由近而遠來說，也可稱爲邛山首峯。原來邛崍山脈橫斷四川西部，自西北迤邐而來，到了瀘定滎經兩縣之間，忽橫而東向，形成界於南北的一座高山，是爲大相嶺，即諸葛亮南征孟獲而必須跋過的第一大山，故紀念其艱難而名爲「相公嶺」（其所以稱大相嶺者，因再南尚有險山稱爲小相嶺也）。大相嶺再向東推進，界於青衣江與大渡河之間，層巒起伏，縱橫於洪雅、夾江、峨眉、樂山四縣之間，而止於樂山縣城之西南，是爲峨眉。不過峨眉雖已是邛崍餘脈，而高峯，據民國二十二年的測量報告，在大眉的千佛頂，是海拔三千三百八十二公尺，要合華尺一萬一千一百六十三尺零，其萬佛頂還要更高一點。

峨眉山峯向東排列展開，自嘉眉二州向西望之有似飛蛾之眉，故稱峨眉。以山形平列而言，一般分爲三峨，即大峨、中峨與小峨（又稱大峨、二峨與三峨），其實萬峯重疊，起伏不已，全山周圍亙一千餘里。即以大峨而言（游人踪跡多在大峨，我亦如是），也係兩山對開，分成無數峯脈，金頂、千佛頂、萬佛頂是其南面高峯，形成一脈，有似左眉；華嚴頂、蓮花石、太子坪、天門寺等，又是一脈，形成右眉。身在山中，但見峯巒挺秀，雲封霧繞，便不容易分出山形脈絡，所謂「不識廬山眞面目，只緣身在此山中」也。我感到東坡先生，生長眉州，雖其詩作中咏及峨山者並不多見，然而究竟他年在二十歲之前（東坡年二十始離家鄉出川赴試），日夕坐對遠山，領畧峨眉景色，自異常人，故他只用「**峨眉翠掃雨餘天**」七字，便足將此山之眞正面目概括無餘了。

原來峨眉山的特色是山半雲封霧繞，山中終年積雲，在高峯上晴日下望，或在平地上雨霽遠望，都可以看出高峯之腰每爲積雲所包圍；上了二千公尺的峯巒，好像隨時都坐在綿絮堆上似的。白雲在山半一開一闔或一升一降，則必然下一陣雨，且雨落多在午後二三時。因之每當夕陽晴天，峯頭叢樹，雨潤烟環，陪襯着蔚藍的天半霽色，此峨眉之所以能爲「天下秀」也！黃大受教授紀峨眉山自然情勢說：『峨眉山雲霧，多是積雲，但是在二千五百公尺以上，天晴的日子，比較要多一些。平常都是陰天和雨天較多，晴天最少，每天平均不過兩三小時的太陽。雨是每天午後和夜間最多，四季裏是夏秋最多。在「極年度」裏，共得雨量九、二九六耗，足夠抵得上南京上海一帶的十年雨量。』因之峨眉又一特色是山中多水，谿壑四達，水流甚旺，到處造成積潭、洞池，且有的可乘小舟以渡，有游魚可數。「峨眉十景」之中，「象池夜月」、「白水秋風」與「雙橋清音」三景，皆以水勝。至於山上的氣壓是冬低夏高，和平地相反，平均每天是五二五耗。山頂的溫度，六月時平均每天是攝氏七度，八月時平均每天是十二度，可以說夏季平均是十度；冬季則山頂每天平均低至零下十度，則不適宜於居處了。

嘉州風物

民國三十二年（一九四三）癸未初秋，我與好友左舜生兄及夏濤聲、藺維矩伉儷相約同游峨山。時抗戰雖仍在艱難奮鬥中，但日閥在太平洋上遭受美軍反攻，已顯露敗徵，我方民心士氣日振。我的國民參政會川西建設策進會工作特別注重督修四大飛機場，以接受空運來的美援軍用物資，其中以車輛及汽油爲最大宗。我趁督導彭山機場工作，再南行經眉山、青神，以三小時之吉普車到了樂山，而舜生兄與夏兄夫婦則自重慶乘民生公司小火輪兩日程沿岷江上駛，同來樂山相會。其時，武漢大學早經內遷樂山城上課；武大教授中好友特多，而尤以少年時與我及舜生在上海震旦大學同學之陳八登恪（散原詩人第八子）爲渴欲相晤，所以不只爲愛名山入剡，兼訪老友，一叙契濶。

樂山古稱嘉州，清設嘉定府府治於此，民國廢府存縣，因嘉定縣名已在江蘇省早有之，遂稱樂山縣，但川人仍習稱樂山爲嘉定。「樂山」二字，似乎取於論語「智者樂水，仁者樂山」古典而來。嘉州地近峨眉，樂山自不待言，然而嘉州實以水勝：其城不只山環，尤其水繞四面；城之東廂，面臨岷江，商船雲集；城之北郭，又有青衣江自名、雅流經夾江來滙於岷；城之南面，乃大渡河與岷江交流處。因是嘉州四鄉，好像周身是水，頗似江南太湖沿縣，自然也是魚米之鄉；而四川蠶絲盛地，由來以嘉州爲最。成都人家夏季所着之綢衫綢褲，皆稱「府綢」，即嘉定府所產，絲粗而結實，一生一件，洗磨不破。但民國以來，爲外絲壓迫，早經衰落。自抗戰軍興，江南陷落，外省絲利爲日寇所佔據後，陪都政府特別鼓勵嘉州之民種桑養蠶，以便增加出產，用空運輸送外銷。且軍用之空軍降落傘，對輕軟而韌力特强之嘉州絲最爲適用，政府因之特派專員徵取最優等之白府綢，以代稅收。於是四五年之間，嘉州桑園復又一時興盛，到處綠油油的一片。四鄉水邊屋側，都見着浣紗與繅絲的少年女郎，令人恍如置身於杭、嘉、湖，這三處的風光一樣。

嘉州既爲水鄉，魚產種多而味特美。青衣江色碧綠有似富春，產一種「清波魚」，源出雅州，下游至此，長已尺餘，而肥嫩不減，雖不少細刺而多脂膏，宜於清蒸，爲我所較愛食。此外尙有肥鱒，雅號江豚，武昌也有之，體圓而周身是肉，宜於紅燒，東坡最喜之，故其懷鄉詩中有「**久抛松菊猶細事，苦笋江豚那忍說**」之句。談到東坡，尙想起一種墨魚，周身黑點，相傳爲東坡洗硯之水所染。不過墨魚體扁小而多刺，稀少而不易得；以重價求酒家出之，味並不鮮，名不符實。計我偕諸游伴盤桓嘉州兩日有半，每餐有魚，種類不少，乃至今仍念及「清波」，有如張翰之於鱸魚膾也。

我既有吉普車，而樂山城鄉皆有公路，故能游遍各區市鎭，去尋好水飲茶，好菜佐餐。老友陳八因寓居已久，外客成爲主人，熟習村鎭特點及其途徑；而我這個四川人，喚作主人反成爲生客了。輕車馳逐於桑田水涯之間，所過村市，以蘇溪最爲繁盛，是爲昔日之蠶絲集散市場，規模今日猶存，茶館酒家甚多。徐濟爲一小鎭，使我至今猶憶者，則其村外茶酒肆都是水閣架在沙洲之上；夏季水沒沙洲，則人家多以小艇來接客人渡往，頗似今天香港仔渡上紫棟艇吃海鮮同樣情趣。陳八說此間茶館之水最爲甘美，傳係汲自龍水泉，而龍泉又自峨山之下白龍洞中流來。川人長於飲茶，因之特別留意水味；陳八早是此中內行，而我則否。不過陳八談到漢陽壩所生產的鷄，其肉有香味，却引人入勝，非吃不可！漢陽壩在樂山縣之西，爲青神縣屬，其地沙田，盡種落花生，而鷄則是吃花生養肥的，因之其肉香脆；鷄湯未入口即有一股花生香味撲鼻而來。於是我們吃魚之後，分手之前，又以飽吃此花生鷄爲壓軸戲。

樂山名勝，自數凌雲。凌雲山在城南渡過岷江，即見巍然大佛，是在凌雲寺前。東坡有詩：「**少年不願萬户侯，亦不願識韓荆州，但願身爲漢嘉守，載酒時作凌雲游**」則凌雲之勝可以想像。不過凌雲山風景雖佳，而寺觀設置乃盛於中唐時代。志書所稱，山有九峯，峯各有寺

樂山縣凌雲寺大佛

，自會昌滅佛（西曆紀元八四五年）以後，便未能重振；而今只烏尤寺稱盛（惜未能往游），至凌雲寺亦破壞不堪，所以引人入勝者也只此凌雲大佛(西曆紀元八〇二年韋臯鎭蜀時建)而已。但此大佛却大得驚人！石佛高達一千一百多尺，依山鑿成，打坐在三條江水滙合的山脚咀前面；佛頭圍廣及十丈，佛頂可以安排五六棹酒席，絕不嫌窄；佛耳則人攀登其中，坐着納涼，好像山洞一樣。聞江水如淹至佛脚，則樂山城將有水災云。

山麓大寺

以汽車自樂山城中國旅行社招待所（抗戰中於大後方交通要地所開設便利行旅不少）動身前往峨山脚下，不過三四十分鐘，直至報國寺，方雇輿夫準備上山。報國寺在山麓中間偏左，爲峨山第一大廟，氣象宏廓，不愧是海內名刹。一般蜀中大寺，比之江浙及南北各大廟均建築較爲高敞。究其原因或在蜀山所產的楠木柏木，多係棟樑之材，長兩三丈，幹粗兩人合抱，而一直通根到頂，並不減削，所以能支持高簷廣廈；且蜀無颱風地震，又距帝王居遠，故無所畏而自高其廟堂。報國寺殿凡三進，大雄寶殿與藏經樓似新修不多年，甚爲整潔。寺爲十方叢林，僧衆常集，大殿可容千人，宿舍亦多。故此廟乃能容許文武兩班，皆會在此講學。武的一班，即民國二十四年（一九三五）八月國民政府最高當局特設「峨眉山軍事訓練團」於此寺中，將四川軍人，高至軍長如劉湘、鄧錫侯、劉文輝等，低至師旅團營長各抽調若干人來此受黨化教育一月；一時清幽境界，塞滿糾糾武夫，弄得烏烟瘴氣，游人爲之裹足。文的一班，即抗戰之次年，敵機入川轟炸，四川大學會由成都遷來峨眉，以報國寺爲校本部。但不到兩年，即又遷回成都東郊新校舍。文武兩班擾亂一陣佛門淸靜之地，但其敎育均少成效：文校則大學生體力素差，居此多雨陰濕之區既久，則瘧疾、痢疾與腿疾相繼發生，醫葯不便，紛紛假歸，輿論不佳，只得還走。武校則團員多係老於世故、善於敷衍的投機分子，對於官式受訓，表面做得似模似樣，而內心是否改觀，則只有天知道了。然而勞費一番，便宜了和尙們，特別是報國寺主持果鈴和尙得着發財機會。因爲來此受訓軍官大半均是鴉片烟的大癮者。受訓關在廟內，不好擺出烟燈，則只好吞烟泡子頂癮。因果鈴也是癮君子，特雇打泡能手，日夜趕製烟泡子；一個大洋一顆，私售給師旅團營長（軍長級如劉文輝與李其相等自有辦法），癮大者一日非八顆十顆不行，於是果鈴和尙大發其一筆橫財，可算得武校之最大功德所在，且從此四川軍政界無不知峨眉山有賣烟泡子的果鈴和尙者。

我與舜生及夏兄伉儷既乘汽車直抵寺門，報國寺的小和尙認爲汽車客必是顯官大官（其實這部小車是我自彭山機場工程處借得來的），報告主持，來請上坐、泡好茶。我見此僧骨瘦如柴，鼠目賊相，問知果鈴，令我立刻生出厭惡心理，不願面對有汚名山大寺之俗物。時方下午三時，我們匆匆游覽寺內一週，雇好滑竿四乘，雖果鈴再三留客，而我堅決辭去，與同伴向伏虎寺進發。平心而論，報國寺的環境實在不俗，門前一望，草地平敞，十畝方圓，左有長林，右有流水，雨後羣峯在望，秀色可餐，惜我淸興爲此俗僧所敗，急向寺後純陽觀而去。

我們由寺後左邊緩緩上山，其目的地固在伏虎寺。此一大寺在大峨較左偏之羅峯山下。「羅峯晴雲」爲峨眉十景之一，此峯及此寺之名特以蔣太史故事而招引游客。據「聊齋志異」與「池北偶談」所載，蔣太史名超字虎臣，江蘇金壇人，記其前世爲峨眉山僧，數夢到故居菴前潭邊濯脚。爲人篤嗜內典，一意台宗；雖早年功名得意，於順治丁亥即中探花，入翰林，但嘗有出世之想。假歸江南，抵秦郵，不欲返家，其子哭挽之，不聽，遂入蜀，居成都金沙寺；久之又入峨眉，居伏虎寺，示疾怛化云云。我們四人達到伏虎寺，時已黃昏，但天氣晴明，老僧導游至寺門左側潭邊指點一石碑，上刻「蔣太史夢中濯足處」，後有題詩及好事者之名銜，今已不復記憶，其詩乃打油一派，有如「聊齋圖詠」之類，故無法留得印象。據老僧言，蔣太史坐化之處，是在羅峯頂上，相約明日早起登羅峯山頂一憑弔之。

僻徑登山

游山有兩大忌：一爲冠蓋登臨，即僕從如雲，地方招待，沿途僧俗，趨侍達官；但見一路熱閙，山光雲影爲之減色，風景頓煞。一爲騷人故態，即遇到一邱一壑，便爾覓句吟詩，忙於推敲，忘却觀賞，一路低眉搖頭，當然不會與大自然有相契之雅了。峨山在當時夏秋之交，重慶陪都之官僚及各國外交官員來游者不絕於途，因之山中大道，寺觀固應接不暇，就連愛出而與游人相狎的猴子也有時駭起跑了。——這就不叫作游山，而是趕會凑閙熱也。

我問滑竿轎夫，有無僻徑登山，避去大隊游客。轎夫認爲我們目前左行稍右，斜下而抵清音閣，地當澗水，沿行而上，即是大路，登山客便自此加多。如欲尋清靜，則須下羅峯，仍回頭右趨，繞過報國寺，沿山下河流向白龍洞入山，即可得幽僻之路，但路小而轉折較多，必須多費一天工夫，始能到達金頂。我們從之。果然一入白龍洞山徑，游人甚少；山水之間，一片清涼。初憩於「春夢潭」，潭水極清，刻碑水底，三字爲綠苔水藻所繞，云是東坡所書；但筆力甚弱，知爲僞造。且春夢潭之命名，在我覺得太雅反俗，東坡絕不出此。

自白龍洞登華嚴頂一線，是爲山行極右之一路徑。此一路中，松杉最茂，而以杉樹爲多。古杉直上千雲，而樹皮均裂開作鱗甲狀，較松幹尤顯，雨後晴日一晒，杉皮透出一種撲鼻而來之松香味兒，蜀人稱爲「香杉」，可以作棺材之用；其木質或如樟樹，可以避虫。經靈官樓上至萬年寺與磚殿，是稱東漢時之古刹，峨山大廟大都以木，而此稱磚殿，乃係石柱加磚，閭上蓋係鐵瓦，則未之深究。萬年寺所供爲普賢菩薩，普賢與文殊稱佛門二聖；峨眉爲普賢道場，故許多大寺均供其像。但普賢菩薩造像多係高坐大象之上，因是峨山大寺殿宇必高，或亦以此之故。自萬年寺迤邐而前，上至觀音殿與息心所兩廟，須作一個英文大寫S形的轉折，兩廟各據字形之凸出處，相距約十餘里，一向右，適值晴天，南望大渡河上之瓦屋山，峯巒層見，令人意遠；一向左，則適逢風雨，大霧迷漫，轎夫即在息心所中息肩，我們也打擾和尚一餐素飯，因時已午後兩點。我們在殿內參觀臥佛，體小而雕塑粗，惟殿前有厚朴樹兩株，其樹高及兩丈，但孤幹直立，並未成圍，葉亦稀少。厚朴爲川產有名藥材，以其厚皮作藥，色紫味辛，本草稱其功用爲順氣、除濕、寬胸膈與治痢疾等。其花甚大，乾則作茄色，有如辛夷，也可作藥用。惟皮貴而花賤，據和尚言，皮不能多剝，而花則開時甚繁，落下藏之，備藥商前來收買。山中此樹不少，但我雖川人，對厚朴樹是第一次見到。出息心所上行，又折而南向十餘里，即至華嚴頂，時爲下午四時餘，完成一日的山行，也就是跋上了大峨右邊的一派山脈，高及二千二百餘公尺了。

「聊齋志異」中之蔣太史、爲著名之峨眉故事

華嚴寺並不大，但新修客房一排，甚整潔，稱招待所，壁間懸出食宿定價；此法較爲進步，因無論貧富貴賤，一律看待，每飯每人一律五元法幣，宿費亦人各五元，茶水免費，相當公道。我與舜生[illegible]臥之室，有床四，空餘其二。此室爲趙堯生與陳石遺兩大詩人年前住過，壁間尚懸有趙所書之兩人唱和五律詩句。舜生問我，途中有詩否？我說：『詩材收得不少；不過在此山陰道上，未暇吟咏，須俟之來日奉正。』

峨眉山半，除早晚偶有晴天外，隨時爲雲所封，故山光多在雲影中。因之我們所最爲欣賞的，到此爲白雲之去來。華嚴頂一宿之次晨，滑竿四乘離寺，左向至蓮花石。茲峯似爲石灰岩，雖風雨久蝕之，而斷岩中仍露出白石及其碎片，和尚取之雕爲器皿，售與游客作紀念品。自蓮花石上行至洗象池，見一大隊游客正與猴子嬉戲。峨眉山的猴子並不小，眞如笑林廣記所說，「大的有大人那樣大，小的有小人那樣大」。但老猴向前接取游人所擲豆類，力禁小猴向前，恐為游人所捉；小猴偶一向前接物，立被老猴以爪擊退。因是老猴先行飽食之後，然後以其餘剩與小猴吃，秩序甚爲井然。游人擲豆既畢而去，羣猴也不追隨，堅守其陣地。故峨山並非到處有猴子，而總在晴明時出沒半山洗象池與九老洞諸峯之間。洗象池並不大，水則甚深，石象並不在池中，其身有如肥猪，雕刻甚拙；其側尚有劍石，亦不似。

半山看雲

離洗象池赴大乘寺及雷洞坪，未過午即爲雲封霧繞，但聞雷洞水聲潺潺；大雨忽至，轎夫急走，至於接引殿，則抬轎的與坐轎的均變成落湯鷄，非入寺中休息並設法烘乾衣履不可！接引殿是一大廟，比之報國寺雖不如，而比之其他各廟，則較開敞；而所據之地，恰在兩眉羣峯之中，殿外視線可以遠達，下視羣峯有如兒孫，左右諸峯似兄弟行，背後左望，則金頂尚在一千公尺之上壁立俯瞰之。——接引二字，殿名取得甚爲恰切也。

峨眉萬年寺之銅鑄普賢菩薩

接引殿招待客人甚殷，午飯所具之蔬、菌、瓜、豆四色，無不清爽可口，爲上山以來最好的一頓素餐。據轎夫言，如飯後再下大雨，則今日不能前進上山，因山路愈走愈陡，不宜雨中奔馳。我們既感到此間看雲有趣，又感到吃食不壞，便令轎夫就此休息半日，明天再行。飯後稍作午睡，起已三時半，大家在廟門前石櫈上久坐，見白雲來去無定，時而飛來，遮蔽晴空，時又飛落前峯之外，形成晚霞；至於輕雲如烟，斷斷續續的圍繞峯頭，似有無限柔情以戀此「菁菁者莪，在彼中阿」者。濤聲伉儷要我以詩狀此烟雲，我曾口占兩絕句，但不足寫出變幻情態於萬一，茲不錄。

次早，天氣已冷，加毛線衣。舜生先行，云在金頂等候我們。舜生脾氣自來着急，而我的轎夫年老力弱，鴉片烟癮又大，要上陡坡，故須飽燒一頓，我只好耐心待之。但抬至攢天坡，一上三五百蹬，石梯既窄而滑，危險之至，我只好下了滑竿步行。但我對此陡坡，也感吃力，每跋二三十蹬，即須坐在路旁休息，讓行人前進。我因有「攢天坡小憩」一詩，約畧寫當時狼狽情景，茲錄出之，藉以証峨眉高峯之不易跋上：

故人期我峨眉顛，白雲之外天風寒，我欲從之衣裳單。
石坡欹側不可攀，須臾霧下蒼茫間，徒羨飛鳥鳴關關。
採藥人歸屐苔蘚，令人高誦景行篇。

佛光佛燈

游峨眉者都必登上最高峯之金頂。在拜佛者則認爲不履險到此一向千佛萬佛致敬，則朝山之心不誠；而清游者，則一登上峯頭，忽現晴空萬里，一望無際，心神爲之頓爽。向西遠眺，可見邛崍山脈的峯嶺一層比一層高，直至終年積雪的千里外白色高巒；向南而望，則岷江曲折而前，滙衆流後沛然向東流去，其間嘉眉二州之城郭可數。然而就近游覽，則峯頂的地盤不大，高低並計，不過十畝方圓，千佛寺、萬佛寺與金頂寺並列。金頂已毀於火，正在重建，因其中普賢銅象尚完好，金頂墮地，實黃銅所造。我們受招待於臥雲菴中，臥雲庵地勢極佳，菴有樓，正當峯之極南盡頭。幸舜生到得甚早，佔了樓上兩室，開窗可以遠眺。惟輕雲隨時向峯頭吹來，開窗則雲霧競入室內；閉窗可以留雲，不過有一股寒氣繞身；開窗則雲又緩緩流去，臥雲菴確乎可與白雲共臥一室，並非徒有詩意而已。不過峯頭食宿，不大舒適：食則因空氣稀薄，飯煑不熟，吃的都是生飯，外軟裏硬；菜則因採辦困難，只得醃菜鹹蛋；幸囊中備有辣椒醬，可以强將生飯吞下。宿則棉被舊而硬板，並不保暖；且多時未洗，蝨子不少，已足使人不安；兼之老僧半夜敲鐘不斷，每十分鐘必大敲一下，響徹雲霄，好像不許客人安眠，以免被虎豹攫去似的。於是我在木炭火盆之旁，硬木椅上打盹之餘，口占一絕，以志此日峯頭生活情景：

萬里雲歸競入窗，倏晴倏雨暮蒼蒼。
老僧不解客衾薄，夜半鐘聲徹上方。

但游人都要在金頂留宿一夜而後去，其故在看佛燈與佛光，認爲這是人間不可多得的仙境奇遇。我們一行還不辜負辛苦，將佛光佛燈都看到了。佛光雖在從前迷信甚盛時代引起不少麻煩，但其「立地成佛」說法，可以用科學見地解釋得清楚的，而佛燈則至今還是一個謎。

佛燈，照老僧所說，這是「萬盞明燈朝普賢」。入夜之後，自峯頭下望，深谷之中，雲霧迷漫之內，有千萬星光熠熠，上下左右，飛動不已，大如火炬，小似螢虫，終夜如是，黎明乃止，故游人皆及見之。不迷信者有三說：一、指爲特種螢虫所發之光；但從未搜得谷中之此一特種，且有時聚而成團，有如火炬，又不像是螢光。二、指爲谷中腐樹樹根生菌發光，則竟搜得實物，可以作証。但木菌何以能飛動至爲活躍？則解釋之者認是菌固未動，而因雲霧上騰湧動，故錯覺似是光動，實乃雲動。但此說也不圓滿，因谷中固覓得發光之菌，而何以雲霧之下竟有千萬光點？如是其多呢！三、又認爲這是山下城市夜景，人家燈火，映上山來。這一說更難成立者，則峨眉縣與樂山縣兩城並非現代都市，燈光不多；樂山雖有電燈，但並無照遠之街燈。且佛光自古有之，昔日家家青燈如豆，又何能有如是强光反映到了萬尺高峯來呢？——因是一這佛燈之謎，仍待好事者去設法打破之。

金頂積雪

至於佛光，則用光學解釋，一說便明。金頂寺前觀看佛光之處，俗稱捨身岩前，正正背着東方；朝陽初升，斜照着岩中湧上雲層，而在太陽光線與雲層之間，俯首下望，則人的頭顱影子恰恰照在雲層上面，並反映出一個水光圓圈，又恰恰套在人頭影上。人人頭影都有一個圓圈，不但套得合適，而且圈外有光，一如佛頭所繪，於是衆生立地成佛了！或有愚夫愚婦，平素迷信仙佛，曾經孤身到此，當其顯現，以爲既已功德圓滿，大可前往西天極樂世界，在迷幻中縱身一跳下岩，成爲悲劇。因之今天捨身岩前特設鐵欄，以減少和尚的麻煩，是亦菩薩心腸，因成仙成佛是不可以一躍得之的。

山水清音

一夜未能安睡，早起看罷佛光，大家都主張下山，去覓休息之處。我們一行是從峨峯西下，出天門，繞過太子坪，而至九老峯前之錦屛山，稍憩，即沿錦屛而下。錦屛之峯筆立，松柏叢生，的確佈錦成屛；然而上下大不易行，俗稱爲九十九倒拐，路斜而陡，盤旋而下；轎夫前者必須以兩臂向上直立，撐着轎竿，使之高聳；後者則行近坐客背後，以兩臂挽緊，使全輿重量盡落其身；不如是，則坐客必前仆而落下轎來。抬下錦屛，轎夫力已不勝。我們只好步行而至九老洞，也就脚力不濟了。據轎夫言，九老洞廟宇修整而對游客招待甚爲妥適，飯菜也爲諸寺之冠。於是我們便決定在此寺盤旋半日，好大睡一塲，以圖恢復疲勞。

九老洞廟稱「天王」，好像在與「太子」一較尊卑。廟門前鑄一銅虎，矮松繞徑而入，徑皆舖上石磚，而院裏高樹直立有序，且苔蘚滿繞樹幹，青蒼可愛。左側新修客室一排，一連十餘間，几案牀帳，確甚整潔；室外長廊甚寬，設有竹椅竹榻；廊中憑欄，即見九老山峯排列於前，好似與來客相對而坐，班荊道故一樣。（九老峯並不高，一排上裂下合，似爲玄武岩之褶曲山，經多年風雨蝕成，一律平頭，甚爲整齊。）午飯立備，飯煑得好，而菜不見佳，因定價食宿共只十元法幣一日，價甚廉也。午睡之後，游罷廟後之洞，洞口之龍虎鳳石，雖非人工，然並不像，意會而已。燕子集巢洞中，以致雀糞發臭，未便深入。舜生口饞，忽發奇想；叫小和尚，告以李主席來此，要見方丈大和尚。我認爲有點招搖，舜生云：『不如此，吃不到和尚好飲食；且你現任國民參政會主席，主席之稱，並非假冒，林森主席曾駐此間不遠之洪椿坪，寺中住持必能了解「主席」二字之威風，要來招待一番的。』果然小和尚來請入方丈室，大和尚合掌相迎，既奉茶點，又擺素席，執禮甚恭，且不收費。但次晨行時，仍給以小費三十元；大和尚恭送客出寺門，始終未問我這個主席究竟是何方神聖。

自九老洞下至洪椿坪，路較易行，不過途中兩次遇雨，憩於小廟者久、之。正午入洪椿坪寺，寺名舊也稱「千佛」，殿樓上塑小佛無數，似玩具店；其客室即爲前四年（一九三九）林森主席前來避暑之所。此寺環境甚佳，氣候適宜，惟常爲雲封，陰雨時多。我們在寺中午飯後，趁晴天，即趕赴清音閣，至牛心石，山水兩幽，大可流連。

大峨山所以分爲二眉，即以深谷澗澗之故。自九老洞下行，雲開即見澗水冲激而下，時有巨響；到洪椿坪雨後山洪高漲，澗水響如雷聲，有點驚人。途中澗水爲山峯分爲兩條，一稱黑水，一稱白水，分流而復滙於清音閣。但水勢至此減煞，響聲不再震耳。「山水清音」四字榜於閣上，閣中石刻李白詩句，稱謫仙聽蜀僧濬彈琴，即在此處，所吟：

蜀僧抱綠綺，
西下峨眉峰，
爲我一揮手，
如聽萬壑松。
客心洗流水，
餘響入霜鐘；
不覺碧山暮，
秋雲暗幾重。

確乎在此閣上彷彿想像得之。至牛心石則在清音閣之左下側，龐然大物，獨峙於兩水之間，阻其水勢，水擊石上，發音鏗然，且水流四濺於此黑石之上。我們見男女學生涉水跋上此黑色石頂，受其飛來水沫，呼叫爲樂，羨慕之，而己無此勇氣。但兩水之上不知何年爲好事者架有兩拱橋，增添景色不少；故戊戌六君子之一的劉光第書有一聯，懸於清音閣外，「雙橋兩虹影，萬古一牛心。」頗能形容出之。——清音閣的好處是無寺無僧，山環水繞，自成清景，舜生說：『嘆觀止巳，可以歸矣！』

滑竿仍舊止於報國寺門前，改乘待我們歸去的吉普車，馳返嘉州。五日素食之後，大家都思肉吃，於是鷄魚紛陳，大打牙祭一番，仍同宿於中國旅行社招待所。次晨我因事須趕返彭山，先送舜生與濤聲伉儷於江干，上船時，至今還記得我握着舜生之手，吟龔定菴的詞句道：

『十里江聲流夢去，重到何年！』

一九七一年十二月三日·香港

峨嵋日出

香宋詩詞鈔

·趙熙·

喜石遺至

茲山綠所孕，當戶揖峨眉；會合天邊月，文章海內師；微吟成故事，小住補生期（石遺佛生日至）。夜愛銅河響，風篁助萬枝。

峨眉絕頂觀日出

朝氣淨東方，地銜鷄子黃，微升萬壑霽，靜裊一鐘涼；呼吸餘秋色，虛空蕩水光；搖搖日天子，紅處迎扶桑。

清音閣贈石遺

水響入山深，碧巖終古陰。雙橋掛虹背，片石戰牛心。夫子天下士，幽懷昭氏琴。飛濤去不息，應發老龍吟。

華嚴頂

宿火悅宵分，雨聲窗外聞。僧知晨乞字，虎畏乳成羣。善謔逾常格，奇山出異軍。樓高白如海，巖壑萬重雲。

荷蘭貓嘜毛毡

大人公司有售

大人小語

英語萬歲

胡鴻烈大律師談稱：要求政府提倡中文，等於以頭撞壁。大酒店領班談稱：「如果全部侍者都說英文，則牛柳售價，每客可以漲價兩至五元。」

付不完的分期

歷屆工展，共耗建築費千餘萬元，以之建一永久會場，綽綽有餘。

戰後我住香港二十六年，所付屋租不下卅萬元，用以建一座住宅，雖不足亦不遠矣！

立場不同

林海峯結婚，中日報紙一致捧場。

捧場理由，各有不同：中國報紙因爲他是中國人；日本報紙因爲他長住日本。

温莎公爵之憶

三十五年前的十二月十日，「愛德華八世」廣播遜位詔書。

迫令他退位的首相主教早已被人忘却，温莎公爵却千秋萬世，永遠活在世人腦中。

爲了甚麼？

尼克遜訪問中國大陸，將有記者二千人隨行。

有人說：尼克遜是去向毛澤東拜年，記者去是爲了甚麼？

國語與英語

尼克遜夫人已在學習國語，第一句爲『你好？』

江靑三十年前即識英文，我相信她見尼克遜夫人時，一定不會先說英語。

與耶穌無關

耶穌究竟是否十二月廿五誕生，有人對之懷疑。

這是多此一舉，蓋聖誕節日，歡樂第一，與耶穌何日誕生，以及耶穌是否實有其人，均無關係。

聖誕大菜

聖誕前夕的晚餐比聖誕豐富，除夕的晚餐比新年豐富。

最貴的大餐每客一百五十元，對於這種大餐最感興趣的人，也就是化不起一百五十元吃一客大菜的人。

性急無用

一九七一年將至盡頭，新年將於十二月卅一日午夜來臨。

到夜總會去迎候新年的人是庸人自擾，因爲無論在任何地方，它必須一步一步的，在同一時間走到你的面前。

聖誕卡研究

你一定收到許多聖誕卡，也一定寄出不少聖誕卡。

如果有空，不妨研究一下，那幾張是誠心誠意寄來？那幾張是抛磚引玉而來？

冬臘夏雪

好萊塢明星佐治山打破產的原因，是爲了經營香腸。

他沒有學到香港人的一個訣竅——冷天可做臘腸，熱天專售雪糕。

也是永恒

一百萬的富翁，與七十歲的媳婦結婚，十天之後，新郎壽終正寢。

詩人說過，愛情祗要是眞，那怕一小時也是永恒的。

其理實同

英專家發表高論：「失業能催毀男性的性機能。」

千百年前，中國哲學家有所謂「飽煖思淫慾」一語，其語雖異，其理實同。

畢加索之畫

畢加索之畫，小小一幅價值一百萬法郎。

一百萬法郎中，畫佔五千法郎，簽名佔九十九萬五千法郎。

動人故事

美作家著「貓與人的故事」，十分動人。

以馬場或狗場爲背景，編一本「馬與人」或「狗與人」的故事，一定更爲可歌可泣。

六年之癢

地底火車若於明春批准，首期工程可於一九七七年完成。

距一九七七還有六年，這六年的時間，其問題不在時間久暫，而在這世界變得如何。

抱歉之至

報紙刋錯中獎馬票號碼，以爲自己中獎者爲此請客，損失不貲。

請客者當然懊喪不已，被請客者心裏也不會舒服。

·上官大夫·

一九三六年十二月份，亦即距今三十五年前，全世界發生了二件大事，其一是西安事變，其一是英王遜位。英王爲什麼要遜位？他遜位後怎樣生活？請看本文便能洞悉其前因後果了！

温莎公爵之愛

·萬念健·

有人說過，歷史上最偉大，生活上最動人的戀愛，往往不發生在青年人身上而發生在中年人身上，世界上最哀感頑艷、纏綿悱惻的故事，主角也往往不是一般的所謂男人女人，而是「有夫之婦」或「有婦之夫」。這原因，在於如果是一對青年或單身男女，則兩情相悅，結婚了事，再簡單也沒有，世界上幾萬萬對的所謂「夫婦」，便是這樣結合成功的。經過了短期戀愛和結婚形式後，一個是丈夫，一個是太太，一個出外工作謀生，一個在家育兒治家，就這樣一年又一年渡過他們的一生。這是最順利也最簡單的戀愛生活，也便是所謂「百年好合」、「白首偕老」。

反之，男女之間，如果一個已經「使君有婦」，一個已經「羅敷有夫」，或者兩人都已有了婚姻束縛，加上社會、名譽、經濟、道德、環境各方面的限制與顧忌，既不能公然結合，又不能毅然斬斷，雙方抵死纏綿，不肯放手，情感與理智衝突無已，許多可歌可泣的事情便不免隨之發生，其最後結果，普通不外兩種，以電影來比喻，一種是「寒夜琴挑」式或「秋戀」式，一種是「芳華虛度」式。

我見世人，或以事業爲重，或以家庭爲重，或以環境複雜，現實多艱，不願承擔橫刀奪愛的罪名，不堪社會人士的指責，乃將愛的力量昇華爲犧牲，咬緊牙關，揮慧劍，斬情絲，與之永別，獨走天涯，此恨綿綿，了此一生。或則愛之無已，甘願以畢生幸福作孤注之一擲，名譽、地位在所不計，含垢忍辱、犧牲一切，永遠相愛，卻又因種種原因，不能公然結婚。

愛德華八世獨不然，他重視人性至尊，愛情至聖，當他愛了辛浦森夫人以後，便不顧自己尊爲國王，而對方祇是一個離婚婦人，爲了忠於愛情，忠於愛人，以及忠於自己，他願屏棄世代相襲的帝王之尊，人世最高的榮華富貴，而甘於與一離婚婦人，遠離故國，結爲夫婦，流浪天涯，這樣偉大的情操，五千年來的歷史上從未有過，而事實上，又豈僅前無古人而已？

在英國全盛時期，維多利亞女皇的朝代及其在位末期，添了一個孫兒，這就是後來繼承王位的愛德華八世，也就是更後來自願放棄王位的温莎公爵。如果要我選舉『十世紀最偉大的人物』，而如果所選的人物限於一人，所投的票數限於一票，我這一票，非投温莎公爵不可。

他沒有發明電燈，他沒有扭轉和平，他對於這個世界甚至可以說是沒有貢獻，但是他表現了人性的「至情」與「至聖」，刻劃了愛的莊嚴與永恒，在歷史上是前無古人，後無來者，且將爲千秋萬世追憶留念而永遠不忘。

我讀過許多偉大的愛情小說，看過許多偉大的愛情影片，聽見過許多偉大的愛情故事，但與愛德華八世和辛浦森夫人之愛一比，便覺得它們渺不足道，因爲無論他們如何哀感頑艷，纏綿悱惻，都遠不如温莎公爵夫婦之愛那樣堅貞純潔、廻腸蕩氣和美麗莊嚴！

温莎公爵生於一八九四年六月二十三日，今年七十七歲。一九三六年一月二十日登位，號愛德華八世。一九三六年十二月十日遜位，在位不足一年。一九三七年七月三日與辛浦森夫人結婚，時温莎公爵四十三歲，公爵夫人四十一歲，現在追述此事，一切非從頭講起不可。

韋利絲女士兩度結婚
辛浦森是第二任丈夫

爲了她而拋棄世界最大帝國王位的愛德華八世，他底戀愛與結婚對象辛浦森夫人，是一個結過兩次婚的美國婦人。她不是一個絕世美人，具有一頭黑髮，身長玉立，語聲温柔，淺藍色眼睛，形態之美更勝過她的容貌。她的朋友全知道她有着光耀如同鑽石的才智。在「一個國王的故事」中曾描述她爲：「伶俐而又歡快的——複雜而又不可捉摸的。」

在她的美國出生證書上，她的名字是比絲·

韋利絲·溫菲爾特。但她久已將第一個名比絲，棄而不用了。

她的父親是一個普通職員，去世甚早，她的母親便帶了她在巴鐵摩亞拜杜東街二十二號住下來。她身爲寡婦且無財富，但仍擺出大家風範，以保持家聲名譽。她們有些親戚不特富有，且有些是甚有地位的人。這位韋利絲小姐漸漸長大，她的一個叔叔很富有，負責她的教育費。在校中她以體育著名，同時參加兩個籃球隊做隊員。韋利絲離開學校後，她的姑母莉拉帶她在華盛頓作交際活動。不久韋利絲小姐第一次結婚。那時她旅遊佛羅里達賓薩哥拉時邂逅了海軍飛行少尉區爾溫菲爾特史賓沙。時隔第一次同舞後幾個月，區於一九一六年十一月八日結婚。她二十歲，區爾二十七歲。

溫莎公爵儷影

一九二七年，她知道清楚他丈夫底個性與前途之後，以遺棄爲理由，獲准和他丈夫離婚。這個人好酒，升官升得慢，熱情與事業興趣都缺少。在他於一九五〇年死前，曾再結婚三次。

在紐約，一次在朋友的舞會中，韋利絲第一次遇見她第二任丈夫，這人便是喧尼斯阿爾特列辛浦森。

辛浦森是英美混合種，但仍歸於英國國籍。她廿一歲時，在美國哈佛大學讀書。在他接受因戰爭沉船補償前已繼承他父親在紐約公司一盤生意。他第一次婚姻失敗後，回到倫敦建立起商業，韋利絲於辦妥第一次婚姻離異手續後，和姑母到歐洲旅行時在倫敦見到他，他做了她的保護者。韋利絲感於他的性格純良，乃於一九二八年七月廿八日與之結婚，在法國渡蜜月，再赴西班牙。當時她三十二歲，她丈夫還小她一歲。

不久之後，辛浦森夫人風靡了倫敦大部份社交界，他們住在美化區賴仁士東廣塲五號的豪華寓所內。作爲賢慧而玲瓏活潑的女主人，施展奇才小心地策劃宴會的事，與會者多驚異於她的才智與嫻雅。

她的餐桌上面裝了鏡子，她又號召她的廚子分授各賓客以調味術，這就使賓客吃得津津有味。其他種種用以令賓至如歸的方法，都新穎有趣而非標新立異，受者大快。

她和威爾斯王子的遇見，係和她喜客及好交際有關。

那次，當王子邀請兩位朋友叙餐時，那兩位朋友道歉說，因爲已邀約辛浦森夫婦叙餐在先，不好意思毀約。

「哦——連他們一同請來不是很好？」王子說：那知這一句話，竟引起了歷史的變動。

這一次聚會，至晚上方散。王子新交上這對朋友，覺得很快樂。

一九三三年，威爾斯王子訪辛浦森夫婦於其寓所，爲了酬答，又邀請他們至比爾華達堡盤桓同遊。

翌年，王子邀請這對夫婦同乘遊艇往地中海渡假，是年的聖誕節，事情已告明顯，王子愛上了辛浦森夫人。

其後的幾個月裏，辛浦森夫人不能對王子的頻頻邀她作伴的熱情，諉爲一無所知，這個從拜杜東街出身的女人，已快飛上枝頭作鳳凰了。

王子的父親英皇佐治第五死後，王子繼承大統，即爲愛德華八世，新王在官式交際宴會中毫不避忌地介紹辛浦森夫人和朋友們相見。

辛浦森夫婦作客宮中
舞會後不久形勢突變

一九三六年五月廿七日，辛浦森夫婦的名字首次見於白金漢宮舞會的賓客名單中，賓客中之一是首相史丹利鮑爾溫。

這一次是辛浦森先生被招待訪問宮庭的開始，同時也是最後的一次。下次七月九日的邀宴名單中，便只有辛浦森夫人而沒有辛浦森先生了。

在這次宮宴後，辛浦森夫婦之間，形勢突變，這後來的第十九天，辛浦森先生搬到百利地方的巴黎酒店中居住，根據其後來在法庭透露，是他自己的輕舉妄動有以使婚姻走到盡頭。

國王有意立之為皇后 英國報紙不提她姓名

八月九日，英皇飛到加麗斯，再坐東方號特別快車。有人在沙爾茲堡攝得一幅照片，是他和辛浦森夫人在一塊。隔二呎遠有她的女監護人，也就是她的姑母。

他們在南斯拉夫一處小港口登上遊艇納連號，航遊於東地中海和阿德里亞海，假期中，辛浦森夫人和英皇的友誼發展為公開的戀愛。

回到倫敦後，首相鮑爾温的卷宗紀錄資料收集更多，遊艇所經隨處都有新聞。當在希臘時，英皇和辛浦森夫人並肩把臂坐車通過雅典的街道，數千羣衆歡呼夾道而迎，在其他國家亦然，英皇和其他首長會見時，亦攜同辛浦森夫人以俱，六有形影不離之勢。

因為這時英皇已一心想造成辛浦森夫人的皇后地位，這次的旅行在他戀愛史上是得意之事，但在皇位前途上蒙上一重黑影，他們的新聞只帶給他們回到英國後的種種反對。

英皇會顧忌這種事麽？他畏懼他人拿證據刁難他麽？不！一點都不是。他反而要做成一種證據，要人們認識皇帝致力於他羅曼諦克的夢想，要將九五之尊和他所愛的婦人分享。

納連號遊艇去到那裏都是世界新聞，只除了英國少予提到，美國報紙將他們戀愛中一對璧人的照片大登特登，並猜想這個在巴鐵摩亞出身的女子，何時成為英國之后。

英國報紙永不提起她的名字，納連號遊艇的行踪只縮短為寥寥幾個字的報導，當報舘接到英皇和辛浦森夫人同攝於一隻划艇的相片時，通常辛浦森夫人那一部份要剪去才得發表。

這裏面有兩個理由，自從維多利亞時代開始，凡皇室中人之在假日公開活動，報紙必須符合皇室的要求，保持一些最低限度的秘密。同時，凡是外地通訊，編輯人一定得提高警惕不要敘述英皇與辛浦森夫人超友誼事情，他們認定了這種報導，必將嚴重地影响英皇於未來，過早的披露乃一宗有弊無利的事。

直至十二月三日，當戀愛故事成為立法上重要問題時，新聞才作完全的透露。在此之前，辛浦森夫人的名字，還少為英國人所知。

離婚消息力求其簡短 訴訟特選於小鎮進行

十月二十八日，英國有一段社會新聞發表在各報上，只三四吋位的報紙篇幅，看來毫不重要，那是一宗離婚案在葉士維茲地方提出控訴，申訴離婚者是辛浦森夫人。

新聞故意顯得沒有份量，但十月廿七日在葉士維茲地方出現了戲劇化一幕。

韋利絲小姐之選擇這個小地方訴訟，是為避免太過張揚，同時為利便她離婚案聆案，早一天便在附近租下一間海灘屋宇居住。這樣處置，也有另一理由，那是倫敦法庭案子太擠了，要遷延時日才得了結。葉士維茲是小地方，辦案簡捷，希望快些了結。她接受她律師的設計作此安排，而英皇則送給她一部巨型標域汽車，並借用他的車夫。

因迫切要求離婚，在此前後一段時間內，英皇和辛浦森夫人停止來往，他們只每日用電話互通消息。

大出辛浦森夫人律師意料之外，本為避免外國通訊社記者注意，而改在葉士維茲辦案的打算，結果却大錯特錯。不知消息如何走漏，美國和歐洲各處記者如流水般從四方八面趕來。於是特別的保安警戒便在葉士維茲的法庭四週佈置起來。在這個地方，一切設置俱為了這戲劇化的新聞發展，並將電訊發給世界各地。

庭審之日，警察把法庭建築團團圍困起來，詳細檢查那些獲准進入法庭的記者所有許可證。有些拍攝新聞片的攝影師剛佔據得有利位置，放好攝影機時，却給驅離原位。

有一位攝影記者在辛浦森夫人的汽車抵達時，衝破警察的攔阻界線，他舉起的攝影機被推跌地上，跌入溝渠之中。

在法庭之內，沒有一個人能夠佔領得面對證人台的座位，記者們的坐位重新排列，只能看到證人的背後。

法官約翰鶴嘉爵士開始聆案，但這一段改變英國歷史的案子前後經過只十九分鐘，解除婚約的申訴書內容是根據丈夫的通姦行為，這個申訴是沒有辯護人及其代表，而所指的某人只在申訴書中提起，却沒有在法庭公開出來。

首相主教意見歸一致 離婚婦人不能嫁國王

鮑爾温首相曾數度奏見國王，商談此事，第一次就是辛浦森夫人獲判准與辛浦森先生離異的那一天。事後鮑爾温說：「我曾告訴他皇上，這次婚姻，包含着一個皇后的問題；我算是維多利亞女皇時代一個元老，我不以為這種婚姻會得到國民的贊同。如果你們（英王及辛夫人）任性行事，我敢確定那是辦不到的。」

鮑爾温最後一次會見國王是在同年十一月二十日，這次討論的是王室與市民聯婚的折衷問題。鮑爾温坦率指出：「國王妻室的地位，與全國任何公民妻室的地位不同，這是國王應付代價的一部份，他的妻室就是皇后，在選擇皇后的時候，就應該顧慮全國的民意。現在閣員知道這件事的只有四個，各自治領顯然都未知道，事實環境決定了辛浦森夫人不能做皇后。」

暴風雨終於爆發了！「泰晤士報」在十一月三十日的社評上，發表了一篇含蓄的警告，其中有謂：「向者國家在緊急之秋，下議院常能代表民意，在此同一情形之下，似亦應有所表示……樞密院於內政外交生死關頭，亦不能逃避其責任。」第二天正像預先安排好的信號一樣，白蘭福主教用嚴厲的話來衝撞國王，他說：「國王個人的主張，固然是屬於個人的，但同時依然為一國之君的主要意見。……國王的職位，須仰仗上帝的聖恩，我們希望他明白這一點。我們之中，頗有人願他對於他所明白的一點，表示更積極的態度。」

國王與他所下的決心，苦苦地奮鬥了八天之久，終於十二月二日成為暴風雨轉為晴朗的一天。從這一天起，如火如荼的民意已經逐漸低了下來，而宮廷中的緊張氣氛却到了再也不能容忍的攤牌地步。此時的國王只有三條路可走：（一）是放棄辛浦森夫人而繼續在位；（二）是拒絕鮑爾温的奏議而令他辭職，另由一個新閣施政，或者甚至迫內閣成為「王黨」來統治；（三）是實行退位。

結果，國王毅然選擇了犧牲最大的一項辦法——退位。他並坦率地向鮑爾温提出三項抉擇：第一、如果去位，要去得光明正大；第二，他不讓任何使他不能做到這事的情勢發生；第三，他去位時要竭力不驚動他的大臣和人民。在可能範圍以內，不能引起他兄弟繼承王位的困難。

國王決定退位之後，全國報紙都衝破了「報業公會」自願的新聞檢查，於是全部驚人的消息都暴露了出來。

接受餞行宴沉痛悲切 廣播告別詞悄然出國

其時愛德華八世退位的大勢已定

接着皇族於十二月十日舉行了一次沉痛的餞別宴，瑪麗太后發表了一篇悲切的聲明，愛德華八世本人簽署的遜位詔書，由他三個兄弟作證，約克公爵（即伊莉莎白之父喬治六世）準備登極。

温莎公爵在威爾斯王子時代在温莎宮中留影
温莎宮為皇室別墅時在一九三五年尚未登位

當晚九時三刻左右，愛德華八世向全國人民廣播其「告別詞」，原文由其親自執筆，情感眞摯，意態悲涼，而心神憔悴之情，尤能自其發音喑啞，語氣斷續中得之。他說：「我遜位的理由，相信你們都想知道。原因是我若沒有我所愛的那個女子，我將無一事能為，如果繼續為王，担負國政重任，則需要我所愛的女子帮忙與支持……，現在決定讓位於吾弟約克公爵，他較我為幸福，因為他有個幸福的家庭。」結尾是這幾句話：「現在我們有一位新的君主，讓我們大家為他祝福，上蒼祈佑吾君！」這雖然不是一篇文學名著，但是眞情流露，誠摯感人，為世界上任何詩人、作家筆下所不能產生，它將與那莊嚴的愛，在歷史上同垂不朽。

廣播發表後不久，辛浦森夫人即由國王最親信的一位朋友伴同，黯然告別英倫，悄悄地乘車駛往法國南部，居於康斯鎮羅傑士夫婦別墅，以作小休。當天，她在驚喜之餘，也曾發表一篇極其精簡莊嚴的談話。她說：「最近數星期來，我曾竭力避免足以不利於皇上或王位的任何行動或言論，今天我願在不愉快的局面中自告引退。」

再後數小時，遜王便坐了一艘小輪，悄悄地離開了他底王室與祖國。

温莎公爵生於一八九四年六月，到他一九三六年一月登極時已是四十二歲的中年男人，還是一個獨身者，我們不難想像當時有資格和他結婚的各國皇室公主，何其多也？但他為了對於一個離了婚的平民女子，寧棄大位的眞正愛情——實為普通人所不能想像。

早年來港曾經觀粵劇 歷史佳話將永垂千古

對年在三十歲以下的人來說，温莎公爵對他們的印象也許不深，但是對五十歲以上的人說來，即使僅由閱讀報紙得來，當年遜位時的深刻印象，也一定至今不忘。遜位事發生於一九三六年，温莎公爵本人則曾於一九二二年訪問香港，在一百多年的香港歷史上，他是英國王室最高人物訪問香港的第一人。

他訪問香港時的身份是威爾斯王子，時間是一九二二年之春，他於四月六日乘英艦於皇后碼頭登陸，歡迎儀式至為隆重，港府更派出穿着清朝紅纓帽長袍之轎夫八名，扛抬那座臨時特備的皇儲座駕轎，港島一連三天舉行會景巡行，舞獅舞龍，提燈晚會等，異常熱鬧。當日威爾斯王子主持聖士提反女校校舍奠基禮，以及接受香港大學頒贈之名譽法學博士學位。欣賞粵劇亦是節目之一，溫莎公爵曾到太平戲院觀看粵劇「蝴蝶夢」，劇情描寫青年國王對平民村姑一見鍾情的經過，與他後來的愛情故事頗有相似之處，至今成為香港歷史上的一段佳話。

遜位之後封溫莎公爵
翌年七月在法國結婚

遜位後的愛德華八世，封號「溫莎公爵」，一九三七年七月三日，在法國和辛浦森夫人舉行婚禮，儀式簡單，但各國報紙均以重要的篇幅加以記載，這是二十世紀最偉大莊嚴的戀愛故事。兩人婚後，同赴義大利渡蜜月；以後分別住在瑞士、奧大利、法國的利維拉和巴黎，最後則在美國長作寓公。

他們的生活，自遜位以來，可分三個時期：遜位後在巴黎時期，戰時做巴哈馬島總督時期；戰後在美國巴黎兩地寓公時期。最困難的一個階段，當然是遜位後，當時情緒緊張，但也開始認識清楚了誰是患難知己，他們在巴黎過着愉快的生活。第二次世界大戰爆發，公爵以原有英陸軍少校身份，為國效勞，担任英法軍隊的聯絡官。未幾又被委出任巴哈馬島總督，這不是他滿意的職位，但他做得很成功，尤其是對於處理勞工問題，甚有技巧。在此期間，他跟美國政府的關係搞得很好。這大概也是他後來常住美國的主要原因之一。

關於他出任巴哈馬島總督，這裏面還有一段插曲值得一提。

希特勒有意加以收買
李賓特洛甫定下妙計

第二次大戰期間，納粹德國的間諜活動非常活躍，其中重要的一章，是一名德國高級間諜施哲倫堡，啣希特勒之命，以一千萬美元的代價收買溫莎公爵。這事件後來沒有成功，施於戰後被捕，死於獄中，他對溫莎公爵所進行的一切活動是在他的回憶錄和日記中透露出來的。

事實上，在第二次世界大戰未爆發前，溫莎公爵對德國的國家社會主義運動不無同情，他同情德國是一支抵抗共產黨的堅强隊伍，他把希特勒看成歐洲對抗蘇聯企圖侵入整個歐洲的最强大軍隊。他和他的公爵夫人，事實上也曾到過柏特斯嘉斯希特勒「鷹巢」探訪過希特勒。施的日記中，提到溫莎公爵曾寫信給德國大使海格，說他不能同意英國對付納粹所採的政策，自然這些都是在未發生戰爭以前的事。此外他又因為要和現在的公爵夫人結婚，而被迫退位的事不能忘懷，使他的環境變得頗為困窘，並且也時時對削減他的津貼的瑪利皇太后表示不快。凡此種種，都給希特勒以很大的誘惑，想乘此種弱點把溫莎公爵拉到自己的一邊，俾能對大局有利。特別是在一九四〇年聯軍失利，隨時有全軍覆滅的可能的時候，希特勒對收買溫莎公爵的念頭更熾。

當戰火開始爆發，溫莎公爵為了要效忠國家，為人民服務，便加入了駐法的遠征隊伍，從事英法兩國軍隊的聯絡員。鄧寇克之役撤退後，他本想由法國返回倫敦居住，但英國方面對他此舉，不表歡迎，故此，溫莎公爵便只好在法國的里維拉別墅寓居下來。

在施的回憶錄中有這樣一段紀載：當德國軍隊在開進法國巴黎的前兩天，也就是一九四〇年六月三日那一天，德國外交部長李賓特洛甫，曾把他召到辦公處去面授機宜。「現在表現你才能的時機到了！」李賓特洛甫對他說道：「元首擬收買英國的溫莎公爵夫婦，每人各有其自己的身價，而這位溫莎公爵則值五千萬瑞士法郎，何況他還曾經同情過我們的國家！這筆龐大的數額，可以用你的戶口在瑞士銀行存放，或者可以照你的意思，在任何一個中立國家的銀行存款。」

「根據最近的消息傳來，溫莎公爵夫婦已接受西班牙當局的特別邀請，將前往該國訪問。在數天之內，將會抵達葡萄牙的首都里斯本，然後由那裏取道赴西班牙。」李斯特洛甫繼續說：「在溫莎公爵安抵西班牙之後，他將會在西班牙貴族的邀請之下，參加由我國駐西班牙公使所安排下的狩獵會。你的任務就是利用這個狩獵會的機會，和溫莎公爵接觸聯絡，希望你能盡你所能，加以說服，至於你到達西班牙後的其他事情，我們駐西班牙的公使會替你安排！」在李賓特洛甫和他會面之後，希特勒還親自撥電話給他，加以勗勉與鼓勵。

施哲倫堡奉命搭機抵達西班牙首都馬德里，德國駐西班牙公使托勒及另外一位間諜人員均到場迎接他。這位間諜人員就是弗烈滋克琳馬，他長得英俊瀟洒，有「美男子」之稱，此行係奉命前來協助施完成任務。他的任務乃從旁幫助施去向公爵夫人游說，希望用種種方法去打動公爵夫人的虛榮心，並且用言語去挑撥她和英國之間的關係。由於西班牙方面的德國情報人員及公使的多方協助，以及週密的計劃，施自信對於此事可有完全成功的把握，沒料到結果事情却發生了意外，全部計劃均遭粉碎。

邱吉爾首相雄才偉略
德間諜計劃夢想成空

事情的經過是這樣的，由於當時的葡萄牙和西班牙都駐有許多交戰國家的情報人員，英國的情報人員的工作，當然也不敢後人。當時他們派有人員在馬德里工作，專門負責監視偵查由德國過境的空中旅客，所以當施下機時，立刻被英國情報人員認出他的廬山真面目，而且深信其一定負有重大使命。馬上展開緊急偵查，務必要找個水落石出。從施到達的時間，剛在溫莎公爵夫婦將要到馬德里的前幾天，特別是因爲英國人員發覺施也是狩獵會的賓客之一，英國情報員不必費很大力氣便知道他此來必與温莎公爵有關。情報人員發現這驚人的可疑之點後，立刻向倫敦發出緊急報告。英國駐馬德里的秘密情報人員的推測，很快便引起當時首相邱吉爾的注意，當即憑其非常機智，馬上採取手段，緊急應付。

一九四〇年七月九日，英國駐葡萄牙大使接到英國當局的命令，急忙驅車前往温莎公爵夫婦下榻的旅館，於晤見公爵之後，便對他說道：「恭賀閣下，已被正式委任爲巴哈馬斯島的總督，請即前往上任！」公爵對於政府公職，從未忘懷，現在在接到命令之後，唯有取消西班牙之行，改道往巴哈馬斯島上住，這個突如其來的轉變，就是英國首相巧妙安排的結果，德國的全盤計劃，夢想成空。當時誰曾想到，這件事情的後面，有這樣巨大的國際陰謀存在其間。是温莎公爵生活史上一大插曲，也是二次大戰中的一大秘密。

温莎公爵出任巴哈馬斯島總督之官邸

異國生活日久感惆悵
巴黎紐約輪流作居停

許多年來，温莎夫婦大部份的生活，係在美國和法國渡過。他們在巴黎的鄉間別墅中，有一花園，小別墅客廳中掛滿着瑪麗王太后和温莎公爵自己，還有他身爲威爾斯王子時的油畫像。隔壁是一間畫室，靠牆四壁的書架上，擺滿了温莎公爵本人收集和愛讀的作品，許多書都有作者的親筆簽名，公爵常常要在裏面消磨兩三小時，他們夫婦偶爾也請一些知己朋友來家吃便飯，但從未開過鷄尾酒會。

在美國時，他們多數住紐約，夜總會裏出現時，任由新聞記者拍照，有一個時期，美國有謠言說，他們的婚姻可能破裂。一名專欄作家甚至說，温莎公爵夫人已轉移她的注意到一個時裝設計師身上。温莎公爵及其夫人，對此一笑置之。以常情推測，一個像温莎公爵夫人的女人，會對爲了她而放棄王位與之結婚的人，心懷式意嗎？在美國做英國公爵，所過的生活可以說多少有點流亡滋味。他們作季節性遷徙，他們的主要基地是巴黎。

在周末及天氣温暖的時候，公爵夫婦住在巴黎附近一個山谷中，由舊磨房改建的鄉居別墅中。公爵經常都在家中，與三名職業園藝家一齊種植花卉，或者牽着狗在鄉間散步。

在二、三月間，温莎夫婦乘船前往紐約，他們在紐約的華都大廈租有一間套房。他們逗留的一段時間中，有一部份時間是以他們的聲望贊助紐約慈善舞會和各種社交，一部份時間則在弗羅里達州友人的家中渡過。

在暮春季節，他們又短時間返回巴黎，然後前往里維拉，住在一幢租來的別墅中。近幾年則常住西班牙，住於該的的一座平房。秋季通常用於作週末打獵，但自公爵於一九六五年施行眼部手術，已不作打獵活動。公爵夫婦也不時與友人互相以晚餐招待，有時也到倫敦，觀看戲劇與芭蕾舞。每年十二月，他們悄悄地返回巴黎，參加在家中舉行的聖誕宴會。公爵手下的職工，有責任保持公爵的生活，使到這種生活與公爵自出生以來所習慣的生活差不多。爲温莎公爵服務的職工共約二十人，包括秘書與電器匠。

在任何宴會或場合中，公爵夫婦總是被所有賓主認爲上賓，好像他仍是國王一樣受到崇敬。與公爵交遊的一批人士，得遠溯自二十世紀與二十年代，每一年，這些人士的數目逐漸減少。邱吉爾與比維布魯克勛爵去世了；爲愛德華遜位而調停的蒙克頓子爵也去世了；紐約中央董事局主席羅拔揚也去世了，最近曾訪問香港的羅拔揚則是公爵夫婦在美國弗羅里達州經常訪問期中的主人。

温莎公爵聲言，他從未對「爲愛情而放棄一切」這事件而懊悔，但對英皇室及政府未能在他旅居在外時好好利用他這一事件感到難過，例如他曾要求担任駐美巡迴大使而未果。

回憶往事盡在不言中
夫婦二人以著書自娛

女王加冕大典，温莎公爵沒有參加，因爲他是位遜王，身份不合，但加冕情形，公爵夫婦都在電視中看到。公爵夫人對該節目深感興趣，公爵在旁對各項儀式逐一講解，不厭其詳，因爲儀式中，每一部份每一動作，他都親身經歷過，同時全世界也祇有他一人有此經驗。在他們美國寓所客廳的電視裏，看見別人坐在自己所讓出來的王位上加冕，心裏雖然不免有所感觸，但公爵夫婦兩人祇是相顧一笑而已。溫莎公爵自經遜位以後，對王室生活，絕口不提。私人生活方面，王室方面每年津貼約七八萬美元，從他本人所寫的「一個國王的故事」，溫莎公爵也得到一筆不小的稿費。公爵夫人所作的「囘憶錄」，亦受歡迎，兩人作品中共同的一點是胸襟寬濶，風度宜人，以淡雅的筆觸，寫出他們生活的莊嚴與可愛，並且竭力避免讀者爲愛德華八世不能保持王位而對他表示過多的同情與惋惜。

借著名雜誌發表文章　吐胸中抑鬱不平之氣

一九六一年一月，公爵夫人在麥考爾雜誌發表了另一篇文章，那是她於沉默了二十四年之後，第一次在文字中表示了她那股蘊藏已久的抑鬱之氣，畧爲抨擊了英國王室於這長時期中對溫莎公爵的歧視冷淡與虐待。

她特別指出，溫莎公爵對他的家庭、政府與國家所作的決定與行爲，均以莊嚴的心情出之，而於結婚以後，也一直生活於莊嚴之中。事實上那篇文章對英國王室當然不無抱怨，但語氣尚溫和。她說：廿四年來，我的丈夫因爲做「錯」了一件事而被懲罰，致他虛度華年。她所謂「錯事」，就是指愛德華八世讓出王位而與一「我愛的女人」結婚，而這個女人的身份祇是「一個離過婚的美國平民婦人」。她之承認那是一件「錯」事，是對溫莎公爵表示禮貌上的歉意，可是許多年來，溫莎公爵本人却從未認爲他那決定是「錯誤」的。

若干年來，關於溫莎公爵的愛情重要著作，至少已有四本「囘憶錄」出版，最先是前英首相鮑爾溫，其次是格蘭博士，書中所述都是當年英皇遜位及與其本人有關的部份。第三本溫莎自撰的「一個國王的故事」，該書早經攝成電影，曾在世界各地和香港放映。第四本是「溫莎公爵夫人自傳」。夫人的自傳沒有把重心放在遜位這件事上，祇是把當年身歷其境之事，本人所想所感的一切，以及他和溫莎公爵婚前和婚後的生活，加以披露，使世人對這件偉大戀愛故事的種種訛傳和揣測，具有以正視聽的作用。

溫莎公爵曾以四年的時間從事寫作，他從文學創作中，啓發了他對歷史研究的興趣。他對英國王室的歷史研究，在英國算是數一數二的人物。他的囘憶錄「一個國王的故事」之外，他又出版過兩本著作，其一是「王冠與人民」，其二是「家族譜」，所有這三本書都是間接講他本人的故事。

辛浦森先生忠心耿耿　與世隔絕保持其自尊

這件歷史大事的有關人物，被談得最少的是辛浦森先生，祇有在「溫莎公爵夫人自傳」中畧有提及。

事實上，辛浦森這位英國紳士，不僅智慧兼具，而且心胸廣濶，他自命是一個卓爾不凡的英國人，故忠於英國。

當這個戀愛故事在發展過程中以至到達危機頂點時，辛浦森始終維持他個人的極大自尊，他不僅完全避開新聞記者，同時也和社會人士隔絕，他好像願意做一個沒有血沒有肉的影子，與塵世間斬斷了一切香火緣，但他怪責當時的英國首相鮑爾溫，對於處理這事件有點獨斷獨行，他認爲鮑氏不應漠視他是事件的主角之一，假如鮑氏當日向他請教和他好好商議了，那麽，事情的轉變是至難逆料的，也許這一頁英國歷史要改寫，而愛德華八世不致有遜位的一幕出現，這是多麽至堪扼腕的一件事。

據說他的耿耿忠誠曾因當局的頑固與愛妻的喪失而稍有分減，但他的同情心則始終未變。在愛德華宣佈遜位之後，他明知不可爲而爲的寫信給韋利絲，勸她作最後的抉擇，臨崖勒馬，不要憧憬响往於夢一般的仙境，雖然如此，他還保持他是一個英國人的身份，拒絕將他所知的珍聞秘辛向外間透露，美國出版界願出鉅資十萬鎊，購買他的故事，可是他堅決謝絕，那時候，他尙不能稱爲富有，如果有這筆巨欵，他大可以不必營營役役，安享度日，但他並不見利忘義，始終三緘其口，至今只有他這個主角，沒有出版自傳。

女王對伯父夙有好感　太后認愛子拋棄英國

在溫莎公爵出國後的最初三十年間，他囘到英國的次數雖然不少，但多未在公共場所或大場面上正式露面，一九五二年英王喬治六世舉行葬禮，公爵曾囘英國倫敦參加送殯儀式，事後曾與伊莉莎白女王一起喝茶，之後，直到一九五七年女王夫婦舉行茶會，他才第一次獲得邀請。在此期間，公爵和白金漢宮之間似乎始終有一層不愉快的陰影間隔着。

最反對他囘來的共有二人，一個是他的母親——瑪麗皇太后，戰後他曾到馬波羅宮去看她。她在一個掛滿家族中人照片的房間見他。那個房間非常的冷，因爲瑪麗皇太后不許她的房間裝置暖氣系統，祇在她脚下放置一個電暖爐。但母子間的冰冷，比英國的冬季更甚。他的母親，永遠不饒恕他爲了一個女人而「拋棄英國」，他即使囘國探望其母，公爵夫人也從不被邀同行。

現在，瑪麗皇太后逝世了已有多年，爲什麽她仍在法國作海外寓公呢？對「愛廸伯父」（女王對愛德華八世的簡稱）頗有親情的女王，從未表示過反對他重返他曾經統治過的祖國。法律界雖然有人考慮他住在英國是否適宜，但他們的考慮祇是杞憂，眞正的問題，不是憲法制度的危機，仍是家庭糾紛。相信最反對他回來的是女王的母親。她的丈夫喬治六世身體衰弱，國王的職責加速他的死亡，他於五十六歲逝世，皇太后相信，這應該歸咎溫莎公爵的。

倫敦醫院探遜王之疾　英女王初晤公爵夫人

在一九六五年前的十年間，溫莎公爵和女王見面共達四十餘次之多，但沒有一次是在公開場合，也沒有一次有公爵夫人在旁。一九六七年公爵因患嚴重目疾返倫敦施行術，夫人伴之同行。公爵在二月二十二日進院，前後共動手術多次。在他左眼第二次開刀以後，女王便準備前往探視，並且經過特別安排，要公爵夫人也在場。

女王是那天下午六點四十八分到醫院的，由倫敦醫院董事長迎候同上電梯，到達頂樓特別病房，病房是個三間套房，其一爲客廳，女王進去時，公爵正坐在安樂椅上，看見他的姪女女王進來，立刻起身歡迎。其時公爵身穿睡衣晨褸，左眼尚有綁帶，略一側身，就把夫人向女王引見。

女王與夫人面面相對，寒喧了幾句，女王原先臉上的嚴肅的精神立即化爲一團淺笑，空氣極爲溫暖。公爵看看夫人，看看姪女，臉上也湧現着笑容，眼前情景與回憶無限感喟！

約摸廿五分鐘光景，女王離去，溫莎公爵和夫人一同送到病房門口，並由夫人陪同搭電梯下樓，醫院大門口，斜風細雨中大羣市民竚候，瞻謁女王豐采。女王面有笑容，脚步輕快，使大家感到愉快輕鬆。

經過這次會晤，大家都以爲那有了三十一年歷史的王室裂痕，會從此彌補起來，並且以爲公爵夫婦會被邀到溫莎堡小住，却不料這兩個猜想仍告落空。

當年轟動英國的一幅辛浦森夫人泳裝照片

四年之前受王室邀請　返國定居迄今未實現

一九六七年六月七日瑪麗太后紀念碑在倫敦揭幕。這是一個重要的日子，第一因爲六月七日就是：D—Day 的翌日，女王選擇這個日子事前必然經過一番考慮。第二因爲離開王室三十一年的溫莎公爵亦於是日被邀出席此一典禮，而且公爵夫人也同時被邀，這意味着英國王室家屬三十年來的最大團圓，以及英國王室人員三十一年來對於愛德華八世遜位與溫莎公爵婚事的同情與改觀。

這次揭幕典禮之所以邀請公爵夫婦，據宮廷方面當時透露，是由於女王決定要結束王室與公爵間之長期隔膜，並且得到王夫菲臘親王的堅決支持。皇太后紀念碑瑪麗揭幕禮原定六月尾舉行，以故，由於公爵屆時已先有約，爲了方便公爵，以故提前舉行，但其含有正式認公爵夫婦爲王室人員的作用在內則確無疑義。

當時曾有一項揣測，以爲公爵夫婦不久就會回返祖國定居，以渡晚年，甚至有人揣測其入居之地可能即爲溫莎堡。

溫莎堡是中世紀英國所建築的一座最大的堡壘式建築物，性質是皇室的別墅。它離開倫敦不遠，座落於一山崗懸崖之上，該堡於由威廉大帝興建，經過不斷擴充和四十位繼承王位的執政者加工添置，所耗人力物力不可勝計，至今它不僅是英皇室的別墅，而且成爲英倫名勝之一，每年吸引一百五十萬以上的遊客蒞臨，觀光這古色古香的世界上最富有傳奇色彩的古堡，而我們若能翻閱九百年來有關溫莎堡的記載，也就等於重溫了近千年來的英國歷史。

溫莎堡內有一部份是公開給遊客遊覽的，而且不以任何名義（慈善或其他）收費，例如堡前的大花園，堡前的維多利亞河兩岸，及溫莎堡附近的叢林區，和皇室所專用的禮拜堂，也任人參觀，至於想入堡內瀏覽，則需要事前請求，經過批准後，排定參觀日期，發給一張參觀許可証，到達門口時交給担任守衛的御林軍查閱之後，方可進入。

由於今女皇伊莉沙伯二世陛下對溫莎堡特別喜愛，有一個時期，她常在那裏接見各國元首和貴賓。昔日的維多利亞蜜月房，亦已改爲菲臘親王的書室。溫莎公爵在他的威爾斯王子時代，就經常住在溫莎堡，若此時再請他住在該處，何等富有詩意。

溫莎堡佔地十三英畝，建於九百年前，有房六百八十三間，這是一座富有歷史性的皇室別墅，並可在該堡遠眺賽馬。一九三六年十二月十日，愛德華八世的遜位文告，即是在這裏面向世界宣讀，公爵對該堡亦非常熟悉，而且喜愛。但是此事至今，倏忽四年，公爵返英定居之說，不復再聞。今者公爵已是一個七十七歲的老人，依然遙居異國，歸期茫茫，昧且晨興，黃昏夜半，當然難免有所感觸，特別是對於這樣一位「一代君王」，更有說不出的滋味。

惜陰堂革命策源記

六十年前舊辛亥之三

林熙

趙叔雍先生（一九六五年七月在星洲逝世）遺作「惜陰堂辛亥革命記」中稱：

方辛亥八月十九日武昌新軍舉義之夕，先公適宴客市樓，座有商人甫得漢電，約述其事。先公聞之有所悟。須臾，謂有他約先引去，賓客初不之異，即逕赴電報局以密電致漢口電報局長友人朱文學詢其事。又立約滬商人之負重望者侵晨往談。……翌晨，得武昌覆電，知義師已大動，鄂督瑞澂已宵遁。因復電朱促張謇返滬，時張適去漢口也。隨往晤商會董事甬人蘇寶森，告以革命既起，滬漢商務息息相關，倘戰火燎原，兩地均不堪命……商會宜召各業會議，請滬地官商人民持以鎮靜。……其時清廷遇事輒仰外人意旨，外國公使又輒循上海領事僑商之主張爲依歸。故復語蘇，當私告外商，此際應以保境護商爲主，外人絕不當有所左右。倘爲清廷張目，資以餉械，或藉租界之力，扼制民軍，則地方必致糜爛，吾輩在商言商，無間中外，求其事速定耳。蘇似頗得竅要，唯唯稱是。其晚來報，謂中外無異見，領事且持此入告公使。卒之公使團集議，以清廷不足有爲，且疾首庚子之役，咸不主助政府，不日即分別宣告，認民軍爲交戰團體，各國嚴守中立。……

先公固知商人之尚不足盡舉國之人力也，則別思所以策動各省者，自莫如各省諮議局與旅滬人士之公私交往，因展轉約各省籍友好，無論其爲贊許共和與否，均來惜陰堂集商。奔走最力者，蘇人黃炎培、沈恩孚、孟森、劉垣、冷遹、雷奮；浙人褚輔成等。時張謇爲諮議局長，人望所屬，函電四出，各省多聞聲相應。旅滬人士又紛函知親，轉達地方耆彥，請來滬計事或遣代表來議。于是先後至者十餘省，晨夕相見于惜陰堂。卒以十七省代表之力，奠南京臨時國會之基礎，進而設置臨時政府，建立共和政體。克復河山，壯圖偉舉，何幸而出于惜陰堂斗室之間也！

自茲以降，先公以一手一足之力，日事部署。莊蘊寬時同寓寒家，間邀其舊部鈕永建、王孝縝、趙正平等來談。旋長沙黃興、番禺汪兆銘、餘杭章炳麟、桃源宋教仁、長沙章士釗、三原于右任先後至。籌事縝密，服勞勤摯，即于役南北奔走其事，若山西景耀月、直隸張繼、山東丁世嶧、雲南張耀曾等，過滬必先來陳說當地情事，徵問進止，一堂濟濟，儼具開國之規模矣。……滿人志錡爲珍妃瑾妃胞弟，貴重椒房，而見惡于慈禧太后，夙主維新，與先公游，知革命得手之誤于瑞澂也；忽自京師來電，請先公諷瑞自裁，以謝朝廷。先公固與瑞往還，所寓尤密邇惜陰堂，惟以死節豈容人勸，且方爲革命事日不暇給，安得復有餘時爲清廷傳達使命，即笑而置之，瑞卒令終。（按：瑞澂于民國成立後，移居上海租界，民國元年——一九一二年——七月病死，張謇于七月廿三日輓以聯云：「憂國乘除眞舛午；悲公生死不逢辰。」見「張謇日記」。）

初民軍之發難于武昌也，風聲所被，舉國騰歡，人爭自效，然或忽其遠且大者。先公顧慮所及，多預爲之地。聞清廷之電調海軍赴漢助戰也，先公知海軍薩鎮冰素敬事鄭孝胥，鄭與寒家望衡，過從夙密，時雖以革命棄湖南巡撫職亡歸晦隱（按：辛亥革命時，湖南巡撫乃余誠格，孝胥布政司。）先公尚囑其電薩，勿炮擊武漢，以重民命。鄭繕稿即發。……

計武漢義軍之發難也，固出同盟會涵濡之深，而各地响應，尤賴地方人士之策力，是非身預者不能洞悉。故孫文匆促歸國，不容知光復之詳也，抵滬翌日，即來惜陰堂，致詞謙摯，語先公曰：「革命大業，諸君子功定垂成，愚願幸償，猶當勉繼全力。海外消息梗滯，百不得一，請詳述之。」先公遂一一陳說滬漢情事。其後屢至，商統一建國諸要端，尤先以網羅英賢及國家財政事……

袁世凱陰蓄異圖者已久，迨清廷以革命事急，起之洹上，初示偃蹇，終主大政，先以馮國璋師迫武漢而又忽緩兵；一示南中以有機可乘，一見指揮之長以自重，于計不爲不狡。清廷强弩之末，聽之而已。至于南中，則革命成之于民意，義旗四舉，初無練卒，所謂民軍，除各地僅有之新軍改編外，多集學生子弟爲之，徒立番號，昌言北伐，實不足與北洋抗衡。凡此情事，孫袁固兩知之，孫知軍事之難于倖勝而不能不作壯語，策勵干城，慰藉民望；袁知南征縱大捷，大位

惜陰堂歡宴孫中山　六十年前，趙鳳昌歡迎孫中山回國，座中多革命元勛，惜陰堂在上海南陽路。

終不我與，故不惜假軍事之抑揚，謀進取之捷徑。於是南北兩方均處于危疑震撼之中，又即此以形成和談之一線端倪，惟終苦于形格勢禁，無可展布。孫黃固嘗躊躇至再，冀能有出奇制勝之術，越此難關完成大業者。

天下政事相敵，不出和戰兩途，袁于此徬徨失措間，亦不得不謀與南中傳遞消息也。會袁部趙秉鈞知其屬洪述祖與余家爲鄉戚，且與先公稔；又知先公陰策革命事，因由洪以私函來窺意旨。先公示之孫、黃，僉曰：「今日但求覆清，以行共和，不戰而勝，奚不可爲？且足補南軍之拙，惟當得其人而語之耳。」于是先公舉唐紹儀，謂其能通治體，有權識，既爲袁之故舊親信，又夙厚于私交，倘得唐來，事必易與。孫黃雖不識唐，以信先公言，即加贊許。先公遂緣唐之鄉人同學上海電報局長唐元湛密達京師，與唐道欵曲，請爲國家戮力，南來協商大計。唐固機智，窺情事之推遷，知安危之所繫，尤重先公，甘以身許。袁知計售，私心爲幸，即命馮觀望于武漢，武漢之圍，由以少解。實則武漢稍涉疏虞，南京亦失屛蔽，和固不僅利袁，抑且大有利于南中也。然袁左右無可使者，既知南中屬意于唐，終任之爲議和代表。惟先公以洪雖先授關節，而其人便辟好利，必致僨事，因屬唐勿更令預聞。已而果以預殺宋教仁見法。……

其時，袁以一身總北方之全局，南中則同盟會外，地方人士，幷參政事。同盟會中，孫黃以次，又不無同異之嫌，發言盈庭，多所參綜，難期制勝。先公因商之宋、章、張、湯、熊等（按：宋教仁、章炳麟、張謇、湯壽潛、熊希齡也。）組設政黨。凡國人之主張共和及統一建國者，不問其南北新舊，有無黨籍，率可入會。衆謀僉同，孫、黃、汪等亦以爲然，不日遂成立統一黨。地方人士以外，同盟會人汪兆銘、宋教仁、章炳麟均列黨籍，唐紹儀旋亦來蒞。理事會中選張謇任理事長，章炳麟兼秘書長，先公兼基金監。緣是而黨人與地方人士水乳益融，事在辛亥十月間，較孫之于次年改組同盟會設國民黨爲早，實爲民國第一政黨，且兼容各派，共赴一鵠，直開後來政黨聯合陣線之先河，彌爲國人所樂附。……

初，北方雖主和議，猶在武漢開會，先公以武漢軍事未已，堅持不可，又密告唐，非來滬開會，即罷其議。孫黃幷以爲然，袁卒屈允。唐當自漢口水道來滬，假寓英商卜內門經理李德立家，（李德立名E. S. Little，係紐西蘭的英國人，初到中國時做傳教士，在江西傳道，他在光緒中葉「租借」牯嶺，闢爲避暑勝地。）李迎之江干，先公未往，唐倚舷頻以爲問，無應之者。其夕即來惜陰堂深談，即席定以共和政體爲鵠的，謂來日所議，僅斡成此局之步驟耳。翌日，先公約孫黃同來惜陰堂晤唐，孫唐同鄉里，彼此一見，以鄉音傾蓋，握手稱中山，似故交。黃爲湘人，則微示禮數，稱克强先生。此後不三五日，而一晤，盡掬肺腑，其有不容直率傾吐者，即先公爲轉達之。唐于名分爲清廷代表，一切自不能不于議席有所爭持，然陰主共和，謀之至篤，孫黃咸相敬佩，未嘗目之爲敵軍代表也。

方唐之南來也，南中尚未指派代表，黎元洪以爲事發于武昌，應由鄂主和議，民黨亦衆論不一，尤以唐爲清廷顯宦、政學前輩，必當擇地望相符者與之抗手，久久始物色粵人曾任駐美欽差之伍廷芳任之

南方議和代表伍廷芳

。伍休官居滬，素不問革命事，亦不與黨人通聲氣，而陳其美一日徑投刺造訪，請出任南方議和代表，伍不識陳，却之，陳竟長跪以求，伍感其誠，始允就任。伍居與惜陰堂不遠，後輒來晤，爲先公面述者如此。……和議數開，捨雙方停戰限期以外，凡國體爭持及人民投票諸端，均無成就。袁尤遇事挑剔，以求信清廷，南中則聲勢日宏，山陝光復，而實力猶患不充。袁已熟諳言戰言和之舉足輕重也，則益上下其間，便行其私，終免唐之代表，親負和議全責，而展轉示南中，倘屬以總統之任，自當翊贊共和，締措新局。南中時正困于偏安，絀于餉械，百不得已，亦僅有先樹政體，再圖其次。至袁之異志，人所共見，則冀納之于憲法之中。因之南京臨時國會先制約法，繼以孫宣言讓賢，選袁爲首任正式大總統。約法定責任內閣制，總統無施政之權，且移都南京，袁南下就職，又應以黨人爲首任內閣總理，袁初勿之允，幾在惜陰堂辯論調處，終以唐紹儀加入國民黨爲內閣總理，粗償南北之願，事始克諧。茲議既決，袁遂致力共和，坐遣北洋軍人紛電奏請遜位。又飭詞動隆裕太后、攝政王，清廷知大勢已去，無可挽回，終承受優待條件，于辛亥十二月二十四日，即一九一二年二月十二日下詔遜位，蕩滌五千年專政之瑕穢，計距武昌舉義，甫百有餘日耳。……

以上是趙鳳昌的兒子趙叔雍記他所見所聞，確是第一手資料，可供參考。

唐紹儀任清廷總代表，而却又傾心共和，替民軍恫嚇滿清王朝，這是一件頗滑稽的事。唐于十一月初八日電袁內閣，請代奏議和情形，謂革命軍宗旨，在改政體爲共和，如果清廷不承認，就不再會議了。以唐紹儀個人仔細觀察東南各省民情，都是主張共和的，已成爲一股不可阻擋的勢力。民軍近日因爲製成兩艘飛艇，又遇到孫文從外國來上海，帶有很多現欵，還帶了外國的海陸軍軍官幾十人，聲勢更大，他們正計劃組織臨時政府，以爲號召。又聽說中國向外洋借欵都不能成功，其原因是孫文向外國游說，教他們千萬不可答應。如果這次和議失敗，戰端再起，我們的財政就發生困難，人民更見痛苦，列强一定趁此機會瓜分中國，中國之存亡就很難說了。

唐紹儀這些話，當然是袁世凱教他這樣做的，以民軍有飛艇、外國軍事專家相助，而孫文又帶了大批金錢回來。（當時國人確有此觀念，認爲孫中山在海外得到華僑幫助，一定帶了很多錢回國的。吳鐵城的回憶錄有一段說到他以江西省代表來到上海歡迎孫中山先生，孫先生在哈同花園接見各省代表。「當時一大羣記者在外面客廳和總理談話，我聽見有一位記者在問：『外傳孫先生由外國帶了一大筆欵回來，是嗎？』總理回答：『我沒有帶來大筆欵，可是帶來了比錢還重要的東西，我只帶來了一種革命精神！』這句話我當時感動甚深，至今仍縈繞腦海。」）清廷一向媚洋崇洋，袁世凱、唐紹儀知道利用洋人便可以把滿洲親貴嚇倒的。清廷果然上當，下令袁世凱召集臨時國會，討論採取君主政體還是民主政體。據張國淦回憶說：

據徐世昌言：「唐電到後，袁約余（徐自謂）計議，認爲國體共和，已是大勢所趨，但對于宮廷及頑强親貴，不能開口。若照唐電召開國民大會，可由大會提出，便可以公開討論，亦緩脈急受之一法。乃由余先密陳慶邸，得其許可，袁即往慶處計議，當約集諸親貴在慶處討論（載澤未到），決定由內閣奏請皇太后召集王公大臣會議。次早，皇太后據內閣奏召集近支王公會議，慶邸首先發言，毓朗、載澤表示不贊成，然亦說不出理由。其餘俱附慶議，于是允唐所請，當即下召集臨時國會之諭。」

唐紹儀接到召集臨時國會解決國體之諭後，于十一月初十日與伍廷芳開第三次會議，但這天十七省代表在南京選舉孫文爲臨時大總統，十三日（陽曆一月一日），孫文就職，是爲中華民國元年。自此以後，國體問題就不必討論，袁世凱即進行下一步辦法，迫清帝自動退位。他首先授意提督姜桂題奏請命令親貴大臣將存在外國銀行的現欵拿出來接濟軍用。清廷准如所奏，下一道上諭，叫親貴們「毀家紓難」。但各親貴响應者寥寥，只有慶親王奕劻拿出十萬，有些兩萬、三萬，載振本是主戰派，主張用大兵鎮壓到底的，只捐出五千，并且是下一年三月的期票。隆裕太后不得已，拿出西太后存在宮中的黃金八萬兩來做軍餉。這時候，在外統兵與民軍作戰的將領如馮國璋、倪嗣冲、王占元等數十人，聯名寫信給北京王公大臣，指摘他們存在外國銀行有數千萬元，而現在軍中缺乏糧餉，上個月只能發出半個月餉，軍心大受影響，如果你們這班人不把私財拿出來盡買公債，以救危急，將來不但不能保有這筆財產，而且殺身之禍，就在眼前。

這班親貴大臣見了，心裏不免害怕，怕的是有槍的武夫如果眞的反起來，打入北京，就死無葬身之地了。怎知一波未平，一波又起，東三省總督趙爾巽、直隸總督陳夔龍、湖廣總督段祺瑞、熱河都統錫良、河南巡撫齊耀琳、山東巡撫胡建樞、吉林巡撫陳照常，聯名合奏清廷，畧言近日各省經費已至羅掘俱窮境地，根據日本公使調査所得，各親貴存放外國銀行之欵，約三千餘萬兩，並指出某人若干，某人若干。現在戰士捨身報國，效力疆埸，而竟然不能食飽，令人寒心。他們曾電請朝廷令各親貴捐獻貲財作爲軍費，如果親貴們還再遲疑，禍且不測，措詞甚爲激烈。親貴因之大懼，連忙叫帳房拿出財產帳簿，送到御前請過目，只是一些田產房屋而已。其實一個王朝將要滅亡，它的親貴、大臣多數要保存自己的私財而輕視國難，過去的歷史早有記載，袁世凱也知道在他們身上搾不出什麽油來的，不過藉此以恐嚇他們，使他們精神上大受影响，以便下一步進行迫清廷讓出帝位，那時候他就可以坐上大總統的寶座了。

袁世凱此計果然有效，很多大官僚暗中把家小及金銀財寶送到天津、上海的租界，民國初年在上海做遺老的直隸總督陳夔龍更不敢後人，已派心腹家人在上海安排後路了。（在上海的遺老中，以陳夔龍的宦囊最富，他從光緒廿九年三月出任河南巡撫，至宣統三年出任直隸總督止，不過九年，便靠這筆財產，在租界享了三十七年晚福，他是一九四八年八月死的。）

十一月廿八日，袁世凱與內閣全體國會大臣聯名密奏清廷，請改爲共和政體。這一本奏章，未見「大清宣統政紀實錄」，現在摘鈔若干，以見當時一般情形。

自武昌亂起，旬月之間，民軍响應，幾遍全國，惟直隸、河南未見叛離，然人心動搖，異于恒告。臣世凱奉命督師，兩月以來，業已克復漢口、漢陽，收回山東、山西。然而戰地範圍，過爲廣濶，幾于餉無可籌，兵不敷遣，度支艱難，計無所出，籌欵之法，羅掘俱窮，大局岌岌，危迫已極……是以停戰媾和，特簡唐紹儀、楊士琦前往滬上，爲民請命。……屢接該大臣來電稱：「民軍之意，萬衆之心，堅持共和，別無可議」等語。現期已滿，展限七日，能否就範，尚難逆料。惟論目前情形，北方一隅，雖能少保治安，而海軍盡叛，一旦所議不合，艦隊進攻，天險已無，何能悉以六鎭諸軍，防禁京津，而棄各戰地于不顧。……若激勵將士，勉强一戰，財賦省分，全數淪陷，行政經費，若如捕風，蒐討軍實，餉源何出。……然而彼衆若狂，醉心民主，兵力所能平定者土地，不能平定者人心。人心渙散，如決江河，莫之能禦，爵祿已不足以懷，刀兵亦莫知所畏，似此億萬之所趨，豈一二黨人所能煽惑。臣等受命于危急之秋，誠不料國事敗壞一至于此也。環球各國，不外君主民主兩端，民主如堯舜禪讓，乃察民心之所歸，迥非歷代亡國之可比。我朝繼繼承承，尊重帝系，然師法孔孟，以爲百王之則，是民重君輕，聖賢業已垂法守。且民軍亦不欲以改民主，減皇室之尊。况東西友邦，因此次戰禍，貿易之損失，已非淺鮮，而尚從事調停者，以我祇政治之改革而已。若其久事爭持，則難免不無干涉，而民軍亦必因此對于朝廷，感情益惡。讀法蘭西革命之史，如能早順輿情，何至路易之子孫，靡有孑遺也。民軍所爭者政體，而非君位，所欲者共和，而非宗社。我皇太后皇上，何忍九廟之震驚，何忍乘輿之出狩，必能俯鑒大勢，以順民心。

內閣這一密奏，簡直就是滿淸統治者的催命符，隆裕皇太后讀了，不得不驚惶失措，她不止怕袁世凱要取她母子倆的性命，像法國路易之子孫「靡有孑遺」，還怕外國人因商業損失，要她賠償呢。袁世凱利用她怕外國人的心理，搬出這一套法寶來恐嚇她，她不得不就範了。

袁世凱知道隆裕太后到此時已無法施展她的權威了，便給她一個「以退爲進」的奏章，說他自己奉職無狀，罪該萬死，請皇太后皇上重治罪。隆裕怎敢降罪于他，還要一而再，再而三的封他爲侯爵，不許他懇辭。又安慰他道：「你不必如此，國家大事，既然託給你去辦，你就勉爲其難，就是挽回無術，我决不怪你。將來皇帝長大之後，我一定把你忠懇艱難的情形一一說給他聽。……」

這時候，孫中山已在南京做了臨時大總統，袁世凱如果要做大總統，就得加緊逼淸帝退位。他一面逼隆裕，一面同南方代表密議清帝退位優待條件。他覺得自己開口，實在難于啓齒，而淸廷封他爲一等侯之命，接踵而至。（十二月初八日，上諭：「總理大臣袁世凱，公忠體國，懋著勳勞，自受任以來，籌劃國謨，匡襄大局，厥功尤偉，着錫封一等侯爵，以昭殊奬，毋許固辭。」但袁世凱有個大總統的寶座，擺在眼前，當然不希罕她的一等侯了。他辭了兩三次不准，又再懇奏收回成命，疏云：「我朝故事，最愼錫封，開國從龍，公侯極少，三藩之定，趙良棟、王進寶，不過子男；中興之隆，曾國藩、李鴻章始躋侯伯。……」這樣懇切陳辭，仍不獲准，結果拖來拖去，優待條件已提出，亦不了了之。）于是授意慶親王奕劻，由他在御前會議時請淸帝退位，隆裕不得不答應了。

李劍農的「最近三十年中國政治史」（一九三〇年上海太平洋書店印行）有一段說，袁世凱最初採用與革命軍妥協政策，淸廷已接受了他的條件，他已擁有淸室的生死權，而革命軍方面，又早已默許他爲將來的總統，和議的成功，彷彿是容易的事。但是從和議的發端到淸帝的退位，却經過許多艱難波折。什麼緣故呢？就是袁與民軍方面，精神上有一個大相差異之點。在民軍方面，雖然早已默許袁為將來共和政府的總統，但是共和政府的基礎，是要建立在民權兩字上面。袁世凱雖然沒有把清室放在心裏，但是他心裏所希望的共和，是總統大權的共和。除了取得總統的地位以外，還要把共和政府的一切大權攬入總統手中，要做一個與皇帝相似的總統。因此，民軍所希望的和議結果，是由清廷將一切大權交還民國；而袁世凱所希望的，是由清帝將一切大權轉讓于他個人。有此根本相歧之點，所以和議的經過就很難了。

但袁世凱是個梟雄，最會耍手段，結果，清廷接受優待條件，答應退位。趙秉鈞在民國元年唐紹儀內閣任內務總長時，曾對魏宸組（湖北人，字注東，留學法國，南京臨時政府成立，任外交次長，民國三年任駐荷蘭公使，以後歷任比利時、德國公使，回國後，脫離政海一個時期，轉入銀行界服務，一九三六年出任駐波蘭公使。）說過一件有趣的內幕故事，魏又以告張國淦。張氏載之于「辛亥革命史料」中，今錄之以為參證。文云：

項城本其雄心，又善利用時機，武昌事起，舉朝皇皇，起用項城，授以指揮全國軍隊全權，正是大有為時機，得以償其抱負。但是項城雖重兵在握，却力避曹孟德欺人之名，故一方面挾北方勢力與南方接洽；一方面借南方勢力，以脅制北方。在南方者，實力不夠，一般黨人，每思利用項城，以推翻清室，一時拉攏，尚有途徑可尋。惟北方以清室二百餘年之根蒂，環境惡劣，進行頗不容易。項城初意，以為南方易與，頗側重南方，及南方選舉總統後，恍然終是兩家，不願南方勢力增長，如果國民大會成立，將終為其挾持，不能擺脫。乃決計專從清室着手，首先脅迫親貴、王公，進而脅迫清帝，又進而恫嚇皇太后，并忖度其心理，誘餌之以優待條件，達到自行頒布退位，以全權組織臨時政府。如此，則袁政府係由清室遞嬗而來，而不知其結果仍是接續南京也。時勢推移，即項城亦自想不到，在項城現在，總算還就萬分，最好彼此不要相煎太急，庶可始終相安云云。魏是國民黨推崇袁者，為唐閣秘書長，故趙在談論中示意，以警惕唐及黨人，魏聽之聳然。

南北雙方正在密議優待條件，隆裕太后中了袁世凱「優待」之計，召開御前會議，自行頒布共和，親貴王公，有一部分人反對，堅持「戡亂」到底，後來因為軍諮使良弼被革命黨彭家珍炸死，這班貴族就嚇破了胆，各持明哲保身主義，不敢再反對了，但在最後一次御前會議時，隆裕太后問他們的意見如何，他們只是唯唯諾諾，不敢發表「高見」，隆裕怒形于色的說：「你們平時安享富貴尊榮，多有意見，遇到了這件大事就不作聲，無非要我一人負責罷了。」後來宣布共和是她一人作主的。

恭親王溥偉著有「讓國御前會議日記」，他死于大連之前，不知怎的為東莞人張伯楨向他取得。伯楨死後，「日記」傳在其子張江裁手上，一九五一年五月廿五日，江裁節錄其中精采部分，刊于天津「進步日報」，其後收入「辛亥革命史料」第八冊中，是有關清皇室讓出大權的第一手資料，原文頗長，今摘錄如左：（按：溥偉襲封恭親王，溥心畬是他的異母弟，一九三六年死在大連。他是宗社黨的首領，但溥儀組「滿洲國」時，他并沒有去討一官半職，負氣之故也。）

……數日後，忽起用袁世凱督師。復謁醇邸，叩其因。醇邸以袁有將才，且名望亦好，故命他去。余曰：「袁世凱鷹視狼顧，久蓄逆謀，故景月汀謂其為仲達第二。初被放逐，天下快之，奈何引虎自衛？」醇王默然良久，始囁嚅言曰：「慶王、那桐，再三力保，或者可用。」余曰：「縱難收回成命，可否用忠貞智勇之臣，以分其勢。」醇王問為誰？余曰：「叔監國三年，羣臣臧否，自在洞鑒，偉不在政界，何敢謀此？」醇王曰：「都是他們的人，我何曾有爪牙心腹。」余曰：「叔代皇上行大政，中外諸臣廉能正直者，皆朝廷貞幹，又何憂孤立乎？」瞿子玖、岑春煊，袁所畏也。升吉甫，忠梗可恃，誠使瞿入內閣，岑督北洋，以升允為欽差大臣，握重兵扼上游，庶杜袁四之狡謀。」（按：瞿鴻禨字子玖，升允字吉甫。其實瞿、岑都是袁的手下敗將，丁未政潮發生，瞿被西太后逐歸田里，岑亦被免去兩廣總督之職，皆袁四玩的把戲，此時袁世凱兵權在手，此三人更非其敵手矣。溥偉雖有才氣，但少不更事，未能洞識局勢也。他最欽佩升允，故力主為乃弟心畬娶其女為室。）醇王曰：「容明日與他們商量。」余知不可諫，

溥心畬之異母兄恭親王溥偉

太息而已。……十月中，余往探袁氏。時居外務部，晤時，禮貌之恭，應酬之切，爲自來所未有。余詢以有何辦法？袁曰：「世凱受國厚恩，一定主持君主立憲。惟南方軍力强盛，人心盡去，我處兵弱餉缺，軍械不足，奈何？」復長歎低言曰：「向使王爺秉政，決不致壞到如此。」嗟乎，余知袁氏之必叛也。歸而稟請堂上，以時局至此，後果不堪設想，擬毁家以紓國難，堂上允之。乃盡出古畫古玩，招商變價。（按溥偉爲恭親王奕訢的長孫，其本生父載瀅，爲奕訢之子，其長子則載澂也。載澂死後無子，以溥偉過繼伯父。奕訢死于光緒廿四年，溥偉以嫡孫襲爵。此處所指的「堂上」，不知是載澂夫人抑載瀅夫人耳）……是年十一月二十九日內閣會議，余力疾至內閣，醇慶諸王及蒙古王均到。袁世凱以疾辭，遣趙秉鈞、梁士詒爲代表。最可憤者，羣臣列坐二三刻鐘之久，惟彼此閒談，不提及國事。余不能耐，趨詰梁、趙曰：「總理大臣邀余等會議，究議何事，請總理大臣宣言之。」趙秉鈞曰：「革命黨勢甚强，各省响應，北方軍不足恃。袁總理欲設臨時政府于天津，與彼開議，或和或戰，再定辦法。」余曰：「朝廷以慰庭（按：世凱字慰庭。溥偉如此呼之，非以其有異心，實乃驕傲成性。辛丑議和時，李鴻章至北京，某次與王公親貴會議，溥偉即呼鴻章爲「少荃」，鴻章面斥之曰：「往日老王爺亦稱我爲李中堂也。」溥偉爲之失色！「老王爺」指奕訢。）爲欽差大臣，復命爲總理大臣者，以其能討賊平亂耳。今朝廷在此，而復設一臨時政府于天津，豈北京政府不足恃，而天津足恃耶？且漢陽已復，正宜乘勝再痛勦，乃罷戰議和，此何理耶！」梁士詒曰：「漢陽雖勝，奈各省响應，北方無餉無械，孤危已甚。設政府于天津者，懼驚皇上也。」……時外務大臣胡惟德（按：惟德字馨吾，時任袁內閣的外務大臣。近日辭聯合國副秘書長之胡世澤即其子）曰：「此次之戰，列邦皆不願意，我若一意主戰，恐外國人責難。」余曰：「中國自有主權對內平亂，外人何能干預。且英、德、日、皆君主國，亦無强脅人君俯從亂黨之理。公既如此說，請指出是何國人，偉願當面問之。」慶邸曰：「議事不可爭執，况事體重大，我輩亦不敢決，應請旨辦理。」言訖，即起立，羣臣和之遂罷……次日，醇王以電話告，以初一日開御前會議，囑余入內。十二月初一日卯正至上書房，澤公語偉曰：「昨晤馮華甫，彼謂革命黨甚不足懼，但求發餉三月，能奏功。少時你先奏知，我再詳奏。」少頃，醇王叔至，密謂偉曰：「今日之事，慶邸不願意你來，有人問時，只說你自己要來。」偉敬諾。辰刻入養心殿，皇太后西向坐，帝未御座。被召者有醇王、偉、睿王、肅王、莊王、潤貝勒、濤貝勒、朗貝勒、澤公、那王、貢王、帕王、賓圖王、博公。太后問曰：「你們看是君主好，還是共和好？」皆對曰：「臣等皆力主君主，無主張共和之理，求太后聖斷堅持，勿爲所惑。」諭：「我何嘗要共和，都是奕劻同袁世凱說，革命黨太利害，我們沒槍炮，沒軍餉，萬不可能打仗。我說可否求外國人幫助，他說等奴才同外國人說說看。過二天，奕劻說：『外國人再三不肯，經奴才盡力說，他們始謂：革命黨本是好百姓，因爲改良政治才用兵，如要我們幫忙，必使攝政王退位。』你們問載灃，是否這樣說？」醇王對曰：「是。」臣偉對曰：「既是奕劻這樣說，現在載灃已然退政，外國何以仍不幫忙，顯係奕劻欺罔。」那彥圖奏曰：「既是太后知道如此，求嗣後不要再信他言。」臣偉奏曰：「亂黨實不足懼，昨日馮國璋對載澤說求發餉三月，他情願破賊，問載澤有這事否？」載澤對曰：「是有。馮國璋已然打有勝仗，軍氣頗壯，求發餉派他去打仗。」諭：「現在內帑已竭，前次所發之三萬金是皇帝內庫的，我眞沒有。」臣偉碰頭奏曰：「庫帑空虛，焉敢迫求？惟軍餉緊要……現在人心浮動，必須振作。既是馮國璋肯報效出力，太后將宮中金銀器皿，賞出幾件，暫充戰費。雖不足數，然而軍人感激，必能效死……請太后聖明三思。」善耆奏曰：「恭親王所說甚是，求太后聖斷立行。」諭：「勝了固然好，要是敗了連優待條件都沒有，豈不是要亡國麽？」臣偉奏曰：「優待條件是欺人之談，不過與迎闖賊不納糧的話一樣。……即使優待條件可恃，夫以朝廷之尊，而受臣民之優待，豈不貽笑列邦，貽笑千古？太后皇上，欲求今日之尊崇，不可得也。……」諭：「就是打仗，也只馮國璋一人，焉能奏功？」……臣偉奏曰：「臣大胆，敢請太后皇上賞兵，情願殺賊報國！」顧載濤曰：「載濤你管陸軍，知道我們的兵力怎麽樣？」載濤對曰：「奴才沒有打過仗，不知道。」太后默然，良久曰：「你們先下去罷。」……載澤奏曰：「今日臣等所奏之言，請太后還後宮，千萬不可對御前太監說，因爲事關重大，請太后格外謹慎。」諭：「那是自然，我當初侍奉太皇太后，是何等謹愼，你不信，可以問載濤。」善耆奏曰：「載澤所言甚是，太后從先聖孝，今日與彼時不同。」太后不語，遂皆退。按是日被召凡十四人，惟四人有言，餘皆緘口？良可慨也。越二日，醇王叔謂偉曰：「你前奏對，語太激烈，太后很不喜歡。說時事何至如此。恭親王、肅親王、那彥圖三個人愛說冒失話，你告知他們，以後不准再如此。」偉曰：「太后深居九重，不悉時局，既然不准溥偉說話，則以後之會議，是否與聞？」醇王面現極憂色。良久曰：「你別着急。」余曰：「太后既有此旨，萬無違旨說話之理，然而目睹危險，天顏咫尺之地，何忍緘默！」醇王曰「我處嫌疑之地，也不能說話。」余曰：「五叔與溥偉不同，既是五叔爲難，祇好以後會議時溥偉不來也。」醇王曰：「這兩日來不知是怎樣運動，老慶依然入朝，太后意思也頗活動，奈何奈何！」越三日，遂有段祺瑞等通敵請退政之電，人心大震。翌日，聞有御前會議，不使余知，無如之何。是日，美國人李佳白來邸，諷余主張共和。以大義責之，慚而退。越日，袁世凱派趙秉鈞、胡惟德、譚學衡來，告以總理大臣之苦心，民軍之勁勇，我軍搖動，種種危機。余曰：「時事至此，余亦無法。但既忝列宗支，萬無首倡廢君退政之理，雖無政權，此時實難緘口。公等身爲大臣，勸皇上降敵國尚不可，今乃勸皇上降亂民乎？」趙等愕然離去。十二日午後，君主立憲會中有隆厚田者，惶遽來告曰：『頃得密信，趙秉鈞等密請袁世凱將諸皇族盡驅入宮，以兵守禁城，俟共和告成再說。又有派遣軍隊，護衛各府，名曰保護，實監其出入之謀。袁不肯，趙秉鈞曰：「醇王庸懦，固不足慮。恭王頗有才氣，請先除之。」袁大笑曰：「他不過讀幾本書，況慶、洵、濤諸人，都不喜他，他未必肯與醇王出死力，且無兵權，何必忙作這無味事，」此吾輩探得之確信也，殿下宜速籌良策。』語畢匆匆去。偉即時稟明堂上，奉慈諭，既是這樣說，不必管他眞假，惟有避之爲妙，汝先行，余亦二三日內赴西山矣。

從上述文字中，我們可以看出滿清朝班宗支親貴沒有一個不是胡裏胡塗、毫無作爲的人物，只有溥偉和善耆較爲有點頭腦而已。（沃丘仲子「當代名人小傳」記溥偉有云：「幼好學，頗通文史，貌亦英秀。……既長，頗持威儀，與振、倫（指載振、溥倫）諸人異趣。後授爲禁烟大臣。宣統御極，屢請開去差使，得旨報可，蓋其時灃新監國，其兩弟勢燄甚張，而勛、澤亦乘以爭權、偉殊不爲下，且于諸人頗有微辭，遂不爲衆所容。……辛亥冬，議讓國，獨堅持謂祖宗創業艱難，奈何讓人，數請獨對。孝定諭以大勢已去，肘腋禍伏，藉此尚可保全少帝。偉痛哭固諫，后厭之，遂拒不復召入，則貨其珍玩服飾，徙家居于青島。淸逸臣半居其地，故世謂偉爲宗社黨首領，而亦無所規畫……」所記頗可與上文幷觀。溥偉的母親同溥心畬的母親後來都移居西山戒壇寺，因爲恭親王奕訢于光緒中葉捐了一筆錢修葺該寺若干建築，故寺僧設其長生祿位，奕訢的子孫隱居在此，當然爲寺僧歡迎也。）

袁世凱要這幾下手段，隆裕太后只要保存她與宣統的生命財產，幷享有「帝號」的尊榮，于願已足，便于宣統三年十二月廿五日，下一道退位的詔書，命袁世凱以全權創立臨時共和政府，與革命軍商統一辦法。世凱遂承皇太后懿旨，宣示中外。詔書是這樣的：

朕欽奉隆裕皇太后懿旨，前因民軍起事，各省响應，九夏沸騰，生靈塗炭，特命袁世凱遣員與民軍代表，討論大局，議開國會，公決政體。兩月以來，尚無確當辦法，南北睽隔，彼此相持，商輟于塗，士露于野。徒以國體一日不決，故民生一日不安。今全國人民心理，多傾向共和，南中各省，既倡議于前，北方諸將，亦主張于後，人心所响，天命可知。予亦何忍因一姓之尊榮，拂兆民之好惡。是用外觀大勢，內審輿情，特率皇帝將統治權公諸全國，定爲立憲共和國體，近慰海內厭亂望治之心，遠協古聖天下爲公之義。袁世凱前經資政院選舉爲總理大臣，當茲新舊代謝之際，宜有南北統一之方，即由袁世凱以全權組織臨時共和政府，與民軍協商統一辦法。總期人民安堵，海內乂安，仍合滿、漢、蒙、回、藏五族完全領土爲一大中華民國，予與皇帝得以退處寬閒，優游歲月，長受國民之優禮，親見郅治之告成，豈不懿歟。

此外還另有一詔，是關于優待條件的，又一詔是勸戒臣民的。根據尙秉和的「辛壬春秋」第二十六，「清室禪政記」有一段說，遜位詔將下之際，隆裕皇后率宣統帝，召見近支王公大臣及內閣總理大臣、國務大臣開御前會議，『太后哽咽流涕，各王公大臣亦皆哭失聲。久之，太后謂皇帝曰：「爾之所以得有今日者，皆袁大臣之力」，即敕皇帝降御座致謝袁大臣，袁大臣惶恐頓首奏謝，伏地泣不能仰視。』此一說法，尚未聞有人如此說過，但袁世凱便根據了清朝皇太后的懿旨，組織了民國臨時共和政府，一邊根據與南方革命黨達成的協議，由大清帝國內閣總理大臣一變而爲中華民國的臨時大總統。溥儀的「我的前半生」第二章「我的童年」第一節「登極與退位」有這一句「而我呢，則作爲大總統的鄰居，根據清室優待條件開始了小朝廷的生活。」

滿清王朝自順治入關，統治中國，凡二百六十八年，到十二月廿六日而亡。但這樣的亡法，比宋朝末帝、明朝末帝舒服得多，胡元與滿清都要把宋室、明室的子孫殺盡，爲斬草除根之計。但民國政府和革命黨都沒有加害于溥儀及皇室中任何人，一直優容「宣統皇帝」在紫禁城中稱孤道寡者十三年，不可謂非優待了。

辛亥十二月廿六日，袁世凱通電聲明贊成共和，同日，孫中山向參議院辭職，荐袁世凱爲臨時大總統。廿八日，參議院選舉袁世凱爲臨時大總統，建設中華民國統一政府。十二月三十日，令內外文武百官改用陽曆，以壬子年正月初一日爲民國元年二月十八日。從此中國的歷史又翻開新的一頁了。

（下期續完）

美國通訊之四

防止心臟病的發生和急救方法

——記美國心臟病研究會第四十四屆年會——

・林慰君・

全美心臟病研究會第四十四屆年會，日前在加州安那罕（Anaheim）城揭幕。此次參加大會的醫生，醫學家，護士以及衛生人員，健康問題專家等，一共有八千餘人。發表的論文有九百篇之多，其中有大半論文是關於防止心臟病之發生和急救方面的。

據這些專家們說：心臟病是當前人類最大的仇敵，每年由於此病有連帶關係的血管堵塞症等而死的人數，比死於癌病的人約多三倍。

這種病，並不是因爲有某種神秘而不可知的細菌或微生物所致，然而美國每年有一百多萬人因心臟病而死，因此它成爲美國最大的仇敵。

根據那些心臟病的醫師們說：美國人中，五個人裏有一個人會在未屆退休年齡，就得心臟病，而在所有得了心臟病的人中，又有百分之二十五會在三個小時之內死亡。其餘的，有百分之十的病人在幾個星期內死亡，有很多人在五年以內死亡。但是我們要減少患這種病，却並不是太難的事，只要大家都能用一些最簡單和直截了當的方法就行了。

除去有關病症的討論外，他們還討論到怎樣增進營救的辦法。在這九百篇專題演講中，有一大半是與防止心臟病和血管病有關的。

「血管堵塞症」就是因爲血中的脂肪積蓄得太厚太多，把血管變得太小太窄，有的血不能流到心裏去，因此心的一部肌肉失去了血的營養，於是就受了傷，這就是一般得心臟病最大的原因。

這些心臟病專家們指出，得心臟病的主要因素計有：血脂量過高；血壓高；糖尿病；遺傳性心臟或血管病；吸烟；生活在緊張情緒中而沒有運動或運動不夠；食用大量的動物油。

美國最有名的心臟病專家白保羅醫師（Dr. Paul Dudley White）日前對記者說：**『一個人如欲減少得心臟病的危險，千萬必需注意下列各件事：**

一、減少食用普通牛奶（意思是未把奶油取出的牛奶）、雞蛋（因蛋黃油質太多）以及各種肥肉（或署帶肥的肉）。

一、戒除或減少吸烟。

一、注意體重，採取適當的飲食計劃（身體不可過重）。

一、經常運動，能走路時，不要乘車。

一、不要在緊張生活中過日子。

一、經常（最少一年一次）到醫生處去檢查身體。』

白保羅醫師從前是美國總統艾森豪威爾的醫生。他今年已八十多歲，身體還很健康。聽說他每天要走好幾英里的路，也常常騎脚踏車。

他的建議，是對沒有心臟病的人所說的，只是爲預防而已。如果一個人已經有心臟病，或血管堵塞，或過重、血壓高等症，那麽他更要小心。那麽他對有油的飲食比白醫師所建議的更要少得多。他需要把「減少」兩個字改爲「不吃」，把「少吸」改爲「不吸」。

提起「吸烟」，美國的電視廣告，已禁止給香烟公司做廣告，因此全美國的電視電台，每年所損失的廣告費，爲數不下數千萬美元。

關於「急救」方面，因爲美國每年得心臟病的人，有百分之五十以上是在一小時之內死亡的，因此心臟病的醫師們認爲：如果有一個設備齊全的救護車，裏面再有受過特別訓練的技術人員或護士，在把病人送到醫院的路程中，給他施行急救，那麽每年至少可以多救活五萬多人的生命。

此次在安那罕城開會的施瓦茲醫師（Dr. Mortimer L. Schwartz）曾對與會的各醫師演講，勸他們回到各人的工作崗位後，趕快成立這種急救組織。他並且說，這些受過訓練的護士，一到病人的所在地，就可以立刻給他急救。他更指出：多半因心臟病猝發而死的病人，都是因爲他們心臟跳動的規律受了破壞，而不是心臟忽然停止。

這種跳動規律的破壞，也可能發生在僅有輕微心臟病的人身上，這現象是可以救治的。因爲所謂「不規律」，是指心臟的不按規則的收縮，有點像一塊肌肉疲乏之時的痙攣。這時可用一種電療器，放在病人的胸上，給他的心臟一個刺激，這刺激可把那不按規律的收縮，恢復正常。

美國中部的「俄亥歐」州，現在有一輛設備最完整的急救車，這車屬於「俄亥歐」州立大學的醫學院。他們車上有三個受過特別訓練的急救人員，每天二十四小時都有人值班。他們每月做一百多起救護工作，多半是到病人家中去。此外，加州也有些城市，有這種車輛。

這急救的措施，雖然不一定能把所有的病人救活，但的確在那一髮千鈞的緊要關頭，可以救一部份人的生命的。

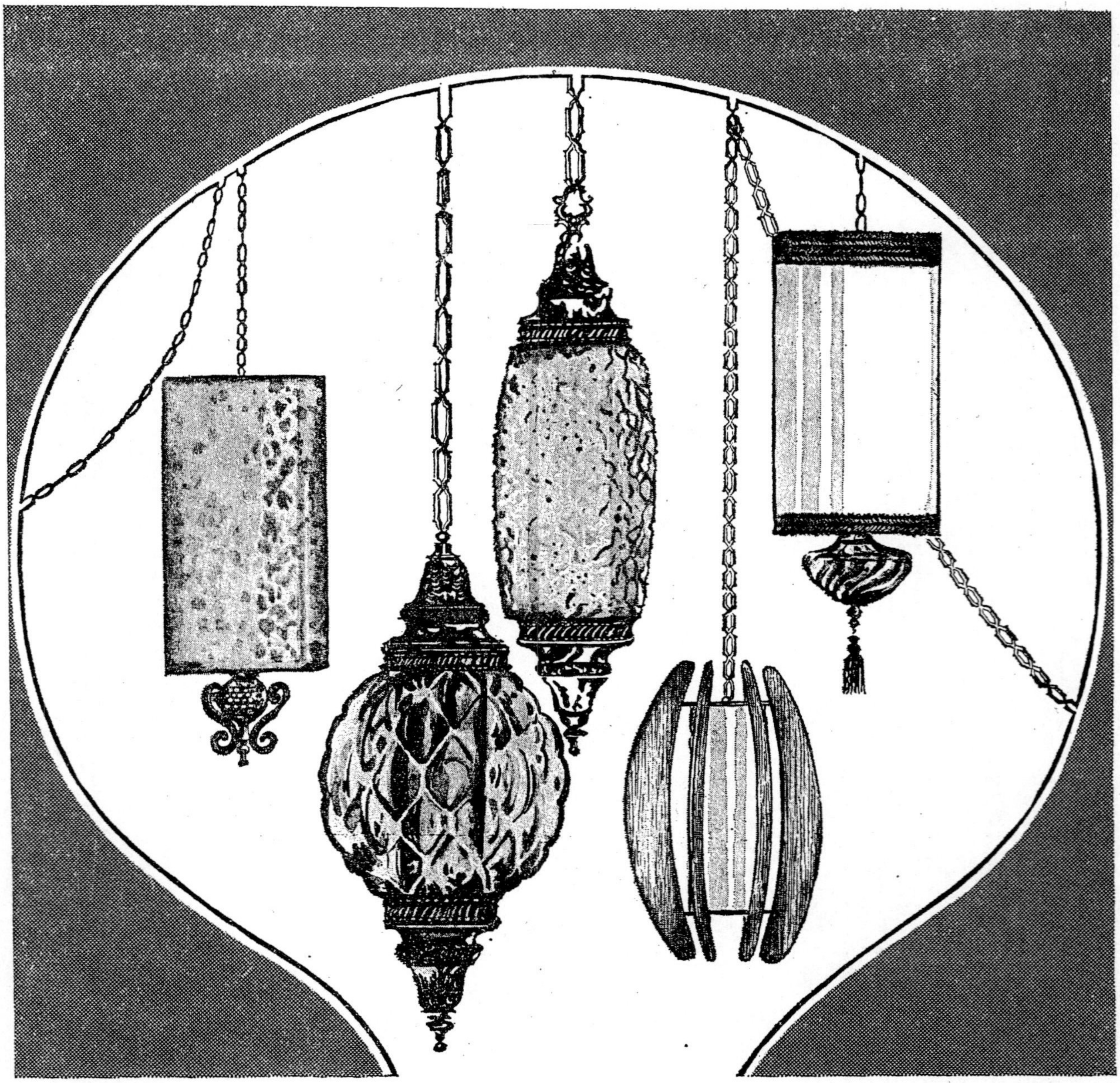

故人周佛海

馬五先生

我與周佛海是在日本求學時相識的，可謂「總角之交」。彼此學成歸國後，過從亦多，交稱莫逆，相見無話不談，但未曾共過任何事業。所以，關於佛海在政治上一切作為的是非功罪，我不願談論，世人知道的亦很多，更不用我贅述了。我只就佛海個人的若干生活史迹中，而為世人罕所聞知者，畧予叙次，藉誌不忘，言念故人，心乎憯矣！

佛海出生吾湘沅陵縣，家境貧寒，初中畢業後，以師友贊助，冒險前往日本，勤奮自修一年後，幸而考入日本帝國大學預科——即高等學校，照例取得湖南省的官費支給。民國十年他已進入日本西京帝大的經濟系，日本著名的馬克斯主義學者河上肇，就是該校經濟系的主任教授。斯時蘇俄共產黨人布哈林所寫的書刊，在日本亦很流行，日人稱之為「勞農主義」或「過激思想」。佛海以窶人子而受着布哈林這類宣傳文字的影响，乃嚮往社會主義，參加了陳獨秀在上海策進的共產黨組織，而於民國十年夏間，回到上海參預中共的創建會議，與陳公博、張國燾、包惠僧等，成為中共的主幹人物。

周等在上海創立共黨之際，原係秘密行動，每藉郊區的學校或私宅作臨時集會地點，以避耳目，常與學生們接觸，因而得識上海徐家滙啓明女子學校（法國天主教人士辦的）學生楊淑慧。楊氏係湖南湘潭人，家住滬上，父親經商，家稱富有。淑慧與周熱戀論婚，而乃父不許，且禁止她跟周來往，最後楊氏乘夜深跳牆出來，隨佛海私奔到了日本，乃父無可如何，唯斷絕金錢接濟而已。佛海以一名官費而作兩人的生活費用，當然十分艱苦，狼狽不堪。日本人素來不吃猪脚的，把牠作其他家畜的飼料，價值極便宜。於是，楊淑慧每晨以日幣數角，從屠宰市場購得一小筐的猪脚回來，洗滌乾淨，拔去猪毛，然後連同數升白米，熬成濃粥，加些鹽類，菜飯皆在此，夫婦倆可供兩餐果腹之需。所以，後來佛海在國內政治上顯赫一時，每逢夫妻因故勃谿不相下，祇要楊淑慧大聲謂：「你還記得我在日本每天買猪脚的事情嗎？」佛海即低頭不作聲了。

周在留學時期的生活困苦已極，課餘曾譯述或撰寫文章，投寄上海商務印書館的「東方雜誌」，當時該館的主持者某，規定文字中的標點一格不得計算字數，又凡引用中外古今名人學者的言詞滿十個字以上的，亦一律不給稿費，二者應予剔除。周認為太過刻薄，比猶太人更兇狠。他就約同當時一路投稿的朋友，在文章內儘量引用不滿十個字的名人言論，如孫中山先生說：「馬克斯是病理學家」，如浩布斯說：「政府是盜賊分贓集團」……等等，滿篇皆是，使該館的主持者無法不給稿費。往後，周在上海創設「新生命書店」兼發行「新生命月刊」，稿費計算，一反上述猶太人分毫必爭的作風。這種內幕，現在僑居香港的樊仲雲兄亦知道的。佛海在社會上嶄露頭角，蜚聲黨政與文教界，就是由「新生命書店」出版的那本「三民主義之理論的體系」宣傳作品開始的。

當民國十三年（一九二四）國民黨實行容共政策時，中共首要份子李大釗、張國燾、吳玉章、毛澤東、陳公博、林祖涵、高語罕等皆麕集廣州，甚為活躍。佛海適畢業日本西京帝大，他以中共創黨人的關係亦回到了廣州，受聘為廣州中山大學教授，主講經濟學，思想自然左傾，對社會主義倡導甚力。迨十五年革命軍北伐佔領武漢，中央陸軍軍官學校在武昌設置分校，共黨份子惲代英從廣州率領一般尚未畢業的黃埔軍校學生到武漢繼續肄業，佛海受任為武漢軍分校政治總教官。這時共黨勢力瀰漫兩湖，厲行打殺土劣，捕捉所謂反革命份子，横暴不可一世，而對於男女兩性關係，昌言解放，隨便亂來。洎後汪精衛由法國回至武漢作國民政府主席，大呼「革命的向左來，不革命的滾開去」的口號，共黨人士更加梟張，鬧得閭閻騷驛，民不聊生，佛海的思想此時乃告轉變，他先將家小遣赴上海岳家，而於是年夏間悄悄乘輪離漢赴滬，在船上撰寫一篇「逃出了赤都武漢」的文章，擬到上海後送交報紙發表，表示反共立場，藉以洗刷共黨份子的嫌疑。不料他一到岸，即被上海警備部捉去了！

周到滬被捕之夕，我適在上海法租界環龍路友人楊虎（嘯天）家的樓上玩麻將，同場的記得有冷欣（雨庵）兄。嘯天於深宵回來時，登樓一面脫去軍服，一面欣然告語我輩云：「今天捉到了一個著名的共產黨周佛海！」我問：「你們審訊的情形如何？」楊謂：「這類傢伙何必再審問呢？已跟陳人鶴（陳羣）商量過，改天深夜，用蔴袋把他裝好，加上兩塊大石頭，派人投入黃埔江中就得了！」我聽罷未再答話，牌局散後，立即通知周妻楊淑慧，教她趕快設法營救，楊淑慧即於次晨快車趕赴南京找邵力子，由邵轉報蔣總司令，急電淞滬特務處長楊虎暨東路軍總指揮部政治部主任陳羣，以周佛海係重要共黨份子，着即押解來京訊究，不得違誤。這樣，楊陳二人自不便私自處置，祇好遵令將周佛海解往南京，聽候發落。不久，佛海即告省釋，且被派任為中央軍校政治總教官了。當時他聘我担任軍校政治教官，然我已由國府任命爲秘書，乃未就教官之職。此時佛海下榻南京城內中正街「西城旅社」，奉命籌設軍校政治部，正感缺乏助手，而湘人羅君强係上海某私立大學學生，適來京想找工作，却沒人推轂，無路請纓，他偶爾到「西城旅社」訪友，見旅客牌上有周佛海名字，即以同鄉人的關係，投刺晉謁，周相見甚歡，挽羅助其籌備政治部，給以秘書名義，從此成爲周的親信幹部，始終未離左右了。

南京中央軍校設在明故宮舊址，距市內甚遠，佛海要將家眷接來，苦無適當的住宅可以租賃，因爲既不能距離軍校太遠，而房租太貴的又負担不起。旋聞明故宮旁有樓房一棟，門前古樹森然成行，前後左右皆係空曠之地，僅有菜園幾塊而已。該屋久已無人居住，號稱鬼屋，業主但求有人進住，不致傾圮，租值隨便付點即可。周謂「我不怕鬼」，即偕家小卜居於其間。我不時赴周宅探訪，詢問佛海該屋是否有何怪異情況？他說沒有，我不怕鬼，鬼就怕我，很相安。這時候他有男女兩小孩，皆已屆小學年齡，但家住荒遠的明故宮一帶，附近沒有學校，只好聘請一位家庭教師予以啓蒙教讀。教師係女性，年方少艾，風姿亦不惡，經常寄宿周寓的樓上，賓主甚融洽，慢慢地跟佛海發生了關係，暗渡陳倉，非一日矣。楊淑慧雖覺可疑，但無憑証，自不能說什麽。一夕深更夢醒，床頭良人忽不見了！她料想佛海一定悄然登樓上女教師房裏去了，急披衣前去敲門，大聲呼喚，佛海不置，周惶遽間，誤將女教師的長褲穿上，匆匆奪門走到樓下臥室，乃垂首坐在床沿不出聲，楊淑慧破口詈罵，忽覩佛海穿着女教師的褲子，乃指斥道：「瞧你這副缺德相，竟將女人的袴子穿上，太不要臉呀！」周注視果然是綴有花邊的女袴，大感尷尬，連呼「有鬼」不已，楊淑慧答謂：「是有鬼呀，但不是死鬼，乃是活鬼啦！」說着自己亦忍俊不住，周立將褲子脫下，擁衾高臥，次晨起來，女教師已不告而別。這是佛海後來親自向我敘述的故事，認爲太過荒唐，不堪回憶呢！

佛海到廣州中山大學教書，是戴季陶作校長，戴亦很器重周。民國十八年南京中央大學特設「三民主義」講座，挽請戴先生主講，戴講了一學期，改推佛海承其乏，學生亦很歡迎。越十九年初夏，發生中原大戰，周以總司令部政治部主任，隨同蔣總司令出發到前線去了，中大這項特別講座久告缺課，學生表示不滿，法學院政治系主任劉師舜兄乃囑我繼續講席。我先電詢佛海應該怎樣講法纔好？他復電謂可根據近世紀以來，外國帝國主義侵略中國的史事，以印證三民主義的妥當性，切忌照本宣讀。詎我第一堂講述完畢後，即有學生詰詢我的思想是主張唯物論？抑是唯心論？我感覺是非甚多，很難應付，曾請教當時主持南京市黨務的友人段錫朋兄，他亦認爲這是纏夾二的論爭，勸我莫担任這種吃力不討好的講座爲佳。往後佛海由前線回來，聞悉此情，他笑我胆子太小，說是唯物唯心思想，三民主義兼而有之，未可偏廢，根據孫總理的論據，誰能否認呢？然是時南京的黨政方面人士，由於大力反共之故，每惡談唯物思想，我害怕招惹無謂的煩惱，對中大的三民主義講座，唯有奉還佛海，敬謝不敏了。

佛海日常生活，對烟、酒、賭博皆不沾染，就是酷嗜女色，太太管制雖嚴，而所好如故。民國十九年秋末，我跟他一道坐早晨的京滬特快車赴滬，下午抵步後，他領我到「先施公司」旅館部一間大套房休息，據說這是當時山東主席陳調元租設的長期俱樂部，專供文武顯要到滬玩樂之用的。我倆進入房中，即見吳鐵城、鄭洪年與上海「華成煙公司」（出品美麗牌香烟）經理人嚴惠予等在座，另有某著名電影女明星二人陪侍說笑着。詎料未逾一小時，周妻楊淑慧亦由南京乘飛機趕來了。她早知有此俱樂部，逕來旅館敲門進入房裏，即要佛海陪她出去，說是另有緊要事情，周認爲太沒面子，佛然拿着手提包衝出門外，聲言赴機場購機票回南京，楊淑慧亦步亦趨，緊隨其後，夫婦倆在旅館門口大聲吵鬧，我和嚴惠予走下去調解，只聽佛海說道：「你這樣是不是要逼死人？」楊氏依然盯住不放。繼由嚴提議到「新雅酒樓」吃了晚飯再說。是夕，周與太太又坐夜快車回京，一幕趣劇纔告終結，而佛海心情之煩惱可知也。

周於民國十六年由武漢逃出後，反共意志很堅決。對日抗戰第二年政府撤移武漢時，陳獨秀亦住在武昌，而中共刊物公然指陳獨秀係日本帝國主義的間諜，說陳每月向日方領取津貼幾千幾百元，宣傳得像煞有介事。佛海甚爲不平，挺身聯合文化界人士如柳湜等十餘人，領銜發表宣言，爲陳獨秀辯誣，反擊中共隨便含血噴人之無聊。迨政府遷入重慶，周奉命代理宣傳部長，我在重慶「西南日報」作總主筆，曾撰文祝賀蘇俄十月革命紀念，文內提到托洛斯基當年統率紅軍作戰的史事，詎蘇俄大使盧幹滋偕同中共代表周恩來，向中央黨部提出抗議，指爲「妨礙中蘇邦交」，情形殊嚴重。我函詢佛海意見，他復書大爲稱讚我的文章，說是「先睹爲快」，囑勿氣餒。此時蔣總裁在南嶽，汪精衛以副總裁在渝主持日常黨務，周請汪對蘇俄大使表示中央對於民間報紙的言論未便統制干涉的理由。於是俄使偕同周恩來乃赴南嶽向蔣總裁抗議，蔣爲敷衍俄使計，電飭宣傳部查究西南日報的社論作者，周不以爲然，教我莫害怕，汪精衛且親筆署名爲西南日報寫社論一篇送來刊出，藉以維護。佛海過去的政治關係，與汪素不接近的，此時他單身下榻渝市陝西街「中南銀行」樓上，我去叩訪他商討如何應付蘇俄大使的抗議問題，他告訴我：「汪副總裁絕對支持西南日報，爾勿憂」。便中談到抗戰前途，他說：「許多人竭力倡言焦土政策，長期抗戰之說，調子甚高，我們（周自稱）有些朋友却唱低調，想到日軍萬一打到重慶來了，應該如何撐持下去？這種座談就名爲『低調俱樂部』，希望老兄亦不妨參加」，我漫應之。他對代理宣傳部長的名義，亦表示不愉快，說是「我周某的資格，難道不配作正式部長嗎？」未幾，蔣總裁由南嶽電令宣傳部，將重慶西南日報歸併於「掃蕩報」，周雖不贊成，但不能不執行，他會寫信安慰我，我答言該報原係康澤創辦的，與我無關，歸併亦無所謂，但求我個人不受處分就得了。洎後我奉重慶行營命令，赴自流井作鹽場統制專員，過從乃較疏。

一九三八年（民廿七年秋），我由自流井公幹回至重慶，一日赴中南銀行訪周，平時總是在客廳裏瞎聊一陣，這次他要我到他的臥室內，關起門來對話。他先聲明「不談風月，只談國事」，我謂從何談起呢？他正色道：「日本人宣言要打到重慶來，這戰爭怎能支持？重慶如不守，政府勢必撤往西康，那時候，我（周自稱）是不願去了。俄國的反共人士可以到上海販賣氈子謀生，你我將來到那裏去賣氈子呢？」我說，「中日要停戰言和，蔣先生如不同意，誰也沒法作主的，你我縱然主張和談，毫無作用，祗有抗戰到底之一途，即令亡了國，以後還有復興的機會啊！」他聽我話不投機即不再說什麽，但謂「日內我要赴昆明一行，視察宣傳部在昆明的業務」云。此時汪精衛已到安南，我乃憬悟佛海必係與汪採一致行動，到海外提倡中日和談，却未想到他們會與敵方勾搭也。因而我笑謂：「汪先生一定前往馬賽害政治病，你看如何？」周默然。過了兩天，他電話告我，下午一時乘飛機赴昆明，我屆時早到機場半小時送行，我倆站在珊瑚壩機場的水邊談話，我說：「你此去恐怕不會回來了，我們政治主張雖然不同，但友情是一樣深厚的，希望隨時通信」。周答道：「你若要作大官，這是好機會，快以電話報告治安機構，說周某潛行去國，別有企圖，立即加以扣留，便是一大功勞！」我作色謂：「佛海，你把我看成甚等樣人？」他急忙答道：「我曉得你不是那種人，跟你說笑的！」又謂：「我到河內面晤汪先生，是在探詢他對國事的意見，然後赴香港探視家小，是否回渝，尚未定奪。」從此一別，我倆即音訊阻遏，直至抗戰勝利還都後，才在南京老虎橋監獄內見面一次。

周離渝之後，我才明白他過去所說的「低調俱樂部」，就是主和派人物的結合，而以汪精衛為領導者，他最後在中南銀行樓上臥室內跟我談話的用意，是想拉我一道走，因我話不投機，只好作罷了。所以，後來我到監獄去探訪他的時候，他第一句話就說：「想不到你會來看我！」言下頗感意外。

佛海在汪政權的地位雖不及陳公博，但其權力却視陳為高，他除掌握着汪政權的財權警權，乃至軍事幹部的人事權而外，據他所寫的民國廿九年的日記，汪政權成立時的一切重要官員，皆由他開列名單，交汪認可發表的，眞可謂一人之下，衆人之上啊！可是，就他的日記中所記兩點事情，我覺得他的氣宇還不夠恢宏。一是他所任用的財政次長湘人嚴家熾，在袁世凱時代做過湖南巡按使，資格很老，佛海認為自己居然能夠驅使這類過去的達官顯宦為之効力，甚為自負。二是他到北平與華北偽政權談判合流時，下榻故宮的的中南海勤政殿，這原是袁世凱作總統和洪憲皇帝時的辦公處。他今日以政治要人住宿於其間，不覺顧盼自雄，躊躇滿志，形之筆墨，未免失之庸俗吧？（註一）

從一九四〇年（民國廿九年）起，佛海即跟重慶的軍統局首要暗中聯繫，實行輸誠了，派赴上海從事地下工作的程其祥、彭壽等人，連同無線電台，即經常藏在周氏的樓上廁所。據周妻說，這電台隨時移動，或在廁所，或置之座椅底下，未被破獲。所以，日本投降後，國府參謀總長何應欽曾在民衆大會演說，聲言周佛海是在政府頒佈「懲治漢奸條例」以前，即已輸誠中央了，依法不在究問之列。但後來周被法院審訊時，上述受周掩護工作的程、彭二人，却不肯出面為周作證，反而在日本投降後，才由軍統局派往南京接收的人員周鎬，毅然向法院替周說話，證明周確屬掩護重慶份子的各種事實。

民國卅六年春間，佛海已改判無期徒刑，我到南京老虎橋監獄內的典

周佛海夫婦子女合影：坐者楊淑慧（右）後立者為其子周幼海，坐者周佛海（左）後立者為其女周慧海，攝于上海法租界寓邸

獄長辦公室，跟他談過很久的話——有二小時左右——他告訴我：當他把汪政權的「中央儲備銀行」的存庫金銀，以及軍警機關的槍械器材，全部交代後，關於法幣與偽幣的比率，曾經主張最大限度不要超過偽幣五十元對法幣一元的比額，則京滬一帶的物價，相信不會波動。後來重慶財政部竟訂爲二百元對一元的比率，物價即狂躍不已了。言下頗以財政當局之顢頇失策，貽患滋大。

佛海又以感慨萬分的心情，對我敘述他由滬飛渝，再由渝飛回南京的經過情形綦詳，他說：「我在上海交代完畢後，因中央對於汪政權的高級人員如何處置，尚未有明白指示，戴雨農勸我和羅君强等人，不妨暫時離開上海，藉避耳目，我亦同意。即由他準備專機一架，載同我夫婦暨兒子幼海，還有羅君强，楊惺華，另帶厨子與女傭各一名，原定飛赴貴州息烽縣，迨飛到重慶上空時，以霧大無法前進，乃降落渝市，住在磁器口，生活很安詳。不久，戴墮機殞命了，南京方面將我等用專機解回金陵，下機即送往城內寧海路一棟大房屋，然婦女小孩及傭工不許進去。我與羅、楊入門後，全身檢查，各人的褲帶亦得取下，改穿號衣，這才知道我等昨爲座上客，今是階下囚了！我和君强同住一室，晚間臭蟲從墻壁間蠕蠕出現，結隊成羣，直向床舖降下，我倆乃起身用拖鞋撲殺臭蟲，整夜亦不曾安眠。想到政治生活如此現實，眞不禁盪氣迴腸之至！」說着，他的兩眼亦含有淚水呢！我問現在老虎橋獄室何如？他謂很好，獄中大小執事者都對他很客氣，稱呼「周先生」而不名云。

周對自己所受無期徒刑並不悲觀，他相信不久就可能省釋出來，乃跟我暢談中共問題，認爲這是國家未來的大患。他向我注視道：「你我在政治上尚可以搞二十年，將來我們唯一的志事，就是注意共黨問題」。我勸他在獄中無事，可寫回憶錄，他說心臟有病，執筆即感頭暈，不能寫作，約我每星期來探監一次，携同紙筆，由他口述，我來筆記，我滿口答應，認爲這是項極有意義的事，彼此珍重道別。未幾，政府頒佈憲法，全國普選民意代表，我奉中央提名爲國大代表候選人，於是年八月南歸競選，迨事畢趨返南京，而佛海已以心臟病死於獄中了！故人一別，即成永訣，所志未酬，徒負罵名，爲之於邑傷感不置。他安葬之日，我趕到墓地，周妻楊淑慧見着我大聲言道：「怎麼你敢來送佛海的葬嗎？」我瞭解她的語意所在，即答云：「一死一生，乃見交情，我怎能不來呢！」繼而她又謂：「墓上的石碑已弄好了，尚未刻字，將來就請你大筆一揮罷」。我說「義不容辭」。可是，由於大局變動很快，我終於不及爲故人題墓碑而離開南京了。

佛海在生之日，交游遍天下，得意時，門庭若市，應接不暇，一旦失敗而死，昔日號稱爲知己或受恩的政治人物，連悼唁的意思亦無所表示了，政治塲中的勢利相有如是者。我和老友陳芷汀（方）於佛海開吊之際，特往祭奠，並各撰輓聯一付，陳聯甚佳，其詞曰：

有傳世之學，有經世之才，藉甚聲華，一失何從論功罪；
爲親者所痛，爲仇者所快，根觸往事，十念空能了死生。

我所作的却遜色多了，聯云：

一死便成空，蓋棺何必求定論？
九原如可作，遺恨料應太書生！

撇却政治是非不談，佛海之爲人很熱情，亦有血性，例如他在日記上說，當對日抗戰末期，日方急於言和，曾有人敎佛海勿與汪精衛合作，單獨進行，他堅決不從，理由是汪以「國士」相待，遇事言聽計從，未可背叛，而表示跟汪氏共患難到底，足徵其品格爲何如了。（註二）他的日記册數，據楊淑慧說：共有六本，概被接收人員拿去了，迨大陸淪陷後，展轉流傳了一册到香港來，是民國廿九年寫的，關於汪政權的產生經過記載頗詳，不失爲近代政治史的珍貴資料也。

（註一）　周佛海日記：「民國二十九年五月廿六日……午赴嚴家熾之宴，嚴於前清在廣州府有能吏之稱，袁世凱時爲湖南巡按，時余尚爲小學生，今反爲余之次長，念此，個人亦頗可足自豪矣。……」「同年九月一日……下榻中南海之勤政殿，與光緒被囚之瀛台遙遙相對，此爲第三次到北平，一、爲十七年之北伐完成；二、爲十九年中原大戰馮、閻失敗後；此次來臨，回憶往事，不禁百感横生，人事滄桑，此十年中眞所謂變化萬端也。……九月三日……十二時就寢，萬籟無聲，不禁遐想，此爲袁世凱就任大總統之所，當時余甫入小學，不謂山州野邑之窮學生，二十九年後，竟駐節於此也。……」

（註二）　周佛海日記：「民國二十九年九月十五日……此次余來滬，請仲云同來，暗約陳果夫之弟肖賜見面，詢以過去聯絡渝方勸和情形。肖賜謂果夫立夫均有電來，謂蔣仍堅持抗戰，目前談和時機尚早，並謂蔣決不與汪合作，盼余暗中佈置，以備將來去汪。余囑仲云轉告肖賜，余與汪先生生死相共，患難相隨，無論在政治道德上，及個人道義上，余決不能反汪，此與余離渝前情形不同。蔣對余向未以國士相待，且和戰政策與余不同，故忍痛離渝。今汪先生與余，主張既同，而又以國士相待，余焉忍相離，全面和平爲余主張，余本人決不能反汪，仲云以爲然。……」

張善琨屯溪被捕內幕

圓慧

東戰場回憶錄

寫東戰場回憶錄，不能不先提到「前線日報」的始末。社長馬樹禮，現任國民黨中央三組主任，總編輯宦鄉，曾是中共第一任駐英代辦。

太平洋戰事，美軍越島進攻的戰畧戰術已收宏效，日軍使出最後一招，用自殺飛機企圖與美艦隊同歸於盡，敗象畢呈，早難掩飾。上海雖是孤島，四個不同方向的間諜活動，却從未有一方「放下屠刀」；對日軍孤注一擲的賭本終究置於本島還是在中國戰場，更是地下工作者懸鵠以求的。偏在這時，從上海逃出的影業巨頭張善琨，出現浙東皖南，先居淳安（指揮徐采丞在上海活動的總部所在；也是杜月笙亦商業亦地工的指揮站），後住屯溪，復遊黃山。是亟於一抒頻年積鬱之氣，忘了這是懲治漢奸的後方，抑或太過招搖，叫人看不順眼，終於被捕；現在再論是非已過了時候。

既然，他來了，又被捕了，出事地點與心戰機構近在咫尺，第一個浮想，中美主管是一致的：此人在這時候來，投機性太大，必有後台。

漏夜會議的結果，不干涉張善琨的「本身問題」，也是說他是不是漢奸，美軍聯絡站（心戰的對外名稱）無權置一詞；但爲了爭取方從上海來的有關敵方第一手資料，則勢非商請在屯溪的軍政機關協助不可。

這個任務，自然落在我身上，第二天便自歙縣趕到屯溪。那時屯溪戒嚴司令婁紹鎧，原係戰區炮兵司令，皖南行署主任張宗良，江蘇監察使兼青年團主任吳紹澍，論關係之深，自然是婁紹鎧了（所有三戰區所屬五省的各地戒嚴司令，大半由長官部外放，平時接觸得多，十九相識），正好張善琨從黃山解返屯溪，歸屯溪戒嚴司令部收押，於是通過婁的關係，加以副官長又是我同學，由他安排，在審訊之前，張善琨破例的先與我作一次談話。

回頭補說一下，與張善琨夫婦一起到淳安的，還有美術家也是小說家的邵洵美，他較有涵養，留在淳安看動靜，及至中央社發出在屯溪逮捕大漢奸張善琨的消息，他又忙不迭的逃回敵僞區了，在當時說，認爲走失了張的一名羽黨。至於變起倉卒，軍警馳赴百里外的黃山拘捕正在遊覽名勝的張氏夫婦；間接與屯溪中央日報的一篇社論有關（執筆人今常往還港台），它指出：勝利在望，不能容許漢奸分子投機。並有人寫信給重慶大公報的王芸生，取得一致步驟，中央社才發佈這消息。自然，也確有人給以證件，默許他回到後方（這証件，張善琨藏在皮鞋後椿內，審訊時作爲有力的辯證），怎奈「全國唾棄」，各方響應，力主懲辦，所有保証他安全的有關人物，這時也不便公開代他緩頰，只有等待高潮過去，再作對策。

在見張善琨之前，我作好準備，也許那時年紀輕，做事講效率，注意所有可能的發展，不比現在處處「若愚」，時時不甚了了，笑看庸人自我折壽。

洩氣得很，在副官長室見張善琨第一眼，他在掉眼淚。殘忍之至，我還騙了他是記者身份來訪問他。漸漸談到主題，希望在他身上得到最新的上海日軍的行動情況，他忽然有了警覺，疑心我在非正式的審問他了，理由僅有一點成立：記者不會深入，構人於罪的！

對方如此反應，亦在估計之中，利用他心理上弱點：亟於要找一個同情他的人。於是我暴露了身份，同時估計到，不勝利他是不會有自由的了，所以我的職務用不到瞞他，甚至越强調我的地位，越使他對我有依賴；也越容易在他嘴裏獲得最珍貴的敵情。

我還給他開出一張「立見功效」的支票：你有口訊儘管對我說，別人不敢接近你這樣的「大漢奸」，怕惹是非，我還甘願冒通敵罪可以爲你送信給你的太太。同時更爲他繪出一幅遠景：美軍機構不干涉這件事；但可以替你作證疏通，只要你把上海的所見所聞告訴我。

有關敵情說是說了，可憐之至，張善琨能知多少上海高層日軍的內幕，比較詳盡的，是影圈動態，這與我們的心戰有什麽幫助呢？

不能不讚他一聲「老謀深算」，現在他希望反過來利用我了，談話告一段落時說：「一時間，想不起那麽多，不過我會每夜好好的想，隨時奉告你，相信一定有助你們的工作。」

當然表示歡迎，接下來他就草草寫他的家書了，我知道童月娟仍住在黃山旅社，袋好信，少不免安慰他幾句。待他帶走後，副官長告訴我，今夜要問張善琨口供，我乘機要求給我一個旁聽座位，按理，事關軍秘，而且審訊漢奸，多數不公開，這次情形特殊，用了大帽子，便利這個類於中美合作的軍事機構搜取敵僞資料，在公案左側放了桌椅，招待我這「貴賓」。

那封家書，我交與黃山旅社的跛子經理，爭取時間，要緊回歙縣，作了簡報，匆匆再趕回屯溪聽審。是軍法處長還是戒嚴司令主審，已記不起了，但清楚記得我那當副官長的同學担任記錄，這可以省去我一道摘記手續，專心聽那不在漢奸範圍內的問答。

當張善琨站定身子發現我在旁聽，與白天見面第一眼流淚相反，獲睹親人般一牽嘴角露了笑意。問的都是「爲什麽」？答的則理直氣壯，而且舉得出事實。一小時左右，對我來說，可以說是毫無收穫。

可惱自己久離上饒，不知長官部對此案如何指示？由於吳紹澍袖手旁觀，淳安的反應不積極——主要是杜月笙的態度，單是輿論的攻擊不會致死命，「三把火」過後，急轉直下，張善琨由戒嚴司令部移押於皖南行署，情勢就不顯得嚴重了。其間我看過他兩次，所謂好好的想，也只是想而已。羈押行署時，不須打交道，憑一張名片過關，衛兵帶了張善琨來見我，就像普通犯人接見探望者一般。

這次談話，都不戴虛僞的面具了，我說他在患難中都交不到好朋友的，他也不客氣，認爲我幫的忙不夠份量；但仍說了一句心裏話：「你總是我感激的人！」

名家筆下的張善琨速寫

一個月後，日軍投降，那時張善琨已解往上饒，敵人既倒，畢竟他持有政府地工人員給的證件，這時，吳紹澍、杜月笙也爲他說項，所以很快恢復自由。

再四年，河山變色，我在香港又遇上了張善琨，見面地點是彌敦道的雄鷄飯店。他迎面進來看到了我——又要說第一眼了，略一猶豫，即作他顧，我認人的反應那時已近遲鈍，在他猶豫的刹那間，才看清是他，怎知還來不及高興，他已視若不見而看別的地方，當然我不會天眞的再招呼他了。自此，凡是知道有他在的處所，決不去，與他相熟的人前，絕不提往事。這不是他不重友道，而是怕在我之前再傷他自尊心，應該原諒他的。

說到自尊，在那對敵心戰機構內，我也演了兩幕。雖然機構內掛的美國旗；但我是中國人主管，代表中國人尊嚴，德國投降時，美國在歐洲戰場獲勝利，那天全副戎裝參加酒會，共賀慶祝。其後日本投降，反而酒會也沒有了，不客氣我請翻譯轉達：等候他們來向我們中國人慶賀！這次爭到了這份尊嚴，也獲得了他們眞正的敬重。另一幕是勝利後這個機構的解散。在歙縣共有三四個美軍機構（包括中美合作所在內），唯有我們主持心戰的，絕無「搏亂」事件發生，非我之物不取，公私分明。自尊才爲人所尊，那美國人勞思，臨別給我一封讚譽功績的信，當着面還說：「我的中國人朋友中，你最公正無私，但願我們的友誼永在！」

不幸勞思在越戰初期，赴前線視察時，座車中雷而亡。

結束心戰機構後，我從淳安坐船直下錢塘江，一肩行李，皮箱中既無美鈔，又無關金，傻裏傻氣的帶了半箱子的駱駝烟，這是每月四包的美式津貼，捨不得抽美機越駝峯運來的「貴重品」，一片好心，以此作爲回上海給朋友的見面禮。

那是投降後二十天，剛跨入九月，錢江大橋仍有日軍駐守，同行有美軍人員，因此通不過。後來坐小船在六和塔畔上岸，那排日兵第一次看到美軍，耀武揚威不得，乖乖就範不成，一番嘰哩咕嚕，居然裝上刺刀，衝到船邊。

「想不到勝利後還要流血！」我已拔槍，準備自衛，可是這批「鬼子」只是色厲內荏的表演一下，看到嚇不退，乾脆來一個「向後跑步走」，不知去那裏了。同船的章西厓，沒上過戰場，也未帶武器，縮在一角，面如土色，上了岸也不打話，他是杭州人，一溜烟而去。中共佔上海後，西厓第一批入獄，罪名是爲美帝服務，判刑五年。留滬所有畫家，初期全爲中共收容，作品散見京滬各報，以章西厓之畫，受歡迎程度不在張樂平之下（勝利後四年，我編上海中央日報副刊，半月一易報頭畫，均用西厓所作），然中共即在釋章以後亦鄙棄之，但願因禍得福，章或因此得苟延殘喘！

寫東戰場回憶，不能不介紹這一東南喉舌、在戰時即標誌「報紙雜誌化與雜誌化報紙」的「前線日報」。它第一個特點，政府規定每一戰區有一陣中日報，三戰區却不用此名，創辦之先，已隱然以超然姿態出現；第二個特點，報紙規定由戰區政治部管轄，「前線日報」僅在開辦的六個月屬政治部，其後即直接置於長官部轄下。

編制與名稱，都有背中央指示，但各戰區的報紙都以「前線日報」爲借鏡。至抗戰中期，份量升級，前後方公認，是全國最朝氣勃勃的權威性報紙了。

它誕生於抗戰第二年的屯溪，只有七個人參與創辦工作，編輯部五人：總編輯馬樹禮，編輯邢頌文、嚴秉中、余航與我。經理部張照溪、邵敬棠。因初隸於政治部，部長谷正綱派第三組長李俊龍任社長，「前線日報」四字即出於李的手筆。他是湖南人，七七戰起才返國服役，爲谷正綱左右手；但他不常來社，一週担任三篇社論。

第一批加入報社的生力軍，最有份量的人是宦鄉，交大出身，在武漢海關任職，居滬一度潦倒時，曾任張競生秘書，那是憑報上廣告去應試，根本不知那人是張競生。他進「前線日報」，是妻舅許闓天介紹（戰後許爲立委，投共前曾被捕），許是政治部諮議，谷正綱很敬重他，自宦鄉參加後，加强了社論力量，人手也逐漸增加，發行網遍及戰區五省了。大約半年以後，司令長官部自安徽屯溪的梅林遷至江西上饒的皂頭，屬長官部的機構當然全部隨行，在上饒，政治部在南門外信江對岸的汪家園，「前線日報」在汪家園南三里的荷葉街，長官部所在的皂頭，距兩地各約十里。遷移才畢，谷正綱奉召赴渝，出長社會部，李俊龍也不回「前線」了，接任政治部的是李壽雍，第三組長由馬樹禮繼任，就在這時，「前線日報」直屬於長官部，馬樹禮任社長，宦鄉爲總編輯，邢頌文主管經理部。

三年內，報社擴展了四個附屬機構，職工眷屬達兩千人，報紙的特色，最顯著的：（一）編排新穎，小中見大；（二）闢「編餘漫筆」欄，分析本日所有消息的預見點；（三）副刊有純文藝與趣味性兩種；（四）每週有綜合版，將一週來歐洲戰場、太平洋戰區、東戰場的軍事發展，作概要論述；（五）社論的獨到見解。

一九四一年的浙贛戰役，給予「前線日報」的打擊最大，五個機構兩千人的大撤退，無船無車，大部都是從江西徒步到福建的，加以氣候不慣，瘧疾施虐，職工平均每天死亡三四人，部份家屬員工停留於閩北的崇安，又遇日機轟炸，十七人遇難，（我的一家盡亡，）但還是慘淡經營，迅即在建陽復版。未半年，收復上饒，報社又搬回江西，以迄勝利。

由於我在上海安排了沈可人接收僞報，所以八月底，「前線日報」已與上海讀者見面，最後社址設在虹口哈爾濱路，那是接收了一家日本報社的整幢洋房。環境改變人事，宦鄉的親共色彩日見濃厚，終於在「文滙報」呆了一段時期轉華北去了。那時已改爲晚報，總編輯由曹聚仁担任，編輯部實權則操諸於我，曹只是每天寫「特稿」，報道政治內幕，我除任編輯主任外，兼寫「今世危言」，言人之不敢言，連槍決王世和（指破壞發電機構的共諜），也表示對死者家屬的同情。

一次，南京來的電話中說，蔣總統可能引退飛奉化，改寫新聞後，標題直言「總統即將引退」，當日南京國防部發出警告要殺我的頭！反正說這話的正是顧祝同的人，報紙是他的，殺就殺吧！說實話，那時候我比曹聚仁左得積極，共黨核心人幾次來打交道，恨不得「當天要我造反」！還算幸運，這個頭還不致掛在國防部大門，當晚，蔣總統眞的宣佈引退了。於是又成了先見的英雄，至少這天晚報銷了五萬份，讀者對這份政治性敏感的報紙，激起崇拜忙了。

但是好景不常，戰事已成强弩之末，江南半壁，岌岌日危。馬樹禮有他的果斷，事前不與任何人商量，突於某一天下午在報社舉行社務會議。他宣佈說，我想聽聽大家意見，報紙是辦下去，還是關門。這是晴天霹靂，也不知眞正用意何在，催促再三，各人發言了，可說都以自己立場作出發點，不主張停刊，有的緬懷歷史，有的珍視這份「報紙雜誌化」的既有成就，再說經費來自國防部，賠累也不多，怎麼也扯不上關門大吉的。馬樹禮問到我了，在座的開國元老只有一二人，自知我的發言有一定的力量，所以不管後果如何，堅決主張停刊遣散，理由是：我去過徐蚌前線，看到的聽到的，國軍已不能再打下去了，不出兩月，敵人一定渡江，和不了的局面，自然邊打邊退，上海的命運就不必說。因此今天馬上停版，對公對私都有益，至少大家可先留一個後步。

天佑同仁，沒有人再爭持，喜劇性的，馬樹禮還以「停」「不停」兩個紙團作卜，一下子拿了個「停」字，於是毅然決然說：到此爲止，我決定停報了，每人的遣散費以年資計算，一年派黃金一兩。

報紙的善後做得乾淨利落，已定了一架美製印報機，正運滬途中，交涉改在香港起貨，所有現有設備，從容裝運台灣，人事預辦登記，計劃全部撤至台灣再行復刊。說來又是洩氣的事，願意去台灣的不及十分之一，可見會議上力主不停刊的眞正作用，是爲自己不失業打算。更有一事很諷刺，台灣審核了「前線日報」的名單，僅兩人不准入台，一是曹聚仁，另一個是我。

難得一身閒，我把遣散費全用在老靶子路（即在報社斜對面）的上海療養院內，爲的是一位護士小姐與我若即若離，談戀愛論嫁娶，竟用上「敵進我退，敵退我進」的戰畧。共軍渡江了，遣散費用光了，我也出院了。上海被包圍前，馬樹禮飛香港時還問我：「你終究走不走？」

「不走。」我的答覆堅定，而且一貫不迎送；但意味到這一別，不知還有什麼機緣能再見？

一九四九年五月，共軍佔領上海，軍管會尙未成立，上海的一團糟面目正在廓清中，曹禺與萬枚子的弟弟來看我，拿出証件說：「我負責接收和平日報，請你幫忙，來得及的話，後天出版解放日報。」

大動亂時，人總是更加隔膜與特別盲從衝動的，小萬和我，都估計錯了對方，所以他有興趣來找我，我也樂於聽他一套大計劃。當即問他：「這個忙不能亂幫，你對解放日報的人事怎樣安排？」

背出一連串我認識居一半的名字，承他照拂：「老兄負編輯部總責，這是無人反對的。」

逐漸開始有理智了，我提醒他這張名單中眞正屬於中共核心人物的一個也沒有，憑什麼他們會追認你主持出版解放日報？談到後來，我的話變作警告了自己：「不可造次，老兄接收和平日報可說名正言順，因爲你原是和平日報的人；但你要出版解放日報似太魯莽，我看還是讓他們的人來了再說吧！」

小萬大不爲然，笑我不到半小時已出爾反爾，沒有戰鬥精神，結果他悻悻然而去。

佩服他的「革命熱忱」，第三天，上海第一張解放日報出版，可是命運很慘，不到三天被「正宗」人馬再接收，小萬不但無功，反有假冒之罪，自此不知下落，連累了萬枚子，在上海立不住脚，投奔北京，比胡風集團的下場還早，給共黨清算了。

第一個風暴，自慶未被拖下水，得能暫時苟安，這是上海解放不到十天的事。接着宦鄉「衣錦榮歸」，住在北四川路橫浜橋附近，與我家相距很近。中共還未發表他職位；但他是周恩來所寵，留而辦外交的人，則衆所週知，許多在上海感到徬徨無路的一窩蜂去拜會他。那時我也擺出一個姿態，每天非在家打一整天的牌不可，應付天天上門探政治行情的朋友。他們肯定我是中共內層人物，「今世危言」的專欄，足以証明我的思想路線，國防部要我腦袋示衆的故事，上海報人資爲談助，現在上海解放，我這個人終究是什麼東西，也爲了他們想在「這東西」上攀一點關係，自然一個個來投問路石了。

這一桌牌，我名之曰：「劉備種菜」，使曹阿瞞看透了心，此人已無大志，不必重視。有一點我很自傲，忙於做戲却不上舞台，未去看宦鄉，假定打了這關係，未必會來香港，以我個性說，早在胡風事件中「打入地獄門」了。

再過了一些時候，鴕鳥式的文化人都麻木了，以爲共產黨急於統一全國，軍事第一，政治放任。在這同時清查「敵產」的進行得有些眉目，接收文化機構的，「擇肥而噬」中發現了「前線日報」的物資撤退得最徹底，做到「一草一木不留敵用」，幾次傳訊「前線日報」的庶務主任戴文波，証明確是見機得早，全部撤走，沒一樣東西被隱瞞或有人中飽，我在後半年南來香港時，也沒一個人遭中共留難。韓戰一起，情形大變，也不必再說前因後果了。

上海虹口的前線日報館

「前線日報」既先撤退了一應物資，在那裏復刊？主要人物的動向又怎樣呢？有始有終，應該一說。第一任社長李俊龍，南京派赴北平的和平代表團秘書，與張治中等採同一步伐，一去不返，投了中共，選爲政協委員，鳴放時，視察西南，到處點火，一九五七年被扣上右派帽子，兩年後帽子取銷了；可是這個人不見下文。在「民革」他是二流貨色，有死無生，尾巴黨派的自生自滅，已像恐龍一樣快絕種了。宦鄉最幸運，出任中共第一任駐英代辦，駐倫敦十年，連貼身侍候他的人也是上饒時的那個「勤務兵」（馬樹禮還記得這勤務叫舒茂堂，不是他最近告訴我，已記不起來），在任出了一個岔子，他的廚司逃出「大使館」投向自由，北京並未對他申誡，還安安穩穩做了幾年。約在一九六二年時奉調回京，經香港，曹聚仁見了他，故友情深，他還問起我近況。此後做了幾年外交部部長助理（低於副部長，高於司長），文化大革命後，陳毅位置不保，他却無聲無息，不聞鬥爭，不見升沉，不知生死，成了一個謎。創辦人中的張照溪、邵敬棠、嚴秉中，前兩人在勝利之前已脫離，後者未離大陸，恐凶多吉少，邢頌文現任台灣中央日報編輯，我還是我，居港二十多年，澳門都未去過。

全部心血灌注在內，使「前線日報」在報史上放一異彩的第二任社長馬樹禮，在印尼耶加達出版「中華商報」，爲華僑發言最具力量，致遭蘇加諾所忌，囚禁孤島幾年，中國政府迭加抗議，獲釋後返台北，寫了好幾本有關印尼政情的書，現任國民黨中央委員會第三組主任，連續兩年兼任出席聯合國代表團顧問。

那份「中華商報」實際即是「前線日報」化身，當一切辦報物資集中遷至香港後，馬樹禮決定了在印尼發展的方向，有了物資缺少人才，一籌莫展時，在六國飯店電梯內遇到上海來港做生意的畫家樂小英，託他帶口訊要我無論如何來香港。小英很負責，回上海居然找到了我，那時我已「冷眼」看了半年，但還只是感到不適宜我留下來而已。說走就走，而且走得光明磊落，因爲共幹已訪問過我兩次，大有「慕賢若渴」樣子，問我爲什麼不想出來「鬧革命」？反正他們很清楚我的歷史，所以用不到客氣，乾脆回答：我要看一個時候。由於解放的半年還在「懷柔」時期，我不客氣，來人倒很客氣說：參加革命工作，不能急的，慢慢來。

決定「搖搖擺擺」離滬，我去領通行証，報了姓名住址，半天才由一個女幹部出來問了幾句，毫不留難，當場拿走通行証而且是單程的，這在事後想來，只能算是鴻運高照。

奇怪是我到了香港，印尼好像與台北交換情報似的，代馬樹禮約了去印尼的一張名單，陣容堂堂，有楊彥歧（易文）、楊際光（詩人貝娜苔）等在內，到印尼領事館簽證，一行七人均通過，唯有我不准入境。這事使大家爲之啼笑皆非，也因此躭誤，全部去不成，印尼「中華商報」也只有就地找人了。

Swallow

FINE IN THE RAIN

燕子㗎乾濕褸

各大公司有售

檳城山海莽蒼蒼

易君左

我和內子在星加坡住了足足一個月，天天等候着入馬來西亞聯邦的簽証，嚴催旅行社趕辦，沉沉迄無消息，最後才知道是因爲我們入大馬的担保人在怡保完成担保手續之次日即送兒子飛往倫敦求學，大馬首都吉隆坡的移民局要找担保人親自來局「問話」，于是只得由担保人的太太再作担保，移民局誤以爲是另一人，覺得保証人不是隨便可以換來換去的，即擬不予批准，我們失望之餘，就打算不到大馬即回香港了，却又因担保人的太太親自從怡保到吉隆坡，說明自己身份，而且找到了一位有力人士的聯名担保，還繳了一千元馬幣押金，然後才獲批准。這樣，竟苦苦等候了一個多月，所以我的「旅星雜詠十絕」中有一首是：

勞神簽証入聯邦，苦候期經一月長，
化作白雲飛作鳥，尚能天地自翱翔。

眞的，假使國際間免除簽証這一類麻煩的手續，豈不甚便，人類尚不如自去自來的白雲與飛來飛去的鳥兒。

我們原來意思是只打算在星加坡躭擱十天八天至多半月，好讓多些時間在大馬的幾處親友家留連，現在既然浪費了許多等候時間，在大馬就不能久留了。在飛大馬的前夕，我自己排定了一張嚴格遵守的日程表，從九月二十八日到十月三日留檳城一週，十月四日到怡保僅留四日，十月七日飛回星加坡，十月八日即飛香港。勞人草草，風塵僕僕，只緣于爭取時間而已。在十月三日即農歷八月十五中秋佳節的第二天上午，就從檳城飛怡保。

高山大海古木靈猴

檳城（檳榔嶼）是世界聞名的「海外樂園」，大海孤島，風景壯麗。前遊兩次，訪遍了許多名勝古蹟，如蛇廟、極樂寺等處。這次重遊，因我和內子都有點怕蛇，决不再遊蛇廟，也沒有到極樂寺去看烏龜，單選了以前沒有遊過的地方去欣賞，遊後頗爲滿意。

最有名的海濱風景線是松園，同遊的除內子外，是蕭遙天及王夢鳳伉儷，周曼沙及青年詩人兼攝影家張少寬。這裏是一個大松林，松樹皆高大，枝葉橫生；其實這種松樹並不如我國的古松，有些像杉樹，鬱然成林，葉色蒼翠。松林內外盡是一片沙灘，沙粒作銀白色，細柔光潤。灘外即一望無垠的汪洋大海，風相當大，拂拂吹來有涼意。碧海青天，蒼松白沙，小坐林間，心曠神怡。我們遠遠望見海天交界之際，有幾片風帆，隱隱約約，就像幾隻白鷗，出沒波間；近處的濤聲夾着風聲非常好聽，白浪淘沙，鏗鏘之音如笙簫之悅耳。內子和夢鳳脫下鞋，赤足在灘邊戲水，有時潮頭洶湧，洪如雷霆，有時小浪微波，輕如鐘磬，我也和遙天散步海灘，忽然看見一個馬來人驅着一隊牛羊，走過海岸，而全是小牛小羊，極爲有趣。尤其灘頭躺臥着一個西籍裸婦，仰面曝日，玉體橫陳，膚色紅紫，動都不動，經久才做出另一姿態，彎足側睡，一直到我們離開時，她還沒有站起來。另有一名西籍赤身男子，趕着全裸的幾個男小孩，嬉笑爲樂。這時正是下午四五時，斜陽返射，照耀全波，在海浪風聲松濤中反覺得一片岑寂與幽靜。如果夜晚來遊，其境界及情調當猶不止此。

我在松園小坐飲茶中，和遙天曼沙聯句，得七律一首：

海浪天風捲白沙，
松林小叙飲清茶。
濤聲壯逐雷聲壯，
人影斜隨日影斜。（君左）
座上諸公歡不盡，
灘頭一美臥無遮。（曼沙）
層巒叠翠投懷抱，
萬里迢遙莫憶家。（遙天）

松園確是檳城一處勝境，有一家中型新式飯店可資止息，好處在純是保持着大自然澹雅古樸的風光，沒有一點庸俗的裝飾，可是距離市區相當遙遠，檳城市區已夠幽雅清靜，到了松園眞像進入了世外桃源。

遊松園第二天是中秋佳節前夕，一輪皓月已懸空，我們又同遊了另一處叫做灣仔角的海邊堤岸賞月，據說也像星加坡的獨立大橋兩側和麥克里芝蓄水池邊是情侶傾談的最佳處所，我們也看到了成雙作對携手並肩在明月光輝下的倩影。

在另一次，驅車遊完了檳城的植物公園，新

水塘和著名的水族館，以及一座新建的廟宇。

檳城植物公園的面積比星加坡小，但有兩點相同：一是古樹參天和碧草如茵，一是兩處都養着猴羣，山坡林間，無數的猴子亂跑，見人不懼，有一個感人的鏡頭，即是母猴抱着幼猴在懷裏，當我們擲花生時，總是母猴拾取了花生，先剝給幼猴吃，然後自己再吃，母愛的偉大，人畜一樣，但也有例外；我在抗戰時遊四川最大名山的峨眉山，上到九老洞發現大猴羣，那隻猴王目光烱烱，全身金毛閃閃，神情極爲猙獰可怖，站起來有一人高，遊人擲去的花生和玉蜀黍，要先經猴王獨佔到吃得不能再飽，然後才給母猴吃，母猴吃剩了才給小猴子吃殘餘，這種情形，與南洋的猴子相反。

檳城新水塘也比星加坡的新水塘小，遊星加坡新水塘可以看到一片溶溶的水，遊檳城新水塘則沒有看到一滴水，據說水是深密蘊藏在壩內。這正如我往年參觀我國最有名的甘肅玉門油礦，看遍了油站、油箱、油塔、油管等等而始終沒有看到一滴油。

我看檳城的水族舘是一大特色，在星加坡還沒有。這個嶄新的水族舘養了熱帶幾乎全有的各種各類珍貴的魚類，魚池分別嵌在壁間，遊覽稱便，配合着精美的設計和彩色的燈光，情調優美。進門有一處掛着許多用彩色燈光標明的全馬來西亞產魚分類統計表，尤爲科學化，什麽地區產什麽魚，燈光閃處，一望而知。本來舘內有冷氣裝備，我們遊時，不巧停電，在室內走來走去，感着悶熱。

那次遊賞，又進入一座新建的廟宇，門前那一派花花綠綠，矗立四大金剛巨像和四條大龍型，廟內橫臥一尊最大的臥佛，遊過曼谷臥佛寺的我，也就如大巫之見小巫了。有一點與曼谷習俗相同：入殿時必須脫下鞋子。

實際上，檳城等於一座大公園，即在市區，也是一派大自然景色，可謂觀賞不盡。這次我們最後遊覽的名勝區是檳城最著名的扯旗山頂，上山要坐纜車，與登香港的太平山頂相同，但扯旗山比太平山更高，形勢亦更雄偉。我們要登扯旗山的另一因素是蕭遙天四弟近年在檳城和另一朋友苦心經營創辦了一座「檳光學院」，校址即接近扯旗山頂。這次遙天夫婦帶着我和內子及曼沙夫婦，同去檳光學院參觀，可惜是這座學院已停辦了，只留下聳峙峯頂岩間的三疊層樓傑閣和散佈在樹影泉聲中的一帶水樹長橋。這些嶄新的建築物可以說全是「南天第一枝筆」的心血結晶，而這一個雅號是我送給遙天的。檳光學院的宗旨在以現代科學教育和文藝薰陶招收海外僑胞優秀青年到檳城讀書，開辦時已有數十名泰國及本地學生，可惜後來竟因經費週轉欠靈而致停頓，這次我們雖是遊覽，也等於憑吊一番了。

我們在山上盤桓最久，在遙天的校長辦公室中暢談歡笑。這間校長室原址即清末大詩人黃公度讀書之所，人境廬詩中迭有吟詠，面對東方，晨起觀日，氣象萬千。遙天不但是名散文家，又是小說家和詩人。他曾有「檳光學院十二景」的歌詠，一是長橋臥霧、二是小閣坐風、三是晴窗映海、四是雨座驚禽、五是晨樓觀日、六是夜島網星、七是書館穴壁、八是毯塲凌空、九是花梯望遠、十是古洞探幽、十一是曲闌徐步、十二是百級快登。顧名思義，可見扯旗山頂的景物壯麗，實爲檳城名勝之冠。

五家弟妹親如手足

檳城的朋友中有三家是我們十餘年前結義的兄弟姊妹：一家是三弟任雨農及三妹陳月蓮伉儷，一家是四弟蕭遙天及四妹王夢鳳伉儷，一家是五弟周曼沙及二妹葉惠英伉儷，就中雨農和曼沙同我及內子都是湖南人，遙天是廣東潮州人，女眷有的是福建人，廣東人和浙江人，合有四個省籍。在怡保的結義弟妹是六弟梁森元和五妹彭士驎伉儷，森元是廣東梅縣人，士驎是湖南長沙人。在星加坡的結義弟妹是二弟黃玉山和六妹翁慧華伉儷，玉山是福建金門人，慧華是廣東潮州人。這樣，散居星馬兩地的結義家族共有五家，我是他們和她們的大哥，內子則爲大姐。自結義以後，彼此之間，均以兄弟姊妹的排行相稱，非常融洽也非常歡樂。我自己覺得：能在晚年擁有海外五家弟妹共同的摯愛，實在是一生的榮幸。回想起結義當年在紅燭光下的檳城周曼沙先生的曼廬家中，由我起草再由曼沙寫成的一篇金蘭小序是這樣的：

粵閩人傑，湘浙地靈。拂域內之清芬，挹海外之奇秀。一時薈萃，千載難逢。契結金蘭，珍同珠玉。檳嶼小聚，喜雁影之成行；桃園騰歡，留鴻泥而印迹。高山大海，看萬里錦繡前程；明月清風，好一片晶瑩懷抱。從此甘苦與共，休戚相關。無分巾幗鬚眉，全屬骨肉手足。相扶相助，集衆志以成城；相敬相親，縮天涯如咫尺。長垂道義，永守約盟。

十餘年來，我們的親誼愈深，情感愈厚。這次到南洋的主要意思也就是看看一別多年的五家弟妹。由星加坡飛抵檳城，三家弟妹各帶子女齊集機塲熱烈歡迎，我們受着感動，幾乎流下眼淚。由於曼沙新居地址比較適中，便住在他家裏。曼沙讓出自己的二樓臥室，我抬頭一看，那張由他用正楷寫成的「金蘭譜」高掛壁間，旁邊還有我往年書贈他的一首詞：

沁園春

題后希爲曼沙所作懷沙圖

壬寅秋　君左于檳城

勝地重遊，滿谷青林，滿地紅花。喜濃情熱浪，無邊友誼；高山大海，一片雲霞。蛇廟蛇來，鶴山鶴去，付與

才人作詠嗟。君休憶，但夢縈桑
梓，身老蕉椰。浮槎四海爲家
，又貪看檳城夕照斜。問幾載離
亭，后希域外；一聲長笛，君左
天涯。士讀詩書，農耕煙雨，劍
膽琴心有曼沙。抬頭望，正洞庭
波濶，衡嶽雲遮。

曼沙爲人最重道義，富文才、善書法、精修養，而又饒幽默感，多年來在大馬盡力於擁護華文教育工作，宣揚中國文化於海外，久任明德學校校長，勤愼職守，培植英才，功在民族，望重僑團。他的夫人也就是我的二妹，下午任教，相夫教子，賢淑端莊。曼沙上午赴校，下午歸家。因此，我們夫婦得到他們分別照護，居家節約而欵待殷勤，細密週到，無微不至，比住在自己家裏還舒服得多。他們有四男二女，大女兒在台北出閣，二女赴澳洲深造，留下兩女孩和兩男孩，都已漸漸長成，分別求學，是一份最圓滿的家庭，保持着我國最優良的倫理傳統。檳城的僑社，沒有一人不親敬周曼沙先生的，他已成爲大馬華僑的一個象徵。

由於我們留大馬的期間太短，曼沙在回家以後，全部時間陪着我們遊息，有時在家就磨墨鋪紙，請我寫字題詩，或者一同參加應酬歸來，暢談至深夜始睡，大清早七時餘他又到學校辦公去了。初到之夕，曼沙約了在檳親友招待我們到一家新開張的北方菜館吃晚餐，經過市區，看見檳城近年的氣象繁榮，已非昔比。好幾家巍峨大厦的觀光酒店以及中國餐館，生意都非常興隆，然而在大體上，檳城仍然是一座幽美而古樸的花園都市。

一天，曼沙對我說：「小弟自撰一副座右銘式的對聯要煩大哥寫寫，掛在書齋裏，留爲永久紀念。」說時就鋪開了宣紙，我就照他的安排一揮而成。他非常細心，先寫了一個樣本，摺好格子，算清字數，然後請我照寫。那副對聯是：

欲遮俗眼宜藏拙，要淡名心祇讀書。

三家合影于檳城曼廬（自右至左）
前坐者葉惠英熊芳王華鳳
後立者周曼沙易君左蕭遙天

兩旁小字是：「余偕秋慧於辛亥秋作第三次星馬之遊，旨在探視久別之五家弟妹。抵檳城，寓曼廬，與諸弟妹朝夕相聚，談笑甚歡。彈指一週，又匆匆言別，後會雖有期而不勝黯然。偶讀曼沙五弟詩句，道出吾輩書生心襟，喜而書之，以勉子侄云爾。君左。」

一天上午，曼沙已出辦公，忽然傾盆大雨。南洋的雨雖一時滂沱，可是下了一頓便告終止，氣候隨之轉涼，不像我國內地的一雨綿延，甚至釀成災害，其可愛處在此。所謂「四時皆是夏，一雨便成秋」信非虛語。我在大雨淋漓中，靜靜的坐在曼沙常坐的那把太師椅，自斟清茶，那是用小宜興壺泡的鐵觀音，一會兒雨過天青，風光

明媚，於是我又寫了一首小詩：

晨坐曼廬觀大雨

大雨如狂士，傾盆一刹那。
天容明似鏡，山色豔同花。
世事皆然杳？人情亦似耶？
曼廬來遠客，靜靜自斟茶。

「曼廬」橫額乃于右任老人所書，下面掛着張大千兄爲曼沙畫的山水巨幅，旁邊有曾后希兄特爲曼沙繪製的四塊山水人物大屛風。壁間案上羅列許多古物及精美藝術品，一入曼廬，文藝氣氛最濃。

檳城有一位青年詩人張少寬君，聽說我來，連忙到曼廬拜訪，執禮甚恭，捧出他的一本詩稿請我指正，並請我寫近作一幅，我答應了，抽出了時間替他看了詩稿，代爲斟酌字句，加上短評，寄以期許。有一位同鄉青年李良彥君，由曼沙介紹，請我寫了此次南行的一首新詩送給他：

閒看飛雲靜看潮，秋風落日雨蕭蕭，
海天一片蒼茫意，付與歸帆入夢遙。

我先後在曼廬由曼沙介紹替朋友們寫了不少的詩幅，以後到了怡保，還在士驎五妹的書室裏陸續的寫。

另一詩幅書贈曼沙：

三抵檳城慰諸弟妹

穿雲壓海降檳城，重見天涯好弟兄。
一月獅音新國隔，九年鶴影亂山橫。
文通賦可隨鴻往，伏勝經能與鷺盟。
惟有蘭成最蕭瑟，江關流浪慰平生。

檳城有一座三江會館，凡不屬於閩粵籍的華僑都屬於三江會館，不管天南地北，館長即周曼沙先生，也是曼沙一手創辦的，新落成的四層大厦分租出去已可以自給，許多三江同鄉常來會館宴集或打打小牌玩玩，成爲一個最適宜最親切的

同鄉招待所。我這次也打了兩次小牌，輸贏不過馬幣一二十元，打法不同港台，却打得非常起勁，一杯「可伯」（咖啡），興會淋漓。由於曼沙之請，我又替三江會館撰寫了一副長聯：

三月羣鶯亂飛，遊難遍勝蹟名區，且同賞錦繡山河，一片風光綺麗。

江流萬馬直下，淘不盡英雄兒女，切莫忘敬恭桑梓，千秋人物輝煌。

有一位教育界耆宿退休的江蘇無錫人榮渭生先生是曼沙的好友，兒孫成羣都在美國，請這位老太爺去享天倫之樂，結果老太爺住不慣，單身仍回檳城，常來三江會館。一晚，他叫了一席火鍋歡宴我們，吃得熱烘烘的。渭生先生和我同年同月只比我大兩天，我在寫贈他的一幅詩條上寫了「同年同月兄」等字樣，這在題欵上算得是一個新例吧。

有一位張竹安先生和他的夫人來曼廬訪候我，贈我美酒一瓶和「紅包」一個，紅包是僑團尊敬長老的一種規矩，曼沙要我一定受下來，雖然只有二十元馬幣，也表達了他們的誠心，因爲他們的兒子和媳婦都是我任香港浸信會大學中文系主任時的學生。

又有一位湖南同鄉曹徵興校長請我們到檳城一家喜臨門大餐館晚宴，圍滿一座，全是曼沙的好友。曹周兩位校長在台北嫁女都因公不能前來，也都請我在台北主婚，我作了兩次「代家長」，兩對青年夫婦現在生活得非常圓滿，凡由我「主婚」的，大概都非常圓滿。

至於我們住在曼廬的生活細節，尤其在吃的方面，完全像犬家庭一樣。內子親自下厨，有兩三次燉了沙鍋大魚頭、紅燒獅子頭、燉大鉢牛筋、蒸大盤珍珠丸等菜式，把幾家弟妹約來，風捲殘雲，大吃特吃。遺憾的是我們不能從台北從香港帶大批家鄉風味的湖南臘肉來，因爲前幾年曾郵寄過一次，寄馬來西亞幾家的，全被海關沒收了，寄星加坡的却安全收到，臘肉也有幸有不幸。

取象于錢外圓内方

蕭遙天先生是我的四弟，高軀小鬍，常啣煙斗，神采奕奕，寫作勤奮，是十足書生和文學家典型。他和曼沙一樣，慷慨重道義，都有古俠士之風。他是現代名散文作家之一，又是詩人和小說家，自稱二十餘年在海外所作不下二千萬言，竟和我差不多。青春時綺遇，並不諱言，坦率也如我們湖南人。例如壬午年在潮陽所作的「無題」一詩：「春到酴醾花事盡，回春無計强疏狂，不圖風雨愁城裏，病蝶痴花帶淚歡。」自註有云：「今回首三十年，舊遊如夢，而此詩記憶如新，豈人非太上，渣汁無法滌除耶？爲存吾眞，不刪去。」可見其天才横溢而見眞性情。前些年，有一位香港的女小說家殷勤小姐遊檳城，遙天約友欵待，席間有人出一上聯徵對：「殷殷勤勤地」，當時漫畫家黃堯（筆名牛鼻子）先生在座，即和遙天開玩笑，對曰：「逍逍遙遙天」，一座歡笑。當我第二次來檳城，曾同黃堯先生共食正吃一樣檳城特產的燒猪耳朵，我亦出一聯：「牛鼻子吃猪耳朵」，至今未有人對得好。遙天對這些社交應酬視爲平常，我的四妹王夢鳳也深知丈夫性格和風趣，情感甚篤，所有丈夫的寫作抄謄都由她担任，經營出版事業及創辦學校都由她協助，眞不媿爲賢內助。遙天只有一女，赴澳洲深造，有一子尚幼，相當淘氣。遙天只啣雪茄，並無煙癮，亦不能飲酒，夢鳳則能豪飲，縱談騰歡，有鬚眉氣，他們幾家全一樣都擁有一棟新屋，小院幽花，怡然自遣。

曼沙的家好像一個藝術博物館，遙天的家簡直是一個圖書館。書籍雜誌圖片等等羅列幾間室內，分門別類，有條不紊，不像我家書房的亂糟糟。壁上掛滿前賢及當代名人書畫，其中一巨幅有我的題詠。自關冷氣室一間，以調劑讀書及寫作生活。我有時怕熱，就跑到他家裏，遙天即喊道：「夢鳳！快開冷氣啊，大哥來了。」我往往靜靜的睡上一二小時。潮州朋友講究飲「功夫茶」，遙天親自烹茗，用最好的茶葉茶具，和我傾談輕飲。把他歷年詩稿一份全部交給我，請我評閱，並寫序言。南遊以來，各方友好贈我的著作甚多，堆積盈篋，因往返乘機，行李過重，一概寄存星加坡六妹家裏，只帶回了遙天的詩稿，準備細細誦讀。

當遙天四十七歲生日時，我曾寄檳城一詩奉祝：

未必蕭郎是路人，侯門往事已成塵。
宗聯伯訥分中外，文選昭明判舊新。
一代清才仙島鶴，千秋信史素王麟。
杜陵秦隴流離日，亦有名詩泣鬼神。

因爲杜甫寫秦隴諸名作時也正是四十七八歲。遙天的全部詩稿分五組：轍跡心聲、歲時感興、書畫題詠、交遊酬唱、慶弔頌挽，我一回台北便抽出時間逐字逐句評閱，寫此文時正讀完「轍跡心聲」。遙天的詩，有豪放沉雄的一面，也有綺麗清新的一面。如武漢陷落書憤云：「未信五千年歷史，竟亡四百兆蒸民」，壯語也；題五妹士驎詩集云：「烏絲細寫簪花格，黃絹新塡潄玉詞」，雋語也。

一天，遙天帶我去訪問幾位檳城的朋友余維智、魏烈光、林煥坤、周炳培諸先生，只有林先生未上公司沒有見到，最後會到遙天的好友一家銀行經理郭璠孫先生，晤談之下，一見如故。第二天，璠孫先生請我們到翠玉樓午餐，菜甚精緻，其中一樣素菜味最美，原來是莧菜燒茄子，風味特殊，乃是郭經理所發明，他一上翠玉樓就點這樣名菜。我們在曼廬吃飯，曾由內子炒苦瓜一大碗，大家吃得乾乾淨淨，因知蔬菜味美，如苦瓜、茄子、莧菜之類，燒得好反勝於肉食。所以聖人說：「飯蔬食飲水，樂亦在其中矣。」這次午宴，有翠玉樓的年青的老板娘子始終作陪，殷勤敬栄，甚見風趣。

郭經理懇切的請我照他所寫的寫成一小中堂，作為一個銀行家的座右銘，可想見他的修養。我寫的是：「事閒勿荒，事繁勿慌，有言必信，無欲則剛。和若春風，肅若秋霜，取象於錢，外圓內方。」不管是何人所作，總之是幾句好話。

應該補寫的是當我和遙天訪問余維智先生時，屈折的上了三層樓，遙天告訴我說：「這棟樓宇的舊屋就是國父孫中山先生指揮黃花崗起義前在檳城策劃革命的總部，所以檳城也可列為國民革命根據地之一。」香港和南洋值得懷念的地方，這一點也是很重要的。

檳城松園小坐，中坐者為本文作者

我到檳城的另一任務是代表我們中華詩學研究所出席農曆中秋在檳城舉行的東南亞詩人大會，負責籌備人之一即蕭遙天先生。因此，遙天一方面要陪我訪親友遊名勝，一方面又忙於與從各地區來檳城開會的詩友們聯繫。東南亞的詩人們都望我來，遙天總是帶着我常到籌備處的樹膠公會去探訪，看見已有遠來的詩人住在那裏就喜形於色，可見他的負責及熱心。

檳城的三家弟妹都各有自用的小汽車一輛，駕駛的全是太太而非先生，所以是眞正的「車夫」，車丈夫也。蕭家的一輛自然是由蕭太太駕駛，駕駛的技術也都相當高明。我們住在曼廬，接來接去多半由夢鳳四妹服務。她常說：「大哥大姐要到那裏，我就車到那裏。」像松園那樣遙遠的一角落，也是夢鳳四妹車去的，却一點不感覺疲倦。內子安慰她，她說：「替大哥大姐服務，那裏還會疲倦呢？」

現在要說到三弟了。我在星加坡就聽說三弟任雨農已去曼谷，迄未回來，因為他的親家在泰國經商，想請他助理業務。雨農也是檳城一間學校的校長，幾次為學校到泰國籌集基金，在我們看來，他到曼谷是家常便飯。雨農的文學素養很深，却有些「湖南蠻子」的性格，他現在已退休了，所以打算經商。

到檳城第二天，曼沙、遙天帶我們到雨農的新居，寬敞的客廳和精整的設備，使人有舒適之感。雨農既不在家，看看三妹月蓮也是一樣。我想：這一次是看不到雨農了。事有湊巧，就在我將離開檳城的前一日，也就是中秋佳節，雨農忽從曼谷飛回，相見之下，大喜過望。當天即由他約到一家僻靜的酒店，據說是吃西餐最有名的地方，他因為我吃中餐太多，想替我換換口味，不料大失所望，所吃的不知是什麼東西，那塊麪包比石頭還硬。沒有看見像其他菜館一般通常有的女侍，却是幾名彪形大漢，穿着白色制服，捧着盤子，慌慌張張，穿來穿去，雨農也覺得奇怪，結果破費了將近百元馬幣，這數字在當地飲食賬單中是比較驚人的。

吃完一頓莫名其妙的西餐後，嘴都懶得擦，於是再回到雨農的家，暢談而返。雨農雖覺得很抱歉，但大家既是兄弟，自然用不着什麼客氣，談談笑笑也就過去了。

由於留檳時間非常短促，雨農想陪我再去遊玩，再看幾位朋友，也來不及了。

泰馬詩人中秋雅集

農歷八月十五日中秋佳節，我參加了「泰馬詩人中秋雅集大會」。實際上，這次參加的各地區華僑詩人，除泰國和馬來西亞外，尚有來自星加坡、印尼、北婆、香港、台灣等地的詩人，可以說是一項「東南亞詩人大會」的雛型；如果再加上參加這次大會的日本詩人和法國詩人，又可以說是一項「國際詩人大會」的雛型了。

事先，我在星加坡早已寄去一首詩由蕭遙天先生轉詩人大會籌備處，原詩如次：

泰馬詩人辛亥中秋雅集檳城步韻

閬苑流霞日影移，去年曼谷湧廻思。
由來風偃同雷震，絕似雲行亦雨施。
遠客懷鄉星亮處，高樓鬥韻月明時。
靈蛇仙鶴迎詩友，今歲檳城地最宜。

這首詩又用了許多天象的名詞，如霞、日、風、雷、雲、雨、星、月等，可供寫詩參考。最有趣的是我這首詩由大會掛在會場裏，大會還沒有開完就被人偷走了。遙天很驚訝的對我說：「沒有提防這個雅賊，也難怪，想是太喜歡大哥的詩吧。」

現在且介紹這次詩人大會的緣起。原來去年中秋會在曼谷舉行過第六屆泰馬詩人中秋雅集，蕭遙天先生曾參加，當時決議：次年即今年中秋在檳城舉行，公推蕭遙天先生負責籌劃。去年那時我正從菲律賓講學回台，來不及參加，本來我們中華詩學研究所擬派吳萬谷先生前往，也因趕辦出國手續時間來不及而作罷，今年就改派了我，因知我預定有星馬之行，能藉此一機會而昌明詩學與宏揚詩教於海外，並加强與東南亞詩人們的聯繫，豈不甚好。

但是，像這種龐大的集會，還要招待從各地區遠來的嘉賓，必須有充裕的人力財力才能支持。於是檳城詩人們公推一位大實業家而又一向熱心文化事業的許平等先生和一位精通佛學而又是詩人書法家的高僧竺摩法師爲主持人，並推檳城詩人、作家兼名中醫筆名「南天四郎」的陳習庭先生爲秘書，又推出籌備委員及顧問多人爲贊助人，積極推動籌備工作，擇定規模宏大前有廣場的樹膠公會爲籌備處及大會會場，佈置招待遠來詩人們的住所。

我覺得難得許平等先生和竺摩法師有此古道熱腸和高誼隆情，特別同蕭遙天先生分別訪候，許先生對我非常客氣；竺摩法師原來是老友，當我們訪他時他正在午餐，便邀我們入座同食。

詩人大會籌備處印發了一份柬約，題名「辛亥泰馬詩人第七屆中秋雅集」，首載一篇序文，接着是兩首七律。序文太長，不備錄。詩如後：

一

送爽西風溽暑收，中天桂魄正當頭。
山川信美銀蛇舞，品物咸亨玉粒稠。
可謂鴻文驚宇宙，寧無椽筆寫春秋。
鷗盟七屆賡騷韻，竚看瑤辭孰最優？

二

集雅扶輪志不移，每逢佳節倍興思。
立言端賴人文振，正俗須憑德化施。
漢粹宏揚堪衛道，楚騷續響合匡時。
古今詩教原無類，如月經天處處宜。

我在中秋次晨，即由檳城乘機飛往怡保，現在把當天開會的概況，簡要寫下。

這次詩人大會約有一百數十人，除詩友外，尚有特約的嘉賓及工作人員等，泰國方面來的比較多，包括曼谷和泰南一帶的詩友，原發起人的二李：李蔭桐先生和李慕軾先生從泰南會合翩然蒞止，而且同來有一位日本詩人和一位法國詩人。馬來西亞各地、包括檳城、吉隆坡、怡保、柔佛等處的詩友也來得相當踴躍。星加坡來的有兩三位。我在星加坡時，本約定了新聲詩社社長陳寶書先生和北婆羅洲詩人張濟川先生前往檳城，他們都因職務關係未能前來。印尼、北婆方面另有幾人參加。我不敢說是台灣和香港兩地區的詩人代表，但來自台港的詩友，確只有我一人。原來菲律賓詩人鄭鴻善先生和黃宜秋先生都打算來的，也沒有來，山打根另一詞人劉祖霞先生也未能參加，雖是如此，却也夠熱鬧了。

大會開幕在當日下午五時許，全體攝影之後即舉行，主席是許平等先生，和竺摩法師各有致詞。大會歷三小時，除由各地區代表演說外，最值得提倡的是用各種中國方言朗誦詩歌，其中有國語、閩語、粵語、潮語、江浙語、湘語、等等。用湘語來朗誦的是周曼沙先生，他朗誦我的一首秋興詩及岳武穆的名詞滿江紅，腔調極爲美妙，博得熱烈掌聲。主席報告：「現在我接到好幾張條子，要恭請易君左先生登台吧！」我在一片掌聲敦促之下，只得勉强應命，以免掃興。我朗誦的是我的一首詩和一首詞，自己覺得韻味不及曼沙。在此之前，主席還特別在大衆前鄭重的介紹我，感謝我遠道光臨，請我起立，使大家都認識認識。更難得的是日本詩人醫學博士河木休太郎，用和歌音韻朗吟一首中國詩，一位法國詩人用法語譯成中國詩而朗誦，爲大會生色不少。

大會最後一項討論是：明年中秋雅集應該在什麼地方舉行？應該公推那些人負責聯絡籌備？主席提出後有相當的爭論，大致上通過了明年雅集在馬來西亞首都的吉隆坡舉行，也有主張在馬來西亞柔佛州麻坡的，因爲麻坡的名詩人李冰人先生也來了，大家希望他多盡點心力。

冰人先生是我的老友之一。開會時他坐在我旁邊，袖出新作六首律詩，以志此次詩人大會的盛況，我愛他的第五首：「翩翩士雅盡東南，韻律詩城倍謹嚴。大呂黃鐘歌正調，中天碧月夜初恬。瓊樓高處寒蘇軾，樂府邊秋愴仲淹。別有風情忘不得，菊花人瘦悄窺簾。」我也悄悄的遞給他一張紙條，他一看，原來是我和他開玩笑，戲套老杜「江南逢李龜年」那一首七絕：「麻坡河畔尋常見，柔佛州中幾度聞，正是中秋好明月，樹膠公會又逢君。」他大笑，傳觀後都笑起來。

單是吟詩而不賞月，未免辜負良宵。恰巧這晚皓月當空，清輝萬里。開會在大廳內。開完會即宴集，約十餘席。宴後，同到前面廣場賞月。三三五五詩人，分坐各處，或聯句，或清談，或漫步，或飲茶，倒也自由自在，無拘無束。我因明日清晨便要離開檳城，便和曼沙辭謝詩友們回去了，遙天則忙得團團轉。

於是，我結束了這次來檳城的最後一個課題。次晨，即與內子飛怡保，三家弟妹和許多友人都來送行，依依而別。

來往星馬本來有火車可坐，當我在星加坡經過火車站時，火車站門可羅雀，則因自有空航後，大家都改乘飛機了。從星加坡直飛檳城，一小時半即達，坐火車要一整天。由星飛檳是大型飛機，舒適平穩，空中小姐只播英語和馬來語，爲何不播華語或閩語？由檳飛怡坐小型飛機，只播馬來語，我們聽不懂，要半小時抵達。由怡再飛星也是小型機，忽然從高空陡降，吃了一驚，飛抵吉隆坡再辦出境手續，續飛馬六甲稍停，然後轉星，共費六小時。當安抵星加坡時，海關檢查，看見紅帽子推着我們行李的車上大包大罐的怡保特產的「萬里望」花生，看都懶得看，擺擺手，OK！不檢查了。

芥子園畫譜作者王安節

·道載文·

俞劍華著「中國繪畫史」稱畫譜中之「芥子園畫傳」爲妙絕千古不朽之名作。文中說：「王槩（安節）爲中國畫家最有科學頭腦之人，故其所作芥子園畫傳深淺有序，條列詳明，傳前所附學畫淺說，亦能提綱絜領，簡當切要，雖多錄前人成說，而能加以系統之組織，使讀者有一具體之觀念。若中國論畫之書，俱能如此之簡單明瞭，則有裨後學，殊非淺鮮。」

芥子園畫傳是王槩就李流芳（長蘅）原本增輯編次而成，前有李笠翁（漁）序，今不多見。其書流行甚廣，凡我國近代畫人，幾無不人手一編。由淺入深，層次井然，其一切分類，富於科學思想，爲吾國空前絕後之畫學敎科書。惜其時尚無珂羅版印刷，木版雕刻雖精，究未能形神逼肖，及至石印風行，翻版愈多而愈劣，初學不知，照式臨寫，反受其害，故是書祇可作爲畫法之參考，未宜作爲臨摹之範本也。

芥子園畫傳，共分四集，其初、二、三集爲王槩及其弟王蓍等所合編，初集彙採歷代山水名家畫法，於用墨先後渲染濃淡，配合遠近諸法，最爲詳備，二集爲蘭竹梅菊，三集爲花卉草虫飛鳥，俱附淺說式樣，足爲初學參考之助。

芥子園畫傳既風行，翻刻僞託者甚多，巢子餘（勳）爲張子祥（熊）弟子，既手摹初二集，又感人物一門，爲原集所未備，於是有畫傳四集之作，一仿前例，采輯各家說法，彙成一書，於畫道不爲無功。其實王安節最擅于繪畫人物，特遲遲未肯着筆，本期精印其手繪于老夫子功德圖，工細生動，比美十洲，足爲明証。

王安節名槩，其先爲檇李人，（古秀水今嘉興），久寄籍白下（南京），故有稱之爲金陵王槩者，亦不加辯正矣。父名左車，好奇，生二子，安節其長，初名曰丐，弟號宓草，名蓍，初名曰尸，聞者駭之，後始改今名。安節幼瘰弱，壯乃鬚眉如戟，負穎異質，詩古文詞及制舉業，皆能孤行己意，避人居西郭外莫愁湖畔，罕與人接，然四方文酒跌宕之士至金陵者，無不多方就見之。以其詩文之餘，旁及繪事，山水人物花卉羽毛之屬，動筆輒有味外之味，人物狀貌奇古，畧無秀媚之態。周亮工讀畫錄嘗曰：「王安節甫二十餘歲，其才藝便可了數輩，使更十年，世人不說徐青籐矣！」

桐城方文，字爾止，祇一女，覓壻于江南，久之，奇安節，以女妻之，爾止負一代名，不妄許可，至一見安節，即以女妻之，安節可知矣。安節宓草，並精治印，圖章直追秦漢，宓草繪事亦欲與兄並驅，同人咸曰元方季方難爲兄弟也。

王節之父母與槩本人，皆落地不茹葷，獨宓草微能食乾鱔，人稱其爲一門佛子。

安節岳丈方爾止以壬子生，倩安節爲作四壬子圖，中爲陶淵明，次杜子美，次白樂天皆高坐，而己傴僂於前，呈其詩卷，以四人皆生于壬子，王阮亭爲題，且語座客曰：「陶坦率，白老嫗可解，皆不足慮；所慮杜陵老子文網峻密，恐爾止不免喫籐條耳！」一座絕倒。

安節能詩，今記其一首云：「潯陽江水抱城流，庾亮曾經此地游，亦是新涼當八月，遂敎高會擅千秋。風騷接席無今古，喬梓凌雲富唱酬，傑閣共傳詩句好，飛揚興不減南樓。」

光緒十一年，巢子餘與其師張子祥談及芥子園畫傳之妙，欲就乃師所藏之善本，重加校刊，未果，而張子祥於十二年卒，後獲張子祥之孫益卿出此書付之石印，方克廣爲流傳。當時曾倩馳名滬濱之文士高昌寒食生何桂笙（鏞）別作一序，中有云：

「芥子園畫傳爲秀水王安節先生所摹，湖上李笠翁序而刊之，三易寒暑，而後卒事，其摹繪之精，鐫刻之工，世無其匹，久已風行海內，丹青家罔不家置一編矣。顧是書成於康熙十有八年，迄今已二百餘載，原板初印之本，絕不可得，其坊間輾轉翻刻者，則又不免訛誤，失之毫氂，謬之千里，欲求善本，實未易覯。……芥子園畫傳綜諸家之大成，益之以勾皴諸法，無不畢具，而又增以海上名人畫稿，雖未得門徑者觀之，亦不難自尋門徑，以窺其堂奧，然則此書之有功于藝事也，豈淺鮮哉！昔人言：善繪事者必得其壽，蓋以筆下皆生氣，故氣類相感而得長生，然有生氣者，要必有生理，不解其理，則生氣亦無自而生。此書則明明以生理餉人，俾天下之寢饋於其中者，皆登仁壽之域，其存心之仁厚爲何如矣。……吾知此書一出，足以名世，足以壽世，而成之者之名之壽，胥於是乎卜之矣。」

清　王槩畫孔老夫子功德圖

定齋藏

高大閭門

西平侯以治事材，高遷侍御史超廷尉。決疑平反，民自不寃。後官御史大夫，代黃霸爲相。少學其父于公，鄉老欲修閭門，公曰：「高大之，令容駟馬車，吾子孫必有興者。」孫求亦爲御史大夫，封侯傳世，悉如其言。

（原跋一）

位踐耆英

文潞國任四朝將相五十年，壽踰九十。以元豐五年，以太尉留西都。時富韓公以司徒歸洛，結耆英會，凡十三人，仿香山九老洛中故事，把酒賦詩，列坐尚齒。惟潞國年長，温公爲之作序。（原跋二）

雙鹿夾車

鄭巨君爲淮陰守，政不苛煩。每行春隨車致雨，有雙鹿夾車而行。主簿黃國賀曰：「聞三公車轓畫鹿，明府必爲宰相。」後果歷太尉。（原跋二）

家傳孝謹

萬石君長子恬侯，自沛守遷御史大夫。入相，萬石尚健。每五日洗沐，歸謁二親，曲盡子道，不異寒庶。凡奏事輒加精詳，卽字點偶脫，私心驚惕，其謹愼若此。家傳孝謹，爭重於世。

（原跋四）

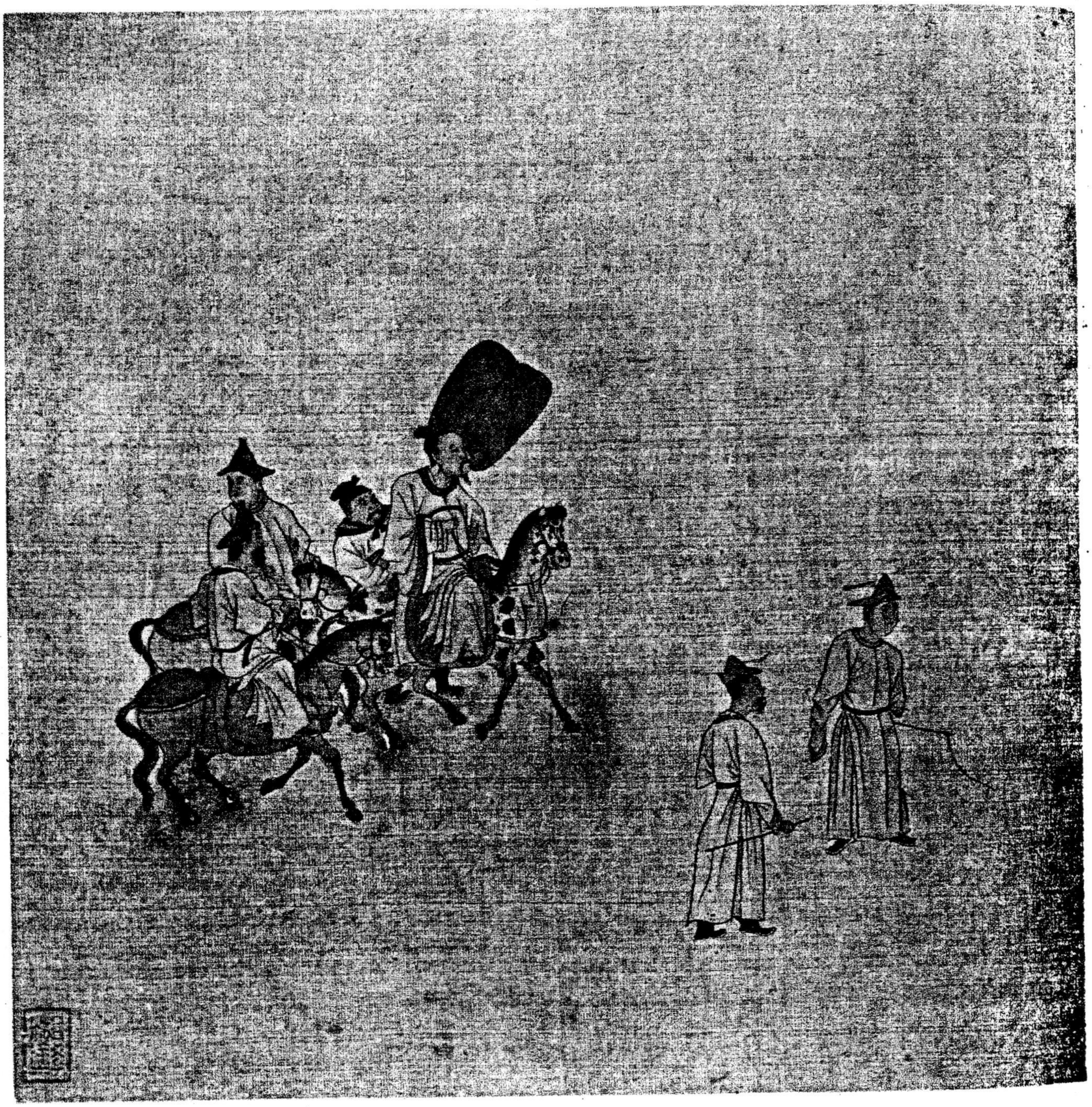

威避行驄

桓公雅爲侍御史，執法不避權要。嘗乘驄馬，京師語曰：「行行且止，避驄馬御史。」（原跋五）

氈車却饋

杜邠國入爲
侍御史，以司
空同平章事，
官多清政。時
李師古跋扈，
憚畏不敢失禮
。有幹吏寄錢
，氈車使至宅
門。累曰：「
未敢送。」見
綠輿自宅出，
從二婢，青衣
襤褸，問知相
公婦人，遽歸
告，師古終身
懾服。
（原跋六）

風生臺閣

傳休奕居御史，每有奏劾，先夜手書白簡，焚香几坐，整襟待漏赴闕。於時貴游慴服，無不憚威，風生臺閣，中外肅然。（原跋七）

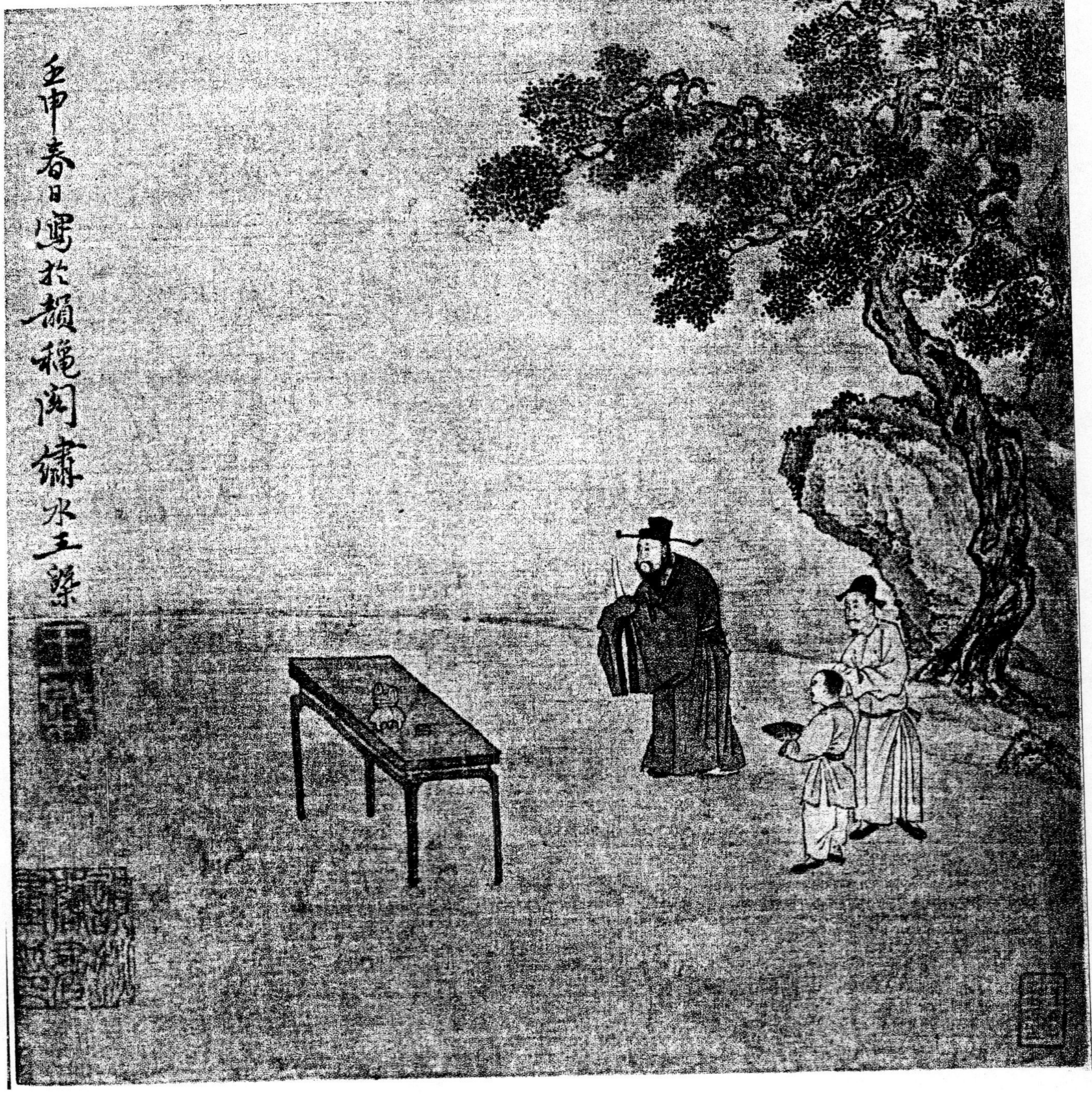

焚香告天

趙閱道爲御史，彈劾不避貴顯，號鐵面御史。平日所爲事，夜必衣冠露香告天，後爲宋賢相。（原跋八）

恭題

于老夫子功德圖頌跋

往席文襄公才識敏決，德量優涵。時已坐晋秩宗，將典機務，輒向公餘出其敭歷江淮，與諸紳士詩歌贈貽之作，都爲一幀，且手題曰雪映中懷，將以遍示同朝，各加稱賞。趙文肅公尤於政府沃心贊化，百務崇渠。時與二三宿儒，講晰天則，丙夜一燈肅然，斗室匡床，髹几清踰秋水，一無所置，惟置其往官南曹，與授業弟子，受以意恉，圖繪史牒，諸傳人傳事而已。夫以兩公眞儒碩輔，其於天下人才，罔不鑑衡，史宬秘冊，罔不瀏覽，顧獨于過化之一區，念士類之清淳，等生成于燕雀，胸中睫底，惟有舊棠，廣坐特居，細加翻閱，而舊棠之多，歷年所未能忘，　公亦復具見，並有以見其卷帙所載，長篇短韻，總去膚詞，圖寫丹青，盡皆實政矣。時維我

大中丞于老夫子旣已知膺

特達，晋司風憲，屢承

顧問，樹範擧朝。凡一擧吻與澤沛八綖，一握筆而風澄九列，黃扉朱閣，正在虛左，

公則俯念舊棠，頗極繾綣。猶記曩者

公翊　玉輅南巡，馬首江干，黃髮兒齒，數以萬計，焚香羅拜，輒目注

公，不忘

公德化。而　公亦殷然相顧，不翅家人父子，歡聲雷動，喜溢

天顏，蠲租免賦，以致恩澤汪濊，今已三稔。追溯往官南中，則已十年於茲矣！而白下諸先達，及素所授業於　公者，仁漸義沐，寢食不忘，發爲咏歌；咏歌不已，見諸圖繪，方諸文襄之雪映中懷，文肅之丹青擬古，殊不相讓。知　公啓沃之下，時一披覽，則鍾山淮水，嘉芾猶新，鳳閣麟臺，丹青可卜，符劵操在此矣。晋深承　造就，貫鏤難形，聊附末簡，用申穆頌，上侍　慈祥，或不責其弁鄙焉。

康熙壬申仲春上浣之吉　受業黃晋頓首百拜

天下清官第一

·下官·

于成龍，山西永寧人，字北溪，清順治間副貢。知羅城縣，招流亡，修學校，在任七年，民甚德之。後遷黃州同知，土賊何大榮反，成龍率鄉勇數千平之。成龍貌如學究，而用兵如神，善治盜，所至以清廉著，時稱天下清官第一。官至兩江總督，卒謚清端。

淄川蒲留仙所著「聊齋志異」，世人多以鬼狐故事目之，其實篇中所載事蹟，不完全是沒有根據的。例如本篇所介紹的「于中丞」，便是從實際情況出發，經過科學分析，獲得正確結論的一則推理偵探故事。在「聊齋」中不少此類疑難案件，細加研究，也很有趣的。

「于中丞」白話譯文

于中丞名叫成龍，觀察問題，審判案子都很有經驗。有一次，他因工作關係來到高郵，正好遇到一件案子。當地有個財主要嫁女兒，家中在趕辦嫁粧，這份嫁粧非常豐厚。不料被盜賊挖通牆壁，把衣服啊被子啊一古腦兒都偷盜去了。這事情發生後告到衙門裏，知府束手無策。于中丞知道了，就命令把高郵城的幾個城門都關閉上，只留一個門讓行人進出，在那個城門口派了幾個精細差人守着，對出城的人所裝載的東西進行嚴密的搜查。又在城裏各地張貼告示，命令全城老百姓都回到自己家中，等候第二天大搜查。告示上還說，一定要用盡方法把贓物查出來。

「聊齋志異」中的「于中丞」繡像畫

佈告貼出去後，于中丞又時地關照看守城門的差人，要他們注意：假使發現有人，一會兒出城，一會兒又進城，幾次進進出出的，就把他抓起來。

過了中午，果然有兩個人進出城門幾次，差人於是遵照于中丞的吩咐，把他們抓來了。但這兩個人幷沒有帶什麼東西，看不出像是偷盜嫁粧的。于中丞却肯定的說：『這兩個人一定是眞賊。』他們當然不肯承認，不斷分辯。于中丞就叫他們把衣服脫下來搜查，外面長衫一脫掉，只見裏面着了兩套女人衣裳，果然都是那財主家被偷掉的東西。原來這兩個小偷看到佈告，怕第二天進行大搜查會搜出贓物，就急着想辦法把這些偷來的東西轉移到城外去，但偷到手的衣裳太多，不能公開搬運，一時無法移走，只好穿在身上，一次一次的出城進城。這樣就暴露了目標，正中了于中丞的計謀。

于成龍在做知縣的時候，有一次要到鄰縣去辦事，一清早走到這個縣的郊區時，看到有兩個男人抬着一張床，床上側睡着一個病人，沒頭沒腦的蓋着一條很大的被子，只露出了一些頭髮，頭髮上還別着一根很美麗的鳳簪，顯然睡在床上的是個女人。除了兩個抬床的之外，還有四個精壯漢

外並無行裝公曰此眞盜也二人詭辯不已公令解衣
搜之見袍服內著女衣二襲皆奩中物也蓋恐次日大
搜急於移置而物多難攜故密著之而屢出也
又公爲宰時至鄒邑早旦經郭外見二人以牀舁病人
覆大被枕上露髮髮上簪鳳釵一股側眠牀上有三四
健男夾隨之時更番以手擁被令壓身底似恐風入少
頃息肩路側又使二人更相爲荷于公過遣隸回問之
云是妹子垂危將送歸夫家公行二三里又遣隸回視
其所入何村隸尾之至一村舍兩男子迎之而入還以

聊齋志異卷十六 于中丞 十九

白公公謂其邑宰城中得無有劫盜否宰云無之時功
令嚴上下諱盜故即被盜賊劫殺亦隱忍而不敢言公
就館舍囑家人細訪之果有富室被强寇入家炮烙死
矣公喚其子來詰其狀子固不承公曰我已代捕巨寇
在此非有他也子乃頓首哀乞求爲死者雪恨公叩關
往見邑宰差健役四鼓離城直至村舍捕得八人一鞫
盡伏其罪詰其病婦何人盜供是夜同在勾欄故與妓
女合謀置金牀上令抱臥至窩頓處始瓜分入皆服于
公之神或問所以能知之故公曰此甚易解但人不關

青柯亭刻本「聊齋志異」

子緊緊的跟在兩邊，這些人不時用手去推塞被子，把它壓到女人的身底下，看起來好像是怕風吹進被子裏似的。

于成龍和他們同行的一段時間內，看到他們不時在休息，又由另外的人交換扛抬。于成龍看到這情形感到很奇怪，就叫隨行的家人去問，床上抬的是什麽人？他們囘答說：床上睡的是他們中一個人的妹妹，因爲病得很厲害，要把她送囘婆家去。

于成龍聽了這話，覺得那些人的囘話有點不大對頭，越想越疑惑，就叫家人暗暗跟在那些人後邊，看他們到那裏去。只見那伙人到了一個村莊的一個人家門口，有兩個精壯漢子把他們接了進去，也沒有講什麽話。家人把這情況報告了于成龍。于成龍至此就有了個主意，趕緊找到那個縣的知縣，問他城裏最近發生什麽搶刼案子沒有？當時賞罰制度很嚴峻，被搶的人家不敢去告狀，做官的也樂得省事不去查問，因此那知縣就推說不知道有被搶刼的事。

于成龍住進了官舍，又叫家人去細心打聽。果然探聽得一家有錢人家，在最近剛被强盜搶過，這家的主人還被强盜燒死了。於是于成龍就把被害者的兒子找來，盤問被搶時的情形，不料這人却不敢承認有這件事。于成龍說：『我已經把那天搶刼你家的强盜抓住了，所以叫你來問淸楚一些情況，你只管大胆講好了。』這樣，他才說出了被搶刼的情形，幷要求爲他父親報仇。

于成龍就立即去拜訪當地知縣，派出了孔武有力精明强幹的公差，在天還沒有亮的時候，出其不意的到郊外那個人家，當塲抓住了八個精壯大漢，一經審問，都供認了搶刼的罪狀。又追問那個裝病的女人是誰，他們供說那是一個妓女，搶刼後的那天晚上，他們一起在妓院裏，與那個妓女商量好，叫她抱着銀子，裝做生病睡在床上，準備抬到那個窩家後，大家再行分贓。

這件案子破獲後，大家都欽佩于成龍的能幹。有人問于成龍怎麽看得出那些人是搶刼的强盜呢？于成龍說：『這裏邊本來有幾個很值得引起疑問的細節，只是一般人往往忽畧了，不留心這些細節問題。我是從觀察和分析這幾個細節上着手來解决問題的：第一，睡在床上的人，頭上別着美麗的鳳簪，這說明是個少年婦女，世上那有少年婦女能容忍許多男子不斷的伸手到被裏去的；第二，一個少年病婦有多少重？而却要兩個精壯男子不斷的輪流抬她，兩旁又有人用手保護着，可見床上另有貴重的東西；第三，當一個病勢沉重的人抬到家時，一定會有女人家出來照顧的，但當時只有男人出來迎接，幷且出來迎接的人也沒有憂愁或着急的樣子，這是不合乎常情的。於是我到城中就打聽是否有什麽搶刼案件，後來一問果然有此案件，我就斷定這伙人定是一羣盜賊。』

聊齋志異「于中丞」原文

于中丞成龍，按部至高郵。適巨紳家將嫁女，妝奩甚富，夜被穿窬席捲而去。刺史無術，公令諸門閉，止留一門放行人出入，吏目守之，嚴搜裝載。又出示諭闔城戶口，各歸第宅，候次日查點搜掘，務得贓物所在。乃陰囑吏目，設有城門中出入至再者，捉之。過午，得二人，一身之外，並無行裝，公曰：「此眞盜也！」二人詭辯不已，公令解衣搜之，見袍服內著女衣二襲，皆奩中物也。蓋恐次日大搜，急於移置，而物多難攜，故密著之而屢出也。

又公爲宰時，至鄰邑。早旦經郭外，見二人以牀舁病人，覆大被，枕上露髮，髮上簪鳳釵一股，側眠床上，有三四健男夾隨之，時更番以手擁被，令壓身底，似恐風入。少頃，息肩路側，又使二人更相爲荷。于公過，遣隸回問之，云是妹子垂危，將送歸夫家。公行二三里，又遣隸回，視其所入何村，隸尾之，至一村舍，兩男子迎而入，還以白公。公謂其邑宰，城中得無有刼盜否？宰云無之。時功令嚴，上下諱盜，故即被盜賊刼殺，亦隱忍而不敢言。公就館舍，囑家人細訪之，果有富室被强寇入家，炮烙死矣！公喚其子來，詰其狀，子固不承。公曰：「我已代捕巨寇在此，非有他也。」子乃頓首哀乞，求爲死者雪恨。公叩關往見邑宰，差健役，四鼓離城，直至村舍，捕得八人，一鞫盡伏其罪。詰其病婦何人？盜供是夜同在勾欄，故與妓女合謀，置金床上，令抱臥至窩頓處，始瓜分。人皆服于公之神，或問所以能知之故？公曰：「此甚易解，但人不關心耳，豈有少婦在床，而容人入手衾底者，且易肩而行，勢甚重，交手護之，則知其中之有物矣。若病婦昏憒而至，必有婦人倚門而迎，止見男子，並不驚問一言，是以確知爲盜也。」

宦游記慨

……新浮生六記之一……

‧大方‧

做官是人生得意事，而吃官司則是人生掃興事，筆者在年紀很輕時候，糊裏糊塗便得到了做官的機會，但也莫名其妙惹到了官司，象徵着人生得意與失意之事是互爲因果的。記得明代的著名才子金聖歎，在遇難前，曾有這樣一句話云：『殺頭至痛之事也，不圖聖歎竟於無意間得之』！語氣帶些幽默，其實是非常沉痛。當時筆者在入獄以後，也會仿聖歎的語氣，發過一陣牢騷云：『坐牢至悽慘事也，不圖大方亦於無意間得之』，但兩相比較，我實在是幸運的。我長成在民元時代，不像帝制時代那樣黑暗，祇要人們並非罪大惡極，無論如何也不會殺頭；何況我是被人誣陷的，因之，祇羈囚了五日，便恢復自由，經過這一塲小小挫折，使我瞭解到官塲的黑暗，不是一個初出茅廬的青年文士所可展其長才，並且隨時隨地都可發生禍事，祇有「避之則吉」了！

十八歲到廿五歲的一段時間，屬於筆者的浪遊時代，適逢北伐完成，建設方面百廢待舉，筆者在上海認識了一位銀行家胡先生，替他辦理私人文牘事宜，他忽然對我說：你高不高興去做官？如果高興，我可以給你一個差使。我詢問究竟，纔知胡君最近接受了江蘇沙田官產局徐州分局長的職務，缺少一位秘書主任，如我高興，便即刻和我到徐州就職，這眞是意想不到的事。在我來說：出門遊歷，不用自己化錢，已是莫大快意的事，縱然那個職位小得像芝蔴綠豆那樣，但多少總是個官兒，將來連升三級，在名片上印上銜頭，也未嘗不可揚眉吐氣，於是絕不考慮，欣然願往。

沒有好久，我便和胡君到了徐州，局所是在徐州東門的「傳薪閣」內，所謂「傳薪閣」，祇是一座破廟，建有神農氏的塑像，原因是局所設在廟內，不需交付房租，胡君那次還帶了一個當差和一個廚子，徐州原駐人員，有一位姓李的副局長，和宋、孟兩位師爺。我們抵達後，見大殿作爲辦公所，宋、孟兩師爺住在右面偏殿，胡君和我便住在左面偏殿，廚子和當差則住在後殿。雖然一切都極草率，但也沒有辦法，祇得隨遇而安，先住下來再說。

做官好似做生意‧資本祇得一百元

來到徐州半月以後，纔漸漸瞭解沙田官產的情形，過去官產權益，向歸地方政府所有。北伐成功以後，由民國十六年起，行政院議決，沙田官產收歸國有，併交財政部管理。江蘇全省總局設在蘇州，統轄六十餘縣。徐屬分局，則管理着豐沛、蕭碭、銅山、睢寗等八縣任務，如果進行順利，做局長者也尚有可爲。

我國官塲，一向有着重重黑幕，關於財政方面的機構，弊病更多，一般情狀，凡屬肥缺或者已成定局而有油水可沾的缺，非經大力者的奥援，或出錢購買不可，胡君的職位，當然不是用錢買來，因之，這地方雖不能算是貧瘠，但未經成熟而是需要自己去墾荒開辦，一切開支，總局例無補貼，應由局長個人担負。在胡君未莅任前，局務由副局長李君負責，任職一載，賠了好多錢，他感到事不可爲，胡君來後，他便向總局提出辭呈。

雖然那時沙田官產已收歸國有，但有許多區域的地方政府還不肯移交，徐州也是如此。胡君到達後，幾度進行與地方政府接觸，均推說還未接到省令，一切從緩。我們這個機構，既不能行使職權，形同虛設，胡君便浩然有了歸志，但暫時還不肯放棄，又因李君辭職，他本人需返滬公幹，於是便保荐我做了副局長，留局代他執行任務。

以一個二十歲剛出頭的青年，突然要他負起一種沉重的責任，多少有些恐懼，可是在那個時候，我是所謂初生之犢，便不顧一切，毅然答應下來。胡君返滬之前，交給我一百塊大洋，作爲局內開支之用，爲了長期抵抗計，我提議辭退了宋師爺，留下了孟師爺，襄理局務。檢點人馬，除我和孟師爺外，連當差和廚子共計四名，以當時的生活情形來說，一百大洋勉强可維持四人兩個月開銷之用。我在承受這項職務之後，不禁啞然失笑，我覺得做財政方面的官，和商人做生意並無兩樣，好的差使也似好的貨品，要用資本去買來，我們這樁買賣，當時並沒有耗巨大資本，因此得不到好貨品極爲合理，開張以後，如經營不得其法，便很有虧本的可能，可是我眼前的資本，祇剩下了一百元，不知將來何以爲計，想到這裏，深感心事重重。

十萬件訟案糾葛‧兩三代恩怨牽纏

向例關於官產的性質，沒有主權和已經充公的民產，便屬於官產，而官產中推沙田的數字爲最大，政府便將沙田和官產併在一起，設局以管理之。徐州境內，有一個微山湖，佔地很大，據稱係周代微子的封邑，簡稱「微湖」。近年微湖水淺，湖邊乾涸出來的土地，便稱之爲湖田，可供老百姓種麥子和高粱之用，一直由地方當局設立一個湖田局管理其事，這個湖田局，便附設在官產局之下。

沙田雖是無主的土地，但在初涸的第一年，不宜種植，必需人力加以開墾，在施肥鋤土以後，纔可耕耘。因是政府規定原墾原領的辦法，如果人民發現一片新涸的田地，便拿竹片或繩子拿它圍起來，標明這是某人的原墾，也即是說獲得了優先權，經過成熟，再向政府領取地契，這片湖田，便歸某人所有，辦法雖也不錯，由於人事變化很大，糾紛事件，便隨之產生。譬如說在甲姓圍得一片新涸土地之後，不久湖水高漲，拿原有的籬笆冲去，水退以後，乙姓接着拿它圍起來，佔爲己有，甲姓自不甘服，於是彼此引起紛爭，小而訴訟，大者甚至引起雙方械鬥。又有地方上的惡霸之類，常恃强霸佔良民即將墾熟的沙田，據爲己有，原墾人自知不敵，便向衙門告他一狀，因之徐州方面的訟案特別多。在我蒞任不久之後，忽然在上海新聞報上讀到一則消息，指出徐州方面關於沙田的訟案，積壓着有十萬餘件之多，當時讀了很使我費解。

一天我和孟師爺閒談，問他過去做什麽職務？他說是做「代書」，這名目我見過，在我初到徐州時，看見巷內有人在門首，用紅紙貼着「代書」二字，意味着這是一種替人寫信的職業，我又問生意情形如何？他說這裏的代書生意很好，於是他便由代書的性質，連帶談到了關於徐州人民的湖田糾葛問題。他說徐州人民性格强悍，而又健訟，往往一樁訟案，由祖父開始打起，一直打到孫子結婚，還未解決。基此情形，遂造成了十萬餘宗未了案件的後果，因之徐州代寫訴狀生意興隆，不是替人寫書信，而是替人代寫訴狀，其代價頗不菲薄，但這種事件，畢責屬於勞命傷財，而徐州民風，都不肯作息事寧人之想，聞之使人慨歎。

孟師爺又說：以往規例，一個新的縣長蒞任，必定要放告三天，接受人民訴狀，凡屬民間未了的訟案，必需於此際補呈狀詞，新的官司，也必需在這三天內將狀紙送達，因之在新官蒞任之際，衙門前遞狀紙的民衆，排着長龍非常熱鬧，這情形使我想起京戲中的一幕老套，凡屬女子攔輿告狀時，常說鞋弓襪小，挨擠不上，當時以爲祇是戲劇中的濫調而已，不想事實上確乎眞有這種情形。又傳徐州人爲了爭田之故，化了許多訟費，結果新的田沒有爭到，反而賣去了許多舊有的田，賠了夫人又折兵，他們還是不肯作罷，令人乃有何苦如此之感。

風沙陣陣沾衣裳·徐州不是好地方

「徐州」，這一個楚漢相爭的重鎭，就現代來說：算不上好地方，商業旣不繁盛，出產也不豐富，城外人民住的都是些土房子，能住到瓦房，已經算是富戶了。最惹人討厭的一樁事，是風沙甚重，一有風起，便塵土飛揚，鄉下人上城，總是弄得灰頭土臉，因是住在城中的朋友，遇親友上門的第一件事，不是請他吃飯，而是先請他洗澡，算是替他洗塵。如果洗澡吃飯連在一起，便算盡了洗塵和接風的義務了。由於徐州區域的富於風塵，使我聯想到古人筆下所用風塵僕僕的涵義，作客在外是免不了骯髒風塵的，不過就南方人來說，會覺得徐州的風塵別的多。曾聽孟師爺說，徐州鄉下人常喜開着大門吃飯，一陣風來，剛逢他張口大嚼的時候，會連一團沙子和飯菜一齊咽下肚去，想來這種滋味並不好受。

徐州是著名的窮山惡水地帶，沒有什麽風景可言，雲龍山祇是一座土山，很少樹木，跟我們住的地方，雖然不遠，也無興趣往遊，人民飲料都屬井水，要沉澱以後，才可燒茶煑飯。徐州旣乏山明水秀之勝，所產的女孩子，也大都醜陋而不夠聰明，我的局所在徐州東門，屬於繁盛區域，我性好采風問俗，閒來無事，便請人委託識途老馬，領我風化區域去玩玩。第一次去的是一家茶館，晚上有羣芳會唱，也可點戲；所有姑娘分蘇揚兩幫；但蘇州人絕無僅有，大部是蘇北人，所唱京戲自然不夠水準，唱的人也很少，餘者都唱小調，當場一曲，祇聞一片「拉塊」之聲，不絕於耳。

第二次去的是一所妓院，那所妓院佔地很大，有四五十個房間，也有四五十個妓女，那些妓女都穿着大紅大綠的衣裳，塗着厚厚的脂粉，她們的房間，盡是泥地，一桌一床，別無長物，你進入她的閨房以後，立即可以聞到她身上的泥土氣息，和她們口中的大蒜氣味，不由你不退避三舍，經此一役，使我不敢再作探幽尋奇之想。

我的衙門雖然所借是一座破廟，小得無以復加；猶幸厨子是自己帶來，吃的方面可以自選菜肴；承光祿大夫的美意，天天給我吃紅燒肉及辣子鷄丁，美中不足的，是徐州的鷄和肉都不好吃，日子多了，實在感到生厭。同時徐州旣無名勝所在，也看不到一個稍具姿色的女人，茫茫徐州，竟找不出食色方面的一絲優點，使生活感到非常枯燥，動了掛官歸去之念，覺得陶淵明之不肯爲五斗米而折腰，千古傳爲佳話，如下走爲了找不到女人而解組，也許後人同樣會引爲美談，於是收拾行李，準備向總局提出辭呈，不想在辭呈還沒有發出之前突然遭到了一塲禍事，竟弄得身入囹圄，眞是出人意外。

在徐州躭了相近兩月，局務百無一就，計算胡君返滬，也已有一月多了，我檢點囊中存欵，祇存三十餘元。雖然胡君說過，如果開支無着，可以寫信向上海討救兵，但我不想這樣做，以顯得自己無能，便和孟師爺討論應付辦法。這時恰値秋麥登塲，徐州湖田局貼出徵收田租告示，每畝收銀元五角，我問孟師爺，縣政府可以收租，我們官產局，是否也可以收租？孟師爺說：我們是政府委派正式的機關，按例也可以收租；主要關鍵，縣政府是屬於地頭蛇，我們這個小機關敢不敢和他對抗而已。我沉思有頃，決定了辦法，我說明知力量相去甚遠，但飯總不能不吃，儘可能避免和縣府正面衝突，於是招募了一些人員，組織了一個徵收隊，張貼告示，赴徐州之外的其他七縣收租，爲了競爭起見，採取大減價方式；將田租每畝減收三角。籌備就緒後，徵用隊員，打起財政部的招牌，穿上制服，帶着告示和糧串，浩浩蕩蕩的向外埠出發，這一來居然頗有所獲，由於地大人衆，所收租欵，除了開支以外，頗有盈餘，我本來是想辭官歸去的，由於外地收租相當順利，便打消了辭官計劃，暫時在徐州留下來，一面等待胡君的指示。

　這一次的計劃，雖然主要不在徐州收租，但沒有注意張貼告示的問題，在徐州城內，也發現着沙田局開始收租的告示，這一來大觸湖田局方面之忌，於是他們便暗佈陷阱，使我上鈎。一天傍晚，湖田局又派人在各地大貼佈告，凡有沙田局收租告示的上面，都蓋上了湖田局的告示，這還不算，更派人到達沙田局門首，將湖田局的收租佈告，貼在沙田局的所有佈告上面，我見他們上門欺人，怒不可遏，便親自上前，揭去他們貼上的佈告。這時即有數人一湧而上，指我撕毀官家佈告，觸犯刑章，不由分說，捉將官裏，於是我便糊裏糊塗的惹上了官非。

監獄生活五日夜・居然多姿又多采

　事實上關禁我的，還不是正式監獄，祇是徐州縣政府的一個拘留所而已，那裏有一個長方形的巨大天井，一面間格着四個房間，一二三室是監房，第四室則是獄官辦公和治事的所在，我被推入第一號室，裏面有一個光頭中年漢，像是所謂牢頭禁子的角色，向我投着詫異的目光，因爲見我不像犯法的樣子，問我因何故入獄？我說莫名其妙，接着我又說我是沙田局局長，縣政府捉我，可能爲了權益問題，那光頭囘說，定是如此；不過這地方，進來容易出去却難，既來之，則安之，不要心焦，慢慢設法。又說看你是個讀書人，如何能夠吃苦，這樣吧，我們交個朋友；你今夜可以睡到我這個地方，我聽他說得如此嚴重，才開始放眼打量這牢監以內四週的環境。

　那是一間四方型的牢房，在中間和左右靠壁的一部份，用木板搭着一種鋪位，約一丈寬，作爲囚犯夜間睡眠之用，中間空無一物，這三處鋪位，方式一樣，但待遇則大不相同，獄中規定，新進的囚犯，必需睡在右邊的鋪位，最新的囚犯，也必是右首鋪位靠外面的第一人。這地方待遇最慘，一丈有餘的地位，規定要睡二十個人，睡的方向，第一人頭部向外，第二人則頭部向內，兩人併在一起，恰像一對青島對蝦，這滋味已極不好受。在晚間入睡之後，靠門口第一人的頭畔，還得安放一個尿盂，供犯人小便之用，於是那位第一號囚犯，在飽受臭蟲侵襲外，還得整夜聞尿盂中的臭氣，這種過程，雖然未受到獄吏的刑罰，事實上已不啻受到酷刑，祇此一項，可以推想到一入牢籠，過的即是非人生活；而這第一號囚犯，必待有新的犯人進入，他纔可以輪到進入第二位，慢慢進到中間鋪位地段，說不上要經十天或半月的時間，經此過程，你一定已爲臭蟲咬得體無完膚，那眞是監獄中的一種特別陋規，同一面積的鋪位，在中間方面的祇需睡十個人，能自右邊進入中間的囚犯，便已感到非常舒服，但左邊的鋪位，因是牢頭所住的地段，祇需睡四五個人，這在右邊囚犯眼內，可說是這所囚舍的唯一安樂窩了。

　筆者何幸，也許是幾生修到，一入囚舍，便進入了安樂窩，理由是那個牢頭聽說我是沙田局局長身份，對我優待，多少有些好處，於是拖我進了安樂窩，且讓我睡在他的身畔，並借用了他的棉被，這份待遇，出乎我的意外，遺憾的是我雖在安樂窩作客，但一夜也沒有合眼，因爲入睡之際，我看到在三間囚室的門外，均坐着一個人，手裏拿着一根像梆子那樣的東西，再用一根木槌敲打，發出「光光」之聲，敲打也有次序，每次三下，甲房敲過，乙丙兩房繼之，似這樣「光光」的一直敲到天明。筆者無緣無故，身入牢籠，思潮起伏，本已無法入睡，何況又給這種聲浪噪鬧，自然更難入夢，一直等到破曉，方有些朦朧之意，忽然耳際聽到有人高喊「放風啦」，「放風啦」，於是三間獄囚，紛紛驚起，筆者以爲發生火警，也跳起來，驚問牢頭放風是什麽一囘事？牢頭笑道：放風者，辦公而已。

放風洗臉與散瘟・三項精彩大節目

　獄中囚犯對大小便是一種麻煩問題，獄中沒有溺器，大便祇能在荒地解決，當然連帶也可小便，此中人謂之「放風」，規定每日早晚二次，在獄所的後面，有一座荒園，四面打着圍牆，圍牆脚下，每隔兩尺，放着一條砂石，其空隙即作囚犯大便之用，獄所和荒園是接連的，放風開始，打開後門，囚犯均至荒園排除，總數可能有七八十人，這些囚犯，並無罪大惡極者在內，因也不上手銬，由差役在每人頸際套上一個鐵圈，那鐵圈上連有一個小鐵圈，差役用一條很長的鐵鍊在小鐵圈內穿過，於是這些囚犯，便變成了集體式的猢猻，最後叫子一響，囚犯紛紛行向牆邊，兩脚蹲在砂石之上，脫却布褲，進行方便工作，時間規定三分鐘，接着叫子一響，囚犯必需束起褲子，完成方便工作，可是每個人的大便，緩急各自不同，有些人不到一分鐘即解決，已立在石上等待，有些人則叫子響後，任務尚未完成，我會看到有好幾個人，屁股下面還留有半段尖橛，限於時間已到，祇能忍痛犧牲，將未拉出的半段留在腹內，這眞是一個既滑稽而帶有殘忍性的鏡頭，筆者不特於無意間見之，且加以親身嘗試，眞可謂啼笑皆非，也可謂大開眼界。

　經過了放風節目後，接着便是洗臉節目，差役在獄室門首各放着一個木桶，內貯熱水，桶邊搭着一塊毛巾，黑而且髒，很像王大娘的裹脚布，洗臉也依照次序，倒是那個聞尿盂的朋友，獲得優先權，用毛巾浸入水內，絞乾後，在臉上抹三四抹即要放下，授給第二個人，洗臉工作完成，這一桶水，大可作爲農人們施肥之用，使我聯想到，有些富家男女，對安穩生活還不感滿足者，應該讓他吃上幾天官司，過幾天監獄生活，也許會變得好些。

　在偶然機會中，我詢問那個牢頭，何以要在門外敲着梆子，噪得人整夜不安？他說：這是監獄中的傳統規矩，因為牢獄中擠滿了人，空氣惡劣，地方污穢，容易發生瘟疫，不知是那一位名醫開始發明，夜間敲着梆子，發出聲音，有着驅散瘟疫的效果，這舉動是否有效，不得而知，但規例如此，因也一直奉行不輟。

筆者入獄以後，受到安樂窩的優待，早上和牢頭一起洗臉，惟感放風問題，最是頭痛，正想設法避免，不圖當天中午來了救星，有兩個在黨部工作的青年，為了私怨，也給縣長逮捕入獄。獄官和那兩青年是朋友，午飯時間，獄官特地叫了幾樣菜，在獄長室替兩位同志壓驚，這兩位青年，和我同囚一室，詢知我也是縣長的敵人，便和我結為同調，並且替獄官介紹，予以優待，吃飯時又拉我做了陪客。我唯一要求是請求避免參加放風行列，獄官慨然應允，至此我便放下了心事，自知未犯什麼大罪，即使在獄內多躭擱幾日，也無所謂。下午，兩同志感覺無聊，便拉獄官和我湊成一桌麻將，藉以消遣，我預先申明，晚上由我叫菜請客，作為答席。四圈麻雀未完，忽然門外有人接見，却是我的一個當差，他費了許多手續，打通門路，替我送來了衣被用具和食品。他以為我在獄內，一定吃了許多苦頭，接見時在門外哭得淚流滿面，却不知我在中午，既做了獄長的嘉賓，飯後且能打上一場衛生麻將，晚飯時更自己做着東道，這些經歷出乎意外，可說是滑稽而又奇怪的遭遇。

黨部兩同志和我談起，那縣長羅某是個軍人，脾氣很壞，時常逮捕無辜的人，他們便在獄內撰文寄給徐州報紙發表，指述羅某的十大罪狀，我也據實寫了兩段徐州通訊，寄上海申報和新聞報發表，同時寫信向總局報告經過。徐州報紙，拿羅某逮捕我的情形，指他濫施職權，非法逮捕現任官吏，列為十大罪狀之一，一經報紙登載，事情似乎鬧大，省府方面，覺得羅某不洽輿情，便拿他調任他處，這在羅某自然是一個打擊。在我入獄第五天的早上，獄內盛傳着羅某罷職丟官的消息，到下午，由一個承審員開庭，祇問了姓名年歲，便宣布放我出來。我雖沒有受到苦難，但無端端被羈囚五日，可謂好沒來由，曾向承審員提出責問，他說縣長已經走了，你早些出去吸新鮮空氣，那不是很好嗎，何必多問。

半年作吏食無魚·客中名肴唯有蛋

五天的无妄之災，雖然受了一些苦趣，却也長了不少見聞，最痛快的是當地的黨部轟走了縣長，外界不察，還以為縣長的解職是和沙田局爭鬥有關，這消息對我的收租方面，相當有利，但我瞭解，縣長丟官，內幕醞釀已久，在逮捕我的時間，實行解職，祇是適逢其會而已。不過這麼一來，其他各縣多少能收得一些租欵，我覺得其事尚有可為，暫時便打銷了辭官之念。

前曾談過徐州的生活是枯燥的，最缺乏的是比較美好的女人，使天涯遊子祇能摒絕綺念；又一缺乏，則是食品中的魚蝦，筆者蒞徐半載，天天吃辣子鷄丁紅燒肉，却沒有吃過一次魚。理由是徐州的魚，大部產自微山湖，近年湖水乾涸，湖邊增添了大幅沙灘，漁人打魚，必須駕舟赴深水去打，捕得了需越過淺灘，用簍子裝到岸上來賣，魚的數量既少，捉獲運輸又極麻煩，價錢自然要貴起來。偶有發現，早為幾家大酒館包去，作為供應官場酬酢之用。因此徐州市民，是不大吃得到鮮魚的，記得孟老夫子有言云：『魚我所欲也，熊掌亦我所欲也，二者不可得兼，捨魚而取熊掌也』。但徐州那時的情形，所謂魚與熊掌，不是不可得兼，而是不可得『見』，以致造成了筆者半年間吃不到鮮魚之恨。

魚本來不是很名貴的東西，唯其吃不到，便會對之渴望，筆者也不例外。渴望之下，便重託了光祿大夫，許以高價，叫他弄一些鮮魚來吃。一天光祿大夫果然以三塊大洋的代價，弄來了七八尾鯽魚，那些魚小而且瘦，同於魚類中的難民，可是我見了喜心翻倒，一面使庖人烹羹，一面通知幾位嘉賓，來我處參加吃魚大會，佳賓中，包括拘留所的牢頭和獄長，以及和我一起羈囚的兩位難友，連孟師爺在內，一共六個人，分享這七八尾小魚，居然吃得津津有味，可是他們問起價錢，都嚇了一跳，由於那時候的米價，祇有五塊錢一石，而普通的一席酒，不過大洋六元，而我却以三塊錢的代價，吃幾尾小魚，在當時來說，可稱是豪舉。

徐州席上缺乏的是魚，特別多得和魚成為反比例的，則是鷄蛋，由於徐州鄉人每一家都養鷄，鷄蛋吃不完，拿來出賣，鷄蛋便到處皆是。但說句良心話，不要看輕這樣小小的一種東西，正是我們江南人在徐州的唯一恩物。在這種情形之下，使我每遇赴當地相識家吃飯，主人如要添菜，便說來一碟炒蛋吧，上館子吃飯也是如此。因為鷄蛋作菜，不僅簡便，也比較潔淨，執是之故，在徐州無論家常便飯和酒樓小叙，所吃到的東西，老是木樨肉、桂花肉絲、溜黃菜及五香茶葉蛋作為點心，雖然其間巧立名目，但主要成份脫不了一個蛋字，當地所謂席上之珍，幾乎成為鷄蛋的天下，我們吃多了，自然會感到討厭的。不過你如果退一步想，在徐州而沒有蛋吃，不知你將吃些什麼，舉一個笑話來說吧，有時我一個人上館子，點不出菜肴，會叫上一碗蛋炒飯，加一個煎荷包蛋，再來一碗蛋花湯，形成三「蛋」映月，使我彷彿到了西湖，這雖是笑話，却也可証明我雖然討厭吃蛋而又不能不吃蛋，也証明了蛋在徐州確乎是我們江南人食品中的唯一恩物。

半年餘枯燥生活，使我實在感到厭倦，忽然天從人願，胡君突來電報，報告我一個喜訊，他已取得了淮揚灘地局局長的新職，要我先行籌備結束徐屬事宜，俟接獲他的來信，囑我也即去淮揚就職，這本來是個天大喜訊，可是天下事，往往幸與不幸互為因素，而事實的開展，更常會出於意外，因之，我這一喜訊，最後結果，却也變成一個凶訊。

（下期續完）

1969
THE QUEEN'S AWARD TO INDUSTRY
英國 樂頓 男仕皮鞋
榮獲英女皇 一九六九年特別獎
款美價廉·舒適輕便
特別選用
法國野狼皮製造
NORTON
MADE IN ENGLAND
大人公司有售

「唐山大兄」之父

·藕翁·

最近提起國語電影，誰也會提李小龍，三十多年前，說起粵劇，誰也會說李海泉。而當大家都在說起李海泉時，可不會說起李小龍，爲的李小龍還沒有出世，而現在提起李小龍呢，雖然李海泉已經去世，但人們還是會因李小龍而提到李海泉的，原因無他，李海泉是李小龍的父親。

李海泉，他在粵劇蓬勃的時候，是粵劇的四大丑生之一。他「紮」得快，而又享盛名很久，直至他在戲行中被稱「叔父」爲止。他出身是「揸水煲」，也就是茶樓的「企堂」。他本是佛山人，佛山人是執茶樓行牛耳的，當年省港澳的茶樓，大都是佛山人經營的多，資方是佛山人多，自然勞方也是佛山人多，而李海泉便是勞方的一員。

由于他喜歡看戲，由戲迷而投入戲行，在戲行裏先吃了一番苦。最苦的一段時期，是入了戲行而無班可搭，住在「八和會館」裏，剛好那年中秋節，他又窮又苦，只獨個兒在八和會館的天台，無酒無肴的賞月，活像薛仁貴山神廟嘆月似的一樣。經過這一次苦，他才開始好運來臨，他獲得了一份戲班的「拉扯」做，在香港演出，就此扶搖直上，奠定了他在戲班的地位。就爲了這原故，他對中秋節有着最深刻的印象，他發跡後，凡是中秋節便舉家賞月，倍形熱鬧，就是不忘當年在八和會館天台賞月那一回事。

李海泉如何會發跡？他作爲一名「拉扯」，在香港演出了一個時期，剛好遇着香港的海員大罷工風潮，省港交通中斷，各戲院無班可演。九如坊一間戲院，那位院主便在香港起班，取名「民生樂」。蜀中無大將，廖化作先鋒，這個平日只是拉扯一名的李海泉，變作了「民生樂」的正印丑生；但文武生這個位還虛懸着，演出之時，李海泉又兼了文武生這個行當，開始發揮他的戲劇天才，也開始交運了。

經過一個時候，薛覺先在上海回粵，到香港移葬母親骨殖，給九如坊戲院抓着他加入，李海泉站回丑生位。他獲得接近薛覺先，由此演技大進。到了大罷工風潮過後，他爲新中華班主大姑所賞識，即用他爲二幫丑生，爲黃種美之副，拍白玉堂、肖麗章。黃種美在西關樂善戲院死于非命，李海泉即擢爲新中華這「三班頭」的正印，從此李海泉便名成利就，成爲大老倌。

李海泉擅演「爛衫戲」，他的「首本戲」初期有「打劫陰司路」、「烟精掃長堤」，中期有「火樹銀花」、「三盜九龍杯」，後期有「乞米養狀元」。四大丑生中他和廖俠懷齊名，卻是廖俠懷先他而死，廖俠懷死後，他成爲戲班的「叔父」，更享盛名，而且打進電影界了。

當然這樣一位大老倌的入息是比較多的，但是李海泉這個人很知慳識儉，他的家庭負累很大，兒女衆多，另有姪輩徒弟等，跟他吃飯的人多到二三十人，每月開銷不少，家用這樣浩繁，逼得他不能不精打密算，因而在這些年頭中，他置了不少產業，使收租收息已夠開支，數十年來，他成爲戲行中有名的「剩錢」人物。

李海泉最喜歡携帶親人，姪輩如新海泉，徒弟如李秋雲、李秋芹，外甥如岑烈夫，都入了戲行。新海泉的父親，也就是李海泉的胞兄，本來是和李海泉同時學戲的，但卻一直也無藉藉名，李海泉專心教他的姪兒，直到使這位姪兒「紮」起，而又爲他的姪兒改上新海泉的名字。

李海泉顯然會精打細算，但有一樣最難得，他拍片，不斤斤于片酬，人家對他「拍膊頭」，他無不答應。他有一句妙語，對于人家的「拍膊頭」，他說是「除拍有精」。就在「除拍有精」之下，他在電影界的收入，也有個時期，進益不少。

在戲班，李海泉頗擅長于編劇，但不是整套戲的塲口曲詞編排，而是善于編故事，在戲班術語中稱爲「度橋」，由他度好了「橋」，便授意「開戲師爺」編排塲口和打曲。一套「乞米養狀元」，一套「野寺奇葩醉金剛」是最爲膾炙人口的，尤以「乞米養狀元」這套戲，當時竟成爲「戲王」。這套戲當時鬧雙包，廖俠懷也有他自編自度的「乞米養狀元」，但卻比不上他。

李海泉的兒女多，是三男二女，李小龍是他的第二個兒子，名振藩。當年李海泉在美國演出，和太太在美國居住了一個時期，就在美國的三藩市生下李小龍，他爲這個兒子，題名「振藩」，倒也有點「文化」，但兒子後來的藝名卻改爲李小龍，成爲一個極振家聲的人，眞是「威振藩邦」了。

對于李海泉的知慳識儉，知足，他是常常以此訓子的。他會對李小龍說過，如果你今天賺了十塊錢，你就不要以爲明天也賺十塊錢，你打算只賺五元好了。他喜歡打太極拳來鍛練身體，一九六三年，李小龍從美國第一次回香港，李海泉曾在一天天還未光，便叫醒李小龍跟他到外邊飲早茶，飲過早茶卻和李小龍到山上會合他的太極拳同志打太極拳，還叫李小龍在世叔伯面前亮一招，這事想李小龍還記得。而過了兩年，這位戲行叔父而極有積蓄的李海泉卻壽終正寢了！那年是一九六五年。

李海泉死後，留下很好的名聲。有了個李小龍後，他的名聲更响，爲的李小龍演過「唐山大兄」之後，他的大名常常掛人齒頰，而說李小龍的無不兼說李海泉當年的「架勢」，父子相得益彰，不知他在九泉之下，知道不知道，要是死而有知，他定會含笑泉下，說出一句佛山聲來說：「振藩，你係得嘅！」

「唐山大兄」的台前幕後

·馬行空·

好像記得看過一篇「廣島餘生」之類的文章，大意是如此的：「祗看見天空中電光一閃，然後就是地動山搖，天翻地覆……。」香港的影壇上，在十月到十一月之間，也曾爆炸過一顆原子彈，那就是勇破三百萬大關的「唐山大兄」！雖然不致於發生翻江倒海，震動乾坤的威力，但也把全港的製片家們給驚得目瞪口呆，面如土色，好一番轟轟烈烈的熱鬧經過也！

這部打鬥片是「嘉禾」的出品，羅維的導演，李小龍、衣依、田俊等的主演。上映之後，出乎大家的意料以外，成績竟然打倒了最賣座西片的「仙樂飄飄處處聞」，與「偸襲珍珠港」，至於賣座超過兩百萬的國片「龍門客棧」與「龍虎鬥」，也爲之相形見拙，難怪在過去的兩個月之中，香港幾成「滿街爭論李小龍」之勢矣。

唐山大兄一本細帳

「唐山大兄」一共打破了五項香港開埠百年以來的紀錄：一是尚未正式公映，單單午夜場就收了二十八萬餘元。二是僅僅在首映的頭一天裏，就賣了三十七萬餘元。三是映過祗三天，已經突破百萬大關。四是一星期再破二百萬。五就是最後的驚人總結，三百十九萬八千四百一十六元了！比起香港有史以來最賣座的一部「仙樂飄飄處處聞」來，竟然一下子超出了八十萬元之鉅！聲勢之猛，震耳欲聾，使「嘉禾」躊躇滿志，羅維趾高氣揚，而李小龍本人則更是手舞足蹈，樂不可支矣。

三百二十萬元的總收，除去戲院的分帳，以及廣告，宣傳，其他零星開支之外，「嘉禾」可以平平安安的落袋港幣一百二十萬元以上，這一注押下去，結果開了一個「滿堂紅」！比該公司另一部最賣座的「獨臂刀大戰盲俠」（王羽與日本巨星勝新太郎的合作片）還要威風上不知幾倍！（「獨」片的總收入是一百二三十萬元）財神爺怎麼偏偏的就向着「嘉禾」？可謂奇哉怪也。

然而，這還不算哩。「唐山大兄」既然在香港刷新了最高紀錄，旁的碼頭的版權，自然也跟着上漲，尤其是最歡迎武打片的印尼與泰國兩地，售價一定十分可驚，再加上菲，越，美，寮，星馬等地，還有台灣的自己發行，總結下來，再撈個一百多萬（最保守的估計）是輕而易舉，不費吹灰之力！「嘉禾」等於無緣無故的得中了兩張（或者不止）頭獎馬票，豈不叫外人羨煞妒煞？

「唐山大兄」李小龍的父親打太極拳招式

本輕利重 財來有方

一部影片的成本高下，在銀幕上一看就可以曉得一個大概。當然也有那個花了大本錢，而拍出來並不太起眼的「貨色」，那是屬於例外之例外。我們看「唐山大兄」，可說是看不出一點花錢的地方來，其中沒有搭過一堂佈景，沒有縫過一件服裝；幾套唐裝布衫褲，根本不能算數，沒有買過一件道具，又沒有大場面、大羣衆等等，簡單得比普通獨立製片還要簡單。然而，「嘉禾」就在這種輕描淡寫的情況之下，居然順手賺了史無前例的大錢，這不是奇蹟，這是幾乎近於完全不可能的一件事！

「唐山大兄」裏的主要背景，是一家設備絕不現代化的小小冰廠，實地拍攝，就是花租錢也花不了多少。次要的背景，是李小龍、衣依、田俊、李昆等所居住的矮平房，也是實地拍攝的；像那種中下階級所聚居的陋室，在泰國鄉間比比皆是，俯拾可得，所以猜想起來，大概百分之九十用不着付出什麼租借費用。片子的後半段，總算出現了一處比較富麗的實景，即是扮演冰廠老板的韓英傑的別墅，但這座舊式的洋房，既有大草地，又有游泳池，可見主人非顯即貴，所以猜想起來，大概也不會向外景隊徵收什麽租費的。至於其它的背景，則有鄉間街道，市集廣場，渡輪碼頭等，當然不費分文，所以這部空前叫座的國片，可以說是完全沒有佈景費支出的！

劇中人物，祇有李小龍、衣依、苗可秀、田俊、李昆、韓英傑等，眞是每人做了一套唐裝衫褲，其他的配角，一律是現代服裝，居然在幾十年前的時代背景裏，出現了許多現代的花恤衫、運動衫與牛仔褲，可算得草草不恭之至。統計這部賣座高達三百餘萬的鉅片，全部服裝費不會超過港幣二百元，全世界的便宜都讓「嘉禾」一家給佔去了。

「唐山大兄」工作了三十多天，就此大功告成，在這一個多月的時間以內，全體都住在小村鎮北冲裏，因爲那地方有家冰廠可以借用。住的是小旅館，吃的是「大鍋飯」，那個地方沒有大酒樓與豪華夜總會，大家在拍戲之餘，祇有悶頭睡大覺。所以「唐山大兄」在名義是出碼頭拍外景，但實際上要比在香港拍攝還省得多；冰廠距離旅館不遠，大夥兒祇要蹓躂蹓躂就到了，連車錢都不用花，其它額外開支，自然也就差不多等於一個零。

李小龍在「唐山大兄」中的服裝唐裝衫褲

接下來，要談到職演員們的薪酬；李小龍是在美國簽約時講好了的，每部美金一萬元，折合港幣六萬元，這是「唐山大兄」裏最高的一個片酬了。羅維的導演費，始終對外保密，但根據一般的估計，三萬到四萬已經很優待了，再加上劉亮華的製片費，韓英傑的武術指導費，總共十萬有零，就差不多把全部的薪酬都給包括在內了，實在便宜到極。

此話怎講呢？因爲主要演員之中的衣依、苗可秀、田俊等，都是公司以內的支月薪基本演員，而攝影組、燈光組、劇務組等也是公司所僱用的長期職員，就算不拍戲也一樣的支薪，故而可以不必打入「唐山大兄」的成本以內，何況就是按數照算的話，其實也有限得很，在全部資本裏所佔的成份極小，算與不算的，也就無所謂了。

那麽，拍一部「唐山大兄」到底要花多少錢呢？外界有一個很客觀而又相當準確的統計：三十萬港幣是絕對夠了，是祇有得多而不會少的！信不信由你；「嘉禾」就以這麽輕的成本，竟然博進二三百萬的利潤，又焉能不叫全體大小製片家垂涎三尺乎！

談到「唐山大兄」的成本與利潤，不由得想起一位「嘉禾」的合作人，曼谷樂宮戲院老板馬先生來。在「唐山大兄」尚在醞釀的期間，發生過一段非常曲折而又有趣的插曲，不免寫將出來，以供讀者們的一粲。

泰國片商坐失良機

話說「嘉禾」製片劉亮華，（導演羅維那位漂亮的太太）親自飛到美國去與李小龍簽妥了兩部合約，馬上以十萬火急的越洋電話，於深夜裏向正在夢鄉之中的「嘉禾」總經理鄒文懷報告。因爲李小龍在美國也是大忙人一個，所以他與劉亮華預定了拍戲之期，答應於一個指定的期限以內，爲「嘉禾」先拍一部，大有「欲拍從速，過時不候」的意思，使鄒文懷不敢怠慢，當他接到劉亮華的長途電話之後，第二天到得辦公室，馬上召集重臣，舉行一次製片會議，因爲李小龍很快的就可以飛到，而此地的劇本、導演、配角人選等都未能決定，形勢緊急，刻不容緩，所以非得早作籌劃不可。

就在那時，湊巧的事情來了；泰國大片商、樂宮戲院大老板馬先生興匆匆的跨進總經理室。馬先生因公來港，少不得與「嘉禾」在業務上頗多商洽之處；他們在過去，合作得一直很好，所以就是關於「嘉禾」內部的製片方針，馬先生也有時能夠以嘉賓的地位參加一點意見。當時鄒文懷看見馬先生來到，立刻招手說道：「你來得正好，多一個人談談，也許能夠想出什麽主意來。」沒想到就是鄒文懷這麽隨便的一句話，竟然引起後來的一部曠古絕今的「唐山大兄」。

那天的總經理辦公室以內，除了鄒文懷本人之外，還有製片部經理何冠昌，與業務部經理梁風二人。馬先生坐定之後，問起原因，纔曉得「嘉禾」已經簽妥了旅美的中國拳師李小龍，自然也代爲高興一番，因爲李小龍的大名，在報上已經見過多次了，加以泰國又是一個注重拳擊的國家，所以馬先生對於李小龍頗有如雷灌耳之感，當場一力贊成此舉，並拍胸担當下來泰國的電影版權。

鄒文懷皺眉說道：「可是我們現在連拍片的題材都沒有，這可怎麽辦？」馬先生想上一想，接道：「既然請到了李小龍，當然是以拳擊爲主啦。」這一句話，觸動了何冠昌的靈機，忙道：「泰國是拳擊王國，我們何不到泰國去拍外景呢？」憑良心說：何冠昌這個靈感，多少受點「邵氏」的影响，因爲就在不久以前，張徹導演，姜大衛狄龍等主演的一部以泰國爲背景的「拳擊」，在香港大叫其座，居然造成了一百七十萬的售座紀錄。「嘉禾」大可照辦煑碗，趁熱也撈它一票。馬先生在彼邦是一位吃得開的人物，聽到何冠昌的建議，連聲說道：「這不成問題，一切都由兄弟來安排好了。」

泰國背景的提議，就算當場通過了，但是拍什麼題材呢？總不好意思亦步亦趨的跟着「邵氏」走，也拿泰拳比賽來做故事中心吧？一旁的梁風，不知怎的忽然想到了華僑工人的問題，開口問道：「馬兄，泰國境內，比較普遍的工廠都是些什麼？」馬先生想道：「工廠嘛，多得很，最普遍的自然是米廠，絲廠，還有製冰工廠……」梁風搶着說：「就是冰廠吧，這個背景還沒有人用過。」鄒文懷與何冠昌也不反對，而那位馬先生忽然一拍手說道：「我倒差點忘了；根據華僑社會裏的傳說，在民初時代裏，有一名武術高强、見義勇爲的華籍冰廠工頭，曾經爲僑胞們出過不少力，增過不少光，可是……詳細的經過就不記得了，要等我回到曼谷，再託報界的朋友去搜集材料。」何冠昌哈哈大笑，搖手說道：「不用了，我馬上去把編劇倪匡找來，祇消講給他聽有這麼一個人物，他自然會編出情節來的，容易得很。」鄒文懷說：「好，就這麼决定，馬上進行籌備吧。」

談到此處，總算具體化了一點。因爲要到泰國去出外景，所以大家拉住了馬先生詳詢一切情形。馬先生很夠朋友，大包大攬的全部担承下來，並且說道：「何必去出外景呢？索興把職演員們都派到泰國去，全部在那裏攝製完成，豈不更加省事？」鄒文懷雖然贊成，但還在担心花費過鉅的問題，馬先生立刻說道：「全部攝製費用、職演員們在泰的食宿開支，兄弟願意墊付，日後再算帳可也。」這麼一來，替「嘉禾」省去了不少現欵的支出，等於是在八字還沒有一撇之前，先賣掉了泰國一地的版權，而且那個版權費是全數預收的；泰國片商馬先生的這一個忙，可幫得實在太大啦！

「唐山大兄」的內景李小龍會見韓英傑

計議已定，鄒文懷又動起一個腦筋，說道：「馬兄的支持，我們十分感激，爲了報答盛情起見，我提議請馬兄作爲這部片子的對半股東老板，『嘉禾』與馬兄，雙方各出二份之一的資本，片成之後，是賺是賠，也由雙方均分或負担，各位以爲如何？」何冠昌與梁風還沒來得及發言，馬先生急忙遜謝道：「這就實在不敢當，我還是盡我的力量，做一個泰國方面的代理就行了，至於墊欵數目的多少，那倒不成問題。」馬先生既然講得如此之漂亮，使鄒文懷等也不便過於勉强，祇好就此一言爲定。

馬先生也是影業中的老手，焉有送上門來的股東老板而不願當的道理？推測這裏頭的原因，還是他對於李小龍並沒有太大的信心之故。馬先生自有他的打算：一旦當上了老板，多少總得担上一點虧蝕的風險，不如好人做到底，拼着墊個港幣二三十萬元，將來總可以在泰國版權上向「嘉禾」算帳結數的。這就叫做「穩紮穩打，萬無一失」的上上之策。馬先生的想法並沒有錯，因爲李小龍雖然是著名拳師，美國電視片集裏的明星，但參加國片的演出到底還是破題兒第一遭，拍出來的成績如何？暫時未便給予任何評價，不比王羽、姜大衛等人，早已在東南亞的電影市場上有了一定的票房價值，情形自然不同了。

但是，馬先生萬萬沒有想到：假如他在當時答應與鄒文懷「平分天下」的話，則花下去的本錢有限，而單單在香港一地就可以分到手五六十萬港幣之多。這叫做「智者千慮，必有一失」；馬先生的算盤沒有打錯，但是平白的損失了一百多萬港幣的收入，此乃天意，無話可說。

歪打正着 出人意表

「唐山大兄」在泰的攝製費用，果然都是馬先生墊付的，因爲日期不算太長，加上北冲小鎮上的生活程度又低，所以二十多個人，三四十天的開支，一共祇花了十幾萬元。至於「嘉禾」方面的負担，則是底片、聲片、洗印、拷貝、剪接配音，以及演員導演等的片酬而已，大概二十幾萬元，所以外界推測「唐山大兄」全部資本三十多萬元，倒也並不是毫無根據的，但沒曉得「嘉禾」祇消負担約莫一半的現欵就夠了，本輕利重，合算之至。外界在事後以「成敗

李小龍在「唐山大兄」中的一個表情

論英雄」，都說「嘉禾」諸公畢竟有辦法，有眼光，所以纔能獲得此次的重大勝利，但實際上的情形，並非如此，因爲「唐山大兄」能夠賣到三百二十萬，是「嘉禾」諸公在事先連做夢也沒有想到的。

外界所知道的經過是如此的：李小龍與「邵氏」談拍片未能談妥，一怒而回到美國去，繼續他的授拳與拍攝電視片的工作。鄒文懷冷眼旁觀，看出一個便宜來，於是悄悄的遣派製片劉亮華，特地飛一次美國，以閃電的手法與李小龍簽了兩部的合約，眞可以算得是當機立斷，眼光獨具。但這裏要向各位揭穿一個最大的秘密，就是鄒文懷並沒有那個神機妙算，而劉亮華那次飛美國也並不是爲了李小龍而去的！

此話說來甚長。「嘉禾」手中，一共有三張「王牌」：一是首席武俠小生王羽，二是「百萬演導」羅維，（現在要稱呼「三百萬大導」了，相應聲明）三就是「武后」鄭佩佩了，所以公司如想賺大錢的話，祇有出動這三張「王牌」，更沒有其它的辦法。在「唐山大兄」尙未產生之前，形勢對於「嘉禾」頗爲不利，因爲王羽雖然能夠叫座，但他在台灣拼命的接受片約，大有來者不拒之勢，所以他爲別家公司的服務時間多，而爲「嘉禾」拍片的時間少，這是一個很可慮的現象。至於羅維，則近來導演的「天龍八將」與「鬼流星」等片，賣座說不上壞，但也說不上好來，這又是一個使得「嘉禾」諸公憂心忡忡的原因。鄒文懷「聞鼙鼓而思良將」，就此想起在美結婚生子的鄭佩佩來了。

想當年，鄭佩佩還在「邵氏」與羅維合作之時，每部片子都能破百萬紀錄，如今假如能夠邀約她重現銀幕，豈不是對於「嘉禾」起了很大的打氣作用乎？這個腦筋，的確動得很快，因爲鄭佩佩在婚前已經答應爲「嘉禾」拍片了，但直到如今，這張支票始終未能兌現，鄒文懷正可趁此機會，邀請她東山再起，「武后」是八成不會推辭的也。

若要邀請鄭佩佩出山，必得遣派一名平時與她交情深厚的「說客」不可，於是這個重責就落在劉亮華的身上。話說劉亮華免費遊埠，來到了洛杉磯，果然不辱使命，三言兩語的打動了鄭佩佩捲土重來之心，答應於明年三月間返港，決定爲「嘉禾」拍片一至二部。劉亮華順利的達成任務，但她那時的腦子裏連個李小龍的影子都沒有，再說她與李小龍素昧平生，根本就不認識，怎麼會想到他的身上去呢？

結果，促成此事的，却是一名旅美華僑鄺炳雄。提起鄺炳雄此人，早年時期曾在影片「陳查禮探案」裏演出過，相當叫座，後來又在許多西片裏扮演過中國角色，可算是荷里活裏一位著名華籍特約演員。此君近年開設了許多間中國餐室，遍佈於比華利山、洛杉磯市，以及賭城拉斯維加司等地，很發了一點小財，差不多每年要到香港來遊歷一次，性喜結交電影圈裏的朋友，所以與羅維劉亮華夫婦都很相熟。

劉亮華來到美國，鄺炳雄自然要一盡地主之誼，於是排夕飲宴，招待得十分熱心，而他所宴請的各位陪客，也都是與電影有關的人物。某夕，在一家夜總會裏，鄺炳雄請得來的陪客之中，就有李小龍夫婦在內，那是劉亮華與李小龍的初次見面，還談不到什麼交情。

在杯酒聯歡之中，劉亮華少不得要向李小龍詢問返港拍片之議所以告吹的原因，李小龍淡淡一笑，祇說：「條件不合，當然沒法談了。」劉亮華順口問了一句：「那麼我們公司請你拍戲，你有什麼條件？」李小龍反問道：「你代表香港哪家公司？」劉亮華答以「嘉禾」，李小龍想上一想，點頭說道：「是的，我聽說有這麼一家新公司，好像幹得很起勁似的。好哇，我們不妨談談。」劉亮華又問：「什麼條件呢？」李小龍笑答道：「沒有條件，但是因爲我沒有太多的空閒時間，所以祇能和你簽一部兩部的合約。」劉亮華搖首道：「這都不成問題，我先要曉得你的片酬是多少？」李小龍哈哈大笑，說道：「我不是爲了錢纔想起拍國語片的，這純粹是興趣的問題，這麼辦，你們就給我一萬元好了。」劉亮華一聽一萬元，這個價錢不算太貴，馬上提起了很高的興趣。

在這裏，又要留下一筆伏線：李小龍那時口中所稱的「一萬」，指的是港幣，而劉亮華却誤會了是美金一萬，陰錯陽差，使李小龍在無意中每部片多賺了港幣近五萬元，亦係一件趣聞。

雙方談得頗爲接近之後，劉亮華就對李小龍說道：「請你等我一天，因爲我要打電話到香港總公司裏去請示一下，明天中午，我請你吃飯，到那時我們再作決定，可以嗎？」李小龍也很爽快的答應了。

那天晚上，劉亮華一直玩到了午夜過後，這纔能回到酒店裏去。她來不及的掛一隻長途電話到香港，把個正在夢見周公的鄒文懷從床上叫起來，然後很興奮的向他報告了這個好消息。沒想鄒文懷對於此事倒並不十分起勁，在電話裏祇那麼簡單的說道：「李小龍？……也好，一切由你作主就是了。」由此觀之：鄒文懷在當初也並沒有太高的興趣，好像可有可無之狀。

但是各位不要忽畧了鄒文懷這「也好」兩個字，其中的含義可絕不簡單。鄒文懷的腦筋比任何人要快一個「馬位」，他在電話裏說出「也好」兩個字之時，腦子裏閃電似的就想到了兩個問題，不然他就不會當塲授劉亮華以全權了。

第一：鄒文懷想到王羽的片酬是二十萬，而李小龍所要求的則祇是六萬元而已，這筆交易，似乎還可以做得。第二：他又聯想到李小龍與「邵氏」談判合約未成；既然是連「影壇霸主」都未能延聘到手的人才，如果被「嘉禾」收歸旗下，豈不是在面子上增光不少乎？他這兩個念頭，動得是一點也沒錯，到後來，李小龍果然壓倒了其他明星，而「唐山大兄」也果然擊敗了所有的鉅片，使人們不能不佩服鄒文懷敢做敢爲的毅力與勇氣。

在美國的劉亮華，既然已經得到總經理的同意，自然放心大胆的與李小龍簽妥兩部合約，然後興高采烈，奏凱而歸。但當她回到香港之後，滿懷歡喜再到公司裏去「表功」之時，就有點冷水澆頭的感覺，因爲劉亮華發現「嘉禾」諸巨頭對於李小龍並不十分重視，好像有他不多，無他不少似的，劉亮華已經頗感無趣了。緊跟着鄒文懷又對她發表了到泰國去拍片的計劃，劉亮華一聽，這完全是小型武俠片的格局，當塲就涼了半截。不過「嘉禾」還是很禮貌的請她担任李小龍新片的製片之職，劉亮華也就無可無不可的接受下來了。

「唐山大兄」的導演，最早決定的是羅熾，繼而改爲宋存壽，接下來是吳家驤、何冠昌，到最後纔輪到羅維。此中的曲折離奇過程，報上已經登得太多了，我們不必在此重贅，就說羅維的最後受命導演「唐山大兄」，還是嘉禾營業部經理梁風的一力主張呢。

梁風認爲吳家驤的導演，當然也不會差到什麽地方去，但在聲勢上畧嫌不夠，因爲「唐山大兄」的主角李小龍，已經是初次拍起國語片來的陌生面孔了，再配上衣依與田俊，都是銀幕上的新人，恐怕叫座力不夠。好在羅維已經拍完了在台灣的兩部片子，正好休息下來，不如借他的「百萬導演」招牌，也可以給「唐山大兄」助助威。這當然是爲了公司的利益而着想，但從反面看來，則「嘉禾」中人當初對於李小龍缺乏信心之意，也昭然可見矣。

「唐山大兄」在泰國的工作尚稱順利，而李小龍的拳打脚踢表現亦不錯，到那時，「嘉禾」諸公纔稍微放下一點心來。直到「唐山大兄」拍完，大隊人馬回到香港，正在剪接配音之時，「嘉禾」裏幾位要員還宣稱此片可以賣到一百五十萬元哩，（在那時，這個數字已經算是稍微有點誇大了）誰也沒有那個胆子敢說三百二十萬大元的天文數字。

總括一句：李小龍參加「嘉禾」是個巧合，「嘉禾」歪打正着，命裏活該，所謂「冥冥中自有神助」，其實一點也不假。

叫座原因七拚八湊

「唐山大兄」叫座的原因很多，七拚八湊而造成了香港影迷們的一窠蜂現象，幾乎達到了瘋狂的程度。像這種情形，既然在以前沒有發生過，今後恐怕也祇有信賴「奇蹟」的再度出現了。

根據普遍一般看法，此片之所以能夠轟動一時，其原因大畧有下列的幾種：

第一：李小龍的拳脚功夫的確了得，而且打來似模似樣，有紋有路，絕非普通一般花拳繡腿者可比。觀衆們在看膩了武俠片裏的寶刀神劍，空中飛人之後，再看看李小龍的話，就會發生一種眞實感，其實也是假的；如果李小龍眞個打將起來，恐怕配角都要送入醫院急救了，因此奔走相告，大表歡迎。

李小龍在「精武門」中脚踢洋人

第二：「嘉禾」的宣傳也實在做得高明，先聲奪人的早把李小龍三個字給深深的刻在影迷們的腦子裏。尤其是幾次的電視台訪問，力量最大，因爲香港每天晚上有幾十萬市民在欣賞電視，當他們看到李小龍表演過眞實武功之後，自然把他奉爲典型的英雄好漢了，所以等他主演的「唐山大兄」上映之時，豈有不爭先恐後去購票入塲之理乎？

第三：年青人崇拜李小龍，因爲他在電視片集「青蜂俠」裏演出過，給予青年們甚佳的印象，認爲他在那部片集裏能把洋人們給打得落花流水，是我們中國人的無上光榮。

第四：粵籍觀衆更要看李小龍，因爲國片裏的著名武俠小生，如王羽、姜大衛都是外省人，現在出了一名廣東人自己的武俠小生，看起來有倍覺親切之感，而且也可以算是桑梓之光。

第五：李小龍有過多年拍電視的經驗，演技

比普通一般武俠小生來得靈活，影迷們欣賞於他的既能打又能做的優點，故而熱烈捧塲，不遺餘力。

第六：「邵氏」對於「唐山大兄」的助力亦不小，因爲「邵氏」公司曾經與李小龍談過合約，又在報上發表過不少宣傳的文字，所以人們在李小龍尚未參加「嘉禾」之前，早已就久仰大名，如雷灌耳了。人們都有一個好奇的心理，認爲李小龍既然經過兩家公司的爭奪，想來定是名了不起的人物了，「唐山大兄」拍出來的成績如何？暫且擱在一邊，但看看李小龍廬山眞面目的機會，則似乎萬不可失。

邵氏後悔追究原因

寫到此處，就要談起「邵氏」與李小龍未能談判成功的原因。

按說起來：「邵氏」是香港規模最大，資力最雄厚的一家影片公司，李小龍既然有意拍國片，自然以投入「邵氏」爲最理想。但偏偏在接觸幾次之後，竟然未能達成圓滿的協議，結果反被劉亮華乘虛而入，不勞而獲，爲「嘉禾」建一大功，這又是外界所深感大惑不解的一件事了。

李小龍與「邵氏」是怎麼談的？因爲那幾項條件不合而結果告吹的？這當然是公司以內的最高機密，無人可以得悉。外面的傳言自然不少，但具有可靠性的究竟不多，現在我們收集各方面的說法，挑選其中比較可信的幾種，歸納起來，所得到的結論如下：

李小龍與「嘉禾」簽約之後，「邵氏」發言人馬上提出聲明，否認曾經與李小龍有過任何接觸。這一個聲明，絕對不假，因爲李小龍的確沒有直接的向「邵氏」去毛遂自薦，此中代爲穿針引線的人物，乃是本港龍虎武師中號稱「跟斗王」的小麒麟。

十幾年前，李小龍還是本港的粵片童星之時，就和小麒麟是很好的朋友。李小龍遠在美國，突然提起拍國語武俠片的興趣，於是就寫信給好友小麒麟，託他在此地向影片公司「探盤」。李小龍的那封信，寫的是蟹形文字，小麒麟幼年失學，根本不認識英文，因此祗好拿着那封看不懂的信，特地去請敎粵片女星薛家燕的家姐。薛家燕有一位大姐，在此地某英文書院任敎，不用說英文程度當然是很高的了，薛家燕大姐閱過來信之後，詳詳細細的向小麒麟翻譯了一遍，小麒麟一聽，自是高興，馬上就想到了「邵氏」。

小麒麟也常到「邵氏」裏去拍戲，但苦的是與製片部門的高級人士並不相熟，爲了容易談判起見，他就首先去接觸公司裏最大的導演張徹。

這一步是小麒麟的錯着，因爲他祗是一名武師而已，對於公司以內的制度，究竟不太詳細。他沒想到張徹祗負責導演的任務，至於公司以內的行政，製片部門的方針，以及職演員們的任用與罷免，他是概不過問的。現在小麒麟既然來請敎於他，張導演自然老老實實的公事公辦，例如簽訂長期合約，遵守公司指派等等，到最後，他還說了一句也是老實的話：「李小龍雖然是成了名的拳師，但如果要參加國片的演出，我們還是要當他新人看待的，一切按步就班，不要壞了公司的規矩。」小麒麟一聽：這完全與李小龍的原意大相逕庭，心裏已經曉得很不容易談得攏了。

但小麒麟還不心死，跟着又試探的問道：「假如李小龍參加了公司，據導演看來，大概能給他多少片酬呢？」張徹想上一想，說道：「就是港幣一萬元吧。」諸位要曉得，張徹出到的這個數目，已經算是特別優待了，因爲就是姜大衛與狄龍，到今日是否能夠得到一萬元一部的收入？恐怕也很有問題哩。

經過那一次談話之後，小麒麟又懇薛家大姐寫了一封英文的覆信，把張徹所說的話都一五一十的講給李小龍聽了。李小龍倒是眞的不在乎錢，一萬元港幣雖然數目甚小，但他也無所謂，祗是簽約長期爲公司服務的這一條，他就絕對沒法辦得到，因爲他在美國還設有武術館，而且與「華納」又簽訂了主演電視片集的合約，怎麼能長期在香港逗留呢？還有，就是他聽見「新人」這個名稱，心裏感覺很不舒服，他想道：「我在美國已經有了這麼多年的拍電視經驗，難道還要回到香港去當一名新人？」因此，這件事就變成「棉花店死了老板」，不彈（談）啦。

寫到這裏，又得掉轉筆頭，提起劉亮華在洛杉磯夜總會裏與李小龍初步洽談的情形。當劉亮華問他要求多少片酬之時，李小龍離開香港十多年，焉能曉得此地的行情？但想起偌大的「邵氏」祗能出到港幣一萬元，想來大概差不多了，所以他張口就說出一萬元的數字，在他的意思裏祗是港幣而已，而劉亮華則認定了是美金，當時她還以爲檢到了老大的便宜哩。

聽說：「唐山大兄」在香港威風八面之時，驚動了「影城」裏的那位邵總裁逸夫。又聽說他曾經召開過一次業務會議，要追究這個放走李小龍的責任，當場使全體「智囊」面面相覷，無言答對，情形十分之尷尬焉。

憑心而論，問題出在大家當初對於李小龍不甚重視的毛病上，「邵氏」智囊團既然沒有責任，導演張徹更是毫不相干。想邵逸夫向來對於新聞報道非常之注意，那時李小龍準備打進「影城」的消息差不多天天都有，而邵逸夫沒有不知情的理由，祗因爲大家既不十分起勁，（包括「邵氏」內部與公司以外的製片組織在內）邵逸夫在百忙之中，也就隨隨便便的把這件事情給忽畧過去了。

總而言之：李小龍的這隻「聚寶盆」，這棵「搖錢樹」，是「邵氏」於無意中失之，而「嘉禾」則在無意中得之。上海人打話，叫做「各人頭浪一方天」，誰也怨不得誰。假如當初有人能夠預測李小龍的片子穩收三百二十萬的話，不要說「邵氏」與「嘉禾」你爭我奪，就是香港的製片家們，恐怕也會大家搶個明白，甚至把李小龍嚇到逃回美國去，都說不定呢！

望平街憶舊

申報與史量才

胡憨珠

向來在望平街上的報業中人，無不一致的說：申報館老板史量才手下四員大將，是陳景韓、張竹坪、張蘊和、王堯欽。四個人之中，陳景韓、張竹坪是他的左右手，至於張蘊和、王堯欽，只好算是左右雙足。現在陳景韓、張竹坪先後求去，使史量才想起了吳純白說的秋水山莊前的一座長橋，猶如一把鋼刀，破壞風水，不由得疑惑起來。

吳純白流浪到上海來尋找出路，輾轉獲得友人的介紹，被吸引進入李相國的長孫李國杰處做淸客。只因淸客這門子職業，爲自由職業中最自由的職業，所以他所享受生活，却與他在四川成都一樣，就是與一班相識的要好朋友，每天晨間晚上，非要擺其小型的龍門陣不可。以他的藝事太多，對每種技能藝術的高手名家，都是他所喜愛交遊的朋友。因此龍門陣所擺的雖屬小型，但總是滿滿的一兩桌，他則言笑四顧，周旋其間以爲樂。同時，他又是個輕視金錢，珍惜友誼之人，一般的人都說他生有濃厚深重的四川袍哥們的脾氣行爲。這天天做東道主所承担的損耗用費，實是茶錢易負，酒資難當，便也因此，他就要「酒債尋常行處有」了。自從進入史量才的公館，被聘任做古琴教師以後，不知這門教師職業正是一種最不自由的職業，所以他把早晨到茶館去擺龍門陣一事，趕快自動取銷；惟有晚上則無論如何不願再呆在史公館裏吃飯，風雨無阻地必要趕到英租界的三四馬路之間的那幾家紹興酒店去大擺其龍門陣了。

此時的吳純白，以收入較多，環境美好，認爲是他一生中的黃金時代。此話倒不是他意氣風發的欺人之談，那是心悅誠服的感恩之語，因爲史氏夫婦實在對他的經濟支持力量太多太大。本來嘛，「人生第一快心事，探摸囊中有餘錢」的生活感受，史氏夫婦所支持他的就是使他囊中長期有錢，不使他因無錢而興「莫漫愁沽酒」那種淡淡而遊移的愁思。大概人說：秋水夫人對待他例外的好處，屬於師生的情義關係，還有可說；若史量才對待他也有例外的好處，顯得事不尋常，因爲史量才素向是重視金錢的，難道人與人之間眞有佛說「因緣」的因子和緣法，做感情結合的凝固素麽？其實一半兒是佛說的因緣，一半兒也是吳純白本人的才能，數年間來，史量才雖在他身上化了不少錢鈔，但是他還報於史量才的利益，正不知要多過若干的倍數呢。最大最著的一事，就是透過了他的奔走介紹關係，李相國公館中有不少的古物玩器，都是吳純白從中以平價售賣給史量才的啊。

前邊曾經記過史量才之爲人，有一種强烈無比的好勝逞强之心，不管任何的事事物物，購置備具，不像一般人的思想；因爲大概人們對事對物，只要如廣東人的口語所謂「年晚煎堆，你有我有」，就告心滿意足，不再他求。惟有史量才的思想，完全與人不同，他却有超勝過人的特殊思想，與固執脾氣。凡百事物的購置，總要做到「人無我獨有，人有我獨好」的實質勝人現象。爲了要爭取獨有和獨好，他會不惜任何犧牲，也會不管多少代價，非要佔得主有而後快。只要在爭取期間，他表演得如何的亢爽慷慨，輕視金錢，並不像一般生有守財奴性人的慳吝鄙嗇，視錢如命；同時他還有「竊比」的一種心理作用，譬如某一樣物件聽說爲李相國生前所愛好而用過的，他就買下來作自己愛好和受用，自然，此時他的心理幻想，便在竊比於我爲李鴻章相國了。此一傳說是否眞確，不得而知，且也不去說它。但是古物玩器，凡出於李相國家之門的，是不論大小好壞，一概收買，這就近於屋烏之愛了。據說後來秋水夫人所彈的那張古琴，就是相國的某姬人所愛之物，史量才買來貽贈秋水夫人，這個竊比與對照，可以算得是「寶劍贈與烈士、紅粉贈予佳人」了！

原來李國杰兩遭官非，本來其家庭的經濟情況，早已呈現外强中乾之勢。不幸的環境演變至此，變成十分困頓局面。幸而吳純白前去慰問，洞悉其情，即席爲之代籌獻策，說可以把公館中不需要的零星舊物，橫竪廢置無用，不妨出賣予人。起初李國杰還不肯接受其議，認爲相府門庭，怎好做出這種出賣舊物的丟臉之事，實因他的脾氣行爲，也稱得起是天字第一號的驕傲性格，且又固執不堪。虧得吳純白有說話的藝術天才，方把他說服，決定把無用的器皿雜物出賣，全由吳純白代爲秘密經紀其事，於是李公館中的古董舊物，絡續易主，搬進到史公館裏去了。不過有一點是吳純白的行爲可貴之處，就是市值估價，公平交易，決不於中沾取分文的好處利益，說是他非如此無以酬報新舊兩主之德，所以做着一個貨眞價實的古董掮客。

風水所應三雄惜分飛

當年在望平街上，常可聞聽大小各級的一班報販們，評論所有上海報館老闆的脾氣行爲之話。他們總是說申報館老闆史量才的架子最大，眼界最高，量氣最小，心腸最硬。我們要想漲一些報價，往往爲申報和新聞報這兩家報館老闆所不許，終於被壓制得告吹。因爲史老闆只認定了七老闆（即徐志欽）、翟笑輝、王殷木、蔣順卿這幾個人講話，在他們身上下說服功夫。只因他是個最會說話之人，說出來的話又是理性十足，頭頭自道，我們報販公會所推出的幾個代表，那裏是他的對手，所以結果總歸失敗，申報的史老闆實是報館老闆之中最能幹、最厲害的人物。同時，他又是個對錢看得非常鄭重之人，刻苦自勵，不肯浪費分文，離怪他會成功大老闆了云云。不過事實也是事實，在流言蜚語中的史量才，是個典型的慳吝之人，其實他自跨出校門，踏入社會以來，在數十年時日過程中的所作所爲，於慷慨時萬金輕擲，面不改色，於吝嗇時，一錢重視，心似難捨，往往使人感覺他慳吝鄙嗇的程度，却與第一流的守財奴，可作等量齊觀。

其實史量才的時而慷慨，時而吝嗇，那是跟隨他運道的順逆，狀況的好歹作爲應付變動的轉移的。現在且舉個例子來說：以證吾言；史量才對陳景韓、張竹坪、張蘊和、王堯欽等四人，每個人於某一事件幹做得美滿成功，而其事件又是對於申報本館或者是史氏本人的利害關係甚大，於是，對每個人所致慰勞與褒獎之詞，必然的說這一件事關係我們申報的利害問題，如何如何，實在重大之至，好在這申報是我們五人所共有的，將來我自會安排定當，大家利益均沾云云。但不過話雖如此說，其結果總是只聽樓梯響，不見人下樓，那即是他們四人的利益，如何的均沾起？如何的均沾法？一副申報老闆名義權力的「至尊寶」王牌，牢牢掌握在他個人的手裏。可是夥計究屬夥計，對老闆口頭所許的利益，留中不發，毫無起而不服反抗可言，除掉明示由衷臣服，暗作離去準備之外，實無其他辦法。這四個勞苦功高的重要夥計，也只有陳景韓與張竹坪有向外發展的能力，便也暗作離去的準備。張蘊和與王堯欽認爲現任職位已經心滿意足，不作他想，對老闆口頭所許的利益，從未想望其實現。因之，在當時申報館的內外情況，確屬平安無事，所以史量才對吳純白所說「秋水山莊」風水被破壞，不利主人之話，認爲迷信無稽。

到了民國十八年，史量才往日所發不一發的宏願諾言，果然要付之於實踐履行了。因爲是年陳景韓和張竹坪兩人先後都要脫離申報，自謀發展，他倆正如戲轍兒「將軍不下馬，各自奔前程」的那兩句劇詞。兩人之中，陳景韓是先走一步的，那是他去就任中興煤礦公司的董事長一職。史量才究竟於陳景韓臨分手時，贈給他有多少利益，這是事關他們兩人間的私相授受，故無第三者知曉。至於張竹坪的離開申報，自謀發展，那是他組織「協記公司」接盤時事新報，而當時參加組織投資的計有趙叔雍、汪英賓、鄭耀南、孫潔人（按：孫潔人係申報館會計主任，也是天津路謙吉客棧的老闆）等等諸人。可說他們是淸一色的申報舊人。而時事新報也可以說是成爲申報館的衞星報館，就中以張竹坪所佔協記公司的股數爲最大，也爲最多。據說這部份的股份那是由史量才出資買下，轉贈給張竹坪所有。這可見當年史量才的分致各人利益，却要分致得有名堂的，有實效的，這便是一個實例。

不過話該說回來，過去數十年來的所過命運，對史量才而言，可說命實不佑。一直交着時好時壞的「竹節運」，難關重重不絕，直要等到民國十年起，方始交進所謂「正運」，這是根據一般宿命論者的一種說法。但事實也屬果然，最現實的一點，就是他的所有事業，辦理到事事都得心應手的順利，成功了樣樣都賺到大錢的局面。因以此故，史量才的財富，由此積累增厚，多到不能量其財，說句笑話，量才，量才祗能量其才了。但是世間的事情就有一種可畏的人言，所謂「人言可畏」的可畏之處，那即是不眞不實的傳言。當史量才死後，上海當時的民間社會對史量才所遺下的財產數字，究有多少爲問者？便有一個似乎經過該發言人的調查記錄，而又似乎鑿鑿有據的報告說：史量才的遺產，除却動產和不動產不知其所值幾何數字以外，單憑銀行存欵現金一項，就有八百萬元數額之多，不管這點人言是否眞確可信。不過在民國二十五年的時期，此時幣制價値穩定，民間社會的生活程度尙低，物價平衡，竟有這麼多的遺產，則史量才賺錢聚財的才能高强，概可測知了。

因爲陳景韓和張竹坪兩人向史量才辭職離去，却令史氏對吳純白的堪輿之術，由衷的發生了欽敬信服之心。似乎感覺他在杭州秋水山莊門前聆聽吳純白所說那一番莊門當前的一座長橋如刀，不但破壞了原有的好風水，還來了不利主人的說話。初認爲它是無稽讕言，嚇人取信，原以爲是一個浪闖江湖的落拓文人，賺人好感的一種技巧，現在這不利於主的風水被遭破壞的反應，果然靈驗正確，如響斯應的發現在眼前了。這樣看來，吳純白確是個了不起的多才多能之士，因之從此，史量才對他份外寵信，特別重視，竟引爲他自己身邊最親切的智囊團中之一員，凡有疑難不決的問題事情發生，總喜歡和他談談，聽取一點意見，供作參攷之助。其實吳純白所說的風水好壞，應感禍福，是否準確還是疑問，究竟此事太於玄虛杳渺，無法辯證，也許這次僥倖言中，大概屬於事機巧合罷了。

的確，最近幾年來史量才所交的命運實在太好，不管經營事業，幹辦事情，無不樁樁賺錢。他自己所遇固無一件不愜於心之事，即申報館的業務和事務，也平和安靜到文風不動，微波不興。按之實際情況，陳景韓和張竹坪早已暗中秘密進行，作辭職離去的準備工作，只是史量才被蒙在鼓裏而已。一旦時機成熟，他們雙雙提出辭職離去的要求，好像陳景韓和張竹坪兩人的聯盟行動，一致步驟，可是奇怪詫異的事實發現：他們堅決興辭離職求去，各人所藉口的言詞，却是相互攻訐、相對交謫。似乎一時形成爲勢似枘鑿，情如水火，殊難再有同處共事的局面可能。陳景韓所指責張竹坪的是有干涉編輯部的權力行爲，指說他：常把毫無意識廣告的宣傳消息，定要刋登發表，以致妨礙申報的珍貴篇幅。而張竹坪所攻訐陳景韓的是却力說他的門戶之見太深，閉關之守太嚴，對廣告客戶的宣傳消息，隻字不予刋發。史量才因雙方的去志堅定，要使兩個朋友的情感和好如初，是以曾經竭力的一再調解，但調解却是無成。因此，最後結果，史量才對兩人的辭職分成三部曲來處理。就是初則概予拒絕接受，繼則前後分開離職，終則申報館三雄便成了東西分飛的可惜散場。

光榮離職與和平分手

向來望平街上的報業中人，不管大小，報館的經編兩部人員，以及識與不識，凡談說起申報館情況。無不一致的說：「陳景韓與張竹坪眞正是申報館老闆史量才的左右兩隻臂膊，至於張蘊和與王堯欽只是主要的配角而已。但是他倆的功用效率，雖然，比之陳景韓與張竹坪要低小得多，可也不可或缺以至不可須臾離的重要人物。援以前者的兩隻臂膊之說，那他們兩人該喻之爲史量才極有勁力的左右兩足，相信這個比喻那是非常恰切。史量才的事業，就因獲得他們四人如手如足的靈活强健的助力，所以他能以資本不充實，力量頗脆弱的期間接辦申報，在他主持指揮下，領導他們各本其能，協力同心，慘淡經營，共同奮鬥，至有今日的輝煌成績。雖說是史量才本人的才具卓越，智機超勝的關係，但若非他們四人的努力合作之力，曷克臻此呢」云云。此種說話，祇說中了一半，沒有說中另一半，話固不錯，史量才確實是個精明强幹，善於處理事務的人才，他於接辦申報就把他們四人的職權劃分，以編輯部交於陳景韓與張蘊和，以經理部交於張竹坪與王堯欽，而他自己只是在對外發展，幹做業外之事，對於申報他則成了無爲而治的局面。

在理他們二人的職權，既已劃分淸楚，各負各責治事，原無意見上會有發生衝突之可言。所以造成情同水火，勢如冰炭，終於導致兩不相和相安的惡劣形勢。推斷其原由因素，還在於申報的新聞事業越辦越成功，申報的前途景象愈來愈光明之故。原來世間人類本質的天性所賦，時不論古今，人不分南北，就是有一種爭權奪利的貪欲，生與俱來。縱觀中國歷史的統治階級中人，當在闖打天下於未發跡時，確屬與其左右伙伴同甘共苦，毫無階級觀念。一旦天下闖打成功，統治大權在握，便立即揭發其猙獰可怕的本性面目來。於是猜忌橫生，疑念紛起，對於往昔相從出死入生的一班患難夥伴，不是假罪殺戮，即是藉故放逐，造成統治者兎死狗烹，鳥盡弓藏的自然定例。誰知古今歷史統治階級中人如此，但是現代民間社會創立事業的人們亦然，不過事實亦係事實，凡屬在困苦患難時期，曾經相隨左右作共同奮鬥，且極盡其辛勞責任之人，不管闖打天下也罷，創立事業也罷，於成功以後，做主子的對這班舊人實有駕馭不了，應付爲難之感，因爲他們的恃功而驕，氣燄高張，往往使在其上的難於忍受，自然非要去之而後快了。

史量才對於陳景韓與張竹坪，就是有這種的心理感覺，比較上似乎言語舉動的神態之間，覺得張竹坪比之陳景韓要恭順得多。即對治理館事，關於營業部份的工作表現，其辛勤勞績而論，也覺得遠遠過之，陳景韓不可能與張竹坪同日而語。要知每個做老闆的對於夥計所需要的最佳條件，就是行爲恭順，工作勤勉，所以一向以來，史量才對於陳景韓只有一點於情理難免的畏敬之心，可是對於張竹坪却有一片極廣濶尺度的寵信之意，這是他與他們兩人間交友年代的身份歷史關係，與訂交時期的地位環境關係，於是便分出情份的親疏厚薄來了。若論陳景韓在申報任做總主筆時代，他的工作情形，實在談不到辛勞兩字，可以稱得爲望平街上最寫意的一位報館總主筆。因爲他早已不常爲申報撰寫社論，以館方已特約著名政論家沈金賢、張聞遠，以及留學比利時回國的楊蔭孫等多人，排日輪流撰寫時事社論，他的工作，只把特約文稿審閱一遍而已。不過在初期他每天還撰寫四五百字的一則短評，那是爲了新聞報的總編輯李浩然日撰一則短評之故；向來申新兩報的總是唱「你有我有」的對台戲，日子長久，興意闌珊，後來他連之這則短評也懶得動筆了。

論到當年各大報館論評時事的社評文章，在民國十五年以前的年月裏，最能引起中外人士的注意和重視，祇有兩家報館總主筆所撰的文章，一爲商報的陳布雷，二爲中華新報的張季鸞。（按：中華新報爲華北籍國會議員孫洪伊斥資所創辦，吳稚暉、陳白虛等一班民黨老同志，都担任過該報總主筆）他們二人不僅具有優美的學養，即所撰著論文，於文字中能表達其主觀的思想，再加之以公正的理據，準確的判斷，發而爲一篇洋洋灑灑的大文，無不令讀者爲之拍案叫絕，即被抨擊之人，亦當使其有讀陳琳之檄而愈頭風的快感。尤其是外國人對陳布雷的文章注意和重視，現在可以舉出兩事做例證。（一）是公共租界工部局的總裁（俗呼總辦）與警務處的總巡一進寫字間，他們即想知道今天陳布雷所寫評論是那一件時事，是否與租界行政問題有批評的關連。（二）是日本在上海出版的日日新聞與每日新聞這兩份日文報紙，時常把商報所刊出的陳氏論文，次日即予翻譯轉載；甚或有詆誹涉及日方的對華政策行爲不合理處，該日文報紙亦撰寫專文作爲辯駁刊登披露。此外，有時對公共租界工部局的行政問題發現有不合理與錯誤處，陳布雷一樣的嚴事指出，撰文抨擊，不稍縱放。但不過自有英文的字林西報與泰晤士報爲文聲辯，可是他還認爲「來而不往，非禮也」，不甘默爾而息，就憑他們報上所登載的奪理强詞，便根據正義實情作更進一步的反撲追擊。總而言之，當時上海的日文報也罷，英文報也罷，他們都爲自己國家的有關體面與聲譽問題作着掩飾强辯，陳布雷則站在華文報紙主筆立塲，專替國人做了憤怒呼籲的發言人，以盡國民的責任。自然他的文章有價，人人讚賞，終於後來成爲最高當局的著名文胆。

至於張季鸞的文章固佳，其才調清茂，健筆凌雲，足與陳布雷在望平街上堪稱一時瑜亮的兩位總主筆。只因中華新報在那時期的銷路太差，不大引起大衆的讀者注意，是以張季鸞之名，亦爲之沒沒焉無聞。直至後來中華新報因銷路欠佳而宣告停辦，張季鸞就應胡政之的邀聘，離滬北上主辦大公報。從此他的長才獲展，抱負得張，於是成爲北方報業中一顆天皇巨星。實因他眞懂得那一套「小駡大幫忙」的宣傳戰術，是以所撰做的宣傳文章，其結構措詞，既義正大方，又理數透剔，極盡其四平八穩、面面俱到之能事。因此那份大公報，得到當局的重視，也受到讀者的歡迎。在這半世紀的報壇中，他是最成功的一個人物，與他同時受知於當道的陳景韓却要瞠乎其後了。難道陳的才識有不逮於張季鸞麽？這却不可以這樣的說，他亦自有他的才識，究竟是個一代成名的報人；只是他的弱點甚多，諸如胆魄的不夠壯潑，氣度的不夠恢宏，責任感念淺薄，好逸惡勞心重。此外，最大的缺點就是他的文章，不受當時一般青年人所喜愛，其次是權利思想太濃，這倒可以舉出兩個例子來作印證。

民國十三年冬間，陳景韓除任職於申報總主筆以外，一度兼任時報總主筆。在那時因沒有他人撰述時事評論的文章，不得不躬自爲之。而他拈題這一欄的篇名，不叫做社論或時評，標新立異的而稱爲「上下千秋」，並用「冷血」或一「冷」字的筆名，日撰一篇，每篇四五百字。全文非但空洞玄虛，言之無物，而且有些類乎小學教科書中的短篇論說。時報館正對面的那家商報館青年編輯人胡仲持、馮都良、富頤年等天天看他「上下千秋」，實在看得沉不住氣，便大寫其嬉笑怒駡的文章，極盡其挖苦之能事，紛刊在別家的報章雜誌間，這就是當年一班青年人不喜愛他文章的一斑。如此情形，不僅館外人對他如此，即是他們同報館的青年人亦然如此。

今歲旅游日本的名作家朱子家在當時，已經是時報館內勤外勤「兩門抱」而一身兼的青年名記者。有一天的晚上，他和陳景韓在時報編輯部曾談到這個問題，那時的朱子家不是老氣橫秋，而可能是「少」氣橫秋。是他毫不敬視留情的對陳景韓說：「陳先生，我們的報上，天天登載着這樣淡而無味，言之無物的評論，有不如無，還是不登爲佳」。誰知陳也自有其一片宏論，他說：「雄白，是你該知道現在是動輒得咎，不是放言無忌、處士橫議的說話時候，只好含糊其辭。而對說話的地位却不能不謹慎保留，到了可以說話的時候，不妨再發揮你的讜言宏論罷」云云。後來到了民國十七年，國民革命軍正要出師北伐，朱子家當被時報的館方派遣他任做隨軍記者，以便隨時隨地，採取前線作戰的新聞。有一天他在南京國民革命軍的總司令部門前，遇見陳景韓端坐在他的私人汽車中，直駛入總司令部而去。奇訝的是陳景韓在門前不受警衛軍士們的阻攔盤詰，亦不需要傳達室的投刺登記，報名而進。

後據人告稱，說是總司令部門前的警衛軍士，對於陳景韓、虞洽卿、葉琢堂三人所坐的汽車，以及車形車號與車中乘坐人的年貌等等，已認識得清楚稔熟，一望而知。且因他們三人都受總司令部最高當局的特殊重視，所以得享見車放行的方便優待。於是，朱子家聞之慨然興嘆着說：「當局對陳景韓這樣的重視殊遇，也許就爲了他能夠於無理由之中說出理由來，這點是爲別一個人所沒有的長處之故吧？」至於對陳景韓的權利心重之說，那是由於他與張竹坪一向雙方暗事鬥爭，作爲反證。其實史量才於接辦申報之初，早把他們兩人的職權劃分清楚，原無磨擦鬥爭的事因之可言，後來的兩人發生意見，齟齬時生，只能說他們是向老板的着意爭寵，不能說是相互奪權，但不過在這些年來史量才對兩人間的安撫政策所施，化解心機所耗，確使他有應付妻妾爭夕左右爲難之感的。幸而到了民國十八年，陳景韓獲得當局的特殊知遇，受任長興煤礦公司董事長的榮銜高職，這對他本人而言，是他與申報館及史量才的關係，可以說是成了光榮的離職，和平的分手，對史量才而言，總算擺除了欲解不能解，欲脫不能脫的一條綑身索。

張竹坪得意生活豪奢

張竹坪向他申報老闆史量才提出辭職，原與陳景韓的辭職，那是同時並進的事，所欠祗有前後數日間的距離而已。但結果陳景韓因有出任長興煤礦公司董事長這極難得的優美機會關係，求去之心，頗爲熾烈，所以很快速的獲得史量才辭職照准的允諾，他也提前時日成爲了申報館退職的總主筆。不過對於張竹坪的辭職，在當時却成了密雲不雨，陰晴難測的尷尬現狀。原來史量才當時對張竹坪這個人的辭職離去，於挽留之間却發生了重大的矛盾問題，亦即是對他辭職准與不准的矛盾問題。因爲他覺得凡屬經營報業，像張竹坪這樣的經理人才，實爲不易獲得傑出的第一等高手，度理衡情，審事察勢，他的辭職求去，當非堅決挽留不可。可是在人强難欺，馬强難騎的定律之下，一個本領高强之人，總會使他主人發生疑忌與戒懼的心念，因此，所以史量才對於張竹坪並不願意他脫離申報，但亦不願意他留在申報，試想這個矛盾問題，是不是發生得滑稽可笑麽？

提到張竹坪這個人，確屬幫助史量才辦理申報的成功，該以他出力最多、建功最大的一個大功臣。他出身於梵皇渡的聖約翰大學，與他同時出身於聖瑪利亞女校的夫人，眞正令人羨煞的是一對耶穌基督的兒女。不過張竹坪於畢業以後，自從跟隨了秋水夫人，同投史量才，一直任做史氏的馬前走卒，從此所懷的高强才能，得以日顯，是以大受史量才的特殊賞識，破格重視，一向以來倚畀甚重。因此，當他接辦申報的着手之初，即予張竹坪以總經理職位，主持報館經理部的全部事宜，讓他全權掌握着維持報館生命線的廣告與銷報兩大收入的經濟命脈，實因他的善於運用經營，巧於安排措施，把申報經濟的環境狀況，細心調度，着意處理，不但沒有虧損萎縮，而且按月還能稍有斬獲，畧有盈餘。因爲他把營業的重點就放在廣告方面，認爲辦報只有向廣告去作努力謀求，才是生財之大道，是以常對人說笑，謂報紙各版廣告的地位尺寸，實同混堂大湯的池水一樣，一人入浴與百人入浴，都在一池水中，對浴錢收入，多少數就不同。這如報上登一則廣告與百則廣告的原則，却是一般無二，所以我的主張希望廣告地位多於新聞，就因他把廣告力事張羅得多了一些，從而把版樣劃成新聞的地位縮小，這便是他與陳景韓常爲此廣告與新聞的地位問題發生不愉快的爭執。

確屬張竹坪對於上海各家廣告公司，以及簽訂有長期廣告合約的各家客戶，都非常遷就和客氣。只因他的對人態度行爲，則和靄可親，他的對人說話言辭，則又口才捷給。是以交友廣濶，人頭極熟，路路俱通，面面周到。尤其是他的英文教育受得好，對英國的語言文學，都有精湛熟練的修養，獨出心機，所以他把兜攬廣告的指標目的，轉向到外國在滬的各洋行方面去。本來在以往年代，凡歐美各國運華來推銷的各種各式貨品，他們所登刊廣告祇在各西文報紙上邊，決不分刊及於華文報紙。所以他向各洋行廣告進軍的計劃決定之後，每天晨間起身，必定先看西文報紙，審察是否有新廣告出現。如經發現則必作望門投止，直接造訪該洋行的西人大班，作當面暢談一切。但憑他運用了一片蓮花妙舌，自會說動得西人大班們分我杯羹，在華文的申報也登廣告而後已。是以申報的經理部門，於早期年間以來，就在總經理張竹坪的策劃和努力之下，對廣告與發行的兩項主要業務，都有長足的進展，與美滿的收穫。

但是張竹坪的爲人行爲，生性脾氣，若論勤勉實屬有餘，若言儉約頗嫌不夠。更其是他自申報館入居望平街新館址以後，報館業務逐趨旺發，聲譽鵲起，收入增多。這正是俗語所謂老**闆**賺錢，夥計有福，於是張竹坪的生活環境，起了極大改善的變化。從此，他對於起居飲食方面，無不力求奢華豪侈，舒身適意。例如他所居的必爲花園洋房，所食的則分中西式餐，所衣的自然是筆挺西裝，所行的是一輛小汽車。遇有餘暇時畧，他便到法租界那些外國女人所開設的土耳其浴室裏去沐浴，享受一番綺膩風光的賞心樂事。所以說在當時的張竹坪，雖還沒有百萬富翁的身份資格，但生活方面的歡樂享受，料想百萬富翁也不過爾爾了吧。因此，一般人的話說：「張竹坪自幼便從孤兒院受耶穌教會培植的兒童教育起，直讀到聖約翰大學畢業爲止。在十餘年來一直是清寒子弟所過住讀學校的教育生活，埋首燈下，讀遍萬卷，正的是孤館悽涼，寒窗枯寂，磨穿鐵硯，坐破靑氈，這樣窮讀書人的挨苦滋味，與受難日子，倒是並不輕易捱受過去的。如今是他苦盡甘來，升騰發跡，竟爬到了申報館總經理的崇高位置，過着豪奢而舒適的生活享受，說來亦屬事理之常，未可深責的。

但不過比較上，張竹坪於縱情歡樂之中，却做錯了一件大不該的事，那是他把他得來不易的第一夫人，終於作了無情的遺棄，他却變做成一個現代琵琶記的蔡伯喈。原來張竹坪當年在做聖約翰大學的學生時代，每天在上學和散學時候，總是騎駕着一架脚踏車，冒暑衝寒，風雨無比地幹做追求女性工作。是他朝晚所追求的女性，就是與聖約翰同地點，同類型，同宗教，同設施的那家比鄰「聖瑪利亞」女校中的一個女學生。如所衆知該女學是爲上海出名的一所貴族女學，不少在民國前後年代中，凡出身於該女學的女學生，差不多都成爲富貴人家的命婦和主婦。她們不論已嫁與未嫁，憑其才優貌秀的高貴本質，無不活躍揚名於高級階層的社會間。張竹坪因上學散學的同路人關係，對這位「窈窕淑女」，免不得要作「君子好逑」的了。於是歷經相逢、相識、相親的三個階段，終於達到一對有情人成了眷屬的最後目的。傳說他在追求期中，對他這位未來的第一夫人，每天每次沒有不是翼翼小心的陪着左右走路，喁喁而語的說着纏綿情話的。

誰知月難常圓，花易萎謝，這正是世事最難言了。蓋在張竹坪的職位聲譽日隆，經濟環境好轉的時候，他的第二夫人却便闖進他們的愛情之門裏來了。原來張竹坪爲了申報的廣告關係，難免要與一般刊登廣告數額較大客戶的洋行商號中主要人物，多打交道與酬酢。而他們所到之處，因爲他是新時代中人，總於酒樓餐館以外，大多數相約以舞廳爲會晤叙談的場所。他這位第二夫人就是這一家高貴豪華舞廳裏的名舞女，張竹坪去時必要坐枱子與伴舞。在日久生情，多金市愛的自然定律之下，這位名舞女便抱衾與裯，願廿作妾。當闢設金屋，貯藏阿嬌以後，張竹坪對她却作一面倒的粧臺匐伏，侍候眼波。甚至他第一夫人屢次親往探訪，均被拒絕門外，堅不放入，亦不出見。

事爲他一位程姓的要好朋友所聞，此君却是個極富正義感而且善於設計謀的熱心腸人，有鑒於竹坪對待妻妾之愛，實屬有欠合理公平，是以他對這位嫂夫人遭遇所受，於大表同情之外，還大抱不平，因此，他就打電話到救火會報告火警請速施救。可是他所報告的火警地方，即爲張竹坪所築金屋，貯嬌的秘密所在，於是前來施救的大隊救火機車，紛紛趕至，救火人員頓把這所花園洋房團團圍住叫嚷拍門。同時各救火車上也大鳴警鐘，作爲通知屋中人快速開門以便救火，在一陣陣叮叮噹噹喝喝嚷嚷的大鳴大放聲中，迫得張竹坪只有親自開門出來，向救火人員查詢明白，方知有人在惡作劇，以打電話報告假火警所致。於是忙爲解釋一番，欲待打發救火人員遣走，怎知話未說完，他的第一夫人却已靜悄悄地立在他身邊，只見她滿面呈現着無限幽怨與哀愁的神色，聽她對他低淸如澗底流泉之聲說：「竹坪，總算尋到你了，我們一起回家去罷」。她不再等他也不讓他再掉使槍花，編說謊話，回到他新公館裏去，儘自挽住他手臂走離了現場，這是當年張竹坪在上海所搬演熱鬧而滑稽動人的一齣現代「雙搖會」。

就因張竹坪爲享齊人之福，是以他對他一妻一妾而分居二宅的兩個家庭生活費用，其負担份量相當沉重非輕。更加之以他又喜歡充濶裝富，講究舒適生活享受，是以他費用開支，遠非申報館總經理這份薪給所能維持。雖然，關於他所兜攬得的廣告，一樣依照報館所訂廣告刋登條例，對廣告經手人有一種酬報佣金折扣辦法的規定，單憑這筆廣告佣金的收入，數字相當巨大。最低限度比之他總經理的薪給要多，可是還不能收支兩抵，在他個人經濟的收支紀錄表上，每月總要產生赤字。便也因此，每歲逢到過年過節的日子，這是中國商業慣例，必須淸償欠債。但他無處借錢償還，惟有仗靠他老闆史量才的調劑欵項，渡此年關和節關，倒也成了年常舊規。在起初一段時間的幾年裏，史量才總覺得張竹坪的做事能力，畢竟高强過人，而且忠誠可靠。爲了勉勵來茲，並策後效的關係，固不能不予以慷慨通融，如數調劑；但在申報營業發展達到某一階段時期之後，史量才在商言商，商人是重於利的，自然對於掌握申報營業大權的張竹坪，歷年來所調劑的欵數，則不免要打動算盤，計算一下，不料這一計算却使他吃起驚來，因爲計算纍積，總揭要欠有十萬元之多。

要知史量才是個儉德可風，足以矜式之人，不要以爲他於發財以後而輕視金錢，任意揮霍。凡他若有慷慨行徑、濶綽施爲的事情表現，一定對於他自己有損益利害的關係；所以他的慷慨濶綽，那是因人而施，因事而施，以至因時機與因地位而施。總而言之，是他若有所施，定必施得有名堂，有意義，以及施得有値得的代價條件。與張竹坪的一味靠濶綽，專門講慷慨，兩人間的心理志趣，完全兩樣。只因他太會化錢，史量才便對他產生一種不良好的印象，認爲應有給予一點教訓之必要。除了平日遇到相叙談話機會時，間中進以婉委言辭諷勸以外，就是對經濟方面加以有限的約束。是以後來張竹坪向他調劑欵項，從過去的「有求必應」逐漸轉變到「有求不應」的情形，這爲他所不愜於心的事實因素之一。其次，就是史量才他歷來所許下「申報是我們大家有份的」那句宏願之話，始終不見付諸實現，這爲他所不愜於心的事實因素之二。

最最使他所不愜於心之事，那是近來迭次聽到史量才口中說出「申報須要革新運動」那句話，此話令他聽來覺得有點威脅性的感受。原來史量才在接辦申報之初，嘗與賓客友好相叙。縱談，於談話中，表示他辦報所懷的心願與抱負。總是說「兄弟自念，縱然謭陋不才，究竟是個讀過一些書的文化人，所以我們申報今後工作，當首先要爲文化事業服務而努力，次要的工作問題，纔輪到國家的政治經濟兩大問題。至於政治如何導致修明，經濟怎麼導致富庶，可說茲事體大，非要有聰明睿智之士，出來發言領導不可，但不過我們申報必定負起盡量報導和宣傳的工作任務。」但事實的演變，環境的策驅，申報出版在起初幾年所致力的工作，無非爲報紙銷路的推廣，與廣告客戶的爭取，把工作重點置放於經理部門，幸而經理部也用人得當，由張竹坪負責主持，總算他把申報經理得有聲有色，形勢大好。

至於申報的編輯部如何呢？對於文化事業方面的工作，他們究竟做過些什麼？說句眞話，實在從未動過腦筋，也未動過手筆，史量才所說：願爲文化事業服務而努力之說，正是此話從那裏說起。試想史量才自接辦申報以來的十餘年裏，其間時代過程，雖經五四運動的所謂新文化巨流，但是這對申報所得的反應而言，猶自遲鈍罔覺，所以一般的人說：史量才口口聲聲說要幹文化事業，難道出版了這一鉅冊「五十年來的中國」就算盡其能事了麼？要知史量才口中的文化事業工作，是他眞像一架停工歇業的機器，非要由旁人加以開動馬達不可，若經捩機開鍵以後，那機器推進的輪軸便會發動輪轉，作長足猛烈的向前進展。史量才在主辦申報十餘年的過程中，大部份的心力精神和工夫時間，都化在經營其他事業上，現在却有個要爲他開啓機關的人，時時向他上條陳，說甚麼如申報這樣的大機構，應當設立總管理處，領導經理、編輯兩部，努力革新運動，這管理處長就成爲總經理的頂頭上司，這也是使張竹坪不安於位的理由之一，要知此人是誰？篇幅已盡，又得下回分解了。（下期續刋）

談鐵板數 悼董慕節

韋千里

在香港而愛好算命推數的，大都知道董慕節其人，他曾從我習子平術，我叨長幾歲，還和他有多年的師生之雅呢！

董慕節是浙江紹興人，原名沈均輝，因為他的生母早年去世，父親續娶繼室，家庭不和，所以他從母家姓董，至於改名慕節，則是慕大宋康節公邵雍的神數推算而命名的。

一九四八年，他在上海經營棉紗失敗，孑然一身，又患了風痺症，步履艱難，幸獲治愈。是年初冬，他來我處問命運休咎，自陳無家可歸，要求我代他找一工作，不計酬勞，最好就在我處幫忙，但求三餐一宿。我看他人很機靈，能寫能算，當即把他招留下來。其時，我的課命館設在上海南京路大慶里三十四號；這座房子，說起來還來頭甚大，為藝名麒麟童的周信芳故居，當時上海屋荒，我是化了十五條黃金向周頂讓得來的。屋宇甚大，所謂「三上三下」，樓下東廂房租給一位骨科醫生陶慕章，西廂房是我自己的命相接談室，中間客堂，也很寬敞；那時我還設了一家証券號，白天就派他到証券市場專聽電話，報告行情，晚上回來，則東問西問，無非如何排八字，如何批命書，但要正正式式教他，他又好像志不在此了！次年春天，他已畧有積蓄，因為我在証券號中為他開了一份薪水，他自己在市場上又會搶搶帽子（市場術語，從中取利之意），兼做銀洋生意，買賣大頭，大家看漲，他却看跌，把手頭一點錢都賠掉了。時局既變，上海的証券業全都停頓，他也失業了，但因食宿都在我家，生活尚不成問題，空閒的時間更多，於是他又說要研究命理，因為我和他算過命，說他此時該要破財，他又亟於想自己掛牌，要求速成。我就告訴他說：『子平之學，易學難精，決非一朝一夕之功，以你的環境，不如改學「鐵板數」，容易學會，這是眼前最好的急就章。』當下我便為他介紹，投拜一位專門研究鐵板數的老先生汪懷節為師。那年，他才二十六歲，本身記憶力强，又熟諳珠算，不到三個月，他已學成，且能為人推算無訛了！是年，他在上海結婚，女方是棉紗業殷商陸文中的姪女、陸祥樞的妹妹，在靜安寺路榮康酒家結婚，我為他証婚，新房即設在愚園路我家前房，這位陸小姐很賢淑，和藹可親，我也為他深慶內助得人。

他既學會了鐵板數，我就為他介紹在張中原兄所設的大觀園中設硯，大觀園地處南京西路，內有茶室餐廳，書畫展覽，游人甚衆，業務不脛而走，聲譽鵲起。那時我已來香港，他寫信給我，說他業務很好，要為人細批，印一本小冊子，求我為他作篇序，以廣招徠，我就寫了寄給他。

約在一九五二年，藝術大師劉海粟到大觀園小游，順便請他推算命造，講劉的過去甚多應驗，大為折服，又把他介紹給名畫家吳湖帆。吳湖帆其時精神上正感困擾，因為他的長子孟歐在家私設電台，已以反革命罪被槍決了！董慕節一查吳湖帆的八字，第一句依書批出來即為「長男死於非命，」其他細支末節，亦都符合，湖帆逢人揄揚，董旋即拜吳為師，於是湖帆筆下便稱他為「董生慕節」，所有招牌文件，都出於吳的手筆；並嫌大觀園地點嘈雜，移寓靜安寺路同福里五號江陰名醫朱少鴻家，聲名大噪，門庭若市，原來住在同福里的幾位老前輩如許南屏、駝齋主人等均非其敵了。

一九五九年，董慕節來香港，設硯九龍，在港歡場女子對他很信仰，轉輾介紹，尤其書中所說的「一夫又一夫」、「夫為夷人」、「明夫暗夫」、「老夫少夫」、「學養子而後嫁」那些話，認為驚奇！繼而遷寓天文台道，門禁森嚴，無介紹者不應，細批價目，自五十、一百元，逐漸增至三、四百元，取批期限，甚至約到三個月之後，算得風雲際會。

董的生活逐漸豪奢，又在港媾識一粵籍女性，對髮妻陸氏百般精神虐待，且揚言不惜任何代價，要和陸離婚，屢次促陸回上海。陸在上海時，原是霞飛路來德坊的里弄幹部，忍無可忍，乃先向該管的派出所通信，指其夫思想右傾，詆譭政府，如果回到上海，不能再放他來港。一方面要求其夫，伴之返滬，稍留體面，所以董慕節在一九六七年冬一進深圳，就受到嚴密監視，管制審問，傳聞他已在返上海的次年畏罪自殺！

有人說：董慕節善為人算，不善為自己算，何故？我說：他何嘗不知道自己的命運，不過溺于女色，當局者迷罷了，也可以說是一步好運衝昏了頭腦，所作所為，自然倒行逆施了！

我也曾根據鐵板數的方法，推斷董的命運：

『男命　民國甲子年二月廿九日卯時七刻三分（上午六時四十八分）。

甲子　丁卯　辛亥　癸巳

父命壬寅生（其父尚健在，已七十歲）。

數有兩母，我為前生。　母死未曾躬送。

無兄無弟，一枝獨秀。　妻配戊辰。

二十六歲，完姻之年。　二十七歲，得子之年。

二十九歲，再獲弄璋。　四十四歲，禍起蕭牆。

四十五歲，不測災來。

若問壽幾何，知命少五春。』

寫到此次，我欲無言，鐵板數確有靈驗，而像董慕節這樣聰明的人，竟不能自知，豈亦「在數者難逃」耶？

三十年目睹怪現象

·江之南·

這一回：父子重逢恍如隔世　帮辦出現迫住拔槍

一九六二年秋天，一個晚上，在落馬洲的中英邊界，有一個英軍前哨站，由兩個啹喫兵當値。其中一個士兵，偶然拿起望遠鏡，在一鈎殘月之下，看見十多人正在泅水渡河，一批登岸之後，第二批又已落水向英界游過來。這是極不尋常的情形，士兵立刻向軍曹報告，十分鐘後，這報告到達邊防指揮部，一個英國軍官，親自駕吉普車到哨站來觀察，果然發現繼續有人自華界落水，游過英界來。

於是，邊防軍總部，新界警察總部，同時接到緊急報告，邊境已經出現不尋常的事情，沿邊境一帶也進入戒備情況。

天亮後，情況漸漸明瞭了，不錯有百多人進入英界，但全部被穿山甲部隊截獲，原來都是由大陸逃出來的難民，他們被分別收容在新界警署。

第二晚，由華界泅水渡河而來的難民更多，這就是全世界聞名的中英邊境五月大逃亡潮的序幕，以後，難民們分從水陸兩路，排山倒海似的進入英界。

中國大陸邊界，好像完全不設防，對人民的逃亡，絕對不加阻止，於是短短一星期內，進入香港的難民已逾二萬人，這是非常可驚的數字，假如繼續下去，怎麽得了，香港的居住、食水、醫藥……都會負担不了。香港本來基於人道立場，準備容許難民們居留，但是難民好像潮水一樣淹來，使香港吃驚，於是開始採取行動，加强邊境的巡邏與守衛，不准難民偸渡入境，已經入境的，一經捕獲，給他們吃飽飯之後，押送回大陸去。

這個大逃亡的日子裏，在大陸方面，是公然出境，不必秘密行動，反而進入香港，便要偸渡，難民們由梧桐山上，像瀑布似的瀉下來，日間休息，晚上才採取行動，邊防哨站一天廿四小時對華界監視，發覺由梧桐山下來，集結在麻雀嶺的難民，每天都逾萬人。黃昏後，他們就作波浪式的衝鋒，沿着中英邊界作任何一點的突破，這時，邊境的鐵線網，幾乎每一處都是缺口，難民們不是剪爛鐵線網，而是掘地穴，在鐵線網下面進入英界。

香港軍警，奉到嚴格的命令，不准開槍，祇能捕捉。晚上捕捉，第二天送他們回去華界，但是能夠在當場截捕的，祇是十分之三四，大部份拼命逃脫，散入去附近的鄉村。這時，接近邊界的鄉村，家中稍爲豐足的村民，入夜後就預備稀飯、茶水，讓那些捨命奔馳，逃脫了軍警拘捕的難民，飽餐一頓之後，繼續起程，向市區滲入，在這期間內，出現了無數充滿人情味的感人故事。

話說有一位年青的警員，隨便給他名號，就說他是張三吧，他參與這件阻遏大逃亡的工作，在黃蔴坑、青蓮坳一帶把關，截留由梧桐山、麻雀嶺走下來的難民。這件工作，使他心中十分難過，因爲他要把拼死逃出來的同胞，捕捉之後，送他們回大陸。這是上級交下來的任務，不能違背，許多次，他和他的同僚，把一批批的青年男女截獲，眼見他們拖着疲乏的脚步，絕望的心情，求他開恩的時候，他祇有流出眼淚，還是要將他們送上卡車，讓車子載他們回去臨時集中營。

這晚，月亮已經半圓了，難民們改在下半夜才衝鋒。午夜過後，第一線的攔截部隊發出訊號，那時瞭望哨在望遠鏡中，看見難民已經列成一里長的陣形，向英界飛撲而來，他們越過稻田、水溝、矮林，好像一枝一往無前、視死如歸的大軍，人潮一浪又一浪的淹到。

哨望站發出訊號後不久，漏過第一線的難民已經進入第二線的範圍，張三與他的同僚，開始攔截、拘捕，這些飢餓的難民，但在求生的意識下；他們表現得那麽英勇而活潑，奔跑的時候，像一羣羚羊，祇是在一瞬間，許多人都消失在黑暗中。

張三捕獲一個行動比較遲緩的人，是一個老人家，張三說：「不要怕，現在是送你去吃飯，先吃飽了再說……」這番話，他每晚都說幾十次，因爲他每晚要截捕幾十人。

突然，老人家一手抓住他的手臂，在朦朧的月色下，向他瞪住眼睛，張三也望住他，問道：「老人家，貴姓？」

老人家道：「你姓張，你是阿寶？」

「爸爸，是你！」張三把老人家抱在懷中嗚咽。

「天老爺可憐，阿寶，我竟遇上你，我們不是做夢吧？」

「不是，爸爸，你是怎樣過來的？我當警察的事你知道嗎？在信中我不敢說。」

「早知道，你大嬸娘去年回鄉來告訴我，所以今次我希望逃到香港後便找你，怎料我們竟在這裏會見……」

這時，一個同伴走過來道：「小張，送這位老人家上車吧，別人都上車去了，你還盤問什麼？」

「不是盤問，他是我爸爸，也由大陸逃來，我應該怎麼辦？」

「也應該上車。」同伴說：

「混賬！你給我滾開，我能夠親手把爸爸捉住了又送他回去大陸嗎？」

「小張，幫辦在那邊看見了，已經捉住了就不能放，否則會以為你徇了私，會處分的。」

「不要管我！」小張憤怒了！

幫辦走過來了，問道：「發生什麼事，把老人家送去吃飯呀！」

「不行，這是我爸爸。幫辦，你讓我把爸爸帶走。」

幫辦向他們端詳一會兒才說：

「不行，這是紀律，也是法律，讓老伯上車，去集中營吃一頓飯，明天回去深圳，晚上再過來，也許明晚就幸運地可以溜過去了。」

老人家道：「這一段路不好走，而且，已經絕糧了，萬一明天華界關閘，不再放人過來怎辦？」

「這也沒有辦法」，幫辦說，他伸手過來拖老人家。

「住手！你們給我滾開！」張三紅了眼睛，他暴怒得像一頭被激怒的老虎，祇見他，拔槍在手道：「幫辦，你明天槍斃我吧，今晚，你不放走我爸爸，我會開槍把你殺死！」回頭對老人家道：「爸爸，你走，我不許任何人攔截你。」

老人家嘆一聲道：「你太衝動了！」幫辦說：「阿寶，算了，我回去再來。」

張三道：「不必，祇要他們不再攔截你，我也不開槍，明天，幫辦祇能控告我不服從命令，我不會死的，最多坐監後炒魷魚，但是你一回去便不可能再來了，走吧！」

這一幕，感動了好幾個正在執行職務的警員，因為張三的高聲呼喝，已經把同僚引來了。

幫辦道：「各人跟我到南邊巡邏，」他顯然是放老人家由北邊逃走，張三把槍放回槍袋後道：「爸爸，向有村莊的地方走去，自然有鄉人照顧你，到香港後，我們再見面。」這時幫辦又回來，張三伸手按住槍袋，幫辦搖手，他把十元錢遞給老人家道：「老伯，這裏有點錢，你拿去買件衣服，餘下來做車錢。」

張三道：「幫辦，我去新界總部自首。」

「跟我到南邊巡邏去，你不看見瞭望站又掛起訊號燈嗎？」

這是五月大逃亡潮中一個小故事，那麼故事還有下文嗎？張三是否被控告？似乎不必再交代了。

又一回：海上摧花天良喪盡　沙灘懲凶奪魄追魂

有一個時期，「屈蛇」是澳門的興盛行業。所謂屈蛇，就是把一些沒有身份證、回港證的人，由澳門用漁船偷運到香港，收費是照時價，有時二百三百，有時五百六百，那時許多由大陸到澳門的人，要來香港，祇有倚靠「蛇船」。

這晚，一艘破舊的漁船，由澳門黑沙環開出，船上有三十七名男女老幼，每人收費三百元，都是在澳門收了錢才落船的。負責押運的，是蛇王滿的弟弟蛇仔秋，蛇王滿是港澳兩個碼頭都有名的響噹噹人物，據說，他的蛇船，甚少失手，不知是他的運氣好還是另有秘密的航路，能夠一帆風順的把蛇船開到香港。

這晚，燒過紙帛後開船，蛇仔秋道：「各位，偷渡是危險的事，我先把要注意的事告訴各位，在公海上航行，絕對不成問題，各位可以睡覺，但是將近進入香港水界的時候，大家就要進入密艙內，大概不會很長時間，但在這一段時間內，各人都要盡量忍受痛苦，否則一經查出，我的船充公之外，各位也會被捕，坐完監後，全部被押回澳門，或者被押返大陸的。」

船上，每個人心情都很不安，他們大部份是由大陸逃出來的難民，其中有一家人，是在大陸偷得一條小艇，舉家坐這條小艇划到澳門，再搭蛇船到香港的。有一個老祖母，爸爸媽媽，和一個大女兒，兩個小孩子，祇是船費，他們要支出一千八百元。

這一家人姓蘇，據說在香港有許多親戚朋友可以投靠，蛇仔秋在落船之前，便發覺那位蘇家的大小姐很漂亮迷人，開船後背夜，他喝了兩碗酒，便更加覺得綺念如潮，心下盤算，怎樣把這個如花似玉的小姑娘弄到手來玩一玩，他和船家商量道：「阿水，你覺得船中那個姑娘漂亮不漂亮？」

阿水道：「怎麼，你起痰了？不要打什麼壞主意，回頭給你大哥知道，你不得了，在這條線上，他的聲譽很好，你一搞便把風水搞壞了。」

蛇仔秋道：「不行，今晚非要到手不可，但你要和我合作，把船駛過去烏頭石泊一會兒，當作是避巡邏船，上岸後，我帶了那小嬌娘走得遠一點，大概一小時後，我玩完了，才帶她返回船上，不是很便當嗎？」

阿水道：「我總覺得有點不妥，人家是大閨女。」

「你婆婆媽媽幹什麼，我又不在你的船上搞，害得你淨艙還神；你第二，也不是搞你的女兒媳婦，你和人家不相識，非親非故，却爲人家喊起撞天屈來，說不定那小姑娘喜歡我，嫁給我做老三也說不定，話就是這樣決定了，你不答應，回頭我對大哥說，你的船漏水，那麽下一水船便不要你了。」

船主阿水迫於無奈，祇得答應，蛇仔秋出去船頭瞭望，突然，大聲說：「不好，有緝私船出現，快些改變航線避一避。」

船上每一個人都覺得驚惶，因爲緝私船會在海上檢查船隻，也就會查出船上的蛇客了。蛇仔秋道：「不必怕，我們暑爲改變航線，到附近的小島上避一避，待緝私船過去後，我們就將船開去香港。」

阿水把船開到烏頭石，這是海上一個小島，其實祇能算是一塊大礁岩，島上也有些矮樹木，偶然也有漁船來避風，但下碇一天半天便走了，沒有人居留的。

船泊好後，蛇仔秋叫各人上岸去散步休息，各人因在船內多時，也樂得到島上去走走，蛇仔秋對蘇女道：「姑娘，你是大閨女，不宜離船，島上不讓女孩子上去的，否則會觸怒山神土地。」

蘇女料不到蛇仔秋有野心，以爲他是船主，自然熟識航道上一切規矩，於是，她留在船上，蛇仔秋把所有蛇客引到島上後，悄悄回到船上叫阿水開船，把船駛離幾十丈，然後對蘇女說：「姑娘，現時船上沒有什麽人，我不妨對你說出心事，我很喜歡你，要同你做一對夫妻，現在就洞房啦，」他伸手過去把蘇女的手拉住，抱入懷中，蘇女拼命掙扎，哀聲求饒。

蛇仔秋扳起臉孔道：「你不答應，好吧，我這就把船開去香港，把你推下海中，島上那批人我也不去接了，讓他們餓死在荒島上。」

蘇女道：「你這麽忍心？」

「誰教你不答應，你忍心全家人都死在島上嗎？」

蘇女沒有辦法，含淚受辱，蛇仔秋事畢之後，才叫阿水把船開回去接各人上船。

蛇仔秋道：「姑娘，我們的事，你可以告訴令尊，假如你答應的話，我可以娶你做第三房妾侍。」蘇女祇是嗚咽。

各人上船後，蛇船向香港進發，全船人都見蘇女哭紅了眼睛，爸爸媽媽問道：「阿女，哭什麽？」

蘇女沒有作聲，但是每人都幾乎可以想到是什麽事，爸爸道：「是否給船主欺負了？」蘇女點頭。

老蘇道：「算什麽，我們的命是檢回來的。」蘇女大哭。不久，船偷進了香港，各人都上岸，老蘇對蛇仔秋道：「朋友，你不是說想娶我的女兒嗎？來！我們來談談條件。」

蛇仔秋道：「到岸上飲茶再談。」老蘇說：「不必，我們就在沙灘上談好了，」他拾起一塊大石頭。向蛇仔秋頭上碰下去，把他的頭顱打到稀巴爛。

這件事，後來也沒有人追究。據說，蛇王滿也認爲他的弟弟死有餘辜呢！

軟玉温馨尋好夢
一室皆春"麗確雅"

澳洲「麗確雅」純羊毛毡

MADE IN AUSTRALIA
Laconia
WORLD'S MOST BEAUTIFUL BLANKETS

PURE NEW WOOL

大人公司有售

本港各大公司均有代售

佛山秋色甲天下

·呂大呂·

第二屆香港節會景巡游，形形色色，應有盡有，所缺者祇是「佛山秋色」而已。講起「秋色」，爲往昔會景巡游所必備者，時至今日，却已頻失傳了！「秋色」非佛山人不能道，亦非佛山人博雅如本文作者呂大呂先生不能道也。　編者

廣東廣西稱兩廣，也稱兩粵，兩廣的人就有一句互相稱道的話。廣東人說廣西是「桂林山水甲天下」，廣西人說廣東是「佛山秋色甲天下」。這不僅兩廣人以此互道，兩廣以外的人，也有許多人跟着說。他們說起了兩廣，像是唸詩似的唸出「桂林山水甲天下，佛山秋色甲天下」來。但好些人只知說，他們以爲「佛山秋色」是佛山的秋天景色，而不知道「佛山秋色」是佛山的巡遊會景。這巡遊會景有例每年在秋冬之交舉辦，因之便以「秋色」爲名。事實上「佛山秋色」之所以甲天下，這話可眞沒有錯。它有的是特有的形式，參與巡遊陳列的所有會景，可以說是無論什麽會景中所不會有；它除了一些手工藝術製作外，其餘花鳥虫魚，古玩盆栽，無一而不是假貨，以僞亂眞。而且訂有一個例，如果用眞品，而不是別出心裁的仿製僞品，這便犯例，爲「秋色」會景中所不容許。全部以僞亂眞的作品來作爲巡遊，這種「僞裝」的藝術，當然找盡天下的巡遊會景也沒有的，所以，說是「桂林山水甲天下」，也許未必盡然；說是「佛山秋色甲天下」，那就眞的當之無愧了。

近二十多年來佛山已經沒有舉行這「秋色」巡遊會景。這全國，甚至全世界也不會有的民間藝術巡遊會景，已成廣陵散，「佛山秋色」一名，已成爲近三十年的歷史名詞。這些民間藝術的藝人，老的老，死的死了。甚至要把「佛山秋色」來詳詳盡盡、鉅細靡遺的說出來，恐怕也不會有幾多人。筆者在佛山長大，當時正是承平之世，佛山的「秋色」，每年總有四五次的舉辦，因此筆者對于「佛山秋色」，是既有印象，也有認識。如果三五知己，共話當年「佛山秋色」之盛，最稱得上「饒舌」的，友儕中倒沒一個不推筆者坐上第一把交椅。但平日這樣說說談談，說了便算，倒不如費點精神來寫一篇對「秋色」有系統的文字。依筆者想，如果在「秋色」已成廣陵散的時候，沒有一篇詳盡記載「佛山秋色」的文字，這實在無以對這甲於天下巡遊會景的「佛山秋色」，也對不住這些已死或已老的「僞裝藝術」的藝人，這篇文章，是筆者發下宏願寫的。

佛山秋色的源起

佛山是全國四大鎭之一，地處廣東南海縣，有清一代，文物薈萃，工業發達。由於貫連西北江，各地的貨運，先到佛山，才到一省之府的廣州。佛山的手工業、鑄鐵業，在全國是很聞名的，尤以石灣的陶業，出品供給全國，因之明清時候的佛山，極其富庶。各地的巡遊會景，大都是農作物豐收，或是爲了神誕而舉辦，「佛山秋色」的會景巡遊，就和這些全沒有關係，他的「秋色」巡行是爲了抗暴的。白於當時是秋天，這一次憑這會景巡行獲得抗暴成功，此後便每年也在秋天舉行，因之佛山人便把這個巡遊會景，又稱爲「秋色巡遊。」

明朝時候，黃蕭養作反，僭稱帝。他每刼掠一地，便使這些地方的老百姓遭殃，生命財產，皆蒙損失。當時的佛山既是全國四大鎭之一，黃蕭養的一枝兵來到了廣東，便想掠取佛山，這使到佛山的老百姓大起恐慌。

當然照佛山的兵力是沒法子可以抵擋得黃蕭養的，但不能不予以抵抗，不然的話，給黃蕭養殺進了佛山，生命財產也都完了。他們查知了黃蕭養的一枝兵從那裏來，打算從那裏攻入佛山，便即動員許多人力，築了一度以竹木連成的柵，長長的在黃蕭養這枝兵路前來的一帶地方，像是一座萬里長城似的，作爲防禦工作。另外更想出一條妙計，這便是在夜裏用火把巡行，以作疑兵之計。

佛山的父老對這事的處理，很能顧慮週全，他們不想使婦孺驚慌，極力諱言黃蕭養殺到來的消息。但由於每晚用火把巡行，這會使到境內的婦孺可能因此而知道這是對黃蕭養來攻掠佛山的一種防禦，爲了要力圖掩飾，便想到了一個出會巡遊的法子。他發動了境內的人趕着製造一些藝術品，提燈，說是舉行會景巡遊。當黃蕭養這枝兵已經迫近這一晚，這個會景巡遊便在「松光」火把之下，把所有的種種藝術製作挑着，抬着，作爲長長的行列來去佛山的街頭巡遊。一時引得萬人空巷來觀看會景，這一晚火光燭天，還加上人聲鼎沸，在佛山人看來是出會巡遊，在木柵外邊那枝黃蕭養的軍隊看來，他們見到了這一帶長長的木柵，更看到了佛山境內的火光燭天，聽到了人聲鼎沸，認爲不只有備，可能還是大兵出境來作戰。像這樣情勢，他們不打無把握之仗，就此揮兵他去，不作攻入佛山之想，而佛山也就得以保存了。

經過這一次的事件，佛山人爲了要紀念這一

件事的成功，便每年都在這時候來作一次會景巡遊。對於一個會景巡遊自不能不改上一個名稱，本來最好的名稱便叫做抗暴巡遊，却是當年的抗暴是不讓境內的婦孺知道的，只能從別處來想。由於當年這個抗暴巡遊是在秋天，因之便想出了一個很雅的名字來，每年在秋冬之交舉行，這會景便稱爲「秋色巡遊」，久之，簡稱爲「秋色」，也稱爲「出秋色」。又由於當時是在晚上舉行，因之每年「出秋色」，便得在每年的秋冬之交，在晚上來「出」。

以僞亂真的由來

佛山秋色的特色之處，是所有參加巡遊的出品，無一而不是假冒的仿製品。除了好些炫耀細緻功夫的精巧製品外，便都是這些「流嘢」。以僞亂眞作爲會景巡遊，不僅在今日不會有，尤其在前人來說，這該是「君子所不取」的。爲什麽「佛山秋色」却會在民風淳樸的舊社會中，而以這「君子不取」的作僞年年舉辦；而且是名聞全國的一個會景巡遊呢？這也是說來有原因的。

上面說過，佛山的「出」秋色是爲了對黃蕭養抗暴成功而以此作爲紀念的一個會景巡遊，他們認爲當時的成功，是以火光人聲僞爲大軍駐境，準備斷殺來騙黃蕭養這枝兵。爲了要使這個會景巡遊饒有意義而富於特色，便想出了這以僞亂眞，出之以詐的種種製作品來，好得表示作僞也自有其價值。大家向這方面的着想，便做成了「佛山秋色」的最最特色之處，也做成了佛山一批一批，一代一代的專門技術藝人來，出品製作越來越精巧，鬼斧神工，幾乎使到各地每年來看「佛山秋色」的人不相信這是假貨，因而獲得了「佛山秋色甲天下」之名。

出錢出力出秋色

佛山這一個古鎭，地方不多，鎭內分爲二十四「舖」。這個「舖」字作「區」字解，換言之，佛山鎭內是共分爲廿四區地方。就記憶所及，有祖廟舖、彩陽舖、舍人舖、耆老舖、福德舖、社亭舖、大基頭舖、豐寧舖、金蘭舖、祿村舖、村尾舖、朝市舖、錦華舖、普君舖、岳廟舖和柵下舖等。柵下舖便是當年用木柵建成一度防禦工事來抵禦黃蕭養這一帶地方。而每年的「出秋色」，便是由廿四「舖」中的一「舖」來作發起人，稱爲「主會」。由「主會」作主催，其他各「舖」自由參加，稱爲「助慶」。

「主會」發起了「出秋色」，倒是很雅的。先印就許多可以稱得上是「海報」的木刻印刷品，遍貼鎭內通衢，例規必是用一句詩句來作爲發起的致詞，一句詩句之後便書名這「主會舖」名。這寥寥七字的詩句，確是頗具風雅。例如「十分秋色好風光」、「且將秋色炫昇平」、「秋色宜人好盡歡」，諸如此類，外行人見了會莫名其妙，各「舖」的主事人見了，便知道這是通知各「舖」參加助興了。

佛山秋色中的石灣陶器土地仿製品

無論是「主會」也好，參加「助興」的各「舖」也好，他們的經費都是由街坊樂助捐欵的。他們既出錢，也出力，格外熱心。錢多便多一些出品，錢少也有出品助慶。因之「主會」雖然是有「主會」之名，並不比「助慶」各「舖」的出錢多，只是召集、安排，比參加助慶各「舖」的多好些工作，出多點力罷了。不過由於羣策羣力，每出一次秋色，他們駕輕就熟，更加上街坊的熱心贊助，秋色的藝人又踴躍要來一顯身手，這正是衆擎易舉的事。故這一「舖」做完「主會」，別一「舖」又來做「主會」，由九月至到十一月這三個月時間，連續也會有這秋色會景大巡遊。換言之，佛山「出秋色」，承平之世的時候，一年總有好幾次的。

秋色種類多姿采

佛山秋色之所以稱爲「甲天下」的是因爲它的多姿多采，除了最特色的無人所有的仿製品之外，魚龍曼衍，還有許多細緻精巧的藝術製作，一套套的人物故事，金龍醒獅。另外還有音樂表演的「鑼鼓櫃」、佛山獨有的「十番」、「大頭佛」和「車心」。有這樣多姿多采的種類，而且不是每種只得一套，這一「舖」出的是「車心」「大頭佛」，那一「舖」也會有「車心」和「大頭佛」。因而每出一次秋色，行列長至要歷時三四個鐘頭才可以過完是常有的事。只得個把鐘便完，人們便認爲這一次的「秋色」是「小兒科」的秋色了。事實上一個會景巡遊歷時一小時才完，在別處地方來說，也已經算得是大規模的巡遊了。

佛山秋色最壯聲威的是「松

光」，這便是用松柴紮成的火把，由人伕拿着，有些是高舉來行，照耀着使人們欣賞秋色的出品，有些是左右向着兩旁的人作狀，以此作爲「開路先鋒」。「松光」和「松光開路」，都是佛山秋色中的一個名詞，而「松光」在「出秋色」中是極重要的一樣東西。沒有「松光」照耀着，看「秋色」的人時在午夜，便要振不起精神，呼呼欲睡了。

每逢「出秋色」，它的行列，首尾是一定的。爲首的是用八個人伕分左右各拿着「松光」來作開路先鋒，使站在兩旁的人向後退，讓出了路給巡遊行列。跟着是「馬步吹」，由四個人抬着一個「頭牌」先行，這是屬於「主會」的。頭牌很講究，用細工來紮成，滿佈花草人物，而且掛滿了小燈達百盞之多，有內有外，通體光明。看「秋色」的人，對一個「頭牌」極爲重視，因之這個「頭牌」便成爲各「舖」爭妍鬥麗的一項出品。但姑勿論先行的「頭牌」好不好，有例是屬於「主會」的，上面有着「主會」這「舖」的名。而最後包尾的就必然用一頭醒獅，不管在巡遊行列中有幾多頭醒獅參加，最後也必然用一頭醒獅來押陣。

佛山秋色中的石灣「黃柄鴨」仿製品

手工製作藝術品

「秋色」中有不少是精細的手工製作藝術品，除了每「舖」一定有一個「頭牌」外，還有許多堪稱傑作的東西。包括手工製作的藝術品和仿製品，現在先把這一類傑出的手工製作藝術品一一說來：

「羅傘」大家都知道羅傘是顧繡的，「秋色」的羅傘就並不是絲綢製成，描龍繡鳳這一類顧繡品，它完全表現「秋色」的特出藝術，有些用一塊塊的魚鱗，或是一粒粒的穀砌成美麗的圖案而成，有些却用一段段的燈草聯綴而成，也是全部美麗的圖案的。最妙是用「刨口柴」來製成，什麽叫做「刨口柴」？這是木匠刨木時刨出來薄薄的一條條的木片，他們拿來彎彎曲曲砌成一個美麗圖案的羅傘，這種別出機抒的製作，除了可以在「秋色」見到，無論什麽地方也見不到的。

「御扇」和「宮燈」也一樣用穀、魚鱗、燈草、或是「刨口柴」來製成。先紮好一個框，然後用這些東西來砌上去。作出種種花草鳥獸的圖案，或人物故事如八仙像、桃園結義等人物。宮燈內還點上油燈，更見機巧。另外有些却用硬紙朴製成，却在這些紙朴上用針刺成圖案或人物故事，掩映着裏邊的油燈而顯現出來，認眞纖巧。

上面說的羅傘、御扇、宮燈，也有不少是用芝蔴砌成的，有白芝蔴和黑芝蔴，他們就利用來成爲花草虫魚，飛禽走獸或故事人物。有時用芝蔴來砌成一隻採蓮船、畫舫、花塔、八角亭、北京天壇和洛陽橋等等，都是精細絕倫、巧奪天工、費盡了多少心血而成的藝術作品。

這許多精工的製作，每一次「出秋色」也會見到，大別之是針刺、穀、燈草、刨口花、芝麻所製成。他們用出會的扛平座放着，然後用人伕扛抬，參加行列。

車心十番鑼鼓櫃

「秋色」中的「車心」，是任何會景中所沒有的，只有佛山「秋色」中才可以見到，也可以說是「秋色」的一大特色。所謂「車心」，實在是指坐在花車中的一個人，好比賽馬的騎師被人叫做「馬心」一樣。

「車心」的特色不僅在坐花車的一個人，一切都妙不可言，全車用最幼細通紙花紮成一個小廳堂裏的座位，前後用人挑着來行，並不是作一部車的形狀。這所謂車，綴滿了小油燈，趁着七彩而又精巧的紮工，正中就坐了個作時世裝的美人。裙下一雙三寸金蓮，露了出來，僅堪一握，這是從表面上看到的情形，事實上就並不這樣。這美人兒是由男性改扮的，戴了頭笠，塗脂抹粉，當然垂下露出來的金蓮是假的，他那眞正的脚是一雙大脚。這樣易弁而釵還不算妙，最妙的是「形坐實行」，他像是端端正正的坐在椅子上，旁邊還有一張小几，放上個盛茶的「局盅」，或是插着鮮花的小花瓶，表現出一個美人坐在廳堂中的宮座椅上。其實是那個男扮女裝的美人是直挺挺站着身子，人伕抬着行走，他也在隱藏着來行走。他下面的一雙脚，由於是盲目的走路，而且路上儘多「松光」的火燼，因而就非穿上一雙草鞋不可。這種「形坐實行」的姿勢，很需要技巧，爲的下面是行着，而上面却要作爲坐着，只許下身動，上身可不能活現出行路的姿態，既要易弁而釵，又要似坐還行，因之這一架花車就不以花車名，而稱爲「車心」，原因就是以技巧引入入勝的，就在這個「車心」。

「十番」也是只有佛山「出秋色」才會見到的，這是個有聲有色的樂隊。樂器簡單得很，一個高身鼓，一個小鑼，一雙大鈸和一雙小鈸，就憑這個奏出了一種簡單美妙的樂聲。這樂聲可以用七個音來形容，這便是「清冬清冬清冬茶！」它反覆用這七個音或長或短的連叠奏出來，竟然會使到人感覺悅耳好聽，不能不說是妙。但這只是聲，爲什麽要說到個色字上去？原來他的一對小鈸，是用「飛鈸」來打擊。右手拿看的一隻小鈸，用一條尺把長的帶繫着，凌空旋轉，然後打在左手拿着的小鈸那裏，姿勢美妙，花式很多。看「秋色」的人，他們看到了一隊「十番」來了，固然要聽他們簡單美妙的樂聲，更極其欣賞這位小鈸手運鈸如飛的「飛鈸」表演。但爲什麽要稱這種音樂爲「十番」，這可不詳。不過只是佛山秋色才會有這「十番」見到聽到，這倒是衆所皆知的事，因此「十番」也就成爲佛山秋色的一個獨有特色。

說到了「鑼鼓櫃」，這也是一個樂隊，是一個完完全全的樂隊。他具備了一個戲班所有的樂器和人員，甚至還有過之而無不及。他們拿着樂器，一面行，一面吹打彈「唱」，後邊隨着一個「櫃」，載着鼓，和掛着一面鑼，還有其他作爲「後備」的樂器，大概稱爲「鑼鼓櫃」，便是爲了這個緣故。

每一個「鑼鼓櫃」也有他們一個團體名，他們奏出來的調子，通常是「玩家」的玩法，「過門」特長，「花巧」特多，比起戲班的音樂悅耳得多。他們吹彈打拉之外，還有「唱」，而「唱」是用一枝大笛來仿着生旦的腔調，作爲生旦唱出的聲音，眞的是很妙很妙。大家也知道生旦的唱腔和小武武生唱的「左撇」腔是完全不同的，他這枝大笛便是完全出之以模仿人的唱腔。應唱則唱，音樂過門時便停下來，過門完即跟着唱。因之雖然是一枝大笛，但和人唱十分逼肖，這也是「鑼鼓櫃」的妙處。

除此之外，還有一樣也是「佛山秋色」才可以見到的，這便是「舞大頭佛」。在香港，許多巡遊中的醒獅也有一個穿僧袍，手拿着一把爛葵扇，戴着一個大頭佛的假頭來和這頭醒獅玩在一起。「佛山秋色」的「大頭佛」却和醒獅完全無關。他只是兩個大頭佛玩在一起，作種種逗人發笑的滑稽動作，這兩個大頭佛，一個是「大頭佛公」，一個是「大頭佛婆」。兩家也拿着把爛葵扇，公穿僧袍，婆穿鷄翼袖、猪鼻雲的女丑服裝。且行且玩，有時追逐調戲，有時親親密密的一對兒走。煞是好笑！每一隊大頭佛都有一種很滑稽的樂器來陪趁着他們的動作，樂器只是一雙鈸，作出一個調子「撐撐切」的聲音，單是這些鈸聲已經夠妙了。

花卉蟲魚的製作

上面說的雖然有不少是「佛山秋色」的特色處，甚至是只有在佛山「出秋色」才可以見到。但「秋色」的特點是在以僞作眞，而最值得說的還是這些以僞作眞的贋品。這些贋品包括花鳥蟲魚、盤栽和種種式式的古董，且在下面詳細介紹一番：

先來說花卉，最多見而又最洋洋大觀的是菊花，藝菊的往往一盤菊花開到二百朵有多，而菊花的種類又至不一，蟹爪、玉繡球、黃色、白色、紫色都有。在「秋色」中，這些假菊花大都作藝菊的一盆開上二百朵的盆菊。此中有用蘿蔔來雕刻而成的白菊花，一塊塊的菊花瓣分明。也有用蠶繭來開成菊花瓣，然後一塊塊綴上砌成了一朵黃菊花。前者沿途用花洒淋水，增加盆菊的眞切感，後者利用淺黃色的蠶繭，極像黃菊的色澤而帶有柔軟，各擅勝場，維肖維妙。至于菊花葉，有的用蠟製成，也有用一種綠布剪裁成的，都很像眞。

佛山秋色中的仿古製作瓷瓶

除了菊花外，牡丹、芍葯、梅花、蘭花也有，全部是贋品，無一樣眞，也無一樣不維肖維妙。另外又有賣花的，這不只是假造，還要作賣花人狀，沿途叫賣。他們捧着個竹窩籃，上面擺着一朵朵假白蘭花、含笑花、茉莉花，沿途學着賣花人的「市聲」，誰看了，誰也覺得有眞實感。有些則假造一個花瓶，上面插着枝假桃花或是吊鐘花，另外却用一個人在後邊，暗暗搖着幾枝長長的鐵線，鐵線上面安上幾隻假蝴蝶，由于鐵線的搖動，使到這幾隻假蝴蝶就像是活的一樣，在花上盤旋飛舞，栩栩如生，這更生色了。

虫類有蠶，有蠶蛾。又是用一個竹窩籃！在竹窩籃底下滿舖着桑葉，上面便是蠶。當然所有的蠶蛾、蠶和桑葉都是僞造的，但不知用什麽東西可以做得這樣像。

魚類就妙得很了，妙在不只像眞，還會活動。他們由一個人扮作肩挑販賣的人，肩上的一條担竿軟而不硬，兩頭是一個淺而濶的木盤，走起路來，由于担竿的稍帶軟性，兩個盤隨而上上下下，搖曳生姿。那一對盤載着點淺淺的水，水上露出了一些屬魚鼈類的甲魚、塘虱魚，由于盤的搖曳，盤裏的水便隨而蕩漾，只浸在一半水上的甲魚和塘虱魚，便隨着水的蕩漾而覺得它的生動。他們一面走，一面作狀叫賣，眞的是妙得很，妙在大家明知盤裏的甲魚和塘虱魚是假而利用這樣子使到它活動。這個「僞術」作品是怎樣來製成？先用涼粉草，以製涼粉的方法，在液體時傾在一個模型上面，這些模型是甲魚、塘虱魚的模型，待涼粉凝結，取出來，便活像甲魚和塘虱魚。涼粉的色澤，恰巧和這些甲魚塘虱魚一樣，完全沒有什麽分別。而涼粉是滑的，放在只浸着一半的水上面，搖蕩着水，便使人看來既覺像生，又像活動了。心思之巧，確無人不極口稱道。

又有開刀販賣魚的，當時就有些魚販在早晚兩市，把大條的魚開刀來挑着上街零賣，「秋色」中便因而有這個「僞術」作品。他完全仿着這類魚販，挑着來走動，一樣發出叫賣的市聲。所有大條的魚開了刀，有魚脊肉，有血淋淋的魚腩，魚頭和魚尾，面前有個砧板，一把切魚的刀放在砧板上，所有這一切，包括種種切開了的魚、砧板和刀，通通都是假的，在「松光」火把下映着鮮紅的魚血，加上他們挑着叫賣，誰看了，誰也覺得有眞實感。

古葉盆栽和石山

除了花卉蟲魚外，還有的是陶瓷銅器的古董、盆栽和石山。這些贋品，都佔着「秋色」中的重要部份，爲出秋色」和「睇秋色」認爲不可少者，這都極有一說的價值。

古董的製作，完全有所根據，對每一製作都有着攷古的學問，某一朝代的制度和色調，都不會違背不同。有商彝周鼎銅器時代的作品，有什麽窰什麽窰的花瓶、碟和人像。粉窰是粉窰，柴窰是柴窰，什麽雨過天青，什麽醉紅，什麽綠釉，什麽五彩，全都可以在每次「出秋色」中見到。當然，所有的製作都是「僞裝」作品，大都用紙朴來製成，妙在不露半點痕跡，使人覺得這是銅，這是瓷，這又是陶，更見功夫的是着色，他們有本事做出羊脂色、雨過天青色、醉紅、五彩和變釉的色，即使你是個古董的收藏家，你也會興味盎然的欣賞，明知他們是僞造出來，也一樣的感到興趣。

佛山秋色中的古葉盆栽和石山仿製品

佛山最大最古的陶窰是在石灣，它的出品雖是陶器，但也佔着古董中重要的一頁，他的出品中有變釉的瓶、碟，尤其以栩栩如生的人像、鳥獸著于時。因此「佛山秋色」就不少是仿製石灣的陶器古董的。就近取材，本地風光，尤爲喜歡石灣古董的收藏家所最欣賞。

除了這林林總總的古董外，還有盤栽，針松、羅漢松、榆、柏、杉、楓。懸崖的，盤枝的，枯枝的，無不盡態極妍，也無一不是贋品。其中包括了種種形式的盤，小石，也都是僞造，使喜歡盤栽的人，對這些盤栽的「秋色」稱賞不已。

最妙的是「石山」，「石山」是廣東話，又名「盤景假山」，用石堆砌而成，以氣勢巍峨，又以具林泉之勝，而山路不致閉塞，處處有路可尋者爲佳作。佛山秋色的「石山」完全能顧慮到這點，他一樣有瀑布，有小樹，有小亭小橋小舟，也有人物。而所有砌「石山」的石，和這些小器皿，也都不是像平常的瓷或陶器，換言之，整座「石山」，除了水外，無一不是「僞術」做成的。製造「石山」的石，眞的是妙不可言，計有多種，一是用燒焦的煤炭所削成堆製，一是就地取材，拾取廣三鐵路火車的大塊煤頭來堆成，也有完全用木材雕刻的，還有一樣，眞是不能不佩服他們的心思技巧，好些給白蟻蛀食的木材、棟樑，蛀到千瘡百孔，他們就在平日搜羅了這些白蟻蛀到變了形的木材，然後在用的時候來作爲一般「乳石」假山。堆砌起來，固然很像，妙在更可以切合顏色。大座的「石山」，他們就這樣來製成的多。其中小樹，松竹山花，都有法子假製，而亭台樓閣人物，小橋白鶴，不是用番薯刻成，便是用蘿蔔來刻，這樣一座假「石山」，不僅在「秋色」中獲得人稱讚，便是放在家裏園中，也可以亂眞的。

陸地行舟成妙句

除了上述種種外，還有一樣叫「陸地行舟」的，這

佛山秋色中的石灣陶器瘦骨仙仿製品

是一套套的人物故事。由幾個人穿上了古裝，沿途演出。這些故事，隋煬帝陸地行舟是其中的一套，其餘都是民間熟識的故事，如山伯訪友，如關公送嫂，如桃園結義，三英戰呂布，孟姜女哭長城，郭子儀祝壽，秦瓊賣馬等等，不一而足。但無論是什麼故事，凡是這個玩意兒，「出秋色」和「睇秋色」的都一律稱之為「陸地行舟」。這是為了最先以這類穿起古裝來作為一項節目參加「助慶」的是陸地行舟，後來雖然一套套不同，大家也以「陸地行舟」稱之。這正像廣州初有長途車，是一間叫做「加拿大」公司承辦的，所有的「巴士」都在車旁寫上「加拿大長途汽車公司」，于是廣州市的人此後便把所有的長途車都稱為「加拿大」一樣。

這類「陸地行舟」式的故事巡行，每次「出秋色」的一定會有幾套，頗為婦孺輩所欣賞。每個故事用幾多人物都出齊，一個個穿上古裝，這些古裝都是戲服，因而也頗像一齣戲的演出，但這是啞劇，飾演的人最多也不過有點動作，并沒有開口。能夠有聲有色的就有只兩個故事，一個是「宮娥調雅樂」，一個是「帝子誦詩書」，是「陸地行舟」中的傑作，輕易不能做得到。

「宮娥調雅樂」是由好幾個男的穿上了宮娥的衣服，男扮女裝，拿着樂器，沿途吹的吹，彈的彈，因而成為有聲有色的一套。這困難是必須選識得音樂而又年青的人才可以，這種人材不是沒有，問題是他們肯不肯去做？

「帝子誦詩書」是由好幾個年青的人，穿上了帝子的服裝，一個個拿着一本線裝書，沿途朗誦，有時是誦詩，有時是讀「阿房宮賦」之類。既要明句讀，又要誦來有情緒，這自然也是「陸地行舟」中較困難的扮演。

廿四舖各擅勝場

佛山「出秋色」是集各「舖」的出錢出力而成的。由「主會舖」發起，其他各「舖」便好像必有參加的義務，紛紛報名「助慶」，也立刻來準備。上面所說的「秋色」種類，每一「舖」有每一「舖」的擅長，這和他們的行業聚集地有關係，他們做這行業，自然對某種贋品比較容易仿造了。

佛山的「祖廟舖」，古董店最多，因而「出秋色」的假古董，以他們的製作為最精。他們要仿製一個乾隆五彩，或雍正醉紅，便可以在同業中所有來參攷。因而所有的陶瓷古玉，秦磚漢瓦，夏鼎商彝，他們的秋色作品，都有最高的「偽術」，都能以假亂眞。

「大基頭舖」那裏最多花園，住宅中有花園的固然不少，好些賣時花盤花的花園也有好幾間。因而「出秋色」的巨型菊花，其他的花卉、古樹、盆栽綠果等等，便以大基頭舖的出品為第一。這些花園常有「石山」出賣，因而「偽術」的「石山」，也是以「大基頭舖」為擅長。

「豐寧舖」最特長是以「陸地行舟」這類人物故事來參加「助慶」。原來「豐寧舖」有一條街道名為「通花街」，專賣故衣，好些戲人押斷了的戲服，他們對這些扮演古人的故事人物，要什麼服裝也有。別「舖」如要以「陸地行舟」的人物故事來「助慶」，對于古裝衣服便傷腦筋了。因之「豐寧舖」參加「助慶」，總是使出他這「得天獨厚」的人物故事來。

還有「柵下舖」，那裏不少人是在各魚當賣魚的，他們天天劏魚，遇到了大魚，魚鱗厚的，便把這些魚鱗留起來，晒乾貯藏起。因之「出秋色」的魚鱗羅傘，御扇，宮燈，大都為「柵下舖」所獨有。「柵下舖」對于這些魚鱗作品的製作，要費許多時間和人力，他們大都是手作工人，白天有職業，非在夜間製造不可。而「柵下舖」又是個貧瘠之區，別的地方如果來開夜工趕製秋色作品，自會由公欵來開支消夜，大杯酒大塊肉，「柵下舖」可不會有，他們每開夜工，除了一壺茶，幾隻茶杯，只供應茶水之外別無他物。這個茶壺是綠色，只須扳着傾側，便可以把茶傾出來，是石灣的出品，最適合人多飲茶之用。就為了這原故，便有個笑話。別「舖」的人說起了「柵下舖」開夜工趕製「秋色」出品，便說他們的消夜很豐富，一隻大大的鷄，好幾隻鷄蛋，人人有份。這是把這綠茶壺當作一隻鷄，幾隻茶杯當作幾隻鷄蛋來說笑他們。不過佛山人「出秋色」，個個既熱心而又帶有英雄主義，好得在會景巡遊時「撈標」，因而「柵下舖」的捱苦，也决沒有什麼怨言和沮喪的。

巡行路徑也有假

佛山「出秋色」的主會，有一樣最傷腦筋的事，這便是所謂「巡行路徑」，由那裏集合出發，由那條街道轉入那條街道？計算過共有幾多個「助慶」的單位，有幾多條金銀龍，幾多頭醒獅，「車心」幾多架，「舞大頭佛」、「鑼鼓櫃」、「十番」、「陸地行舟」又有幾多，再加上了其他出品，計算出由頭至尾巡行所經，需要幾多時間，然後才可以把巡行路徑編排，否則便會首尾接近，甚至是「咬尾」也有之。負這個統計和編排責任的，非認眞熟識街道的一切不可，這包括街道的長短也要熟識。善于此道的，他們還可以顧慮到疏導擠逼，使到「睇秋色」的人雖多，也不會擠在一起，這眞是一門學問。

「出秋色」的有計劃來維持秩序，可以說是十分出色當行，他有兩下絕招：

第一下絕招是封閉街道，佛山每條街道的街頭街尾有閘門，主會在巡遊經過某一街道時，便把附近可以通入這條巡遊所經的街道加以封閉，派出人去把街閘關閉起來，使到巡遊所經，不會這邊衝進一堆人，那邊又衝進一堆人，使秩序凌亂，這樣的封閉街道，非熟識各街道情形，完全把握着整個佛山的地圖不可。第二下絕招，更是妙不可言，深得「出秋色」以僞亂眞之妙。這是發出假的巡行路徑，在「出秋色」前幾天來叫賣，憑此來擾亂人心，使一般人無法根據路徑來擠在一起。人們說佛山秋色是樣樣都假，却估不到巡行路徑也有假的，你說佛山秋色是不是一切也「甲天下」？而佛山先民的智慧也就可知。

但眞的巡行路徑也未嘗沒有，若干假路徑之中才有一張是眞的，許多人都無從辨識，因之這便要說經驗，也因之便產生一種善于去尋找「睇秋色」路線的人。

銀牌錦標個別獎

無論什麽會景巡遊，都會有錦標頒獎，習慣只是由大會給每一個單位，佛山秋色却不然，錦標之外還有銀牌，而且不單是贈給一個單位，是個別贈獎給每一參加出品者。尤其不同的是幷非由主會頒贈，而是由「睇秋色」的人自動製就來獎贈。這可見佛山人對秋色的重視和鼓勵，他們除了認捐欵項贊助外，還製就銀牌和錦標來當場個別獎贈在巡遊進行中的每一種出品。

好些大商店，大戶人家，當秋色行列經過的時候，他們不只參觀欣賞，還要憑自己的眼光來判斷那一樣出品的好與不好，遇到了他們認爲好的，便當面以銀牌一面來賞贈，掛上這出品去。往往一件超卓的出品，在巡遊還不過一半路程，已經掛滿了銀牌，或是錦標了。這固然是對出品人的鼓勵，也對外來客一種暗示那一樣出品的好不好，說起來這又是佛山秋色的特色。

晒標巡遊在白天

佛山秋色由于是紀念對黃蕭養的疑兵抗暴成功，當時是在晚上舉辦，因此後來的「出秋色」便規定在晚上，同時也由于「秋色」是以僞亂眞的作品，多數屬于手工藝品，自以晚上展出爲佳，這容易予人以眞假難分之感，這又非在晚上來舉行不可。但在「出秋色」後的一二日，却會有一個「晒標」巡遊，這個晒標「秋色」的巡遊，却是在白天裏舉行的。

所謂「晒標」的一個「晒」字，便是炫耀之意。這些出品，全部是晚上「出秋色」時獲得銀牌錦標最多的，他們表示這些出品的出色，表示這些出品便是在白天裏也可以使人看不出它的眞僞，因之便集合了這些奪標之作，來在白天巡遊一次。而除了這個作用之外，還有一個用意是對賞銀牌、贈錦標的人一種謝意，讓他們在白天裏再來欣賞一番。

照例這些出品既是奪標之作，這白天的「晒標」巡遊就該更哄動了。但很奇怪，這個「晒標」巡遊，習慣性是不會使人怎樣熱鬧爭看的，可能是從各地來「睇秋色」的人都回去了，這也是不會造成熱鬧的主要原因。

每一次「出秋色」，佛山人的消費是相當大的，「松光」火把，人伕和扮演種種角色的人物薪金，一些職業藝人的酬金，與及主會，參加「助慶」的各單位，這些開銷都很不少。另外還有和「出秋色」沒有關係，而只是關係「睇秋色」的人，他們的消費也大得很。

首先是捐欵，第二是準備銀牌和錦標，最爲消費大的是招待他們的親友，吃飯消夜，替他們覓居停那筆費用。原來每逢出一次秋色，省港澳和四鄉的人都到佛山來參觀，沒有親友的便去住旅館，找不到旅館的便在市上看完了秋色，浪蕩一番，到明天早上才回去。但大都是爲了有親友，探訪親友的多，因此凡是住在佛山的人，在「出秋色」的一天，便誰也有親友從各地到來，而他們便無論貧富，也得出全力來招呼爲了「睇秋色」而來的人。起碼是兩餐飯，一餐消夜，你試想，這筆開支是如何的大？但也有好處，出一次秋色，總會使佛山的許多行商業帶來不少生意。除了酒樓茶館，副食品的行業供不應求之外，還有好些地道出品的商店，會利市百倍。

佛山有好些出品是獨有而又馳名省港澳的，如佛山盲公餅、臘肉餅、芝蔴餅，鹵水醞蹄，石灣的陶器製品，到佛山去的省港澳客，照例是大買特買才回去的。因之「出秋色」雖然可以說是一件勞民傷財的事，但一方面也可以說是帶來了繁榮。

時至今日成陳跡

總括「佛山秋色」的種種，是馬步吹，頭牌，宮燈御扇羅傘的精巧製作，生動的「舞大頭佛」，「陸地行舟」的人物故事，金龍銀龍醒獅，車心，鑼鼓櫃，十番，花鳥虫魚，古董石山盤栽的贋品，而做成了這全國，甚至是全世界所無的會景巡遊；有意義，有作用，充份表現出佛山人的智慧而又夠「鬼馬」，確是值得大大把它表揚一番，很應該一直的保存，永遠有這個盛會才是。但由于八年抗戰，淪爲日治，更由于光復後不久，河山變易，因而這三十多年來都已沒有舉行，只在文革前曾曇花一現，有些「僞術」出品會在「藝術館」陳列過。到了現在，俱往矣！已經成爲陳跡，「佛山秋色」這四個字，亦已成爲歷史名詞，這是何等值得懷念的一件事！

馬場三十年

老吉

上期先講「何謂馬王」，然後再講到「空中霸王」的一切。談起「空中霸王」，如果在現在，大約祇值第五、六班資格，因爲二十多年前由澳洲運來的馬匹，尺寸矮小，而且完全在澳洲從未上陣，等運到香港之後，慢慢操練，功夫從頭做起，馬尺寸小，步伐當然不大，做出來的時間也當然不會像現在大尺寸馬快。現在的馬匹，是因爲尺寸小和從未跑過這兩點，在澳洲馬販子辦不到，於是本港馬會方面，不能不改變方針，因而先將「小馬」PONY改爲「大馬」HORSE，然後逐步再改爲在澳洲跑過的馬，運到本港，一樣可以上陣，比以前的硬性規定「從未出賽」這四個字，比較上容易得多了。

「空中霸王」在一九五一年贏了大爛地，「沙宣杯」後，直至同年十月八日出「秋季碟」一哩，軟地負一五九磅，贏了是年度的新馬「螢火」（梅倫，一五五磅）三乘後，過了兩個多月，再與「螢火」爭「香港秋季冠軍」，成大熱門，（負平磅一四七而陶君又過重三磅）爲「螢火」（阿圖茂君騎）擊敗，輸了兩個半馬位，時間是二分十六秒三好地。

一九五二年十月，「空中霸王」仍在第一班中，但馬主黃寶賢兄，因與陶君在賽事中有多少意見不合，乃另行物色騎師，是月初出先換招基繁執轡，出一哩，負一五九磅敗於保亨執轡的「螢火」，跑了個「梗頸四」，連位置都打不進，大熱門倒灶得很慘，接着黃君將此馬出讓於當年嘉彰莊銀行的老總和一位戴君，改由藺飛君執轡，藺飛當時是紅騎師，同時在十一月份跑六化郞，（不是現在的六化郞四十碼，）負一五六磅，因「螢火」未曾報名，牠便以三乘易勝，時間一分十六秒二。

「空中霸王」在一九五二年十二月十三日再爭秋季冠軍賽一哩二五，平磅俱負一四七磅，仍由藺飛執轡，同場七駒競賽，這一次「螢火」上場了，由阿圖茂執轡，（阿君是大近視，現任香港大酒店有限公司屬下的淺水灣酒店經理，他騎馬一定要帶上眼鏡，當年，隱形眼鏡尚未發明，騎馬帶眼鏡是非常危險的，所以阿君跑到一九六〇年季尾之後，便高掛馬靴，謝絕賽馬，屈指一算到現在已有十一年了，）同場還有一九五〇年的「打比」頭馬「博落」，（騎師蔡克文，現在也已掛起馬靴，除了經營棉花事業之外，還是馬會中的記時員），正所謂强敵如林了。

這一場賽事，「空中霸王」不能控制全局，因爲第一熱門不是牠而是「博落」（獨票有二萬七千九百廿五張），第二熱門則是「螢火」（獨票二萬三千四百七十六張），然後再輪到「空中霸王」第三熱，負獨票二萬二千〇〇一張，是日場地乾快，競賽的結果，「螢火」跑第一，「博落」第二，保亨騎的「快的盧」第三，而「空中霸王」竟跑了一個「梗頸四」，輸得出人意料之外。

過了一個月週年大賽開始，第一班馬照例在第一天奪「華商會所金杯」，（這座金杯，當時價值已是一萬二千元，現在更不得了，可是獲得此杯的永遠保持性卻並不容易，條件是要同一馬主同一馬匹連贏三次頭馬，方能得此金杯，試問這樣嚴格的條件，那裏辦得到呢？所以這具金杯至今仍然屬馬會所有，不過，每一次得頭馬的馬主，卻可以得一具複製銀杯，並在金杯木座上，刻名留念，）那一年是跑一哩而不是現在的一哩一七一碼，這一次祇有五駒上陣，保亨的「快的盧」是第一熱門，負磅一五二，負獨票一萬九千三百卅五張，藺飛仍騎「空中霸王」，第二熱門負磅一四九，負獨票一萬六千七百九十二張，結果是「空中霸王」以兩乘半贏了「快的盧」，快地時間是一分四十四秒二，這個時間如與現在的馬匹比較，可能連第六班馬都跑不過，因爲現在第六班馬快地跑一哩，隨便可以做進一分四十四秒，於此可見，現在香港馬匹的質素，比一九五三年時，不知道提高了有多少了。

接着「空中霸王」又在是季季尾，負一五九磅，在大爛地之下贏了最短路程半哩一七〇碼，大熱門贏了二馬「安得」（已故司馬克執轡）僅僅一頸位。

這一場賽事，可說是「空中霸王」的最後一戰，因爲在一九五三至五四年度，牠已不能上陣了。

總計「空中霸王」由一九四九年起，跑至一九五二年止，共得頭馬十五次，錦標多次，共得獎金六萬二千二百五十元正，因爲當時的獎金比現在要少了兩倍都不止，（當年頭馬獎金三千元，現在則增加至一萬元，）如果在現時，牠的獎金至少要超過二十萬元有餘了。

這是香港戰後的第一匹可以說得有馬王資格者，此後便要輪到「螢火」了。

螢火來了

「螢火」是一匹白馬，（馬場術語從英譯變成而一灰馬，般馬佚則叫做青馬，）也是一九五一年的新馬，比「空中霸王」後了兩年，此馬編號R3，當時祇有三歲，可是生得軀幹雄偉，性情亦頗馴良，而且韁口非常靈活，當年執韁，得此馬者為戴榮光君，戴君是營香烟業的，在港設廠，出了「倫敦十七」與「三寶」兩種香烟，老戴靈機一動，想乘此為他的出品做廣告，便題此馬名字英文叫London 17，中文叫「倫敦十七」。

他不知道馬會的規例，（因為他是初次養馬，）這規例，「無論任何馬匹的名字，不能與此馬馬主的營業性有關」，因而這個馬名，馬會起先不知，任牠照用，可是跑了兩次之後，馬會便寫信給戴君，英文馬名，暫准照舊，而中文馬名，一定改過，不能用「倫敦十七」四字。

因而戴君便不得不將此馬的中文名字，改為「十七號烟」。

「倫敦十七」初次上陣出新馬「希望賽」一哩，時在一九五一年二月廿四日週年大賽第一天的第三場，由徐文奎君執轡，負一四七磅，大勝二馬「超羣」（當然不是現在的「超羣」，不過中文譯名相同耳）六乘，時間是一分四十六秒二，也是同日五組新馬一哩賽最快的一組，並且顯示此馬將來必是第一班馬。如所週知，當年馬匹的質素不及現在甚遠，「空中霸王」的一哩，也不過一分四十秒另耳。

講起「倫敦十七」的騎師徐文奎，有一段古，徐君與他兄長徐國祥君同是馬會騎師，可是兄弟倆好似水火一樣，從不交談，並且，兄長國祥的英文「徐」字拼音為SHU，老弟文奎的「徐」字拼音為HSU，即此一點，已可見兩兄弟的意見如何了。

他們兩位是浙江寧波人，大約寧波人的脾性，比較梗直倔强，可是親兄弟而見面連頭都不點，也可說是奇事一件了。

「倫敦十七」第二次上陣，是週年大賽第二天，（與第一天祇隔四天）出賽「皮亞士杯」大掄彩票賽，路程一哩二五，仍由徐君執轡，一律一四七磅，結果第一熱門以二分十七秒正贏了二馬郭子猷騎的「金章」半乘，第三是藺飛騎的「母獅」在「金章」的半乘之後，「倫敦十七」獨贏派彩十二元八角，位置祇有七元正。（請看上列的電眼圖片。）

「倫敦十七」第二次上陣獲勝的電眼照片

各位記住，這一年馬會初次施用「電算機」，（這座舊電計機已於前屆拆去而換上了現在的新電算機了，）獨贏與位置票的售出票數，（這又與新機不同，新機是祇有銀碼而無票數及位置票售出銀碼，但是却加上了「孖寶」與「連贏位」的售出銀數），已可以一目了然了。

在這個時期，可與「倫敦十七」一鬥的，新馬中祇有郭子猷的「金章」一匹。

「倫敦十七」怕「金章」，牠第三次上陣，就敗於「金章」蹄下，時間是三月廿六日，路程是六化郎，「倫敦十七」負一五九磅（徐文奎），「金章」負一五七磅（郭子猷），前者以四乘之多敗績，奇怪得很，這一場賽事，大熱門不是「倫敦十七」而是「金章」。亦可謂奇事了。

其實，憑良心講一句，當年徐文奎的騎術與郭子猷一比，可說是有天淵之別，如果當時不是徐君騎，「倫敦十七」是不會輸的。

「金章」的馬主是故李子方君，他是當年東亞銀行的董事，也是現在東亞銀行總經理李福和君的令尊翁。

還有，「倫敦十七」與「金章」的練馬師同屬於現已退休而仍在香港居留的李斯考夫，（他的門徒貝爾波夫、張學文、李殿林三個，現在都是馬會中的練馬師，）所以這一年，老頭子（李斯考夫的花名）出足了風頭。

三次馬跑過，「倫敦十七」便改名為「十七號烟」。

第四次出戰，在四月七日爭「遮打杯」，路程一哩一七一碼，大爛地，牠又由徐文奎負一五九磅贏了畢浩清兄騎李蘭生五叔名下的「偉景」

兩乘半，又是大熱門，獨彩祗有十元另六角了。

第五次在五月十二日「打比」大賽了，當時的路程是一哩半，比現在的一哩一七一碼長得多了，「十七號烟」當然是第一熱門，這一天天下大雨，塲地濘爛不堪，「十七號烟」又是易勝二馬陶柏林騎的「金章」，可惜，徐文奎操之過急，在體育路轉彎處，橫越了畢浩清的「偉景」，賽後，老畢告了他一狀，當時雖沒有巡邏電影，但在左近却有瞭望員，結果由瞭望員證明屬實，董事會先掛紅旗（控告），後掛藍旗（告准），將「十七號烟」的頭馬罰去，結果二馬「金章」變成頭馬，三馬「飛將軍」變成二馬，而第四的「娜威民」變了第三，這一下，大彩票得主見財化水，二獎得主無端端得了頭獎巨欵。

還有更大鑊的事呢。

聽說「十七號烟」的馬主，認爲此馬可以贏實，買了牠的獨贏票三萬多元，結果又是見財化水，他的太太已有身孕，也於此時在包廂中昏了過去。

「金章」與「飛將軍」都是大冷門，前者獨彩派了一百七十五元三角，位置卅四元四角，後者位置卅七元八角，當時如果有連贏位，派彩非過五六千不可了。

是季季尾最後一天賽馬是六月二日，「十七號烟」由徐君爭「馬王」榮譽了，第一熱門，在大爛地上竟爲郭子猷的「飛將軍」以四乘之多將牠擊敗，又是大爆冷門，「飛將軍」獨贏派一百〇三元四角之多（按：「飛將軍」的馬主是鄭中樞兄，也是現在「紅寶」的馬主）。

下一季由十月起始，「十七號烟」以四萬元（當時是馬匹最巨大的數目，由「依拉士」君（現在「閃電火」的馬主，）購進，改名爲「螢火」（FIREFLY），騎師也由徐文奎君改爲已故的梅倫君（H.MAITLAND）。

大約徐君的鞍轡都是在「長」的方面，合乎騎中國馬而不合騎澳洲馬，「十七號烟」是澳洲馬，與徐君不能配合，贏馬是完全靠在馬匹質的素特出，方有成就，請看現在香港的賽馬，無論那一位騎師，都是短轡短踏，不易成功，當年徐君是身高腿長之人，要他縮短踏蹬，祗有韋耀章兄一人而已。同時應環境而成功者，祗有韋耀章兄一人而已。同時，長轡長踏，馳騁起來，對澳洲馬實在有不利之點，「十七號烟」初時就吃了這一個虧，由徐君連出連拼，多少有些吃不消，幸虧馬質高，年齡輕，才能捱得住，可是休息了一個暑期出賽，尚未能完全恢復體力，於是乎「螢火」初出「秋季碟」一哩，由梅倫上陣，負一五五磅，便敗於老將一五九磅陶柏林的「空中霸王」蹄下。

那一天塲地軟爛，十三駒上陣，第一大熱門還是「空中霸王」，總獨票數是四萬三千多而「空中霸王」竟佔了二萬五千多，可見馬迷對「空中霸王」的重視，結果順利贏出，獨彩祗派七元四角耳。

跟住過了三星期，「螢火」再出第一班A六化郎，大熱門打出位置，問題是出閘包尾，跑短途負一五九磅而出閘包尾，當然希望全無。那一塲由郭子猷的「威域士山」贏出，冷冷地獨贏派彩三十四元九角。

老將梅倫騎「螢火」，兩出兩敗，那裏甘心，於是關照練馬師王阿毛悉心催谷。（按「螢火」由依拉士購入之後，由李斯考夫馬房換到王阿四馬房，王阿四是老練馬師，今年八十高齡，依舊精神爽利健步如飛，我在銅鑼灣利園山道一帶，時時都遇見他，已退休的林雲福，亦是「空中霸王」當年的練馬師，與現在剛剛退休的林雲亮兩位，皆是阿四外甥，他們兩個叫阿四一聲「小娘舅」）同時早課之時，也由梅倫親自主課，令「螢火」一步一步適應，這樣的操練與催谷，過了一個月，到五一年十一月廿四日出賽「香港聖立治賽」，一哩七五。（這個路程，現在香港有十多年不見了，因爲路程實在太長了。）參加條件限於五一年新馬，所以祗有「螢火」（梅倫）、「金章」（阿圖茂）、「挪威民」（愛夫諾脫）、「飛將軍」（郭子猷）四匹馬上陣，「螢火」當然是第一熱門，五萬二千多總獨贏票中，牠佔了二萬八千多，結果輕易地贏了「金章」兩乘，時間三分十二秒三，（此程現已取消，時間最快紀錄三分〇九秒三，是四一年十二月六日已故李寶椿君的「豪華時代」創出，騎師是阿圖茂，那一天跑過之後，過了一天便是日本人偸襲珍珠港，香港便在十二月八日發生戰事，）獨贏派彩祗有八元一角。

再過一個月，「香港秋季冠軍」（公開賽）又來了。

梅倫是「怡和」（當時叫「渣甸」）馬匹的主任騎師，這一塲賽事，「怡和」有一匹「抗法驁」上陣，明知無希望，梅倫也不得不騎，因而提早對依拉士君講明，不能騎「螢火」上陣。依拉士（他今年已過七十，每賽馬，必定到塲，眞是香港馬塲的忠臣，）於是一手拉住了阿圖茂，請他上陣爭此榮譽。

這一塲「秋季冠軍賽」，平磅一四七，大熱門當然是跑一哩二五路程有佳績陶柏林與「空中霸王」，八駒上陣，牠負了三萬四千多的獨票，總票數是四萬七千多票，換一句講，其餘七駒，祗有一萬三千多票，也可見馬迷們對「空中霸王」的熱烈捧塲了。

這一塲賽事，在好地上擧行，阿圖茂用足全副工架，「螢火」也發揮本身實力贏了牠兩乘半，獨贏派彩卅四元七角，「螢火」大顯威風。當時馬會對這一塲頂班馬特別榮譽賽事，頭馬獎金祗有三千七百五十元，二馬二千元，三馬一千七百五十元耳。

從一九五一年開始的幾年中，香港馬會中有所謂「三王」的，那就是「螢火」、「空中霸王」和「博落」。我出版的「老吉馬經大全」就曾經刋載過「三王圖」的照片。

（十九）

Open, and go vrooooooooom...

法國羅莎最新男仕古龍水

A new line for men, cologne and after-shave. Sold exclusively at ROCHAS official retailers.

在美國演京戲

・陶鵬飛・

美國金山國劇社爲擴大慶祝開國六十年國慶紀念，於十月九日、二十日、廿五日接連公演三次好戲，每次都很成功，這不但在國外票房，就是在香港的票房來說，也是一件難得的事情，眞可算是國劇在海外的空前盛舉。

該社又從台北特請名老生李金棠、名丑吳兆南專程來美指導及參加演出，更有羅省國劇社的小生及青衣名票劉瑛女士前來助陣，所以演出的聲勢大振。琴師郭筠峙和鼓師林化明都是內家，所以文武場面，也是在海外很少見的。

在美國人人忙，每人作事的時間又不同，太太們作事管家，因此要使很多的票友和文武場的人員全湊在一起，實在不容易，所以每次演出，每人都要「惡性補習」，簡稱「惡補」。這次演出的戲如「打龍袍」和「全本四郎探母」，又都是用人很多的戲，因此每次最後的彩排，都要通宵。記得因爲「打龍袍」排的不夠理想——雖然，李金棠、吳兆南、郭筠峙、林化明四位老師同時上台，實行單獨訓練——等開始排第二次的時候，已經是早晨六點鐘了，但是老師說再排就再排，主角、配角和龍套雖然做了一天事，加上一夜沒睡，沒有一個人離開，也沒有一個人抱怨，這種愛好國劇的精神和興趣，眞是值得佩服。

先從頭說起：十月九日演出的是：一「女起解」，由邱肖雲飾蘇三，崔仙岩飾崇公道，肖雲在台灣藝術學校學過戲，有嗓子，也有舞台經驗，兩年前金素琴女士在舊金山演出「宇宙鋒」等，特選肖雲爲啞奴，頗獲好評。近年來從郭筠峙老師專攻梅派青衣，聲韻、道白都好，板眼準確，幾段唱工都獲得普遍的掌聲。

說起崔仙岩，眞夠上這次演出的「聽用」，他缺什麽做什麽，學什麽像什麽，在「棒打薄情郎」中，就是「一趕三」——飾二桿、報子、家院。仙岩是「京滬飯店」的老板，肖雲是「翠園」的老板，他們每次排戲和演戲都是「捨財愛戲」，不知店裏要增加了多少開銷。

二，「打龍袍」，這齣戲角色相當多，一個海外票房能推出這齣戲，也可算大胆的嘗試——包拯吳鐵民，李氏吳賢民，蕭永淑反串宋仁宗，陳琳楊壽彭，王延齡鄒寧先，燈官王學文，邱肖雲飾皇后，加上郭槐、車夫、龍套，眞是樣樣角色都有，雖然滿台人，但是井井有條，實在不容易。因爲每人備有錄音帶，早晚自己捉摸，加上郭筠峙的隨時指導，碰在一起就排演一段，所以演出時頗爲純熟。

最精采的當然是大軸全本「棒打薄情郎」——劉瑛飾莫稽，楊美珊飾金玉奴，王學文飾金松。劉、楊二位女士都是台大畢業的高材生，也是該校的國劇名票，她們在台大合演的「棒打薄情郎」尤爲叫座。美珊曾師事白玉薇，專習花旦，扮像美、台型好，在金山演過「遊龍戲鳳」、「紅娘」，「拾玉鐲」等戲，身段和表情都是盡善盡美，莫怪在金山擁有很多的「楊迷」。

劉瑛的來頭更大，精小生，師事賈雲樵，扮相俊秀，嗓音淸晰，能在細處着眼，以表情見長。在台北曾演「春秋配」的李春發，「探母」的楊宗保，「黃鶴樓」、「羣英會」和「龍鳳呈祥」的周瑜，「轅門射戟」的呂布，「鳳還巢」的穆居易，被譽爲「袖珍小生」。此外在台灣中央廣播公司演出過「得意緣」、「販馬記」、「梁祝恨史」、「義責王魁」，一九六三年又在台灣電視公司和徐渝蘭合演「人面桃花」，是台視邀請票友參加演出的第一次，成績良好，重演幾次。台北名劇評家田航、菊如、恕人、張瘦碧等均大爲贊許，莫怪她的莫稽一出台，瀟灑的姿態，馬上抓住了觀衆，連演三台戲，場場叫座，眞是轟動了金山。

王學文是名票丑角，但是金松一角是初試，經過幾個星期的苦練，結果好得出人意外，其他楊壽彭的林潤、李澈之的金永、吳賢民的林夫人，和崔

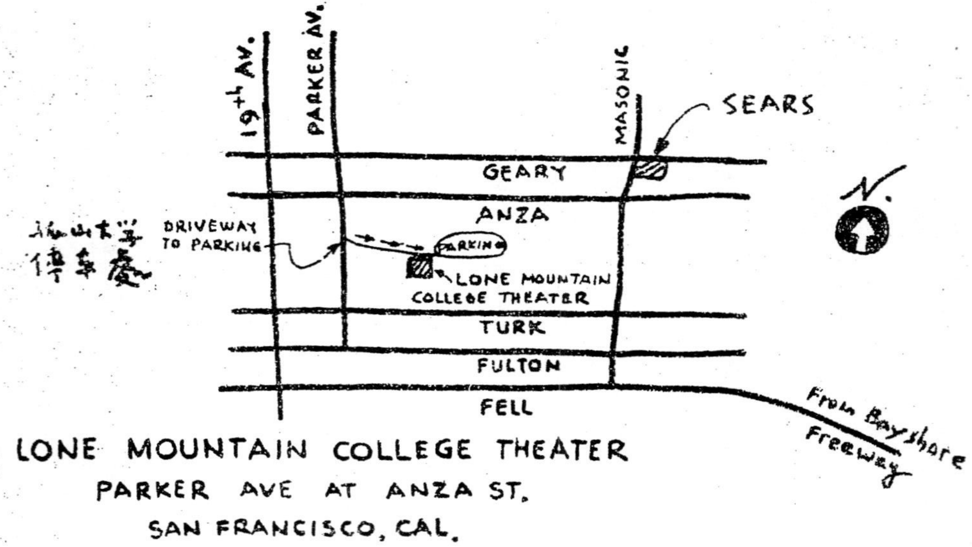

在美國演戲的戲單和戲票上附印演出地點

仙岩的「一趕三」，都是好的綠葉，總起來說以劉楊二位是最好的「合作」。張大千全家、自稱「遠來觀摩」的盧燕，對於劉、楊這次的「棒打」都非常欣賞，就是林慰君等帶來的幾十位的洋學生，也感覺到十分有趣，所以希望她們二位今後多能合作演出幾次。

大千居士觀劇後與劉瑛（右）李金棠（左）合影

十月二十日先是吳宗炎、王學文、鄒寧先合演的「送親演禮」，接着是「全本四郎探母」，李澈之飾前四郎，李金棠飾後四郎，劉英飾前公主帶楊宗保，蕭永淑飾後公主，郭邵大椿飾蕭太后，四夫人邱肖雲，楊六郎吳鐵民，佘太君吳賢民，吳兆南和崔仙岩分飾國舅，陣容很强。

李澈之是第五次演坐宮，又得李老師金棠的指點，更比以前進步，「小番」也「叫」出來了。李金棠北平戲曲學校畢業，是目前台灣中國電視公司的當家老生，去年隨復興劇校在美國演出過，在金山人緣甚好，人稱李老師，所以這次重來，大受歡迎，邀宴不絕。

劉瑛在台北早已兼習青衣，楊宗保的一段小生扯四門更是她的拿手，引起台下一句一采。值得一提的是：蕭永淑，邱肖雲，吳鐵民，吳賢民，崔仙岩，都是由李金棠等臨時排練的，八姐九妹的榮月圓和王育俠（王學文的兩位女兒）更是從沒唱過戲的，十幾天內湊在一起，能演一場大戲，確是難能可貴。

最高潮是十月二十五日演出的四齣戲，因爲要籌募台北來的兩位藝人的旅費，中華聯誼會的會員特別支持，多方推銷座券，天韻國劇社更是幫忙，朱海濤借地氈，王昌杰送脚燈，鄭寧權幫化裝，張大千捐場租，其他的費用也由夏道師、鄭寧權、侯北人、陶鵬飛等捐助，劉瑛自費兩次從羅省往來的旅費，所以能淨收約一千五百元。名醫陳存仁博士，環游世界，適逢其會，也參觀了這次的演出。

陳智琪「加官進祿」及「慶祝國慶」後，吳宗炎，王學文，邱肖雲合演「雙怕妻」，使全場笑個不停，太太小姐們尤爲贊許。

本來定的「遊龍戲鳳」是楊美珊在金山「一唱即紅」的打泡戲，三年前她和香港春秋戲劇學校的康玉釧合演時，唱作都好，這次因爲身體不適，沒能和李金棠同台，頗爲可惜。對於歡喜老生的觀衆來說，改唱的「烏盆計」，當然更過癮，所以很多人都像彭中原一樣，感覺只聽李金棠這一齣戲，就算值回票價，李金棠一晚唱雙齣，賣力極矣。

「二進宮」是去年唱過的戲，李澈之飾楊波，吳鐵民飾徐延昭，去年飾李艷妃的何倩儀改爲蕭永淑，蕭小姐連演宋仁宗後公主和李后，完全是不同的戲，全部現學，每個角色都演的很夠味，眞是富有天材的票友。何女士今年雖沒登台，但是對於演出，確是「勞苦功高」——招待李金棠吳兆南住了一個多月，招待劉瑛住了六次十幾天，請吃飯，接送，加上推銷戲票，有這樣的熱心人，眞是金山國劇社之幸。

三次演出最精采的戲，當然是李金棠和劉瑛合演的「武家坡」——台前擺滿了錄音機，就証明一定是一場好戲。李金棠去年在金山演出很多戲，就是沒演過「武家坡」和「烏盆記」，李金棠來美前，剛和嚴蘭靜在中視演出此戲，劉瑛在台北也常演此戲，雖然這樣，劉瑛還聽金素琴的錄音，看金素琴的紀錄片，接連和李老師排演三天，可見這兩位藝人的「實事求是」，莫怪他們的獨唱和合唱，都不斷獲得滿堂采聲。張大千對於「武家坡」尤爲欣賞，除念念不忘外，還保存了一份錄音帶。劉瑛經過名師指授後，台風和身段更爲優美，不怪她連說：「這次演出三場，雖然從羅省往來七次，請了很多天假，但是除大過戲癮外，學了很多東西，眞是收獲最大，所以要特別謝謝金山國劇社的老師和同好，以及捧場的觀衆。」

文武場，特別是郭筠峙和林化明也相當吃力，「無名英雄」的陳智琪，「單人獨手」管理服裝和道具有條不紊，一樣不缺，更是了不起。

最近名藝人孟小冬女士在「大人」雜誌十九期上提到，在美國研究國劇的頗不乏人，國劇在美國，近年來，確是相當發達，紐約的業餘、雅集、聯誼，華盛頓的燕江，加州的羅省、南加州、金山、天韻，都演出精采好戲，但是海外票房的困難——如服裝，道具，排練，文武場等……多是在台灣或香港想不到的。今年台北業餘國劇比賽新設「經過最大困難參加獎」，我想海外劇社，個個都有得這個獎的資格。

在美國演一次京戲，眞不容易，而金山國劇社，却在十月份一連演了三場，說起來也足以自豪了！

美國來鴻

馬連良與楊寶森

・葦窗・

馬連良兄逝世迄今，不覺已經五年，他是一九六六年十二月十六日在北京逝世的，享壽六十有六。楊寶森兄逝世，早於連良，他是一九五八年二月十日在北京去世的，存年四十有九。我把他們二位合在一起撰文悼念，爲的是在一九五〇年秋冬之間，曾置身於他們二位之間，發生好些事情，足以一記。

馬楊二位都是當代名演員，與譚富英、奚嘯伯並稱四大鬚生，其實奚的藝事較淺，尚不足與馬、譚、楊相提並論。馬、楊都是科班出身，馬是自幼在「富連成」坐科的，楊則在「斌慶社」帶藝坐科，尤之讀書，馬是從幼稚園、小學開始的，楊寶森則是自己有了程度加入作插班生的。寶森是梨園世家，他的祖父楊朵仙、伯父楊小朵都是唱花旦的，從兄楊寶忠就是楊小朵的兒子，學老生，拜余叔岩爲師，倒嗓後，改業琴師，先後爲馬連良、楊寶森操琴。寶森的戲由陳秀華開蒙，名花臉裘桂仙（盛戎之父）、名琴師孫佐臣先後爲他加工，寶森曾有意拜余叔岩爲師求深造，但因寶忠拜師後，常常喝醉了酒到老師家去「串門」，爲余所不喜，因之阻礙了乃弟的前程，這話寶忠、寶森都對我說過。寶森也能操琴，他們楊家上輩就會拉胡琴，寶忠的父親小朵就曾爲兒子登台伴奏；至於寶森的父親幼朵，琴也拉得好。曾在某筆記中見到，某名妓有二客，其一某太史，其二即幼朵，爭相眷愛，不能決定誰屬，終於棄太史而就幼朵。妓曰：「太史公天天敎我做詩，平平仄仄，學了幾個月一無所得，幼朵敎我拉胡琴，三天就學會了！」一時傳爲笑談！

一九五〇年七八月間，楊寶森應源記公司之聘，來香港演出。所謂源記公司，是吳性栽先生的後台老板，因爲他的公子熹升是楊迷，所以請楊南下與張君秋合作演出，假座娛樂戲院，每星期演兩晚；如果演出順利，打算經常請名角來港。其時李少春也在上海，有人問少春：「吳先生是你的乾爹，他怎麽請寶森不請你？」少春笑着回答說：「乾兒子怎麽也不能跟親兒子比呀！」其意思是說請楊寶

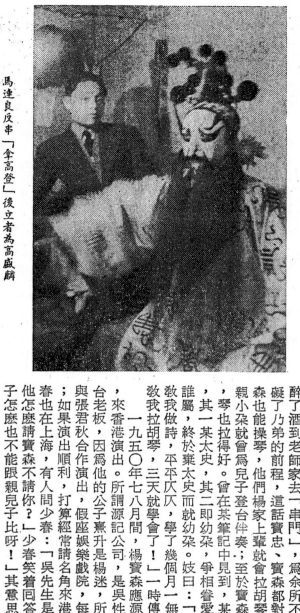

馬連良反串「拿高登」後立者為高盛麟

全部霸王別姬

梅派嫡傳標準名劇

張君秋君（虞姬）

王泉奎君（霸王）

周文偉（項伯）　王德昆（子弟兵）　汪正華（信報）　薛正康（子期）　李瑞亭（李左車）　劉金玉（子弟兵）

范仲禹瓊林宴

提考　失散　問樵　鬧府　打棍　出箱

馬連良君主演　李慕良君操琴

楊寶森君主演　楊寶忠君操琴

（名次以出場先後爲序）

王泉奎君（葛登雲）
胡永芳（白氏）
馬崇恩小弟弟（金哥）
馬連良君（前范仲禹）
劉正義（陸勇）
王德昆（樵夫）
楊寶森君（後范仲禹）
李瑞亭（煞神）
王德昆（報子）
劉金玉（報子）

全部大蜡廟

名票名伶熱誠合作反串好戲

（名次以出場先後爲序）

馬連良君（費德恭）
馬治中君（費興）
李岫雲女士（小姐）
汪其俊君（張院）
張君秋君（黃天霸）
李元龍君（金大力）
趙文彬君（賀人傑）
楊寶森君（朱光祖）
于素秋女士（褚彪）
張伯銘君（關泰）
毛家華君（施公）
劉伯華君（後天霸）
王泉奎君（張桂蘭）
焦鴻英女士（張媽）

一九五〇年九月二十七日馬連良楊寶森在香港太平戲院同台演出之戲單

森南下全是熹升的主意。我因孫養農先生之鄭重推薦，幫忙辦事，從票務、廣告、宣傳、交際一應事宜，全由我經手。當我和養農、熹升、章逸云同到羅湖去接寶森之日，那晚上我到連良家去，其時連良家住銅鑼灣摩頓台，每月房租需一千元。連良就問我：是否我已參加此局？我說是的，他說：「也好，以後我們消息可以靈通一點。」幾天之後，連良就在顏同與俱樂部設宴爲寶森接風，其時常有酬酢，席散後我往往挽寶森到馬家去。連良和寶森都是癮君子，一榻相對，增加感情不少。寶森登台之日，連良親自去後台，並以我之介紹，讓連良的長子崇仁，陪寶森唱「失空斬」之王平、「擊鼓罵曹」之張遼等，因爲寶森此局角色齊全，但未帶二路老生，崇仁之加入，可以彌補此憾！

寶森登台第二晚，演「大保國二進宮」，連良斥一千四百元買了一架錄音機，搬到「娛樂」

楊寶森之「失空斬」劇照

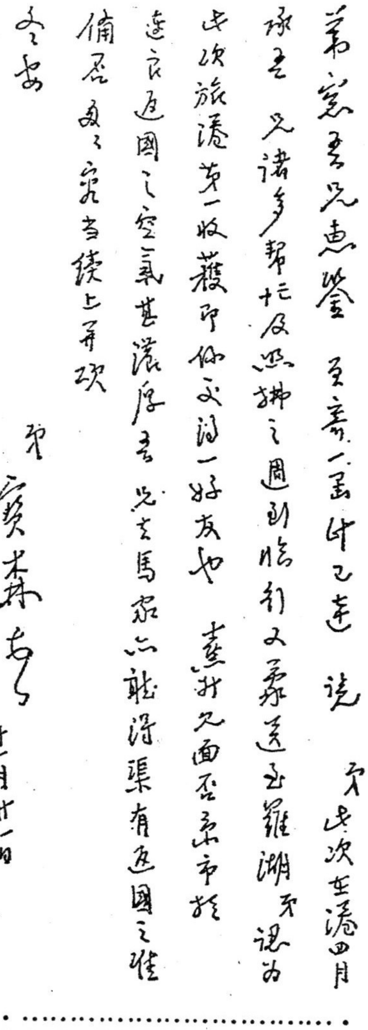
菊窗吾兄惠鑒 至喜一函諒已達 覽 弟此次在港四月
承吾兄諸多幫忙及照拂之週到 臨行又承送至羅湖 弟認為
此次旅港第一收獲即係又得一好友也 熹升兄面否 京市於
連良返國之空氣甚濃 序吾兄去馬家亦能得其有返國之準
備否 見之究告 請續上再談
冬安
弟 寶森 頓首 十一月廿一日

楊寶森之書法，學孫過庭書譜，爲名演員中不可多得者。此函爲其致本文作者之親筆信件，彌足珍貴。

前台，爲寶森錄音。戲畢以後，又請寶森、君秋回家宵夜，其時寶森假寓山景大廈顧宅，君秋卜居添咸道，總要鬧到深夜，方才坐「嘩啦嘩啦」過海回去。

汪正華那時在香港任基本演員，曾經朱琴心介紹，拜連良爲師，亦常陪寶森演出。每登台前一日，必來馬家借服裝，連良有求必應。並曾有一次在烟榻上向寶森提議，說汪正華非馬派之材，要把他「過堂」給寶森，我不懂過堂二字的意義，連良笑說：「就是你們唸書人的換學校。」後來寶森漸少去馬家，那是因爲馬家夫婦二人抽烟，去了客人，主人要讓位，彼此不安之故。

上海戲院業鉅子孫蘭亭君病逝，同人等集議唱一台義務戲，在演出之前，言明連良寶森合演一齣，大軸來一齣反串戲。爲了戲目問題，又大費周章。寶森不肯當面談，要我在中間傳話，連良提議唱「搜孤」，讓寶森唱程嬰，自請唱公孫杵臼。寶森不欲，說他上台一「耍」，我還唱什麼呢？幾經研究，才決定合演「全部打棍出箱」，連良上頭場帶問樵，寶森唱鬧府打棍出箱，戲單是我設計的，由於互不相讓，煞費苦心！原定寶森甩髮出場，寶森又說：「不能讓我披頭散髮上去」，於是連良又讓掉了一場，記得那時連良夫人還和我說笑：「也讓你嘗嘗滋味，就快讓他們兩個人把你擠扁了！」

大軸「虮蜡廟」，連良反串費德恭、張君秋反串黃天霸、焦鴻英的張媽，我問寶森唱什麼？寶森說：「連良知道。」我問連良？連良說：「他當然唱朱光祖，」原來余叔岩當年，即以反串此戲之朱光祖馳譽。這台戲共盈餘六千多元。

關於寶森的劇藝，自有許多長處，但他有生之日，不曾揚眉吐氣過，處處受連良他們的影響，看他寫給我的信，還念念不忘連良的是否回國，可見一斑。戲界內行中人說：「角兒最怕交死運！」寶森即是一例，他死後聲名大噪，余叔岩之後就得數他，但他沒有親身享受到這份榮耀；追念之餘，正爲他不平！

菊窗憶藝錄

銀海滄桑錄

「長春樹」李麗華

蝶衣

舊時戀情　秘密透露

「國泰」外景隊的全體工作人員，包括嚴俊、李麗華在內，到了星加坡之後，都住在「國泰機構」經營的國泰酒店裏。凡是看過「電懋」影片的影迷們，總還記得片頭商標的那一幢建築物，它就是國泰酒店的模型。

酒店的規模極大，單以酒吧間來說，就有好幾個。此外如休息室、吸烟室，也都分門別類，各有所屬。拍片之暇，李麗華、嚴俊經常與工作人員在一起吃晚飯、看電影及消夜。

有一晚，應邀參加「風雨牛車水」一片演出的莊元庸，與李麗華、嚴俊坐在酒店的休息室裏聊天，從李麗華的口中，透露了過去關於她和嚴俊之間的一段情，一個未公開的秘密。事後，莊元庸曾將當時和李麗華的對話，寫入「銀壇交往錄」一文中。

這一篇記述，不僅揭露了嚴、李過去的交誼，同時也讓我們知道：嚴俊還是李老太太張少泉的乾兒子。

現在，且將原文的片段，轉錄如下：

『在拍片空閒下來的時候，嚴俊、小咪和我，常聚在一起閒聊。

有一次，說呀說的，說到了他們從前的事，小咪笑着告訴我說：

「那個時候，在上海，我晚上拍戲，老太太總叫乾兒子嚴俊來接我。嚴俊老是騎輛脚踏車，我坐在他的後邊。冬天，多冷哪，也是這個樣兒。有時候，我們去消夜、喝杯咖啡；有時候，身上一個子兒也沒有，兩個人就只好不吃也不喝。」

「啊！你們兩個人賺的錢呢？」我奇怪地問。

小咪又笑着說：「賺的錢呀，我賺的全交給了老太太，嚴俊賺的全交給了梅邨。」

「梅邨？誰是梅邨？」

「嚴俊的太太。」

「他已經有了太太了？」

「孩子都有幾個了。」

「那你們老在一塊兒，她不知道？」

「怎麽會不知道？我跟梅邨也是好朋友，我常到他們家裏去看她；後來，就因爲我抱着嚴俊的孩子玩，覺得很過意不去，就不理嚴俊了。」

「你們每天在一起，怎麽能忽然不理了呢？」

「我想出了一個法子，專跟那些有錢的人在一塊兒玩，還老笑嚴俊窮。他氣壞了，從此也不再理我。」

「哦！」我長長的「哦」了一聲。

嚴俊在一旁始終沒出聲，到這個時候看了我似懂非懂的表情，他忍不住笑了，嘴裏咕了一句：「傻大姐！」

「這麽說起來，你們在很久以前，已經戀愛了？」

「至少有十六年了。」小咪說：

李麗華演「武則天」

「嗶！」我又叫了一聲。這眞是一段相當長的日子。到今天我寫這篇文字爲止，算起來，他們兩個在將近二十年前，就戀愛了。』

以上的記述，摘錄自「銀壇交往錄」的第七節，這篇文章發表於一九五九年的眞報，一霎眼已是十二年以前的事了。

愛的波折　險瀕决裂

莊元庸在十二年以前，追記李麗華與嚴俊的一段情之後，作着如下的結論道：

『嚴俊是小咪媽媽的乾兒子，他們兩個人也就是乾兄妹。環境把他們兩個人拉在一塊兒戀愛，環境又不允許他們繼續戀愛下去。

一直到前兩年，他們兩個人在事業上、經濟上，都站得住了，可以克服環境了，才結合在一起。而當她們違反意願，互不理睬的一大段日子裏，彼此都在人海中浮沉，銀壇上升遷，不知道又發生過多少事故？他們的人生經驗，處世經驗，彼此都在不同的環境內增長。

李麗華主演「飛虎嬌娃」

現在他們又互相諒解了，所以在我聽到小咪和我說那些話的時候，我對他們起了無限的同情。不管那個時候，風風雨雨的傳說、謠言，是怎樣地多，我總相信他們一定會結合的；而且，他們結合以後，一定是能過着最理想、最美滿的家庭生活的。』

一如以上的結論所言，李麗華與嚴俊締結鴛盟以後，家庭生活一直是過得十分愉快的。但在婚禮舉行之前的一段歷程，則並不如一般想像那樣的順利，其間也曾經歷過無數次的波折，甚至險因波折之發生而導致决裂。

以下，我將依次追記他們往事中的若干要點，以見二人好事終諧之不易。

古屋問卜　飽聽訣詞

「風雨牛車水」的外景拍攝終了後，嚴俊抱定「一不做二不休」的苦幹精神，又拉隊去往馬六甲，攝取另一部新片「娘惹與峇峇」的外景。

嚴俊打發外景隊的工作人員早一天動身，他自己則與李麗華留在星加坡，準備於次日啓程。

乘着有一天的休息，嚴俊决定陪着小咪，瀏覽一下星加坡的名勝之區。有一位熟悉當地風土人情的土生華僑，姓莊，外號「小老虎」，由他客串担任導遊者。

莊元庸在「娘惹與峇峇」一片中沒有戲，留在星加坡未走，因此也參加了這一次的出遊。她與「小老虎」恰巧同姓，一路上談着「宗誼」，偶然說到了命運的主宰，「小老虎」忽然提出了「算命」的建議。

李麗華與奇勒基寶在香港一艘游艇上

在一致同意之下，一行人驅車到了加東區，在一條曲曲彎彎的小路上，找到了一座純星加坡式的老屋，應門的是個老者，個子矮矮，兩頰以下長滿了灰白色的鬍子，他知道來了顧客，呵着腰讓來人進入屋子。

嚴俊、李麗華、莊元庸，被引進了小客廳旁邊的一間屋子裏，「小老虎」則在外邊小客廳裏守候着。

小咪放眼一看，發現壁間掛着一個小神龕，供神之物並不是什麽蜜餞水果，而是兩副又舊又髒的撲克牌。

正在詫異之際，一位又矮又小、又瘦又乾的吉卜賽老婆婆，走進了這間屋子；她用英語詢問誰要算命卜卦？然後口中唸唸有詞，做了幾個手勢，既不像合十拜佛，又不像劃十字架，隨即從神龕裏取下了她的算命卜卦的道具——兩副撲克牌中的一副，坐到了圓桌邊，等待着。

嚴俊與小咪互相推讓了一會，還是由小咪先上前，嚴俊與莊元庸陪着她，一起圍着圓桌坐下，眼睜睜的看着吉卜賽老婆婆作法。

老婆婆熟練地洗着牌，洗完了，一邊注視着小咪，一邊翻過一張牌來。

小咪忍不住笑了起來：「我的媽呀！這幾張牌快要爛了！不曉得靈不靈？」她說：

「求神占卦，要誠心誠意纔行，那有這樣嘻嘻哈哈的！」嚴俊也忍「俊」不禁，笑着接口：「一定不靈了！」

一會兒，老婆婆把撲克牌在桌面上擺列好了，她望着小咪說：

「你最近要出門一次，而且出的是遠門。」

由於老婆婆說的是英語，莊元庸便在一旁，担任傳譯工作。小咪聽了第一句解說，又笑得花枝亂顫：

「算給她說着了！這一次我不是已經出了遠門了嗎？」

老婆婆看到了客人的驚喜反應，得意地說道：「妳有一個心上人！」她一邊說，一邊拿起一張黑鷄心的「愛司」，指着牌解釋：「這個人有一顆非常好的心！」

小咪又忍不住笑了！牌上的一顆心是黑色的，怎麽會是好心呢？但她沒有嚷出來，而老婆婆又開口了：「將來，不管妳到天南地北，這個人總會追來找妳的。」

說完，老婆婆又翻開一張金鋼鑽花的「愛司」，繼續說道：「妳有很多錢，一生一世都有錢，妳出門去，也能賺很多錢回來；而且，妳是名利雙收，妳有很大的名氣。」

莊元庸照話翻譯了一遍。老婆婆又說道：「不過，妳要特別小心，世界上許多事都要碰機會，機會不可錯過，錯過了就追不回來了。」她說到這裏，又拿起黑鷄心的「愛司」撲克牌，對小咪揚了一揚。

花費了五元叻幣，換來了幾乎是誰都會那樣說的「卦語」，嚴俊與莊元庸沒有興致再「領敎」了！一行四人就此辭別了老太婆，走出了這座古老的屋子。

這一次卜卦的經歷，成了外景之行的一項小點綴，小紀念。

外景隊回到了香港，時間相距約有半載，李麗華與嚴俊之間，感情時好時壞。有時，她與他情投意合，談笑甚歡；有時，又三言兩語的爭執起來；而嚴俊則往往需要多所解釋。

李麗華嚴俊的結婚照片

謠言中傷　小咪嬌嗔

有一天，在大觀片塲補拍「風雨牛車水」的內景。拍了幾個鏡頭之後，嚴俊忽然趁着打光的空隙，坐在片塲一角喝起啤酒來。

嚴俊素不善飲，除了常抽烟捲之外，並無酒的嗜好。他之需要與「杯中物」親近，唯一的理由便是「借酒澆愁」。所有的工作人員都心裏明白：在愛情方面，嚴俊與李麗華又有了新的磨擦了。但對於這一種「愛的波折」，局外人都是無法相勸的，只能爲之乾着急。

終於有一天，又在片塲的化妝室裏，爆出了憤怒的火花，進入了爭吵的高潮；李麗華在激動之下，拿起了電話要通知報館朋友，聲明她並未與嚴俊訂婚，更不會結婚！嚴俊則坐在化妝室裏的帆布椅上，手支前額，悶悶地一言不發。

這時，拍片工作已因之而停頓下來，工作人員擠在室內室外，都爲之束手無策。在小咪要打電話的時候，終於還是由莊元庸挺身而出，奪下了小咪手中的電話，委宛地對她說：

「Treasa！妳當還上得不夠嗎？計還中得不夠嗎？人家等着要看笑話，妳還送笑話給人看，何苦呢？這電話妳是不能打的。」

小咪聽了莊元庸的勸告，還是條氣唔順，一再的撥着電話號碼，莊元庸就一再的撳斷，使小咪無法把電話打出去。小咪受阻，急不擇言，恨恨地說：

「大姐！妳再這樣，我不客氣了！」

「我不在乎，妳要出氣，就打我好了！」莊元庸攔着她說：「反正，這電話妳不能打。」

小咪看到了莊元庸懇切的臉色，也看到了別人期待着的眼光，她終於軟下來了！莊元庸把她按住，讓她坐下，然後續進忠告道：

「Treasa！妳要知道，別人妬忌你們，最好拆散你們，所以在妳面前挑撥是非，又在嚴俊面前搬弄是非，爲什麽你們的耳根子這樣軟，要受人挑撥呢？難道這些年下來，你們彼此之間，瞭解得還不夠嗎？好了！別那樣衝動了！補補裝，拍戲吧！」

經過了做好做歹的一番調解，風波幸而平息，「風雨牛車水」的內景，得以繼續拍攝下去；嚴俊又站到了攝影機旁，苦着臉，開始喊着「開麥拉！」

喜訊傳出　訂婚筵開

不久之後，電影界的部份至親好友，都接到了嚴俊、李麗華雙雙具名的一份訂婚宴請帖。訂婚宴在新都酒樓舉行，所請的客人並不多，僅有百餘衆，除親屬之外，大都是交誼較深的一些朋友及工作人員。

李麗華演「武則天」的又一鏡頭

此晚，小咪先後換了三套禮服，第一次穿的是純白色的長旗袍，第二次換了紅色的，第三次是閃光的金色晚禮服；每一套都佩戴着不同欵式的飾物，由鑽石、寶石到翡翠都有。

嚴俊則穿上了藍緞長袍，黑緞馬褂，他得意地對着賓客說：「這是老太太替我選的料子。」

他口中的老太太是小咪的母親張少泉；過去，嚴俊是她的乾兒子，這時又做了她的女婿。老太太此晚特別高興，她握着莊元庸的手說：「大姐！他們兩口子不訂婚，可要把妳急壞了。」

訂婚宴舉行過之後，一天陰霾由此盡掃，種種的謠言也不攻而自破了！

「風雨牛車水」的內景，經過了無數次的波折之後終告攝竣，最後一天是拍 Back Ground 的實景，李麗華與莊元庸同坐在一輛三輪車上，向碼頭進發，嚴俊坐了汽車追踪而至，工作了一個通宵，一直忙到凌晨四點鐘左右，大家纔回轉片塲，宣佈收工。

就在次日，李麗華與嚴俊，又有一次海角天涯的遠別離。

赴美拍片　情侶遠別

李麗華應聘赴美，與域陀米曹聯合主演「飛虎嬌娃」一片，這是小咪銀色生命史上的一件大事。與外國明星演對手戲，而且是第一女主角；此後，奇勒基寶來香港，也曾向李麗華邀請合作，但未成事實。

匆匆趕完「風雨牛車水」的最後一場戲，小咪通宵未睡，次日一早，又忙着到處奔跑，辦理離港赴美的例行手續，然後是出席親友們在雪園飯店舉行的餞別宴；小咪打起精神支持着，在辛苦中有着興奮，也有着悵惘；興奮的是終償躍登國際影壇的銀幕之願，悵惘的是她和嚴俊，又要作短暫期間的分手了。

雪園的餞別宴結束後，另一個雞尾酒會的塲面，又在停泊九龍倉碼頭的總統號輪船上展開。

這一次的雞尾酒會，應邀而至的中西賓客，多至千餘衆。小咪周旋於衆多賓客之中，攝影記者的鎂光燈對準着她，攝取各種角度的鏡頭。小咪儘可能地展現着她的笑容，把蘊藏着的倦意掩飾過去。

在輪船上大廳的側邊，有一間電影放映室，湧進了近二百位來賓，坐在梳化椅上，觀看「萬里長城」影片的試映；這是李麗華自資拍攝的一部影片，主演者除了李麗華之外，還有黃河、陳厚、桑簡流等參加，全片已配上了英語對白。

在放映到中途的時候，李麗華從放映室悄悄溜了出來，與莊元庸一同走進了另一小室，由莊元庸對她進行了一次「錄音訪問」，完成了她離港以前最後的一項工作。

婚禮止謗　好事終諧

小咪去了美國之後，嚴俊留在香港，又有另一部新片忙着籌備開拍，片名用了「秋娘」二字，女主角是尤敏。

在「秋娘」拍攝過程中，許多在一起的工作人員，都可以從嚴俊的行動表現方面，看出他的心情來。

譬如說：這一天他步伐輕鬆，逢人拍着肩膀，笑着說：「好！」那麽工作人員便會在背地裏忖度：

「準是小咪有信來了！」

「大概是接到了美國的長途電話了！」

有時候，嚴俊忽然沉默起來，臉上消失了歡愉的神色，那麽工作人員又有了另一種猜測：

「一定是好久沒有小咪的來信了！」

電影圈裏，愛管閒事的人特別多，尤其是小咪在美國拍戲，關於她的活動情形，或多或少總有一些傳到香港，其中不盡不實的說法，當然也有的是。

然後是小咪回港的消息傳出，啓德機場上又經歷了一番騷動。

由於「秋娘」一片的拍攝，造謠中傷者再度獲得了機會，嚴俊無計止謗，挑撥離間者乘隙而入；使小咪與嚴俊之間的感情，又回復到訂婚以前的狀態，一會兒親密，一會又爭吵。

親戚們，朋友們，都爲着小咪與嚴俊的婚姻前途而躭心，而扼腕。所幸當事雙方都已經不是小孩子，都知道幸福的婚姻需要建立在互相體諒的基礎上。

不久，這一雙多災多難的情侶，有了一致的結論，作了明智的決定：——趕快結婚，以事實破除謠諑。

一九五七年十二月一日，婚禮在九龍太子道的聖德肋撒教堂舉行。簡單而隆重的儀式中，李麗華與嚴俊交換了飾物，雙方互矢愛好，終生不渝，攙扶小咪進禮堂的是王引，他跟李家有親戚，小咪是尊稱他爲舅舅的。王引最近主演了「豪俠霍元甲」，老當益壯，雄風依然。

禮成後，嚴俊攙扶着小咪，在讚美詩的吟誦中，親友們的歡呼中，雙雙走出了教堂，坐進了花車，駛回他們的界限界寓所。

就在當天，嚴俊與李麗華沒有等得及洞房花燭共度良宵，就再度自寓所出發，帶着行李趕赴機場，同乘民航機飛往台灣，開始蜜月旅行。

多災多難　加深恩愛

正因爲李麗華與嚴俊的一段婚姻，是多災多難的結合，反而加深了他們婚後的恩愛。在嚴、李攜手合作之下，古裝片「秦香蓮」及「梁山伯與祝英台」先後開拍，使嚴俊的電影事業得以持續不懈。

甚至在「梁山伯與祝英台」一片中，還邀請尤敏參加演出，由李麗華反串小生飾演梁山伯，尤敏則飾演祝英台；這一件事，充分說明了李麗華的爲人處世之態度，以及她的豁達之美德。

李麗華、嚴俊和義女李菁合影

再以後是：李麗華與嚴俊雙雙加盟「邵氏」，使小咪的銀色生命，進入了更燦爛的境域，創造了更矜貴的紀錄。

從彩色的「萬古流芳」，一直到「楊貴妃」與「武則天」兩部宮闈歷史劇，都是由李麗華領銜主演。在港、台電影圈裏，能夠表現楊貴妃與武則天那種雍容華貴氣質的女演員，除了李麗華之外，確是不作第二人想。

之後，李麗華又繼續爲「邵氏」主演了「盜劍」與「連瑣」，兩片的另一女主角是「娃娃影后」李菁。由於李菁也是姓李，小咪還收她做「乾女兒，影壇上一時傳爲佳話。

在「邵氏」約滿後，李麗華恢復了自由身，去往台灣又因演活了「一寸山河一寸血」片中的卓寡婦此一角色，而獲得了「金馬獎影后」的榮譽。

事業的成功加上婚姻的美滿，使還居台灣的李麗華經常笑逐顏開；她的笑，成了影壇「長春樹」的一種象徵。

而最使李麗華衷心歡愉的，則是她與嚴俊締結鴛盟後，已有了愛的結晶，生下了一個女兒，名字叫德蘭。

最近消息傳來：嚴俊爲了忙於替國際僑聯影業公司執導「活着就是爲了你」一片，工作辛勞過度，心臟病突然發作，報端曾一度刊出他的病危之訊。幸而經過了急救手術以後，情況逐漸好轉，危險時期已成過去。

嚴俊病發之時，李麗華恰巧來了香港，得訊後立即飛往台北侍疾。她在台北透露：「嚴俊過去即常有心胸絞痛的感覺，但爲了工作忙，一直沒有空閒好好的延醫診治；直到半月以前，纔到宏恩醫院去檢查了一次，結果除了糖尿症之外，並未發現其他不好的徵象。這一次，大概是爲了拍戲辛苦了一點，纔引起了心臟併發症。」

另據台大醫院的主治醫師陳炯民表示：「嚴俊病愈後，將不再適宜於從事導演工作。」

嚴俊本來打算將「活着就是爲了你」的配音工作完成後，於近日內趕返香港，進行下一部新片「五個女人」的籌備工作的，但這次的病發生後，李麗華決定要讓嚴俊留在台北作較長時期的療養，還將試着勸說嚴俊放棄電影工作。

過去，報間曾屢次傳出李麗華的退休之訊。現在由於嚴俊之病，看來這位影壇上的鐵羅漢，可能倒要先其嬌妻而退休了。

在這裏，謹以心香一瓣，祝海天遙隔的老友早日康復，永遠陪伴着長春之樹，同迎無數個未來的春天。

（全文完）

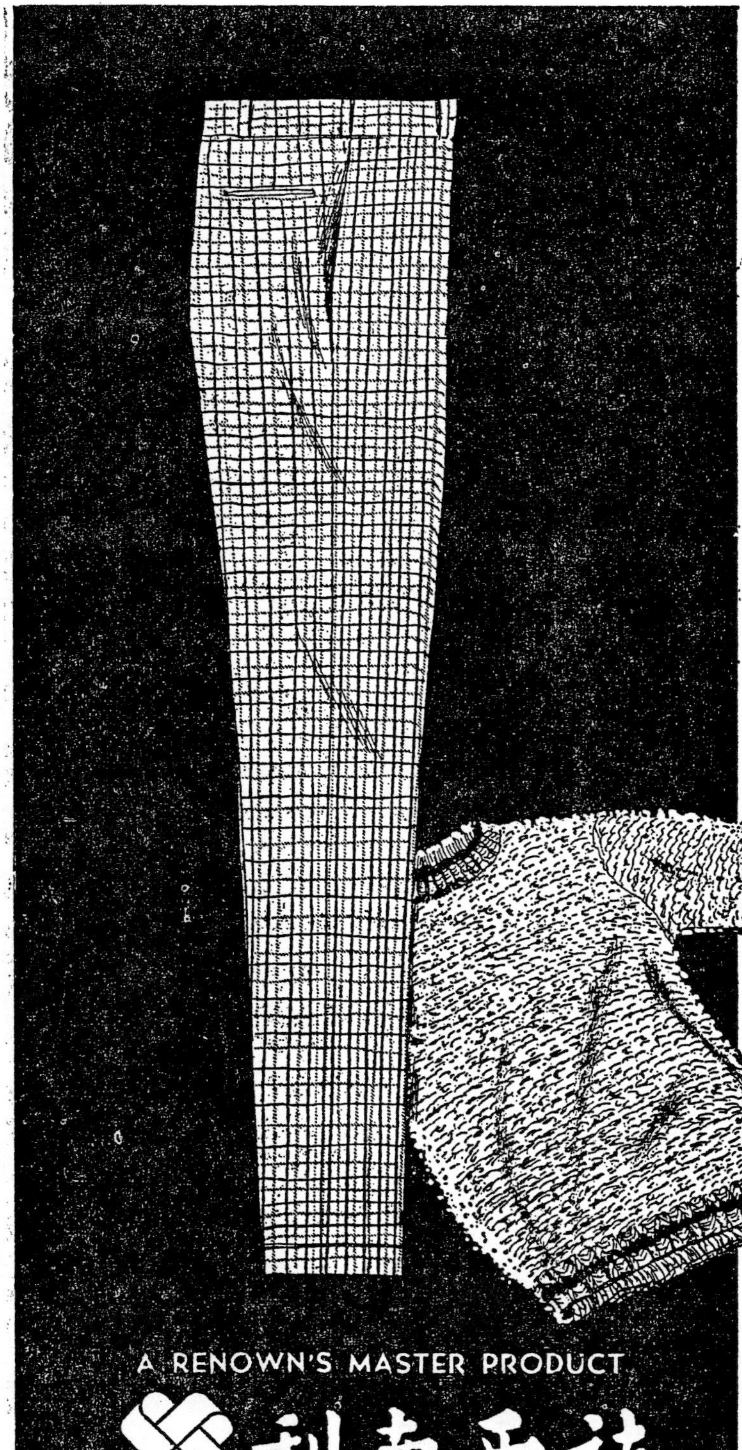
A RENOWN'S MASTER PRODUCT
利南西袂
褲頭樣子好・褲身樣子好・褲脚樣子好
定價每條自廿九元九毫起
大人公司有售

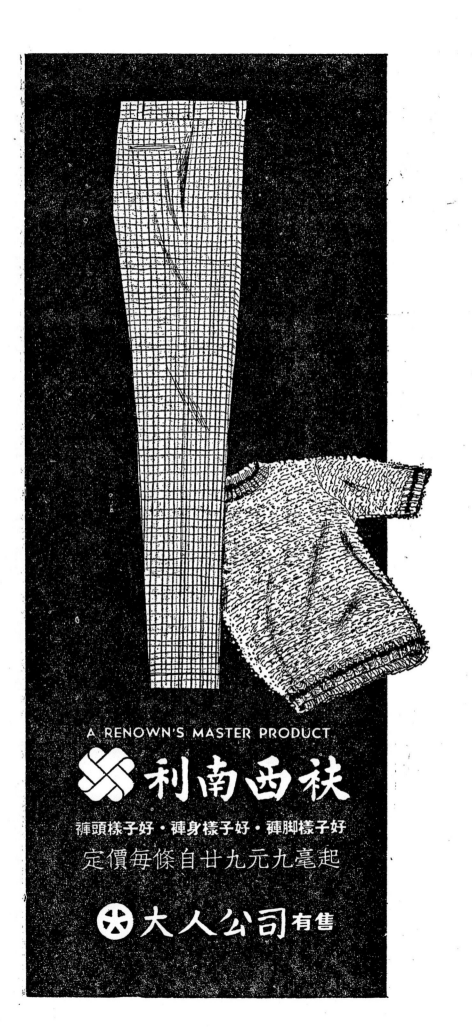

專載

「銀元時代」生活史

—六十年來的物價追想—

陳存仁

我在蘄州，除了憑弔李時珍的坟墓之外，又搜集了不少新鮮原株藥材標本，同時還知道了許多種藥材在市場上的別名，這是本草書上所沒有的。此外再拿到許多藥材的價目單，其時當歸的價格，每斤祇賣銀元二元四角，防黨參每斤不過銀元一元二角，而至現在握管時，每斤當歸已賣到港幣一百十二元，每斤防黨參已漲到港幣八十元，比之其時的售價，眞有天淵之別，要是那時的藥物價目單我還保存着的話，互相比較一下，眞是教人難以置信。

埋頭苦幹　傳票飛來

我從蘄州歸來之後，診務之暇，都在寫述醫藥文稿，和編著藥學大辭典，這一段時期。眞可以說是閉門謝客，埋頭苦幹，外間什麽事都不加聞問，彷彿與世隔絕一般。

忽然有一天，上海第一特區地方法院送來一張傳票，我一看之下，原來是一位同道陸淵雷控訴我誹謗罪，要我賠償名譽損失二萬四千元。我對這張傳票呆了半天，心想法院中大小刑事案件，總不過二三千元，已是少見的大案件；即使遺遇到一件轟動社會大刑事案，也不會超過四五千元，怎麽我會犯上這般滔天大禍，眞使我好似墮入五里霧中，百思而不得其解。

我和淵雷，向來無寃無仇，有時相見，無非寒喧客套，從來不曾有過言語上的衝突。這次接到傳票之後，我想了又想，足足想了一晚，不如直接到他的診所，當面問他一個究竟。

淵雷那時的診所，設在白克路一條陋巷之中，找了好久才找到，他租的是一個亭子間，所謂亭子間近似此間的閣仔，不過十尺乘十二尺的地方，裏面除了一張破舊的寫字枱之外，地上都堆滿了書，旁邊有一隻臥榻，此外還有些鍋爐雜物，原來他是居於斯食於斯的一個「孤家寡人。」

淵雷見我突然蒞止，覺得很詫異，訥訥然不知如何應付。我就開口請問他：『我幾時曾經誹謗過你，何以要控訴我賠償二萬四千元，況且你我同爲醫界中人，有什麽事可以當面商量，何必要驚動法院告我一狀呢？』

淵雷聽了我的話，呆了好久，才說：『在你的「康健報」上刊過一段醫界短訊，說我要同我的醫校女學生沈本琰結婚，而且加上些師生戀愛字樣，要知道我是靠教書過活的，經你這樣的渲染，描寫得我人格掃地，由下學期起，我已被學校解僱，所以我要你賠償我二萬四千元損失。因爲你業務很好，聽說從書局方面收到稿費近萬元，還購屋買地，着實多了些錢，所以告你一狀，要你花一些錢，也不過是九牛一毛而已。老實說，我一貧如洗，這個亭子間，已欠了九個月租金，天天被房東要趕走，現在我已看定了牯嶺路人安里一間新屋，祇好要老兄破鈔了。假使你不肯的話，上了堂你也是必輸無疑的，不如大家談談，數目是可以商量的。』

我聽了他的話，也記不起「康健報」上登的短訊究竟是怎樣寫法？因爲那時風氣很古老，師生相戀在那時算是驚世駭俗的。我知道陸淵雷向來是川沙的一個小學教員，國學根底好得很，後來他又參加惲鐵樵的中醫函授學校，畢業之後，就在函授學校中負責改課卷，不久就轉輾受到國醫學院聘請，担任該校教務主任，但是書獃子氣息很重，想出來的念頭，都是書生之見。他以爲這條短訊，可以入我於罪，要多少錢就可以得到多少錢了。當時的法院控票，祇要由一位律師買一張法定的「狀紙」，這種狀紙每份連印花稅在內收工本費大洋三元，而索償的數目，成千成萬可以任意塡寫，不像現在香港，小錢債案要繳多少訟費，大錢債案要繳多少訟費，所以那時興訟是比較輕易的事。

我聽淵雷的話之後，祇覺他的書生之見太重，求財之慾太高，本來讀書人輕易不肯言錢，但是他却痴心妄想得厲害，因此思想便鑽進了牛角尖中，以爲一紙入公門，就可以手到錢來。

我見到他起居上這般窘迫，深知他窮是實在的，我凝神想了半天說：『大家打開天窗說亮話，你既然爲了想搬家，牯嶺路房屋的租值大約每月不過一百多元，先付三個月租金也不過四百元，再加上一些搬遷費，大概六百元就能如願了，何必獅子大開口呢？要知道一個人賺錢，一千元與兩千元就有很大的距離，何況上萬的數目更是談不到。我希望你想得明白些，最好撤回狀紙，我送你六百元，作爲了結罷！』

淵雷一聽我的話，認爲六百元已經垂手可得，反而堅決不肯讓步，他說：『我請了一位律師汪孟蕭，講明樹上開花（按所謂樹上開花，即是請律師時不花錢，要等案子結束之後，所得的賠償費三七分賬。）汪孟蕭曾經表示過，他至少拿二千元，又要送法官一千元，所以即使我肯撤回傳票，汪律師也是不肯罷休的。』他說到這裏，我再三的和他講情，他簡直不讓我插口說一句話，我也祇好懊喪而返。

當晚我查出了「康健報」短訊的原文，並沒有多大的侮辱，祇是當時的風氣不同而已。於是拜訪姚公鶴老師，他是法權講習所所長，在司法界門生極多，我把這件事的前前後後的經過，告訴姚老師。姚老師聽了我的話，極爲生氣，他說：『你初入社會就一帆風順，引起同道的嫉妒是必然的，但是你對人的態度，不能一味謙和，以懦弱示人；你一懦弱，反而促使別人來欺凌你，孔子說的中庸之道在此時此地是行不通的。要知道中庸即是無用，這場官司要是你軟化的話，此後接踵而來不可理喩的事還會多，所以這場官司你祇能贏，不能輸。你怎能親自去向原告講情呢？一着錯就會着着錯，我要教你做人之道：無事不生事，有事不怕事，你不侵犯人是對的，但是人家侵犯到你頭上，你一定要有辦法去應付，那末以後的事，就會消弭於無形了。』

他又說：『我看這件案子，師生戀愛不過是習俗上的觀念問題，在法律上並無立足點，如果這個短訊消息完全沒有根據，誹謗罪可以成立，也可以不成立，要是眞的成立的話，按照六法全書的條文罰欵大約是十元以上三十元以下。至於名譽損失是抽象空洞的，賠欵不過一元而已，你絕不要怕他。至於當面向他講情，暗地裏答應送他六百塊錢，這不但是做了瘟生，而且以後你就難以做人了。我的主張，你儘管和他打官司，還要想辦法留心各種關節，使這案子不成立，給這種想錢想昏了的書獃子一個教訓。』

他又說：『汪孟蕭律師是浦東人，他是兼當教員的，窮極無聊，他起訴時就要求賠償損失二萬四千元，明明是要借法院和法官的力量來搾取錢財，法官看見到這種狀子，知道是敲竹槓，反而會幫被告，不幫原告。至於說法官要拿一千元的說法，更是信口胡言，荒謬絕倫。你上堂時不妨把陸淵雷的話和盤托出，中其要害，他那這場官司就輸定了。』

我聽了姚公鶴老師的話，心裏雖然安定得多，但是其時我正在展開「藥學大辭典」的編纂工作，那裏有閒工夫和人家作訟事的周旋，因此心上總不免牽掛着這件事情。

當時上海中醫界有三個聚餐會，叫作杏林社、春在社和醫林社，我都參加的，杏林社有三桌人、春在社不過二桌人，醫林社則有八桌人，每月聚餐一次，餐費皆爲一元二角，這並沒有什麽派別，完全是年齡關係，年老的多數參加杏林社、春在社，年輕的多數參加醫林社。陸淵雷控告我的消息，在中醫界傳得很快，認爲是件麻煩的糾紛，有些人認爲淵雷是必勝的，我會多少要破鈔一些。觀察其中人士又分成三種看法，一種認爲陳某人初出茅廬，竄紅太快，該要受些打擊，這種看法的人，是抱着隔岸觀火的姿態，不論誰勝誰敗，都有好戲可看；一種人熟悉淵雷方面的消息，認爲勾通了法官，準備對陳某人咬上一口，這種人是傾向於淵雷的一派。還有一些人，對我向有好感，認爲年輕人竄紅起來是不容易的，淵雷半途殺出，要陳某人傾家蕩產，實非事理之平，因此對我極爲愛護，希望我爭取勝利。

我到醫林社聚餐的一天，遲到了半小時，大家正在議論紛紛，見到了我，突然寂然無聲，一個個望着我，認爲我是問題中的人物，有些人上來安慰我，有些人向我獻計，更有些人向我打氣，要我振作精神打勝陸某，我在大家鼓勵之下，心裏覺得很高興。祇是有一點，座中的人，不約而同認爲那一位法官，確是汪孟蕭的同鄉同學，所以我取勝的機會少，而失敗的機會多，大家爲我担心，我也憂慮起來。

其中有三位，一位是章次公，一位是劉泗橋，還有一位是余鴻孫，特別對我提出，如果有機會用得到他們之時，都願意出來助我一臂之力，我說：「感謝之至」。

席終人散時，余鴻孫輕輕的對我說：『陸淵雷對沈本琰談論婚嫁，是百分之百的事實，你和沈本琰是見過一面的，不知你還想得起嗎？』我說：『我往來的人多，實在想不起。』余鴻孫說：『沈本琰是我太太的小同學，她最初入上海女子中醫專門學校的時節，因爲缺少一個保證人，曾經由我太太陪同到你處去，要求你簽名担保，

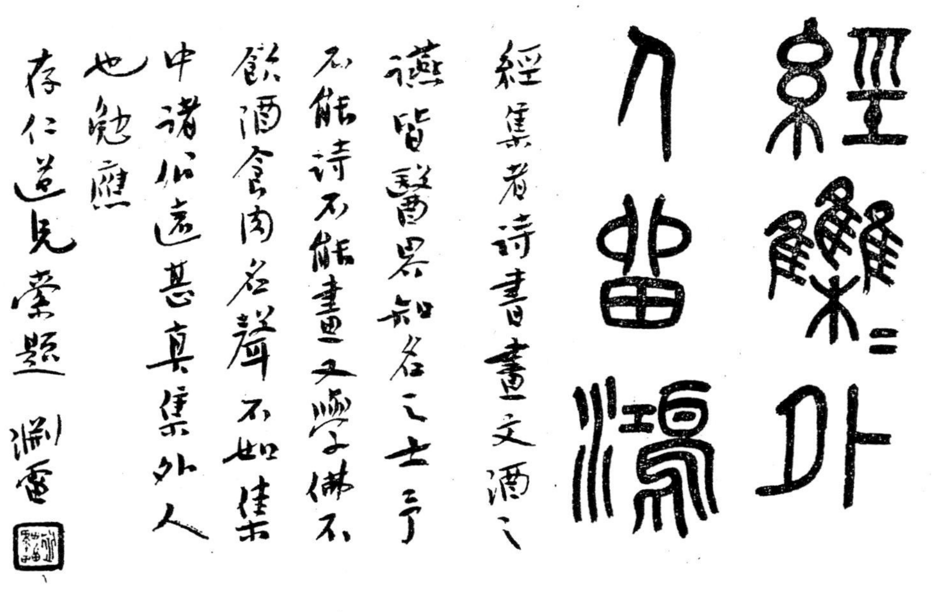
經集者詩書畫文酒之
讌皆醫界知名之士予
不能詩不能畫又學佛不
飲酒食肉名聲不如集
中諸公遠甚真集外人
也勉應
存仁道兄囑題 淵雷

陸淵雷後參加經集聚餐會為本文作者題字筆下仍多牢騷

』我說：『這件事我早已忘記了，對沈本琰一些也沒有印象。』余鴻孫接着說：『沈本琰是一個極和善極純良的女子，而且吃素念佛，什麼事都不願和人爭論，她每天下午六時必定在玉佛寺唸經，你不妨去看她一次。』我說：『好極了，最好請你太太陪我一起去，好像無意間碰到一樣，彼此輕輕鬆鬆的談幾句話，或許能談出一些眉目來。』余鴻孫說：『好的，一準明天就去。』

重要文件　意外得來

次日下午六時，我和余鴻孫太太到玉佛寺去，好像進香一般，果然見到沈本琰手持佛珠，口中喃喃不已在唸經，看她的面相，的確和善得很，見了我，她也認識，微微點頭，但是好像女孩般微露含羞模樣，這是舊時善良女性的本色，也不說什麼話。

我在佛堂裏靜坐好久，余太太也唸着佛經，唸了不久，佛堂裏的人漸漸散去，余太太拖着沈本琰談話，余太太說：『聽說妳不久就要結婚了』，沈本琰當堂兩頰飛紅，羞不可仰，連頭都不敢抬，旋轉了頭很慇懃的倒了一杯茶給我。我從旁看她的神情，她對陸淵雷提起訴訟的事，似乎一點也不知道，她祇說希望我常到佛堂裏來參禪禮佛，余太太却一味要問她婚期，她不承認也不否認，總是含羞不語。

余太太爽朗得很，說：『婚嫁是人生大事，妳應該告訴我，讓我到時來吃一盃喜酒。』沈本琰又是相對無言，不過在眉角之間微微露出一些喜氣洋洋的神情，余太太說：『近來陸先生是否天天有信給妳？』沈本琰聽了，又像點頭又不像點頭，余太太說：『陸先生的信寫得情意纏綿，從前妳都給我看過，和我有商有量，最近何以再也沒有信給我看？』正在談話之間，余太太突然拿起了沈本琰的皮包，打開來一看，裏面有三封信，都是陸淵雷寫的情書，沈本琰也不加阻止，任由余太太一封封的看，每一封信都寫得很長，無非是討論婚嫁之事。

我見了這個行徑，很輕鬆的對沈本琰說：『現在陸先生對外否認和妳有婚嫁之約，可不可以給一封信由我保存着，免得他將來賴掉這件事情。』沈本琰仍然作着無可無不可的神情，就由我取了一封最長的信，納入袋中，沈本琰眞的不加阻止，余太太見我已然得到一封信，微露笑容，我說：『時間不早了，大家也該肚子餓了，一同到附近一家素菜館去進餐吧！』沈本琰堅決不肯去，於是祇得彼此告別，後來才知道沈本琰確乎不知陸淵雷和我發生了訟事糾葛。

我得到了陸淵雷的一封情書，就想到這是日後訟案勝利的關鍵，也即是姚公鶴老師所說的訟案中的關節。當晚我就打電話告訴給章次公知道，約他即刻出來一叙。次公說：『今天我家小菜很好，我不願出來。』我說：『南京路新開了一家新雅酒樓，據說菜相當出色，你何不出來一試？』次公說：『也好，馬上就來。』我也立刻到新雅。

從前上海的菜館，無論本地菜館、川菜館、徽菜館，茶都是免費供應的，祇有粵菜館，每人要收茶資大洋五分或一角，大家就認爲奢侈。次公一到就說：『一樣吃飯，何必到這種豪華的地方來。』我說：『既來之則安之』，我就先點了三碟菜，一碟是蠔油牛肉，代價二角半，一碟是古老肉，代價三角，一碟是咖喱鷄，代價四角，次公高興得很，他一定還要嘗試一下廣東的青梅酒，代價是大洋三角。

次公一杯在手，便問我：『淵雷和你的事，你到底作何打算？現在等着看好戲的人很多，我也很關心。』我於是就掏出淵雷給沈本琰的情書給他看，他一面看一面笑，看完拍案叫絕的說：『你怎樣會得到這封信，如此看來，你的官司是贏定了。』大家酒醉飯飽後，我就說：『訟則終凶，不如請你老兄作魯仲連，到淵雷家去，告訴他說我已經取到他親手寫的情書，我可以抄一份副本給你帶去，要他把訟案撤銷也就算了。』

次公原是淵雷的同事，又是吞雲吐霧的同道，請他出面和解本來最是合適的。誰知道隔了兩天，次公去見淵雷，淵雷開口就說：『樣樣事情可談，惟有我與陳某人的事，你不要插嘴，這件事情法官方面講定一千元，律師雖然講定樹上開花，至少也要一千元，我要搬家和結婚，非兩千元不可，何况陳存仁已當面答應過付六百元的，所以如果要來講情的話，叫他照付可也，此外，無話可說。』

次公正要想將情書副本取出給他看，淵雷就攔住說：『什麼東西我都不想看』，竟然岸然不顧一切說：『好了，我要出去了。』說着就拉上了門拂袖而去。

一堂了案　化險爲夷

陸淵雷臨走時，勿促拉門，把章次公逐出門外，分別時不出一聲，次公心裏大不高興，認爲彼此都是讀書人，又是同道，對錢財不能看得這般重，即是眞窮，也不應該一心一意的想錢，這種行爲簡直庸俗極了！

次公一路走一路想，淵雷這種行爲太卑鄙了，憤憤然的想要給淵雷一個教訓，所以他匆匆忙忙又趕到我的診所來。其時我正出診，他見不到我感到很失望，一個人呆坐在我診所內的掛號桌子上，他覺得有一股氣好像透不出，便在他出診的皮包中抽出他自己的方箋來，寫了一條便條留給我，便條上寫着：『頃晤淵雷，彼態度强硬，拒人於千里之外，不容我置喙，且謂此事律師需費一千元，法官又要一千元，再加上吾兄曾經面許付給之費，還須增加三倍餘等語，弟意淵雷已財迷心竅，無理可喻，吾兄大可放胆與之周旋，法官要錢的話弟願上堂作證，如此吾兄人證物證齊全，必可勝訴也。』次公留下了這條子便走。

我回到診所見到這張條子，幾經考慮，認爲沈本琰的信和次公的便條確是物證，如果他還願上堂作證，這是人證，官司更不會輸了。

當晚我拿了這兩件物証去拜訪姚公鶴老師，姚老師說：『你這兩件東西，是訟案取勝的關鍵，因爲法官要錢的話，多數是原告人放的空氣，或是律師虛構之言，你有了這種証據，法官看了必然大怒，即使要錢也不敢拿的，你儘管到堂，連辯護律師都不需要請的。』他又問我：『你上公堂，有沒有胆子清清楚楚的一本直說？』我說：『老師放心，我做得到的。』

開庭之日，傳票上是規定我下午一時到庭，我準時而至，淵雷坐在我身傍，他還作得意的微笑，好像穩操勝券的模樣，一會兒宣佈開庭。法官就座，大家起立，氣氛很莊嚴。先審一件莽漢打刼的刑事案子，刼的錢財不過四元，因爲莽漢把原告人刺傷了。事情就比較嚴重，審了一個多鐘點，還沒有結果。第二件審的是欺詐取財的案子，案情很複雜，法官有些疲勞的神情。第三件是一個婦人控訴丈夫，索取贍養費五百元，那婦人說的話，都是無理取鬧，嚕嚕囌囌講個不停，法官面有愠色，已聽得不耐煩了。第四件才輪到我們的案子，淵雷先申述案情，法官祗問一句話：『原告敎書，每月有多少收入？』淵雷期期艾艾的說：『每月薪金四十元。』法官就問：『你何以要被告賠償二萬四千元？』問到我的時節，我就很輕鬆的講出：『這段消息完全是事實』，這時就把淵雷給沈本琰的信呈堂，法官看上一眼，說：『這種事情，你們是同道，應該自己和解也就算了。』我說：『我本來想更正了事，但是原告執意要錢，要錢的數目又大得不合理。』接着我又把章次公的一紙便條呈上去，法官看了，看得他面青青的不發一言，等了一會，法官就宣佈：『陳存仁無罪，堂費由原告負担。』陸淵雷的律師還想聲辯，法官已經宣告退庭。

那時站在我後面有一個庭丁，本來亦步亦趨的看住我，到了這個時候，反而輕輕的向我道賀，好像要向我索取喜封的樣子，我立刻掏出兩塊錢給他，他高興得很，並說：『原告這筆堂費，倒要花不少錢，』我就問：『這場官司的堂費要多少錢？』他說：『至少要廿四元』。當時陪我去的十幾位同道，簇擁着我離開了公堂，好像奪得錦標，勝利凱旋的模樣。

當時陸淵雷背後的一個庭丁，跟着他去繳堂費，這一着是他事前所料不到的，後來才知道他身邊祇有四塊錢，他要求律師爲他暫墊，原來律師也沒有帶多少錢，兩人拼拼湊湊祇有十塊錢，幸虧和他們同去的一位朋友當了一件皮袍子，才了結這筆堂費。對於此件案事，經我思前想後，覺得淵雷提起訴訟的行爲，根本不會讓沈本琰知道這個消息，我掌握到了這一個漏洞，便成爲致勝的『關節』，姚老師的話是一些不錯的。

陸淵雷學問很好，後來還會來我家參加醫界同人的「經社」聚餐會。我編「傷寒手冊」，他爲我作序，備極推崇，正是不打不成相識。我也遵奉謝利恒老師的敎導「寃家宜解不宜結」，和淵雷成爲很好的朋友。

幫助同道 取回執照

這件案子終了之後，許多人以爲我深通法律。醫界中人逢到有些法律問題，都來和我商量，當時有一位外科名醫顧筱岩，爲了替一個生背癰的病家施手術，刺了一刀，流血不止，暈倒在診所中，很長的一個時間不省人事，病人的家屬，立刻到街上召了一個警察來，那警察也不知所措，打電話給衛生局，衛生局派來一個人，不問情由，把顧筱岩的中醫師執照取去，跟着那個病人醒來，口口聲聲叫家人向法院提起控訴。

這件事情鬧了很久，其實病家並未到法院控訴，祇是顧筱岩的行醫執照被吊銷了，三番四次的向衛生局申請發還，衛生局均置之不理。

後來這件事，顧筱岩請國醫公會出面交涉，但是衛生局仍然置前罔聞，顧筱岩弄到走投無路。一天，他突然到我診所來，和我商量這件事，

傷寒手冊序

自從我半路出家，改業中醫，一向在上海混飯吃。陳君存仁大概與我同時開業，亦一向在上海行道，陳君比我年少十餘歲，而醫術比我高明得多，業務蒸蒸日上。我則磨刀背二十餘年，青氈未脫，措大依然。陳君所交遊，皆一時賢豪長者。我則拙且嬾，不善交際。故二人雖同業同地，若論交情，用得着太史公掉的兩句文，叫做「未嘗銜杯酒，接殷勤之餘歡。」去年陳君不棄鄙陋，折節下交，因得時與譏談之會，接清芬而上下議論。果然見面勝於聞名，我始知陳君奇才卓犖，其成名通顯，非倖致也。頃者陳君手一冊過我，云是近年臨診經驗，隨時雜記，經與一二朋友整理排比，以付手民。要我校閱一番，寫一篇序。我呢，慚愧得很，近年專心學佛，把醫學已荒落了。但不敢推辭，細讀一過，覺得簡明而切要，容或有不詳備，卻找不出什麼謬誤。因爲冊中專論「濕溫傷寒」與「斑疹傷寒，」故名傷寒手冊。病家得之，可以自己心裏有個方針。醫家得之，亦可以供臨床參考。眞有用之書也。從佛法言，過去生中善業的結果，有福德智慧兩途。福德是佈施的果，智慧是持戒禪定的果。然欲傳佈智慧，仍須福德爲憑藉。觀於陳君與我，益見佛法之眞實不虛。我自己說得不客氣一點，稍有些智慧而已。陳君則厚福人也，他書中所論，縈縈大端，皆我昔年大聲疾呼，欲以一得貢獻同道者。不意因此招來誹謗，蒙離經叛道之罪名。現在陳君輕輕鬆鬆地說出，讀者也輕輕鬆鬆地歡喜信受，會無疑沮。如果不是陳君的厚福勝我，對於我兩人發出同樣的見解而獲得絕端相反的反响，怕沒有理由可以說明了。陳君既有福德，我尤望其信解因果佛法，進而求究竟解脫之道。此我所以報陳君下交之意者，以視僅僅爲手冊校閱作序，其輕重似非算數譬喻所能及矣。

陸淵雷 書於上海醫寓

吳稚暉先生為中國藥學大辭典題簽

我細細的研究事實經過，我說：『我來替你擬一張很短的呈文，因爲衛生局派來的人已經弄僵了這件事，這都是中下級的人互相衛護，恐怕連局長都還沒有知道哩。』

於是我就代國醫公會起草了一張呈文，呈給市長吳鐵城，大致說：『衛生局有發給醫生執照之權，但是根據執照條例十四條條文中，查不到衛生局可以吊銷執照的條文，那末即使醫生有錯誤，亦屬於業務上的無意過失，在法院未定罪前，衛生局似無權顧問，所以要呈請市長飭令衛生局局長發還執照，否則即屬違法行爲』等語。

這個呈文由國醫公會遞了上去之後，隔了兩個星期，衛生局當即傳令顧筱岩去領回執照。這件事轟動醫界，大家知道是我擬的呈文，誤會我是一個對法學很有研究的人。其實我在這個時期，爲了編纂藥學大辭典，忙得不可開交，專心一意在做着這件工作。請了吳稚暉先生作序，章太炎老師、焦易堂先生是我那次北上相稔的「四大名醫」之一蕭龍友先生，遠在北平的，也作了序文；更難得的是蔡元培先生見了「藥學大辭典」的五彩藥物圖畫，讚不絕口，也題了「中國藥物標本圖形」八個字，其餘中西名醫紛紛投贈，光是這些序文題字，就佔了不少篇幅。

編纂工作　按步進行

我在編纂『中國葯學大辭典』時，請了四個助編人員，四個抄寫員，兩個繪圖員，兩個攝影員，四個學生，除了學生之外，每個人都要付給相當數目的薪金，薪金最高的不超過四十元，但是在月底發薪金時，已覺得是一筆很大的負担，再加上兩間樓房的租金，以及午晚兩餐的供應，所費已很浩大，所以對最初的預算完全不合，如是者，工作了足足四個年頭，越到接近完成階段，支出更大，這都沒有列入預算之內。

因爲工作人員的薪金、抄寫費、伙食費等支出浩大，預計將來要是以九千六百元賣掉的話，損失奇重，但是我想到這一部書，是我一生的重大計劃，一切盈虧，在所不計。

不料還有許多特別的支出，如一位畫家叫作江清的，撞車身亡，我貼補了好多錢。抄寫員都是老年的，先後又死了兩個人，我也照樣的爲他們料理後事。

有一天，畫家孫雪泥來看我，見到繪圖員畫成的葯物標本圖，認爲畫得很工整神似，他說：『將來製版之時，恐怕除了從前的商務印書館之外，沒有一家能印得好。』（按當時祇有石印的三色版，印出來都像月份牌一樣）我想到圖畫付印的問題，該要先考慮一下，否則印得不好，這番功夫就白費了。

我本來這樣想，商務印書館既已取消合約，第二個目標就是中華書局，因爲中華書局的編輯部某君，他連年多病，常來就診，我就把葯學大辭典的稿本給他看，他看了圖畫部份，祇是搖頭說：『圖畫雖好，可是中華書局的機器，正忙着

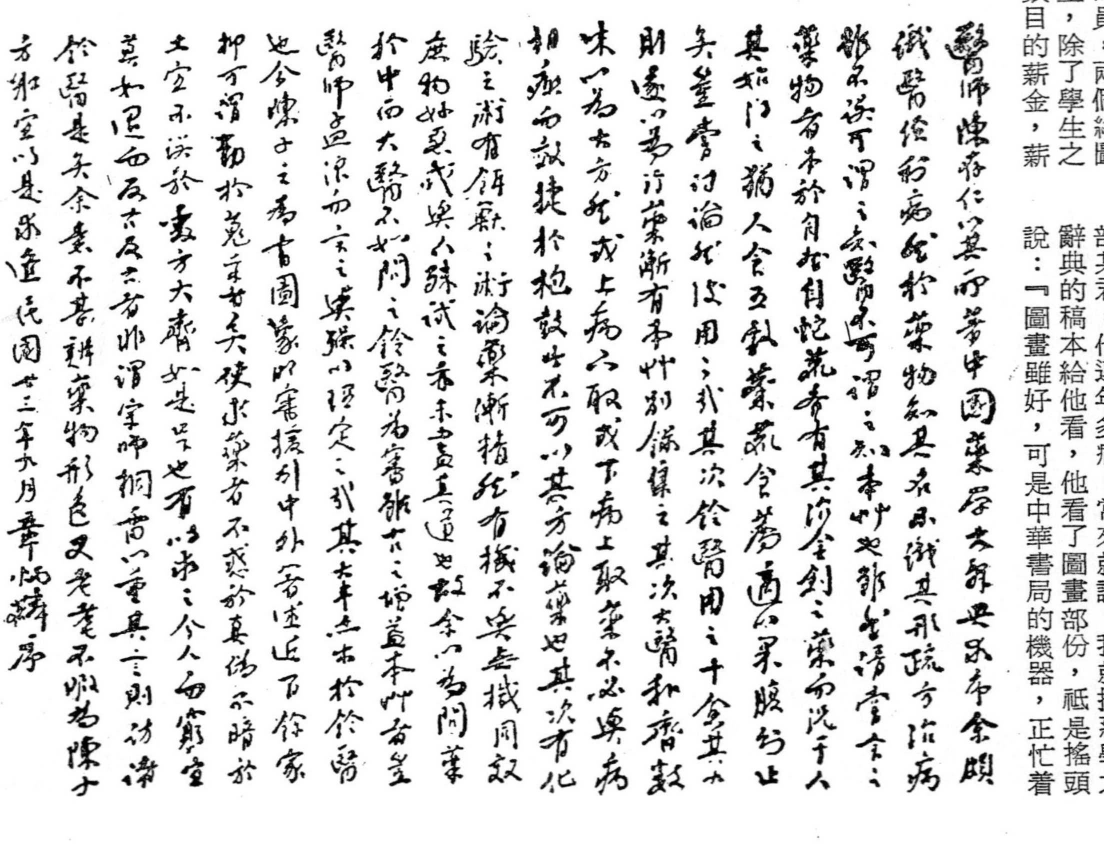

章太炎先生為中國藥學大辭典作序

印教科書和印鈔票，這部書的出路着實要考慮。』不過他透露出一個印刷方面的消息，說是：『上海有一家書局，新闢一個彫刻彩色版的部門，是由日本人主持的，』但是什麽人家有這個設備，他却推說不清楚。

原來上海的書業界中有一個怪傑，叫作沈知方，最初是商務印書館的教科書推銷部主任，爲人八面玲瓏，手面濶綽，爲商務賺了不少錢，後來因爲待遇方面不滿意，和商務當局衝突，遂告分手。中華書局得到了這個消息，重金聘請了他，而且簽了一個合同，言明每年年底如果做到一百萬元生意以上，就送他二十萬酬金，沈知方野心極大，認爲教科書的生意，還有錦繡前程，他做滿了一年拿到二十萬酬金，毅然的脫離了中華書局，總經理陸費伯鴻對這件事情氣惱萬分，認爲沈知方的確是個傑出人才，將來會成爲商務、中華的勁敵。

沈知方脫離了中華書局之後，就開設了一間世界書局，門面祗有一開間，把上上下下都漆了紅色，名爲『紅屋』，先出一種雜誌名爲『紅雜誌』，編輯的人是趙苕狂，這本雜誌的內容全是小說，其中最受到讀者歡迎的，是平江不肖生的武俠長篇小說『江湖奇俠傳』，銷數一下子就達到二萬份，出了不久之後，明星影片公司又把這篇小說改拍成『火燒紅蓮寺。』文明戲也排了一齣戲叫作『惡餞』，也是取材於此，足見這本雜誌的受人歡迎了。

沈知方接着又出了『武俠世界』等定期刊物，其實他的雄心並不在這些雜誌，實際上，他遍請教育界第一流名家，組織了一個規模宏大的教科書編譯組，花了幾年功夫，把所有小學教科書、中學教科書、英文教科書，全部編排完成，他就將過去商務、中華推銷教科書的路線，和歷年推銷証明文件向一個大財團接洽經濟上的合作，財團的出面人是李石曾，糾集到的一筆龐大資本，就在四馬路上造起一座宏偉高大的新屋，就此

世界書局在上海四馬路建造新屋

搬遷了進去，一時聲勢浩大，連得商務、中華都要對它刮目相看。

世界書局自己有一個印刷所，設在大連灣路，佔地數十畝，內中有一個部門，就是日本人主持彩色彫刻銅版的部門，全部設備都是最新的。

我打聽到了彫刻銅版的所在，我就拿了幾十張圖畫，到世界書局印刷部去詢問，主任叫作樊劍剛，見到我的圖畫，就問我是在什麽書上用的，我就把『中國葯學大辭典』的計劃，在無意之間透露了出來，樊君說：『你隔三天再來和我接洽』，原來他把我的一小部份圖畫原稿拿去給沈知方看，沈知方一看之下，認爲滿意，面授他一個計劃，說是：『各式圖畫要用不同的方法來製版，最好能把所有已經畫好的原稿全部送來，才能決定是否能夠製版。』隔了三天，我得到這個回音，心想辛辛苦苦畫成了一百二十張圖畫，要是不能製版，豈非全功盡棄，因此我不加考慮，便把已經畫好的一百二十張彩色圖畫都送了去，打了一個回單爲憑，以爲接洽之後，隨時可以去拿回來的。

不料中華書局陸費伯鴻忽然派了一個人來和我商量，說是：『我們新買了幾架鈔票機、彩印機，什麽都可以印，你既有一部葯學大辭典，附有全部彩色圖畫，我們願意出版，請你直接和陸費先生接洽。』我和陸費先生，有一時期常在杏花樓見面，經人介紹之後，成爲頷首之交。

那位來接洽的人，說完之後，取出陸費先生一張請柬，約我在杏花樓一叙，我接到這張請柬，高興得很，認爲商務既不能出版，而在中華書局出版，那是再好也沒有了。

於是我帶了幾張彩色標本圖畫和一個紙盒，紙盒裏面就是已經編成的稿件，是『第五劃』的原稿，準時到杏花樓。

在座的人除了陸費先生之外，祗有一人，大約是編輯部的要員，畧經寒暄，他就把我帶去的稿件和圖畫仔細的翻閱了約半小時，他說：『你這部辭典編得相當好，準定由我們中華書局來出版。』我說：『再好也沒有』，說罷進餐，雙方都很高興。

原來，商務、中華、世界三間書局內部的高級職員，多數是常州和紹興人，他們彼此之間，不但消息很靈通，而且業務上互相探聽對方的秘密，關於我的消息，一下子已經傳到了沈知方那裏去了。

我隔了幾天，再到世界書局去探詢五彩圖譜是否能製版，不料樊劍剛推三阻四的沒有答復，總不肯把圖畫還給我，如是者竟拖了一月之久。一天，樊劍剛來陪我去見沈知方，說是有要事面商，我不得不跟他走一走。

這時期世界書局新廠落成，裏面規模大得很，一間經理室更是佈置得富麗堂皇，沈知方見了

我，含笑相迎，見到我年紀很輕，大大的誇獎我一番，接着就說：『你這部葯學大辭典和商務訂約，我早就知道，當時張菊生和你談定稿費九千六百元，我認爲你是吃虧的，現在我見了你的彩色圖畫之後，足見你用盡心計，現在不如由我們世界書局來出版。』我當塲就謝過他的好意，心想世界書局究竟是後起之秀，遠比不上中華書局根深蒂固，我說：『現在距離編輯完成還很久，不如慢慢再談吧。』沈知方說：『你一定花了不少錢，我願意立刻和你訂約，稿酬方面，提高到一萬二千元。』我還是說：『容我考慮考慮，希望你能把畫稿還給我，讓我可以繼續整理和修改。』沈知方堆着滿面笑容，堅決地說：『這件事談不好，畫稿不會還給你。』我一聽這話，知道這事已經弄僵，回去便和丁福老商量，丁翁說：『這件事棋差一着，畫稿在他手裏，便是他兇了，不如提高一些稿費，賣給他就算了。』於是我再去拜訪沈知方，沈知方態度又軟又硬，祗說：『書業界中，稿費向有定例，我已經提高了，不能再高。』商談了一小時之久，沈知方依然堅持原議，再也沒有商量的餘地，就在這時，經理室中走出了一個秘書模樣的人，取出一張卡片給我，原來他就是文化界中很有名的陸霞公，沈知方

鎔古鑄今

中國藥學大辭典

丁福保

丁福保先生為中國藥學大辭典題字

對他說：『你住在四馬路與陳先生的診所很近，這件事就由你去全權辦理吧。』

後來陸霞公天天約我到三馬路一些菜館去商談，我還是想提高一些稿費，不料陸霞公說：『你的稿費一萬二千元已成定局，而且祗付現洋一萬元，一千元規定你照預約價買書，還有一千元要送給我。』我聽了他的話幾乎要笑出來。經過這番談話之後，我請了一位老友胡雄飛再和他們談判，陸霞公態度硬得很，說：『這部書的畫稿在我手裏，重心已被我們抓住，他再也無話可說了。』胡雄飛向我說：『你這件事大錯鑄成，也祗能將錯就錯，賣給他們就算了。』這天我氣惱得很，恰巧測字先生小糊塗家小孩子出痧請我出診，我在電話中答復他：『心境不佳，你請別人看吧。』小糊塗說：『你有什麼事我替你解决，病是一定要請你看的。』這天胡雄飛也來了，我們同到小糊塗家中，診病處方之後，我也不說什麼，小糊塗說：『我來替你測個字』，我於是口占一個『世』字，小糊塗就說：『你有一件事，已經定局了，一定在三十一號那天簽字，否則的話，你麻煩更多了，因爲世字就是卅一，不過中間半個字似甘非甘，就缺一個心，這件事看來，你是不甘心的。』說到這裏，我和胡雄飛面面相覷，不作一聲，歸家之後，兩人商量，都認爲陸霞公是有名的刀筆先生，還是不惹事爲宜，因此就决定賣給他，並約定在卅一號簽字，我本想透露一些陸霞公從中抽佣的消息，不料沈知方已打好兩張支票，一張一萬元面額的給我，一張一千元的給陸霞公，簽約之後，沈知方也約我到「新雅」吃飯，他說：『我們世界書局的財團，現在决定要辦一個世界銀行，同時我們要出版十部巨著，你老兄的葯學大辭典，名列第一，你可不可以提早交稿，我們準備在銀行開幕的時節出版，大登廣告，廣事推銷。』我說：『這恐怕辦不到』，沈知方再三再四的要求，

中國藥物標本圖形第一頁——人參

我祗能勉强答應下來。

從此我就日夜不停的趕寫趕編，幸而資料齊全，卒能提前交稿，可是交稿之後，我病倒了，每天總有一些熱度，橫退豎退都退不清，我知道這是極度虛弱的現象，診務延請丁濟民兄代理，經過三個月之後才恢復健康。恰巧那時節中國旅行社開幕，舉辦華南旅行團，我就參加了這個團體，所以我很早就到過香港，那時我住在皇后酒店，地方小、聲音吵，不過地臨海傍，可以看到海景。後來一九四八年再來香港，已找不到這個地方，據說就是現在的愛丁堡大厦的前身，那時前面是傍海的。

出版前後　枝節橫生

從前有一部份本草書，講不出葯物主治作用時，就用五行六氣來解釋，我對這點認為不合科學，所以全書三百二十萬字，五行六氣是矢口不提的，這是一種革新的精神，也算對中國醫葯書籍掀起了一種革命。

蔡元培先生題中國藥物標本圖形

中國藥物標本圖影

蔡元培題

世界書局印的中國葯學大辭典，是廿五開大本，最後校閱時，我覺得自己身體已極疲憊，聘請同學尤學周君代勞，他天天到大達灣路世界書局編譯所去工作，他們排得很快，校對往往趕不及，不久尤君也得到一個頭昏病。

待到書籍印好之後，我最不滿意的，是圖畫部份與辭典分爲兩部，而且整本是二十五開，而圖畫是十六開，加上一個書名，叫作『中國葯物標本圖影』，把蔡元培先生的題辭移用作爲封面，這究竟是什麽理由，我都想不通。

我和沈知方交涉，他說：『辭典是要常常查的，所以用二十五開；圖畫是供參考的，所以用十六開。』還有一點，我的全部五彩圖畫是八百幅，而印出來的圖畫祇佔到一部份，我不免又興師問罪，沈知方深深向我道歉說：『因爲五彩彫刻銅版製作時間來不及，爲了要配合世界銀行開幕時間，不得不將一部份圖畫刪除了。』我就表示不滿說：『這是我心血所寄，怎能隨便刪除。』沈知方再三道歉，說是：『再版時再行補充。』初版五千部，定價每部十四元，預約是七折。不料到世界銀行開幕那天，已經將預約書全部售光，後來買書的，祇拿到一張再版的預約券。

初版取書的人，絡繹不絕，大堂之中堆滿了我的書，不久就再版，五彩圖畫的增訂也談不到了。據說前前後後一共再版了二十七次。

在第三次再版時，世界書局舉行了一次慶功宴，推我坐在首席，因爲彩色圖畫沒有全部印出，不免心中不悅，但是在席間不便講得太露骨，祇對沈知方說：『要是你能把全部彩色圖畫全部印出，銷路一定還要大。』沈知方也唯唯稱是。但是他並沒有確定的說出增訂的日期。

席散之後，沈知方叫司機送我和陸霞公，司機名叫四寶，即是後來敵僞時期，紅極一時的七十六號首腦殺人王吳四寶。

在車中陸霞公和我說：『現在世界書局教科書銷路猛進，你的一部書銷路也不少，賺了好多錢，你大可以發出一封律師信，要他們把全部圖畫印出，否則就要他們賠償損失。我在世界書局中充任要職，可以暗中幫你一些忙。』

我說：『這個辦法，與合約有抵觸，因爲合約裏面訂明書局有刪改之權，如果我發律師信給他們，反而是不合法的。』陸霞公說：『法律是一件事，祇要放出這個聲氣，世界書局爲了業務的聲譽，馬上會來和你談判，至少會給你一筆錢，作爲補償你的損失。』我當時就婉言加以拒絕。

不料，陸霞公後來向沈知方說出：『陳某人對於你沒有將彩色圖畫全部印出，將提出訴訟，雖然他沒有獲勝的把握，但是書局方面的名譽會受到很大的影響，』沈知方聽了當堂拿出一千元

中國藥物標本圖形（上）玉竹、甘草、地榆　（中）鹿角、羚羊角、馬寶　（下）牡丹皮、地錢、赤芍藥

，交陸霞公轉給我，希望這件事不要鬧出來。

隔了幾天，陸霞公送來一張世界書局請我當常年醫葯顧問的聘書，還附了一張一千元的收條，他說：『我最近經濟情況不好，憑我三寸不爛之舌，向沈知方拿到一千塊錢，但是我用途很大，已經把這一千元化爲烏有，你可不可以幫我一個忙，簽了這張收條。』事已至此，我也祇好做一個順水人情了。

這件事，後來被樊劍剛知道了，極不服氣，把經過情形，告訴沈知方，沈知方對陸霞公也怕得很，便說：『算了，算了，陳醫生的辭典爲我們賺了不少錢，希望他再編一部書，我願意重價購買，過去的事，不提爲妙。』

我後來就再編了一部『皇漢醫學叢書』，沈知方實踐前言，以六千元買下來。

中國葯學大辭典的圖譜，雖然沒有全部發表，但是已屬稀見，據說：巴黎舉行印刷展覽會，世界書局將這部中國葯物標本圖形，送去參展，還得了獎。

葯學大辭典再版到二十七版，五千部新書剛剛裝訂完成，恰巧一二八戰事發生，國軍打到滙山碼頭，世界書局印刷廠，被國軍據爲堡壘，可惜祇經過一個短暫時期就撤退了，日軍便浩浩蕩蕩的開進去，據爲己有，並且把『新申報』的編輯部也搬了進去。

日軍每到一處，總要擄掠許多武器和文物，運返國內作爲戰利品，他們見了五千部葯學大辭典，便加蓋了一個很大的紅色『戰利品』圖章，運返日本，他們爲了鼓勵全國民氣起見，在各市各縣都舉行戰利品展覽會，我的書也到處展出，因此，我這部書在日本到處都有。

一二八戰爭之後，葯學大辭典的紙型仍在，但是五彩彫版已散失了，世界書局仍然再版出書，售價一路漲上去，有一個很長的時期每部賣到銀元五十元，待到勝利之後，還曾被人搶購，書値更難計算了。

近年依然把這部書翻印，有東北版、上海版二種，而且銷數更大，不過把我原著作人的姓名取消了，而且連我的那篇自序以及章炳麟（太炎）、焦易堂、蕭龍友的序文都刪掉了，還有四篇跋文，是謝利恒、惲鐵樵、夏應堂、王仲奇四位寫的，也刪掉了。最令人可惜的是章太炎師爲我寫的一篇附錄『古今權量衡考』，他考定漢朝的二両，等於民國時代使用的槽秤二錢，這是一篇考証歷代重量的變遷史，也一併刪除，眞是可惜。

在戰爭之前，好多醫生覺得這部書價錢太貴，世界書局便把這部書的內容，刪去五分之三，印成中國葯學大辭典縮本，銷數更大，幾乎各省各縣的中醫生，都有這部書。

現在香港也有兩種翻印本，一種是上海印書館出版的，仍然保留我的名字，還有一種是沒有作者名字的，而且把書名也改了一個字，好在我志在宣揚中醫中葯，有名無名，概不計較。到了現在，原版的大型本，已經稀見，在舊書舖一度曾有出售，售價已高達港洋八百元之鉅，有人聞訊去買，且被捷足先得了！

（七）

章太炎爲陳存仁編中國藥學大辭典序

醫師陳存仁以其所著中國藥學大辭典求序，余頗識醫經利病，然於藥物知其名不識其形，疏方治病雖不誤，可謂之知醫，不可謂之知本草也。雖然請嘗言之，藥物者本於自然，自蛇噬各有其治金創之藥，而況于人，其始得之，猶人食五穀，菜蔬食薦，適以果腹則止矣，豈嘗討論然後用之哉？其次鈴醫用之，十愈其九，則遂以爲行藥，漸有本草別錄集之，其次大醫和齊數味，以爲大方，然或上病下取，下病上取，藥不必與疾相應，而効捷於枹鼓，此不可以其方論藥也。其次有化驗之術，有餌獸之術，論藥漸精，然有機不與無機同效，庶物好惡，或與人殊，試之亦未盡其道也。故余以爲問藥於中西大醫，不如問之鈴醫爲審，雖古之增益本草者豈醫師，孟浪而言之，與强以理定之哉！其大半亦出於鈴醫也。今陳子之爲書，圖象明審，援引中外著述，近百餘家，抑可謂勸於蒐采者矣。使求藥者不惑於眞僞，不晤於大宜，不誤於處方，大齊如是以下也。有以求之今人而窮，宜莫如退而反古，反古者非謂宗師桐雷，以重其言，則訪諸鈴醫是矣。余素不甚辨藥物形色，又老耄不暇爲，陳子方壯，宜以是求進。

民國廿三年九月章炳麟序

狗仔嘜猄皮鞋

大人公司　平價市場　人人百貨　大方公司　來路鞋公司有售

大人

論天下大事
談古今人物
第二十一期

六十年前一張舊報紙——廣州中國日報

大陸風雲

袁世凱也知尊重憲法 （千里）

袁世凱本不知憲法者也。。觀其近日行爲。。事事莫不含有厲行專制之意。。是雖有憲法。。仍等於無耳

今袁對某代表之言曰。。憲法爲國家命脉所寄。。願與國民公訂憲法。。以保民國。。亦可謂能尊重憲法者矣。。以袁世凱之厲行專制。。忽而有此尊重憲法之言。。則將來國憲前途。。必有瑰然可觀者。。所有省制省官制諸問題。。自有最當之解決。。吾民共和幸福。。豈非鞏固而不墜哉。。

中國要聞

▲▲劉人鏡尚顧主權

總統府於日前連接駐俄公使密電三道、（一）謂俄國自中國抵制俄貨幣發現後、近日俄京甚形恐慌、因該國銀行、在東三省所出紙幣甚多、中國一般人民、均紛紛同時往取現銀 大有應接不暇之勢 其影響所及、以致該國在遠東之各銀行、行將倒閉 此次損失、爲數甚巨、故該國連日議會、多有歸咎於廓索

……同時起事、較易得手云、（三）關於該革黨密謀、及我國進行計畫、（不便宜佈）云、

▲▲總統府會議三案

總統府昨開臨時會議、各部總長均列席、梁士詒代表袁世凱交出議案一件、約議三時始散、（一）（甲）增加蒙邊各要隘軍隊、理由、蒙古地接强隣、近來各防日緊、自應增兵防禦、惟應增若干、請衆討論、（二）表決、請陸軍部酙酌數目、分別佈置、（乙）

……中俄交涉決裂時、無論何國、得請兩國調停、（四）如貴國願照此辦法、請定期會議、（五）調停國如有袒護、另請他國出頭、

▲▲袁世凱重視憲法

日前有某代表、謁見袁世凱、問關於國家前途、及憲法問題、大總統若何主張、能否發表、爲多數人之硏究、袁世凱慨然曰、余並無成見、惟憲法爲國家命脈所寄、所有國家進行政畧、胥依憲法爲進退、但願國民公訂憲法、爲興國的憲法、使秉政者行興國政畧、斯予所跂望者也、其次即訂保國的憲法、亦可使秉政者行保國政畧、若舍大計而忘遠圖、甘心訂爲弱國憲法、甚至訂爲亡國憲法、好好一個中華民國、安忍自我輩親見其國亡種滅乎、是所願國民商権者、言下不覺神傷、某代表等唯唯、惟有贊嘆而已、

▲▲教育部讀音統一會章程大略

……他繁盛區域暫時於地方法官兼充初滋繁費、此……但初級廳內就初級、使……內附設初級法官兼充初同、而討論……

（一）關……費開辦費不……千餘州縣、算、即需……費另加一倍……日財力實……使與重若……獨立、而……方、約可……狀、實爲……之計畫、（……論、司法……乏、故一……人才、設……事遲就、……可以縮小……效、其……良多、（二……

封面：齊白石畫老當益壯　封面內頁：六十年前一張舊報紙

彩色插頁：邊壽民畫蘆雁十二幅（定齋藏）

大人　每逢月之十五日出版

出版及發行者：大人出版社有限公司
督印人：王朝平
編輯者：大人雜誌編輯委員會
總編輯：沈葦窗
社址：九龍西洋菜街三號A 即彌敦道六一〇號後座
電話：K八五五七三〇
印刷者：立信印刷公司 九龍新蒲崗伍芳街綽綸大廈十一樓
總代理：吳興記書報社 香港租庇利街十一號二樓 電話：H四五〇五六一 H四五〇七六六
星馬代理：遠東文化事業有限公司 新加坡廈門街十九號 檳城杏田仔街一七一號
泰國代理：集成圖書公司 曼谷耀華力路二三三號
越南代理：聯興書報社 越南堤岸新行街二十二號
其他地區代理：
澳門：可大文具店　漢城：汎亞書籍公司
亞庇：利民公司　寮國：永珍圖書公司
千里達：中華公司　斗湖：光明書店
非律賓：華安書局　非律賓：玲瓏書局
倫敦：東寶公司　紐約：友聯圖書公司
芝加哥：杏林春　紐約：大方圖書公司
波士頓：中西公司　洛杉磯：永安堂
三藩市：新生圖書公司　檀香山：大元公司
三藩市：益智圖書公司　三藩市：文化商店
加拿大：香港商店　加拿大：新國華公司

從核桃雞丁說起

陳香梅

美國安全委員會主席白宮顧問基辛格第二次去北平回華盛頓後，華盛頓郵報的社交欄上有一段新聞說基辛格把核桃雞丁的作法帶了回來，並且向尼克遜夫人推薦。華府的記者爲此特別還要訪問我，要我表示對於核桃雞丁這一道菜的意見，眞使人啼笑皆非。我雖一再拒絕置評，但新聞記者卻一再追踪，於是我表示了幾點意見：第一、按照食家欣賞標準，核桃雞丁衹是家常小吃，並非了不起的名菜，可見基辛格與他的所謂「中國通」對於中國的了解尚欠精通，光是對於中國的飲和食德就有問題。第二、核桃雞丁這道菜即使是在唐人街最不足取的小菜館也可以吃到，何必萬里迢迢，花了那麼多的錢帶了那麼多的隨員，坐了專機到北平去「討教」。第三、假如周恩來只以核桃雞丁歡宴「嘉賓」，那麼基辛格並未受上賓之禮，而他們却特別把在萬里長城前拍的照片發表，大有沾沾自喜之意。而據大陸傳來消息，他們不但對於基辛格等人的訪問輕描淡寫，甚至對於尼克遜總統的訪問也沒多提，而美國新聞界竟有二千多人要求與總統同行，這眞是十足表示美國人的天眞！

這使我聯帶想到美國的所謂房屋設計專家，常常喜歡把中國人的祖先遺像掛在大客廳內，作爲藝術裝飾品同樣可笑。這一年來，甚至美國的有名服裝設計師也走上了「中國之路」。把中國百多年前清人的旗裝加上日人的和服合併起來，稱爲中國新裝，不但不倫不類，而且有點四不像；假如這就是美國人所認識的中國，難怪中美關係數十年來總是撲朔迷離，我爲美國哀！

基辛格因爲核桃雞丁事件，特別發表聲明，說是他在北平很忙，核桃雞丁這菜單不是他帶回來的，可能是他的隨員帶回來的。他的隨員也來個否認，說是可能是白宮的廚司介紹給第一夫人的。白宮主管廚司並不懂中菜，而硬要把核桃雞丁這件無頭公案推到他的身上，眞是多此一舉。

事過之後，我送了一本中英文字典「中文簡字一千種」給基辛格，那字典是數年前我在華府喬治亞大學工作時編的，我勸他有空時可稍習中文。但我同時告訴他，有許多美國人學會了說點中國話，或念了幾年中文，就自以爲是「中國通」，這是非常危險的。我記得陳納德將軍曾告訴我，當他於抗戰時來華組織飛虎隊時，蔣夫人曾對他說：『你不必忙着學中國話，你只要能夠使他們與你合作，你一定會成功的。』陳納德將軍並不會說中國話，可是八年抗戰期間，誰能說他不是最了解中美問題的友人呢？

話說回來，或許我們自由中國對於美國的了解也欠深刻，是否也有研究的餘地？甚至對整個世界大局的情況也該重新估價？

我離開華府前，尼克遜總統曾與我通電話，我們談論了有關國內、國外的事。他說：『你繼續做你的工作，我們需要更多像你一樣愛國的人。』

我愛中國，也愛美國。但我知道自由與和平不可能在核桃雞丁那道菜單上找到答案的。

過江赴宴

（滑稽相聲）

文：曾天真
圖：嚴以敬

甲　我打小時候就愛聽戲。
乙　不但您愛聽啊，人人都愛聽。
甲　我還喜歡研究戲劇。
乙　哦，會唱不會唱哪？
甲　誰說我不會唱，已然進入研究階段。
乙　那你怎麽研究呢？
甲　我在小學的時候，記得有一本書上寫着四個大字。
乙　哪四個大字？
甲　叫「人生如戲」！
乙　此話怎講呢？
甲　好比說，尼克遜要去大陸，那就是一齣戲。
乙　這是什麽戲呀？
甲　「過江赴宴」。
乙　過江？現在用不着了。
甲　爲什麽？
乙　他坐飛機，不坐船，現在什麽時代？坐船，太慢了！趕不上時代。
甲　我說，他這齣「過江赴宴」唱定了！
乙　看你又强詞奪理。
甲　我問你，飛機在上邊，下邊不是江，就是河，總得過江，才能赴宴。
乙　算你有理，那麽這赴宴呢？
甲　他去了，還能不給他吃嗎？連他那位保駕的將軍基辛格去了，還吃核桃鷄丁哪！
乙　又讓你說着了。
甲　我問你，尼克遜哪一天動身？
乙　你不看報紙，日子早就挑好了！
甲　是王道吉日？
乙　反正也錯不了，這日子是在一九七二年二月二十一日，
甲　你知道這一天是什麽日子？
乙　不……不知道。
甲　這天是農曆壬子年正月初七日。
乙　瞧你還陰陽合參哪！
甲　這一天我們中國人名爲人日。

乙 你倒是知道得不少。

甲 是人日嘛，尼克遜挑了這天去給周都督拜年。

乙 你又胡說了，大陸上哪兒還有周瑜、周都督，都死了不知多少年啦！

甲 我說的是周恩來啊！

乙 廢話！你對戲倒挺熟。

甲 豈敢豈敢，請問你知道我的外號嗎？

乙 不知道。

甲 外號我叫「叫官兒」。

乙 什麼？

甲 叫官兒。

乙 叫官兒？

甲 嗯。

乙 撲克牌裏有一張一個小人騎自行車的，不是那個叫「叫官兒」嗎？

甲 我也叫「叫官兒」——他們大夥兒送我的外號。

乙 怎麼給起這個名兒哪？

甲 這就好比麻將牌裏的「百搭」。票房裏排戲，祇要我一到，什麼戲都開得了，什麼戲我都能唱，所以叫「叫官兒」。

乙 噢，合着一有您嘛，這齣戲就可以開場啦？

甲 生、旦、淨、末、丑，神仙、老虎、狗。

乙 滿會？

甲 全有點兒。你要學，我教給你點兒？

乙 我行嗎？我祇會一點兒。

甲 你會哪段？我先聽聽。

乙 怎麼？

甲 我會好幾百齣戲哪，我說？你會什麼？你先挑你會的唱。

乙 噢，您會好幾百齣哪？

甲 啊。

乙 那可您會的多。

甲 你會什麼呀？

乙 我會的可不多。咱們哥倆就唱回「黃鶴樓」，怎麼樣？

甲 「黃鶴樓」？

乙 啊。

甲 唱哪一點兒？後面帶「大審」不帶？

乙 不帶「大審」。

甲 不帶「大審」，起「廟堂」開場。

乙 您說「大審」、「廟堂」啊，那是「法門寺」。

甲 你對？

乙 我們唱的這是「黃鶴樓」，劉備過江。

甲 劉備過江，你就說「劉備過江」，我不就早知道了嗎！

乙 這你會唱啊？

甲 會唱，我玩票這麼些年啦，我到哪兒總是這個——「劉備過江」，「勸千歲」是不是？

乙 「勸千歲」？

甲 （唱）「勸千歲殺字休出口，老……」。

乙 您先等等吧。

甲 （唱）「老臣……」。

乙 您先等等兒唱吧，這是什麼戲呀！您唱的是那是「劉備過江」啊？

甲 我去張果老。

乙 張果老啊？

甲 「劉備過江」我去張果老。

乙 哎，您說那是「甘露寺」，那叫喬國老，那是「劉備過江」招親啦。

甲 對對對，喬國老。

乙 我說這「劉備過江」啊，是黃鶴樓赴宴。

甲 按你這路子是唱赴宴這點兒？

乙 什麼叫按我這路子呀？這是兩碼事，「甘露寺」是「甘露寺」，這是「黃鶴樓」。

甲 隨你吧。「黃鶴樓」，你有這齣戲嗎？

乙 啊。

甲 有，咱們就唱這個。

乙 您是「叫官兒」，這意思是會啦。咱們唱「黃鶴樓」啦，您去誰，您挑角兒吧！

甲 我別先挑。我要什麼角兒，可巧你也會那一點兒，這怎麼辦哪？你先說，你會哪一點兒，你來。不成的你就不用管啦。

乙 這倒對，那麼我挑角兒啊，我去劉備。

甲 我去什麼呀？

乙 我說，你來個諸葛亮行嗎？

甲 行，誰先開口？

乙 我先開口，「啊，先生。」

甲 「啊，先生。」

乙 怎麼啦？

甲 你管我叫先生嘛。

乙 咳！我叫你先生，你別叫我先生。

甲 我管你叫什麼呀？

乙 管我叫「主公」。

甲 「主公」是什麼玩藝兒？

乙 咳，什麼玩藝兒！「主公啊」，就好比是總統。

甲 好，總統。

乙 「啊，先生。」

甲 「總統。」

乙 這戲裏不叫總統，要叫主公，

甲 什麼？

乙 「主公。」

甲 「主公。」

乙 別忙啊，我還沒叫你哪。「啊，先生。」

甲 「主公。」

乙 「此一番東吳赴宴，你把孤王害苦了！」

甲 呸！

乙 這是什麼話？

甲 我怎麼害你啦？

乙 沒說你呀！

甲 那你怎麼說「害苦了」？

乙 我說的是諸葛亮。

甲 找諸葛亮去呀？

乙 我哪兒找去呀？

甲 那你衝我說嗎？

乙 「劉備過江」不是你出的主意嗎？

甲 我幾時又出主意啦？

乙 你讓我去，我不樂意去呀。

甲 那你就不用去呀。

乙 哎，那就不用唱啦！

甲 好，不唱算啦！

乙 算啦？到這兒就完啦？

甲 你說不唱了嘛。

乙 你說你本人兒，我說你這個角兒把我這個角兒給害啦！

甲 我什麼詞兒哪？

乙 你打傢伙就行啦，倉來七來倉

來七來……。

甲　噢這樣兒。

乙　「啊，先生。」

甲　「主公。」

乙　「此一番東吳赴宴，你把孤王害苦了！」

甲　倉來七來倉來七來倉來七來倉。是這樣嗎？

乙　（唱）「心中惱恨諸葛亮。」

甲　好！

乙　別叫好啦！

甲　倉。

乙　「立逼孤王過長江。」

甲　倉。

乙　「龍潭虎穴孤前往。」

甲　倉來七來倉來七來倉來七來倉。沒有錯吧？

乙　噯……，得讓你說話，我才好唱啊。

甲　什麼詞兒呀？

乙　「山人送主公。」

甲　「山人……」。

乙　你別忙，忙什麼呀。（唱）「龍潭虎穴孤前往。」

甲　倉來七來倉來七來倉，「山人送主公。」

乙　「哎。分明是叫孤王，受驚着慌。」

甲　「送主公。」

乙　「免。」

甲　「送主公。」

乙　「免。」

甲　「送主公。」

乙　「免。」

甲　「送主公。」

乙　你把我送哪兒去呀？

甲　送你過江。

乙　送那麼遠幹嘛呀！這一句就該你唱啦！

甲　對對，下啦。

乙　哎，你別下呀，我下啦，該你唱啦！

甲　我唱？

乙　哎。

甲　站這兒唱？

乙　哎，對對。倉來七來倉來七來倉。（唱）「心中惱恨諸葛亮。」

甲　倉。

乙　「立逼孤王過長江。」

甲　倉。

乙　「龍潭虎穴孤前往。」

甲　倉來七來倉來七來倉，「山人送主公。」

乙　「分明是叫孤王受驚着慌。」

甲　我也跟你下場？

乙　現在就該你唱啦，你不是諸葛亮嗎？

甲　啊。

乙　你得唱諸葛亮那詞兒呀。

甲　諸葛亮什麼詞兒呀？

乙　你不會呀？

甲　廢話，我幹什麼的？

乙　會，你就得唱啊！

甲　會就唱啦？

乙　還是不會呀。

甲　我是「叫官兒」，怎麼能不會呀？

乙　你倒是會？倒是不會呀？

甲　可說哪。

乙　什麼叫可說哪？

甲　反正會倒是會。

乙　忘詞啦？

甲　也沒忘。

乙　唱吧。

甲　想不起來啦。

乙　還是跟忘了一樣啊！

甲　不新鮮。

乙　一句沒唱就忘啦，還不新鮮？

甲　唱戲忘詞兒不算包涵。

乙　沒聽說過！您一句沒唱就忘啦，還不算包涵？

甲　我也不是滿忘啦，頭一句想不起來嘛！這戲我們都好些年沒唱啦。

乙　不用淨說年頭兒多少，您一句還沒唱就忘啦！

甲　你一提我就知道。

乙　我告訴你吧：「主公上馬心不爽」。

甲　哎，可不是這個嘛。

乙　會啦？

甲　有哇，「主公上馬」什麼？

乙　「心不爽」。

甲　有哇。

乙　好，有。倉來七來倉來七來……

……。

甲　哎，好些句兒哪？五句吧？

乙　哎，共合四句呀。

甲　四句啦？

乙　啊。

甲　「主公上馬心不爽」？

乙　啊。

甲　二句不夠轍。

乙　怎麼？

甲　二句是「發花」轍。

乙　這是誰說的？「山人八卦袖內藏」。

甲　夠轍。

乙　多新鮮哪！

甲　第三句我改新詞兒。

乙　改新詞兒？

甲　聽我的第三句。

乙　那可不成，改新詞兒那怎麼唱啊？

甲　原有的那不像話呀。

乙　誰說的？老詞兒是「將身且坐中軍帳」。

甲　這是第四句。

乙　第三句。

甲　四句哪？

乙　啊……合着一句不會呀？

甲　得得，已經都說出來啦。

乙　「等候涿州翼德張」。

甲　可不是嗎？

乙　我問你尼克遜到大陸，去不去黃鶴樓？

甲　不去，那黃鶴樓在湖北，那些太古老的地方，他不去，

乙　那他去哪兒？

甲　先到北平，

乙　幹什麼？

甲　吃烤鴨子，

乙　再到那兒？

甲　去上海，

乙　上海有什麼好？

甲　上海，太好啦，遠東著名大都市之一，

乙　再去哪兒？

甲　杭州，

乙　他到杭州去幹什麼？

甲　上有天堂，下有蘇杭，他到杭州去吃西湖醋魚！

乙　你別挨罵啦！

一九七二年中外預言綜合報導

・萬念健・

公曆一九七二年已經開始，陰曆的壬子年也即將到來，際此歲尾年頭，人們對於新的一年無不特別關懷，急於知道今後的一年世界大局將如何演變，國際間將發生一些甚麼大事，世界各地的哲人、預言家、星相命理之學的研究者也例於此時憑其所知，或作評論，或作預言，以告世人。至今爲止，經已公開發表其對於新年世局及人類命運看法者已有多人，這裏把它們彙集起來，綜合報導，俾讀者能對未來一年的大局發展作一鳥瞰。

星相命運之學是一種學問，星相家所作種種評論或預言，自有其學術根據，絕非嚮壁虛構，但必須加以說明者是，此種學問，其所屬範圍乃爲「哲學」、「統計學」，而非「科學」，因此其所預言，可能由於種種人爲原因或特殊性的自然變化，致其最後結果與事前所預言者畧有出入，而不能與化學公式中之H_2O爲「水」，CO_2爲「二氧化炭」之永遠不「變」相提並論，但對於一般人而言，他們無論如何總是提供了若干有價值的見解足供參攷。

以色列一位名叫施烏加的星相學家向以擅作預言著名，現住以色列首都台拉維夫附近的沙哈爾，他曾經在美元眞正貶值之前，預言美元會貶值，結果所言果驗。於十二月二十九日發表他的新歲預言，預測一九七二年將是尼克遜總統、英國、埃及和以色列的一個凶年。

他表示：火星是一個煩惱的象徵，現時正在雙子座裏，這種十二宮的象徵可能是管轄美國、英國和埃及的。

他說：即由於此，尼克遜將難以再連任當選，英國將面對愛爾蘭發生更多暴力事件，而埃及將會遭受財政和內在問題的困擾。

施烏加又說：以色列政府料將在一九七二年發生重大變更。他說：總理梅雅夫人可能辭職，他警告這位七十三歲高齡的領袖在新年期內不要太過緊張。

巴基斯坦一名星學家胡申於一九七二年元旦前二日在卡拉蚩作出新歲預言，內容相當廣泛而大胆。他說：東巴將於一九七二年二月廿七之前重入巴基斯坦版圖，而印度總理甘地夫人將從現在起至下月六日止，有「生命危險」。由於其所預測的日期爲日非遙，所以大大的引起了世人的注意。他又預言東西巴將在二月十九日統一，印軍將全部撤出東巴。此外，胡申又預言，蘇總理高西根自二月廿四日開始，將有一個月時間大權旁落，一九七二年七月，蘇聯將發生一件大事。

一位巴西星宿學家奧馬預測，一九七二年將爲世界女性大災刧之年份，而第三次世界大戰將於七三年四月十一日爆發，但上述兩項預測，並無連帶關係。又謂，以色列總理梅雅夫人，印度總理甘地夫人及北愛爾蘭籍英國女議員戴芙蓮小姐，希臘船王奧納西斯之太太（已故美總統甘迺廸夫人太積桂蓮），英女王伊莉莎白二世，將於明年遇嚴重困難。七二年十一月廿二日至十二月廿一日之一個月內，世界將發生「可怕」之飛機墮毀及交通意外事件，他又預測巴西之國際賽選手比利，將於明年退休，轉爲商人。

巴基斯坦籍的掌相及占星學家巴斯亞教授在無線電視明珠台「每週論壇」節目中預言時並稱，除非國際衝突能夠及時解決，否則第三次世界大戰將於一九七三年會在亞洲地區爆發。

巴斯亞教授對將來寄予厚望，並指出尼克遜一九七二年北京之行，將能解決許多國際間的衝突。他說尼克遜與中共首腦會晤，對中東、印巴及印支衝突有極大影响。

他預言，有關方面將與河內達成協議，使美國戰俘獲釋，台灣問題明年可獲解決，尼克遜將同意撤離駐台軍隊，因爲他非如此不可。

對香港的展望，巴斯教授又指出：

（一）香港與中共的關係於一九七二年仍將保持友善。

（二）英國仍將有一段時日統治香港。

（三）農曆年前有大量外資流入本港，但由於人們搬遷往他處，特別是英國、美國、歐洲及星加坡等地，故農曆年後有大量資金外流。

（四）香港仍將繼續成長，建築計劃仍將發展，使這個城市更形活躍。

（五）貿易及幣值將繼續昇高。

（六）除非訂立更嚴厲之法律制裁，否則貪汚及犯罪事件有增無已。

（七）因香港居民亟欲和平相處，故一九七二年將無不愉快事件發生。

（八）一九七二年七、八月間，將有一次颶風災害，最少亦會有一次同一九七一年八月間露絲造成的災害相等，另外將有一次如地震的大災害。

巴斯亞教授對國際問題作出如下預言：

（一）東南亞在一九七二年將有一次大變動

(二)中共將建立第三世界勢力集團以對付美蘇勢力集團。

(三)中共領導階層將無變動，失勢的林彪集團將無抬頭機會，因爲林彪顯然已不在人世。

(四)愛德華甘廼廸將永難獲任美國總統，並會在下次美國總統大選前遇刺，甘廼廸家族將會受暴力殺害。

本港某報記者，年尾時以一九七二年及壬子年的未來瞻望爲題，求教於某著名星相家，該星相學家不肯透露其姓名，但曾就「干」「支」立論，縱談了港台與中共局勢及今年流年對於女性之特別不利。其言如下：

以干支來說，壬爲十干的第九位，子爲十二支的首位，於卦象來說，是在坎卦左右，(坎卦偏西爲壬)，於方位言，則歲象應於北方。因此今年世局的移轉，將以北方爲中心，於國運言，應在中共，而爲舉世矚目的中共首都北京，其地理位置，正屬北方。但自經緯之說而言，今年中共的景況並不甚佳，因爲在易象中，坎卦乃是黑水橫流奔騰翻覆之象，屬於所謂「四大難卦」之一，應之者必有難。而且「壬」在術數中，可謂「氣之終」，有「否」極之象，人事方面可能有領袖歸於終結，而於來年「氣之始」爲他人所代表，這象徵着毛澤東政躬今年將會有嚴重問題。

又以壬子年之干支而論，壬之帝旺，子不藏壬，有君臣衝突之象，因此可以推斷中共今年內部之鬥爭必然更爲劇烈，必定經過今年一年，轉入癸丑，然後歸於衰微，

但另一方面可以斷言的則是，大陸今年在農業必告大有豐收，蓋所謂「壬子癸丑桑柘木」，乃爲收成之象。且壬者，懷也，有「萬物皆懷」之象；子者，滋也，有「萬物皆滋於下」之象，就歲象而言，實爲繁盛之年，且不止以中共大陸爲然，遠及香港台灣，皆應在此象之內。所以可以肯定壬子年港台兩地將可繼續保持繁榮，尤以水旺於冬，壬子之年，入於冬季，將達繁盛之高峯。而且今年歲星不在壬子，乃無困屯玄里之象，可謂順景之中，了無橫逆，世人大部份將可以渡過快樂的一年。

但此較而言，今年流年，較不利於女性，厥因歲在壬子，位在次卦，主女性負担沉重，精神困擾，且子屬陽支，所見必速，所害亦烈，故女性在今年似乎「諸事不宜」，但懷孕生育者，却多雙生，此亦所謂玄玄之理，非三言兩語所能解釋的。

本港中英版某報曾派出記者，訪問本港三位頗負時譽的星相學家與預言家，探問他們對於一九七二年和壬子年的看法。這三位預言家是前上海市「命理哲學研究會」理事長、大阪「亞細亞命運學會」顧問韋千里先生，廣州「眞步堂」嫡傳、著名星宿學者蔡伯勵先生，另一位接受訪問的某先生，則要求不要透露他的名字。

這三位先生於星宿命理之學，各有所長，可是對一九七二年或壬子年的世界大事却保持着差不多同一態度——不欲多言。

據中國的星辰表推算，一九七二年將爲壬子年，亦即是一甲子開始的第一年，預言家對這一點非常重視，因爲過去歷史已曾證明「壬子年」通常是壞的。直到今日，中國歷史上已曾渡過三十三個壬子年，而每一個都在混亂中渡過，因此對新到的一年不敢寄以大望。

簡單說來，一九七二年將是壞的一年，因此大家不欲多言，徒增疑懼，但希望世人善以自處，俾能於日月運行中，逢凶化吉。

韋千里先生於答覆該報記者訪問時說：『我不希望談及有關本港或世界在明年的發展』。『「壬子」的意思即是所有均屬水的，而這些年通常是無可預言的。』

他唯一肯透露的就是在一九七二年內結婚並無不利，這一點與許多人的意見恰巧相反。

蔡伯勵先生對於星宿之學，不僅研究有素，而且家學淵源，經常列爲本港最暢銷書之一的「通勝日曆」，即係蔡氏編著。當該報記者前往訪問，於被請對一九七二年或壬子年有所評論時予以婉拒，他說：「我對於這新的一年無話可說。」至於無話可說的原因何在，則未透露。據估計蔡伯勵的所謂無話可說，可能有「乏善足述」之意在內。

另一位要求不要將他的名字透露出來的預言家謂：『要對來年作預言實爲難事，況且我的意見或許會令人們恐慌。明年是「壬子年」，那已是極足夠的了。我不希望發表任何會令人們担憂的預言。』

韋千里研究易經哲學及星相命理之學凡數十年，著作甚豐，以香港爲其研究東方哲學之基地，經常於日本及東南亞各地講學遊歷。

本刊下期將刊載韋千里先生對於壬子年就「星」和「命」的範圍內，列表分析該年的結婚吉期、開市吉期等有根據的參考資料。

他對該報記者的訪問，顯然是「所言未盡」，但在最近一次的私人場合上，筆者却聽到了以下的說話，內容雖乏肯定之論，却比報上所登出來的具體得多。

他說：『許多新聞記者，要我預測明年的時局，很抱歉，我只會算個人的命運，要有個八字，才可講好講壞，却絕對不是預言家，不願意妄談天下大勢。但根據我國五行花甲，亦有個說法：五行是由十天干，十二地支，配成六十花甲。六十花甲，有十二個是純粹的，甲寅、乙夘，爲純木；丙午，丁巳爲純火；戊辰、戊戌、己丑、己未爲純土；庚申、辛酉爲純金，壬子、癸亥爲純水；明年壬子是純水，「純」就是份量奇重的意思，所以喜水之命則大好，忌水之命則大壞，所以明年有一部份人會飛黃騰達，有一部份人則適得其反，爲甚麽奇好奇壞，如此不同？這當然與世局動盪及各人遭遇處境有關，所以所謂預測明年，非但不是件平常的事情，而且也不可一概而論的。』

大人小語

·上官大夫·

新歲預言

歲尾年頭，世界各國預言家，紛紛發表預言。妙就妙在預言的內容儘管各有不同，報紙讀者無不讀得津津有味。

年有兩個

所謂假期，意即多給你幾天用錢的日子。冬天有兩個，新年也有兩個，而薪水衹發一次。

漲價有理

家庭女工保險費，今年自每年二十五元漲至四十元。女工的工資，早已自二百五十元，漲至四百大元。

舉手之勞

爲歡迎「美國朋友」，北平「反帝醫院」易名「首都醫院」。「中蘇友好協會」，何嘗不可以改名爲「中美友好協會」？

此一時也

去年今日，我告訴你中共要與蘇俄翻臉，你必不信，所謂此一時也。

彼一時也

去年今日，我又告訴你尼克遜將訪大陸，你又不信，此亦所謂彼一時也。

成功之人

名流演說，香港商場上，奮鬥成功女性，上海人佔優勢。

香港歌壇，成功歌星，台灣來的人佔盡優勢。

各有所怕

封建制度社會中，窮人怕富人，怕他們的權勢、財富。

資本主義社會中，富人怕窮人，怕他們要求借錢、加薪。

衆醒獨醉

對於不喝酒的人，衆醉獨醒是一種愉快，可以冷眼旁觀各種醉態。對於喝酒的人，衆醒獨醉是一種享受。

人類本能

妓女向法庭供稱無意偷竊，只是她錯把別人的銀紙放入自己的口袋。

把銀紙放入自己口袋是人類本能之一，把自己的銀紙放入他人口袋者，便成神經病了。

此其時矣

世界衛生組織發表，唇膏有防癌作用。

請化粧品公司注意，爲貴公司防癌唇膏做廣告，此其時矣。

用手一摸

美國籃球明星，年薪五萬美元。平均用手摸球一次，至少美金一元。

聰明的手

用右手與用左手，那一種人比較聰明，科學家尚在研究中。

最聰明的是，左手右手之外，另有一手。

女別七日

日美容家發明婦女美容新法，七日之內，可使面部皺紋全部絕跡。古云：「士別三日，刮目相看」，「女別七日」，當屬「括皮相見」。

功罪各半

冒牌錶帶，較原裝廉宜百分之八十。

法律上它們無疑有罪，經濟上豈能說它完全無功。

八十大板

希爾頓酒店雀局，每場最低消費，至少港幣五六百元。

這等於不問原告被告，一上來便先各打八十大板。

長壽之人

世界長壽學研究權威者日前逝世，享年九十有二。

長壽專家的年齡，尚且未足百歲，況短壽者乎？

亦假亦眞

英學者發表長文，揭穿莎士比亞乃一騙子。一切莎翁名劇，均非出其手筆。

莎士比亞可能是假的，所有莎翁名著，却沒有一篇不是眞的。

槍法如神

洋兵向人持槍瞄準嬉戲，失手將人擊斃。

失手尚且一擊而中，則其槍法之佳，不問可知。

「我的朋友」劉大怪

宋郁文

成報總編輯宋郁文先生，著作等身，不輕着筆，鑒於本刊上期所載雲南航空學校，聯想到他的朋友該校校長劉大怪，特爲本刊撰寫此文，以饗讀者。　·編者·

我和劉大怪之間

我們香港報人有一個茶座在銅鑼灣紅寶石樓頭，每天下午大家都聚在一起，談天說地，有時候也討論到國家大事、國際問題，我有時候參加討論，口沫橫飛，有時候却靜坐下來，聽聽各人的高論，也看看各人談論時的神態，很有趣味。

黎晉偉兄在我眼中像兩個人：他的樣貌有點像梁任公，梁任公以寫政論著名，黎晉偉寫政論也是一位老手，因此我間中會呼他爲梁任公。他有一點舉動却像「我的朋友」劉大怪，吃包子的時候，把外皮撕下來，然後拿在手裏用幾個手指去揑，似乎以此爲樂。劉大怪見人吃飯，也喜歡伸手到人家飯碗裏取一撮飯，也用指頭去揑。劉大怪這樣的怪態，使我印象頗深，因此，我見到黎晉偉就會想起劉大怪，我要寫這篇文章，也是由此而引起的。

劉大怪本來是一個窮記者，但一躍而爲航空學校校長，更且成爲空軍司令，後來又辦西南航空公司，自任總經理，實際上他未任航空學校校長之前，連一點航空經驗也沒有。還有一事我漏寫了，這裏要補充一點的，他不止成爲航空界的前輩，而且是中國人在空中結婚的第一人。最近有一羣日本青年男女從東京飛來香港，舉行空中集體結婚，人們視爲盛事，其實幾十年前的劉大怪早已開其先河了。

本來我和劉大怪沒什麼關係，但算起來也不能說關係全無；我從事新聞工作，最初是在廣州共和報，劉大怪也曾在共和報工作，所以，可以說是先後同事。還有，就是共和報的總編輯潘抱眞先生與劉大怪有郎舅關係，劉大怪的兩個胞妹，都先後嫁給潘抱眞作太太和繼室，而我則是潘抱眞一手提拔的。後來劉大怪協助香翰屏將軍組織廣東名勝風景建設委員會，潘抱眞也叫我替這建設委員會做一點宣傳工作。羊城八景中有「石門返照」一景，當時劉大怪就想把這名勝從新建設起來，潘抱眞就叫我去實地觀察一下，拍些照片，寫一本小冊子。我所乘坐的一艘電船，就是劉大怪僱給我專用的。

在共和報的同事中，還有梁展鵬先生，他入報界比我署早，他和潘抱眞及另一同事陸文英先生，都是「報界八大仙」之一，八仙行列裏，潘是老二，陸是老四，梁是老七。八仙中共和報就佔了三仙，都曾給我寶貴的教導；由於潘抱很眞看重我，梁展鵬也把我視同手足。他會對我說：「你縱然不把我看作哥哥，我也當你是弟弟教導的！」而梁展鵬在西南航空公司裏，做了劉大怪的文胆。那時西南航空公司業務鼎盛，梁展鵬似有意多向這方面發展，把報館裏的編務給我分担，所以和我過從甚密，我也常到航空公司裏去。

但雖有這些關係，我對劉大怪所知並不多。劉大怪的逸事，常爲共和報同事們作爲談話資料，但都是零零碎碎的，這裏我所寫的，大都是根據陳炳權博士口述的。在我的想像中，知道劉大怪比我較多的，可能是香翰屏將軍和張發奎將軍，我雖間中和張將軍見面，但都無暇談及此事。還望劉大怪的友好們，對不足處能夠補充，對錯誤處能夠指正。因爲這樣的一個人，非尋常人可比，可以作爲談助者正多，亦一定爲讀者所樂聞的。

廣東第一次飛行

我覺得航空事業的發展，在這五十年間，眞是進步得厲害，由一二人乘坐的飛機，而今，乘客的座位已數以百計了。以今天的珍寶七四七和初期的相比，眞是不可同年而語。然而，別看小了初期的飛機。大概在民國三四年的時候，那時龍濟光督粵，人們根本就沒有見過飛機，聽到飛機能載着人飛上天空，莫不視爲新奇。其情形，就像今人對於太陽神太空船登陸月球一般。

那時美國有一個華僑姓譚名根的，是廣東台山人，他在美國學習駕駛飛機，學成了之後，就回家鄉廣東來表演，表演的地點就在廣州東堤的大沙頭。

這一消息傳出後，不但哄動了全城，而且附近鄉下的人都引以爲奇，紛紛走到廣州去開眼界。當時廣州的警察廳長是王慶齡，譚根就特別請六十年以前，亦即清宣統三年（一九一一），法國人環龍攜單翼飛機及雙翼飛機各一架，到上海作天空第一次的飛翔表演。在該年五月六日由江灣萬國體育會跑馬場起飛，至南京路跑馬廳，不幸墮機殞命。此飛機蓋為第一次飛翔於中國領空。環龍逝世後，法租界公董局為之擇一馬路名環龍路以紀念之。

王慶齡去試坐他的飛機。王欣然應約，而且下令全市放假一天，好讓人們到大沙頭參觀一番。那種盛況，就好像今天美國人湧到甘迺迪角去看探月太空船出發征空一樣。果然，飛機飛到空中，無人不嘖嘖稱奇。王慶齡經過乘坐之後，也面有得色，親自在現場贈給譚根一面大金牌，以示獎勉之意。

當時廣州已有很多報紙，對於此一獨特新聞，自然要搶着刊登。而劉大怪當時，就在安雅報任外勤記者，他寫的新聞紀事，特別詳盡、特別出色，譚根看了很高興。而劉大怪這個人，不但長於寫作，更擅長的就是交際，憑他的三寸不爛之舌，很快就和譚根結交起來了。譚根久居美國，對中國文字不很熟習。而且因爲他第一次在廣州駕駛飛機，所以成了空中英雄，誰不崇拜？誰不結交？書札往還，頓時多起來，應酬既忙，事務又多，自己寫起中國文字又不甚熟習，看得劉大怪寫的新聞紀事詳盡和出色，忽然動起念頭來，要請一名書記，打理往來書札，就問劉大怪是否可以屈就。

其實，在劉大怪是「固所願也，不敢請耳」。他在安雅報任記者，每月薪金不過二十五元，而担任譚根的書記，月薪有四十元，孰重孰輕，不必比較了。何況劉大怪「醉翁之意不在酒，在乎山水之間」，早已想到利用譚根而一展自己所長。於是，立即接受了譚根的聘任，他也果然能幹，除了替譚根辦文書之外，又幫助他交際應酬，週旋於達官貴人間，非常得體，這使得譚根更倚重他，視爲不可多得的臂助。

看官們，我一路的寫着劉大怪，究竟劉大怪是什麽名字呢？照我所知，他叫劉毅夫，又叫劉沛泉，那個是名，那個是號就不知道了，因爲他平常做事都很怪，所以人們都稱他爲劉大怪。

他的個子頗肥胖，是肥肥矮矮的，面口圓圓潤潤，前任日本首相吉田，和他的樣子有一點點相像。

他以記者起家，不但結交了許多豪富，而且結交了許多文人，如康有爲、胡適之，都是他的好友。他的外國朋友也很多，尤其是日本人；有一次他招待我到從化温泉，就用日本朋友送給他的啤酒來欵客。

我在西南航空公司裏，見過胡適給他寫了一幅斗方，是一首五言絕句：句曰：「危樓高百尺，手可摘星辰；不敢高聲語，恐驚天上人。」這首詩我起初以爲是胡適作的，後來才知道是前人的舊作。在我記憶中，好像胡適的「南遊雜憶」，也提到劉大怪其人，可惜在匆忙間，書堆裏檢不出這本小冊子，否則可以檢查一下，如果記憶無誤，也可以寫幾句劉大怪與胡適的故事。

航空學校任校長

「閒話少提，書歸正傳」，這裏要談談劉大怪怎樣當起航空學校校長和空軍司令來。

且說當時雲南都督唐繼堯聽說譚根在廣州表演航空，心竊慕之。據上期同文唐氏令坦趙旅生先生所紀的「唐繼堯軼事」說：「唐繼堯被清廷選拔赴日本留學時，擬學工業，抵日後深知祖國危狀，以救國莫急於練兵，乃改學陸軍，先入振武學校，後畢業於士官學校，經朝鮮回國後，即任雲南講武堂任教官，反正後，曾任校長，大加整頓，效法日本士官學校體制及訓練方式，同時加以改善，學科術科適應中國學生，以期畢業後文武兼資，通曉中國及世界大勢，造就人材不少。」可見這位青年都督，銳意整軍。他本人是陸軍出身，也就想到空軍的重要，於是立即寫了一封信給譚根，請譚根到雲南担任航空學校校長。可是，譚根覺得當時國勢未定，自己身爲華僑，不想投身於政治圈裏，所以遲遲疑疑，沒有答覆。但唐繼堯建軍心切，看到沒有回信，又來函敦促，劉大怪就問譚根去不去？譚根表示無意就任。劉大怪這時，正如粵諺所說：「打蛇隨棍上」，笑着對譚根說：「你既無心，我頗有意」。譚根是無可無不可的，由於平時對劉大怪印象甚好，也認爲他是一個人材，因此有意栽培他，就說：「你既然有意，那麽你就用我的名義，寫一封信給唐都督，作爲推荐罷。」劉大怪是譚的書記，這等如自己推荐自己，自然寫得情辭懇切，唐繼堯得了回信，以爲譚根介紹的人，當然可用，於是深信不疑，來函敦聘。唐繼堯是個年青有爲的軍人，而聘任一個沒有航空經驗的航空校長，豈不是傻瓜？聖人都說：「君子可欺以其方」，原來劉大怪也是個聰明人，他早已在譚根處耳濡目染領教到了許多辦航空學校的計劃，和怎樣延攬人才了。還有的，就是譚根把各種飛機的說明書，都一一爲劉大怪講解，劉大怪既然得到指點，又有他的聰明和口才，見了唐繼堯，就把譚根指點他那一套辦航空學校的計劃向唐繼堯報告一番，也把各種飛機的說明書，都給唐繼堯看過了。唐繼堯看他人材不凡，又是譚根介紹的，自然高興，就叫他開辦空校。

話分兩頭，當時美國有一位華僑巫理唐手上很有資財，就資助另一位華僑黃社旺製造飛機。黃社旺也是廣東台山人，因事回到香港。譚根就認爲這個人可以担任飛行教官，所以事先已告訴劉大怪，這人可以延攬的。黃社旺在第一次世界大戰時，曾經到澳洲當空軍，所以飛行經驗豐富。劉大怪任空校校長後，就立即到香港聘請黃社旺去担任教練，雲南省的航空學校，就這樣成立了。後來陳銘樞任粵督時，劉大怪就經常坐飛機來往於滇粵之間。他對人說，是他親自駕駛飛機的，所以大家都以爲劉大怪了不起，其實劉大怪直到他自己辦西南航空公司之時，還不會會駕駛，而當時飛行於滇粵間的駕駛人，實際就是黃社旺。至於資助黃社旺製造飛機的巫理唐，後來任了中華民國僑務委員會的委員，還開設了一家航空學校于砵倫。

民國二十一年，陳銘樞任交通部長，就委劉大怪爲中國航空公司總經理。到西南政府時代，劉大怪就創辦西南航空公司於廣州，擁有好幾架民航機，我記得有一架名「啓明」，一架名「長庚」，還有一架練習機名「天狼」。梁展鵬學習駕駛，已學成功了，有一次機航組長教他迫降，不幸「天狼」號墮毀，機航組長當場身亡，梁展鵬也燒得遍體鱗傷，幸好劉大怪在雲南甚久，購備許多雲南白藥，未送入醫院前，就給梁吃了雲南白藥，入院後就較易醫治。

至於劉大怪的空中結婚，據陳炳權博士說，劉大怪結婚是在「一二八」抗戰時期，結識了滬江大學的「校后」而成婚的，但照我的記憶，他似乎是在廣州結婚的。由於我曾到潘抱眞家，看到他家掛有一張劉大怪結婚的長條照片，當時參加婚禮拍照的約有三十多人。人的後面是擺着一架雙翼飛機作背景，記不起潘抱眞有沒有參加攝影，但相片懸在他家中，或許他也有參加的。

關於劉大怪在雲南的事情，黃天石先生少時會參與唐繼堯戎幕，他是報界名宿，也許會知得得更清楚，所傳是否屬實，希望他予以指敎。

劉大怪做事之怪

陳炳權還爲我憶述劉大怪一怪事。這雖然是一件微不足道之事，但頗足以顯出劉大怪做事之怪，和交際手法的高明。這事情是與前中山大學校長張雲有關，而陳炳權則是從張雲口中得知其詳的。

事情的經過是這樣：

當西南政府結束，兩廣還政中央之後，余漢謀將軍任第四路軍總司令，駐節廣州，那時兩廣的情勢已轉變，劉大怪也就要從新活動一番了。

有一天，他走到余漢謀公館去，說受到張雲校長的囑託，要送幾尾黃河鯉給總司令，由飛機運來的，明天便可以運到。當時空運並不很發達，在廣州而要吃新鮮的黃河鯉，殊不容易。我還記得，由肇慶到廣州，不過一夜的水程便可到達。但是在廣州要吃肇慶的文慶塱鯉魚，却很困難。我第一次吃到文慶塱鯉魚，也就是由梁展鵬駕飛機從肇慶帶來的。當時一尾文慶塱鯉魚，已經名貴非常。現在香港人口福就比當時好了，每年秋天都可以買到文慶鯉。試想，在廣州吃文慶鯉尚不容易，何况吃黃河鯉？余漢謀是肇慶人，文慶鯉當然吃過，但黃河鯉恐怕就很少吃到，所以立即表示謝意。到第二天，劉大怪果然用一隻鐵箱子載着幾尾活生生的黃河鯉送到余公館去，余漢謀當面多謝了。然後，劉大怪又立即坐汽車走到張雲公館去，也送他幾尾黃河鯉。張雲收受了之後，劉大怪才對張說，他已經借用張校長的名義，代送了幾尾給余總司令，余總司令很高興，還叫他代達謝意。劉大怪原本和張雲相識的，張雲到了這時候，也不能責怪劉大怪的做事唐突，也就只好多謝他了事。過了些時，劉大怪再去找張雲，要張雲替他向余漢謀說項，張雲覺得事前既有過黃河鯉的饋贈，而且余漢謀也表示高興，况且又是朋友請託，當然不好意思拒絕他，就替他向余漢謀說項一下，後來果然如願以償。

這事情既由張雲告知陳炳權，當然不會假。但當陳炳權對我轉述時，沒有說明時間，我在上文中所說的西南政府還政中央之後，是我推斷出來的。因爲我在聆聽陳炳權轉述時已有兩個疑問：第一，照我個人記憶：張雲當中大校長，是在戰時學校遷到坪石的時候，那時余漢謀雖座鎮韶關，任第七戰區司令長官，但劉大怪不會在韶關露過面。第二，就算劉大怪在韶關，也無從得到黃河鯉。我提出這兩個疑問後，陳炳權說可能是在廣州的時候了，但那時張雲未做中大校長。我寫這篇稿時間雖然匆促，但爲了這問題，也臨時打了好幾個電話問過幾位旅港中大校友，却巧得很，有些人不在家，有些人又記憶不清，有人說張雲在廣州當過中大校長，有人却說他當農學院長，我却以爲張雲是學天文的，不會當農學院長，不過却給我想到了，可能那時張雲只是當院長，不是當校長。

建設了從化温泉

最後要說到從化温泉和劉大怪的關係。

從化温泉是廣州附近的著名風景區。全中國温泉最多的是廣東，據屈大均「廣東新語」說，全省有温泉九十多處，但據最新的統計，共有一百四十多處。我在廣東，幾乎走遍了全省，除了在南雄未試浴過温泉外，在北江、東江、潮州、台山等處，試浴過十多處温泉，而到得最早的就是從化温泉，到得最後的也就是從化温泉，到得最多的也是從化温泉。

從化温泉距廣州市北八十一公哩，山環水繞，茂林修竹，飛瀑流泉，風帆小艇，有着很幽美的環境。加以劉大怪等的開拓和經營，建築了不少別墅，大多是中國古宮殿式的，一部分是西式的，還有一部分是半中西的，所以從化温泉的美麗，經常都縈繞我的腦際。

我第一次到從化温泉去，就是劉大怪招待的。那時只有兩座建築物：一座是紅磚建成的亭子，題爲「環山堂」，一座是「玉壺溪館」，是臨時是用茅用竹蓋搭而成的，房子是日本式的。這些建築，是由律師陳大年、藥商梁培基、縣長李務滋，和劉大怪各人科銀九十元，共三百六十元興建的。民國二十一年三月玉壺溪館落成，股東們都去慶祝，適值下雨，陳大年因司空圖「詩品」有「玉壺買春」之句，就以「玉壺」命名。

從化百丈瀑勢如銀河倒瀉

當我第二次到從化温泉時，情形大大不同了，大大小小的別墅和飯店都已經建起來。而地點最適中，規模最大；指私人的別墅而言，而又最最堂皇高貴的，要算劉大怪的「若夢廬」了。屋頂用琉璃瓦，作古宮殿式，室內有泳池，直接引入山水和温泉，所有的門窗，都是一層是紗櫥，一層是明瓦或玻璃的。屋的四週，還有很大的草坪，比建築物大幾倍。在對岸的，好像僅有藥商梁培基的別墅和德國柯島醫生的「柯樹山房」，我住得最多的地方，要算是「若夢廬」和「柯樹山房」了。

從化八景中，最爲人稱道的要算是三瀑，它們各有奇觀，那就是香粉瀑、飛虹瀑和百丈瀑。

後來日軍佔領廣州，其外圍防線擴展至從化街口，從化温泉就成了前線，那時駐近温泉的是一百四十七師，那時的師長是梁驥，政治部主任是我的另一位朋友李育培。我當戰地記者，李育培就偕同我到温泉去，恰巧潘抱眞的長公子潘龑也在李育培處當政工隊，他是劉大怪的外甥，因此，就成了「若夢廬」的臨時主人，我就在那裏住了好幾天。我和潘龑忝爲兩代世交，就每夜都在若夢廬前的草坪品茗閒話。

後來，粵北會戰，我軍大捷，我又到從化温泉去探訪，雖然駐在「柯樹山房」，但常到「若夢廬」作温泉浴。繼而良口大捷，我再次前去，都到「若夢廬」流連一番。到勝利之後，重返廣州，我和名攝影記者李能光開了吉普車去遊温泉。那時共軍游擊隊經常都在從化出沒，車到太平塲，警察所長勸我不要去了，但我還是不顧，直開車前去。到了「若夢廬」，已經荒涼得很，又好像沒有管理人了。最使我難過的，就是劉大怪——這裏我應該稱呼他一聲劉穀夫先生了——的瓷像，安放在「若夢廬」的樓梯口；這建築是兩層的，好像很久沒有人上香了，只見香爐已被塵封，我想去上一炷香，但連香也沒有，一生活動力很强的劉大怪，就這樣冷落地收塲。

流溪河雲山縹緲

香港逃難到桂林

我曾在本刊第八期寫了「香港之戰回憶錄」，又曾在第十八期寫了「從桂林到重慶」，本文所記是我在一九四二年四月中離港返國的過程，也可以算得是我「逃難生活」中的一部份。

·范基平·

一九四一年之夏，美日關係緊張，香港局勢亦受影響，但一般人對日軍南進北進兩項政策捉摸不定，同時認爲香港屬於英國，日本在中國戰場泥足日深，未必敢在太平洋區輕啟戰端。事實上，是年十月十八日東條英機出任日本首相後，即已擬具南進及攻擊香港計劃，英國當局度測形勢，亦知危機日深一日，因此於原有駐港英軍之外，決定抽調加拿大五千部隊來港增防。

但一般居民對於內在之緊張空氣，仍無所知，而最可笑的是當十二月八日，日機在啟德機場投下第一個炸彈時，時間正是早晨八時，大部份居民躺在床上，還以爲是在作防空演習。

防空演習確於是年夏季開始演習多次，但實際作戰開始時，日軍飛機係自港外近海面航空母艦上起飛，數分鐘即抵九龍，連空襲警報也不及施放，而當時駐港英軍飛機共僅兩架，更談不到半途攔截或升空應戰。事後所知，英國當局以前對香港的防守計劃，祇規定保衛香港本島，但此批加拿大軍隊，均係新兵，到港後組成了兩個旅，在九龍大陸上構築及據守一條「近達林斯克」防線，希望能據守該線擊退敵人任何進攻，俾本港港口及本島北部不致立刻遭受來自大陸方面的炮火。當時負責設計防務的，相信本港必能堅持一個相當時期，以待外援到來和局勢演變。所謂外援，最近與最快的當屬來自星加坡，由於星加坡是當時英遠東艦隊總部及主力所在，但未料日軍發動太平洋之戰，係在長期準備之後，以雷霆萬鈞之勢，在香港、珍珠港、馬尼拉等地同時進攻，於是星加坡自顧尚嫌不及，何來餘力增援香港？

一九四一年十一月時，本港除增調兩旅加拿大軍隊來港外，原有爲數約一萬名以上的英陸軍部隊和海軍艦隻，由港督楊慕琦爵士統率領導。所有部隊雖在十二月七日均已開抵作戰據點，但在戰事開始之前，卻全無充份時間實習其任務。十二月八日，日軍進攻本港邊境，當天早上，日空軍轟炸啟德機場，下午及晚上，英日兩軍前線部隊開始接觸，未幾，英軍前線掩護部隊已逐漸撤退至「近達林斯克」防線。九日該防線又告失守。所有英軍經過四天抵抗後，於十三日晨撤至香港本島。十三日晨日軍首次要求香港投降，但遭拒絕，日軍炮火乃告加强，當時一般民衆情緒，部份由於配米困難，極爲動搖不安。

十二月十五日深夜，日軍企圖在香港東北部登陸，但遭擊敗，十七日日軍再度招降又被拒絕，卒於十八日晚上在本港東北面登陸，並迅速佔據太古船塢及西灣山。十九日晨，本島形勢已極嚴重，英守軍經十一日毫無休息之作戰，由於援軍缺乏，至廿三日，重要水塘已淪入日軍之手，城區用水祇敷一天之用，存糧漸少，戰士們疲乏不堪，終於在聖誕前一日宣佈投降。

憑良心說，香港居民對於英美兩國一直深具信心，甚至英軍投降以後，也以爲英美援軍隨時可至，但消息愈來愈壞，各地敗績頻傳，「皇軍」長勝不已，我們也終於知道在短期內，反攻已經絕望，投降已成事實，唯有在日軍槍尖下，暫作順民。

投降成事實·苟安作順民

戰爭毀滅了一切，香港所有的工商業全部停頓；屋主不再收租，一切錢銀來往全部停止收付。可以做的只有少數幾種小販、飲食，以及賭枱與「導遊社」等偏門生意，後者是妓院的變相，從中環到石塘咀，大街小巷，處處皆是；一直到勝利之後才逐漸淘汰。

所有的店舖，全都關門停業，香港方面整條皇后大道，九龍方面整條上海街，兩旁全是地攤；這些地攤，有些是店家擺的；有些是從來不曾做過生意的男男女女擺的。地攤上的貨品，自日用品，以至用過了的刀叉杯碟、鬧鐘皮鞋之類，無不應用盡有。其中有些人是把家裏剩餘用品出售，藉以維持一日三餐，或以得欵囤購糧食。有些人是預備把所有的東西除了隨身細軟之外，全部賣光，以爲歸國旅費。

戰爭停止後，我和一批朋友在彌敦道的加連威老道轉角處「蓋披得酒吧」原址開了一家銀座咖啡店，暫維生計，請了班菲律賓樂隊，一羣完全沒有經驗的年輕人，居然像模像樣把這舖子經營得有聲有色。樂師中的一位太太是日本人，她就穿起和服來用她的日語招待日本軍人，但這到底不是久長之計，香港已經成爲孤島，沒有生命也沒有希望，不但物價飛漲，糧食困難，生活艱苦，而且偸生於日軍槍尖之下的那種精神威脅，也實在無法忍受，因之許多人，包括我自己在內，都計劃離開香港。

其中最嚴重的當然是糧食問題。所有的米店早已關門停止營業，九龍倉中的存米則已於九龍失守當日被刼一空。關於九龍倉存米被搶的事情，倒也値得一提。據當時遍傳所知，九龍倉並不是在動亂中被人以暴力打開而遭刼掠，實因九龍已告淪陷，日軍即將進入市區，九龍倉當局乃奉政府之命，將倉門大開，鼓勵市民入內搬取糧食，以免資敵。這消息傳播之快有若大火蔓延，迅速萬分，當時我家住樂道，即今凱悅酒店正門對面，聞風往觀，至九龍倉之時，但見廣東道上，從蔴包袋裏倒瀉和漏出來的米粒無數，搶得整包的都已遠去，祇賸後來的人還在掃聚殘粒。九龍倉倉庫林立，內貯貨品，種數繁多，從其他倉庫均未打開一點看來，米倉之門係奉命而開，似屬可信。

那時候，米不是完全沒有，而是必須向黑市中尋求，但售價奇昂，普通人家存貯白米無多，祇能以粥代飯，多吃雜糧，所以單是爲了吃飯問題，便有離開香港的必要。我於三月底便開始計劃離開香港，經過一個月的籌備，終於一九四二年四月底成行。

日佔領軍當局也爲了要緩和糧食恐慌，決定疏散居民，並且規定了三條路線。這三條路線，一條是取道東江，可到曲江；一條是取道市橋，可到沙坪；一條是取道廣州灣，可到鬱林；這三條路線，最後目的地都是「自由區」，但是日軍當局是要你離開香港，藉以減輕香港當地的糧食負担，不管你最後目的地何在。但這三條歸鄉路線，至少有一點完全相同，那就是從香港回到祖國的人，必須經過一段淪陷區，一段無人地帶，才能回到自由祖國的大地，呼吸到自由空氣。

我的最後目的地是陪都重慶，但初步目的地是桂林。正如條條大道通羅馬一樣，順着這三條路線，都可以到桂林，但我們選擇市橋一線。因據探聽所知，取道這條路的歸僑人數最少，以地理形勢而言，它的軍事價値不高，深信沿途一定可以受到較少干擾。另一原因是我父親有一個姓朋友，原籍勒流鎮，港戰發生時留在香港，這時也想回去，而從香港到勒流，市橋是必經之路。從市橋到勒流他的老家，步行不過九華里，從他老家經過一段短短的水程，可以步行到九江渡口，渡口的對面是自由區最前線的沙坪，月黑之夜可以偸渡，這條路線他相當熟悉，而且到了勒流，可以在他老家小休數日，再行啓程，對於準備偸渡前往自由區者有相當方便，所以研究結果，決定經由市橋返國，日佔領軍是要我們「還鄉」，我心裏的意思是要回返自由祖國，投入抗戰熔爐。

籌備離香港·取道經市橋

記不清楚是四月尾的那一天，我們於微風細雨中，在干諾道中三角碼頭登上市橋去的小輪，携同十担以上的行李，戰戰兢兢開始我們的旅程，在疑懼之中，希望儘可能的早日撥開雲霧，重見天日。

當時我父母俱在，我自身一家六口，加上四名同行者，一行亦達十二人之衆。我和二老的財政向來各自分開，平時既乏積貯，亂世又無法週轉，這筆旅費必須把個人和家中所有的一切私產變賣得來。當時香港居民大家吃飯第一，其餘無不可以節省，所以力求存貯現欵，隨時應急或預購糧食，俾能苦守。所以價値高的東西不易脫手，大件傢俬無人請敎，要套得現欵眞不是易事。我們選擇彌敦道轉角的行人道上作爲我們脫貨求現的作戰陣地，每天上午十時左右去把攤子擺出來，下午四點左右收攤，把一切可以賣的和應該賣的全部賣了。在脫手之前，還得仔細想一想，這東西是否可以不賣。例如內地物資困難，人所共知，如果內地補充不易，那麽縱有善價也祇好不賣；若係奢侈性非必需品，則即使低價也祇好割愛出售。家人常常爲了要考慮這些而煞費思量，結果是可以不必携帶之物，都三鈿不作兩鈿的賣得七七八八。賸下來的全是細軟以外的傢俬之類，由於無人受購，走的時候，只好由它留在屋子裏面，讓任何人隨便取去。所有書籍，凡與「抗日」有關者，全部加以焚燬，以免貽禍他人，無關者當它是廢紙，掉頭不顧。一本厚而且重的韋氏大學字典，携之不便，棄之可惜，送給了「星島」同事周鈺宏兄，作爲秀才人情。周君全家，在日軍佔領香港的三年零八個月內，未離香港一步，我於一九四五年十月初與胡好從重慶回來進行改組「星島日報」時，他正在被軍報導部接收過去而改名的「香島日報社」担任編務，相見之下，雙方都有恍若隔世之感！

我們的地攤一共在佐頓道上擺了大約三四天，除了必須帶到內地去的用品之外，所有的東西差不多都已賣光，約畧估計，去桂林的旅費大致可以不成問題，而堂上二老則可以先去重慶，我們年輕的一代，則準備先在桂林住一個時期，再想辦法。

從香港到西江之畔，都是日佔領區，上船前經過碼頭日哨兵的檢查，到市橋去的輪船上，也有武裝日軍，隨船同行，我們都是善良的老百姓，除了穿得樸實一些使得看來更像難民之外，根本無需化粧。但是我，深覺自己有把智識份子的外型加以隱藏的必要，所以在西裝大衣之內，穿的是唐裝衫，連一支墨水筆也把它收藏在不易看到的地方，以免顯露馬脚，引起滋疑。雖然如此，還是免不了一場虛驚。

船上搭客差不多全部是歸鄉僑胞，而且絕大多數是附近四鄉的本省人，好像祇有我們這一羣是外省人，而且很容易辨認出來。隨船同行的日軍對於搭客很是注意，像是想在其中發現有問題的人物加以盤查，搭客看他們往來頻頻，對於每一個人的面部加以注視，心頭均覺不安。

搭船受檢查·有病須隔離

午飯時間以後，船員通知全體搭客魚貫登上甲板巡行一週，其時有日本軍官一名，士兵兩名監視一切，他們細心辨視搭客的面貌，認爲毫無問題者囑令自甲板另一端退回艙內，一小部份則奉命留於甲板，等候發落。我便是奉命不得下艙的搭客之一，因爲不知道有什麽事情會得發生，心裏免不了隨之緊張起來。

綜計奉命留於甲板不得下艙的搭客共有十數人，其中有男有女、有老有少，身份亦各不同，看來不像與「抗日」有關，因之百般思索，始終不知原因何在，更不知在我一家十餘人中，何以只有我單獨中選。這樣被選中，情形當然不妙，但由於自己究竟並未做過錯事，又確信他們未必能看得出我的報人身份，所以緊張之中，依然力持鎮定，於神色自若中，靜待發展，同時肚裏編好了一份畧歷，以便問話時一一答覆，職業則已決定爲「印刷」，因爲「印刷」與「新聞」、「出版」多少有點關係，答話起來可以不致太過離譜。

大部份的搭客都已下艙之後，被留在甲板上的十餘人即被一一單獨傳詢。傳詢的方式相當特殊，甲板上樹立了一個小小篷帳，被傳詢者進入篷帳後即命脫去褲子，伏於椅上，露出臀部，正尷尬間，一支醫生用的測温表已被塞入肛門，原來當時正在開始流行某種傳染病症，奉命留於甲板上的人均因面色不佳而被目爲有染有該症嫌疑，而温度錶之探試，便是要在「有」「無」之間取得一個肯定答覆；至於那個日本軍官，大家現在才知道他原來是醫官。

被檢查的搭客之中，當場即可判斷其爲「有」「無」，也許是我流年不利，竟被判爲「有無之間」，必須隔離，並謂上岸後須先送院注射，方可自由行動。

就從這時候起，我便和家人與其他搭客暫時隔離，傍晚時分，小輪抵達市橋，其他搭客均獲上岸，我與其他三名已証實患有該症的搭客則反被送下艙，說是要等第二天早晨方始逕送醫院。

日軍十分横蠻無理，他們非但把我們這幾個人硬留在艙底，而且不准我們和同行家人互通消息，因而他們完全不知道我是爲了什麽不准上岸，也不知道下一步要發生甚麽事情。

船是七點多鐘靠市橋碼頭的，看看快要九點鐘了，毫無消息，這時肚子既餓，心頭又是焦急，探首艙外，擱在碼頭上的跳板附近無人看管，而岸上正有小販在叫賣艇仔粥。經不起腹似雷鳴之苦，心一横，胆子也跟着大了起來，決定冒險上岸去吃粥，若被發覺，則說吃了粥馬上回到船上，若沒有人發覺，則一溜烟走了再說，相信即使被人找到，也不能把我當作逃犯看待。

不料一到岸上，便有人在等我，原來家人都已找到旅館安身，對我一個人放不了心，所以特留一人在岸邊，等候我的消息。我一見他，自然粥也不要吃了，便跟着他放步狂奔。在碼頭上等我的是從家父習畫的方樹德，他比我小兩三歲，從小留居我家，如同自己人一樣。港戰爆發時在永發印務局担任繪畫工作，那時決定跟我們同去重慶。但後來到了貴陽，我們繼續西上赴渝，他留筑工作，復員時我回香港，經過貴陽時邀他來港參加工作，他因已有家室，不能立即隨行，不料從此竟成永别。

當時我跟着他急步而行，轉了兩個彎，眼看後無追人，頓覺肚餓不堪，便先上舖子要了一碗牛肉粥裹腹，趁吃粥的時候，一肚子的寃氣一口一口的慢慢吐了出來，才去旅館。

從外面踏進旅館，只覺得光線黯淡，什麽也看不清楚，樹德則一個箭步，搶前而去，向大家報告我已回來的喜訊，隨之歡聲大起，這時我也已到了房中，只見當中掛下來的那盞電燈，雖然也是愛迪生所發明，却因營養不足，一燈似豆，看不出房中人的面目表情，當時我立刻想到假使我們看慣的最小燈光是五支火，那盞燈的光度至多不會超過五支燭光的三分之一。然而這時候的燈光大小究竟並不重要，而被「扣留」的我突然獲得歸來則無疑爲一大事。從下午四時起，他們爲我的安全担心，已達五小時之久，一切最壞的打算也已想過，甚至有悔此一行之念。但是現在一場虛驚已經完全過去，他們全神貫注，聽我講述全部經過之後，每一個人臉上，從緊張逐漸變成鬆弛，再進一步且露出了笑容，回想起來，這是繼恐怖的下午而來的一個團圓之夜，全家還重新出去到旅館附近的一家小店，吃了頓消夜以誌慶祝。

這一晚睡得很甜，此後再沒有去醫院，沒有遇到别的麻煩，那被斷在「有無之間」的病症也沒有發作。

在甜熟中漸漸入夢，我願意明天一早起身，看看市橋的小城風光與街頭景色。

市橋雖小鎮·到處是賭場

市橋是廣東順德縣屬的一個小鎮，其地差不多與廣州同時淪陷。那裏沒有工業，也沒有其它生產，但當地却有一種畸形繁榮。其時日軍雖然佔領了廣州週圍，但是兵力不足，乃收買身兼軍人土豪劣紳於一人的「李朗鷄」出面組織治安會，准其以開放烟賭方式籌欵來維持治安，作威作福，無所不爲，號稱「市橋皇帝」。我曾見其乘坐老爺汽車，兩邊脚踏板上分站衛士四人，手持匣子炮，如臨大敵，在大街小巷，橫衝直撞，大顯威風；一若民國十五年前之北方軍閥，魚肉鄉民，竭其所能，個人享受，達於極點，河畔居所，宅第似雲，但對於人民福利，全然不顧。烟館我沒有機會進去，但至於那些賭場，則到處可見，規模甚小，枱面輸贏也不大，綜計起來，未必超過澳門的那家中央酒店，但影响所及，已足令許多人傾家蕩產，無以爲生，來往旅客中，更有不少人輸光旅費，流落該地，不知何年何月方能歸去。

在這種祗有消費沒有生產的情形之下，民不聊生，乃屬勢所必然，是以服毒自殺者有之，鋌而走險者亦有之。第二天早晨，我與樹德從外面吃了早點，在回旅館的路上忽聞人聲鼎沸，急步往觀，見有一人被羣衆所執，說他是當街搶刧，必欲飽以老拳，送之入官。被捕者爲一青年，面有菜色，驚懼交集中却又一言不發，只是啃他手中所持的一個烘蕃薯，一口口的拼命吞下肚去。僞警聞訊到來，排開人羣，查明該青年因三日未曾吃飯，飢餓已極，搶了另一人手中所持的烘蕃薯，狼吞虎嚥，納入腹中，當場宣佈青年無罪，揮手令去。原來當時許多人沒有飯吃，不成文的法律乃網開一面，規定凡係搶刧食物，即由本人當塲吞食，而非携回家中餽贈他人或事後方吃者，一概無罪。我目覩一切，深感亂世人情，未可厚非。

這種地方，當然不宜多作勾留，所以當天下午，我們便僱妥脚伕，約定於明日清早，前來挑送行李，束裝就道，前往九華里外的勒流鄉間馮君故居。

一行十二衆·長征到勒流

一行十二衆加上十一担行李，一路上陣容浩蕩。十二人「長征隊」之組成，在此似有加以說明的必要，這個隊伍是以我父母二老爲首；我本身單位計有我妻德眞及兒女各二，共爲六人，加上樹德和兼任嚮導的馮先生已是整整十人。另外兩個都是女的，一個是親如家人的常珍，她是此行一路上最得力的幫手，相處至今五十年從未分離；另外一個滬籍女子喬非，原爲舞女，她是我們的樂道鄰居，孑然一身獨居香港，港戰開始後獨居不便，要求搬來我家同住。銀座咖啡店開幕時權充女侍，在此期間與一位常來店中的陸君相識，陸君原是席與羣兄在重慶的朋友，兩人不期於香港作客中相遇，席君和沈孟平兄兩人，一同坐在銀座賬枱上，一任出納，一任會計，陸君因此關係常來小談。我識陸君係由與羣兄介紹，却不知他常來小坐原來另有任務。喬非與席陸兩君談得頗爲投機，陸君離港前且曾與之有約，將來回內地，若到韶關找他，工作生活，均可不成問題。所以我們取道市橋回國，她就與我們同行，成爲十二長征隊中的一員。後來到柳州時，我們轉車去桂林，她則換車前往韶關，由陸君介紹，先入稅警總團工作，再保荐她進息烽訓練班受訓。兩年後受訓完畢前來重慶，和我們重見時，生活思想，全部脫胎換骨，簡直像另一個人。那時抗戰偉業，對於青年人的影响重大，由此可見。

九華里的路程不能算遠，我們預期兩小時內必能到達，但我們都是坐慣了車子的人，在香港，九華里的距離相當於北角到西環，決不會放棄搭車而步行前往，因此要不慣步行的人走這一段路程，也不能過份小看。尤其是孩子大的祗有六歲，小的祗有十個月，四個大人手裏一人要抱一個，而母親年長，我妻也沒有試過九里路的長途步行，加上心裏緊張，因此啓程未久，即覺辛苦。至於那些脚伕，挑了一担行李，看來他們都覺得輕若無物，一個個無不健步如飛，其快無比，好像有意加速而行，以便把我們遠遠拋在後面，志在吞沒行李似的。一行人中，祗有我和樹德年青力壯，兩人手中各抱孩子一名，還得使勁疾走，不肯示弱，不讓脚伕行李超越我們十步以上。

事實上，他們都是老實鄉民，不虞有詐，有時還停在路旁小休，藉作等待。如果他們存心不良，互相串通，讓其中一兩人有意走失，挑担遠去，在當時那種情形之下，我們仍是無可奈何，一無辦法的。

運氣最好的是，一路上我們沒有遇見日軍部隊或哨兵，未遭盤問留難，但在走過了三分之一的路程時，遇到了四五名大天二，他們手執破爛武器，自稱爲游擊隊，要我們捐助餉銀，並在箱籠上以粉筆劃作記號，保証我們一路不會再受騷擾。我們雖然不知這種保証是否有効，但是對於他們的要求需索，却深覺未便峻拒，令我不致過於反感的是，他們的態度不算太過兇惡橫蠻；出語亦有相當分寸，因此在討價還價之下，終以大洋兩百元順利成交，這是我們一路上所付出的唯一一筆「買路錢」，但我相信這不是他們寫在行李上的粉筆白字有效，而是因爲恰巧沒有遇到第二批江湖上人物。

這單買賣雖然並不緊張，但是不慣跑路的人已經開始脚軟，尤其是老母和內子，前者體力不足，無以爲繼，後者則剛走三里，脚底已經起泡，把皮鞋提在手裏，赤足連襪，蠕蠕而行。我一看情形不妙，深恐途中躭擱太久，引起問題，即與馮君商談，請他僱了一條小艇，由他說明目的地址，先把二老和婦孺由水路送走，我則與他和樹德、喬非諸人跟着行李，繼續前進，很快的便到達馮家老宅。

小艇比我們遲到，我跟馮君先到屋內打發脚伕，安頓行李，樹德則與喬非兩人竚立不遠的岸旁，迎候老弱婦孺。接着馮君吩咐家人煑飯，自己則趕往鎮上去買菜，一來一往又是三刻多鐘，一點鐘以前開出午飯，熱騰騰香噴噴的令人饞涎欲滴，枱上共有三菜一湯，都是大碗大碟，奇怪的是三菜一湯之中，三味是魚，一味是菜，此外祗有四個鹹蛋，原因是戰爭期間，鷄鴨肉食缺乏，售價奇昂，而附近魚塘甚多，產量甚豐，於是各式各樣的魚成爲了日常生活中的主菜和首要副食。據說當地人民患有大頸泡者甚多，便是爲了吃肉太少，吃魚太多之故，我們初來此地，只能照單全收，好在祗是小住，倒也未覺其厭。

聽說鎮上有茶樓，第二天早晨，我和樹德，喬非三人便去飲茶，點心如叉燒包蝦餃燒賣之類，大體上一如香港，這也是我們自香港發生戰事以來第一次上廣東茶樓飲早茶，歸去時並且帶了幾籠回家，吃得大家津津有味。馮家離鎮三里，一往一來六華里，雖然不覺其近，但當時無事可做，無處可去，每天早晨到鎮上喝一頓早茶，無疑也是一種享受，也就不嫌其遠，甚至一天也不肯錯過，我至今對於勒流留有較深印象的，唯有這家茶樓，可是也已記不起它的招牌。

我們在勒流馮家一共住了五天，這五天之內，自己一直在「整編」，在進一步的探聽行程，在接洽伕力與一隻船，作爲偷渡江西的準備工作，經過連日的不斷策劃與佈置，一切總算有了草稿，也有了結果。

我們選定於一個月黑之夜到達西江海邊的灘頭陣地，但必須於下午先將行李運到另外一個名字已經記不起來的小鎮，黃昏前先投宿旅店，吃過晚飯，等待接應，然後連同行李，齊去偷渡。不消說得，這天全家人的心情都十分緊張，緊張得最厲害的當然是我，因爲我對於這件大事，我負有決定進退和隨機應變的大任，成敗之間，大有出入。旅館裏等候偷渡的人爲數不少，接應人員，一路派出耳目，探聽日軍行踪，各項動靜，俾能俟機出發，情報頻仍，一若前線作戰。

將近九點時，得到接應人員的出發通知，在月黑無光、人影幢幢之中，七八十人摸索前進，先到一個預定地點集合，等待最後消息。那地方是當地一家巨宅的祠堂，建築雄偉，無人居住，乃於戰亂時期被撈世界的江湖人物利用，作爲接應偷渡難民的避難歇足之所。其地離偷渡渡口約一里，在這一里路上，他們有人隨時在巡邏警戒，藉以窺測是否可以安全偷渡，不遇危險。祠堂裏面也沒有燈，祗有一抹夜色使我們可以勉强看得出人們在活動，令人放心的是我們的挑夫都是馮君僱來的熟人，不愁他們會圖謀不軌，這可以使我們得以安心在黑暗中屏息靜等，可是在黑暗中屏息靜等十分不易，它能使人們有等一分鐘如等一小時的感覺，而事實上，在等了約摸半小時左右，外邊傳來消息，今晚海面有警報，偷渡必須改期。

這消息引起巨大的騷然，但接應偷渡者立即發出嚴重警告：肅靜，不可發出任何聲響，不可吸烟，以免露出火光，致爲日軍發覺，而遭生命危險。沒有一個人不怕死，偷渡就是爲了逃命，誰也不肯在這嚴重關頭和自己的生命開玩笑，因此這警告立刻發生奇效，巨大的騷然立刻變成了鴉雀無聲，無邊的黑暗與可怕的死寂統治了一切，大家在肅靜中紛紛檢起行李雜物，仍回旅店。

不巧的是天不作美，就在這時候下起傾盆大雨，把大夥兒弄得狼狽不堪。我點了點人數，自己手裏抱着大女兒，跟着大隊人馬踉蹌歸去，舉步便跨，有路便走，也顧不得脚下是泥漿還是水潭，足足走了一小時纔回旅店，再點人數行李，一一完整無缺，在痛苦寃恨之中，還得感謝上帝仁慈，保祐我們全家未受損害。

白日幻想多·黃昏偷渡忙

黑夜中回到旅店，至今安全已無問題，但想到明天如何？想到幾時可以完成？想到會不會一天又一天的拖下去，費時耗財，終至未成行而先告破產？不禁愁思萬種，湧上心頭。更不安的是今晚所謂「警報」，不知其性質究爲如何，接應人員囑令全體撤回，相信其自有理由，但不解釋清楚原因何在，總不免令人納悶。神經過敏的，甚至疑心他們是故弄玄虛，藉以表示辦理此事之困難重重，爲多索費用預留餘地。但事實上，我們人地生疏，如欲逃過此關，非有他們幫忙不可，所以我認爲不管情形如何，一切只能逆來順受，聽其自然。而且退一步想，大家實在也不該對任何事態一味只往壞處着想，想到這兒，只好暫時拋開一切，閉眼睡去。

一路上的情形是，孩子們年幼無知，聽憑我們的擺佈，正如同我們不得不聽命於命運的擺佈一樣。兩個較大的孩子，從大人的面色凝重，似乎也體會到所遇到的各種事態之非同尋常。但他們不出一聲，不發一問，也不說一聲肚餓，只是以圓滾滾的兩隻眼睛，好奇的望望這個，望望那個，等到我們上床時，他們早已先行入睡。

在轉輾反覆中睡去，在鳥語啁啾中醒來，第二天是一個風和日暖五月初旬的早晨，但是我全無心情加以欣賞。看看大堆的行李，看看尚未起身的孩子，想到急待解決的許多問題，不禁心亂似蔴。想到昨晚若能順利偷渡，則今天早晨豈不已經置身於自由祖國的土地，但是現在還得等待，等到黃昏再看機會，一切都沒有把握，但是除此之外，還有什麽其他辦法呢？

胡亂吃了些東西當作早餐，其後，就整天無事可做，利用空閑的時間，作着無邊的空想；可以幻想的事情太多，好的，壞的，可能的，不可能的，什麽都有。我也想到，將來一定要把此行經過寫出來，讓孩子們將來讀到，知道這次逃難的經過，但到了桂林，到了重慶，甚至復員返港，忙這忙那，始終沒有動筆，直到三十年後的今天纔發了個狠勁加以追紀。歲月悠久，兒女都已長大成人，當時有許多事情早經遺忘，但是那些未忘却的一幅幅畫面，却仍在我腦海中反覆湧現，有若電影。

因爲有心等待黃昏，這個白天也就特別感覺其悠長漫漫。一切都像早一天一樣，細妥行李，提早晚餐，脚伕於約定時間先後到達，等候消息。早一天的演習，好像是爲第二次的「大軍啓行」作了次「綵排」，一切都比昨天熟練和更有經驗。成羣結隊的難民，分別在其接應人員的領導之下，井井有序的進入了巨宅的祠堂。這仍是一個月黑之夜，我們在七點半光景便奉命在鴉雀無聲中開到灘頭陣地。回想起來，那場面可謂洋洋大觀，數在一百以上；上一天還祇有七八十人，男男女女大大小小的偷渡者，三五成羣的聚集在灘頭，等待登船，我們這一羣由於人數和行李最多，因而担心也最甚。

這時候，我纔淸楚了應接人員各自分開爲偷渡者所作的種種準備並不簡單。他們事先和船家談妥一切，包括日期、目的地、偷渡人數和行李數量、艇隻停泊位置、出發時間以及全部的費用，以後須不斷聯絡，不斷接觸，以防發生變化。最後眞的到達灘頭，即由接應人員引導在指定地位登上指定的艇隻登艇，一聲令下，木槳齊飛，向遙遠的對岸疾駛而去。

這種艇隻船身不大，我們的艇上共有四名艇家，爲了增高速度，樹德和喬菲都加入划槳，駛至半途時，我們這小艇果然遙遙領先，把許多艇隻都遠遠的抛在後面。這天晚上沒有月亮，祇有遠方的天邊有幾顆星星在閃閃發光，老遠的山頭上傳來機槍軋軋之聲，也可以在夜色蒼茫中看到機槍子彈的火光，我問船家，日軍的目的究竟何在？船家說，那祇是無的放矢，藉以壯胆，他們所防的絕非難民偷渡而去，而是怕國軍偷渡而來。艇隻在河面上疾駛似飛時，我們全體最大的担心祇有一點，就是最小的孩子祇有十個月，他會不會因受驚而驀地裏在河面上放聲大哭。雖然山頭上的日軍距離甚遠，不可能尋聲趕來，但萬籟俱寂中忽有兒童啼哭之聲，亦能騷亂人心，引起不安。但是謝天謝地，孩子始終沒有放聲啼哭，而我們的小艇，却首先到達了對岸。

沙坪碼頭上燈光明亮，人們對於我們這一羣老老小小之突然登陸，似乎並不感覺意外，這足以證明夜晚有人從對面九江偷渡而來沙坪，乃爲事屬常有，不足爲奇，我們登岸時也沒有人檢查身份證或護照。

纔過鬼門關·又遇蚊蟲陣

我們七手八脚的把行李搬上碼頭路旁，與任務完畢的船家話別。第一件事是去找旅館，碼頭附近便有旅館，但是我們已經不在乎這些，急於把行李安頓，外出消夜。酒家也就在碼頭旁，那是用蘆蓆搭起來的棚架，很是高大，沒有電燈，却被汽油燈照耀得光亮似同白晝。棚內高朋滿座，其熱鬧情形，不下於香港茶樓之午茶時分。自由區的一切和淪陷區畢竟不同，這是我對於沙坪的第一個印象。

我們十二人團團圍坐一桌，粉麵飯之外還叫了兩碟炒菜，吃了不但飽，而且盡興。但碼頭酒家而外，到處是一片黑暗，沒有地方可去，也沒有東西可看，一天的緊張至此已全部鬆弛，回到旅館時已經不早，不消說得，這一晚自然睡得十分心安理得。

鬼門關於昨晚爬過，第二天是新生的開始，起身後不覺精神百倍。在陽光普照之下，一切掩眼法均告失效，我看見我們所投宿的旅館，實在簡陋得不像樣子，但打聽之下，這已是當地第一家高級旅館。地板有縫，牆壁未加粉刷，但是沒有關係，因爲在此不會多躭擱。

早點之後，先打聽繼續西行的路程。據知，欲抵桂林，先至梧州桂平，欲抵梧州，先到肇慶，欲抵肇慶，必經楊梅、白土。楊梅、白土都是小鎭，但這時已成交通要道，行旅往來不絕於途。從沙坪西上楊梅白土，山途崎嶇，全無舟車可通，若非步行，只能坐轎。沙坪到楊梅是一天，楊梅到白土又是一天，轎子也必須分段僱喚。所謂轎子，實乃「竹兜」，亦即後來重慶所見的「滑竿」。討價還價，僱轎化了足足一小時，僱行李脚伕又化一小時，把這兩件大事講好，局勢大定，明天即可登程。憑君與我們一路同行，前後已逾一星期，昨晚護送我們到沙坪，今晚要搭難民偷渡過來的便艇回去。我們這次逃難，最重要的一關是偷渡，若無憑君，人生地不熟，一切將不知何從安排。當然，他的費心費力，我們必須好好酬謝，但人與人之間的一份感情，却特別値得珍惜，非金錢物質所能一筆勾銷。這天晚上，我爲他在酒家餞行，江干送別，友誼溫情，珍貴無比，但一聲「再會」之後，從此永別，所謂「人生」，往往如此。

心頭有事，次日未明即醒，我和樹德、常珍起得最早，先整行李，再叫大家起身盥洗，一邊吃早點，一邊等待伕力到來。我們一共僱了四肩竹轎，二老和德眞喬菲各坐一肩，每肩配搭孩子一名，賸下來的三人年青力壯，步行不成問題。行李分爲十担，脚伕少一個也不行。他們準時於上午八時前到達，八點一刻，我們便整隊出發。

沙坪到楊梅的距離是四十餘華里，路上吃中飯時，稍爲休息一下，通常是下午三四點鐘可到。可是這天途中迭逢大雨，停停歇歇，到楊梅已近六時，行李盡濕，只好慢慢設法再晒了。

這一段路程，曾使我們眼界大開，第一是離開沙坪市鎭不遠的一家小茶館門口，便遇到國軍數人，我不肯錯過機會停下來和他們談天，他們也忙着關心探問香港情況。雖因趕路關係，我們的談話無法深入，但仍有一種說不出的親切之感。第二，沿途西上難民不多，但迎面而來担着各式各樣貨物的脚伕却絡繹不絕。聽說他們到了沙坪還要渡江東去，原來那時淪陷區和自由區之間表面上斷絕往來，實際上還在暗中通商，互易有無。有些地方是淪陷區的東西送向後方，這條路上却以自由區的貨物運往淪陷地區爲多。第三是在這條荒山野徑之中往往每隔數里便有一具死屍倒臥其間，却不知他們是趕路難民？還是被刼客商？這樣的倒臥山徑，暴屍日月，無人收殮，爲這個時代構成了亂世一景。

到揚梅時天色已黑，我們落在山轎行李後面，約有半里之遙。由於到得太晚，僅有的幾家客店已經客滿，我們只商量得一家棧房答應讓我們容身。那是一家眞正堆存貨品的棧房，而非招待過往旅客的客棧，店堂裏堆滿了貨，我們就在貨物上面舖起被褥，俾能容身小息。這樣一對照，沙坪那間小客棧的確可以升格爲一流大酒店了。但最要命的倒不在設備毫無而在蚊虫之多。入晚之後，牠們空羣而來，嗡嗡的飛滿了每一角落，使你無處安身，牠們實在太多，多得像蝗虫過境，牠們密集一起造成一道蚊牆，遮沒了電燈的燈光，這時扇子早已無用，蚊香亦告失效，如果想睡，唯一辦法是用被單衣服，把全身沒頭沒腦的包裹蓋起，連一隻手指也不能露出，這是世界上最猛烈的空襲，叫有過這種經驗的人沒世難忘。

晚飯之後，原想先講定第二天的山轎和脚伕，棧房老板勸我不必，他說：『你明天一定早起，自有人來向你兜攬。這裏到白土不到五十里，早晨九點出發，下午四時必到。』

他的話一點不錯，次晨我可是一早即醒，這固然是爲了心中有事再也睡不着，但必然也與蚊子太多有關。

開門出去，街上已有不少脚伕在等待僱傭。憑早兩天的經驗，我以同樣的代價辦好了一切交涉，前後所耗時間不足半小時。由於時間充份，這一天的早餐吃得相當從容，而早一晚的「空襲」痛苦，已經從這頓從容的早餐獲得了補償。

和昨天一樣，仍是四肩山轎，十担行李，三個年青力壯者靠自己的脚走路，浩浩蕩蕩的登上行程。昨天的疲勞已經消失，今天的步履顯得格外輕鬆。山路比昨天更爲崎嶇，脚伕的速率絲毫不減。走在最前面的一肩轎子，轎夫一面喞枚疾走，一面以吆喝之聲發出交通信號，即使在最狹最險的轉灣抹角處，也不會與迎面而來的行旅相撞造成交通失事。這一切，對於我們都覺得十分新鮮。又因明天起可以坐船，不必坐轎步行，心裏一寬，勁道也就更足。加上午餐比昨天吃得舒服，漸覺這樣的逃難不算是件苦事，於是一路走，一路說說笑笑，在以爲還有一段距離與一段時間的時候，不知不覺的到了鎮上。

一看手錶，未過下午四時。找了一間乾淨的旅館，放好行李，洗好澡尚未天黑，晚飯之前還有一小段時間，可以蹓躂。商量之下，決定變變花樣，全體人馬分作兩組，自由行動，二老和樹德、喬菲是一組，我們七人是另外一組，分道揚鑣去瀏覽街景，各進晚餐。白土也是個小鎮，但比沙坪和楊梅乾淨得多，店家亦頗多像樣。晚飯之後和二老商談明天的行程，決定上午搭小船去肇慶，再換大船上梧州，一點也不用躭擱。

搭船自然比坐轎和步行簡單得多，第二天午前小船便到肇慶。肇慶是粵省要邑，也是離開香港以來的第一個大城，當地七星岩的風景相當有名，但我們無心留戀，根本未有上岸，即由小船駛至河面，駁上大船，準備直駛梧州。

上船之後，方知所謂「大船」也者，實乃拖渡，前面一艘小火輪，後面拖着一串木船，其中最前面的一艘是船公司自己的客輪，艙位有頭二三等之分，船票包括伙食在內，其餘的若干艘都與船公司無關，他們只是繳一筆費用拖在後面，順便一同到達目的地而已。

梧州位於粵桂邊境，是進入廣西省境的第一大埠，執水路交通之咽喉，市肆繁盛，萬商雲集，也是粵桂兩省貿易往來的集散中心，地屬廣西，而當地居民均操粵語。我在這裏第一次看到桂幣流通，票面價值爲國幣大洋之半。

西寧大旅社是當地最新式的旅店，樓高七層矗立江干，巍然可觀，不過內部設備，與當時香港普通旅社相差猶遠。我們原想下榻於此，但因交通不便，由人介紹另一酒店居住，名氣不若西寧之响亮，而設備不相上下。

我父親有一個朋友在此當江防司令，我們到了梧州，二老即由其接去招待，並且打算在梧州小作盤桓，勾留半月，方行啓程。他們既有此決定，我便快馬加鞭，準備一切，首途桂林。

但從梧州到桂林仍須經過三道轉折，其程序是從梧州坐船先到桂平，再從桂平坐船到柳州，然後從湘桂鐵路坐火車到桂林。從這時起，二老暫留梧州，我是一家之主，一切都得由我作出主張，決定進退。好在經過前面一段旅程，已有相當經驗，而且一路搭船坐車，比步行乘轎，簡單得多，自信必能從容應付，一切不成問題。

歡迎文化人·領取賑濟金

到桂平，發現當地根本沒有旅館，到這裏的旅客或者難民，都僱小艇在河面渡宿過夜，我們自然也如法泡製，倒也別有風味。

第二天早晨，找船公司辦事處買上柳州去的船票，當天的船票已經售罄，只能買遲一天的。就在船公司辦事處的佈告板上，看到賑濟委員會的一張通告，畧謂爲歡迎港澳歸國文化人及其家族起見，特設招待處於某報社，歡迎前往該處接受招待，並領取賑濟金成人每名××元，兒童每名××元。

逃難囘國，途中祇有支出，毫無收入，賑濟金的數目雖然很小，但這是政府對於我們好意關懷的一種表示，其意至誠，受之至少可以感到一絲温暖。準確的數字，我已記不清楚，但以當時桂平物價而言，每人所得，亦可維持一日兩餐，加以閑來無事，考慮之下，決定親率大隊人馬，前往接受招待。

在囘河邊的途中，經過一家茶樓，我們登樓入座，即以所領賑濟金之一部份，埋單結數，綽乎有餘，隨即告訴孩子，這是政府對我們的招待。聽說類似的招待，在港澳囘國途中，各地都有，但我只去了桂平一處。抗戰八年間，我一共接受過三次「文化援助」，桂平是第一次；第二次，是到桂林的第二年，數目爲國幣一千元；第三次是初到重慶，數目爲國幣二千元。拜領之際，均有無功受祿之感，現在趁此機會，畧表謝忱，因爲這三筆數目雖然不大，但對當時的我決不能說是毫無用處。

桂平是廣西的一個小縣，却以「太平天國」源出於此而名聞全國。我在桂平逗留的時間太短，沒有功夫作任何考據訪問，但是當地街道整潔，物價兼宜，生活寧靜對我所留下的印象十分深刻。我跑遍中國的西南、東北，桂平大概是我所看到最整潔的縣城，而民風樸實，友善好客，尤爲可愛。

我們在水上旅館住了兩晚，第三天便上船向柳州進發。

到柳州的拖輪與來桂平的不相上下，由於船身較大，我們也更爲習慣。一夜無事，第二天早晨便到石龍。石龍離柳州七里，步行不足一小時可到，我徵得六家同意，於船靠石龍碼頭時一人先行上岸，準備先到柳州，搶購到桂林的車票，約定他們到購票處和我會師。

這念頭本來不錯，因爲它使我有時間比別人更早買到車票。買好車票時間猶早，眼看他們不會就到售票處，我便朝着他們到售票處來的必經之路上去迎接。就在這一剎那間，忽聞空襲警報之聲，敵機已經飛臨上空，機槍由高空向市區掃射，一時險象環生，危險百出。這時我正走到浮橋，馬上跳下一艘小艇暫避，以待敵機之去，這時市區一片恐慌，我的心境隨之大亂，由於不知他們是否已經上岸，會不會奔走散失，心裏在想，萬一發生甚麼意外，那麼我今天早晨的單獨行動，實屬罪不可恕。好在爲時不久，警報解除，敵機遠去，我離開小艇登岸，發現他們也剛從另一小艇上岸，準備先往寄存行李的一家「海防旅舘」看一看行李是否無恙，然後再來火車售票處找我集合。

已是午飯時候，一行齊去小舘子進餐，經過這一場驚險，益覺相聚在一起之可貴，我們於是再度相約，若非萬不得已，決不分道而行，以免散失。

柳州上火車的時候是在晚上，喬非則應陸君之約轉車韶關，所以她在柳州送我們上車之後，即在車站上與我們分手。這時我們一行祗剩大小六口，行李也已簡單不少。

從柳州到桂州是旅途中的最後一節，我們久聞「桂林山水甲天下」之名，因此人還未到桂林，一幅空洞無據的桂林山水風景圖已經懸掛在我們幻想之前，這幅圖畫與後來看見的現實中的桂林山水，當然相差不知凡幾，但在當時未見眞象之前，倒也頗有幾分自我陶醉的作用。

天無絕人路・枝棲在桂林

到桂林南站是第二天下午四時左右，這是我們一家大小打算在此暫時安居的城市，但是我對於這個城市却一無所知。

對於桂林的「一無所知」，實在一點也不假，當我帶了一小隊難民搬下行李，跑出車站時，我是非但分不出東西南北，甚至也不知道下一步應該跨向左還是右方。

當時我在桂林的朋友，寥寥無幾，一個是上海老友，濶別多年，聽說是發達了，現在是一間大企業公司的董事長；一個在廣西日報當老總，一個在某國營事業機構當副主管，另外還有兩三個，關係不深，近況不明。到這樣一個陌生的城市，朋友當然非找不可，但這是明天的事，最重要的是當晚必須把住的地方安排妥當。

所以第一件事又是找旅舘。但拖了一大羣人一同去呢？還是獨自先去？在車站附近找呢？還是進城去找？眞是煞費思量，由於對這地方的智識確是百分之百的眞空，我站在車站木柵外面，簡直不知何所適從，而一家大小則都在等我作出主張。

天色開始一點點的黑下去，晚飯時間不久到來，怎麼辦呢？

天無絕人之路，這句話一點也不錯。正在徬徨無策的時候，偶然抬起頭來，見到電線木竿上釘有一塊「社會服務處招待所」的木牌，下有小字曰：「宿舍潔淨，伙食廉宜」。木牌似新釘未久，但它對我的最大的吸引倒不在「宿舍潔淨，伙食廉宜」，而在它即座落車站附近，便吩咐家人在車站面前稍候，我一個人先走過去看看，她們也都還望得到我。

社會服務處招待所係廣西省政府「社會服務處」辦理，屋乃新建，開幕未久。一看之下，設備頗簡單，但無論臥室餐廳，都很潔淨，收費不貴，日計月計均可，一切都適合我當時急就章的條件，於是毫不考慮的定下了兩個房間，把全體家人接了過來。更想不到的管理招待所的竟是香港來的一個朋友，他也抵桂未久，暫時在此工作，得到他的照顧，益感方便。

我長長的吐了一口氣，因爲當天必須解決的問題，總算毫不費事的獲得了解決。這個招待所係新開，特地設立在南門外的桂林南站附近，主要是由於太平洋戰爭爆發，用來招待香港的歸僑，從寄居社會服務處招待所一事，我又一次的感覺了祖國的溫暖。

第一晚沒有進城，第二天入城，訪晤了張國瑞、沈秋雁、姚蘇鳳，第二天即應邀爲「廣西日報」撰述寫稿，三天之後，又應某報之邀，參加編輯部工作。我的工作從寫社論編一個綜合性副刊與一個文藝副刊開始，後來兼任了經理與廣告部主任，身兼經編兩部五職，一家人住了報舘裏面的三間房子，生活算是安定了下來，不過一星期至少有三晚要進城應酬，午夜時分拿了手杖電筒回來，現在想來，眞不知何來如此精力。

在桂林前後住了兩年，上官大夫的隨筆即於此時開始的，在此兩年間交了不少朋友，拿了不少稿費，輸了不少塲麻將，吃遍了所有的菜舘，家裏增加了一名人口。一九四四年八月，湘桂戰局緊張，是月九日，衡陽失守，桂林動搖，我又携老扶小，全家西上，由貴陽而重慶，一直到勝利復員，重回香港，千里播遷，所見可歌可泣可悲可喜之事，不知凡幾，恨我時間有限，禿筆無華，不能一一筆諸於書了。

最新曼克頓恤衫

大人公司有售

我所目擊的一幕政治悲劇

——記民國十六·七年間的安徽政潮——

馬五先生

史稱張耳陳餘以貧賤刎頸之交，於亂離時爲着政治權位的利害衝突，終乃拔刀相向，鬧成你死我活的下場。還有曹丕曹植原係嫡親兄弟，由於爭奪王位繼承權而積怨成仇，後來曹丕作了皇帝，尚不放過乃弟，若不是母后愛護次子曹植，他亦早被曹丕置之死地了。若夫滿清雍正帝之殺弟，尤足驚駭。人生對於任何嫌隙，皆可互相諒解，不念舊惡；唯有政治權利之爭，却愈演愈烈，罔顧人性與理性，不共戴天，政治生活之卑鄙殘酷，古今同然，殊無二致，本篇所述，即其明證也。

安徽省政在民國十六年三月以前，原在北洋軍閥控制之下，迨民十六年四月，國民政府奠都南京後，因駐在皖境中南部的「軍務幫辦」北軍陳調元師暨皖軍王普的獨立旅投誠革命軍，方奉國府正朔。是時皖籍民黨聞人柏文蔚（烈武），以國民革命軍安徽宣撫使名義，佔據皖北一帶，柏係前任安徽都督，有聲於時，自信革命政府下的該省主席一職，於情於勢，匪異人任。然國府初置「安徽政務委員會」，派任鄂人蔣作賓（雨岩）爲主任委員，柏雖快快缺望，尚不灰心，且已由中樞選任他爲國府委員，聲勢更張，認爲來日方長，不愁沒有機會，重司皖政。

蔣作賓以自己並非安徽人，亦得拉攏一些皖省同志相助爲理，希望由政務委員會過渡到正式改組省府時，蟬聯主席之位。他即與舊任國民黨中委，屬於「西山會議派」的蒙城人張秋白相結合，挽張爲政務委員，主持全省建設事業，同時由張與中央黨部協商成立安徽省黨部，派皖人葛曉東、路錫祉、湯志先等爲省黨部主幹人物，葛、路、湯皆係新從日本求學歸來的反共同志，他們在政治上原係新發於硎的智識青年，對黨政界沒有私人派系觀念，因受到蔣、張的推轂獎許，當然彼此合作無關；而蔣作賓又對張等表示，將來安徽的事情，必由本省人主持，他不過暫時過渡而已，旨在堅定張秋白等人的信心，盼他們未雨綢繆，妥爲佈署，張、蔣乃成爲政治上利害一致的知己朋友。但柏文蔚以張等不擁護本省人而與蔣作賓親近，深滋不滿，頗有違言。於是，柏即以皖人治皖的理由，跟本省籍的民黨老同志管鵬（昆南）、凌蕉庵（舊國會議員）、鐵庵兄弟，（亦係西山會議派），暨旅居滬上的一般皖籍黨人張拱辰、關雲龍等沆瀣一氣，期得還鄉主政。柏、張二人本係民黨老同志，因此乃互相猜忌，馴致對立如路人了。

既而國府明令改組安徽省府，遴派蔣作賓、張秋白、管鵬、李正秋、何世楨、周雍能等爲委員，而以張秋白兼建設廳長，李正秋兼民政廳長，何、周分兼教育與財政廳長。然省府主席一職，國府新頒法令，規定由全體省委選舉之。蔣作賓志在必得，由張秋白協同省黨部替他活動，這時筆者承安徽省黨部推薦，咨由省府聘任爲「安徽大學」籌備委員，適在安慶于役，曾受張秋白之託，爲蔣作賓競選省主席，而向財廳長周雍能拉票。然選舉結果，管鵬以多數票當選主席，蔣作賓沮喪萬分，即日悻悻然離去安慶，前往南京，臨行將省府印信私自交與張秋白保管，關於政務委員會一切應予移交事宜，概置不理，管鵬乃無從行使主席職權。旋對外宣佈蔣作賓扣印不交，潛行離省情形，且策動一部分民衆開會游行，向張秋白索取省府印信，而張以未得蔣主委同意爲詞，拒不交出；同時亦協同省黨部號召羣衆示威，提出驅逐管鵬的口號，雙方劍拔弩張，各不相下，唯有報請國府處理之，然歷時三閱月仍未解決。管鵬恃其民黨老資格，又有柏文蔚與胡漢民在中央暗事支持，自不示弱，並請中央黨部增派凌蕉庵之弟爲皖省黨部委員，將以黨權高於一切的關係，俾得協助管鵬主政，減少阻力。詎省黨部對新任黨委凌某拒不接受，且召集民衆大會，將凌某揍了一頓，他狼狽跑回南京向中央陳訴一切，要求制裁。如此紛紛擾擾地鬧了三箇月，省政幾陷於停頓，中樞亦未有斷然處置。柏文蔚在國府會議中，主張勒令蔣作賓回皖依法辦理移交，固屬振振有詞，理由正大，然袞袞諸公亦有人認爲管鵬似乎誠信未孚，缺乏人望，認爲不宜操之過急。最後決定再改組省府，並將原有頒佈的省府組織法予以修正，省主席仍由中央指定，藉免引起糾紛。管鵬空獲主席頭銜，除在安慶膺受若干攻訐折磨外，一籌莫展，因而對張秋白莫名憤恨，指爲「賣省」的罪人，管、張同屬反共的「西山會議派」幹部同志，又係同鄉，緣於個人的政治權力衝突，寖成凶終隙末的寃家了！

是年八月間，孫傳芳、張宗昌進攻南京，被國軍擊滅後，國府明令改組安徽省府，張秋白與國府常委李烈鈞（協和）曾在西北軍馮玉祥幕中相處甚融洽，此時國府政務皆由李烈鈞負責綜持，其餘的四位常委如胡漢民、蔡元培已隨蔣總司令下野而赴滬不問事，于右任在陝西，汪精衛在武漢。關於新任主席人選，蔣作賓、張秋白與李洽商，請以陳調元（雪暄）承其乏，原因有三：一則陳係率先服膺革命的北洋將領，若國府擢爲專閫大員，可對北方軍人發生拊循作用，減輕革命軍二期北伐的阻力；二則陳調元之輸誠革命軍，原係蔣作賓奉蔣總司令吩咐，從中奔走斡旋的，蔣陳關係密切，陳如主皖，對蔣作賓的移交問題，十分便利，不致橫生枝節，且使柏文蔚無從反對；三則陳的軍隊仍駐皖境，不愁柏文蔚割據皖北，破壞省政。同時陳久駐家南京龔家橋，素以孟嘗君的作風，對國府文武官員廣爲應酬結交，昕夕車馬盈門，賓至如歸，遠非柏文蔚之老氣橫秋、孤芳自賞所可同日語。姑舉一例以証陳調元待客的風格，凡來賓進入陳宅，主人即自稱「組織部長」，撮合來賓友玩牌娛樂，待坐定後，陳囑副官抱來大堆鈔票，於每客面前分置數百元或千元不等，揚言此係主人深恐貴賓未携多金，有所不便，暫予借墊而已。事實上，牌客如果輸了，亦不須償還，假使贏了，連本帶利不妨一齊入袋。有些來賓於散場時，當然將主人墊欵留下，然侍者即謂主人已就寢，未便報告，他不敢收存鉅欵，改天再說罷。客人如不嗜牌賭者，另設有各種娛樂室，可以打桌球，可以試歌唱，也可叫妓女，抽鴉片，如邵力子、周佛海等人，即每夕必到陳公館吹煙徵妓爲樂。所以，當時一般政界顯要，十之七八皆屬陳公館的常客，人緣之佳，嘆爲觀止。我亦經常在陳門中行走者，覩其日常酬酢消費浩大，私詢得無難乎爲繼之感否？陳笑謂：「這不是花我的錢，是別人招待的！」詫詰其故？乃因革命軍進攻河南時，在津浦路上曾將河南督軍寇英傑俘虜了；當時寇的開封警備司令兼師長賀國光陣前起義，投降了革命軍。解到南京囚縶着，寇有鴉片煙嗜好，在獄中甚感痛苦，乃挽陳調元說情交保，陳即以安撫北方軍人的理由，向最高當局懇求交付陳宅圈禁，暫准其吞雲吐霧，靜候法辦，幸蒙允許。寇英傑家在天津，擁有大量資財，亟欲脫出牢籠，遄返津門，旋哀求陳援救，適逢蔣總司令將去日本游歷，陳調元便乘機爲寇英傑說項，乞予寬釋，諭曰可！陳乃密語寇英傑，以國府財政困難，須寇代金作贖刑，庶可回津，寇大喜，慨捐二百萬元得還自由。陳以半數繳交政府，半數作爲官場應酬之用，亦屬以公濟公，此即陳調元長袖善舞而座上客常滿之所以然也。

陳調元之安徽省主席任命，在國府會議中，除柏文蔚一人外，全體委員一致贊成。是時譚延闓已從武漢來到南京執行主席職務，全體省委名單，由譚逐一提出通過，計爲建設廳長張秋白，民政廳長湯志先，財政廳長楊杏佛，教育廳長何世楨，另有省委寧坤、韓安與筆者，而以蔣作賓的親信幹部劉復爲省委兼秘書長。旋財長楊杏佛告辭，改任陳中孚（民黨老同志），教長何世楨亦不就，即以筆者兼任之。新省府於十六年十月正式成立，張秋白在省府奄有核心地位，陳主席遇事悉以諮之。柏文蔚更對張多所譏評，張則在安慶撰印關於柏種種劣迹的傳單，除分發各縣外，又派人在蕪湖碼頭上，對上下輪船停泊時，把傳單張貼船中，供乘客觀覽，廣事宣傳。當時我曾勸張秋白不必如此做作，過於決絕，他不接受。繼而我爲着使全省學校從速開學起見，以皖北各省立學校皆被軍隊佔領之故，不得不求助於皖北宣撫使柏文蔚，我知道柏文蔚與國府常委李烈鈞交誼很深，而我又係李先生提拔之人，籍非皖省，超然物外，乃以很客氣的態度，致書柏文蔚自稱晚輩，請他將駐在皖北一帶各學校的部隊遷出，俾得開學，旋接柏由壽州復電，謂除將本人所屬部隊尅日遷出外，並已令飭其他駐在學校的各色隊伍，限期撤走，藉副雅望云云。我深喜處置不錯，詎安慶秘密檢查郵電人員，看到我與柏文蔚的往來函電，密報張秋白，指我「私通」柏文蔚，甚不謂然。這時候我是青年人，缺乏涵養，更不會作官，以爲自己一片爲安徽教育設想的行爲，大公無私，不應加入私人權利意氣之爭，對於所謂「私通」柏某的惡評，認爲豈有此理！從此我和秋白的私交，亦有裂痕了。

民十七年初，陳調元主席接納我的建議，正式創立安徽大學，而由張秋白舉薦北大文科教授劉文典爲校長，我將聘書與旅費寄去北大，劉欣然欵段出京來皖，初次跟我晤面，商量安大內部組織，他提出的計劃頗强大，我認爲經費不易籌措，詎劉當面大發脾氣，將聘書擲置我的辦公桌上，說是「請廳長另請高明」，桀驁無可理喻，我愕然不校，急告秋白如何處理？他說「劉是有名的瘋子，你不要管，讓我來對付好了。」旋劉文典亦任職如故。但往後又以瘋態冒犯國府蔣主席，致遭嚴譴而禁錮二十餘日，跟蹌去職了。事緣安慶省立女師舉行游藝會時，安大學生多人前來觀賞，搗亂傷人，毀壞校具，發生衝突，女師學生乃宣佈罷課，要求省府懲兇，洶洶不已。適蔣主席出巡至安慶，予以調處，初約女師校長程勉談話，詢問詳情，程勉報告經過事實後，表示引咎自劾，認爲教導無方，愧對元首，措詞很得體。繼約安大劉校長晤談，劉堅持安大學生並無不軌行動，蔣主席和顏諭之云：「不問誰是誰非，學生發生風潮，校長應有教導責任。」劉抗聲謂：「我的學生有甚末錯處呢？」此時劉口銜香煙，手中持着香煙罐，頭戴呢帽亦不摘下，坐在椅上翹起「二郎腿」實在太無禮貌，而言語橫蠻不遜，蔣主席斥之謂：「你身爲大學校長，而儀態漫無規律，未免有失體統吧？」劉答言更狂悖殊甚，蔣即命當時省主席劉鎭華將其撤職懲辦。劉文典進至省府後苑後，坐在主席房裏不肯出來，立即函告南京大學院長蔡元培、北大文學院長胡適，說他被當道非法拿辦坐牢，蔡、胡不察眞象，竟通電指摘政府摧殘教育，憤憤不平，嗣由劉鎭華對劉文典多方勸說，並贈以五百大洋程儀，纔將這位瘋子送走的。

回頭再說陳調元主席的一項非常措施，種下了張秋白殺身之禍。陳藉安徽大學經費無着爲詞，又謂駐防本省的他所管領之部隊，職在維護地方治安，而軍費亦感支絀，乃於省務會議中，提議就皖省的食鹽加價若干。當時在座委員皆看張秋白意見如何，然他默不作聲，於是，我這個不懂作官技術的青年人，首倡異議，認爲食鹽係人民必需品，雖乞丐亦須購用的，地方政府殊不宜對鹽斤自由加價，尤其是革命政府，應爲人民減輕生活負担纔是，此案似應考慮。繼有委員寧坤（湖南人）亦發言表示不可。全體八個委員中，祇有我和寧坤這兩個外省人唱反調，其餘六位皆默然無語，陳主席覩狀，即不再教大家通過，聲稱報請中央核示可也。我當然不復說話，內心上料想財政部必不會贊同的。但這項食鹽加價的消息，新聞記者馬上知道了，拍電到上海各報刊出，而旅滬的安徽人士譁然起鬨，通電反對，且指說外省籍的委員，尚能替皖人說話，而張秋白以本省建設廳長，竟夥同軍閥任意增加人民負担，實屬罪大惡極，無可諒恕。這當然是上海那些跟秋白有嫌隙的人，藉題發揮，乘機報怨，而柏文蔚、管鵬亦單獨發表談話，抨擊食鹽加價之議。陳主席悶聲不响，親赴南京協同蔣作賓向財政部活動，理由就是說所有安徽籍的省委並無異議，只有不明皖省實情的我與寧坤二人不贊成而已，詎財部竟准予照辦了！

陳調元即乘機請求改組省府，內定省委人選，只把我和寧君更換，另以皖人胡春霖暨許世英介紹之陳家棟（兼財政廳長）補充之。迨提到國府會議時，柏文蔚猛烈反對張秋白繼作省委兼建設廳長，張乃落選去職，改以胡春霖兼任建設廳長。時張靜江亦在座，他原係中央建設委員會主持人，乃提議任命張秋白爲建委會委員，李烈鈞先生則提議任命我爲內政部參事，同時陳主席亦聘我爲其所領四十七軍的高等顧問，註明月支薪金五百元，這是一種敷衍手段，聘書我接納，免着痕迹，薪金則分文未受，此民國十七年五月間事也。

張秋白鬱鬱回到南京後，卜居「棣溪山莊」，設立「建設委員會辦事處」，僱用職員兩名。棣溪山莊距市內頗遠，他常來我的住處談天，表示今後還得合作。他的用心仍在回皖主政，認爲陳調元早有默契，而蔣作賓又在中央替他活動，希望我在國府李常委和譚主席方面代爲說項，即無問題。是時張秋白新有納寵之喜，取名「愛秋」，樂也融融，張是年方五十歲，三根完全平蹋，星相家認爲難過五十一的大關，我曾以此說告語秋白注意，他說：「不礙事，我這三根是潛龍」，又謂他的體力已返老還童，非人不暖，細問究竟，乃知他每天注射新出品的荷爾蒙針藥所致也。

張之寓所，常有皖人持介紹函來乞張代向皖省各機關謀事，張亦一例應付，而舊友凌鐵庵等常與秋白酬酢爲歡，盡釋前嫌。一日我在南京衛戍司令部軍法處閒談；其時衛戍司令係湘人賀耀組，該部稽查處檢出一封上海寄交南京某人的信件，收信人的名字很生疏，信內只要收信人設法勿使張秋白離京。軍法處長亦是湖南人，並不認識張秋白，他問我秋白是何許人？我以前任安徽建設廳長答復，那位處長以區區省委人物，不須重視，囑將原信免予扣留，照樣寄出可也。未幾，有皖人訪晤秋白，請致書介紹於安慶胡春霖建設廳長謀事，秋白照辦如儀。逾一週後，該人乘坐汽車，車中共有三四人，携帶鷄肘糖菓數事，趨秋白寓所致謝，謂彼即日赴安慶，特來謁見張廳長請示，傭人持名片登樓報告張秋白，張看過名刺，知係前此曾來請寫薦書謀事者，即囑登樓相見。時客室中另有安徽電政局長黃再興在座，來人坐近張秋白身旁，畧爲寒暄數語，聲言「我沒有事，請廳長先跟客人說話，我等等再談」，意態殊親切，張乃回首與黃再興攀談，來人急從懷中取出手槍，對準張秋白太陽穴一槍，張即倒地殞命，屋內職員聞鎗聲趨出客室查看，而來人持槍威脅不許動，從容下樓，走到門外後，尚對棣溪山莊各住戶（山莊佔地廣，建有多棟屋宇出租），散發印好的傳單，署名「安徽鋤奸團」，內容指張秋白賣省求榮，勾通北洋軍閥，壓榨安徽人民，罪不容誅，特爲皖民除害云。

我和秋白久未晤談，是日因舊同寅寧坤來京，相約赴棣溪山莊訪候秋白，比及門，張之傭人齊順凄然謂「廳長遇刺了！」我倆急趨樓上，見秋白俯臥地下，流血遍於周圍，爲之驚悸不已。張氏傭人齊順原擅鎗法，且備有剝壳鎗，問他何以讓凶犯逃去，且在外面散傳單而不抵抗呢？據言：刺客一登樓，即有同來的兩人持械脅迫該傭人走進自己臥室內不許出來，另一人則在外面把風兼散傳單，刺客得手後，仍坐原車疾馳而去。我和寧坤急赴南京衛戍部報案緝兇，趕派士兵赴下關車站與碼頭檢查行人，終無所獲，秋白果然逃不過五十一歲的大關，枉遭非命了！

就刺客所散的傳單內容來觀察，再証以前述衛戍部檢出的信件，很顯然地是出於旅居滬上與秋白積有政治怨仇的人幹的，預謀有素，設計甚週，行兇者亦係在上海以殺人爲職業的亡命之徒。

當時我電告安慶陳主席，乞其電請中央嚴究此案，務期破獲，以伸法紀，但始終沒有下文。一個在職高級公務人員，於光天化日之下，慘遭暗殺，而沉冤莫白，未免太可怕了。若論張秋白的死因，他在政治上的作風，殊欠老練，把數十年曾共患難的本黨同志，一律得罪，互相敵視，而誤信政客官僚的甜言蜜語，一心以爲鴻鵠將至，不惜爲之火中取栗，奮不顧身，吁其傎也。秋白死後，不特冤無可伸，而其素所培植的黨政幹部人物，于役皖省者，亦相率失職星散，政治生活之卑污現實，絕滅人性與理性有如是者！然一般知識份子，恍若飛蛾之撲燈，每以從政爲唯一出路，却不悟「毒粥既陳，旁有爛腸之氣，明燎宵舉，下多聚死之蟲」，可哂孰甚，可哀又孰甚哉！

宦游記慨

……新浮生六記之一（下）……

・大方・

兩機關爭收田稅・鬼相打難爲病人

淮揚灘地局是一個已經確定性的單位，並不受地方政府的阻擾，所有稅欵，都由局方獨自征收。淮揚素稱長江北部富庶之地，淮揚灘地局管轄着淮安、淮陰、漣水、泗陽、寶應、沭陽等六縣的地段；雖不能算第一流肥缺，也是一個很好的差使。在徐州方面的相識，聞茲消息，都來向我道賀，我也很高興，我的高興不是爲了獲得肥缺，而是在想像中，淮揚風物一定比徐屬爲佳，我在徐州實在住得厭了，一朝擺脫，可以轉換新的環境，自是快事。於是將徐屬事務畧加結束，準備赴淮揚履新，不圖臨去秋波突又發生一樁意外。

在孟師爺等爲我餞行的那日，門外很怱忙地衝進兩個陌生人，問起情由，那是蕭縣方面替沙田局辦事的征收人員，他們代表局方向佃戶徵租，每畝收租金大洋三角，這本是我們局中規定的；佃戶因鑒於可以少交兩角錢，便向沙田局交租的很多，不想事後蕭縣政府的收租官吏，依舊向佃戶徵租，那些佃戶即拿出沙田局的糧串爲憑，指稱已經繳付，不肯再繳，但縣府收租人員並不認賬，非再繳不可，佃戶便找到當時代表沙田局收租的兩個人，要求他們主持公道。這兩個人在地方上也不是等閒人物，和蕭縣政府的收租員，發生爭執，各不相讓，一言不合，竟至動武，那時已經繳過租的佃戶，愈聚愈多，衆怒之下，不計利害，竟將兩個縣府收租員綁在樹上飽打一頓！當時他們沒有想到這是犯法之事，故在羣衆散去以後，那兩人纔發覺自己已經闖禍，一面叫人拿兩個收租員放了，一面連夜趕來徐州，求我設法挽救，這兩人剛離開蕭縣，蕭縣政府已獲得收租員的報告，隨即派出警察隊員，跟踪到徐州來捉人，也已料到那兩人必來沙田局尋求庇護，因之，一到徐州，也即向沙田局出發。

那兩個毆打收租員的蕭縣人雖然替沙田局收租，却並非沙田局職員，不過是沙田局徵租隊員的朋友，請他們幫忙而已，肇事以後，他們希望我補發給他們一張委任，證明是沙田局的正式人員，以便和蕭縣政府對抗。他們以爲如沙田局肯替他們出頭，便可以不受什麽處分了。我當然不肯發給委任，依照孟師爺的意思，主張一方面將這二人暫留在局內，號稱替他們設法，一方面通知徐州警局，派人將他們捉去，如此便可減少了責任，但我不肯這樣做。我說這兩個人雖不是我們的正式職員，但他們做的是沙田局的事，於情於理，我不能將他們出賣，正在躊躇之際，忽然聽到叩門聲，兩人向門縫中外望，見來的正是蕭縣的緝捕警員，大驚失色，竟立即跪下來，要求我千萬不能拿他們交給蕭縣警員帶走，說如果給他們捉去，必然有死無生。這時孟師爺連連向我做着手勢，表示不能放走，但我那時年輕好勇，毅然帶他們進入後殿，打開後門放他們脫逃。我認爲這是我應盡的責任，如果這兩個人在別處給徐州警員捉去，那是他們運氣不好，便不關我的事了，我這一幕義舉，多少受到了三國誌華容放曹的影响，在孟師爺那種老江湖看來，該是可發一笑的，但我則認爲心安理得。第二天早上，便離開徐境，踏上了津浦路車，越過長江，向鎮江出發。

拜別了徐屬山色・且去看淮海風光

淮安、淮陰，舊稱兩淮，那是中國中南部產鹽區域，專制時代，兩淮鹽運使是唯一肥缺，那些巨商顯宦，都以淮陰爲集中地，這個地點，因韓信胯下之辱而出名，近代則改稱清江浦，淮揚灘地局即設於清江浦城內。筆者自徐州越過津浦路，改乘滬寧車抵鎮江，轉赴淮陰，必需自鎮江乘小輪，循運河而上，經兩晚纔可抵達，那一條古老的交通水道，民國以後，廢除漕運，已不及往昔熱鬧，但因往昔交通器具缺乏，在滬寧線北段一帶的人，凡赴江北，仍非走運河不可，運河的運輸狀況，遂也頗不寂寞。筆者坐的是頭等艙，全艙共有四個舖位，左右上下，叠置兩張，下船時業已傍晚，不久即夜色沉沉，抵仙女廟，天已黑暗，又一回兒，發現遠處有點點星火，有人喊說瓜州到了，使我記起「兩三星火是瓜州」那句詩，不想今日能身歷其境，頗感人生遭遇非常微妙。筆者少年時，雖常爲天涯遊子，然一個人襆被遠征，則猶爲第一次，想到孤舟遠戍，頗有一些離索之悲，最難堪的是所謂遊子心情，沒有一個相知者可供傾訴。

舟行至半夜，筆者已入睡鄉，夢中忽聞人聲噪雜，將我驚醒，經詢問是到了「邵伯」，輪船靠在一個小小碼頭，抵埠的人，紛紛上岸。筆者也隨衆到碼頭巡視，發現碼頭上一片燈光，有許多人手握着燈籠火把，鵠立在風露之中，燈籠上寫着「某某旅館，安寓客商」等字樣，纔知那些人都是當地旅館派來迎接旅客者，歷半小時的紛擾，旅客和接客者紛紛離去，碼頭恢復一片漆黑，輪船繼續向蒼茫夜色中開行。

筆者握管寫這一篇稿子時，距瓜州夜泊，已逾四十年，雖覺流光彈指，但這四十餘年中的世界變化實在太大，我們今日旅遊各地，在機塲或輪埠，都有巨大的接客車，電燈照明，如同白晝，和往昔邵伯那一幕，眞已不可同日而語。今人之唯一不如昔人者，祇感當世做人，在物質上是大大豐富，惟在精神上却不及昔人之安定而已。

第二天清晨起身後，立在船頭，眺望運河兩岸風景，發現運河的河面不很寬，小輪和帆船來往，却川流不息，有些船逆水上行，不宜張帆者，仍用拉縴方式前進，運河兩岸有淺灘，縴夫都在淺灘上行走，顯得很吃力。不久，到達一個城市，便是以產鹹蛋著名的高郵，我們沒有停泊，離開碼頭一段路後，忽然有許多小舟圍上來，小舟上盡是少女，用竹篙搭住汽輪，一湧而上，原來她們都是兜售早點的，手裏挽着籃子，中貯油條、大餅、饅頭、鷄蛋等物，口裏操着「勒你媽媽」的揚州話，神情顯得緊張而又可笑。在這十餘少女中，我發現一個少女長得絕美，長眉大眼，杏臉桃腮，可說是上帝的傑作，她着了一件花布棉襖，赤着雙足，更覺健美絕倫，十分遺憾的是她不但兩耳穿戴着金環，鼻孔間也穿有一個金環，比耳朵上的更爲巨大，使我覺得她很像「七擒孟獲」中的金環三結元帥，不禁替她代爲難過，認爲憑這樣一個美人胎子，如果生長在上海，不難成爲顚倒衆生的一代尤物；可是她却長大在這窮鄉僻壤之間，勢將以鄉下姑娘終老，她不會像西子和楊妃那樣，有吐氣揚眉的機會，這也許是命運使然，做人而生不逢辰，其遭遇往往如此。

第三天下午抵達淮陰，也看到了「淮揚灘地局」，那是一個氣派很大的衙門，四週圍牆高聳，門首掛着巨大招牌，有四個武裝警察担任站崗職務。胡君聽得我到達，親自在局長室門首等候，使我在心理方面有着一種驚喜交集之概，不過我此次調職，衙門是大了，職位是降低了，由於胡君躬親視事，不需要副局長一席，於是我的職位由副局長仍恢復了主任秘書，胡君此次隨帶了幾位親信，分配了各科科長的任務，而將主任秘書留給我，可証對我是相當倚重的，惜乎我少不更事，終因處理不當，連累了胡君和我自己的前程，最後竟弄得撤職了事，至今想起，猶引爲非常遺憾。

警察隊長捉烟民·沒收烟槍當禮品

到達淮陰後，情形和徐州大不相同，因灘地局是當地一個肥缺，胡君蒞任後，和當地的縣長及警察局長，都拉上關係，酬酢頻繁，連我這個主任秘書也時常接獲請帖。一天，便遇到一樁有趣的事，那時吸鴉片的風氣，在各地都很流行，胡君雖沒有上癮，但也很喜歡在烟舖上躺躺，呼上幾筒。在徐州的時候，閒得無聊，晚上便以吸鴉片消遣，烟具很簡單，烟槍是用竹管做的，沒有烟燈，點上一枝洋燭，用一枚信封糊成一個袋，中間剪了一個洞，套在洋燭上，作爲燈罩，聊以應用。到淮揚以後，烟具從事改良，但爲便利携帶起見，烟槍却是用橡皮管做的。恰巧有一位本縣的警察大隊副劉君過訪，胡君請他吸烟，這人是個癮君子，但很風趣，他見了胡君的烟槍，便說這太糟了，怎麽能用，明天你們到我家裏來吃飯，我送你一枝好的。到了明天，我們應約赴會，他請胡君和我吸烟，他的烟槍是用翡翠做的，很爲名貴，接着他叫僕人取出一個長型的布袋，打開布袋，裏面裝着烟槍達四五十枝之多，長短粗細，應有盡有，有些是象牙做的，有些是湘妃竹做的，都是所謂槍中精品。他坦白的說：這些烟槍都是捉烟犯時沒收來的，到任以後，沒收的烟槍有數百枝之多，不好的都給我燒了，留下名貴的作爲送人之用，連我自己用的這枝翡翠槍也是沒收來的，請胡局長不要客氣，隨便揀一根，聊當薄禮可也。我聽了祇有暗中竊笑。中國官場，便是這麽一回事，吸鴉片，平民人是犯法的，但警察大隊副吸烟非特不犯法，且可沒收了別人的烟槍，作爲自己送禮之用，眞應了祇許州官放火，不許百姓點燈那句老話。

在我到達淮陰之際，胡君正在籌備一項出差事件，名目是赴陳家港產鹽區去察勘鹽田，我抵達後，胡君要我隨同出發，那時屬於所謂勦匪時期，城外不大安靖，便邀了大隊副劉君同行，要他帶着一連武裝警察沿途保護，這在名目上察勘鹽田是一樁公事，但說穿了實在是非常可笑的，所謂察看鹽田，百分之百屬於私事。

衆所週知，我國過去，推鹽商最爲富有，四川的礦鹽，天津的長蘆鹽，和華中的淮鹽，號稱中國三大產鹽區域，有富甲天下之稱，因之當時一般官吏，祇要力之所及，無不在鹽商身上動腦筋，因爲他們出得起錢，可以撈一筆外快用用，因之灘地局之號稱察勘鹽田，事實上祇是一種勒索，年深月久，變成陋規，每逢一個新局長蒞任，必然假借察勘鹽田爲名，按例向鹽區走上一次，目標祇在討一筆孝敬而已，鹽田界限，規定已久，有何查勘可言，灘地局這一舉動，對方自然心照不宣，局長光顧，按例祇是由各家鹽公司負責人，請他們大嚼幾頓，待吃夠了，又送上一筆程儀，讓他們皆大歡喜而去。就筆者當時的印象，認爲這種舉動，可說是卑鄙的，雖然那些鹽公司經理，表面上對灘地局長待若上賓，說不定背後會大駡貪官汚吏，亦未可知；不過以前一般做官朋友，都抱着「千里做官祇愛財」的宗旨，明知這不是光榮的事，但祇要有錢到手，便也顧不得挨駡了。

壁虎深宵迎遠客·鷄毛堆是安樂窩

陳家港鹽場，地點在東海之濱，屬於江蘇漣水縣管轄，行程是由漣水先抵响水口，陸路一日可達，再由响水口改乘民船，隔一宿即抵產鹽區。江北缺乏交通器具，我們自漣水出發，事先雇了四架人力車，我和胡君、大隊副劉君以及胡君一個隨員，各乘一架，出發時天猶未明，寒意甚重，我們用一條棉被舖在車上，半條作爲車墊，半條則蒙住了身體和頭面，聊以掩蔽風沙，車後由八名武裝警員帶着木殼槍，緊隨保護，另有一連兵士遠遠跟隨，浩浩蕩蕩地拂曉前進，這是筆者生平所乘最長程的人力車；也是生平所歷相當奇特的一次旅行。

這次行程，整整走了一日，沿途打尖三次，頗多可記之事，第一次打尖在早上七時，歇足地是一個小村落，不到十份人家，眞是所謂荒村野店，這時有一家茶館已開門，我們就在茶館門前的曠塲小坐，蒸籠內有饅頭和包子發售，包子的餡是用蒜葉和線粉製成，拍開後即聞到一股異味，如加評語；可謂「不堪下咽」，幸爾我們隨身帶有餅乾聊以充飢，隨即繼續匆匆上路。

經過四小時的跋涉，將近中午，遠遠望見一個市鎮，也已聽到嘈雜的人聲，胡君提議休息，衆皆贊成，主要理由是坐在車上很不舒服，因之，拉車的人並不喊出辛苦，而我們坐車的人，反爾感到筋疲力盡，急忙要跳下車來，舒舒筋骨。

那一個市鎮，已記不起叫什麽名字，劉大隊副對我說：我們很幸運，恰巧碰到「墟期」，既可看看熱鬧，也有東西可吃。

談到「墟期」，那是一個古代的交易名目，稱爲趕集，又稱「趕墟」，因古代地廣人稀，所有商店，並不需天天開市，而交易的貨物也不全，遂規定以隔三天或五天開市一次，甚至有隔七天開市一次的，到了那天除本鎮的店舖一律開市外，別處的商販也帶了貨物，遠道參加，乃有「趕墟」之號，每到「墟期」，遠近村民都自數十里外趕來，採辦自己所需要的貨物，也有專門來看熱鬧者，謂之「趁墟」。

我們以走馬看花的姿態，在街頭瀏覽一週，肚子餓了，五臟神急於進食，我找到了全街最大的一家館子，瞧見門口橫着一張櫃枱，有兩個大漢站在櫃內，手執菜刀，係替人斬肉之用。我又看到櫃前的木架上，掛着一條條黑色的東西，不知是什麽，近前看時，忽見那大漢用一把蒲扇向黑物揮了一下，立刻有許多小點子紛紛飛起，露出紅色，纔知那東西是牛肉，由於上面聚滿了蒼蠅，通體便變成黑塊了。入座以後，堂倌介紹他們的名菜是「芹菜炒牛肉絲」，可是我們實在沒有勇氣吃那蒼蠅飽叮過的牛肉，全體表示反對，由我提議說：還是弄一些「菜肴中之恩物」來吃罷，因我自抵徐州，便一向稱鷄蛋爲「菜肴中之恩物」的，於是我們仍然奉行往例，由「溜黃菜」、「木犀炒火燒」、「桂花肉」等吃起，一直吃到「五香茶葉蛋」爲止。

飽餐一頓，離開市墟，繼續趕路，走不到兩小時，劉大隊副忽然跳下車來，悄悄對我說：要解決一件要事，原來這位大隊副，烟癮甚重，這時已經發作，他說：在吃飯以後，本來應該吸上幾口的，自以爲支持得住，但此際發現實在支持不住了，祗有就地解決，他不好意思向胡君開口，要我替他轉言，胡君也便一笑應允，於是就選擇一株大樹下，舖起了枕席，取出應用的道具，胡君和劉大隊副相對橫陳，幕天席地，嘯傲烟霞，但恐萬一有路人走過，未免觀之不雅，劉大隊副想出一個辦法，他吹起哨子，吩咐連長，叫一連兵士，在大樹四週臉朝外站立，築起一道人牆，他們便在人牆以內恣意的吞雲吐霧，直到過癮爲止，這是我生平所見最奇怪的一幕吸鴉片場面，也是祗此一遭的吸鴉片場面。

夜宿旅館，晚餐是「烙餅」和「酸辣湯」，另加炒蛋一大盆，作爲佐餅之用，那是旅館老板見到了貴客，專誠特製的，他口口聲聲的稱胡君爲大人，我想起京劇中「大人用餅」（稟）那句轍兒，不禁啞然失笑。

晚飯以後，胡君和劉大隊副一榻橫陳，享受嘯傲烟霞的樂趣，我和另一隨員，因旅途勞頓，便提早入睡，不想睡到半夜忽聞胡君大聲呼喊，引起一陣鼓噪，弄得大家驚醒，問起情由，纔知胡君在矇矓間，突然有兩條東西，自上面墜入他的頸際，他用手一摸，滑膩膩的，認爲是蛇，大驚失色，不由大叫起來，及用電筒照看，纔知是兩條壁虎，接着聽到屋頂和牆壁，均發出簌簌之聲，再用電筒一照，看見屋頂和牆壁爬滿了壁虎，爲數不下千餘條之多，由於江北方面的房子，屋頂和牆壁都舖以蘆席，壁虎在蘆席上爬行，遂發出簌簌的聲響，這一種場面，江南人見了自然胆戰心驚，接着旅館主人聞聲驚起，點上燈後，壁虎見到火光，盡皆隱去，旅館老板加以解釋，壁虎雖然樣子兇惡，但並不咬人，叫我們放心安睡，可是胡君自此不敢再睡，終於大家坐待天明。

朝暾初上，我即起身在門外散步，看見許多兵士，都蹲在場上晒太陽，軍裝上沾滿了鷄毛，順便加以清理，我纔明瞭那些兵士，昨夜都歇在左右的廂房中，他們沒有被褥，便和衣鑽入鷄毛中，聊以取暖，以致起身後，身上沾滿了鷄毛，我見他們的宿處這樣簡陋，當然很不舒服，猶幸他們沒有壁虎干擾，一覺睡到天亮，遂戲稱這些鷄毛堆是安樂窩，當前一幕，使我感到人生苦樂的遭遇，實在難以比較，以我本人而論，少年浪迹，僕僕風塵，未嘗不以爲遭遇很苦，然看到那些兵士，從鷄毛堆裏爬出來的情形，殊覺自己過的乃是天堂生活，想到這裏，不禁心平氣和。

鹽區中別有天地．偷蘆蓆也是職業

由响水口改乘民船赴陳家港，半日即達，鹽塲方面派遣代表抵碼頭迎迓，代表穿起長袍馬褂，像個鄉下土老兒，經過探聽，纔知他是某一鹽公司的總經理，在鹽區有極大權力，陳家港設有六家公司的聯合辦事處，範圍之大，像一個村鎮，裏面也有店舖，百貨雜陳，由於時局不靖，自己設立鄉團，聘請一位教練官丁君主持其事。丁君出身於保定軍校，數奇不遇，做一個鹽區的自衛團長，常有英雄末路之歎，鹽公司自己有廚房，儲備豐富，遠客光臨，十餘桌酒席一二小時便可辦就，不必求諸於外，因之，我們到達後，可謂宴無虛夕，一連吃過幾頓後，到第三天的早晨，公司方面纔派員引我們去察勘鹽田，我們到達產鹽區，祇見鹽田廣濶，遠望祇是白茫茫的一片，杳無邊際，如要憑我們這幾個人用古老方式去丈量，量到頭髮白也難獲結果，這本是所謂虛應故事而已，於是一笑而罷。

丁團長和我很談得來；他告訴我有關鹽區的若干有趣瑣事，他說鹽區最大的用具是蔴袋、蘆席、和繩子，蔴袋是用來裝鹽的，繩子是細縛鹽包的，蘆席則是蓋在鹽堆上面的，一年的用量，多至不可勝計，最滑稽的是鹽區有着一種不事生產的人，他們多以偷竊上面三種東西爲業，偷到了，積得大批，便賣給鹽公司，公司當局明知他是偸來的，照樣收買如儀，因爲價錢要比外邊去買便宜得多。丁君又說除了小偸之外，還有一種偸鹽的賊，偸了鹽，赴外邊脫售，行徑有些同於强盜，他們人多勢衆，必需以槍桿子對付，有時他們會陣上失風，偸鹽時觸動了鹽包，上面的鹽傾瀉下來，會拿幾個人埋在裏面，一遇警報，餘衆立刻逃走，來不及營救被壓的人，日子久了，被壓的人都變成了醃肉，他的屍體不會腐爛，我們發現後，也祇有埋掉算了。丁君說到這裏更笑笑道：惜乎太平之世，沒有人敢吃人肉，否則，拿這些屍體上的腿砍下來，不知道的人腿滋味如何？

在六家公司分別宴請過以後，我們提議歸去，公司代表送上程儀，計開：胡局長大洋八百元，劉大隊副大洋三百元，我和另一隨員每人是兩百元，六家公司化了一千五百元大頭，纔算送走了這一批貴客，事實上也是一批惡客。

臨去秋波，丁團長也做了一次東道，他拿出一批精鹽，分送各位，那些鹽，圓者如餅，方者如磚，也有薄的像玻璃片一樣，他說山野間無以爲贈；不過拿去玩玩而已，以鹽塊送人；可謂創舉，但其盛意殷殷，值得感謝，遺憾的是我和丁君一別，絕無再見之期，關於當日情形，也直到四十年後纔付諸筆錄，囘首舊遊，渾如一夢。

自陳家港囘到清江浦的翌日，胡君接獲總局來電，指名要我去總局有事相商，我忽忽趕至總局，主任秘書給我看了一份省政府頒下的公事，祇寥寥十餘個字，畧云：『徐屬局長胡某盧某，鼓動頑民，抗租不交，激成巨變，着即先行撤職，歸案訊辦』云云。我看了這份公事，不禁汗流浹背，我這時已不是一個什麽局長和什麽秘書，已經成爲一個罪犯，局方如要捉我，我祇好乖乖的做階下囚了。

宦海一年如夢境·銀元兩百送歸程

撤職的經過是這樣的，蕭縣那兩個被打的收租員，其間一個是縣長的親人，被打後向縣長哭訴，必欲得行兇者而甘心，偏偏我將這兩人放了，遷怒於我，便向省政府告了一狀，以致受到撤職處分，我向總局陳述經過後，那位主任秘書倒並不怪我處理不當，祇說官場內幕本來是很複雜的，他怪胡君不該將全部責任放在一個年輕人身上，不過他說：你也有不對之處，你應該早將經過情形報告總局，在接到省令後，總局可以替你們分辯，也許可以不致受撤職的處分了。當下，他要我寫一份分辯的公事，上呈省府，靜候發落，並叫我住在局內，用兩個衛兵聽我使喚，事實上是監視我的行動，我曉得已受到了軟禁的欵待。

當天晚上，月色凄清，我發現局內人員，均已散去，大門開着，兩個衛兵恰巧不在身邊，我便悄悄的溜出去，一溜烟走之大吉。

那時候的江蘇省政府主席是紐永建，我有一位忘年交是革命前輩褚輔成，也是胡君的朋友，我深知褚和紐頗有交誼，當夜乘快車抵上海，翌晨晉謁褚先生，求他寫信給紐主席，替胡君和我解釋，褚先生應允後，我連夜又回到蘇州總局。

當我回到總局時，主任秘書迎頭就拿我駡了一頓。他說：你要走也該通知了纔走的，你這一走，我們這裏弄得一團糟，我說如果事前告知，你們是不會放我走的；主任秘書默然無語。於是我便取出做好的呈文，由總局兩位老師爺共同研究後，上呈省府，事情至此告一段落，我出走而重回，主任秘書認我頗有胆力，對我印象很好，他叫我先回上海，靜候解決，並說你有空不妨來局中走走，也許將來有起用你的機會。

不久後，胡君也返抵海上，有褚先生的緩頰，我們祇是撤職了事，沒有遭受查辦的處分，我對胡君表示萬分歉意，我不該放走兩個行兇人，以致斷送了胡君那一份很好的差使，但胡君並不怪我，他說你還年青，不懂官場的一切，這事的失敗，我自己也有責任，接着他取出鹽公司所送的程儀兩百元，交我收受，我那一行作吏的過程，遂也宣告結束。

在罷官後初回上海的一個時期，偶然想起總局主任秘書之言，嘗有復出謀求差使之念，但幾經考慮，深明本人個性，直率而喜充份自由，對做官來說，實在不適合，便毅然放棄此想，拿自己一些私蓄，和鹽公司所送的程儀，在滬創辦了一份三日刋的小型報，取名「鈴報」，從此我便正式的做了報人，也正式的做了爬格子動物，一直混了數十年，到今日投荒海外，依舊擺脫不了這個筆耕的圈子。

當我在徐州，釋放那兩個行兇的罪犯時，孟師爺認爲我是婦人之仁，他的見解是對的，如我不放這兩個人，在宦海一直春風得意；則我便不會做職業文人，我的半生歷史，也應該改寫，但我對此並不後悔，我一向有着曠達的優點；認爲我當日的宦途鎩羽，也並不一定是不幸的事；而宦途得意也不一定是幸運的事，所謂塞翁失馬，焉知非福，我以一個毫無學識的田舍郎，流轉風塵，迭經憂患，居然可以平安地活到如今，也許倒是受了當時宦途失意所賜罷？

Choose Masumi, L'Aimant, Imprevu
Three classic French perfumes by Coty
to give with love.
Masumi.
A new word in the
language of love.
L'Aimant.
Like a kiss
across the
room.
Imprévu.
Makes the
unexpected possible.
Coty
MASUMI
Imprévu
COTY
Sole Agents: Muller & Phipps (China) Ltd.

六十年前一篇舊賬

六十年前舊辛亥之四

林熙

辛亥三月二十九日，黨人黃興等在廣州起義失敗，同志被殺死的共七十二人，後來由潘達微把烈士的遺體葬在黃花崗。三月初十日，廣州將軍孚琦爲温生才烈士炸死。四月十一日，盛宣懷奏准鐵路收歸國有，立即爲四川、湖北、湖南、廣東各省的諮議局反對，四川人于五月設立保路同志會，反對鐵路國有政策，四川總督趙爾豐下令槍殺請願的民衆數十人，逮捕紳士十餘人，四川人民大憤，激起事變。清廷命督辦川粵漢鐵路大臣端方帶兵入川鎮壓，這是七月間的事，八月就武昌起義了。

武昌起義後，各省的響應情形各省不同，順便畧說一下。

清代以直隸總督爲羣牧之長，排列在各省督撫之先，自光緒三十三年（一九〇七年）設東三省總督後，因爲奉天境內有盛京，又有清帝諸陵，故「羣牧之長」無形中爲東三省總督所佔。武昌首義，陸軍第二十鎮統制官張紹曾駐軍山海關，電奏改革政治，京師大震，張紹曾又奏請組織完全內閣。總督陳夔龍見各省紛紛響應，托病請求去職，十二月十六日清廷賞假三個月，以張鎮芳署直隸總督兼北洋大臣。

山東獨立，頗爲滑稽。當時的巡撫是慶親王的兒女親家孫寶琦（杭州人，民國後歷任外交總長，國務總理，第一任駐蘇聯大使，一九三一年死于上海），濟南響應民軍人士，組織全省聯合會，軍人響應義舉，在諮議局集合，討論脫離滿清政府，第五鎮的新軍暗中支持之，但只贊成脫離清廷，省政暫時維持現狀。這班人士，包括軍、警、商、學及士紳各界，他們認爲山東接近直隸，故亦不敢貿貿然揚言北伐。開會時，請孫寶琦到會，問他贊成共和否？孫說極端贊成，早已電請政府宣布共和了。衆人說；既然這樣，就請獨立，于是共推孫爲大統領；後來因各省皆稱都督，便改從以規劃一，以新軍協統賈賓卿副之。孫寶琦力辭，至于聲淚俱下，他說：「這事萬萬不可，本省兵力單薄，萬一北軍南下，我們沒法抵抗，必至生靈塗炭，并且本人受朝廷厚恩，又和慶親王有特別關係，實在不能做這件事的。」但衆人不肯，一定要他就職，軍人甚至舉槍拔劍，聲勢汹汹，孫寶琦只得含淚就職，號稱中華民國山東臨時政府。

孫回到衙門後，立即電達內閣，請以「被迫獨立」情形代奏。所以當時人們稱山東爲「奏請獨立」。而孫寶琦所出的文告，未用大統領或大都督名義，而稱「山東臨時政府撫部院」，不倫不類，成爲奇觀（巡撫稱部院，總督稱部堂）。不久後，袁世凱密令張廣建、吳炳湘（張是候補直隸州知州、吳是候補知縣，二人皆在山東甚久，與袁有密切關係）至濟南，疏通新軍，取銷獨立，孫亦辭職，清廷另派胡建樞爲巡撫。到十一月，黨人藍天蔚、胡瑛與逃到烟台的黨人杜潛等起義，反對濟南的清朝巡撫，南京臨時政府遂派胡瑛爲山東大都督。到袁世凱就總統職後，改派周自齊爲都督，以資財給胡瑛，叫他遣散民軍。

江蘇的巡撫是程德全，起義後各界公推他爲江蘇大都督，而上海亦有都督，則陳其美也。當時各省起義後的情形很是混亂，一省之中，會出現兩三個都督，江蘇就是一例，鎮江起義後，軍政人士又舉林述慶爲都督。

安徽獨立時，巡撫是朱家寶。起義後集于諮議局，公推朱爲都督，其後又舉李烈鈞，最後又舉孫毓筠，月餘之間，都督就換了三個人。

自光緒十一年（一八八五年）裁福建巡撫，由閩浙總督兼管後，廿多年間，都沒有再設巡撫。武昌首義時，閩浙總督是滿洲人松壽，將軍樸壽。新軍第十鎮統制孫道仁曾留學日本，思想較新，革命黨暗中和他約定，起義後公推他爲福建都督。辛亥九月十九夜義軍起事，總督松壽知道無法抵抗，吞金自殺，孫道仁即日就都督之職。

江西當局知道武漢起義消息後，巡撫馮汝騤驚惶失措，但尚以爲新軍可靠，而不知江西的新軍已和革命黨有默契，相機行事了。新軍起義後，舉標統馬毓寶爲大都督，後來紳商各界又舉馮汝騤爲都督，但馮已出走，找到他後，他不肯就職，改推吳介璋，吳允暫時代理。馮汝騤即乘船往九江，馬毓寶迎至城內，仍勸他做都督，馮不允，九月十八日服毒自殺。江西響應革命時，吳鐵城恰好在九江，他晚年所寫的回憶錄說：

某日，九江江防司令部報告，說南昌巡撫馮汝騤及眷屬趁輪到了九江；我即照料他上岸，住在前江西景德鎮御窰督辦孫廷林的房子，并派人陪伴。在某一夜裏吞烟自盡了，陪伴他的人也畏罪潛逃。當時原欲事定後送他回鄉，并無其他惡意，結果如此，出于意料之外。（按：馮爲河南祥符人，光緒九年翰林，與袁世凱有戚誼，他在光緒三十三年以陝西布政使授浙江巡撫，三十四年調江西巡撫，皆袁世凱之力。）

九月初八日，山西省獨立。巡撫陸鍾琦（字申甫，順天宛平人，光緒十五年己丑翰林）因抗拒革命，爲新軍所殺，他的兒子光熙上前救護，亦被殺。陸鍾琦做了宣統皇帝師傅陳寶琛的替死鬼。這事頗趣，可以一說。

陳寶琛自光緒初年一蹶不振後，隱居故鄉已二十年，宣統元年由張之洞推薦授閣學，三年五月廿二日，授山西巡撫，未到任以前，由布政使王慶平暫行護理。山西巡撫是個肥缺，人皆爲之慶幸，但六月十五日，忽又降旨命開缺，以侍郎候補，入毓慶宮敎皇帝讀書，而以江蘇布政使陸鍾琦升任山西巡撫。九月初八日，太原光復，鍾爲新軍殺害。山西各界公推閻錫山爲大都督。陳寶琛有聯輓鍾琦云：「忠孝一門，風世有人邦國重；山河在望，殉官無術愧君多。」

武昌首義後將近一個月，貴州才光復，其時沈瑜慶爲巡撫（沈爲沈葆楨之子，四月，以布政使升任），九月十三日，自保會派員請瑜慶爲都督，沈不肯，但知大勢已去，答應交出政權，軍政府送他旅費二千元，幷派兵保護他出境往重慶，各界公推楊藎誠爲都督。

自光緒三十年甲辰（一九〇四年）始，雲南巡撫裁撤，由雲貴總督兼管。辛亥革命時，雲貴總督是李經羲，九月初九日，雲南新軍蔡鍔、羅佩金、李根源等起義，攻破總督衙門，義軍公推蔡鍔爲都督，李經羲讓出政權，離開昆明前往上海養病了。

浙江是九月十四日獨立的，當時的巡撫是滿洲人增韞，新軍起義後，拘禁增韞，舉湯壽潛爲都督。這時候，湯在上海，趕返杭州就職，釋放增韞。

江蘇省獨立，也在九月十四日。兩江總督張人駿（字千里，直隸豐潤人）駐南京，巡撫程德全（四川雲陽人，字雪樓）駐蘇州。蘇州各界公推程爲蘇州都督，程向來以革新自命，故立即接受，蘇州遂沒有什麽大殺傷，人民安居樂業。

蘇州既反正，南京新軍亦起義，十月初四日，滬、浙、蘇軍事當局舉新軍第九鎭統制徐紹楨爲聯軍總司令，自鎭江攻南京，十二日克復南京，張人駿、張勳、鐵良等皆逃走，事大定，各界公推程德全爲江蘇都督。

廣東是九月十九日獨立的，當日的兩廣總督是張鳴岐，新軍二十五鎭統制是龍濟光，水師營提督爲李準。新軍舉義後，張鳴岐一度與黨人合作，宣布獨立，後來香港的黨人喧傳要淸算他殺害黨人之罪，張鳴岐大懼，連夜坐英艦溜往香港，各界公推胡漢民爲都督。

廣西獨立早廣東一日，其時巡撫爲沈秉堃（字幼嵐，湖南善化人），新軍起義後，各界公推沈爲廣西都督，沈即就職，因爲廣西的新舊軍素來不相容，新軍實力不充，而舊軍具有絕大勢力，黨人遂舉舊軍的廣西提督陸榮廷爲都督，沈秉堃不自安，十月初一日辭職。

湖南獨立，事在九月初一日，當時的巡撫是余誠格（字壽平，安徽望江人，光緒十五年己丑翰林。宣統三年閏六月，以湖北布政使升陝西巡撫，未到任即調湖南巡撫），武昌起義，首先響應的省份是湖南，則以有新軍，將官焦達峯、陳作新等主持其事。舉事的那一晚，焦、陳二人各率軍隊攻打軍械局，局長嚴家熾立即逃走，軍械盡落黨人之手。（嚴家熾字孟繁，吳江人，後來在民國做官。周佛海任汪政權財政部長，嚴做次長。勝利後，坐了幾年監，一九五四年逝世。）遂進攻撫台衙門，余誠格連忙扶着父親逃命，跑往上海託庇租界。焦達峯自立爲湖南都督，以陳作新爲副。十日後，湖南兵變，另一新軍將官梅馨，殺死陳作新、焦達峯，以譚延闓名望最高，請他出任都督。

陝西獨立，也是九月初一日。護理巡撫是錢能訓（字幹臣，浙江嘉興人。他本是陝西布政使，因爲新調巡撫楊文鼎未到任，由他護撫）。新軍營長張鳳翽、錢鼎等人密謀反正，攻入西安城，錢能訓逃走，滿洲兵同革命軍巷戰一夜，佔領全城。張鳳翽以功被推爲陝西都督。

新疆獨立頗遲，到十一月廿一日才告反正。當時的巡撫是袁大化（字行南，安徽人，秀才）。新軍統領楊纘緒與回族同胞聯合，圍攻將軍署。袁大化非常頑固，一定要盡忠淸室，故此事皆不肯與民國義軍商量，新軍謀擁立將軍志銳任大都督，志銳不肯，遂被殺。後來改推袁大化，四五個月後，又把袁大化免職，以布政使楊增新爲都督。

武昌舉義後，四川幾個重要市鎭都相繼獨立，首先是重慶，于十月初二反正，十月初五則有瀘州、萬縣，十月初六資州，初七成都。上述幾處獨立的地方，各推有正副都督各一人，其中以成都的正都督蒲殿俊、副朱慶瀾最有名，後來互相敵對，陸軍小學總辦尹昌衡起兵鎭壓暴動，殺四川總督趙爾豐，重慶軍政府與成都軍政府合併，舉尹昌衡爲四川都督。（趙爾豐字季和，漢軍正藍旗人，東三省總督趙爾巽之弟，宣統三年川滇邊務大臣署四川總督。）

近人尙秉和「辛壬春秋」述四川獨立的一章，開頭幾句說：「革命之起由川亂，川亂由鐵路收歸國有，國有政策始于張之洞，成于盛宣懷。」三四兩句，說得對極。武昌革命爆發，和四川鐵路風潮可說是兩件事，幷沒有預先布置的聯系。至于鐵路收歸國有，亦即是後來爲世人所習知的「鐵路國營政策」。盛宣懷這個政策原則上幷沒有錯，錯在執行的方法和自私心太重，只爲個人利益打算。他將川粵鐵路收回時，應該替股東的利益打算，別讓他們吃虧才是。但盛宣懷滿不在意，投資的人怎不憤憤不平，要維護血本呢？

四川爭路風潮，也是辛亥年一件大事。是年七月，成都全城罷市，反對收歸國營辦法，要求暫歸商辦，後來又有紳商各界到督署請願，趙爾豐下令開槍，殺死數十人，慘案就發生了。自此風潮日趨擴大，清廷起用前直隸總督端方爲督辦粵漢川鐵路大臣，帶兵入川鎮壓，十月初六日資州起義，端方被革命軍所殺。

四川鐵路公司有一部分股欵存在上海生息，公司董事施典章把一百四十萬兩存在上海正元、兆康、謙餘、寶康等錢莊。這幾家錢莊的主事人都移挪公欵購買藍格志股票（這種股票是一兩個外國人在上海騙人投資橡皮股票，自吹在南洋一帶種有樹膠，數年後即可出產，善價出售。上海一班喜歡投機的商人，爭先恐後買入橡皮股票，市面價值比票面價值漲至千百倍。外國人括了一大筆後逃之夭夭，中國人損失數千萬，此爲宣統二年之橡皮股票風潮），到藍格志一文不值後，四川鐵路公司那幾百萬兩股本就化爲烏有了。當時的上海道台蔡乃煌，擅將關稅數百萬兩存在該等錢莊。宣統二年九月初六日，與蔡有關係的源豐潤官銀號被外商銀行逼倒，欠公私各欵達二千萬兩之巨。宣統三年辛亥三月，清廷下令查抄蔡乃煌家產，上諭說：「已革蘇松太道蔡乃煌虧欠關欵，尚短三百七十萬兩」云云，可見所欠之巨。蔡無法賠償，逃往青島租界，清廷無如之何。武昌起義，反而倒救了蔡，清帝退位，再無人追究他的爛帳，他便在上海團團做富家翁了。（蔡字伯浩，廣東番禺人，舉人，光緒三十四年放上海道，一九一六年爲廣東督軍龍濟光槍斃，年五十八歲。）

其它未獨立或欲起義而事先爲清吏發覺者的省份，有奉天、吉林、黑龍江、甘肅、河南五省。東三省于關內各省獨立後，新軍、黨人亦思响應，但後來和平解決，各設保安會，維持治安，奉天以東三省總督趙爾巽爲會長，吉林則巡撫陳昭常爲會長，黑龍江則巡撫周樹模爲會長。甘肅、河南，則獨立未成，僅有小規模的兵變，轉眼亦歸平靜，老百姓沒有受驚，商業亦無大影响。

南京的臨時政府，是一九一二年一月成立的，即是宣統三年十一月十三日，孫中山先生于是日由上海乘專車往南京，下午十時，行就任臨時大總統之禮。宣誓後，即發表命令，改用陽歷，以本日爲中華民國元年元日。一月三日，各省代表又票選黎元洪爲副總統。孫總統是日正式宣布內閣成員，如下：

陸軍總長黃興　次長蔣作賓
海軍總長黃鍾瑛　次長湯薌銘
司法總長伍廷芳　次長呂志伊
財政總長陳錦濤　次長王鴻猷
外交總長王寵惠　次長魏宸組
內務總長程德全　次長居正
教育總長蔡元培　次長景耀月
實業總長張謇　次長馬君武
交通總長湯壽潛　次長于右任

尚秉和「辛亥春秋」有幾句說到臨時政府成立後的情形，很是翔實，不同于黨人主觀之見。文中說：

> 時軍用浩繁，政費無所出，文（孫文）與陸軍總長黃興、秘書長胡漢民謀貸金日本，而以漢冶萍煤鐵鑛爲質。參議院大譁、嚴詞詰問，湖北議員張伯烈、時功玖、劉成禺等相繼辭職，政府懼而止。文威望無以懾服各省，號令不能下行，內務總長程德全、交通總長湯壽潛、實業總長張謇辭不就職，大事恒決于黃興，文受成而已。

張謇被推爲臨時政府的實業部長，他是民國元年一月一日（辛亥十一月十三日）到江寧就職的。他的「柳西草堂日記」十一月十四日云：「被推爲實業部總長，時局未定，秩序未復，無從言實業也。」十五日云：「與孫中山談政策，未知涯畔。」二十日云：「寧垣兵隊搶刼之事，日有所聞，難乎言軍紀矣。」十二月初一日（陽曆正月十九日）云：「家廟行禮，寫春帖子『民時夏正月；國紀漢元年』，『晉以武興虞不服；周于農用夏之時。』」

關于漢冶萍與日資合辦事張謇日記中沒有詳細的說到，反而「張季子九錄」收有他給孫中山的一封信，提出他的意見。十二月二十日日記云：「與孫黃函爭漢冶萍不可與日人合貲。」二十二日云：「孫黃答復，漢冶萍約已簽。」二十三日云：「與竹君詣少川，再與孫黃函漢冶萍以之抵借猶可。」二十四日云：「未得孫黃答。」二十五日云「電孫以漢冶萍事前不能參預，後不能補救，自劾辭職，即日歸里，是夕旋通。」從張氏日記，可見他對于當時的革命偉人多少含有不滿之意，但他一向學到了他的老師翁同龢的「明哲保身」哲學，不欲在日記中月旦人物，記述秘聞，所以我們今日要在他的日記中發掘一些史料，往往所得不多，這是很可惜的。例如隆裕太后所下的讓位詔書，據胡漢民說是張謇草擬的，但他的日記裏絕不提這事，甚至不對他的兒子孝若說及，幾乎令人不敢信是他所寫的。到張謇死後，孝若以出版的「張季子九錄」送給胡漢民，胡寫信給孝若，才把當時的情形詳細告知他。

關于隆裕太后讓位詔書，也是一件有興趣的事情。據「梁燕孫先生年譜」說：

此詔實爲有清一代之最後結束，原文係

下詔讓位的隆裕大后

由南中將稿電來，該稿乃張季直手筆，後經袁左右增加授彼全權一筆而發（事見張季直傳記），其所插入諸語，于後來發生不少影響，亦言民國掌故者所宜知也。又末三語，為天津某鉅公所擬，末一語尤為人所稱道，蓋分際輕重，恰到好處，欲易以他語，實至不易也。張未擬此詔之前，已為頑固的翰林前輩責其傾向「民主」，一個蘇州翰林葉昌熾在宣統三年十月初一日日記中罵他道：「見夫己氏上項城書，辭宣慰使，工商大臣，指斥乘輿，逼遷九鼎，侃侃而談，絕無瞻顧……此固名士，固詞臣，固諸侯之上客，固鄉望之錚錚者也。」（文中的「夫己氏」，隱指張謇。但兩個月後張即為袁草此詔。其罵張時，尚視袁為清室之藎臣也。）張謇草詔，諱言其事，而另一江蘇人則唯怕人不知其事，此人即洪述祖。他有一方石硯，名「草詔硯」，以紀念他曾草擬退位詔書，亦辛亥軼話也。

「草詔硯」正方形，直徑一尺，背面刻太極圖，左側刻隸書硯銘云：「辛亥九月，硯得主，共和詔書起于此。勒銘左側誌不忘，中華男子洪述祖。」右下方刻陽文「洪氏觀山居士沽上草堂之印」十二字。這時候，洪述祖寓居天津河北宿緯路，所以稱沽上草堂。此硯友人王君十餘年前曾在上海買得此硯拓本，硯不知何往。

退位詔既非洪述祖所作，為什麽他要掠人之美，以草退詔書自我誇耀，并在草詔所用的硯上大書深刻銘文呢？後在「趙鳳昌藏札」中，發現了洪述祖寫給趙的信，才解決了這個答案。這事又與辛亥有關，與草詔亦有關，轉錄于此：

竹哥鑒：在少川處讀吾哥密電，次日弟草一詔，託人轉說前途，迄未有效。直至項城入京，方以此稿抄兩份，分途達之（少川之力），項城甚為贊成，而難于啓齒，不得已，開少川之缺（非開缺不肯行），于廿七日入都商定辦法。少川自往晤老慶，反復言之，老慶亦讀之聲淚俱下，然亦不能獨斷，約于次早決定。不料一夜之後（想必與載灃等密商矣），廿九早全局又翻，說恐國民黨要共和云云，菊人、項城均力爭不得。項城退直，焦急萬分，少川代謀，即以此宗旨由項城奏請施行（約五日即可見），倘不允，即日辭職，以去就爭之。事機千載一時，南中切勿鬆勁（惟到滬議政員，殊難其人，以少川來，南中人願否？乞密示），手此密布，十月朔。

函中的少川、老慶、菊人、項城，分指唐紹儀、慶親王奕劻、徐世昌、袁世凱。最值得注意的是洪述祖所擬之詔，到袁世凱入都始抄兩份，分達前途；唐紹儀廿七日入都，商定辦法，往晤奕劻，及廿九日清廷拒絕宣布，全局推翻，說恐怕國民黨要共和一段經過。武昌首義後，袁即示意奕劻，叫他提出起用自己，以便指揮北洋軍隊，迅速撲滅民軍。而袁一面又假稱足疾未愈（他的開缺上諭，硬說他有「足疾」，為了體恤，故命開缺的），不肯出山。一直到清廷任命他為內閣總理大臣，才于九月廿六日到京組閣，而唐紹儀即于廿七日入都，和他商定逼使清廷宣布此詔的辦法，時間是十分緊湊的。至于此詔究作何語，致使清廷恐怕國民黨要共和，拒不宣布以及唐紹儀施展卑鄙手段以辭職相逼？為了說明此點，有引證洪所草原詔之必要。現在摘錄其中最着重的一段。文云：

（上畧）茲着派△△△為暫任代表議政員，即日擇地，與全國國民妥議憲政。自宣布此諭旨之後，立即停止戰事，無論官軍民軍，不得再發一彈，再血一刃，所派赴鄂各軍，尅日撤回，軍械子彈，收儲勿用，以副朝廷弭兵安民之至意。所議憲法，但求于中國土地人民多所保全，無論君主立憲，民主製憲，余與皇帝均樂觀厥成，此係祖述堯舜公天下之心，朝廷出自至誠，當為薄海臣民所共信，亦必為列聖在天之靈及皇族宗支王公親貴等所共諒也。宣布海內，咸使聞知：……。

顯而易見，洪述祖這一草詔書，以民主制憲為中心內容，表面雖用些文字技巧來掩飾，而實際上無異迫使清廷退位，也正是清廷恐國民黨要共和，不能接受的關鍵性問題。在別有用心的袁世凱看來自然是極其贊成的，何況清廷起初雖不能接受，而終于不得不接受。雖然說退位之詔，別出張謇之手，而唐紹儀得充和議代表，仍然是原來計劃。所以洪述祖要勒銘于草詔硯上，自鳴得意。不過，由于此草詔并未宣布，此一秘密內幕，就很少人知道了。洪述祖所草之詔，雖沒有採用，但也是辛亥革命的重要史料，可為治史的人參考，他在硯上刻銘以示得意，也有他的原因的。

讀歷史的人大都知道滿清從關外打入中原，是吳三桂去借清兵來鎮壓李自成，把李自成打敗，而佔領了整個中國的。清兵入關後，才由多爾袞迎順治入關，封多爾袞為攝政王。其興也，以攝政王，其滅亡也，亦以攝政王，這也是很有趣的事。多爾袞攝政時代，內閣還有閣權，到雍正七年，設立軍機處，內閣等于虛設，內閣大學士雖然是宰相，居百僚之長，但如果大學士不兼任軍機大臣，則有相之名，無相之權，自此相權、部權被奪者凡百餘年（自一七二九年至一九一一年），到宣統三年四月初十日，裁撤軍機處，成立內閣，似乎有點像一個「責任內閣」了，于是閣權又重，回復到雍正七年（一七二九年）的老樣子，數月後，袁世凱入京組閣，其權力又遠較慶親王的內閣尤大，結果，袁藉內閣為武器，大權在手，把滿清推翻。

宣統登基後，革命勢力在中國已漸蔓延，革命有一觸即發之勢，當時清政府對「革命」二字，甚為忌諱，一提到革命黨就有談虎色變之概，

斷送清廷的攝政王載灃

甚至諱言改革的革字，與宋徽宗時禁用「危」、「亡」、「亂」等字，同樣可笑。宣統三年六月，內閣會奏典禮院官制一摺，中有「隆朝會郊廟之典，協沿襲損益之宜」二語。聞說原稿「沿襲」兩字，本為「沿革」，與「損益」二字字面相稱。怎知內閣總理大臣看見一個「革」字，聯想及于革命，立時三刻，嚇到心驚胆戰，馬上提起筆來，不顧文理通不通，把「沿革」二字改為「沿襲」了。

這一年辛亥，東三省鼠疫已全部撲滅。自宣統二年，東三省發生鼠疫，傳染很是迅速，因此而死的達到六萬人之多，甚至有蔓延至直隸、山東一帶的趨勢。其時羣醫束手，伍連德醫生奉派往哈爾濱主持遏制這種震驚世界的傳染病。不到四個月工夫，居然把鼠疫消弭到無影無形了。伍醫生之名從此傳播世界，大家公認他是黑死病有力的鬥士。宣統辛亥四月，清廷以伍醫生辦理東三省防疫出力，傳旨嘉獎（其時伍連德為總醫官），而錦、新、營口道周長齡亦得到嘉獎。（周長齡即近五十年在香港之周壽臣爵紳，享壽九十餘，王正廷為其婿。）

伍連德醫生是廣東新寧人，他的父親伍祺學早歲往檳榔嶼當學徒，方才發了些財，伍醫生就是他的第四子，後來到英國學醫，學成回到馬來做醫務工作。一九〇七年袁世凱請他到天津做陸軍醫科學堂副監督，他認為這是回國服務的好機會，便接受了。伍醫生晚年仍回檳城，一九六〇年一月廿一日病逝，享年八十一歲，剛剛退休了一個星期。

東三省鼠疫肅清後，總督錫良因病請辭職，清廷于三月廿二日調四川總督趙爾巽繼任。趙于四月到任，不久，即奏請將已革湖北候補直隸州知州趙鳳昌開復原官，調東三省委用，准如所請。但趙鳳昌似乎沒有出關追隨趙爾巽，數月後武昌起義，趙鳳昌在惜陰堂招待南北政要議和了。

攝政王載灃主持國政已三年，他本是個老實庸人，本無才幹，但却喜歡學雍正皇帝的「察察為明」，對于臣下的章奏，往往以硃筆批示，而又不能洞中竅要，時時鬧出大笑話。例如辛亥二三月間，他批示直隸總督奏報鼠疫被遏制一摺，文中有「應竭力防範，毋令延蔓京津一帶」，見者皆以為攝政王失言，他應該說切勿令鼠疫蔓延各省才是，怎可以說「京津一帶」呢？只言京津一帶，難道其它地方儘可令其蔓延嗎？

載灃的長子溥儀，已登位三年，六歲大了，六月十五日隆裕太后降旨：「皇帝冲齡踐祚，寅紹丕基，現當養正之年，亟宜及時典學。……着欽天監于本年七月內，選擇吉期，皇帝在毓慶宮入學讀書。着派大學士陸潤庠、侍郞陳寶琛授皇帝讀。……至于國語清文，乃係我朝根本，着派記名副都統伊克坦隨時教習，幷由監國攝政王一體照料。」這三位師傅的薪俸也有等級的，陸潤庠一千兩，陳寶琛八百兩，伊克坦只六百兩。當然陸是狀元宰相，陳乃翰林，而伊只是個掛空銜的副都統，教的又是「國語」，價值就差了。（清制，漢文師傅坐而講學，滿文師傅立而講學，清帝對于大清朝根本的「國語清文」，未免輕視了。其實溥儀跟這個伊老師學不到什麽「國語」，他本人也輕視之，不肯學，終其生不懂滿文，一九二一年伊克坦死，溥儀就拋却了學滿文的精神負担。）

陸潤庠于宣統元年九月以吏部尚書協辦大學士，成為狀元拜相，二年八月，改東閣大學士（協辦大學士副揆，大學士正揆也），官星甚速。辛亥年正月，他請假回鄉修墓，他事前對人說國事如此，已不可為，趁現在回鄉風光風光，還來得及，過此恐非吾輩之天下矣。蘇州京官發起，為陸繪「比翼南旋圖」，廣徵題詠。陸相國南旋之後，回到北京銷假，又被毓慶宮帝師之命。清季四十年間，帝師之任，盡落在狀元肩上，而狀元拜相者尤為上選。辛亥時代，雖然還有幾個狀元未死，而狀元入閣者，只陸潤庠一人，乃被首選，蘇州人士連忙祝賀，即假座吳長元會館（吳縣、長洲、元和三縣的會館）擺酒唱戲，座中一位翰林後輩吳郁生向他恭賀，陸說：「老夫開去一切差使，有何可賀？」這樣一答，問者與答者都有點為難；但另一位蘇州翰林連忙站起來說：「老前輩開去一切差使，乃天子不得而臣之意也！」陸大喜。

天子典學，由來甚古，因此，上海著名的商人楊斯盛，也被皇恩普及了，辛亥四月，上諭：「江蘇川沙廳已故職商楊斯盛，傾產興學，准予付史館立傳，幷贈鹽運使銜。」這一年，與文教有關的，還有洋進士、洋舉人的授予。

科舉考試，自光緒三十年甲辰（一九〇四年）廢止後，中國就沒有舉人、進士名目了，但當時還有些東西洋留學生歸國後，再經殿試，由朝廷給予進士、舉人的頭銜，自甲辰以後，幾乎年年都有。因為這些舉人進士，不是三考出身，而是在外國念洋書的，所以他們的進士頭銜，不為人所重，稱之為洋翰林、洋進士、洋舉人。辛亥五月十一日，引見廷試游學畢業生，刁作謙等授翰林院編修；吳鼎昌等授翰林院檢討；張嘉森等授翰林院庶吉士。以洋舉人而授職的，有：余紹宋、金曾澄、邵長光等授主事；魏斯炅、杜雲程、許壽裳等授七品小京官，作爲候補主事；黃際遇、但燾等以七品小京官分部補用。

以上的洋進士、洋舉人，刁作謙現居香港，吳鼎昌、張嘉森（君勱），爲政界名人；余紹宋爲著名書畫藝術家；金曾澄、黃際遇、杜雲程、許壽裳皆教育界名流；魏爲賽金花的後夫，但燾則爲革命老同志，一九六九年十二月死于台北。黃際遇、杜雲程是廣東澄海人，和作者是同鄉，但我只識黃君，未見過杜先生，只知他是個正人君子，一九五二年後才謝世的。現在的科舉翰林全已歸道山了，但洋翰林生存者恐怕只有刁作謙一人，也可稱爲「海外翰林第一」了。（刁君廣東興寧人，聖約翰大學畢業，在英國考得博士學位，久在外交界服務，歷任秘書、總領事，未有機會躋上大使，若論其資歷，絕不在劉文島、程天放、劉師舜等之下。他是一八八二年出生的，今年香港「千歲宴」的壽翁年齡，以刁爲最高，九十餘矣。）

這一年辛亥，蘇州大力修理寒山寺。發起此舉的是江蘇巡撫程德全、藩司陸鍾琦。寒山寺經過太平天國戰爭後，已破爛不堪，陳夔龍于光緒三十二年，雖然也畧有修葺，并請俞曲園補寫張繼的「楓橋夜泊」詩刻石，但并不是全面修建，此次比較以往各次稍爲全面，而且又重修寺志，補刻了許多與寒山寺有關的書畫。其時蘇州一位名翰林葉昌熾正在家鄉隱居，巡撫藩司既然要保存文物，風雅一番，少不免要請這個有實學的翰林出來助一臂之力的。（昌熾字鞠裳，長洲人，光緒十五年己丑編修，精于目錄、碑板之學，著有「藏書記事詩」、「語石」、「緣督廬日記」等書。）現在根據葉昌熾的日記，說明一下。

辛亥二月十九日云：得陸申甫方伯一函，附至其子靜山兩卷，一爲「把酒問天圖」，一爲「移情海上圖」徵題詞。又「寒山子集」一冊，寒山、拾得兩僧象拓本，羅兩峯所繪，有題詞，謂即世所傳和合象，亦聞所未聞也。寒山寺經當道諸公捐俸鼎新，今方庀工，三月可以落成，請布施聯額。

三月初九日云：作長句一首，題韜庵子「把酒問天圖」，作者如林，俞階青、鄭小波詩詞爲甲，其次則子飴一詩、一儷體，尙不墜家風也。

初十日云：又題陸靜山「海上移情圖」，亦成長句一首。……

日記中所稱的「陸申甫方伯」，即上文所記在山西巡撫任上爲民軍所殺之陸鍾琦，他到任不過半個多月就遇難，做了陳寶琛的替死鬼，反不如不升官爲愈矣。他的長子仁熙字靜山，號韜庵，次子光熙，字亮臣，號潛齋，光緒三十年甲辰進士，授檢討。陸鍾琦與葉昌熾爲進士同年，授編修，他在任上死難後謚文烈，此謚爲有清一代所僅見者。光熙以翰林留學日本士官學校，鍾琦則任江蘇藩司，一門貴盛，而仁熙忽于此時蹈海而死，遺詩有「傳家忠孝有人担」之句，後來人們以爲鍾琦殉國、光熙殉父之讖。仁熙自題拂琴小影「海上移情圖」詩有云：「素心誰復識，琴韻託幽蘭。古調翻今調，殷勤着手彈。」死前一年，其寄弟書有云：「吾近日似有心疾，視天下事無當意者，眼前人無足語者，此等人尙能入世作官耶？」并口占一詩云：「今日不思明日事，眼中都作夢中看。而今解得楞嚴旨，世界花花大喜歡。」

原來仁熙是一個很有志氣的青年，眼見日俄戰爭，以中國爲戰場，大受刺激，又見國事日非，遂生厭世之念。「把酒問天圖」與「海上移情圖」之作，蓋有所寄託也。

葉昌熾應江蘇有司之請，爲寒山寺作聯云：

木屐樺冠，世外寒巖，頌古相傳如雪竇；
鐘聲塔影，山塘精舍，到今依舊屬雲陽。

附識語云：

顧云美塔影園在虎丘雲巖寺之陽，用後漢書宣秉傳署曰雲陽草堂。今雲陽中丞，下車清節，同符巨公，重興剎竿，振寒拾之宗風，存吳閭之名蹟，甚盛舉也，爰拈此爲頌云。（按「木屐樺冠」爲寒山詩句。程德全四川雲陽縣人，故稱雲陽相公。）

葉氏緣督廬日記，記六月十三、十四日游寒山寺有云：

十三日：陸方伯招明日游寒山寺，在胥江會集，午後作一緘，告以扁舟逕出楓橋，艤舟以待。

這時候，陸鍾琦還未發表爲山西巡撫，他這官是六月十六日發表的，即游寒山寺的第二天。

十四日云：晨起，以八百文喚扁舟出閶門，十鐘至楓橋泊，日甫亭午，聞氣笛嗚嗚聲，知方伯騶從蒞止，一葦之航，與峩峩巨艦對泊，主人立鷁首相見。……賓主八人即在水窗布席，艇厨精美，照例先以肴點果腹。同登岸，主僧偕一小沙彌迓于寺門外，監修委員伍從之亦出迓。山門之內，新建御碑亭工未竣，內爲大殿，殿後精舍三楹，上有樓，據一寺之中，窗牖洞達，憑高四眺，遠山近水，平疇畧約，二三十里皆在目。左爲鐘樓，右亦有小樓一角，迴廊繚曲，院圃清曠，結構頗不俗。伍委員導觀土中新刨出各碑，一吳縣鄉都田役，明嘉靖中知吳縣事葛梓立。又有隆慶社倉一碑，皆非寺中石刻，惟一告示碑咸豐間修繕禁約所立。又有長條十餘石，一石記乾隆三十九年住持宣能重修大殿，皆郡志所未詳。其餘皆檀越姓名，無裨考証。適陽光漸翳，登樓圍坐，涼風徐來，長談至兩鐘之久，始下船，即開尊再酌，佳肴苾芬，既多且旨，大小三舟，皆由輪船拖帶，取道綵雲港繞出橫塘，至胥江碼頭，適罷酌，主賓皆倦，興辭各散，仍孤棹歸，抵花橋天色暮矣。

江蘇反正時，葉昌熾日記中亦有述及，可作參考。

九月十四日云：（上略）粲若又來言，中丞（指程德全）將宣告獨立，平愉、鼎孚同進見，有成說，大旨謂欲免生靈塗炭，不得不出此權宜之策。……今晚六鐘，楓橋新軍當有馬隊入城，宜家製白旗以待，嚴扃門戶，無早睡。余疑駭，亟自往詢其實，則聽彝以電話警告，亦出佛憫之意，蓋以兵變塗飾耳目，且恐有梗拒者，以此示威也。嗚呼，人紀絕，天理滅矣，我生不辰，逢天僤怒，室人先我而去，何幸如之！

十五日云：重雲黯淡，氣象愁慘，大街小巷，徧插白旗，密如櫛比，我生之辰，即爲我死之日，而不即死，愧對祖宗，憤火上煎，憂心如沸。……今日撫轅接新印，大旗高掛，一曰「中華民國」，一曰「都督師府」。商會、自治局集議于玄都觀方丈，簽字贊成，鄙人居鄉三年，閉門一載，幸免下筆，天地爲籠，能否脫弋人之繳，未敢知也。

讀這幾段日記，可見當時一部分士大夫的心情，他們是昧于民族大義，而死讀「聖人」書牢抱「尊王」主義的，清室覆亡，民國成立，他們就如喪考妣，願爲異族君主守節，痛罵同族的同胞了。葉昌熾是遺老中一個死硬分子，六年後他也死了。

當各省獨立時，對于旗人幷沒有施以報復之事發生。（清兵入關之初，對漢人殺戮甚慘，以廣州而論，被殺者十餘萬人，殺到某一里巷時，忽封刀，後來此路即名「謝恩里」，三十年前尚見此里名，今已改易。）當時在北京有個民政部大臣桂春（滿洲人，宣統三年閏六月，由倉場侍郎升任）曾主張殺盡北京內城的漢人。已故葉恭綽先生深知其事，曾同我說過。葉先生有「書溫毅夫集後」一文有云：

清末，余任京曹，與毅夫恒往還唱和。辛亥革命後，毅夫不仕，繼且與于復辟之役，遂久未晤面。今閱遺集，根觸前塵，有一事不可不記者。辛亥秋冬革命四起，北京人心洶洶，民政部專練旗警數千，訛言將圖殺漢人，全城騷然，不可終日。時毅夫已爲御史，且敢言，余語之曰：「此關大局安危，君能言之乎？」毅夫曰可。次日封奏，言甚激切。徐世昌方任內閣協理大臣，因據此疏與各樞府商，起用趙秉鈞爲民政大臣。趙到京，即日罷散旗警，人心稍安，袁世凱旋亦入京組閣，今四十年矣。余見集中此疏稿，始憶前事，其關係不可謂不大，且爲毅夫一生大事，但恐今已無人能知其中曲折矣。（本文見「矩園餘墨序跋第一輯」。按：毅夫爲溫肅之字，他是順德人，光緒廿九年進士，授編修，他的遺集是廿三年前某潮籍富商出資印刷，集後附其自訂年譜。）

幸喜當時殺盡漢人之事沒有發生，如果眞的實行了，各省漢人又施以報復，那就演出慘劇了。現在又記起一件幸沒有發生的胡塗事，想起來亦頗有趣。王守恂「杭居雜記」記辛亥時陸軍部與河南官場的官僚作風，錄之如左：

事有不當責任，但能推開自己以爲得計，至于事之破壞，不過問也。辛亥武昌起義，京師震驚，廕大臣率師南下，整飭軍旅，延不出京，當時咸知京漢路吃緊，黃河橋尤扼南北衝要，陸軍部幷不計劃守橋之法，即下一檄與河南巡撫云：「武昌事變，京漢路黃河橋最爲緊要，廕大臣率師南下，未到之前，黃河橋如有疏虞，定惟該撫是問。」巡撫接到此檄，寅夜檄河南巡警道云：「奉陸軍部咨開云云，札飭該道，黃河如有疏虞，定惟該道是問。」豈不成一笑話耶？時余爲巡警道，管轄鐵路巡警五百名，分配河南境內路線，每站約兩棚人，保衛行旅而已，有軍事發生，頒布戒嚴，則巡警當然不能負責。辛亥革命軍原不敢卒然北上，若長驅直入，逕渡黃河橋，將巡警道立即正法，又何濟耶？

這確是笑話。當時的河南巡撫是寶棻。王守恂是天津人，光緒廿四年進士，新設巡警部時，守恂亦在該部工作，吳樾炸五大臣一案，守恂與治此獄。

六十年前，中國沒有國歌，到宣統三年國歌誕生，而清朝亦隨之滅亡，八月十九日武昌起義，而八月十三日清廷公布國歌，不可謂非趣事。是日上諭云：

諭內閣，典禮院會奏，遵旨編製國樂專章一摺，聲音之道，與政相通，前因國樂未有專章，諭令禮部各衙門妥愼編製。茲據典禮院會同各該衙門將編製專章，繕單呈覽，聲詞尙屬壯美，節奏頗爲叶和，着即定爲國樂，一體遵行。詞曰：「鞏金甌，承天幬，民物欣鳧藻。喜同袍，淸時幸遭，眞熙皞，帝國蒼穹保。天高高，海滔滔。」

所謂「國樂」，即指國歌，此爲中國第一次有國歌，也是最短命的國歌。袁世凱時代的「卿雲歌」，壽命亦止十六年耳。

中國的報界有全國性的公會，也是在辛亥年開始的。光緒三十四年（一九〇八年），北京各報因清廷頒布報律，與官廳交涉日繁，于是各報發起組織北京報界公會，公推「北京日報」的朱淇爲會長，「中央大同日報」康士鐸副之，遇有報界公共的事情，由代表和官廳接洽。辛亥春夏間，上海、廣州、漢口各報，因爲注意資政院的常會，多派記者來北京採訪。各報記者到京後，常有機會和北京同業見面，便有人建議何不組織一個全國報界聯合會，以聯絡感情，互通消息，各報皆大爲贊成，經過數月籌備，亦舉朱、康二人主會事，成立大會開幕不久，而武昌起義，舉國震動，外地各報記者紛紛出京，聯合會亦停止活動，從此就沒有這個組織了。

朱淇，字季箴，廣東南海人，以秀才爲學海堂專材生，少時曾與康有爲同學于朱九江先生，他是九江先生之姪，曾加入興中會，後來退出，投入北京官僚集團，在北京辦報紙，遂爲報界前輩。一九三一年十一月以七十餘齡逝世。

辛亥這一年，王闓運八十歲，沈曾植六十二歲，林紓六十歲，張謇六十歲，辜鴻銘五十九歲，嚴復五十九歲，康有爲五十四歲，袁世凱五十三歲，段祺瑞四十八歲，黎元洪四十八歲，孫文四十六歲，蔡元培四十五歲，章炳麟四十四歲，馬相伯四十三歲，梁士詒四十三歲，梁啓超三十九歲，黃興三十八歲，王國維三十五歲，周善培三十五歲，陳獨秀三十三歲，胡漢民三十三歲，于右任三十三歲，魯迅三十一歲，葉恭綽三十一歲，章士釗三十歲，宋教仁廿九歲，蘇曼殊二十七歲，周作人二十六歲，汪精衛廿六歲，蔣中正廿五歲，胡適二十歲，郭沫若十九歲，毛澤東十八歲，郁達夫十五歲，茅盾十五歲，周恩來十三歲，溥儀六歲。以上都是中國的名人，以年齡長幼爲序。

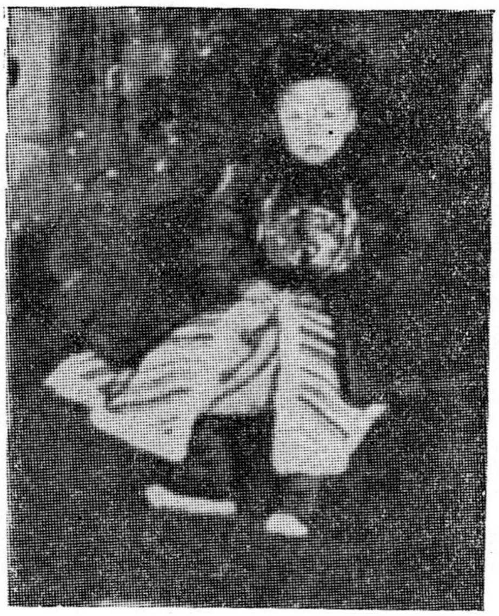

在御座上的兒皇帝溥儀

辛亥春，丁文江在英國畢業回國，因爲要考察地質，取道昆明、貴陽往漢口，七月，經過貴陽，其時貴州巡撫沈瑜慶（沈葆楨子，瑜慶第三子成式，字崑三，是英國劍橋大學工程系畢業，後來做上海英美烟公司華經理，一九五五年六月病逝香港，其夫人爲故友林貽書女，今居九龍）招待他住在撫署四日，臨行派馬隊四名護送出境，并寫信介紹他到漢口時往見端方。

梁啓超是年由日本往台灣游歷，章太炎亦于十月從日本歸國，行抵上海。

杭州光復後不久，紹興也有一個軍政府成立，王金發做了紹興都督，委魯迅爲紹興師範學校校長。是年冬，魯迅試寫第一篇小說「懷舊」。

葉恭綽在這一年被郵傳部尚書盛宣懷免去鐵路總局提調，專任承政廳廳長。武昌起義後，九月，葉恭綽任鐵路總局提調，不久，代理局長。

梁士詒的父親梁知鑑當南北議訂優待條件時，寫給信士詒，戒以「厚道」，畧說：「清之失德，皆親貴及僉壬所釀成，婦孺實無過咎，優待條件，務從寬大，庶得衆心。」此種言論，倒也可代表一部分士大夫的心理。其時梁士詒在北京任郵傳部副大臣，他是袁世凱的心腹，樂于早日見到袁做總統。據他說，淸廷見時危急殆，極力籠絡他，賞紫禁城騎馬、紫韁及御物珍玩前後十餘種。良弼被炸死之日，北京大小官僚震驚，他入朝行禮後，隆裕太后掩面而泣，一邊叫道：「梁士詒啊！趙秉鈞啊！胡惟德啊！我母子二人性命，都在你們三人手中，你們回去好好對袁世凱說，務要保全我們母子二人性命。」他說，趙秉鈞聞後首先大哭，誓說保駕，梁士詒也不免掉下眼淚來。

沈曾植（寐叟）于宣統二年辭安徽藩司後，回嘉興故鄉隱居。到浙江獨立，革命軍克復南京，他認爲時局危急，連忙往上海，要聯絡一班「忠貞之士」挽救清室，這也不過徒託空言而已。宣統退位後，他就隱居上海，一九二二年逝世。他是清末民初一位碩學通儒，學問的成就極大，也是一位名書家。

辜鴻銘這時也在上海，他亦曾想活動拯救垂亡的大清帝國，但他的志願終歸泡影，從此就一心一意做遺老了。嚴復當時在北京，他對于清朝被革命黨人推翻，表面上雖沒有什麼反對，但他的內心却非常痛楚，認爲不必改革的，學英國的君主立憲，不是好過民主萬萬麼？王闓運這時候在鄉間隱居，雖然已是八十，而玩世不恭的態度，老而彌篤，清帝退位，他認爲「清廷遂以兒戲自亡，殊爲可駭，又補廿四史所未及防之事變，以天下爲神器者，可以爽然。」末一語，可見他有卓識。

宣統三年的辛亥，對上一個辛亥是一八五一年，爲咸豐元年。這一年，咸豐帝登位已經兩年了，但仍稱元年，則因爲道光帝在一八五〇年（道光三十年）正月十四日逝世，咸豐即位，仍稱道光三十年，下年才改元咸豐。

咸豐元年對上的一個辛亥，是乾隆五十九年辛亥（一七九一年），乾隆對上的一個是雍正九年辛亥（一七三一年），雍正對上的一個是康熙十年辛亥（一六七一年），清朝二百六十八年天下，共歷四個辛亥而亡。

（全文完）

袁世凱親筆所書優待清室條件

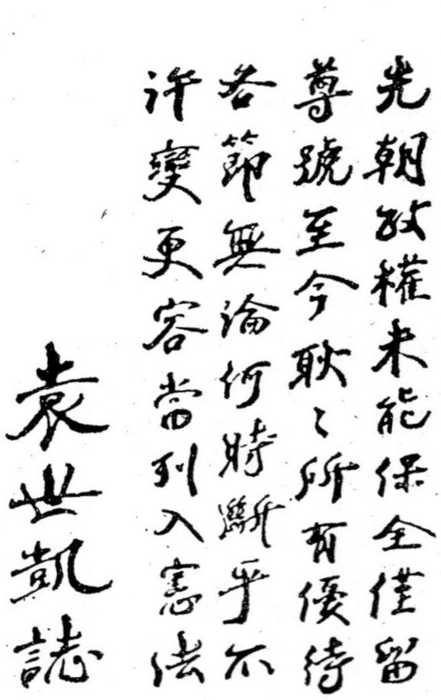
先朝政權未能保全僅留
尊號至今耿耿所有優待
各節無論何時斷乎不
許變更容當列入憲法
袁世凱誌

大畫家與小動物

・林慰君・

美國通訊

國畫大師張大千先生最喜歡動物，這一點和筆者完全一樣，因此有時我見到張先生常常會問到關於他家裏所養的動物。他老先生是健談的人，尤其是說到動物，他總說得非常精彩有趣，使人聽得出神。

過去，張大師曾和我談過他哥哥善子先生所養的老虎，又談過他在敦煌時，馬步青所送給他的一條西藏狗，都非常有趣。我曾將關於那兩個動物的事記下來在台北聯合報發表。現在再把關於張大師家中所養過的其他有趣的動物，分別記述一下：

問：『您既然非常喜歡動物，府上一定還有許多好的家畜，可以告訴我一點關於那些動物的趣事嗎？』

答：『我家有不少好狗，其中最有趣的一條是先父所養的。那時我們家在四川內江，先父養二十多條狗，由我們家大門到我們居住的院子，得上二十二層台階。每層台階上做了一個槽，餵狗的飯就放在這些槽中。吃飯時，牠們每條狗都有一個固定的槽，大家規規矩矩的站在石階上吃。那些槽是圓影的，像飯碗一樣，是凹下去的。

『但最好的那條狗，不在這二十二條之中。』

『那麽牠在那兒吃飯？』

『牠在石階上的石頭欄杆上吃。牠的名字叫「毛子」。』

『先父最愛牠，別的狗都怕牠。吃飯時，牠沒吃，不許別的狗吃，牠好像是這一隊狗隻的首領。』

『牠怎麽「不許」別的狗吃？』

『別的狗如果先吃，牠就過去咬那條沒有規矩的狗。』

『誰餵牠們？』

『我們的大師傅天天給牠們飯吃。可是有一次大師傅不小心，叫「毛子」吃飯時，沒有輕輕的叫牠，牠覺得大聲叫牠，太不客氣，於是就生氣而不吃了。』

『那麽怎麽辦呢？』

『那次先父知道大師傅對牠沒有禮貌，把大師傅罵了一頓。牠看見大師傅挨了罵，才高高興興的去吃飯。』

『這種「士可殺不可辱」的精神，眞是少見！』

『牠整天跟着先父，先父到甚麽地方都帶着牠。牠看見先父的朋友，個個都打過招呼。』

『牠是甚麽狗？甚麽顏色？』

『牠是黑白花的，一半種是哈叭狗、長毛。個子並不大，約三尺長。那時候我們那個縣的縣長是一個軍閥。他常常下帖子請許多士紳到他家去吃飯，每次正吃着飯，都會忽然拿出一個簿子來，叫這些客人在簿子上寫他認捐多少錢，而且名之爲「樂捐」。』

『如果客人不願意捐，他便怎麽樣呢？』

『客人如果不願捐錢，他就叫傭人打這客人；有時甚至親自下手。』

『有天這個縣長給先父下了一張帖子，請他吃飯。先父知道如果去了，不是得捐很多錢，就是得挨打，於是他像避難一樣，在請吃飯的頭一天晚上連夜逃到重慶去了。』

『「毛子」自從先父離開了內江的家，就不吃飯了，那時候我和我的四家兄都在上海。先父從內江逃到重慶後，我們家裏看「毛子」不吃飯，就把牠送到重慶去，後來先父從重慶到宜昌，又從宜昌到上海，從上海又到了松江。』

『我們家那時有一個船公司，叫大勝船公司，我的三家兄是那個公司的經理，他一家住在宜昌。「毛子」隨先父到了宜昌後，就留在宜昌，沒有跟隨先父到上海和松江，牠在三家兄家倒很好。』

『民國十四年三月，先父在松江過世，我的三家兄三家嫂他們一家自然立刻到松江去奔喪。天下那有奔喪的時候，還帶着一條狗呢？自然把「毛子」留在宜昌。』

『沒想到過了半個月後，我三家兄三家嫂奔喪完畢回到宜昌時，「毛子」已經死了！』

『牠是怎麽死的？』

『自從我三家兄三家嫂走後，牠就鑽到牀舖底下去，別人怎麽叫牠，牠始終不出來，結果餓死了！』

『我想牠大概知道主人已經去世，因此殉主而死了！』我相信有些動物——尤其是貓和狗——牠們具有一種特殊的感應，能知道許多普通動物所不能知道的事。

說到這裏，張大師和我都不免嘆息！在今日的世界上，連萬物之靈的人都不講究忠義，何況一條狗！牠比起那些不忠不孝不仁不義的人來，實在是偉大而可敬！「毛子」如果有知，牠曉得了在牠去世的幾十年之後，又在　祖國遙遙數萬里的美國，會有一個和牠從未見過的林慰君，這樣爲牠嘆息，一定也會含笑九泉了！

「先君最喜歡動物，他是甚麽動物都喜歡，但最喜歡的是狗。所以我們兄弟幾個人，也都是非常愛動物的。」張先生接着說。

「您所說的動物，都太有意思了！請您再告訴我一些您府上動物的事情好嗎？」

「我在瑞士的時候，看見了一頭非常好的聖伯納狗，聖伯納狗就是歐洲北部常用來救人的大狗。牠們的脖下，總是掛着一筒酒，如果遇見有人被凍倒在冰天雪地中，牠會過去，讓人喝牠肚下掛着的酒，人有了酒，增加了身體內的熱量，就不至於被凍死了。」

「牠是甚麽顏色？多少錢買的？」我又問。

「牠是白地黃花的狗，我花了七百塊美金才買到。」

「怎麽這麽貴？」

「因爲牠是純種，而且樣子好看極了。」

「您到瑞士去那年，離現在並不太久，那麽這個狗現在還在巴西的八德園中嗎？」

「不，因爲我離開巴西，打算在美國久居，所以把牠送給聖保羅動物園了。現在牠成爲巴西最有名的狗，他們的電視裏，常常有牠出現。牠的起居、生活，成爲巴西人很注意的新聞了。」

大千居士往年在香港寓所弄猿時攝，侍立者為其公子心一

「聖伯納狗都是一二百磅重，從瑞士運到南美一定得花一筆不小的運費吧？」

「講起牠的運費是九百六十元美金。而且在海關上還得上二百塊美金的稅！」

張大師這一擲千金的大手筆，眞能使人咋舌！

「這種狗在中國從來沒看見過，沒想到這麽貴！」

「其實這種狗是蒙古狗，原先是從中國去的。」

「您府上除了狗以外，還有過甚麽有趣的動物？」

「我的二兄善子先生養過一個赭石色的鳥，這種鳥我們四川叫「黃土鴉」，北平叫「山和尙」，會說話。牠不但會說話，而且會唱戲。」

「牠唱青衣還是老生？」

「牠唱老生。」

「您自己養過會唱戲的鳥嗎？」

「沒有，但我養過會說話的「秦吉了」，這種鳥又名「了哥兒」，牠們說話說得最好。那時我在北平，住在西城羅圈胡同，我的後院像一個動物園，有許多動物。最初就是因爲買了這隻秦吉了。因爲有一天，我從溥心畬家出來，信步走到隆福寺去看看，看見一個賣鳥的，於是我就問他這隻「秦吉了」會不會說話？他說「會」，可是當時牠沒有說話。那賣鳥的叫我先把鳥拿回家去，當時並不要錢，他對我很放心。我拿回去幾天後，牠果然會說話，而且說得非常好。於是我就回到賣鳥處，問他多少錢？他說三十塊大洋，雖然很貴，但是我一家都喜歡，自然就把錢給他了。那天又看見他店裏有松鼠，我的小孩們要買，他很大方的立刻說：「每位少爺送一個」，於是我們就把幾個松鼠都帶回家去。他看我們愛動物，於是問我的家在那兒，電話多少號。從此，一有好動物，他就給我們送上門來。有一次，他給我送來一隻梅花鹿，我也收下來了。」

「您府上除了養過老虎外，還養過其他的野獸嗎？」

「抗戰時，我住在青城山，那時養過三頭小豹和一頭熊。牠們都沒有關在籠子裏。那個熊比豹好，豹會咬人，熊非常和人親近，牠會抱小孩，而且會像人一樣拍小孩子睡覺。」

「聽說您在巴西的八德園中，有好幾隻猿，您可以把這些猿是怎麽來的？以及牠們的有趣事情，告訴我嗎？」

「提起猿來，有不少有意思的事情，在四川、在香港都養過，我們以後有工夫，慢慢再談吧。」

我看張先生好像已經有些倦意，於是只好告辭出來了。在回家的路上，我的腦子裏，還想着「毛子」，和那個會唱戲的鳥，會拍孩子的熊……

一九七二年一月一日

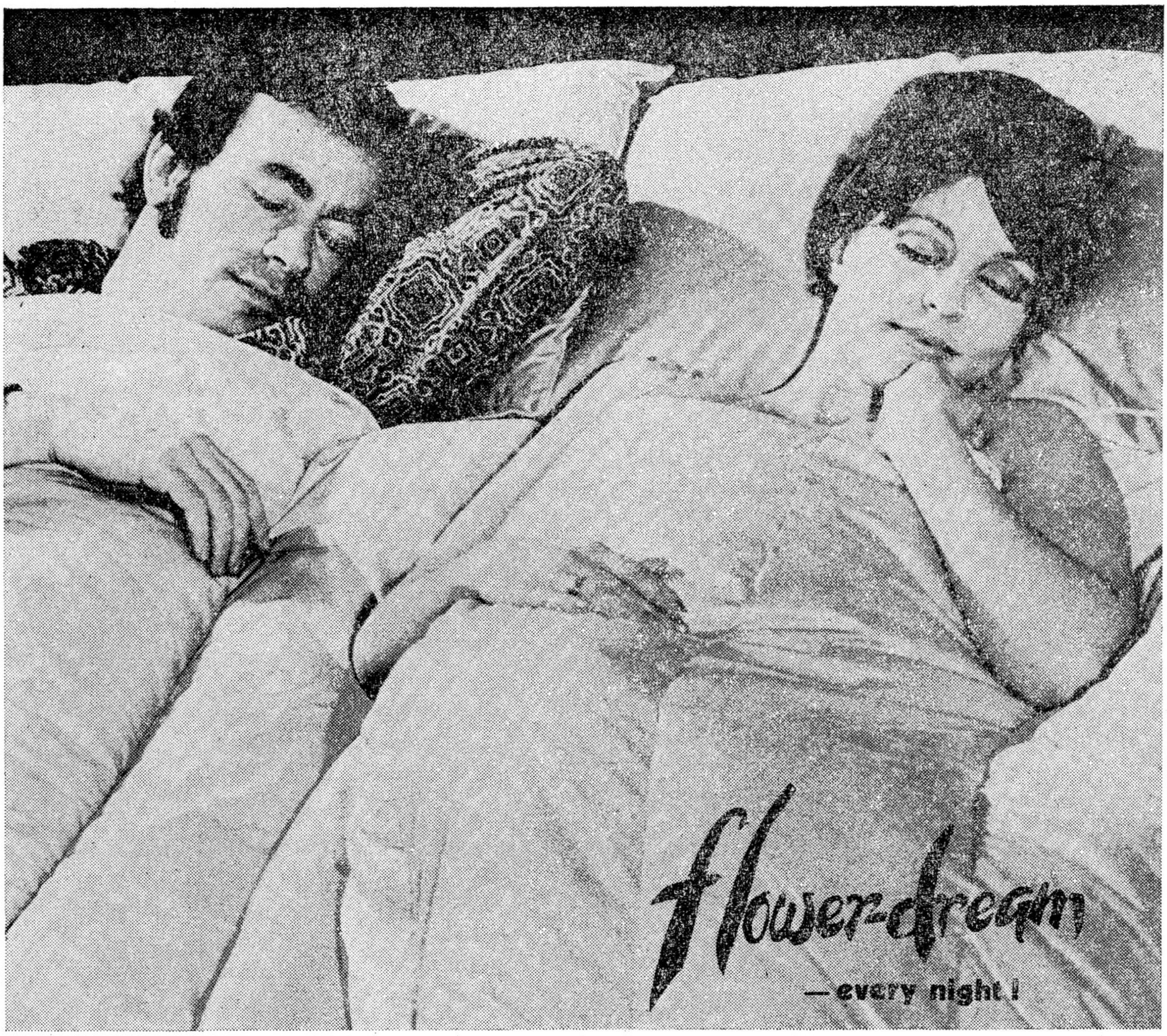
flower-dream
— every night !

夢花鵝絨被

特別輕暖・舒適無比

全部採用鳥類天然羽毛精工製成，輕軟舒適，特別保暖。
羽毛本身雖不會產生熱力，但科學証明：
鳥類羽毛乃是世界上最理想的保暖物質。
要每晚享受舒適的睡眠，請選購丹麥著名出品

夢花鵝絨被。

各種顏色均備並配同色枕頭以供選擇
各大百貨公司均有出售

NF Northern Feather Works Ltd. Copenhagen.
大北毛廠，哥本哈根，丹麥
總經銷：美商瑞茂洋行
香港告羅士打行四樓301室　電話：H-229876.

銀色漫談

「唐山大兄」影響所及

·馬行空·

不記得是哪張報紙或哪本雜誌裏的記載了，寫得到也有趣：『李小龍一腳踢歪了兩頂后冠，二腳踢倒了「大漠英雄」，三腳又踢敗了「俠女」！』這是事實，不容否認。

「唐山大兄」推出之時，與「嘉禾」對立的「邵氏」也認爲是强敵在前，不得不使出全力與之週旋。於是先用李菁主演的「冰天俠女」去打頭陣，不想甫一交鋒，就此敗下陣來，映足一個星期，收入僅得四十七萬一千元。「邵氏」眼看情況不妙，趕緊採用「車輪戰術」，把凌波主演的「火併」推出去攻打第二陣，可惜也不是「李三脚」的對手，勉强維持了十天，總收六十五萬九千元。兩名「影后」的傑作，加在一起，票房紀錄上共是一百十三萬元，比起「唐山大兄」的三百二十萬元來，則焉止瞠乎其後？簡直的望塵莫及！

王星磊爲台灣「華聯」拍了一部「大漠英雄」，耗資台幣千萬以上，可稱「大片中之大片」。「大漠英雄傳」在港放映之時，宣傳功夫做到了十足加一，還把恬妮、孫越等巴巴的從台北給接得來，登台也，揭幕也……狠狠的忙亂過一陣子，確有點雷霆萬鈞之勢。可惜呀可惜！大概是香港觀衆的荷包都讓「唐山大兄」給吸乾了，害得一部轟動一時的「大漠英雄傳」也使不出什麽顏色來，結果總收六十九萬元，距離理想簡直遠之又遠。

胡金銓花了整整三年的功夫，嘔心瀝血，拍成一部「俠女」，好像比他那部在幾年以前突破國片售座紀錄的「龍門客棧」還要認眞得多。但「俠女」在香港又趕在「唐山大兄」的後頭了，雖然得到了不少的佳評，怎奈觀衆們裹足不前，一期映罷，票房裏報出來的總結是六十七萬八千元，還要輸給「大漠英雄傳」一個「馬鼻」。無怪這位在幾年以前炙手可熱不可一世的武俠片大導演「小胡」，經過此役之後，也顯得心灰意懶，態度消沉了。

然而，「冰天俠女」、「火併」、「大漠英雄傳」與「俠女」還算是有點「道行」的，雖然慘敗在「唐山大兄」的手下，但至少還可以勉强的招架一陣，至於差不多同時期的其他國片，那可就毫無還手之力了。茲列表如下：「眞假千金」三十八萬五，「先生太太下女」三十六萬一，「我爲你痴迷」十四萬八，「青衫客」十一萬三，「血豹」二十二萬二，（此片硬拖兩星期，到第二週每天祇賣數千元，老板賠得不亦樂乎），「太太我錯了」十四萬五，「巴士站」十八萬七，「我的情人」十一萬二，而最慘的是「邵氏」的「夕陽戀人」，（井莉秦沛主演）祇賣了八萬八千元，另一部台灣片「杯酒高歌」，（柯俊雄等主演）則打破了售座最低紀錄，一共纔收了五萬二千元！這些片子不要說是禁不起李小龍的脚踢，恐怕連他的掌風到處，也會得摔上一個倒栽葱的吧？

拔盡秀氣 繼起爲難

有人說：去年年底下，國語片裏的秀氣全讓「唐山大兄」給拔光了！此話倒好像不假，因爲「唐山大兄」映過之後的不久就是全年最佳的映期——聖誕節與新年。但我們發現在這一期裏，雖然也有幾部惹人注意的片子，但論起走勢來，似乎都有點懶洋洋的，好像提不起什麽精神，難道說李小龍的「三脚」就眞的那麽厲害，「唐山大兄」的影响力量就眞個那麽可驚？

先說聖誕節以前吧：女導演高寶樹脫離「邵氏」以後，自組公司，獨立製片，當然希望第一砲要放得响，所以她親自到台灣去，「落足嘴頭」，使足銀彈，然後邀得了王羽，緊趕慢趕，居然在王羽的百忙之中，搶拍出來一部「追命槍」，那時的王羽，手中有十來部片子在拍着，高寶樹總算拔得了頭籌，她的本領不小。

好個高寶樹，果然「賺錢不敢後人」，火速的把「追命槍」的底片運到香港來，閃電式的把剪接與配音的工作做好，趕在十二月八日那天正式在港上映。王羽向來是最能叫座的男星，加以同期又沒有什麽勢均力敵的「對手」，所以「追命槍」的售座紀錄，按理說是應該很樂觀的，就算不到一百萬的話，八十萬上下似乎沒有什麽問題了吧？哪曉得「唐山大兄」的餘威果然「犀利」，連王羽的片子，在營業數字上也打了一個很大的折扣，「追命槍」的總結是五十八萬四千元，竟然輸給了同期的「萬箭穿心」，「邵氏」出品，羅烈、凌玲、汪萍等主演，導演更是新人鮑學禮，可說毫無苗頭，但居然賣到了六十萬零一千元！一來是「邵氏」院線較佳之故，二來是凌玲脫得徹底之功，使高寶樹大失所望。

「追命槍」既然不符理想，其他的節前影片也就不用說了。「影后」歸亞蕾主演的「寇三娘」，祇賣了十八萬一千元，「影帝」柯俊雄的「時來運轉」則祇有十七萬四千元，王引搶在「精武門」之前的一部「豪俠霍元甲」，咬着牙拖了一個星期，收入亦不過十六萬九千元而已，黃卓漢大吹大擂的一部「勢不兩立」，可憐祇能映到第五天上，便支持不下去了，勉强收個十二萬元，不知夠不夠付廣告費的？而這一期裏最慘的就是台灣「聯邦」出品「刺蠻王」，一共映了三天，總收八萬大元，看樣子要老板張陶然掏出現錢來到影院裏去贖取拷貝的了。

聖誕佳片俱不理想

一年一度的聖誕佳節到來，各影院當然排出最佳的影片，用以來吸引觀衆。其中最惹人注意的是「邵氏」出品，張徹導演，姜大衛狄龍主演的「雙俠」，與台灣「大衆」出品，李行導演，唐寶雲歐威等主演的「秋決」，至於其他的「猛片」，如郭南宏的「獨霸天下」、陳鴻烈的「騙術大王」、與朱牧的「無敵鐵砂掌」等，也都算得聲勢不弱。截稿之時，正是一九七二年的開始，各片尚未映罷，所以沒法報告一個總紀錄，但從走勢看來，好像都未能盡如理想，於是又有人「歸罪」於「唐山大兄」，認爲李小龍的確是把鏡頭全給搶光了！

先說「雙俠」：「邵氏」出品，張徹導演的武俠片，近年來一直是國片中最「威水」之作，十月份裏的一部「拳擊」，攀登了一百七十二萬七千元的高峯，把同期的王羽自導自演的「黑白道」給壓倒；「黑白道」的總收入是一百二十三萬七千元，可見威力之驚人。這次「雙俠」登場，而且又在廣告上鄭重聲明：張導演從今以後，每年祇拍一部古裝武俠片，那就代表了「欲看從速，勿失良機」的意思，宣傳功夫，已經做得很夠了，再趕上一個聖誕節帶新年的好期，一般人認爲一百萬以上的收入十拿九穩，而一百五六十萬的紀錄也應該是不足爲奇的。「雙俠」於十二月二十一日正式上映，走勢不弱，在二十二日的一天裏，就賣了十七萬八千元，算得是很不俗了。但不知怎的，售座一路下跌？最嚴重的一次，就是二十六日與二十七日，總售由八萬一千元猛然跌到了四萬八千元，從此一蹶不振，「埋單」下來，（三十日被抽下，換上何夢華導演，李菁、岳華、羅烈等主演的「俠士行」）大概九十萬不到，以「張百萬」的聲勢，與「邵氏」的發行說來，這個成績可就顯得十分差勁了。

再談「秋決」，台灣大導演李行，爲了想拍這個故事，整整的考慮了十年！李行是一名有着崇高理想的藝術工作者，在國片的打打殺殺聲中，他總想開闢一條新路，就是拍攝純文藝的、具有內涵深意的影片。他作過一次嘗試；約莫五年多以前，他拍成一部「貞節牌坊」，沒想遭遇到空前的慘敗，在港台兩地都不叫座，甚至連外埠版權也賣不出去！這個打擊，使李行把「秋決」的計劃又給拖後了五年，因爲不要說他自己沒有把握，就是投資老板們也爲之談虎色變也。結果，還是他們自組的一個弟兄班「大衆」，其中的主持人胡成鼎倒很有點魄力，决定以全力來實現李行的願望。話雖如此，但「秋決」拍來確是辛苦萬分的，耗去了台幣六百萬元之鉅，攝製時期長達四個月之久，這纔算是大功告成。李行、胡成鼎以戰戰兢兢的心情，把「秋決」的拷貝帶到香港來，準備首映。幾場招待試片下來，所得到的佳評可說是歷來所罕見，無數報章雜誌，都給予至高的評價，譽之爲「應該參加國際影展的中國影片」！結果，「秋決」正式上映了，起先幾天，成績尚未見特別出色，但映到第六七天上，後勁突起，售座超出同期的「雙俠」很多，所以就能跨過了新年假期，總收八十九萬一千餘元。

「秋决」的兩幅劇照　（上）風雪下的唐寶雲　（下）歐威的神情

按說這個數目可算是不錯的紀錄了，但在人人看好的情況之下，仍顯得並不完全理想，正如某報所載：『此片可以說佔盡了天時地利人和，在一片讚好聲中，才能有此收入，請問：有多少部片能拍到「秋決」的水準？能有如此好的檔期？有此廣泛的讚譽和宣傳的滲入？』如此看來，文藝片如要取拳脚片的地位而代之，恐拍還有一段時期的等待哩。

表過「雙俠」與「秋決」，這就要談到郭南宏的那部「獨霸天下」了，郭南宏是最注重宣傳的一位導演，所以他花的宣傳費也比任何人來得高。「獨霸天下」尚未上映之前，報上已把一名新人女主角燕南希給捧上了三十三天以外，「獨霸天下」準備上映之前，宣傳攻勢更有如排山倒海而來，按說是應該有點號召力量的。可惜「不怕不識貨，就怕貨比貨」，「獨霸天下」的頭幾天還有點威風，到後來就變成虎頭蛇尾了，映到第八天上，出現一個「驚人紀錄」：那麼許多家戲院，一共祇收了兩千九百八十二元，眞正的做到了「小貓三隻四隻」的程度！所以無法再拖下去，祇可以約莫四十四萬元的紀錄，草草鳴金收兵。

大導演李翰祥曾以輕描淡寫的姿態拍成一部「騙術奇談」，收了一百多萬，使陳鴻烈爲之眼紅不已，所以也在台灣拍了一部「騙術大王」，滿心以爲「禿子跟着月亮走」，多少可以沾點光的。「騙術大王」取得了聖誕佳節的好期，可惜一點也沒受到什麼實惠，上座平淡已極，年前以二十三萬元的紀錄悄然下場，不知「偸鷄」可曾「蝕去一把米」否？

至於朱牧的那部「無敵鐵砂掌」，頭兩天還算過得去，但一般人都不看好，因爲那是一部「唐山大兄」的東施效顰之作，硬要叫秦祥林與鄧光榮在拳脚上與李小龍見過高低，豈非是「打鴨子上架」乎？再說：朱牧的宣傳方式也值得商榷，完全側重在白鷹的「三十六彈腿」的功夫上，反而惹起觀衆們的不滿，因爲李小龍的「三脚」，是可以清清楚楚看得出來「一、二、三」的，而白鷹的「三十六腿」就祇能亂踢一通，無法從「一」殺到「三十六」，使觀衆認爲有「搵笨」之嫌；但收入仍然不惡，達到四十九萬有多，接近五十萬了。這就是聖誕節的影片放映概況，確實沒有什麼値得興奮的現象，「唐山大兄」的光芒，竟把聖誕樹上的燭火都給蓋過去了，豈不令人爲之駭然？難怪好多製片家們都在搖首嘆氣，說道：『自從「唐山大兄」一出，我們更不知道應該怎麼拍片纔好了！』

李小龍在「精武門」中又來拳打脚踢

大捷之下 憂喜參半

這不單單是一般製片家們的徬徨，就是「嘉禾」的內部裏，也有同樣的感覺，尤其是剛剛升上「三百萬大導演」寶座的羅維，更不得不爲自己將來，作一個未雨綢繆的打算。

李小龍在洛杉磯與製片劉亮華簽約的是兩部合約，當時劉亮華是對他講明了的：「先拍一部乙級片，第二部則是正式大資本的甲級片。」李小龍也答應下來了。劉亮華這話是什麼意思呢？在她的腦筋裏，早已就想到羅維那時還在台灣拍片，不知何時可以結束？而李小龍則需要立刻履行合約，所以「嘉禾」祇好另外請任何一位導演，給李小龍儘快先拍起一部「急就章」來，當然一切草率，馬虎了事，這是劉亮華不得不聲明在先的，以免日後發生不愉快。在李小龍方面呢？老實說他對於自己的首次拍國語片，自信力也不太强，所以不論乙級片也好，丙級片也好，姑且試試看再說，其它的概不計較，所以當時很爽快的答應下來了。這一段經過，又是內幕中之內幕，爲外界人士所不知道的。

沒想李小龍從美國飛到曼谷之後，羅維在台灣的工作也完成了，那時「嘉禾」諸公一想：花了六萬元高酬去請得來一名李小龍，就這麼拍一部無關痛癢的小片，實在有點不値得，所以纔十萬火急的把吳家驤給調回來，另派羅維前去接替，因爲羅維到底有個「百萬導演」的頭銜在身上，多少可以給李小龍助長一點聲勢也。更沒有想到的是：這部在起初大家認爲是「急就章」的乙級片，到後來就是勇破三百萬大關的「唐山大兄」！使李小龍以一片而成爲國片中的「第一武俠小生」，又使羅維的「百萬導演」頭銜上加多一個「三」字，儼然成爲導演羣中的「頭號人物」！北方人說俏皮話，叫做「人走時運馬走驃，駱駝單走蘆溝橋」，一個人的運氣要是來到了，眞個連城牆都擋不住；「唐山大兄」誤打誤撞，由一部乙級片而化爲睥睨一切的超級鉅片，使李小龍與羅維二人，都一跤跌進雲端裏去也。

話說「唐山大兄」拍完之後，李小龍與羅維自然繼續合作第二部的「精武門」，這是合約條文上寫明了的，無話可說。在拍攝「精武門」的時候，大家雖然嘴裏不肯明說，但每個人的心裏都有點半喜半憂的感覺，包括鄒文懷、何冠昌、梁風、羅維、李小龍、劉亮華……一應有關人士在內，當然各人的立塲不同，看法有異，但憂喜參半的心情則差不多都是一樣的；喜的是「唐山大兄」的餘威尚在，而不久之後又可以推出「精武門」，說不定再度掀起一股熱潮，公司賺錢，演員與導演揚名，豈不快哉？憂的是「精武門」之後又如何？再拍下去的話拍什麼？將來在合作上是不是有問題？……可憂之處很多，大家心裏都有點七上八下的拿不定主意。

港幣好賺 樂不思美

李小龍初到香港之前，自然另外有很多人想邀他拍片，但都被他一一謝絕了。李小龍曾以很堅決的口吻說道：『我拍國片，不是爲了金錢，而祇是興趣的問題！還有，就是我已經和美國「華納」簽約，爲他們主演一套名叫「武士」的電視片集，所以放下「精武門」之後，我立刻要趕回荷里活去報到的。』

「精武門」接近尾聲之時，情況起了變化；李小龍曾經對外宣稱：他已經向「華納」續假半年，可能再與「嘉禾」繼續合作一部到兩部。李小龍能夠暫時放棄了主演美國電視片集的「黃金機會」，而留在香港續拍國語片，想來想去，祇有一個理由，就是港幣實在好賺不過也。

李小龍的行情，在外面已經喊高到二十五萬元，這是一個很驚人的數字，因爲紅如王羽，亦不過喊到二十萬元而已。於是外面紛紛揣測：鄒文懷到底出到什麼價錢，能夠把這棵「搖錢樹」給留了下來？結果，這個問題終於揭曉了：「嘉禾」發出通訊稿，由鄒文懷與李小龍合組「協和」，合作拍片。正如筆者在前一篇裏的預測：「嘉禾」負責攝製費用，而將來的盈利則由「嘉禾」與李小龍均分。不錯，鄒文懷使的是「銀彈政策」，始能使得這位美國電視明星動了心，但他的這顆「銀彈」，不是自己發出來的，而是「羊毛出在羊身上」的，套一句商塲的術語，叫做「樹上開花」；就看李小龍今後的號召力量如何，片子賺大錢，分潤自然多些，片子賺小錢，彼此也沒得埋怨，萬一片子不賺錢的話，也不難解決，在一拍兩散之下，李小龍回到荷里活拍電視，「嘉禾」在此地繼續拍他們的苗可秀、茅瑛、衣依，一切如常，大家都沒有什麼損失的也。

「唐山大兄」的總收利潤，根據一般的估計可以達二百多至三百萬元港幣之鉅！假如李小龍與「嘉禾」合作，而成績仍然能夠達到「唐山大兄」水平的話，則他拍一部片子就可以分到手港幣一百多萬，相信比拍美國電視片的收入還要高得多。「銀子是白的，眼珠是黑的」，李小龍留在香港，確是一個明智的抉擇。至於鄒文懷方面，也樂得以半個老板的身份來拉住了李小龍，因爲所謂攝製成本者，跳起身來亦不過港幣數十萬元，外加李小龍的威名遠播，他主演的片子，是外埠片商祇怕搶不到手的，所以「嘉禾」大可居之爲奇貨，預收外埠相當可觀的訂金，就算不敷應用，但所墊出去的現欵也就有限得極了。這是一椿穩賺不賠的買賣，「嘉禾」差不多等於是「坐地分贓」，不費吹灰之力，此鄒文懷之所以爲「小諸葛」也！

改變戰畧 製片飛也

表過鄒文懷與李小龍之後，這就要談起目前感覺深深苦悶的大導演羅維。

自從「唐山大兄」一出，在一般人的想像之中，導演羅維總應該躊躇滿志了吧？哪曉得未必盡然。「三百萬大導演」的榮銜，固然是值得自我欣慰的，但羅維同時又感覺到一種「高處不勝寒」的滋味，在他心底的深處，未免有點徬徨無主起來。

要曉得僅在香港一地能夠賣到三百二十萬元，不是一個容易達到的目標，也可以說是香港中西名片從未達到的一個數字，就算現在這部再接再厲，「打鐵趁熱」的「精武門」，是不是能夠再突破「唐山大兄」的紀錄？也好像猶在未定之天哩。於是我們的這位「三百萬大導演」就不得不爲自己的前途作一個精密的打算了。

「唐山大兄」已成過去，「精武門」的成績尚未揭曉，但大致看來，亦不會差到什麼地方去，祇是羅導演再往下的步驟，就應該怎麼去纔對呢？這是一個煞費推敲的當前大問題。

還是那句話：「唐山大兄」把國片裏的秀氣都給拔光了，再往後，不要說是保持三百萬的紀錄，就是要想破百萬，顯然都有點費勁；張徹的「雙俠」便是一例，這種形勢，使羅維不得不詳加考慮一番；再往下拍李小龍吧？眼看大概是無此可能，因爲李小龍現在已在家中埋首自撰劇本了，將來的「協和」出品，百分之九十以上是他的自導自演，恐怕用不着借重羅維的大力。再說：羅維已經導過李小龍兩部片子，創下了輝煌的紀錄，再往下如果還是李小龍的話，似乎透着不夠新鮮。在過去，外面自有一幫妒忌之徒，已經講過一些諷刺的話，都說羅維手中沒有了鄭佩佩，就不成其爲「百萬導演」了；爲了此事，使得我們這位心高氣傲的羅導演一直的耿耿於懷。假如再有人把這一番話又加到李小龍的身上去，那麼羅維就更咽不下去這口氣了。

左思右想之下，羅維認爲祇有改變戰畧，出奇制勝之一途，至於怎麼去「變」，怎麼纔算是「奇」？羅維自己下了一個決定，就是到美國去拍片！

羅維的這一個靈感，可能來自白景瑞與王羽的身上。前一陣子，白景瑞在香港曾經宣佈過要到意大利以及歐洲各地去拍一部「中國人」，而王羽也於稍後時間，在台灣發表過要到西班牙去拍一部同名的影片，他們兩人還祇是「樓梯响」而已，距離實現之期尚遠得很。可能羅維的靈機一動：我何不搶在他們頭裏呢？這也是一個很不錯的噱頭呀。

爲了拍片，羅維眞可以說是費盡心機。他曾經坦白對接近朋友談道：『我現在已經攀登了「三百萬」的最高峯，再要創造新紀錄，不是那麽容易的事，所以我不如趕快搶到一個「第一位到美國拍片的導演」的名譽，片子的成績，暫時不談，至少這又是另一種的新紀錄，總比跟在人家背後跑强得多吧？』

如此這般，羅維那位美麗的太太、「嘉禾」裏的大製片劉亮華，就在不久以前，匆匆忙忙的飛到美國去了！

劉亮華此次飛美，事先放出兩枚「煙幕彈」：一是送小兒子到彼邦去求學，二是親自代表「嘉禾」到那裏去跟鄭佩佩正式簽約。許多報上都有如此的記載，但不曉得她的眞正任務，則是爲羅維赴美拍片去舖路的也。

男女主角唾手可得

劉亮華的爲人，也坦率得很，她毫不隱瞞的說道：『佩佩爲「嘉禾」拍片的計劃，早已就敲定了，用不着我再飛一次美國。兒子唸書的事情，固然要緊，但他有姐姐在那裏照顧，也用不着我操什麽心。此次到美國去，老實說，完全爲了羅維！』也許有人要問：羅維拍片難道非得遣出「先頭部隊」不可嗎？他們不知道；劉亮華此去的任務可是非同小可，端的十分之繁重哩。

首先是男女主角的問題。現在美國的現成男女主角，說來巧得很，就有一位「武后」鄭佩佩，與另一位與「嘉禾」簽約未久的的電視紅星許冠傑。雖說這兩位是就地取材，唾手可得，但至少劇本要經過他二人的同意吧？這就是劉亮華的第一個重要任務，是祇許成功而不許失敗的！

鄭佩佩與「嘉禾」的關係，十分密切，她丈夫原文通，就是「嘉禾」台灣方面股東原順伯的兒子，所以她爲該公司拍片是天經地義，順理成章，根本就用不着簽什麽合約的。至於小生許冠傑呢，則是劉亮華想出來的「絕招」，因爲李小龍既然在香港拍片，而王羽和張翼也都分頭在台灣與韓國忙個不了，根本抽不出時間來，湊巧許冠傑在美結婚，一時還未能回得來，劉亮華馬上動了他的腦筋，打算叫他來跟「武后」搭配，倒也頗有新意。有人認爲許冠傑是喜劇人才，拍武打片恐怕難以勝任，但劉亮華則堅決認定這名小生有着不可忽視的潛質，演任何角色都不會太令人失望的。至於究竟如何？祇有等到片成之後，便知劉亮華的眼力準不準了。

除了演員問題之外，劉亮華還有很多任務需要達成的。羅維的構想，是最好在美國西部的大城市裏，如舊金山與洛杉磯等地，把片子給拍成，因爲一來天氣好，拍起實景與外景來方便得多，二來在那些城市裏，華僑朋友們多些，比較有個照應。所以劉亮華此去，還負有看外景的重責，等羅維認爲滿意了，然後纔算是有了交代。羅維的這位「賢內助」，可眞的怎麽讓他給選中的？

這還沒完哪；劉亮華更要爲將來在美拍片時所有一切的準備，例如全體職演員的食宿問題，在美招聘配角的問題，拍外景時的交通問題，與華僑社團的聯絡問題，與治安機關的疏通問題，語言上的傳譯問題，攝製上的經費問題……總之，問題太多太多了，都有待劉亮華一個人去解決，說起來，這幾個製片費也不是好賺的。

劉亮華手裏的「美國王牌」已有一張，就是仍舊去找那位在上一篇拙文裏所提到過的荷里活華籍演員鄭炳雄。鄭君在美國拍戲多年，當然對於那裏頭的情形都熟悉得很，的確可以給予羅維與劉亮華很大的幫助。也可能劉亮華前次到美國去邀請李小龍之時，鄭炳雄已經表示過如果要赴美拍片，他可以代爲「搞掂」一切的意思，所以羅維此次所作出的決定，恐怕多少也受點鄭炳雄的影响吧？

羅維的計劃之中，在美國是要拍一部「占士邦」式的警匪打鬥片，於是這裏頭需要解決的問題更多。諸如公路上拍攝飛車的工作，唐人街上警匪火併的鏡頭，還有借用警察巡邏車，借用警方直昇飛機等，都非得有一位與當地治安機關能夠打交道的人物出頭不可。鄭炳雄雖不是一位了不起的紅演員，但他因爲開設餐館的關係，在美國那邊各城市裏，交遊甚爲廣濶，自然與警方也比較熟悉，所以像這種接觸洽商的工作，又是非鄭炳雄而不可的，劉亮華自然需要與他取得緊密的聯繫，但等一切就序之後，留在此地的羅維與工作人員等始能搭上飛機的也。

這是國片裏的首次嘗試，所以在籌備工作上也比較困難。記得劉亮華在上飛機之前，曾經對朋友們說道：「我此去，有百分之九十以上的把握可以成功！」大概是早已胸有成竹了。

「嘉禾」留美女主角「武后」鄭佩佩

間接影響 邵氏裁員

「邵氏」總裁邵逸夫（中）與李菁（右）張徹（左）

約莫在十一月中，外面已經傳出「邵氏」將要發生年底大地震的消息！傳說者講得活龍活現，還說此次被「震」人員，可能包括幾名高級職員在內，事實上祇是有此一說而已，但電影圈中的看法，確屬非同小可。再加上星加坡的邵仁枚總裁匆匆飛到香港來了一次，杯弓蛇影，草木皆兵，弄得「影城」以內人心惶惶，每一位都十分担心自己會變成「魷魚」一條。

結果：震是震了，但祇不過是輕微的小地震而已，對於「邵氏」的整個組織，並沒有發生任何重大的變化，可見外界的傳說，時常以誇張的成份居多，殊不可信。「邵氏」宣傳稿稱此次裁員爲「精兵政策」，就表示了「去蕪存菁」的意思，那是針對外面所傳的「大緊縮」，「大退却」而來的，否認得非常輕鬆與巧妙，的是該公司宣傳部近來的一項「佳作」。

就算它是「精兵政策」吧；許多人在年底下接到「大信封」總是事實。據傳：這次的許多「魷魚」被「炒」，其中又間接的受到了「唐山大兄」的影響。

傳聞如此：當「唐山大兄」獲得空前勝利之後，邵氏當局頗爲震怒。因爲「邵氏」花了那麽許多錢，僱用了那麽許多的員工，竟然未能拍出一部售座三百萬元的影片來，而「嘉禾」以有限的人力物力，就能橫掃影壇，登峯造極，相形之下，顯然於理不合。而且「影城」以內本年份的工作成績，雖然已經達成了四十部片的任務，但其中未能「結尾」者有之，「半途夭折」者亦有之，嚴格算來，勉强祇有二十二部是完整的，距離目標似乎太遠，當然邵氏當局就不得不加以深入的檢討了。

在「唐山大兄」的「輻射威脅」之下，「邵氏」的許多部出品，售座都未達到理想，諸如「鳳飛飛」、「蕭十一郎」、「冰天俠女」、「火併」、「狐鬼嬉春」、「萬箭穿心」等，都是不痛不癢的幾十萬元紀錄而已，並沒有什麽特別出色的成績，就算一部聲勢浩大的「雙俠」，都未能做到一百萬的紀錄，因此「邵氏」同人們感覺十分之洩氣。想來在這種頹勢之時，再加上「唐山大兄」的刺激，所以最高當局下決心要整頓振作一番，因此纔引起一場「小地震」，說來並不是沒有原因的也。

此次的「邵氏」裁員，主要目標是影棚以內的工作組。據說「邵氏」本有工作人員十二組，現在因爲工作效率不符理想之故，所以緊縮成爲四組。但「邵氏」宣傳稿則宣稱由九組減爲七組；其次是導演們，岳楓是自動提前解約。高立是正式接到「通知」的。劉芳剛暫時代替孫家雯主持演員訓練班，導演的任務則在無形中告一段落。薛羣本來拍的是部頭戲，不受合約的拘束，但經過此「震」之後，就連部頭戲也不用再談了。最幸運的是申江，他起初確是列入於接受「大信封」的名單以內的，但後來經過張徹的說項之下，被調到編劇部裏去工作。

攝影師董紹詠，多少年下來，在「邵氏」裏一直受到重用，這次在鉅片「十四女英豪」裏，更升爲「聯合導演」，好像走紅之程度，正在方興未艾的大好狀態之中。誰想就因爲聯合導演「十四女英豪」之故，與導演程剛發生了相左的意見，使得公司當局對他感覺不滿，在年前也收到了「大信封」，這是大家都沒有想到的。

非僅此也；董紹詠的令尊大人董克毅，本是攝影師裏的老前輩，現在因爲歲數大了，耐不起影棚裏的辛苦，所以「邵氏」派了他一個管理攝影器材的職務，幹了不少年頭，倒也沒有什麽重大的過失。在這次的「小地震」中，不知董克毅是不是受到他那位令郎的「禍延」之故，居然也被「震」出了影城！聽說「邵氏」倒很體恤「老臣」的處境，所以董克毅所收到的「大信封」是特大號的，內有三個月的退休金；普通都是一個月的，但當老先生收到這個解僱通知之時，亦不禁爲之泫然淚下，內心之感觸，自然是不言可喻的了。

另外還有一封特大號的「大信封」交到化粧師方圓手中，也是三個月的退休金。方圓在「邵氏」裏可稱是「老臣」了，此次突然遭到解僱的處分，外界始終未能研究出來內中的原因。最重要的一位，就是製片部副經理，兼任編劇部主任的董千里了；他突然於十二月廿九日向「邵氏」提出請病假三個月的呈文，並且已經由最高當局大批「照准」二字了。董千里向來是總裁面前言聽計從的「謀臣」之一，此次怎麼也會意興闌珊起來？那就莫測高深了！

直接威脅 王羽動搖

李小龍的「三脚」，果然厲害，脚風到處，連遠隔大海的台灣寶島上也感到威脅，因此而促成王羽與邵逸夫會談的一幕，使圈內人莫不爲之愕然。

在過去，「邵氏」與王羽打過無數次的官司，輸贏互見，糾纏不清，所以雙方已經成爲十分嚴重的對立形勢，說一句比較過份的話：差不多達到了不共戴天的境界！

但是，最奇怪的一塲戲終於上演了：去年十一月十八日下午三時，邵逸夫會在台北中央大飯店裏，接見王羽，並且談了一小時之久，頗有化干戈爲玉帛的趨向，你道奇也不奇？

王羽自從脫離「邵氏」之後，雖然在台自由接片，但主要的「據點」，自然還是與「嘉禾」合作，例如以前與勝新太郎合作的「獨臂刀大戰盲俠」，以及現在正在拍攝之中的「戰神灘」與「獨臂拳王」等俱是。自從「唐山大兄」一出，李小龍成爲「嘉禾」手中的另一張「王牌」，可能使王羽發生「一山不能容二虎」的感想，因此對於未來與「嘉禾」的合作問題，就不像過去那麼熱心了。還有，就是當「嘉禾」宣佈由李小龍來主演「精武門」（原名「大俠霍元甲」）之時，王羽突然寫信給鄒文懷，要向「嘉禾」討還「霍元甲」的劇本。據說是這樣的：有關拍攝霍元甲故事的動機，的確是由王羽提出的，而且已經請倪匡寫出一個大綱來了。現在「嘉禾」要請李小龍來拍那個故事，王羽心裏自然不大舒服，所以才產生了討還劇本的這麼一段插曲。事後，鄒文懷是怎麼安撫的？外人難道其詳，總之：此事終於不了了之，而一部李小龍主演的「精武門」也順利的完成了。不過，以王羽寧折不屈的個性來說，這恐怕總是他心裏的一個疙瘩吧？

王羽重返香港大戰李小龍？

另外還有一則趣聞，不知是眞是假？在「唐山大兄」公映之後，李小龍的名氣大噪，就有人建議：不如請王羽與李小龍合拍一部片子，也許能再創下一個六百萬的更高紀錄也說不定！據說鄒文懷某次因公赴台與王羽談起此事，王羽有點氣憤的答道：「我一定拍，但是鏡頭之前要眞打，不准假打！」鄒文懷一聽，把個舌頭吐出來縮不回去，心想：這不叫拍戲了，這簡直成了玩命啦！還是算了吧。

如果這個傳說屬實的話，那麼王羽現在的心情如何，也不難從中揣測一二了！

假如王羽重回「邵氏」，有甚麼好處呢？說起來其中好處甚多，王羽是個聰明絕頂之人，他自然看得很清楚。

一、王羽與「邵氏」的官司，至今還未算了結，因爲「邵氏」仍舊可以入禀台北地院，重新呈請頒佈禁制令的。當然王羽也可以再向高院上訴，但如此的週而復始，要到那天才有一個了斷？實在不勝其麻煩。

二、王羽近來在台接片太多，手裏有十來部戲在同時拍攝着，顧此失彼，其中就難免水準不一，而間接影响到他的叫座力量。再說他在台灣的這一年多以內，已經賺了數千萬元的台幣，差不多到達了飽和點，自惜羽毛，另求出路，急流勇退，此其時矣。

三、「嘉禾」裏多出一李小龍來，大小是個王羽目中的「勁敵」，何況「嘉禾」在嘗到「唐山大兄」的甜頭之後，對於李小龍自然另眼看待，最近鄒文懷又公開宣佈要與李小龍共組「協和」，合作拍片，那就不消說得，當然由「嘉禾」出資，而由李小龍均分利潤，王羽就從來沒有享受過這種優待。

四、「嘉禾」在過去對於王羽的支持，雖然已經盡了最大的力量，但「邵氏」到底資力雄厚，能使王羽發生還是在「大樹底下好遮蔭」的感覺。何況，假如王羽重進「影城」的話，可以毫無疑問的取得了唯我獨尊的地位，能夠爲所欲爲，大展抱負，比起拍攝獨立製片來，自然要痛快得多了。

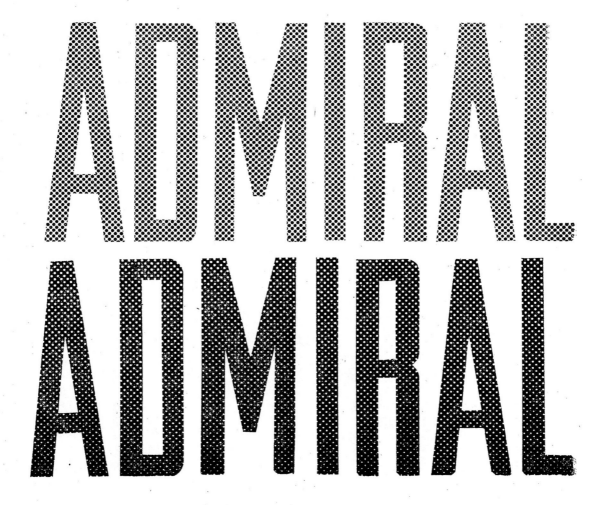

南島敦煌霹靂洞

易君左

我和內子由檳城起飛抵達怡保時，六弟梁森元、五妹彭士驊伉儷早已在機場迎候，機場小得可憐，相見緊緊握手之下，說不出的一種衷心歡慰。我們進入一間小小的海關檢查室，森元闖進來用馬來語向檢查員唧里咕都的關照了一下，就通過了。森元長于英語，又精馬來話，到處行得通，吃得開。

他們夫婦之間情感甚篤，有四個可愛的男孩子。太太是怡保一間最大的公立女子中學校長，任職已達十餘年，成效卓著；先生是一位礦業專家經營錫礦，並設有農塲。先生很幽默，他常常用英語叫他的太太爲「School long」，太太也報之以一笑。

由于他們善于經營，錫礦和農塲都獲得相當優厚的利潤，于是蓋了一棟宏大的新住宅，裝上一個雅緻而富有詩意的名字，叫做「掬翠園」，全家樂融融的生活在那裏。往年我曾住過的他們那棟舊的小房子已空着了，換來了這一座美奐美輪的新屋，被檳城的兄弟姊妹們戲稱爲「皇宮」。我的近作中有四句：

先望龍城邀月酌，再廻獅島抱雲眠。
遙知掬翠園中草，挹露迎風罩淡煙。

就是說：先到香港九龍玩玩，然後再到星加坡，再到怡保看看我們這一家弟妹。于是我們兩人成了掬翠園中的「貴賓」。

掬翠園的輪廓大概是這樣：前後都有廣大的坪院，雜植各種繁花茂草，特別是一排排翠綠的垂柳和一叢叢嫣紅的熱帶花，也種了許多株艷麗的玫瑰。中間是一大疊住屋，分兩層：下層擁有一間大客廳，保持着典雅、整齊、並不繁瑣的現代設備，中間掛着嶺南派大畫家趙少昂先生的紅棉巨幅，此外字畫少見。客廳一端爲幾間小型房子，一間爲客室，我們就住在那裏；一間爲女主人的書齋，圖書滿架；一間爲雜物室：各有洗手間和冷氣裝備。客廳另一端爲大型飯廳及工人室等。在螺旋式的樓梯下有小池種着一些花草，燈光開處，彩色繽紛。上層是一系列橫排的臥室，全家分別住在那裏，中間也有一個大廳。我登樓進到大廳一望，十餘年前我寫的那一首巨幅新詞，赫然入目，那首詞是：

沉醉春風，詩酒流連，半日清狂，看名士襟期，無雙伊洛；女兒顏色，第一瀟湘。淡淡眉痕，悠悠心影，難抵離情別緒長。孤島外，借三蒸村釀，緩步高岡。　望海天遼闊莽蒼蒼。祗幽咽潮音，向人低訴；溫馨花氣，如燕輕颺。遠浦尖帆，層樓短笛，轉眼空濛入渺茫。何時了？向枯禪懺罪，絕域投荒。（調寄沁園春）

這首詞是我在十餘年前和左舜生先生一羣朋友遊香港長洲時偶然吟成的，爲士驊五妹所喜誦，要我寫給她。詞尚如新，而舜生兄早作古了。

我們本來住在樓下那間客室，覺得窗前即是花園，不太謹愼，又搬上樓去住，反正多的是臥室，六弟五妹都說：「隨便大哥大姐住，反正多的是臥室，我們自己住的一間也可讓出來。」

我們在怡保的時間是太過于匆促了，預定前後只四天光景，就在這短短幾天內，抽出功夫仍然寫了不少的詩幅和對聯，掬翠園的書房權宜作了我的辦公室。他家有兩架汽車，一架有翹着八字鬚的馬來人司機，另一架則由男女主人自行駕駛，分別載着男主人到礦場、到農塲、到辦公處、女主人到學校、送小孩子上學。每當女主人回家時，即聽見一陣笑聲說：「大哥！又有人請你寫字了。」小書齋不能展其長，于是常常把文房四寶搬入飯廳裏，大批宣紙鋪上來，這個請題詩，那個請寫對，開了冷氣還嫌熱，忙得我手不停揮。我現在想起，當時我不知道寫了一些什麼，總之一切都爲着答謝海外僑胞的熱情。

我記得：在掬翠園的家裏只吃過一頓飯，其餘全在外邊。初到的一天，午餐在豐澤樓，由六弟五妹招待，吃的是北方菜；晚餐由怡保青年文藝協會負責人徐承慶先生約集當地知名人士多人，仍然在豐澤樓。我即席書贈青年文協一詩：

盛時歌手出青年，小說詩文各擅專。
怡保有情兼有福，紅顏綠鬢盡翩翩。

第二天正午，六弟赴礦場未歸，五妹帶我們到另一家館子小吃，有筍殼魚、咕嚕肉，吃得很飽，一邊吃一邊談笑，是最輕鬆最舒服的一次午餐。還有兩次早點是由六弟帶我們到一處華僑集中的鬧市、一家最老的館子去吃怡保有名的沙河粉，外加牛雜碎原湯，六弟吃得津津有味，一人吃兩份。

吃完沙河粉，去訪六弟森元的大哥和二哥。森元說：「我有兩個大哥，這是我的光榮！」又到嘉應會館參觀。十年前第二次南遊，我曾在嘉應會館舉行一次書畫展，現在這個會館改建成巍峨大厦了，穿過一間大客廳，看見馬星航空公司正在廳內訓練空中小姐，登上頂樓眺望怡保全景。怡保最可愛處就像先父所詠的金陵美景那樣：

最是江南堪愛處，城中面面有青山。

怡保的層巒疊翠、古洞流丹是天南第一景色。登高遠望，但見重重疊疊的青山，重重疊疊的白雲，環抱這一座清清靜靜的小城。這座小城的乾淨與幽靜很有些像成都。我描寫成都的詩句：

細雨成都路，微塵護落花，

昔年最為朱自清兄所激賞，逢人便誦。如今再來怡保，想起十年前所作「別怡保」三律中有：**微塵不染飛花落，細雨深防臥佛聽**之句，前一句得一「淨」字，後一句則得一「靜」字。我又有關于怡保的另一些詩句，如：

行遍馬來千萬里，甚難如此數峯青。
萬里尋山霞客過，一生無妹左芬來。
僧來古洞求題句，客上高原作導遊。

等等。總之，我非常愛怡保。

不過，經過當晚六弟駕車帶我們觀光怡保一週時，覺得怡保已漸漸踏上繁榮與熱鬧之途，酒樓菜館隨着人煙的稠密及遠客的來遊而增多了，市面也沒有往年那般淨潔，但物價仍然比馬來西亞任何城市為廉。

到怡保的第三天，利口福酒樓又舉行了一次午宴，那是一家著名的何人可救星藥行的老板又兼詩人的何繼昌先生特為我洗塵；也等于餞別，因為我次日就飛星加坡了。何徐諸先生和森元士驎一家都到怡保飛機塲親切的送行，我們非常感謝。在利口福歡宴之前，由于徐持慶青年詩人的介紹得識何繼昌先生，何先生請我替他的藥行寫一首介紹詩，五妹也從傍催促，于是我寫了，就他們藥行的四大名藥為內容而帶點幽默的風趣，原辭是：

何人可將百病消？救星藥行何人可。
驅風油與退熱茶，能驅風濕清心火。
尚有清甜疳積散，可口丹含一顆顆。
四大良藥特推薦，推薦者為易君左。

大家讀了非常高興。當日參加的有朱昌雲、陳世貴、鄧英傑、徐持慶諸先生及彭士驎女士。席間並即席聯吟，成七律一首：

昨夕逢君今惜別，
明年再會望中秋。（何）
雲山雁掠三千里，
風雨雞鳴十二樓。（易）
侍座紅粧聲有韻，（朱）
盈卮綠醴客無愁。（徐）
孟梁攜手重來此，
依舊青山接快遊。（彭）

這首聯句倉卒而成，却尚完整可喜。以後這段雅集消息，曾遍登南洋商報、光華日報及建國日報，並附照片，由何繼昌先生剪寄與我。此次南遊，我和星馬各一藥行結下了文字因緣：在星加坡是替牛車水的眞眞藥行寫了一條長而且大的橫額：「眞眞論症賣涼茶」，在馬來西亞則替何人可救星藥行寫了一首廣告詩。承這兩間有名的藥行贈給我以大批涼茶和藥品，都分別的轉贈親友了。

在利口福酒樓歡叙中，詩人兼散文家朱哲（昌雲）先生出示他所寫的兩份作品：「讀詩雜析」。他讀的是什麽詩呢？就是我們易氏父子的詩。民國四十二年九月，于右任老人曾將我父親與我的兩首青城山宿頂詩用小體行書精寫賜給我，還寫着：「愛讀易氏父子宿頂詩，寫給君左老弟」。這件珍貴的紀念品，始終會高懸我的客廳中，想不到海外欣逢知音，厚承過奬。

朱昌雲先生介紹我父親實甫公所作「邗溝淮陰道中詠古蹟」四首中的二首：

（一）

蕪城一曲弔南朝，來聽秋墳唱鮑昭。
有限春光化塵土，無窮淚雨作波潮。
過江兵馬貍終覺，亡國河山鼠亦妖。
廿四橋頭迎客柳，不堪流涕更攀條。

（二）

昔賢幾輩竭臨宮，淮海秦郎亦復同。
蒼狗白衣浮世幻，青蠅貝錦譖人工。
藤陰夢醒花迷路，天外雲連水拍空。
太息文遊台上客，一生常在百憂中。

兩首皆有筆者的註解、意譯和評介，正確而精細，足見筆者文學修養的深厚。介紹我的詩是下面兩首：一首是「晚景」：

老衲殘鐘懶自撞，新秋猶覺暑難降。
一燈遠海知漁火，孤月高樓伴客窗。
沙岸酒帘還剩幾？石磯人影恰成雙。
細君小語當年事，平野星垂泛蜀江。

另一首是「郊遊」：

殘冬斜日九龍城，天外獅峯照眼明。
一歲將闌人又老，萬方多難感橫生。
街頭小食留真味，村畔閒行識俗情。
欲訪故居何處覓？白雲深處水流聲。

舉一例：如「郊遊」一首的意譯和評介是：「在這將要過盡的冬天黃昏裏，我一個人在九龍城的街道上漫步着，眺望那好像是在天外的獅子山，正綠翠翠的帶着明亮的斜暉，映進我的眼裏。此二句寫其時的氣節和景物。現在已經是殘冬，也就是一年又將完的時候了，而我也又將老了一歲呢。處此多災多難的世界裏，又是在這歲云暮矣的季節，則更使我百感叢生！此二句悲自己與悲世事。在街邊的食物檔小酌一餐，我覺得比在大酒樓的盛宴上所食的更是餘味無窮；在村區陋巷之間漫步，更能深入認識老百姓的生活情狀。此二句以所見之事實點題。我遠離家國，羈旅異域，想要見見我的故居，但自何處去找尋呢？故鄉的雲彩和水聲，只有在思憶中去重溫了。此二句寫惓念家園。」原文中又說：「易君左先生是現代名聞遐邇的名學者大詩人，凡是文化圈中人，眞是誰個不知那個不曉。筆者時常在讀詩雜析裏所推贊的易哭庵，就是君左先生的令尊。詩文傳家，易家父子在中國文學史上的不朽，可以論定矣！易哭庵翁詩，悲歌慷慨，旖旎飄逸，多采多姿，首首精華，而君左先生更臻宋詩的最高境。」不過我在這裏要聲明一句：第一、朱哲先生稱贊我的話，實在使我慚愧，萬不敢當。第二、先父詩才縱橫，我萬萬趕不上，所以朱哲先生實在說得好：「像哭庵這樣的無所不能，多彩多姿，老實說：君左先生畢竟是輸老子一籌呢。」第三、我幼時即趨庭學詩，一派下來是唐音而非宋音。朱哲先生說我達到了宋詩的最高境界，看法或有不同，但我總覺得受之有愧。

由利口福回來，當晚即清理行裝。士驎五妹買了大批「萬里望」花生和檳城弟妹們送給的大批特產鹹魚成爲我們此行帶回的珍品。這晚，忽有一女客翩然來掬翠園，晤談之下，才知道她是陶希聖兄的令媳和劉光炎兄的女公子。時已深夜，萬籟俱寂，由五妹彈古箏一曲，大家靜靜的細聽，因我們明日即離怡保，也等于三疊陽關而黯然賦別了。

我留怡保雖只匆匆三四日，却在一天上午參觀了一所規模宏大成效昭著的農場，又于當天正午趕到了馳名東南亞的古洞霹靂洞，流連至夕陽西下時才離開。

這天上午，梁森元六弟陪我和內子趨車去參觀他的最得意的傑作——農場，主要的產品是玫瑰花和橘柑。十年前我同六弟五妹上過「馬來西亞的廬山」——金馬崙高原去看他們種植的菰類，可惜這種經營沒有顯著的成功，于是改在怡保郊區種玫瑰花和柑子樹，這次是大大的成功了。六弟和他的兩位胞兄都是怡保錫鑛廠的大老板，種花種果乃是他們的副業，不料這副業的收入反比正業爲强，事業蒸蒸日上；我們覺得有一位在海外致富的老弟同樣是我們的喜悅。

這座農場距怡保市區相當遠，有三十三英里。過金寶鎮，引起我的回憶。往年過金寶，忽然發現大批電線上有一排一排的小黑點，絕似音樂旋律上的五線譜，可謂奇觀，仔細觀察原來是燕子。這次沒有看見燕兒了，靜靜的停留片時，內子買了一些水果餅干送給森元的長子媳婦和兩個小寶寶。森元的長子畢業國立台灣大學農學系，學以致用，正好幫助父親經營農場，負責農業上技術問題的處理及內銷工作，森元則總攬一切場務，主持外銷，並向台灣、日本及歐洲各國的各大玫瑰花廠選訂花種，在怡保培植。森元最近還到過歐洲一次，訂購世界最名貴的玫瑰佳種多種，由于父子間的密切合作，重心經營，所以業務開展。

這個農場的面積廣達二七・二五英畝，一英畝等于四三五六〇英尺，即共二百萬方英尺，地址在通達吉隆坡的大公路旁邊，交通稱便。場內有莊屋數椽、花室多間，以及貯水設備等，另有一座魚塘養魚。現有的農產物，主要的是玫瑰花，有五百多種，其中佳種甚多；其他是柳州柑三千五百株，七年成熟。熱帶最出名的水果榴槤五百株，二年成熟，胡姬花九萬株。只見平原和丘陵上一片花花果果，興旺非凡。我們看見許多黑皮膚的吉齡族婦女正在用泥土包裹玫瑰花種，一缽一缽送入花室，每人每日工資只馬幣兩元。我們又看見許多乘小汽車前來買花的男女顧客，滿載而歸。在平原上種植玫瑰名花而佳種最多，成功最大的，這個農場可能算是東南亞地區的第一位了。

森元叫他的媳婦給我們兩把雨傘，免受日炙，進入農場實地參觀。玫瑰花已開過一季，然而仍是繁茂，花朵雖沒有金馬崙的那樣大，但在各種顏色和姿態上的表現，一望即知爲名種，而且淸香撲鼻。使我們最感興趣的是成千百株的柑子樹上，果實纍纍，垂垂欲墜，一枝甚至有十餘個之多，有全青的，有微黃和已黃的，想起東坡先生的名句：「一年好景君須記；正是橙黃橘綠時！」森元隨手摘下來幾個，分與內子同食，吃得津津有味，可惜我是一個果子有一點酸都不吃的人，只好欣賞欣賞而已。

農場印有兩本小冊子，分華文英文兩種，書名「玫瑰栽培方法」（How to Plant Roses），內容告訴一般人以種植玫瑰的環境及土壤之選擇。栽培方法分五種：露地栽培、整地種植、定植、灌水和除草。整枝修剪和摘蕾與摘芯，病虫害的病徵及防治法。原來玫瑰有兩種病：黑點病與立枯病。害虫有四種：紅蜘蛛、毛虫、介殼虫和夜盜虫。這個農場特則配製了除病虫的有效農藥，可以防治任何病虫類，最後介紹盆栽的方法，這本小冊子的優點是切實提供了欣賞和培植玫瑰花的各種常識及技術，一點不帶鋪張，而在實際上收了廣告宣傳的效果。

我們參觀這個農場時就想起了台北士林的玫瑰花園，更回憶到金馬崙高原的玫瑰花園。正如上述那本小冊子開宗明義的說：「玫瑰花在歐美各國是和平、幸福與愛情的象徵，也是最普遍受到歡迎的高貴名花，所以要表示愛情、慶賀、謝意，只有玫瑰花才能表達其盛情蜜意。尤其是那鮮麗的色彩，優美的花型，高雅的芬香，可以陶冶人的身心，美化環境，改變家庭的氣氛，帶給我們無比的輕鬆與無限的希望。」我以前在香港、現在在台北，都是常買點玫瑰花插在瓶裏，放在案頭。

這個農場裏有一間較大的客廳。虧得森元想得起，在客廳正中放置一座彌勒佛的大塑像，彌勒佛是笑口常開的，一見彌勒佛笑呵呵，便充滿一團和氣了。又在正面兩旁懸有現居台北的名教授吳康博士一副長聯，森元士驎過去都是吳先生的高足弟子。

在這個農場盤桓了一個上午，仍然由森元六弟駕車直達霹靂洞，時已近午。

我曾經在香港的風行全世界的「大人」雜誌上寫了一篇介紹我國宜興兩個古洞：庚桑洞與善卷洞的長文，這兩個古洞是往年由我稱為「乾坤雙洞」的，並且介紹了雙洞的洞主儲南强父女稱他們為奇父奇女。我的文章一點不誇大，雙洞和雙洞的主人都夠份量，值得表揚。我想不到在東南亞地區的馬來西亞也有兩個名洞：一個在吉隆坡，叫做「黑風洞」；一個在怡保，叫做「霹靂洞」。十年前我遊過黑風洞，這次專談霹靂洞。我更想不到這個霹靂洞與宜興雙洞有絕對相似的地方：第一是兩個洞的本身都非常幽深而雄偉，第二是宜興雙洞有儲南强的奇父奇女，而霹靂洞則是奇父奇子。天造成洞天福地已不容易，再造成配合洞天福地的人才更是艱難。

這個偉大的怡保霹靂洞，一名吡叻洞，是馬來語的漢字譯音。馬來西亞是聯邦，其一州名霹靂州，怡保屬於此州，故洞以州名為名；雖是這樣，但在我們中國字彙中，用這兩個字名洞，却有驚天動地的偉大意義，字面也很美麗，因此，單從洞名上看，已可與宜興的乾坤雙洞媲美。

宜興雙洞傳說自遠古堯帝時代就有了，而且是當時庚桑楚和善卷兩位賢人高士隱居的處所。就是說：原來就有這兩個古洞，不過經過幾千年後的儲南强氏盡量的開闢罷了。

至於霹靂洞的原始，雖尚待考証，也可能早已有了洞形，但是開闢這個洞以及使這個洞享大名，則純由于張仙如居士之力，這一點也與宜興雙洞相同。宜興有一位儲南强，怡保有一位張仙

怡保霹靂洞，一名吡叻洞，正洞絕高處，上刻本文作者易君左先生書「南島敦煌」四個大字。洞中四壁，都為名畫法書，琳瑯滿目，美不勝收，參觀者往往盤桓久之，不忍離去。

如，對開闢古洞，增加名勝和繁榮觀光事業上，都留下了輝煌不朽的功績。

張仙如居士原籍廣東嘉應州的蕉嶺，即近代大詩人黃遵憲（公度）的故鄉，也同我們的梁森元六弟同鄉，世稱爲客家人，所以森元夫婦同他非常熟習，常來洞中，帶着遠來親友參觀。仙如居士少年時即信佛，弱冠時皈依三寶。距今四十五年前，也就是一九二六年南來怡保，發現了這一個大洞，也像儲南强對宜興雙洞一樣，獨力開闢，盡力經營，抱着篳路籃褸以啓山林的精神，經過多少艱難磨折和困乏，才能達到今天的高度建設，而成爲東南亞最著名的旅遊勝地，成爲我所題讚的佛教藝術的「南島敦煌」。

從遠處望，即可看出霹靂洞的氣象萬千。怡保巒壑幽美，天下聞名，但所有洞府都不及這一個洞的宏大幽深，在各種配合洞府的建設上也趕不上。這一個洞的前面和兩側，聳峙着一片崇樓傑閣，包圍着一帶曲折廻廊，古木參天，雜花滿院。最近落成的一座招待所，更爲寬敞而精緻。洞前又有停車廣場，驅車來遊，不愁無停泊之所，所以經年遊客，絡繹于途。

這一個洞的最大特徵是洞的本身已夠成爲洞天福地的名貴典型，進入洞門即洞的本體中心，豁然開朗，愈進愈深光線亦愈暗。洞內氣候涼爽如秋，而洞外是炎塵世界，所以一進去就覺得清風拂拂，頭腦清新。正洞高達百餘尺，寬達百尺，深二百餘尺。由正洞深入則石徑廻環，高低不一，大洞小洞計已開發者有十餘處之多，開發之後再加建設者已達六處。這個洞，可斷定是越開越大，越鑿越深；從地形看，可能將來寬度和深度都會達到不可思議的境界。不料我這次來遊相距前遊不過十年，而洞中開鑿的浩大工程，令我驚佩！比我稍小幾歲的仙如居士，其健康情形猶勝于我，一手舉着火炬，一手拖挾着我，幽幽的走入大洞內的小洞，小洞外的大洞，高高低低，曲曲折折，指東指西，隨走隨談，毫無倦容，從未停止。想當年我遊宜興雙洞時，簡翁儲南强先生也像張仙如居士一樣，殷勤引導，詳細指點，然後知道洞天福地必由高人逸士主持，流風遺韻，才能遠播。

這一個名洞的石質、石形和石色都非常美麗，洞中的大石鐘乳雖然沒有宜興雙洞那麽多，但一個倒懸的大石鐘乳密結成團，就等于萬千個石鐘乳。各樣奇形怪狀的巨石，如獅、如象、如龍、如鳳，好像進入了一座動物園；或青、或白、或玄、或紫，又像進入了一座藝術館。尤其令人高山仰止的是主洞正中塑有釋迦牟尼佛的巨型坐像，高四十二尺，金碧輝煌，莊嚴靜穆，實爲全馬來西亞寺廟中第一巨構；左右塑有四大天王巨像，塑法精美。內洞各處，分塑地藏王及十八羅漢等佛像，都能表現佛教藝術的精神和技巧。我往年遊馳譽全世界的敦煌千佛洞，除激賞自北魏以來的歷代壁畫外，更觀摩洞內的佛像雕刻。我覺得霹靂洞如果能夠在這方面急起直追，不難成爲雄踞南天的第二個千佛洞，因此我曾接受張仙如居士的請求，特書「南島敦煌」巨型橫額加以鼓勵，並轉請梁寒操兄大書「天南第一洞」以美之，都早已刻在洞中了。

這個名洞的另一特徵是着代人物在洞內所題的詩詞書畫，琳瑯滿目，美不勝收。也許有人對于這一點稍持異議，說是可能損害了天然之美。儲南强先生開闢宜興雙洞，傾家蕩產，還有人批評他，也說他損害了天然之美，我當時就替他辯護，認爲洞天福地固然是天成的，但必須經過人工的小心整理，才能深入而濶大。假如我國古代傳說爲可信，則盤古開天闢地豈不成爲第一罪人？不過在宜興雙洞中並沒有時賢題詠的一絲痕迹，則因儲南强不但是學人而且是怪人，其詳請參閱我的專篇介紹，而今日之張仙如則是雖奇而不怪。儲南强是盡量發揮神仙味，張仙如則兼重人間味，保持了雅俗共賞的親切氣氛，這是我個人公正的觀感，也並不打算强人以同。

例如由霹靂洞正洞內登山四百餘石級，曲折廻環的達到山頂，舉目遠眺，怡保全市在望，四面青山如畫。山上建有兩座涼亭：一名步雲亭，一名環翠亭。步雲亭有三聯：

一、竺摩法師撰書：

步步高陞開眼界，雲雲重叠入華藏。

二、王世昭先生撰書：

樹影接天天接樹，山光如玉玉如山。

三、李天聲先生撰書：

步上洞天雙眼大，雲橫平野一亭高。

環翠亭只有潘受教授書題：「該處四週點綴蒼翠，有摩壁，有懸崖，怪石嶙峋，堪稱風景絕勝。」在山頂最高層有一小窟，塑有普賢菩薩像，從洞內洞下仰望，陽光一線直瀉，被稱爲「一線天」。

洞內外所題字畫，計有于右任老人題在正門的「霹靂洞」三大字，在洞壁五十尺高處有胡適博士題的「霹靂洞三字銘」，張道藩先生題的「雲幢花雨」、梁寒操先生題的「天南第一洞」大橫額，刁作謙先生題的「地脉鍾靈」，吳肇鍾先生題的「爲善最樂」，劉侯武先生題的「同登覺路」，杭立武博士題的「千巖競秀」，張大千大師題的「人間淨土」，湯惠蓀先生題的「天南勝蹟」，朱玖瑩先生題的「到此心清」，涂公遂教授題的「天地元音」，鄒志奮先生題的「美盡東南」，白聖法師題的「華藏勝境」，竺摩法師題的「心遊物外」，葉公超先生題的「超凡入勝」，我題的「南島敦煌」，這是題字。題聯則有梁寒操先生的

攝所歸能，勝地即爲樂地；

從心生境，南方不異西方。

李宗黃先生題的

摩崖畫別開生面，幽洞風清滌俗塵。

楊森將軍題的

大千世界，不二法門。

阮毅成先生題的
天然佛洞，海外神山。
王世昭先生題的
馬來勝地，霹靂洞天。
谷鳳翔先生題的
洞名霹靂，景勝蓬萊。

本文作者（中）與怡保霹靂洞住持張仙如居士（右二）及其二子英傑（左二）一聲（右）與徐持慶君合影名山一聯亦本文作者所題

張紉詩女士題的
到此已如仙，何必摘星摩斗。
隨緣來事佛，自然見性明心。
馬壽華先生題的
數聲鐘鼓醒塵夢，四面雲山拱佛堂。
李天聲先生題的
洞天開霹靂，南國有敦煌。
我題的是
名山上下空千古，古洞東南第一名

洞內壁畫，有張大千先生題繪的普賢菩薩像及觀世音像，高達二十尺，曾后希先生題繪的韋馱菩薩巨像，高達二十四尺。其他是馬壽華先生的風竹圖，田曼詩女士的松蔭高士圖，陶壽伯先生的古梅圖，馬白水先生的華山蒼嶺圖，沈雁女士的觀音圖等。

張仙如居士準備了一席豐盛的素筵招待，約了梁森元、彭士驎伉儷、李天聲、曾漢光、白瑞祥、徐持慶諸先生陪我，本來設在新建招待所，因停電而室內炎熱，我提議搬到洞內吃，比電扇風涼得多了。難得的是張家一家總動員，下厨親自燒菜的是張師母，端菜的是張小姐，周旋侍候的是仙如居士的兩位公子：張英傑和張一聲。這兩位英俊而多才多藝的青年曾參加中秋明月光輝中的檳城詩人大會，我在會場已經見到。宜興的儲南强先生只有一位太太和一位女兒幫助他經營雙洞，怡保霹靂洞的張仙如先生也是全家協理洞務，尤其是兩個兒子出力不少，所以我說儲門是奇父奇女，而張門則是奇父奇子。

張一聲是青年畫家，當場拿出他的三幅近作請我品題，我都題了。一聲的哥哥張英傑是青年詩人，在我當場成詩題贈霹靂洞之後，他和了我一首，只代斟酌數字。我這次在洞內的題詩是：

霹靂州中古洞奇，重來古洞再題詩。
雲遊有妹爲前導，仙窟迎君作大師。
斜照峯巒凝紫玉，幽花溪澗點丹脂。
山齋一飯多秋意，已是歸鴻倦旅時。

英傑和韻是：

地老天荒競吐奇，難分杜易兩家詩。
文章報國千年業，詞句驚人百世師。
生色江山揮彩筆，增輝洞府點凝脂。
秋風微拂如春暖，賢彥清齋盛一時。

像霹靂洞，不過是怡保古洞之一，但可以說是怡保羣洞的領袖。怡保峯巒林立，如萬笏朝天，郊外山巖之間，常常發現古代的石壁繪畫藝術。例如在近打峽谷間，懸崖上方約二十餘呎的炭白色石上，繪有許多動物及人類的題材，以赤鐵礦土繪成，線條幼稚而遒勁，形狀奇異而跡近抽象，有些像敦煌千佛洞中的北魏藝術。這些繪畫是那一民族的作品？是遠古的還是幾百年前的？尚待考証。所畫的獸類有野猪，有一種叫做「儒艮」的水棲草食的哺乳魚類，有貓和野鹿，野鹿的肚子都膨脹像懷孕；所畫的人類有執棒跳舞的，有頭戴草葉的，都圓頭長身，四肢僅各一線條。此外尚有一隻不易辨識的獸類，像是老虎，又像水牛，却沒有角。

在烏魯霹靂玲瓏附近一個石洞裏，繪有一些尼克里朵族的木炭形繪，則可判斷是現存原住民的作品，因所畫的包括有乘汽車和脚踏車的人形，筆法也是幼稚、笨拙，而帶幾分遒勁。有一位馬來西亞的考古專家告訴我：怡保附近石壁的壁畫，推斷作畫的年代，至少是最近幾十年，至多可到一千年以上。這些壁畫，大體可分三組：一組是四足動物類，一組是水族動物類，一組是有人類廻環跳舞的巨型動物類。這位考古家又說：在石壁上的繪畫，大多數是輪廓畫，但充滿着線條之美，而繪畫的用具可能是赤鐵礦土，故能歷久而不變色。我兩次來怡保登山入洞，除遊霹靂洞及其他古洞外，尚能欣賞到石壁藝術，是一種無意中的珍貴收穫。

淮上高士 邊壽民

·道載文·

花卉翎毛畫，至清代漸見發達，在此以前，畫家們重視山水畫，置於花鳥畫之上。任你畫花卉畫得如何出神入化，總須讓山水一籌，其實此一見解，不盡準確。乾隆前，畫家們畫花卉都兢兢以古法自守，雖出新意，不敢超出法度以外，工整妍雅，規矩森然。乾隆以後，畫家輩稍呈變化，瀟洒儁逸，逐漸趨於狂放，能達到發揮筆墨情趣的境界。在清初以花卉名家的，惲壽平（南田）爲代表人物；但惲仍兼工山水。至康熙、雍正年間，蔣廷錫（南沙）、鄒一桂（小山）兩家，乃專以花卉擅長。其後則又有所謂「揚州八怪」競爽一時。至新羅山人一出，畫風又一變。於花卉中專工一門者，以畫牡丹及梅蘭竹菊者較普遍；以言畫鳥，則以蘆雁爲最多，此中傑出人才，允以邊壽民（頤公）爲首選。

邊壽民一名維祺，字頤公，號漸僧，又號葦間居士，江蘇山陽人，他畫的潑筆蘆雁，名震大江南北。本刊曾在第十五期，精印他所畫的花卉魚鳥長卷，本期又覓得其精繪蘆雁十二幅，堪稱雙璧。

梁溪秦祖永所著「桐陰論畫」，是一部討論有清名畫家的畫品專書，共分三集，得三百六十家，就所見畫蹟，各加品評，書中對於邊壽民的畫雁評價極高，列爲神品。

「桐陰論畫」書中，將有清名畫家分爲神，逸、妙、能四品，其中逸品最多，得二百三十八家，神品祇得四十二家，爲董其昌（香光），王時敏（烟客），王鑑（元照），王原祈（麓臺），吳歷（漁山），鄒之麟（虎臣），陳洪綬（老蓮），方亨咸（邵村），釋髡殘（石谿），釋道濟（石濤），惲向（香山），李流芳（長蘅），王鐸（覺斯），傅山（青主），祁豸佳（止祥），吳宏（遠度），法若眞（黃石），毛奇齡（西河），黃鼎（尊古），金農（冬心），董邦達（東山），錢載（籜石），羅聘（兩峯），王學浩（椒畦），李日華（竹嬾），米萬鍾（友石），張瑞圖（二水），歸昌世（文休），黃道周（幼元），朱翰之（七處），朱耷（八大），魯得之（孔孫），載明說（道默），釋常瑩（珂雪），崔子忠（道母），翁陵（壽如），米漢雯（紫來），歸莊（元恭），高鳳翰（西園），邊壽民（頤公），許庭堅（次谷），張深（茶農），亦可見秦祖永對邊壽民畫藝之推崇一斑。

邊壽民能詩，其題畫詩均出本人手筆，如附圖之「不妨宿露共餐風，雪片冰花又滿空，若是稻粱謀可得，應無人作信天翁。」又：「點點蘆花映碧流，風吹旅影落沙洲，道人本是無愁客，寫到蒼茫亦感秋！」又：「不蹈危機等衆禽，黃蘆深處自浮沉，春風早晚歸鄉國，誰識雲霄萬里心。」畫成於乾隆丙寅，乃乾隆十一年（一七四六），距今二百二十餘年，其中一幅，具名「綽綽老人」，較罕見，當屬邊的另一別號。

邊壽民之畫見於著藉極多，但遺憾的是他的生卒年月不可考。學之者有嚴信厚、唐廷楷、馬眉、薛懷等，以薛懷最爲酷似。懷爲壽民之甥，字竹君，畫法悉宗舅氏，花卉禽蟲並工。

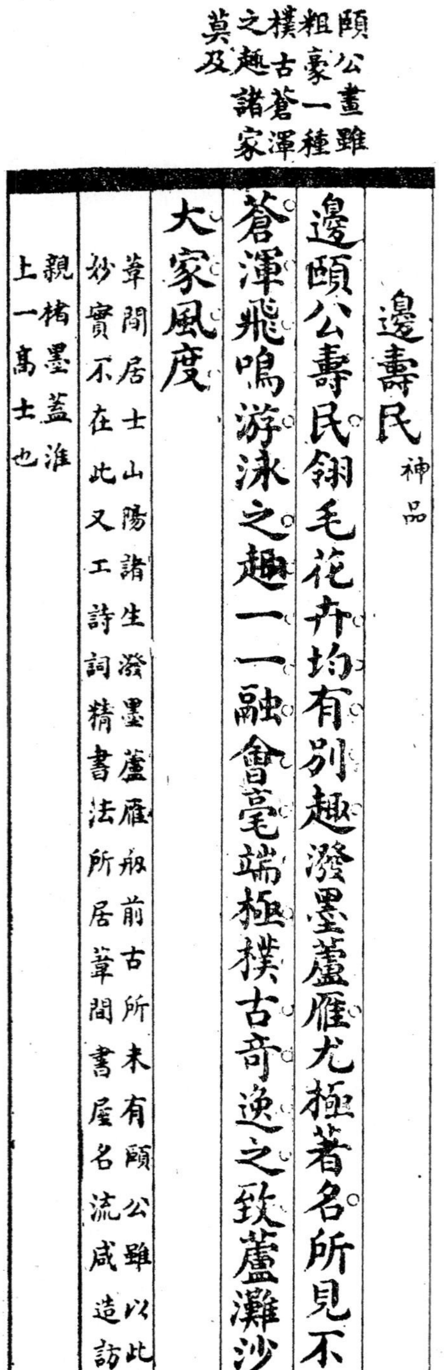
頤公畫雖粗豪一種樸古蒼渾之趣諸家莫及

邊壽民　神品

邊頤公壽民翎毛花卉均有別趣潑墨蘆雁尤極著名所見不下十餘幅筆意蒼渾飛鳴游泳之趣一一融會毫端極樸古奇逸之致蘆灘沙口生動古勁有大家風度

葦間居士山陽諸生潑墨蘆雁刱前古所未有頤公雖以此著名而筆墨之妙實不在此又工詩詞精書法所居葦間書屋名流咸造訪之不與塵事日親楮墨蓋淮上一高士也

秦祖永著「桐陰論畫」，稱邊壽民畫潑墨蘆雁，刱前古所未有，列為神品。

清　邊壽民畫蘆雁冊十二幅（定齋藏）

其一

清　邊壽民畫蘆雁冊十二幅（定齋藏）　其二

其三

清　邊壽民畫蘆雁冊十二幅（定齋藏）　其四

其五

清 邊壽民畫蘆雁冊十二幅（定齋藏）

其六

其七

清　邊壽民畫蘆雁冊十二幅（定齋藏）　其八

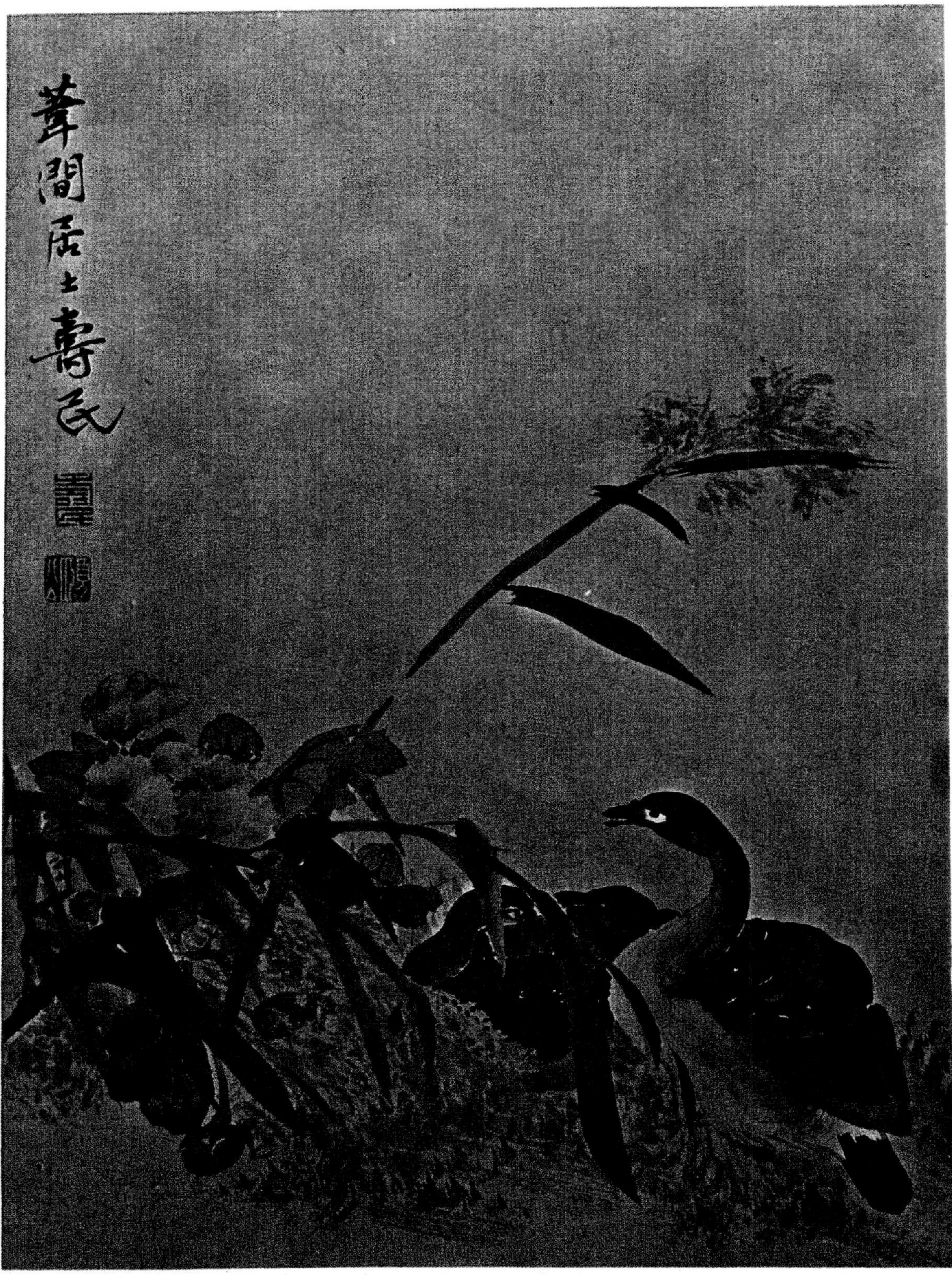

其九

清　邊壽民畫蘆雁冊十二幅（定齋藏）　其十

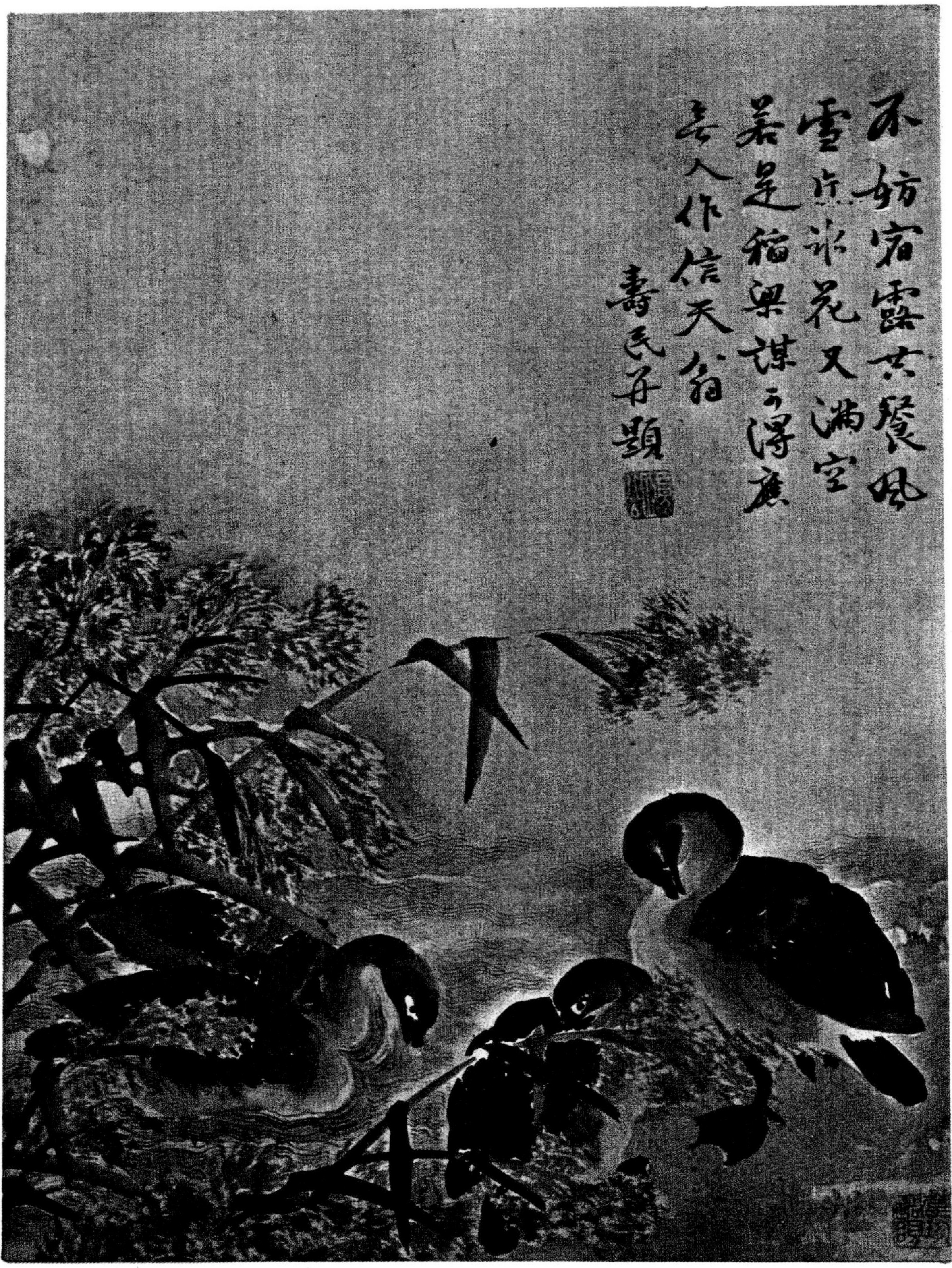
不妨宿露共餐風
雪点冰花又滿空
若是稻粱謀々得廣
無人作信天翁
壽民再題

其十一

不蹈危機等衆禽黃蘆
深處自浮沈春煙早晚
歸鄉國誰識雲霄萬里心
乾隆丙寅夏至後十日
葦間居士邊壽民

清　邊壽民畫蘆雁冊十二幅（定齋藏）

其十二

翎毛淺說

青在堂

畫翎毛用筆次第法

畫鳥先從嘴之上腭一長筆起，次補完上腭，再畫下腭一長筆，又次補完下腭。點睛須對嘴之呀口處爲準，其次畫頭與腦，又次畫背上披簑毛及翅膊，再則畫胸，並肚子至尾，末後補腿樁及爪。總之鳥形不離卵相，其法具見後訣。

畫翎毛訣

翎毛先畫嘴，眼照上唇安，留眼描頭額，接腮寫背肩，半環大小點，破鏡短長尖，細細梢翎出，徐徐小尾塡，羽毛翅脊後，胸肚腿肫前，臨了纔添脚，踏枝或展拳。

畫鳥全訣 首尾翅足點睛及飛鳴飲啄各勢

須識鳥全身，由來本卵生，卵形添首尾，翅足漸相增。飛揚勢在翅，舒翮捷且輕，昂首須開口，似聞枝上聲。歇枝在安足，穩踏靜不驚，欲飛先動尾，尾動便高昇。得其開展勢，跳枝如不停，此爲全身訣，能兼衆鳥形。更有點睛法，尤能傳其神，飲者如欲下，食者如欲爭，怒者如欲鬥，喜者如欲鳴，雙棲與上下，須得顧盼情，亦如人寫肖，全在點雙睛，點睛貴得法，形采即如眞，微妙各有理，方足傳古今。

畫宿鳥訣

凡鳥之各狀，飛鳴與飲啄，此則人所知，但未知其宿，枝頭安宿鳥，必須瞑其目，其目下掩上，禽之異乎畜。嘴插入翼中，毛腹藏雙足，因稽宿鳥情，證之古諺語，鷄宿必上距，鴨宿必下嘴，下嘴咮插翼，上距縮一腿，雖言鷄鴨性，亦具衆禽理，作畫所當知，一切類推此。

畫鳥須分二種嘴尾長短訣

畫鳥分二種，山禽與水禽，山禽尾必長，高飛羽翮輕，水禽尾自短，入水堪浮沉。須各得其性，方可圖其形。尾長必短嘴，善鳴易高舉，尾短嘴必長，魚蝦搜水底。鶴鷺則腿長，鷗鳧亦短腿，雖俱屬水禽，亦須分別此。山禽處林木，毛羽具五色，鸞鳳與錦鷄，輝燦鋪丹碧。水禽浴澄波，其體多清潔，鳧雁色同蒼，鷗鷺色共白。惟有雙鴛鴦，形須分雌雄，雌者具五色，雄與野鶩同。翠鳥多光彩，羽毛皆靑葱，翠色帶靑紫，嘴爪丹砂紅，羨此一禽色，獨冠水鳥中。

水禽式

山禽尾長水禽尾短前式多山禽故此岸以水禽其未盡者可觸類旁求之

汀雁

芥子園畫譜中的汀雁畫法

鎗斃了三次的紹興專員

圓慧

東戰場回憶錄

那位倒霉的紹興專員，在此戰中因守土失職，押解到上饒，軍委會判處他死刑。一次兩次陰錯陽差，應死未死，沒料到第三次却爲了小小一個疏忽，死在我的手下。

過了兩年八個月的戰爭生活，忽然有了「家園之思」，也居然請准了一個半月的假，允許我從後方回到上海，再轉杭嘉湖地區。假滿循原路回江西，不到半年，日軍在浙東沿海登陸，這一戰役，約一百天結束，敵人所經路線，正好是我在兩年多來兩次經過的，體驗上有些「親切感」，加上那位倒霉的紹興專員，在此戰中因守土失職，押解到上饒，軍委會判處死刑，一次二次陰錯陽差，應死未死，沒料到第三次却爲小小一個疏忽，死在我的手下，東南輿論大譁，幾乎使我反而成了罪人。

這故事有一遺憾，作爲主角的那位專員，事隔三十年，怎麽也想不起他的尊姓大名。話又說回來，那時候從沒想到有一天我會寫東戰場回憶錄的，如想得那麽遠，不知有多少最機密的文件和第一手資料，經過我的手，若能妥爲保存，用不到動筆，單是「出賣文件」，也夠我吃喝一輩子了。

眞正要尋那專員的根底，其實也不難，台灣的朋友和在第三戰區同事的，都可問得到，必要時還可向當時的司令長官顧祝同要些參考資料；但我已懶得不能寫信，怕在賣文以外再提筆，所以也祇好由他沒名沒姓吧！

請准假，自江西到上海，先是由上饒乘浙贛路火車抵金華，再循公路經東陽、嵊縣、新昌、奉化，在寧波乘輪，航行不到三天，就到上海的。我以來回路程一月計，在上海及故鄉居半月，是將多餘的時間用作遊山玩水的。金華之北的北山，這回是第二次遊，一線天、冰壺洞不過爾爾，雙龍洞那才得鬼斧神工之妙。從外洞進入內洞，人須平臥小舟上，稍抬頭，鼻尖要碰到岩石的，而這條小溪很狹，只可通一葉扁舟，入內洞登岸，豁然開朗，乳鐘遍佈，狀龍狀虎，無一不肖，正是奇觀！

經嵊縣，意外之得，住了一晚，這是越劇搖籃地，女的「婉轉善啼」，男子則十九驃悍，因之鋌而走險者亦多。是晚深夜猶徘徊街頭，對此貧瘠的縣城，有莫名的眷戀。

在奉化住了兩天，遊四明山雪竇寺，妙高台的管理人堅留，要我看月下的千丈潭瀑布，不便久滯，推說還要去瞻仰蔣墓，未領他的盛情。

到了寧波，一下子買到了船票，當晚戲癮發作，去天然舞台看戲。到得早，又不對號，我在第三排中間坐下，直至散戲，左右兩個座位始終空着，後來的觀衆都以爲我不止一人，望望然而去之。這與雪竇山上的遭遇相同，大概與我所穿的華達呢軍服有關，中下級軍官不會穿，加上我的軍大衣，係取自常州一名敵憲兵的呢大衣改製的，全戰區找不出第二件了，佩的又是第三戰區司令長官部符號，那得不到處沾一點「軍人第一」的光。

上輪前，換了藍布袍子，軍裝寄在旅館內，同輪與同乘公路車的王雲五的家屬，對我很照顧，我將在上海需要看一下的朋友地址，請她們保存，萬一船進吳淞口前，日軍要搜查的話，不致連累朋友。

無風無浪到了上海，第一天做了最重要的兩件事，趕着下午三時在逸園看一場足球，東華和另一隊交戰，已記不起隊名了，晚上在「卡爾登」看周信芳的「羣英會」。

回到滬杭路上一個小縣的故鄉，由同鄉「保鑣」相送，他在車上放了一瓶日本胃藥，這是他們的「密約」，日本憲兵查車時，一望而知不是「外人」了。在故鄉住了半個月，正逢三月三十日汪僞組織在南京成立，我鄉的小學生還有提燈會，冷冷落落，全都知道在做戲。但我在那裏像作客一樣，年青的一輩冒了出來，無法無天的，所以講話特別謹愼。再還上海時，小同鄉金小春到旅館裏來看我，他在一張小報担任編務，要我按月給他寫點內地情形。這要求在當時很難答覆，但我給了他一個前線日報的秘密地址給他，推說是我朋友住所，有信一定收得到的。這地址是諧音：江西上饒荷葉街錢錫寶紙號，荷葉街是小村街名，已在上饒郵局備案，實際上不寫店號也可收到的。此事在我返上饒後，由發行股寄一份報給上海那家小報，接着金小春也將交換報寄來，雖是黃色；但郵檢所不會扣我的報紙。汪政權成立後三月，所有在陰陽界訂購的敵僞報紙都先給我過目，編輯部認爲無用，這才交資料室。還記得看了天蟾舞台的廣告，爲之神往，跟同事說：「北方有一批新角兒南下，你看名單一個也不認識。」那是四大頭牌的一局，北方的是張雲溪張椿華應畹雲，南方的是林樹森。說句笑話，交朋友也講緣，第一次看到應畹雲三字，呆了一呆，覺得三個字的筆劃好勻，那想到這一呆之後約八年，在香港認識她了。

應畹雲是北方去滬的女演員，繼吳素秋、童芷苓之後，演「紡棉花」、「大劈棺」，列入「紡劈名旦」之林。他爲人玩世不恭，內行們都稱她爲「涼藥」，這一局她到上海並沒有紅，她之走紅是在後來的「皇后」大戲院。張雲溪是張德俊的兒子，父子俱唱武生。張椿華唱武丑，是葉盛章的徒弟，最拿手的戲是和張雲溪合演的「三岔口」。

代表「嚴肅」與「荒唐」的兩份報紙交換了一年半，太平洋戰事發生，日軍進入租界，遂告中止。從「文章旅行」中看到的，那小報上轉載我的，有王敬玖訪問記，皖南之旅，與浙西游擊隊指揮談敵後游擊等。

話再說還來，自上海乘輪抵寧波，已是春之將盡了，時間在四月中旬，放棄原定計劃，到紹興諸暨間的楓橋去看一位朋友，歸心似箭，只七天時間已自上海還到了上饒。

可是有一件事使我「不敢言宣」的不安，在我請假期間，日機瘋狂的連炸上饒七天，這是戰時常情，不足爲怪。敵人也知轟炸不起軍事作用，擾亂而已，所以自我幽默的，在這七天中天天附有傳單說：明天上午准九時再來！但有一次，不在這轟炸週期內，情形特殊，二十四架飛機集中轟炸皂頭，這是第三戰區司令長官部所在，距上饒十餘里一個小得連街都沒有的村落，長官部所屬機構，大大小小不下一二百個，分佈在上饒東南郊外二三十里內外，皂頭的村屋，也很少幾間相聯，多數是獨立房子，在飛機上根本找不到目標，除了軍用地圖，無法找到皂頭位置。而日軍的情報，除了知道長官部在上饒，別的就一無所知。

這次轟炸，除了幾間獨立農屋坍毀外，一無損失，然而這最高機密怎會外洩呢？

因爲我正好去了上海，越是沒有人懷疑，我越要表示在敵區如何守口如瓶。上饒的郵檢處我一直罵他們「混蛋」，偷看了我的情書，還在上面加批語，混蛋之所以混，這批傢伙都是同學，拿他們沒有什麼辦法？但這次我反利用到他們了，算準了敵機炸皂頭的一天，我不在上海，已還到故鄉，特地把這日子寫在信上，告訴上海的朋友，末了五個字是問號：你說巧不巧？

一切証明疑神疑鬼，打交道的自己，那時是神是鬼，恐怕誰也難說了。

東戰場的一幅珍貴圖片——敵機轟炸鄉民俯身逃避

到了這年夏天，日軍在浙東沿海登陸，第三天就陷落紹興，駐守浙東以金華爲中心的，是梁華盛部隊，浙贛路正面，相持義烏諸暨之間，當然是我方主力，所以紹興雖失得快，在戰畧上，早已是「棄子」，而且並不影响軍心。

敵人的行動，在第一個星期內，很難判斷意圖，眞正要打的話，爲什麼不沿浙贛路南下金華，切斷浙東皖南交通？他那輕裝備的快速進軍，長官部的情報參謀蔣鐵漢，每晚在他向顧長官彙報當日情況後，再和我電話聯絡時，他總說不出敵人這個戰術的名詞。

確實如此，一個新戰術的運用，敵我雙方都會自己給它取上一個名的。經過高級軍事會議後，這才爲敵軍變相的加强威力搜索，叫它作「流竄戰」。也許有人會說風凉話，誰不知道有流竄戰這名詞；可是沒說開頭，流竄歸流竄，好像這是流寇行徑，用到保衛國土戰爭上，這確是第一次。

又是一個巧合，敵人佔領紹興後，下楓橋，經諸暨，越五洩名勝區，直達富春江右岸的窄溪，停留幾天，渡江循富陽回杭州而去。這條路，我在楓橋南一個山鄉出發，一個據點也不錯，沿這獨輪車路到窄溪的，在那裏住半月，渡富春江循杭徽公路到屯溪，再沿京贛鐵路；路基涵洞橋樑均已完成，尚未敷軌道，至景德鎮。

敵軍打橫流竄的路線，須翻過距窄溪十八里的一座大山，由於我也曾走過，所以當敵踪出現在五洩山以北時，已斷定此役是虎頭蛇尾，怕我攻擾才先攻擾我的。

戰事結束，軍委會突下令將紹興專員查辦失土之責，長官部也就通令浙省主席黃紹竑，把那倒霉的專員押解來贛。

在上饒審訊的時候，可以說「不得要領」，他不能指揮一兵一卒，地方部隊實力單薄，軍隊都未打硬仗，他又怎能據城死守？也許為了「殺一儆百」，軍委會的指令是按失土罪槍決。

這一天已決定執刑了，偏偏上饒照相店軟片斷貨，不能拍伏屍的照存案備查，因此改期，這是他逃過一次難關。大概這位專員政聲尚佳，而死也死得有些冤枉，自他解到上饒，掌浙江軍政大權的黃紹竑，那時他與唐式遵同升任三戰區副司令長官，出了全力營救，向上饒也向重慶疏通；但軍令已出，收回成命很難，長官部軍法處自然奉命辦事，不管這案的幕後人如何活動了。

浙東游擊隊根據地在天目山之禪源寺

第二次行刑的時間決定，正待執行槍決時，黃紹竑的求情電話又向顧祝同嚕囌了。那電話的大意是，黃說無論如何請緩行刑，我在盡最後力量營救。顧長官其實也不忍殺一替死者；但職責所在，不能為省主席一個電話對軍委會抗命。黃說：「一切責任我負，委員長有話，加罪於我好了。」最後黃紹竑聲明：已電當局，請緩執刑，請就一二日，軍委會必有指示。

如此這般，專員又自刑場押回拘禁所在，第二次死中得生。

重慶方面確發了執行死刑命令後，為了黃紹竑的死力以爭，來一個「不死不活」的處理，給乾擱着。長官部也估計到黃的力爭可生效果，同樣對這就地處決的命令「往下拖」。

於是這重公案，轉入「地下人情交易」般，冷啊冷的冷了下去。這事雖非極大秘密，畢竟與此案無關的機構，就不甚知道來龍去脈了。

一個月過去，不問不聞，誰都以為那專員的命保得住了，當顧長官赴福建武夷山主持軍事會議的時候，陰錯陽差還是送掉了那專員這條命。

那一晚，報社工作還未開始，我在翻看各地的交換報紙，發現桂林掃蕩報上一篇加花邊的新聞，說那紹興專員抗戰不力，擅離守土，三戰區長官部奉軍委會命，已執行槍決。這新聞在我腦子裏泛濫起兩個問題：（一）此人之死，儆誡未死的人作用較大，所以最高當局決不徇情。（二）為防執刑前再有意外，槍決的消息封鎖。但無論如何，這專員的死訊，東南人士非常重視，前線日報代表長官部喉舌，雖然桂林報紙航寄抵達，已隔了七天，仍有轉載價值。不過我也鄭重處理此事，挨到深晚，待蔣鐵漢與在武夷山的顧長官彙報電話結束，始跟他通話。大抵蔣鐵漢已睡了，聲音很疲倦，告訴他代表軍方的掃蕩報有這消息，問他那專員是否已槍決？朦朧中，他用大概兩字答覆，因為他的職務與各集團軍或軍部及省政當局利用專線電話收聽當天敵情彙報顧長官，專員事件的「營救磋商」，他可以知道，執行槍決已非他所知了。電話中的「大概是吧」，憑他靈活的頭腦，一想到掃蕩報都已刊載，那還有什麼疑問，因此好勝的又含糊的同時還不使我失望的他如此答覆了我。

茲事體大，我還是要分清責任，雖然也肯定掃蕩報不見三戰區的已付執行呈報，不會貿然發此新聞，所以將此案經過及蔣鐵漢的回話，詳細給總編輯宦鄉一說；他根本不知那專員已兩次死裏逃生的事情，他考慮一下問我怎樣？我說這消息關心的人多，有轉載價值，掃蕩報的責任比我們重，他們必有根據。

終於，前線日報上刊出了這一條槍決紹興專員的新聞。

在營救他的陣營中無異投下一個殺傷彈，他的確還在拘禁中。同時顧長官在福建，又不知他作何反應，總之第一天就鬧個滿天風雨，話題集中在：想救他的變成促他早死，誰都知道前線日報這樣一刊載，不死又怎樣向軍委會交代。

幸而明大義的沉着處置，武夷山來的指示，也出於興風作浪的意外，一聲不響，將紹興專員「按報上所載」，結束了他的生命。

我沒有被人攻擊，良心上則稍覺不安，假如不轉載這消息，那個人可能關一個時候，移解回浙東，不也就完了？

代表浙江省政府報紙，包括東南日報在內，對紹興專員之死俱有微詞，一張報紙的社論，還強調記者的筆既賦予了生殺之權，下筆可不能不先作深深考慮，言外之意，指出殺了紹興專員的是誰，已然呼之欲出了。

望平街憶舊

申報與史量才

胡憨珠

史量才聽從了黃炎培的提議，要對申報加以革新，成立總管理處，領導經理編輯兩部，使得總編輯陳景韓、總經理張竹坪都感到原先在史量才一人之下辦事，現在又要加上總管理處的約束，先後不安於位。陳景韓獲得長興煤鑛公司董事長之職，高蹈遠引；張竹坪亦在史量才設計下脫離申報，組織公司，做了時事新報等組織的四社首腦。

史量才在主辦申報十餘年的過程之中，大部份的心力精神和工夫時間，都化在經營業外之業，與幹做意外之事的上邊。所以眞正對文化事業的工作，他可以說是心有餘而精力不足，言有意而時不我與。這樣，對他効勞於文化事業之說，便成爲過城隍廟向護海公秦裕伯神前所許之心願空懷想望了。

現在爲他開啓推動機器的司鑰之人，已與他常在一起，時在向他提供建設性的意見之話。可惜的是此人心術欠正，立意不善，於長君之惡以外，還逢君之惡更甚。因爲他所提建議的那是「申報的革新運動」一整套計劃，這對史量才說來，固屬聽得非常快樂，感覺心稱意滿，前程如錦。但經仔細研究其實際目的，便會憬然省悟這個好心上策進議人，祇爲他自私自謀而已。原來如果他的意見計劃，一旦付諸實施處理，對於申報的整個大局情勢而言，那正如左氏春秋所記「治絲益亂而又紊之」的那句名言了。因爲他所建議申報革新運動的計劃，就是要史量才把申報組織一個總管理處，領導經（理）編（輯）兩部努力革新運動，而總管理處的處長一職，他也作了自荐的毛遂，讀我蕪文的讀者先生們，欲知此毛遂其人爲誰？即是當年被人稱做上海老西門「破靴黨」的黨魁黃炎培（任之）。當北伐國民革命軍的勢力從珠江流域發展，到達長江流域以後，黃炎培即被上海一班所謂「憤怒的革命青年」，排隊遊行到他所盤踞十餘年的江蘇省教育會門前，喊出「打倒學閥黃炎培」的口號，一片狂叫野呼之聲，把他嚇得只有避匿在租界地區，做着蟄伏不動的尺蠖。

最近一年多來，因時移勢遷，這蠖屈已久的黃炎培眼見風頭已過，形勢平靜。於是，他却做了有心出岫的浮雲，又復向外活動起來，這因爲他是個不甘寂寞之人的關係。不過他還是謹愼小心，不敢放胆活躍，祇與史量才一人接觸，幾乎天天相聚見面，兩人秘密地商量全是有關於申報館的人與事。更其是對於國民政府定都南京以後的申報，對政府應取怎樣的應付方策，同時，對館中的陳景韓和張竹坪兩大功臣，應使他們怎麽的和平撤退。但黃炎培畢竟是上海老西門「破靴黨」的黨魁人物，他有絕頂的聰明智慧，也有高度的好亂成性。蓋所謂破靴黨也者，那是集合了上海流氓與舊時秀才的兩樣不同的氣質與才能、所凝結而混成了的一種特殊人物。因爲流氓自有他們的「尋開銷」、「裝筍頭」、「翻單勢」、「講斤頭」（按：以上都爲上海流氓的術語）等等找覓機會，詐欺錢財而不怕「跌站牢」的特大胆量。而秀才呢，更有出奇計、定異謀、作雄辯、寫訴狀等等的滿肚皮鬼主意，可是這黃炎培就係合集流氓秀才於一身的破靴黨黨魁。

史量才在當時，頗受黃炎培與研商所得以及種種面授計宜的影響，因此後來的他對付陳景韓與張竹坪兩人，不管所說的言辭，所施的行爲，就依照黃炎培所定之策。是以最後的結果，陳景韓和張竹坪都被挑撥播弄到產生了「醴酒不設，可以行矣」的去志。爲要脫離申報，別尋出路關係，遂有不約而同的提出辭職之舉，該說是史量才正在交行好運道中，自有各種佳妙的機緣，相投湊合，事竟如願。那就是陳景韓於短時期裏，獲得當局的特達知遇，出任長興煤礦公司的董事長職位，使他對申報總主筆一職，毫無留戀，非但推之就去，而且挽之不留，於是陳景韓得遂了如意的光榮離職之願，史量才也覺有難得的和平分手之感。剩下來只是打發張竹坪離職問題，不過史量才對此問題，却發生了極嚴重而巨大的矛盾。這矛盾即爲對張的才幹卓越，不願放任他離去，對他的化錢漫無限制，又實在怕敢留用。尤其對於申報廣告方面的兜攬處理工作，更有不可一日無此君之概，既感愛之，亦覺畏之。但恐遽加變動，貿然易人，不但樹敵招怨，且將貽人以鳥盡弓藏之譏。

終於在史量才的熟計深慮之下，乃與張竹坪作了一次坦白開誠的談話。却是他以另一方式，使他樂意快感而自動地離開申報，這含有既無絲毫責任的牽連，而尚有羈縻控制的作用。其設詞大意的話說：「竹坪是你要辭職離去，必然的另行尋找職業，料想總不能脫出報業的範疇吧？只是你係現任申報總經理身份，若要尋找更易新的報館職業，就有兩個難題擺在面前；一是報館不能小於申報館，二是職位不能低於總經理，縱眼看這條望平街上，聲勢地位足能與我們申報相匹敵的，實無多家，何去何從，豈不是一個大難題？但不過我知道你的才具開展，屈就申報總經理，實在還是大才小用，大爲可惜之事。現在我已替你作過了仔細考慮，詳爲設想，惟一最美滿的出路，定要既不失去現在的身份，又增加將來的名氣，祗有你自己出面辦報，由總經理升做老闆，那屬於光榮而自然的晉級。眼前恰巧有一個機會，就是通易信託公司黃溯初對時事新報不願繼續主辦，決定出盤於人，此事黃溯初與我已經幾次接洽，對於盤價條件，大致講定。那末，準定由你出面組織財團把它接盤過來，作爲自立門戶的申報外圍報館就是。至於有關於你的部份股份，該股欵多少，一準由我代爲墊付，並且全部贈送給你，以盡我們相識相交的友誼，以酬報你在這歷年中爲申報出汗出力的辛勞。」

張竹坪當時不知史量才另有用意，猶以爲他史老闆獨厚於我，沾沾自喜，同時也知道申報的革新運動，勢所必行，組織申報的總管理處，事在必成。對於編輯部門的革新之後，經理部門亦屬革新的對象，如何革新內容情形，尚在史老闆胸腹之中，相信經革新後的總管理處監督下做事，諒必味等雞肋、情同嚼蠟的了。於是在他史老闆的進勸與催促交加之下，張竹坪果然遵從史量才的意旨，出面組織協記公司的財團，參加該財團之人如趙叔雍、汪英賓、鄭耀南、孫潔人等等，共約十餘人之多。首先接辦時事新報，繼則辦理英文版大陸報，最後又辦申時電訊社與大晚報。張竹坪即以四個單位的業務集於一身，且總名之爲「四社」，兼之一口氣史量才保證幫忙七十萬元。（按：此七十萬元的數字，爲張竹坪後來在香港開設大華飯店時，對朋友所講出來的話，據說連贈送他的股欵在內），張竹坪當年就是這樣的樂意而愉快的自動離開了申報。

馬蔭良繼張竹坪之位

張竹坪接受史量才的勸促，出面組織協記公司財團，接盤時事新報的這件事實告成，那該說他是樂意而自動離開申報的了。但不過這一件事的事實內情，所知道的祗有他們兩人「你知我知」，並沒有第三人參與其間。所以張竹坪聲色不動，一切如常，每天照常仍赴申報館視事，按例辦公。而且整日栗碌地所經辦和處理的事情，依舊是申報的發行銷報和爭取廣告兩事，這當然是他和史量才所訂有秘密的君子協定之故。實因史量才的觀感上，覺得申報館對於張竹坪這個人，所佔職位固屬萬分的重要，而他所具的能力又是非常高强。關係的密切，倚畀的深重，殊非一般人所能與之匹敵媲美。在他的內心本願之間，實實在在不欲任讓張竹坪脫離申報，認爲此後向滾滾人潮何處再能尋找得出這樣的一個經理人材。但是在另一方面却又對他產生一種相當嚴重之極的畏怕和戒懼的感念，而這份感念就是恐怕他對報館的虧空越來越大，是則又非要他離去不可，試想當時史量才對張竹坪所發生心理上的矛盾問題，實屬傷腦筋之至的。

同時，史量才既雄於財，又復量大，也肯自我犧牲，因此，竟給他於熟計縝思之下，想忖出這一條使他樂意於自動地離開申報的方策來。蓋他對於張竹坪自申報接盤經營開始起，歷年來所調劑的、所宕欠的欵項，約共有十萬元之數。慷而慨之地作了一個一筆勾銷的收支兩訖以外，還贈送十萬元給他作爲協記公司財團的投資，以便接盤時事新報的股欵。所以說張竹坪在協記組織的投資額爲最多，在時事新報所佔有的主權也最大。既可以說是史量才賦性豪邁對他的贈金送股，又可以說是張竹坪憑一己才能所掙得的勞績酬報。總而言之，這個方策所施，對史量才而言，既可不負鳥盡弓藏的譏誚惡聲，而且遂了杯酒釋兵權的心願。對張竹坪而言，那是一躍而高躋於望平街上的報館老闆之列，並且贏得世人們對他有蛟龍得雲雨，終非池中物的傾羨，是以這次史量才和張竹坪的賓主之間，解除僱傭關係，可說佔盡勞資兩利，和平互惠的條件的。

但不過按之實際，細作衡量，佔得便宜比較重大一些的，却屬之於史量才方面。原來他與張竹坪商討「樂意自動離開申報」問題的時候，曾把他所化代價提出有一項附帶的要求條件；那條件就是要張竹坪於議定終止申報總經理的職位和職權之日以後，仍然請他必須要不作聲張的而且要極秘密的暫行代理下去，一直代理到有人前來接收他總經理的職權之接班人到來接班爲止。並且該接班人還要向他學習報館經理部的一點工作經驗，足以應付處理各宗事件方休。當張竹坪向他詢問及這個接班人是誰？史量才纔說出該接班人乃是他的表姪馬蔭良；因爲此時的馬蔭良正在外國留學，他所攻讀的却是醫學一科，不過他學歷和學課此時猶未到終了的階段，因此，他的就將畢業回國日期，却要歷後幾個月，才能乘輪歸來接班，這便非要請你幫忙代理不可云云。站在張竹坪的當時立場，以及與史量才二十多年來的舊誼新恩關係，自然義不容辭，當下便慨然答應承担下來。

所以張竹坪雖經秘密的自動離職，但仍然按

日到申報館的原職治事，蓋此時他實是在演唱代戲，至於他對接盤過來的時事新報，倒也不作重大改組，一切仍依舊貫，僅僅的把經編兩部略作部份變動。例如經理部因前總經理林炎夫的自動去職，該職位就由原總主筆潘公弼兼任，此外祗有會計室作了全部人員的更易。編輯部方面亦祗副刊的「青光」版原由汪優遊、徐卓呆二人輪流合編的，却改聘了梁實秋主編，「學燈」版則改聘了潘光旦主編而已。就因經、編兩部所有內外勤的工作人員，一概不予調動，情勢平定，出報照常，是以望平街上的報館同業們，對申報與時事新報的內部局面，發生變動情形，當時全被蒙在鼓裏。即張竹坪本人亦從不坐在時事新報館裏辦公，難得於午刻之前，悄悄地從他申報館辦公室走到對面來與潘公弼作密談片刻即去。此亦足以覘他們對該兩報內部的變動問題，其保密程度如何的提高和謹嚴了。終於不久的數月以後，馬蔭良學成歸國，但不過却學非所用而已；蓋馬蔭良於回國後，當即由史量才派遣其繼張竹坪的職位而代之，他的申報館總經理一直做到望平街上不見申報出版的時代爲止，可見馬蔭良對史量才的申報館勤勞忠誠一斑了。

原來馬蔭良是史量才的表兄馬超羣之子，而當時的這位馬超羣正在黃伯惠所主辦的時報館，任當經理之職。此君是個天字第一號的樂天派人物，賦性爽快，喜歡說笑。每天傍晚，館務料理清楚，便與他一班松江泗涇同鄉酒友去四馬路幾家紹興酒店買醉，而且有不醉無歸之概。但是馬蔭良的脾氣行爲，內性外態，生長得與他爺老子完全兩樣，絲毫不像。他的謹厚誠樸，他的溫讓恭儉，他雖寡於言笑，但無驕矜之色，他固勤於效學，却知擇善而從。是以一般友人們向馬超羣調侃說笑，謂君家的超羣之馬，不是你這匹老馬，而是你兒子的這匹小馬。此雖笑話，却係實言，所以史量才要改組申報的經理部，他却不要熟門熟路的現任時報經理的老馬，而要遠在國外對於報業全部隔膜的小馬，且願留任張竹坪繼續代理，期待馬蔭良學成歸來就職。因爲他認定小馬，縱非具有橫衝直撞的創業霸才，却有循規蹈矩的守成恒心，蓋此時他對申報經營的進展方策，必需要採取另一條途徑了。

至於馬蔭良就職以後的治事成績，果屬斐然可觀，幾無一事無不幹做得與史量才的心意相吻合。這點就是史量才知人善用的英明果斷之處。並且他還瞭解凡同在患難時期，闖成天下的夥計朋友爲最難駕馭之事。所以他不惜犧牲金錢，於勾銷張竹坪的宕賬和代爲墊付時事新報股欵兩共二十萬元以外，還一口氣保證幫忙以後他的事業經費五十萬元，期使張竹坪樂於離去申報，消除心理上、精神上的憎惡之念方休。不過這次史量才一反過去口惠而實不至的拖延政策，倒是躬行實踐，分期交欵，亦可謂難得之至。

黃炎培獻策革新申報

憑心而論那張竹坪對於申報館的服務精神，眞正做到了盡忠報「報」、鞠躬盡瘁的地步。慨自他任做申報館的總經理以來，夙興夜寐，奔走栗六，無不爲着申報廣告和銷報的兩項業務問題而辛勞。料不想當此時際的申報營業狀況，雖已到達某一種的旺發階段，同時，也經營得日有盈餘的實際成效。對史老闆所原定營業計劃目標，還未能做到美滿的符合理想之境，認爲尚有一點遠距離的差次。原來史量才一經接手主辦申報，就以新聞報認爲望平街上唯一假想敵的一家報館，在業務方面一切以新聞報作爲比較對象。儘管申報比之新聞報出版的年月要來得早，牌子較老，可是在營業方面的業務情形，却是後來居上的新聞報比之申報反而爲好了。這是歷史的傳統關係，因爲新聞報一出版就經營得把廣告和銷報這兩個業務問題，却要高超勝過於申報之上。究竟超勝到何種的程度和等級，據當年的老一輩報業各報經理部門的同人們傳言說稱，新聞報全年營業的收入數額，總要超出於申報之上約多二成半到三成之間。若干年來，任憑張竹坪如何的工作努力，始終無法能追趕得上，超勝得過，不論是報紙的銷數，廣告的收入，都不能與新聞報作匹敵對比，從此就成爲鐵鑄般的局面比例定率。

怎爲申報與新聞報造成這樣的趨勢，形就這樣的定率，說來實與人類一樣，大有先天所賦，生與俱來之概，蓋因該申、新兩報，其報紙聲譽雖屬同樣的齊名共處，但其報格實質則分有兩種的不同異處。原來申報一向以來把報紙內容的重心，放置在政治與文化這兩個問題上邊，作不問收穫的從事耕耘。所以它在這一方面努力，着實能夠有所精神的發揮，也有所成績的表現。但是新聞報自出版以來，就把報紙內容的要旨安排，側重於商業方面，要爲各種商業新聞的報導服務。須知道上海從五口通商，闢設商埠之後，早已成爲全國第一的通商巨埠。更因有些商品貨物爲了便利運銷關係，中外富有商人的資本家或財團，粉粉在上海興建工廠，製造商品。於是上海一地蛻變成爲工商世界，因此上海居民從事於工商業務的職業之男女人士。不管是直接的和間接的，要佔全地區的總和人口數字，約在半數以上。在於在商言商，在工言工的定例之下，所有工商界人士對於報上所刊載政治和文化這兩個問題的新聞報導，與消息紀錄，都不感覺有欲知的心向，與閱讀的興趣，一致取懶得理的態度立場。尤其關於政治方面的事情爲猶甚，非但只有冷淡的漠視，而且懷有憎惡的觀念，這就是坐定了申報業務的稍形落後趨勢，助長了新聞報業務的力向上竄現狀，此所以申報營業成績，年年要屈居於新聞報之下。

史量才每與黃炎培相聚一處，座無傍人時，總是趨奉前席，促膝深談。免不得把他內心所蘊藏的申報業務收入，其數額於歲歲年年，永遠屈居於新聞報的下風中之事作訴說。認爲此一事件是他此生中最大的恥痕遺憾，而興辦報才能有愧如不人之感，因爲他是個好勝心念非常强烈者。所以他老是對黃炎培作懇說：「必須要請任之先生費却點心機，想出若何的奇計妙策，把現行申報的營業方針作個改變不可。非得要振起頹風，挽回弱勢，必使經營業務的收入數額，最低限度當與新聞報並駕齊驅，不相上下方可。」於是黃炎培便說出一篇「申報革新運動」的計劃出來。傳說中據黃炎培說：「申報編輯部的編輯方法，經理部的營業計劃，都是遵守施行着歷經將有一個花甲子年歲之久的古老一套。實已不適用於新時代的今日，爲今之計，不妨趁此申報將要舉行六十周年紀念的機會，對報館的經（理）編（輯）兩部，作一個澈底的革新運動。同時，爲對讀者們顯示革新後的申報起見，必須每周出版七種週刊，每一天出版一種，恰以一週作來復。這七種週刊概請新文化界的著名文化人主持編務，即如各週刊的撰稿人，遍請著名作家執筆。這樣刊物期使新的思想，新的言論，新的文藝，日與革新後的申報讀者相見。要知這種除舊革新的施爲，最足以表現申報讀者與新時代、新社會的一班新人物，與六十年代的申報作共同新的更始云云。這就是黃炎培的革新論調。

據說，黃炎培當時詳說其革新運動的計劃之後，還對陳景韓與張竹坪加以大肆無情的評騭言詞。本來，史量才對於陳景韓的神態冷漠，行動任性，一派吊兒郎當對報館職務不太負責，對於張竹坪的舉止豪奢，跡近揮霍，大好收入總是不夠化，只向報館作不斷的支借宕欠。所以他對他們二人久矣乎都發生大不滿意的惡劣印象，積念既久，而興去之爲快的思想心念。無奈他們二人非其他的人員可比，在申報初辦年代都立有汗馬功勞，如果遽加變動，將貽人以鳥盡弓藏之譏。史量才對於這點的友誼感情，非常珍惜，所以總是隱忍不發，怕自我做負心的人。及聽了黃炎培所提供的意見之後，他是個絕頂聰明之人，覺得這是最好做文章的題目。便假藉以申報必須革新運動爲詞，嘗分別與陳景韓、張竹坪對申報經編兩部，作研商革新運動的辦法計劃。這正是學效孔老夫子一種「取瑟而歌，使子聞之」的間接示意方策。自然，他們二人相率辭職求去，也總算天心如願，錢力通神，最後結果，他們申報三雄便作了和平的分手，光榮的離職。

黃炎培與史量才作密談，怎爲談到對申報業務想與新聞報作競爭問題時，他就向史量才獻出這「申報的革新運動」，這一個美麗動人的方策語彙來。同時，怎爲他於陳說叙述他的革新運動的方策之後，還對陳景韓與張竹坪二人加以攻擊性的評騭之話。究竟其用意何在？此事說穿了，實是黃炎培自私自利的觀念在作祟，以及自謀自薦的心念在隱現。更說得明白清楚一點，那是他使用他「上海老西門破靴黨」的黨性慣技，即所謂有機即乘，乘機搏亂，越亂越好，從中取利的策畧。不過，今日他在史量才面前，把此方策名詞，予以加工的美化，成爲現代式的新語彙而已。要知黃炎培這個人，原是前清光緒年代的末科舉人出身，因案曾被下奉賢縣的獄中。幸經松江耶穌教堂美籍牧師蒲威廉的力救脫險，再去日本留學宏文師範學校。及其歸國以後，便聯絡當日就學宏文的蘇籍同學，成爲「宏文派」的領導人，所以他善能製造新名詞的語彙。又生得口才便給，善於說話，再加之以新語彙的運用，因此，他的說話頗具誘惑和吸引力量。試思以英明機智見稱於時的史量才，竟亦爲之所欺而不自覺，且以親信的智囊相視。但看他所陳獻出來革新運動的方策之話，全是一片「想當然耳」的胡說霸道，所謂申報的革新運動，只是導引它進入歧路而已。

至於他對陳景韓與張竹坪二人，在史量才面前所進行嚴重攻擊性的「觸壁脚」評騭之話，實含有一種報復行爲的意思成份。原來黃炎培在民國七年，曾向史量才效毛遂自薦，進入申報的編輯部，承担編輯工作。他的原意，想要主編教育版，這是與他現時所主持江蘇省教育會的會務，極有血脈關連、氣息相通的重大關係。如果這一企求計劃獲得實現的話，那正如上海俗語所說的「得其所哉」那兩句成語了。不知申報的教育版，從史量才接盤過來，易手的出版之日起，就由沈恩孚（信卿）主編。他是上海城中的南市人，也是當地的有名紳士，他的外甥就是後來被稱爲上海三老之一的林康侯。只憑他外甥當年在上海社會聞人的一點名氣和道行，便可以概知這位老娘舅的身價地位爲如何了；但不過娘舅的行爲端方，脾氣正直，不像外甥的圓活透剔，開明隨和，此林康侯終於成爲上海之一老也。

沈信卿的入學年代，遠比黃炎培爲早，在江蘇省縉紳界中的享名也較盛。黃炎培原本是浦東的川沙人，他的入學那是冒上海縣籍應試松江府考而獲中式的上海士子。在科舉時代對於應試士子的籍貫問題，相當重視，像他的冒籍應試，已經違犯了考政中的一條條規。僥倖的是當時沒有人對他檢舉，否則他「保結」上所具的「身家清白」，就要身家變成不清白了。雖然如此，黃炎培於入學後，因爲是川沙人之故，要想在上海高層階級社會裏，謀作安身立命的出道之想，殊非易事。但他懂得蔦蘿須附喬松，纔有昂首天外的風光可享，更懂得玩弄手段，利用他人的一切權術之道。於是他便認定沈信卿爲他所依附的喬松，而加以種種利用，有所作爲，他的列名，必緊靠在沈信卿之後。所以後來黃炎培被人罵爲「破靴黨」，罵爲「江蘇學閥」，沈信卿這個名字非但被牽連在內，而且高居其上。這寃乎不寃，大概在民國七年時，他對黃炎培的爲人個性已經全部了解。所以他進申報原以助編教育版的名義，誰知沈信卿竟將編務交給馬崇淦主持，自己只加以過目。黃炎培以無事可爲，自感沒趣，呆了數天，就不再來。之後，他幾次還想再來，由史量才代作關說，不料沈信卿反對最烈。甚至對史量才說：「量才先生，我實爲了愛護申報，所以不希望任之進來，他若進來會出亂子的。」不料黃炎培並不知道因沈信卿的堅決反對，以致不能進入申報的眞實內情，還錯認爲陳景韓與張竹坪在播弄職權，排擠於他，眼前得有此攻訐的機會，便大肆評騭他們，要報他當年的一箭之仇了。

王梓濂與鄭耀南爭位

一般的說：史量才主辦申報的事業成功，全仗陳景韓與張竹坪二人輔佐之力。此話說得對麽？是對的，但也不全對，若論對有助於申報業務方面的實際功效而言，張竹坪實是遠超於陳景韓之上，而效忠於史量才之情亦深且切。所以張竹坪於去職之後，還能幫史老闆之忙，仍然代理申報總經理的職務如故，要等候接班人馬蔭良，從外國留學回到上海之後，他還負責教導馬蔭良，學會了報館經理人處理有關業務部份的一切經驗，方始公開宣佈他脫離申報。但是他於離去申報時，還替史量才老闆幹成一件有關申報廣告方面得有助力的事情，那就是組織申報衛星機構的聯合廣告公司一事。該公司參加組織的投資人，共計七位，計爲史量才、鄭耀南、姚君偉、陸以銘、王鶩、陸守倫、以及原主動人的張竹坪本人。在一張冠冕堂皇的名單中，史量才就順理成章的被公推任爲聯合廣告公司的董事長，鄭耀南任當經理。這且不去說它，最微妙不過的是該組織的七位股東老闆，除掉史量才與張竹坪以外，其餘五人無一個不是經營廣告商業的頭等名家。而且也是現任廣告公司的獨資老闆，非但各人都開設着廣告商業公司的獨立機構，並且各人也都擁有大量數字的廣告客戶。所以說這家聯合廣告公司的組織，實大有利於申報館的。因爲隨時隨地可替申報張羅廣告，現在舉一個例，當此時期，申報的廣告部主任一職，已由陸以銘之弟陸子初承担。每天他於傍晚劃排廣告版時，如果發現尚有多少尺寸的廣告地位，無法湊滿版面，只要以電話到隣室的聯合廣告公司，說明今天空餘廣告版子的地位和尺寸。這六家廣告公司聯合一室辦公的五位老闆，其中姚君偉以兩家廣告公司老闆的身份參加組織，此所以有六家公司、五位老闆之說，他們於無辦法中自有辦法，必使湊滿廣告版子始已。試思這個衛星組織不是大有利於申報麽？

按：姚君偉爲本港中雍廣告公司姚玉棣之尊人。

說到這個聯合廣告公司於組織告成之初，對經理這個職位，曾發生過一件奪位爭名的揷曲故事。這說明當時該業中人，對於與申報有關連的組織業務機構，如何的崇視和尊重。原來張竹坪計劃組織聯合廣告公司，作爲申報兜攬廣告的外衛網。當張竹坪將他的計劃意見，組織辦法，面向史量才陳述，頗爲史量才採納和嘉許。而且兩人不約而同的對經理一職都落在維羅廣告公司老闆王梓濂的身上，大有英雄所見畧同之概。因爲王梓濂財力來得充實，他的營業額又鉅大，只不過他一向所經營的那是致力於「路牌廣告」的業務，而不是致力於「報紙廣告」的業務。原來前者業務的代價較大，利潤優厚，手續簡單，工作清閒。後者的業務與前者完全相反，那就是代價數小，利潤微薄，手續麻煩，工作繁忙。所以一向以來，王梓濂對於報紙廣告好像全不願沾手辦理似的不予努力，總是退讓在後，委諸他人去經手。現今張竹坪與他作初步接觸，說明由史量才發起組織聯合廣告公司的來意之後，就請王梓濂參加投資，並且說出要借重他經營廣告業務的才幹名氣、聲譽地位，担任經理職務，以壯新公司的聲勢。

此時史量才已經成爲報業中的偶像人物，在現代上海社會的各階層裏早起了帶頭作用，何況他所主持的申報，又是一份全國馳名的老牌報紙。世人大都生有一副趨附心腸，王梓濂亦不例外。他想念他自己於平日之初，想要與史量才謀取接近機會，並不易得，現在參加他的聯合廣告公司，任當經理之後，接觸的機會自多，交情的培養自厚。其次，他在張竹坪的手上，看過了營業計劃書，收支預算表。覺得任當經理有一筆優厚的薪給以外，對客戶的佣金折扣依舊，對公司的紅利按股均分，這實是名利雙全的一個大好機會。至於有關參加人的業務方面，可說容易應付之至，認爲是個不成問題的問題。只要先把維羅公司報紙廣告的老客戶，歸入由聯合公司經辦之後，再行向路牌廣告方面的新客戶打報紙廣告的主意。所以王梓濂毫不猶豫思考，欣然承允參加。誰知張竹坪回轉報館，當向五位股東宣佈，聯合廣告公司的經理已經決定請王梓濂担任，他也已經答應了云云。

那知張竹坪的話一經出口宣佈，在座別人聽了都無所謂，認爲生意各人各做，對原有應得的利益，絲毫未受損害減少。即使任做經理的一份薪給，但是股東在公司都有董事的名義，每個董事按月各有伕馬費致送。況且經理的薪給比之董事的伕馬費，數額也大不了多少，覺得這種支配的比例方法，已經做到了一體同仁、利益均沾的地步。所以大家默爾不聲，表示同意，因爲每個人的心意上可能認定這是史量才老闆的主張，何必反對。如果有人開口說話，也必總是說：「王梓濂來做我們聯合公司的經理，倒正是個說得響、話得起的人物，蠻好、蠻好，的確蠻好之至。」這一片好好之聲的，座中祇有一人獨持異議，內心力表反對，此人不是別人，就是當時被稱爲廣告大王的耀南廣告公司的鄭耀南。不過他的「廣告大王」稱謂，只局限於報紙廣告方面，倘若提及到路牌廣告方面，那實非維羅廣告公司的王梓濂之敵了。

就是這次鄭耀南與王梓濂爭奪聯合廣告公司的經理一事，可說是最現實的例証。原來當張竹坪想出這條聯合有力量、有才能的幾個廣告商業巨頭，組織一家名符其實的聯合廣告公司。在此發動縱橫劈闔的結合計劃之初，鄭耀南却是個極端熱心的贊成份子。只是對於組織成功以後的經理問題，他與張竹坪雙方都始終未曾提出作明言商討。但不過在鄭耀南的意識上，總認爲這是掛在鼻端尖頭的一塊肉，不落下來則已，如若落下必定落在他的嘴裏。料不想聽到當前張竹坪宣佈王梓濂任做經理的突如其來消息，這正像掛在鼻端尖頭的一塊肉，無端端的飛進到王梓濂嘴裏去了，那還有什麽話說呢。可是他畢竟是個有心機、有謀算的傑出人才。不願把自己爭名奪位的言行動態，落在人家眼中，成爲他日話柄。所以當場却是聲色不動、不聲不響、言笑如常的隨衆進退。及到了吃飯的時候，他就拖了張竹坪同到一家外國餐館去進食，那裏的食客全是西人，沒有華人，更沒有華商廣告的業中人。

據說，張竹坪這一餐西菜吃得很不落胃，縱然，這西菜滋味美好到何種程度，但對他實有食而不知其味的感覺。因爲鄭耀南一種哭出胡賴的情形把他心情迫壓到沉重悒塞、無言答對的地步。原來鄭耀南和他一經坐落座頭，展開談判，就是這一段的言詞話說。他說：「竹坪先生，我同姚君偉兩人，都承蒙你幫忙，在申報搬進來這新館址以後。就叫我們也搬到報館裏來收發廣告稿件，還替我們安排兩隻寫字枱子，作爲辦事所在。這是件感激不盡之事，幸而我們相處得極好，也將有十餘年光景，公私感情，兩無缺憾。因此，對此次所組織的聯合廣告公司的經理位置，不管是廣告公司的業中人，或業外人的忖度測想，總認爲被量才先生和你二人所看中任命的，不是君偉就是我。怎麽恰恰却給了與申報館向無深切交情的王梓濂，竹坪先生，請你想想看，此後我鄭耀南還有什麽面孔兜攬申報的廣告麽？」

鄭耀南這一番話，正像被情人遺棄的女子，訴說其負心人的薄倖行爲，說得大有如怨如慕、如泣如訴之概。把當時的張竹坪聽得心頭慚愧，自悔孟浪不已。其實細按事實種因，這還不是張竹坪的錯誤過失，而且值得可愿諒之處。原來他的本意，想把這申報的廣告外衛網，結成紮實要使幾家頭等廣告公司都來歸我，參加聯合組織。因爲維羅廣告公司屬於頭等廣告商，不得不以經理職位爲向王梓濂作英雄來入吾轂的誘餌，一時大意，造成錯誤。自然張竹坪被鄭耀南責問得無話可說，爲之形成尷尬局面，這餐西菜教他如何吃得下嚥落胃。繫鈴解鈴，當歸自己料理，所以張竹坪只得安慰鄭耀南，告訴他安心等待決定把這經理位置仍然歸他，現在惟一辦法，祗有退回去與王梓濂商量。不過這一件事却也給張竹坪感到相當煩惱，因爲他那是跑上維羅廣告公司之門，去向王梓濂接洽作延邀的。而且雙方談得非常契合，都作了切實的承諾，無異成功定局。所以張竹坪對王梓濂橫說對弗住，豎道很抱歉，方始解決雙方口頭的約定，結果，給鄭耀南奪得經理的位置。

從此，張竹坪不再另徵他人入夥，參加組織。聯合廣告公司即以現有的一夥股東，宣告成立，而開幕之期，一般的說是在民國二十一年。但是，據筆者依稀記得申報館劃關出營業部的南邊地方，砌造牆壁，開建門戶，成爲獨立式的一所房屋，還在民國十八、九年間。因爲當時庀材鳩工，經之營之，那時筆者還在時事新報工作。係因斜對面的鄰居關係，當進出報館門的時候，總會對它看上一眼，所以淸楚記得其事。在該間房屋裝修完成，即由鄭耀南等入居，作爲收發廣告場所，且名之爲聯合廣告公司，大概這時還未經正式公司組織。同時還有一個旁証，該公司有一位職員戴桐秋，就寄住在我所辦的「報報」館裏，也不曾聽他說起該公司的董事長是史量才，經理是鄭耀南之話。意者到了二十一年，該公司擴大組織，增添股東，一切遵照商業公司組織法辦理才正式宣告成立的。

關於上邊所說之話，證實該公司成立於二十一年，但亦有眞確的實証。蓋承該公司的一位股東，亦是董事身份的朋友告稱，聯合廣告公司自成立以來，從未舉行開過一次董事會議。及量才先生慘遭暗殺之年，正是我們公司的二週年之期。這次他的離開杭州要趕到上海來的原因，就因爲於二天之後，他要來主持我們公司二週年紀念的慶祝，並舉行董事會議。初不料在中途的翁家埠地方遭遇暴徒的暗殺而死。所以說聯合廣告公司的董事長史量才先生，始終未曾出席過聯合廣告公司的董事會，與全體董事作晤聚一處商討業務，又好比孤兒自呱呱墮地以來，未曾有與它的生父作一次親親暱暱的相見一面之緣，說來也是件遺恨千古的憾事了。準此前邊我的朋友告稱之言，則對該公司於民國二十一年成立的說數，似又信而可証，這且按下不表。但尚有較先聽到我的另一位朋友所說之話，他說在史量才離開杭州的這天晨間，他曾接得張竹坪從上海打來的長途電話。就在當天下午史量才就在京杭國道上出事，所以張竹坪大有疑問云云。

對於史量才之死，張竹坪有疑問的那種說法，我却不信，力持否定其言的異議。所據否定的理由有二：（一）是相信張竹坪做人行爲雖相當精明厲害，但決不是個出賣朋友之人，他與史量才有三十多年的朋友交情和關係。而且他們二人情非泛泛，非常親密。爲什麽他要出賣親密的朋友呢？對他自己有什麽的利益可估？有什麽的好處可得？（二）是因爲對他炒魷魚關係，深懷怨恨，故而出賣他老闆史量才的生命，作爲報復行爲。此話更說得不成其爲話，要知張竹坪是樂意而自動地脫離申報，非但和平分手，而且光榮去職。究竟史量才以五十萬元相贈，給他主辦時事報、大晚報、英文大陸報、以及申時電訊社等四個新聞事業機構的經費，却是眞實不虛。縱然說以張竹坪二十多年來在申報的勞績而言，這五十萬元的贈與，不得稱爲特殊的懋賞。但不過當那時那地的一個得力夥計，老闆於他離去之日，以此巨欵相贈。這不能不說史量才是個慷慨的老闆，何況時當民國二十三年，張竹坪早已完全脫離申報，絲毫沒有一些關係，怎爲去做這種損人不利己爲暴徒耳目之事啊。（二十一）

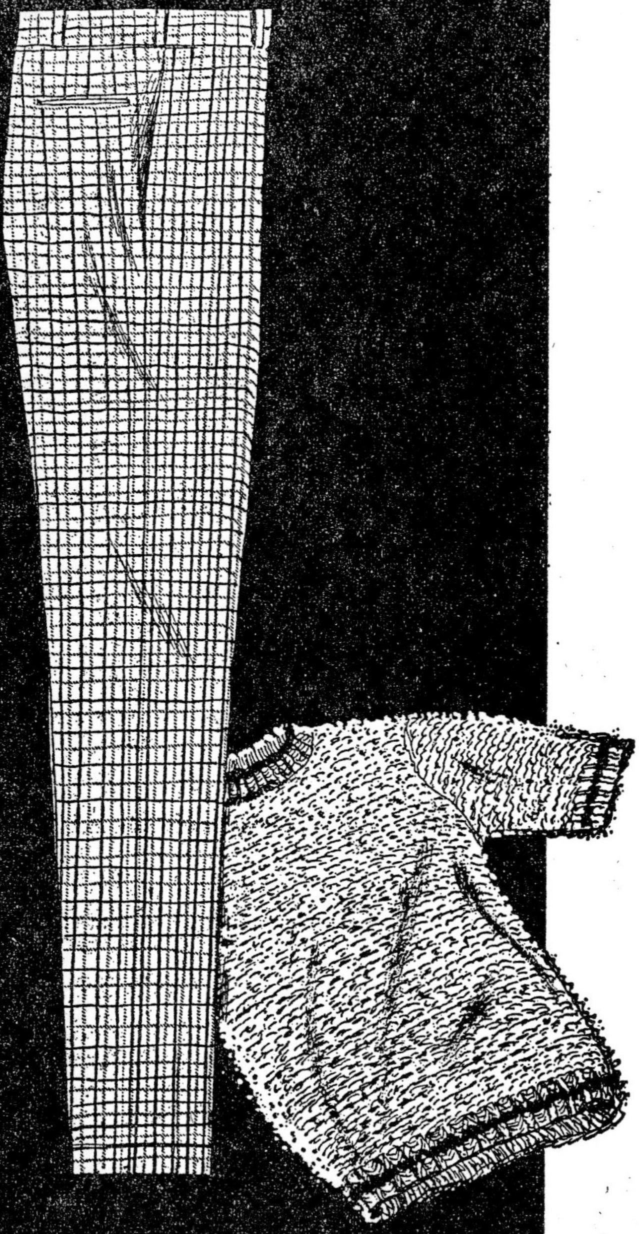

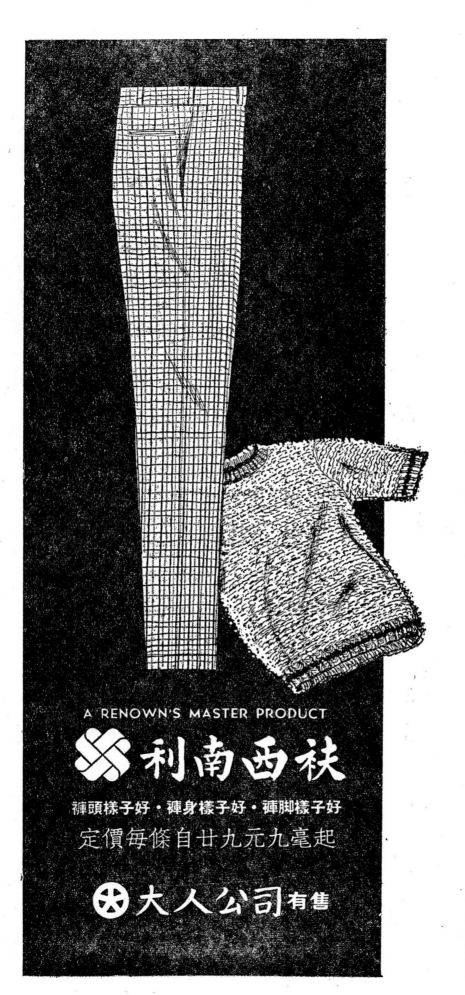

憶小糊塗 漫譚測字

章千里

測字，是我國占卜的一種，又名「拆字」，隋朝稱爲「破字」，宋朝稱爲「相字」。歷來如謝石、胡宏、王龍、程以三等，均爲測字名家。近代研究此道的人，日漸減少。我家久居上海，在我十六歲那一年，居宅後弄遷來一位測字名家小糊塗，原名吳伯芬，江蘇常州人，預卜休咎，甚爲靈驗，門庭若市。本刊上期陳存仁博士所撰的「銀元時代」生活史中，也曾提及此人。我當年爲好奇心所驅使，因和他居處密邇，時常看他測字。他和我父是好友，願意教我，我因二十歲先父逝世，很早爲人推命，未曾受教，但在他家走動四年，不時旁觀，對於測字之道，微有心得，現就記憶所得，畧述如後，供「大人」補白。

測字的方法很多，但切合實用的，祇有下列十種。

一、裝頭法：例如「戊」「茂」、「古」「苦」、「免」「寃」、「至」「窒」、「連」「運」、「亢」「完」、「田」「富」、「升」「飛」等。

二、接脚法：例如「采」「彩」、「千」「秀」、「立」「音」、「里」「異」、「自」「息」、「其」「基」、「苑」「葬」、「合」「會」等。

三、穿心法：例如「昌」「量」、「鞋」「難」、「月」「用」、「旦」「車」、「弓」「費」等。

四、包籠法：例如「稚」「稷」、「韭」「殲」、「貝」「遺」、「矢」「痴」、「由」「遭」、「尹」「倉」、「牛」「遲」、「昔」「廣」、「石」「磨」、「弓」「潑」等。

五、破解法：例如「行」「衍」、「共」「莫」、「衣」「哀」、「笑」「算」、「田」「古」、「香」「查」、「助」「賀」、「志」「喜悲」、「宋」「安樂」等。

六、添減法：例如「唯」「難」、「皮」「波」、「忝」「泰」、「合」「命」、「曹」「糟」、「鳥」「鸞」、「目」「身」、「王」「弄」、「巴」「絕」、「寬」「見」、「鶉」「鳴」等。

七、對關法：例如「先」生頭死足，「善」美頭喜足，「帛」皇頭帝足，「展」眉梢眼角，「伯」仲頭縮足，「友」有頭沒尾，「推」攔頭截足，「客」凶頭吉尾，「言」文頭句脚，「找」拖頭曳脚等。

八、會意法：例如「烟」因風吹火，借力才成，「淋」楚漢爭鋒，應有口角是非，「蜃」飛龍破蟄，主有權柄，「薊」蘇秦背劍，功名晚成，「裕」補天浴日，必得大人維持，「鏗」鑽之彌堅，竭盡心力，「薏」有意栽花花不發，「徠」小往大來，諸事亨通，「爐」百病叢生，（屬「火」、屬「虛」，「胃」氣不足，「血」少、又有「瘧」疾，出「盜」汗、「勞」傷、思「慮」太過）。

九、假借法：例如「立」、逢人得位，遇水成泣，「子」、有女必好、「口」、見鳥有欲鳴之象，「化」、言必有訛等。

十、諧聲法：例如「倒」「到」、「秤」「稱」、「叉」「差」、「加」「家」、「非」「飛」、「桃」「逃」、「梨」「離」、「鶯」「陰」。（稱字指稱心、陰字指陰天）等。

小糊塗名聞江南，我以爲他之所以能成功的原因有三：一爲師承，他曾拜浙江南潯夏興甫爲師，夏有「江湖才子」之稱。平生祇收了兩個徒弟，小糊塗之外，另一人就是郭少梅，郭隸潤餘社，說評話「三國」。後來，有「描王」之稱的彈詞名家夏荷生彈唱「描金鳳」，說到「劫法場」一段，內有董賽金喬扮三十六行，混進法場，郭少梅曾向夏荷生提供有關測字看相資料，就是郭少梅從乃師夏興甫和師兄小糊塗處得來的。二爲力學，小糊塗無書不窺，時時一卷在手，出口成章。三爲經驗，他積了幾十年的測字經驗，對於每個字的分析精當，有隨手拈來，渾成自然之妙。他雖沒正式收學徒，但有兩位私淑弟子，一姓李，藝名滿天星，在老西門掛牌，生意不惡。一即嚴芙蓀，是新聞記者，又屬小說家，有很好的文學根底，他在九江路開業，用「葫蘆測字」作號召，又有報界爲之義務宣傳，生涯盛極一時。

郭少梅是浙江石門人，坐在書台上，不像一位評話家，銀鬚飄拂，恰似一位老學究。腹中淵博，因爲他不是蘇州人，所以不能加入光裕社，長年在邑廟得意樓樓下柴行廳開講，黑底白字的水牌上，稱他爲書壇才子。

嚴芙孫是浙江桐鄉人，名煇，別署黛紅，他的叔父就是大名鼎鼎的新聞報副刊「快活林」主編嚴獨鶴。芙孫曾撰「民國舊派小說名家小史」，最後一篇是談他自己的：『年十四，即善撰小說，披露于百期前之「禮拜六」者不少，首得王鈍根氏所許。十五創「雛報」，十六創「新新思潮」，十七創「青聲周刊」，均以資本短促，未久而罷。近年致力於小說短篇，所撰近二百篇，達百萬言以上。壬戌夏，全國小說名家在滬有青社之集，青社、君所手創也。」文中的「禮拜六」，是當年風行一時的周刊，編輯人即是王鈍根。』

我在上期本刊寫了篇「談鐵板數」之後，接到不少來信，都是要和我研究鐵板數的，說實話，我對鐵板數所知不多，這個題目是遵「大人」主編之命而寫的。本期漫譚測字，則是我自己在考驗自己的記憶力，若是再有讀者惠書要和我研究測字之學，恕我又要敬謝不敏了。

小糊塗測字之可貴，是在「測」的方面用工夫，並不是將一個字「拆」得粉碎。根據下列的字面，便可證明，更重要的是所謂「觸機」。

漢 望洋興歎
淦 破釜沉舟
津 法律兼備
泉 無絲引線
漏 雲泥之隔
汶 滑水遇文
汎 遠浦歸帆
海 望梅止渴

濕 沉淪不顯
煩 焦頭爛額
鍾 千里得金
鑾 破鏡分鸞
桐 玉洞桃開
柴 紫氣東來
松 公私兩利
東 人未登車

柜 水到渠成
杜 有根有基
樊 隨手攀援
土 坐上無人
埋 理上有虧
臺 室人坐喜
圭 懷佳人兮
黠 鯉可化龍

馮 不足憑也
小 一半光景
卜 上下無依
乃 孕必生子
白 百無一就
則 賞罰分明
一 生死之關
而 破面之象

不 比下有餘
甘 甜頭已去
正 征人不至
三 始終如一
泰 春華秋實
七 皂白不分
公 一言搆訟
蜀 無光之燭

其 一月爲期
丸 不能瓦全
執 勢力不足
壬 千中選一
午 目無全牛
南 幸而不幸
兌 無言可說
有 月到天心

園 去國不遠
冊 兩月不到
冉 一而再乎
肉 內中有人
聿 破筆殘書
尹 伊人不見
首 道之不行
羊 未盡善也

受 無心之愛
夏 憂頭憂尾
能 夢熊夢羆
几 飢不得食
晶 三緘其口
暌 葵心向日
暉 時運不濟
膝 如膠如膝

雲 魂靈失散
山 有了出頭
畏 五鬼喪門
吟 一心唸佛
人 大丈夫也
余 半途而廢
令 喜脫囹圄
禽 離多會少

介 勢如破竹
韻 不是姻緣
呆 央人作保
他 勿施於人
傷 傀儡登場
俱 半眞半假
伐 休戚相關
徐 行有餘力

耳 目下有餘
司 似可不可
吳 無心之悞
知 痴心短見
單 張弓挾彈
言 病不宜卜
悞 心直口快
訓 風調雨順

諳 言不盡意
奇 可以立待
音 心滿意足
彥 參商不見
走 事方起頭
遯 月中不遂
才 方寸亂矣
括 指東話西

找 非復故我
掠 半推半就
掩 江淹才盡
果 覆巢之下
甲 兩邊無用
勉 勞逸均分
幼 無約不成
般 半沒之舟

欠 藉口吹噓
妻 擇木而棲
奴 手到拏來
尸 不能終局
繼 可斷可續
結 紅鸞天喜
禱 福薄壽長
寸 未盡其才

良 寄食於人
酉 半醉半醒
新 相親相近
門 不二法門
悶 出門心寬
弓 窮到極處
弭 虛張聲勢
穴 富首貴足

安 窈窕淑女
客 半路出家
守 加官進爵
寞 入幕之賓
貢 衆口囂囂
宣 不宜室家
豹 狗尾續貂
狐 孤獨之象

豺 才貌雙全
佳 雌雄未決
鴿 一鳴驚人
虬 有傷風化
蟲 蠅頭蝸角
葉 一世榮華
苗 花果半熟
芍 花前月下

茲 玄之又玄
堯 熱如火燒 冷如水澆

以上揣想舉例，仍在用者神而明之，掛一漏萬，在所難免，尚祈鑒諒。

天橋八大怪

文：張次溪
圖：孫昌煌

天橋是故都北京的平民游樂場，範圍之廣，人才之盛，世罕其匹。有錢人可以逛一天，吃喝玩樂，沒錢的人也可以東蕩西眺，在人群中擠來擠去；如果不怕挨罵，無數雜耍場子都可以白瞧白看，等要錢時揚長而去。因爲天橋一年三百六十五天，風雨無阻，老是那麽熱鬧，無形中養活多少人；以雜耍來講，就有所謂「八大怪」，而這「八大怪」並不是固定的，某一個時期，有某一個時期的八大怪，至於享名久暫，那就看大家的歡迎程度了。

庚子時代天橋八大怪

窮不怕

窮不怕，原名朱少文，漢軍旗人。世居地安門外毡子房。幼習二黃小花臉，曾搭嵩祝成班，因不能唱紅，遂棄本業，改習架子花臉。後來獨出心裁，改爲太平歌詞，與說相聲的孫丑子爲師兄弟。擅長用手指揑白土子，撒地成字。又時時作丈二大福、壽、虎等雙鈎字，每當遊人圍滿時，他先撒一幅對聯，上聯是：「畫上荷花和尙畫」，下聯是：「書臨漢字翰林書」。一手持兩竹牌，隨敲隨唱，所持竹板，上刻有：「滿腹文章窮不怕，五車書史落地貧，」此付竹板，四十年前，余在國立北平研究院工作時，曾見有人持來求售，竹板極透潤，字體亦清超有致。當同光會試之年，南北四方的舉子來京，偶遇窮不怕，問他何以取這個名字？他便用白土撒地，條分縷晰寫出，詞中說得頗有道理，於是窮不怕之名，漸爲外省人士所知。他自編自唱，有「老倭國鬥法」、「乾隆爺打江南圍」、「保鏢」、「過新年」、「黃鶴樓」、「十八黑」、「睡夢長」、「五行八卦」、「天上下雨」、「莊公打馬」、「天爲寶蓋」、「千字文」、「堆兒兵作夢」、「寶玉自歎」。他對於京劇，又有研究，時常教人唱戲，相傳他曾參加編製武劇中的全本八大拿。他在天橋唱了多年，後來遇見了蒙古羅王，把他請到羅王府中，供給優厚，不讓他到外邊唱。庚子後他年已七十多歲，不久死去。他雖有二子，均不是學他這行，有二個徒弟，名小范、小貴。蔡省吾先生文武雜劇談有一小段云：「窮不怕以白沙洒地上，作各種特別字畫，隨口學唱詞曲貨聲」，於此可以見到他不獨說些笑話，還能學各種貨賣聲。都門彙粹中詠窮不怕詞曰：「白土撒字作生涯，欲索錢財謔語賒，弟子更呼窮有本，師徒名色亦堪誇。」天橋雜詠詩中詠窮不怕詞曰：「信口詼諧一老翁，招財進寶寫尤工，頻敲竹板蹲身唱，誰道斯人不怕窮。日日街頭灑白沙，不須筆墨也塗鴉，文章掃地尋常事，求得錢來爲養家。」

窮不怕自編自唱

韓麻子

韓麻子，相貌奇怪，口齒優良，相聲側重在相，相貌若是不對，口齒無論多好，仍然攏不住神，必須五官特別，天然有一種滑稽氣象。在衆人面前一站，不待開口說話，而大衆已含笑相迎。及至開口說話，不拘是新活也罷，舊套子也罷，一經其口，便格外提神。韓麻子別號鴨兒廣，其頭顱之圓徑，支節橫生，前有梅花紋，後有三臺骨，加以眉目怪誕，態度深沉，不是庸俗，不是醜陋，完全是一團喜氣。作藝之時，向來獨自一人，不搭夥計，不拉廠子，不設板凳。提起韓麻子岔腰五字，誰都知道是要錢，皆因韓麻子作藝之時，每逢要錢向不言語，惟以形態示意，將兩手往腰間一岔，觀客即知其要錢，也搭着他的人緣好，輪到要錢，觀客傾心願意，一塲兒活下來，眞能見個三吊兩吊的。（一百多枚）又他在天橋，不拘何處，隨地隨時，露天獻技，只要把畫眉籠子往當地一放，立刻圓年兒，行人駐足圍觀，笑不可仰。他還是輕易不搭夥計，賣單春的時候居多，一樣也是「滋兒淘氣」、「琢二太爺跑車」、「估董糊驢」、「劉羅鍋子私訪」等的俗玩藝，惟獨一到他的嘴裏，便顯着格外玲瓏，他死於光緒二十五年。

處妙高嬉笑怒罵

處妙高

處妙高，又名醋溺膏，姓張，以歌馬頭調，及山西各樣小曲，享名京中。清光緒間，嘗獻藝於天橋。除唱小曲外，並善說笑話，嬉笑怒罵，盡刻薄之能事。按溺字，應讀爲倪傲切，即尿也。醋與尿，皆爲液體，熬之可以成膏，他的命名之義，即本乎此。他的拿手玩意是相聲。他蓬頭垢面，連鬢鬍鬚，手拈草珠，常着紗袍，暗學各種聲音笑貌，隨編各類詼諧詩聯。每先打錢，後遮小帳，在帳中形容一切，半雜狎褻，無不神似。天橋雜詠中有詠處妙高詞曰：「俚曲村歌興亦豪，鏜鏜韃韃韻嗷嘈，而今尚有人傳說，處妙高訛醋溺高。草珠紗袿態婆娑，鼓板頻敲又打鑼，五十年來誰繼起，人間冷落鳳陽歌。」

鼻嗡子

穿鼻子，又名打麻貨鐵壺的。係用竹管二支，插入鼻孔之內以鼻音令竹管作響，用以和口內之唱歌，腰際懸一洋鐵水壺，敲之以代鼓板。或在天橋，或進城趕廟，不知其姓名，都管他叫麻貨鐵壺的。天橋雜詠中有詠鼻嗡子詩曰：「麻鐵壺敲韻調揚，亦能隨手協宮商，當時牛鬼蛇神樣，看到而今轉覺强。鼻音一響上場來，抹粉簪花亦怪哉，但使遊人能注目，今朝不負大煙灰。」

盆禿子敲盆唱曲

盆禿子

盆禿子，相貌頗似畫中李鐵拐，他拿着一尺許淺瓦盆，以雙筯上下鼓成各種腔調，還隨口編唱曲詞，他又用啞嗓唱高腔，連珠一氣，隨處抓哏，可以博得哄堂一笑。天橋雜詠中有詠盆禿子詞曰：「曾見當年盆禿子，盆兒敲得韻錚錚，而今市井誇新調，豈識秦人善此聲。擊缶唱歌形似丐，斯人今已不堪論，笑他俗子無知識，妄擬莊周浪敲盆。」

常傻子以拳擊石

常傻子

常傻子以砸石子吸引觀衆，出賣百補增力丸。每天同其弟常老二，帶着一個小鐵盒丸藥，弄幾塊石頭，來到天橋，祗用一條板凳，將鐵盒放在凳上，看觀衆漸多，他隨砸石頭，隨着講說强壯身子的方法，及宣傳百補增力丸之效用。他說：「無論閃腰岔氣，錯了骨縫，傷筋動骨，跌打損傷，風寒麻木，祇要吃了我的百補增力丸，馬上就好。」觀衆看他拿着極厚的青石或大石子，祗用手指一戳，石頭馬上粉碎，都以爲他是吃百補增力丸的功效，所以逛天橋的人，希望自已身體壯的人，都要賣他一盒吃。天橋雜詠中有詠常傻子詞云：「猛向石頭哈一聲，掄開單臂定雙睛，石頭撤去石頭墊，肉綻皮開也不成。仙家煑石事荒唐，常傻而今可作糧，頑石但能迎手碎，何須更覓點金方。」

醜孫子

醜孫子以說相聲爲業，面目醜陋，因此得名，每到新年初一，他必頭帶麻冠，身穿重孝，左手執哭喪棒，右手打着執旛兒，不但摔喪盆子，還要大聲哭爸爸，哭一聲，叫一聲寃，藉此博取觀衆一笑。他每天表演兩次，即可得不少錢。醜孫子死後，相聲恩子，承襲他的喪碟，也頗名動一時。天橋雜詠中詠醜孫子詩云：「爲謀生計戴蔴冠，行哭爸爸又呼寃，莫道國人多忌諱，也知除假使眞錢。」

田瘸子

田瘸子他擅長練槓子，有沾棍、撑竿睡、鷂子翻身、寒鴉浮水等名。甚至以二指着槓，馬上拿起大頂。

辛亥以來天橋八大怪

耍蛤蟆教書

庚子年前後，在天橋玩藝場，有一位六十多歲、凹腮黃鬚尖頭的老者，說話帶吳橋口音，還帶些嗓啞，他用白土子撒地作一個圓圈，帶來一塊木板放在當中，他蹲在圈內，大喊學生上學來呀，一會兒圍上一羣小孩子來看。他徐徐從腰中掏出一個大些一個小些的小瓦罐兩個，將一個較大的瓦罐罐口布塞子取下，一隻大蛤蟆，從罐內跳出，跳上場中那塊木板上。那老者又喊道：老師都來了，學生還不上學來，聲還未了，從這隻瓦罐依次的跳出八個小蛤蟆來，一跳一瘸的，跳到大蛤蟆之前，分兩排伏着。老者此時又喊：老師該教學生唸書了，大蛤蟆哇的一聲，八隻小蛤蟆，也哇的叫了兩聲，如此一叫一答，大蛤蟆教小蛤蟆唸起書來，不斷哇哇叫，約十來分鐘。這老者又喊放學啦，那八隻小蛤蟆，又依次跳入瓦罐，大蛤蟆看八隻小蛤蟆，跳入瓦罐，他才慢慢的跳入瓦罐，當他跳時，不像小蛤蟆那樣活潑，十足象徵一位教四書的秀才先生。這老者把這場表演完了，將這大瓦罐放在腰中，又將那隻小瓦罐打開來，一羣成千成萬的黑黃螞蟻從罐中爬出，那老者口中又喊：排好隊，看齊立正，他用一手撒了些小米，這兩色螞蟻，馬上黑的黑，黃的黃，自動各歸各營的排好行列，絕不混亂，於是老者遂向觀衆說了一套要錢的生意話，要上幾吊錢之後，再演第二回。辛亥年後，這個老者遂不再見他在天橋了。

老雲裏飛

老雲裏飛所作之藝，不是說相聲，更不是說書，也不是唱戲，就是一種臨時滑稽，應便門哏，把人招樂就要錢。按老雲裏飛原名慶有軒，清旗人，住西四牌樓北大紅羅廠，本梨園行，在光緒庚子年前搭四喜班充任武行，在彼時四喜戲班在前門外大柵欄三慶園唱戲，庚子之後三慶園被火焚燒，慶有軒因爲戲班的班底兒是散了，戲園子是被火燒了，再搭別的班去唱戲是很不容易，他除唱戲身無一技之能，迫不得已，帶着他的兒子白寶山，（當時名畢來鳳，就是頂頂大名天橋雲裏飛。）二子寶亭，（不久病故。）於辛丑年春間，父子到崇文門外花市大街慶福齋餑餑舖門前，料地作藝，（因爲在西城守家在地，裝瘋魔的暢不開臉，）在那年畢來鳳才十二三歲，可是他們父子既料場子去作藝，生意門內的金皮彩卦柳戀（彈絃子拉胡琴唱）等等，是完全的不會；再說他們父子除去渾身上下衣裳外，是別無他物，既是作藝，沒有名目，怎麽招觀衆圍觀呢。於是乎他父子二人，乃用大白（鉛粉塊）在眼睛外週圍畫兩個白圈兒，在地下用大白寫雲裏飛（慶有軒）壁裏蹦（畢來鳳切音），雨來散，風來亂，寫完之後，雲裏飛啊的大聲怪喊，壁裏蹦把鞋脫下來，光着襪底兒翻觔斗，一會兒的工夫，看熱鬧的人就圍滿了，當時現想跟人要錢的法子。就說是唱「三盜九龍杯」，老雲裏飛把破大棉襖鈕扣解開，算是飾周雲龍，壁裏蹦飾楊香五，鑼鼓文場是用嘴說，那塊寫字的大白，就算是九龍玉杯，楊香五見周雲龍那一幕，說三天之內要盜取九龍玉杯，說到這裏，老雲裏飛就把這塊大白拿起來往懷內衣裳內一放，說是杯呀在這兒哪，叫，叫你臭妹妹的盜不了去，圍觀衆人大笑，緊跟着就要錢。或是老雲裏飛與壁裏蹦演「惡虎村」，壁裏蹦飾王棟，雲裏飛飾黃天霸，唱完了離去揚州江都縣那一句，有嗨的一聲，壁裏蹦就答下句說：老兄弟你一路之上嗨聲嘆氣，鬧了我哥哥一身的毛病，老雲裏飛緊跟着就說：我早知道臭妹妹的有毛病，誰要跟你一塊兒走胡說他，大衆一笑就要錢。老雲裏飛並對觀衆說：「諸位別看我這個角色不好，我在梨園行也有名姓，前寶勝和班名伶男角秦腔青衣五月鮮，是我師哥，我叫六月臭，」說完，觀衆哄堂大笑，其滑稽多類此。雲裏飛這門生意，頗受人的歡迎，因雲裏飛愛說臭妹妹的，以此社會上拿做說笑話資料，留下許多的歇後語：什麽雲裏飛帶好來啦，臭妹妹的。雲裏飛玩耍空竹，臭妹妹的抖起來啦。雲裏飛上楊樹，臭妹妹的巴結高枝兒。雲裏飛坐飛機，臭妹妹的上天啦，此種玩笑的歇後語，北京社會的人，沒有不知道的，由此老雲裏飛之名大振。後因其愚直，語言穢褻，禁其作藝，遂改說西遊記（評書）帶賣藥糖。雲裏飛冬天常穿灰色布面羊皮襖，紅普魯馬褂，足穿青布全盛樣大棉鞋，領下一部銀鬚，眞是根根見肉，露出一種的坦然氣象來。說西遊又名內丹圖，老雲裏飛說西遊賣藥糖，糖名沉香佛手餅，然亦不過普通之糖，稍加香藥末耳。老雲裏飛說畢一段西遊，即持糖筒向場中繞行一匝，以求售。兒童尤喜聽，當其開口時，先抱漁鼓，以手撫之，砰砰作聲，口唱一洞天，美猴王，保着唐僧去取經等詞，及至形容猪八戒之獃性，孫行者之猴性，俱維妙維肖。

耍金鐘

耍金鐘照像的藝人，他所演的那種金鐘照像，是天橋一種已經絕傳的玩藝，他是一位中年的藝人，在用木板皮搭的小木桌上，放着自己畫成的幾幅畫，畫着長頭人，短尾缺身的馬，諸如此類的畫片。有一個擦得極亮，是用水銀擦好的銅筒子，這個人，用滑稽口吻，大聲連說帶喊的唱道：諸位請看金鐘照相，人不像人，馬不像馬，樹不像樹，經我這金鐘一照，人會走了，馬要活了，船要行了，車要動了。有些好奇的人，圍着要看，他接過錢後，將那擦得一明如鏡的金鐘，拿過來，向着這幾張四不像的畫片上，搖擺移動，馬上這幾張畫片的影子，照在金鐘上，好看異常，還能活動。於是他又唱道：「劉唐下書、馬跳潭溪、搭船借傘、馬走了，吁，站着，開船啦，開船啦。」眞是滑稽萬分。他是用光學的方法來製造成圖，與哈哈鏡的學理一樣，並且這人不像人的畫片，使它合乎曲線，經那圓筒一照，馬上表現出來。像這些合乎科學的玩藝兒，在當日不爲社會重視，未能把他盡量發揮出來，不久遂也絕跡了。

傻王

那會兒，天橋有傻王，能仰臥地上，由好幾個人，將千八百斤大石磨抬放到他胸口上，疊疊同泰山之重。少刻移置地上，又運全身之力到掌上，又運全掌之力於指上。他請觀衆隨意劃一記號在一塊大石上，他馬上能用三個指頭，斫到石上，石頭隨即截然中斷，再換一塊，仍然斫碎。更將上衣脫去，坦腹示衆，隨手取大石塊向胸部擂敲，蓬蓬作響，石頭粉碎，而胸部無恙，他又善銅臂開石，舞磨盤，能以粗繩，勒于喉間，背負三百餘斤石頭，還能環走如飛，自言套白狼，遇我算白套了。他每場終時如見錢給得少，便道：主道們是聽唱蓮花落纔給錢呢，便抓土往臉上擦，說這就叫粉。在場上亂扭，一學唱墜子的摔鏡架，嬌聲嬌氣，音調極像，招得大家笑了，紛紛給他擲錢。他有許多徒弟，全都知道敬重他，勸他休息，願養他老，他不肯，故終於賣藝。

趙瘸子

趙瘸子幼年時因踢腿，用力太猛，遂致殘廢。以一根半腿人，而能在槓上練種種技術，此所以爲怪也。每日携一徒至天橋地方，將槓架支好。先使其徒演練一二招笑玩藝，作爲引場，然後他一瘸一點出場，類如戲上「打瓜園」老漢陶洪樣子，精神矍鑠，手腳靈活。騰上翻下，作各種技術，如單手大頂、噎脖子、左右順風旗、燕子翻身、哪吒探海，變幻不可名狀。每演一次，能得當十大錢三五千不等，一日間進錢或有三四十千之譜。按彼時糧米甚賤，隨手浪費，多進則多花，少進則少花，永不留過夜錢。其徒別號磨槓上，因其每日出場所，除在槓子上來回折磨褲襠外，並無其他特別藝術也。

志眞和尚

天橋有賣膏藥僧志眞和尚，以練鐵錘著名，圍觀的人數衆多，彼即自述身世，與其膏藥治病之靈驗，尚有一種丸藥叫切糕丸，因祇能治餓，故得是名。有時趕赴其他廟會，則在場子內必放騾車一輛，使觀者知其爲遠道而來之異怪僧人，每練鐵錘，用力照定自身胸間猛砸，崩崩聲甚響，隨擊隨說，不覺痛苦，他說是藥力所致。實則被擊數下，胸隔亦紅腫一片，疼不疼自己知道而已，民國初年即不見他踪跡。江湖叢話中有詠他的詩：「賣打誇張藥力眞，街頭叫喊爲驚人，頻敲左筋彭彭響，也是千錘百練身。少林肯傳授輕拋，兩個銅元賣一包，不信當場來試驗，小僧能挺鐵錘敲。」

花狗熊

花狗熊，河北定興人。民國十年左右，尚時時露演於天橋，身無長物，祇有一洋鐵壺繫腰際，鼻插竹筒。每日在太陽將落時，趨赴天橋，先以白土畫地成一大圈，彼中立。復以白土寫所演戲名或小曲名，唱不成聲，雜以淫調，以鼻音作尾聲，有時用鼻氣吹筒出聲，吹成整套小曲。他終年以黑墨點塗面，拿着白土畫眉，頭戴小紅假辮，招搖過市，頗類狗熊。

花狗熊鼻哨吹戲

程傻子

程傻子，是以耍狗熊，及頂寶塔盌最著名，自幼到老，始終演此。江湖叢話中有詠他頂寶塔盌的兩首詩，其一曰：「程傻登場不耍熊，十三層塔耍尤工，要知飯盌能牢固，第一全憑頂上功。」其二曰：「堆來一塔勢嵯峨，故向人前喚奈何，底事斯人偏耍塔，受他壓力得錢多。」其後人程文林、程少林，能傳其藝，稱爲寶塔程家。

程傻子頂寶塔盤

三十年前天橋八大怪

雲裏飛

雲裏飛，原名壁裏蹦，又名草上飛。因爲他父親老雲裏飛之故，人呼壁裏蹦爲雲裏飛。雲裏飛他在天橋三角市場內露演，他的場內是三排板櫈，前面有一個籬笆，裏面有桌櫈，專門賣茶，好像是雲裏飛劇場的包廂。場子裏很簡單，一個桌兩條板櫈，算唱戲用的，所多的就是一塊印着牛黃解毒丸廣告的大臺簾，做下場門。這兒唱戲也有行頭，在天橋算是獨一份，行頭的新奇和製法，眞叫人意想不到，烏紗蓋頂的烏紗帽，是用大紙盒改

雲裡飛滑稽二黃

造的，上面塗些兒墨，別的帽兒也都是用紙烟盒先剪好樣子，再用針線縫上便成了。鬍子的製法更簡單，是用長頭髮繫在鐵絲上，更妙的是一根粗鐵絲上，繫着一些鷄毛，便算是舞台上的雉尾。一根蘆茅棍，上繫一些紅綠蔴繩，便成了馬鞭。戲衣呢，大褂不扣鈕，就算是袍，更有一件特製的戲衣，是用麪粉袋染紅了，縫成一個背心，上至天子，下至走卒，都能穿。雲裏飛領着五六個夥計，天天在天橋演唱滑稽的二簧，很能吸引觀衆，他這兒的夥計，個個都是全材，生、旦、淨、末、丑，那樣角色都能演，這兒的玩意，也就是聽個荒腔走板熱鬧勁兒，有時雲裏飛也串一段相聲，換換口味。有時他還裂着嘴，飛着眼，伸着舌頭，怪叫一聲說：你明白啦！怪聲怪氣，三十年前南城一帶小學生，無人不學他這一句，來作笑料。

大金牙

大金牙，是拉洋片帶唱的發明者。他唱的腔調很特別，不用絲竹，只用一面小鼓，一面小鑼，一面鈸，一樣拴在一個木臉盆架子一半大的架子上。上端把鼓拴上，下端捆上鑼，當中有一塊活動的木板，用一根繩繫着，用手一拉繩，木板上下活動，往上鼓響，往下鑼響，鑼的旁邊是一面鈸，另一面鈸，拴在一個活動的木棍上，木棍上也繫着一根繩，用手一拉鈸便響起來，兩隻手一塊拉，鑼鼓鈸便同時響起。這東西看起來雖很簡單，但也難爲他的心思。大金牙因爲他在牙上按了一個金牙，一唱便露了出來，所以就有了大金牙的綽號。

焦德海

焦德海的相聲，不獨名聞天橋，也是名傳四海。他獻技時以二人爲多，以一人充儍子，一人耍機靈。儍者謂之捧哏，稱爲上手，機靈者謂之逗哏，稱爲下手。在相聲中，凡老前輩，皆去下手。從前常去上手者，爲廣闊泉、劉德智。大抵上手掙錢較少，下手掙錢較多。而上下手之分任，亦視名望之大小而定。蓋上手亦可陞任下手，下手亦可降充上手，並非固定職司也。有人問他如何能使人發笑？他舉過一個例子。他說：例如下手問上手，你家有什麽人？上手答，有我爺爺。下手即點頭云：啊。上手云：有我爸爸，下手又云：哼。以及大爺叔叔之類，莫不皆然。後，下手又覆述：我算你爺爺，我算你爸爸，以及大爺叔叔等，順延至兒子孫子，即又不算。一個佔便宜，一個吃虧，而佔便宜者，滑稽雜作，吃虧者，憨態可掬，至一步緊一步時，聽者雖欲不笑，亦不可得。他有四大弟子：張壽臣、駱彩翔、白寶亭、于俊波，最能傳他所學。他的兒子焦少海，也還不錯。

大兵黃

大兵黃，原名黃才貴，字治安，有着一身的好武藝，在清季當兵，曾做過六品官。張曜、宋慶、馬玉崑、姜桂題、張勳等人，都是他過去時候的老上司。甲午之役，他也在首當其衝的戰場上。他後來退伍，便到天橋賣藥糖，以罵街招人，罵街罵得漂亮，也可以引起人的同情。所謂罵人的藝術，大兵黃似乎深得其妙諦。雖然他斗大的字還認不到一斤，可是他這位行伍出身的老人，罵起街來，是頭頭是道，有條不紊，他罵貪官污吏，他罵貪財好色，背起歷史來，眉目澄清，數到現代來，遠近分明。說句老實話，他對於世故的認識，來得澈底。他佔據着一塊空地，天天罵，逢罵必被人們包圍得水洩不通。他一年四季，頭頂小帽，足踏雙臉鞋，上衣紫馬褂，下穿絨套褲，腰褂囊袋，手提葫蘆，腕套念珠，未曾開口罵人，扮相已夠人們噴飯的了。迨夫罵起人來，眉飛眼舞，鼻直口方。語鋒如雨後的簷流，尖酸刻薄，透人毛髮，雖說評書者亦不若也。惟他媽的，小舅子，皆成爲口頭語，令人聞之，覺得似乎不雅。大兵黃，以賣藥糖而維持生活，罵街是賣藥糖的前奏曲，罵一陣，賣一陣。

沈　三

沈三以武術蹟跡，馳名於天橋。他在城南商場路北，開設清眞堂藥室，售賣舒筋活血丹。但每日必演一次小武技，以資號召。說起他的武功，是有家傳的，他的父親沈方，外間皆呼爲大個兒，是一位有名的武術家，沈三自幼從父親學工夫之外，又向馮德祿、閃德寶、夏五把、宛永順等人學習。宛永順俗呼八老爺，在滿清，爲頭等撲戶。沈三特長的技術有一種，名爲雙風貫耳，即在太陽穴砸磚。此雙風貫耳，上海明星公司來京拍電影時，曾拍入「啼笑因緣」片中。此武技演時，以磚一塊，平置地上，他以太陽穴部，枕之而臥，其上方之太陽穴部，另以新磚三塊覆之，此時，由另一有力者，持鐵錘，向磚之上方，猛力一擊，結果，上方之三磚，下方之一磚，皆砸爲粉碎。他還有一武技，名胸前開石，表演時，以兩板凳，分開排列，其中相距，約三四尺，以後腦枕於一板凳上，兩足後跟，擱置於一板凳上。挺其身軀，下空而身直，再運一石磨盤，壓置於腹之上，另由一有力者，取巨大的鐵錘，力擊磨盤，因鐵錘之力，及他胸腹之力，可使磨盤粉碎。

周紹棠

蹭油的周紹棠，他盤旋在天橋，已有三十年了。專賣一種他個人所發明蹭油的藥胰子，和治癬疥的皂塊兒，其所以不說賣胰子，而說蹭油的，是因爲他對於四週圍着他的人，無論誰的衣服，被他看見有油漬的痕迹，毫不客氣，扯過來就擦，揩着胰子，沾着口水，手忙腳亂，忙得若有其事。一邊擦着，一邊則吆喝，蹭蹭蹭呵，蹭油兒的呀，掉掉掉，油兒掉啦。倘若被他扯住的是一個小孩的衣服，則他的叫喚却又變啦：蹭呀，蹭油呀，瞎吃，瞎油，瞧你多髒呀。口吻如一個老太婆，語氣裏含有無限的溫暖意，然而使人看了他那聚精會神的眼睛，時舒時集的額紋，嘴角上堆滿了的泡沫，一般到天橋的人，每逢看到他，沒有不感覺他是一腔活躍的笑料。他永遠是呈着笑容，所以大家對他有很好的感情，有時被他那大嘴噴出來的唾沫落在了鼻子上，也不會動怒和他計較的，這是他佔了儍勁的便宜。

拐子頂磚

有一個奇怪的拐子，在天橋很久，可是好些人却不知道他姓名。因爲他永遠不說話。拐子是一個告地狀，整天的跪在露天裏，裸着上身。黧黑的肉皮，方方的面龐，垂目合掌，恰好如一個下界的羅漢。冬季他也不穿衣服，瑞雪飄時，他挺着脊背，任憑冷風吹拂着他的肌膚，夏季則默然的跪在烈日之下。善跪不算，耐寒耐暑也不算，最令人瞧着難過的，就是他那光油油的禿頭，能頂着二十多塊大方磚。以重量說，足在百斤以上，他將磚塊層層的頂起來，遠而觀之，若小塔然，雖然高及五六尺，但是永遠不掉，是亦功夫練得不淺矣。有人看他可憐，擲給他幾個錢，他則嘴吧畧動，緩緩的合掌作一個揖，要完錢，將磚一塊一塊的移下來。禿頭上明顯的露出一個拳頭大的深坑，深坑即是頂磚的成績。所以他的那張地狀上寫道：「拐子要錢，靠天吃飯，善人慈悲，功夫難練。」游人見了他的地狀，紛紛解囊。

賽活驢

賽活驢是關德俊的拿手絕技，他扮成驢形，驢背上，他還揹着他的愛妻，爬上三層三條腿的板凳所搭成的旱橋上。這個旱橋雖然十分不穩當，他確能靈轉自如，口裏還唱着蓮花落曲子。

雲裏飛、大金牙、大兵黃、沈三、周紹棠全是大家公認的「八大怪」，但其中另有幾位曾經躋身八大怪之列而後來又被觀衆擠兌下來的，其中就有：

保三

保三也是摔跤的能手，民國廿二年在青島舉行的華北運動會，他就是代表北平市的摔跤選手，曾奪得過錦標。可是他沒摔跤前，他是耍「中帆」的。

「中帆」就是一根六七寸圓徑的大長竹桿，桿上有長條旗子，上書：「九城子弟，以武會友。」頂尖有小國旗三面，繫着銅鈴鐺，耍這東西是需要膀子有氣力。

記得能耍出的名堂，有：蘇秦揹劍、張飛片馬、左右插花……把一桿沉而重的帆，如同玩小玩藝兒似的，不是年輕力壯的小伙子，辦不到。

保三摔跤，觀者雲集

張寶忠

夏天的天橋，上面搭着天棚，週圍一圈長板櫈，後面掛着一張大彈弓，正和戲台上的弓一個樣。

後面放有「九音鑼」似的小鑼，張寶忠可以指那一面，用彈打響那一面。在地下放三個「泥彈子」，比現在小學生玩的玻璃彈子大一圈圈，他能背着身子來打，可以彈無虛發，兩彈相擊，盡皆粉碎。

他倒不是表演神彈弓，而是借水行舟，賣他的「膏藥」。江湖人的嘴，自是天花亂墜，他的膏藥能治：跌打損傷、五勞七傷、接骨傳筋，追風祛寒；有病的人貼上，自會找到您的病，予以根除。後來北方還出了句笑話，凡是管閒事、落不是的，都稱爲：「您這是張寶忠的膏藥——找病」。

管兒張

這一怪是吹奏的妙手，擅長吹單管子，用一個布幔子，他躲在裏邊，能吹一齣戲，讓你一聽就辨出來這是老生，那是青衣，這是花臉，確是有兩下子。最拿手的是「二進宮」，一趕三，有板有眼，是他經常表演節目之一。

這一怪最可憐，只是一個人兒，並無幫手；他鑽到幔子裏一吹，又是臨時劃地爲界，而沒有固定場所，本來圍的人就不多，往往他也吹完了，看的人也跑的差不多了，苦吹半天，許能弄幾個窩頭錢。

玩藝不高，一成不變，沒有主顧，便難存在！八大怪銷聲匿跡最早的，恐怕就要數「管兒張」了。

北京天橋在天壇附近，這兒供應着形形色色的廉價土產和幾十種小吃，這兒的藝人更以富有地方色彩的技藝，來吸引着成千上萬的觀衆。北方人常以「藏龍臥虎」來形容這些世代相傳的民間藝人，而天橋就是這麼一個「藏龍臥虎」的地方。

回憶「晶報」

・鄭逸梅・

談到我國小型報的巨擘，那得數五十多年前在上海出版的「晶報」，「晶報」本是「神州日報」的附刊，所以「晶報」刊行，報上鈐有藍色印章：『凡購讀「神州日報」者附送本報不加分文』數字。但「晶報」也單獨徵求訂戶，全年收費二元，每月收費二角。後來「神州日報」銷數一天天的減少，「晶報」却銷數一天天的增加，「神州日報」不能維持，仗着「晶報」收入聊以挹注，成爲子大於母的現象。結果，「神州日報」停刊，而「晶報」刊行了十多年，談到小型報，它是歷史最悠久的了。

晶報創刊之始

「晶報」既是「神州日報」的產兒，那就不能不先談「神州日報」的簡史。「神州日報」最初是于伯循、楊篤生、邵力子、葉仲裕、金懷秋、王旡生、汪允中、張俊卿、黃禎祥、譚介人等組織的，與日本東京留學界所刊行的「民報」、「復報」、「鵑聲」、「洞庭波」通着聲氣呼應革命。當時募欵得二千數百元，又得名流章太炎、馬相伯、黃晦聞等贊助，便在清末丁未（一九〇七）二月二十日毅然出版「神州日報」。這報報眉是南通張季直寫的，于伯循任社長，楊篤生、王旡生、汪允中担任社論，發刊詞喬皇典麗，便是于伯循、楊篤生、王旡生三人合撰的。這報有一特點，即不用大清年號，而用甲子來代替，一般青年學子很歡迎它。不料刊行不到一年，鄰舍失火，殃及該館，致編輯、印刷、營業三部完全付諸一炬。經此一劫，于伯循無力再圖恢復，退出任「輿論日報」編輯，而葉德裕、汪允中、楊篤生羅掘設法，得以復版，精神已大不如前。逾年楊篤生赴英留學，憤世憂時，在利物浦投海自殺，「神州」舊人只有葉德裕、汪允中數人而已。辛亥革命後，該報換了很多主人。「晶報」的發行，却在已未二月初二日（民國八年三月三日），正當「神州日報」走向下坡的時期，把附刊「晶報」作爲贈送品，無非想打一支强心針罷了。但「晶報」可以零購，成爲一枝獨秀，獲得大衆的歡迎，却不能挽回「神州日報」的命運。「神州日報」奄奄一息，直至民國十五年除夕，立約交替讓給蔣裕泉。蔣主持「中南晚報」，當民國七、八年之交，嘗爲「神州日報」外勤記者，和該報素有淵源，從此他發揮他的新聞手腕，改革「神州日報」，和「晶報」在望平街上各樹一幟了。

晶報的主持者

「晶報」的主持者，對外一切由余穀民負責。余是安徽人，號大雄，他早歲留學日本，任「神州日報」東西文譯務，兼撰時論。民國三年還國，被聘爲「大共和報」編輯，仍兼爲「神州日報」撰文。錢芥塵一度爲「神州日報」經理，聘大雄爲協理。民國七年，芥塵以經理權付托大雄，明年，大雄便辦「晶報」了。他個子不高，目近視，常戴眼鏡，人很精明幹練，四處拉稿，大都不出稿費，即長篇稿費也很菲薄。袁寒云對於該報很賣力，寫了許多作品，也不過月致三十元；這錢寒云不拿，由其小舅子唐采芝（唐志君之兄）取用。他拉稿例必親自登門拜訪，一次拉不到，二次三次繼續不斷的拉，非達到目的决不罷休，人們因給他一個徽號「脚編輯」，無非說他不怕奔走之意，因此「晶報」雖屬小型，寫作陣容比任何大型報都强。報的銷數激增，他的生活當然也日益優裕，玩玩古錢，搜羅許多珍秘書册，興之所至，自己也寫些文章發表發表。當抗日戰爭，江浙淪陷，由傀儡執政，大雄既留學日本，能講日語，便和日寇發生關係，攫到江浙茶稅一個肥缺，可是利之所在，覬覦者多，結果在利害衝突上被仇人活活的殺死。「晶報」對內負責者張丹斧，他名延禮，自稱丹翁，人們和他開頑笑說：「丹者赤也，翁者老也，丹翁不如直接稱爲赤老罷！」蘇滬一帶呼鬼爲「赤老」，他却一笑置之。也有人把丹翁二字譯作白話「通紅的老頭子」，他有時撰文，便用這「通紅的老頭子」爲別署。他是江蘇儀徵人，南社社員，也是神州舊人，他玩世不恭，「神州日報」的編輯室很狹隘，尤其他的座位，到了夏天，太陽西晒，他便做了一篇「太陽晒屁股賦」，登在報上。行動也很詭秘，儀徵有個家，蘇州有一個家，在上海八仙橋雉妓叢集之處又有一個家，人家稱他「狡兎三窟」。平素總是穿着青布褂子，外加一件背心，腰間累累都是些古錢漢玉，時常解下來摩挲爲樂，寫得一手好書法，但他不肯好好的寫，往往天師畫符似的應付人。有一次，某富商備了厚潤請他寫楹聯，他看不起那個富商，拒絕不寫，却寫了一副送給對面裁縫舖老板。詩雅近唐韋應物，清儁得很，他又不肯好好的做，做則胡謅打油，自己密密加圈。所寫小品文，善於挖苦人家，使人家讀了哭笑不得。他在家鄉曾辦過一張小型報，內容短小精悍，耐人尋味，給大雄瞧見了，愛不釋手，所以「晶報」的風格，是有所承襲的。丹斧晚年常居蘇州，抗戰時，敵機亂拋炸彈，他受驚致疾而死，他的兒子是郵務員，不知所有遺物，是否尚保存着。

晶報商標註冊

貨品的商標註冊，這是很尋常的，報紙的商標註冊，却推「晶報」爲第一家，其次方輪到「申報」。這時是民國十八年，商標局局長溫萬慶。余大雄以「晶報」經理名義，由吳之屛律師爲代理人：『以「晶報」商標使用于商標法施行細則第三十六條第六十四類新聞雜誌商品，依法呈請註冊。』結果批准，獲得執照。大雄便把這張執照鑄版印在報上。

「晶報」是三日刊，晶字爲三個日字所合成，命名是很巧妙。報眉作北魏體書，出於范君博手筆。報爲四開式，分四版，第一和第四版完全是廣告，第二第三版才是文字，首期的內容，「發刊詞」是孫瞿爰撰的，王鈍根有「晶報別解」，小說有葉小鳳的「一室之間」，此外有潄六山房主人「上海青樓之今昔觀」，微雨的「院中逸事」，馬二先生的「舊戲之精神」，張聊止的「白蘋樓劇話」，小百姓的「北里妝服志」，張丹斧的「電車五更調」，了之的「北京小新聞」。關於圖照方面，圖有孫雪泥、丁悚、沈泊塵的漫畫；照片有梅蘭芳、名妓林黛玉小影。編排每版分八排，沒有什麼變化，總之首期並不精采，後來才日漸進步的。

晶報長篇作品

「晶報」刊載的作品，以短小精悍見稱，但連載長篇也不少，大都屬於小說和筆記方面，如李涵秋的「愛克司光錄」、「沁香閣筆記」，「新廣陵潮」未刊完。包天笑的「一年有半」、「冠蓋京華」。姚鵷雛的「槐淘絮語」、「夕陽紅檻錄」。林琴南的「畏廬雜錄」。李菊儕的「百丑圖」。漱六山房主人的「最新九尾龜」、「秋星淚語」、「巾語」、「漱六山房日記」。張恨水的「錦片前程」。袁寒云的「辛丙秘苑」、「新華私乘」、「賓筵隨筆」、「食貨小志」、「雀語」。唐志君的「陶瘋子」。孫瞿爰的「寶蓋圖宮秘史」、「談撫」、「徘吟一嘯」。老匏的「春江花事」。天倪的「人海憶語」。何海鳴的「京華花事談」。畢倚虹遺著「霞樓懺語」。胡說博士的「上海大變」。拈花的「記張謇與余沈壽事」。專講泉幣的，有余大雄的「泉鑑」，袁寒云的「貨腋」、「龜盦雜詩」。丁福保的「古泉雜記」，這種文字中且有拓本，一般有古泉癖的很感興趣。講印的有「辟齋雜詩」，也有拓本。講郵票的有周今覺的「郵話」，袁寒云的「談郵」。關於戲劇、說書、灘簧方面，有姚民哀的「歌場贅語」，鄉下人的「南技雜談」，宋小坡的「雪齋劇話」，袁寒云的「窺妝樓劇談」，馮小隱的「海上歌舞之狀況」，馬二先生的「都門客思錄」，垂云閣主的「春明歌舞」、「京伶百評」。

晶報寫作人群

「晶報」的寫作人羣是很多的，除上面述及者外，尚有周瘦鵑、嚴獨鶴、徐卓呆、談老談、范君博、俞逸芬、陳小蝶、侯疑始、蘇少卿、陳飛公（大雄的丈人峰）、鄂呂弓、王削頴、吳觀蠡、馮叔鸞、黃轉陶、江紅蕉、步林屋、丘良玉、王西神、周越然、胡寄塵、宣古愚等。其他化名可稽者：如馬二先生爲馮叔鸞；求幸福齋主爲何海鳴；黃葉翁爲宣古愚；後樂笑翁爲丹翁；詩祖宗爲朱天目；破圓、石皮、影廬、聽鼓人爲汪子實；走火爲周越然；夢湘閣爲姚鵷雛；老匏、護法軍、鄉下人、花萼樓主爲姚民哀；烱烱、須彌、道聽爲錢芥塵；曼妙、釧影、愛嬌、微妙、拈花爲包天笑；燕環、萬壽室主爲袁寒云；淞鷹、清波、天狼爲畢倚虹；病鴛爲張慶霖；老孫、好春簃主爲孫瞿爰；南虎爲徐慕邢；天倪、飲光、SS、微雨爲劉襄亭；素昧平生爲邵飄萍；憮公爲周今覺；淪泥爲沈能毅；至於徐一塵的化名最奇妙，最初署「霄」，遞增爲「凌霄」、「凌霄漢」、「凌霄漢閣」、「凌霄漢閣主」、「凌霄漢閣主人」，由一個字到六個字，的確是生面別開。那時每篇作品的標題，都是用作者原迹而木刻的，所以雖然化名，却不難從書法的風格上辨別出是誰的手筆。此外如絳雪、紅燕、杞柳、神獅、寶鳳、草草、侃侃、霏霏、無諍、益軫、乘化、亭云、小英、玄玄、凍蠅、諦觀等，那就不知道是誰化名了。繪插畫的，初期特約沈泊塵、丁悚二人，首期報端畫的「天神逐惡魔」，便是出於泊塵手筆。以後每年逢到周年紀念，總把這幀「天神逐惡魔」重印在報端。不久，泊塵肺疾劇發，不能執筆，丁悚獨力担任，頗苦資料窘乏，因請謝之光、張光宇、楊清磬相助爲理。到了後期，請黃士英、黃文農担任諷刺畫，尤其文農作品，生動潑辣，獲得社會好評。

晶報編輯方針

余大雄辦「晶報」，照例不很出稿費的，甚至如徐卓呆給他寫了一年稿，到了年底，大雄只送了一幀月份牌就算酬報了。既然這樣，爲什樣一般弄筆墨的肯源源不絕地幫他的忙呢？那是有原因的，第一還是余大雄不怕奔走的拉稿，其次他拉到的稿，從不竄改刪節，原原本本的登出來，這是寫作者最爲樂意的。且你喜歡駡駡誰，他也不怕出亂子給你發表，找麻煩代人受過無所謂，寫作者覺得很夠味，又得借此通通聲氣，所以稿子愈來愈多，有時「晶報」上容納不下，分一部份登在「神州日報」的「神臯雜俎」欄內。「神州日報」既易主，多餘的稿子，只得自用，便佔到第一第四版，「馮玉祥的日記摘要」，錢文選的「天目山游記」，劉恨我長篇小說「烟霧花都」，黎明暉的「愛神的箭」，老漁的「海上敲鐘記」，仲芬的「日本衣食住與民性」等，都是雜在廣告版披露的。它的編排，最初是分門別類的，如什麼「小月旦」、「俏皮話」、「歌舞塲」、「新魚雁」、「鶯花屑」、「小說」、「筆剩」。後來改變排列法，畧作長短行的區別，又闢三個門類，一「衣食住」，更注重男女衣着的流行變遷，由沈淪泥執筆，以事中輟。又「新智囊」，托周瘦鵑担任，但瘦鵑忙得很，只寫了「瀛觚」若干則，也沒有繼續寫下去。又「燃犀錄」，請「時事新報」撰「黑幕滙編」的錢生可撰寫，但錢在「時事新報」上寫得太久太多，資料枯窘了，也就不了而了。又採用西洋人搜集親朋手翰，所謂Autography方式，羅致社會人士的字畫，每期刊印一幅，特闢一欄，名「三日一人」，後易名「各有千秋」，那就不是每期必載了。更闢「字紙簏」，所載無奇不有，如「洪憲告示」、「科考傳票」、「蘇州商會入會證」、「光復的上海糧串」、「清季調査戶口門牌單」、「張勛復辟時軍用票」，「栩樓詩鐘社請帖」、「民國三年大總統府司閽處通知單」、「蘇州妓院之轎飯票」、「江浙戰爭中之無錫通行證」、「一九一五年奧國人在天津發行洋房彩票」、「民國二年嚴修自倫敦寄袁世凱總統書函及袁手批」，雖片楮零簡，却有文獻價值。

晶報十二生肖

「晶報」寫作者，以張丹斧和袁寒云兩枝筆最爲雄健，且有號召力，因有二傑之號。又有兩高人，也是指丹斧、寒云而說的，孫瞿爰的「晶報兩高人歌」開端有云：『寒云不讀唐後詩，丹翁不識漢後字，是爲「晶報」兩高人，高人乃各有奇致。』又無聊客把「晶報」寫作者支配了十二生肖，如云：「小隱鬼鬼祟祟，如鼠。凌霄龐然自大，如牛。馬二先生氣虎虎，如虎。小坡一瞥即逝，好吃瓢兒菜，如兎。海鳴常見首不見尾，如龍。丹斧刁刻惹不得，惹便一口咬見骨，恰如蛇。寒云頗不羈，然有時亦受人籠頭着鞭，愈速，如馬。涵秋描兒女口吻畢肖，有些娘娘腔，白白淨淨，如羊。瞿爰一名老孫，再名花果山人，總不脫猴子口吻，是天然的一個猴。天笑以平話描寫社會齷齪，令人警醒，彷彿如鷄。少卿近人而吠，如狗。大雄好吃懶做，如猪。張丹斧却有郭橐駝名我固當之概，寫了一篇「張蛇」，私自榮幸。那署名「無聊客」的，後來才知道是袁項城家西席周梵生（別號旡住，蘇州人）。

「晶報」以登載穢褻文字，被租界總巡捕房刑事稽查處，向公共公廨起訴，先後凡幾次。第一次署名護法軍所撰「花國總理行香」一文，科罰二十元。繼之爲涵秋「愛克司光錄」說部第三回，以描寫張三丰新台故事，討論地理，即就肢體間隨意指畫，也傳了大雄到庭，罰錢了事。又孫瞿爰撰「寶蓋圖宮秘史」，寫穢迹過於淋漓盡致，除罰四十元外，並把存報搜去，付諸一炬。諸者稱爲寶國宮大火，從此補報的欲補無從，成爲遺憾。又有兩次，如亭云寫了篇「續鞭記」，乘化寫了篇「司古魯僕歐記事」，均被控訴，由畢振達律師出庭巧爲辯護，免於處置。畢振達，便是小說家畢倚虹。

晶報幾場筆戰

（一）「辛丙秘苑」

袁寒云是袁世凱的第二子，他爲海上寓公，住在白克路侯在里。他是具有烟霞癖的，不卜晝而卜夜，每到晚上，他吞吐之餘，興致勃發，友朋常到那兒去談天，余大雄便是其中之一。這時寒云正在寫「辛丙秘苑」，大雄瞧見了，欣羨的不得了，因和寒云商懇，逐期在「晶報」上發表。寒云一口應允，大雄即在報上登着廣告，大吹而特吹，且先把「秘苑」一序先行揭載，居然轟動一時，激增了很多銷數。茲把這篇序文錄在下面：「有清末季，親貴專恣，苞苴黨比，禍伏患烈，辛亥變革，先公承危，歷四載，事差定，一人萬幾，而神頹矣。不肖者乘先公之衰，妄冀高位，強謀帝制，先公深居，左右壅蔽，於是危亂復構，幾潰全功，先公既省，已害在躬，遂一憤而絕，嗚呼哀已。茲數載間；大事逸聞，不傳于外者多矣，不佞以所見知，筆之於書，既以存先公之苦心，且以矯外間之浮議，或召怨毒，非所計也。」這篇序處處爲項城辯白，但在涉及的許多人物故事中，却有很多值得研究的史料。不料登至十六續，忽截然而止。大雄發揮「脚編輯」作用，登門求索，寒云却提出條件，欲得丹斧的匋瓶爲酬報。原來丹斧在民國三年，參陝督戎幕，曾在西安市上獲得匋瓶三個，其中以漢熹平元年朱書一瓶最珍貴。寒云欲得之心蓄之已久，可是沒有向丹斧啓齒，直到這時才向大雄傾吐，大雄立即和丹斧相商，丹斧願意割愛，便三面談判，約法數事。匋瓶歸寒云，寒云撰「秘苑」十萬言，大雄特許以最厚稿費爲丹斧報。且以寒云所有的三代玉盞、漢曹整印、宋蘇軾石鼓硯、漢玉核桃串，存丹斧處爲質押，期以一百天，逾期議罰。以上這幾件古玩，都是寒云平素很寶愛的，他想把愛物早日歸還，「秘苑」必然會早日繳卷，無非含有督促的意思。寒云獲得了匋瓶很高興，在他所撰的「易瓶記」及「皕齋雜詩」中記述其事，那知「秘苑」至二十八續又告停輟，以寒云的小姨志英逝世，寒云助理喪事，事極紛紜，不暇執筆。而寒云如夫人志君却要收回三代玉盞，貯酒以奠其妹。寒云向丹斧索取，丹斧不肯，寒云認爲「秘苑」前後已寫萬餘言，在許多質物中，取回一件，于約並不背悖，玉盞當歸。丹斧認爲「秘苑」僅繳萬言，才及十之一，玉盞不當歸。彼此各趨極端，沒有方法調解。寒云大發公子脾氣索性輟筆，看丹斧有什麽方法使出來。到了約期將滿時，玉盞既不歸，「秘苑」稿也不續，丹斧至書催問，寒云寫了篇「山塘墜李記」辱罵丹斧，丹斧寫了篇「韓狗傳」還譏寒云。這樣一來，急壞了大雄，亟謀打開僵局，結果寒云願意續寫，惟以必得玉盞爲言，且不甘受期限束縛。在丹斧方面，願得匋瓶的代價以息事。大雄向某巨商相商，貸金以償匋瓶之值，並毀前約，贖取諸質物於丹斧手中。諸物品中，玉盞歸寒云，餘則質押某巨商處，俟有力時再謀贖取。「秘苑」視寒雲興之所至陸續撰寫，筆戰才告一段落。但寒雲、丹斧兩人的交誼，久久未復。經過數月之後，丹斧以漢趙飛燕玉環與寒雲易換古物，乃言歸於好。然「秘苑」斷斷續續始終沒有完成全稿。既而寒雲別撰「新華私乘」也有一篇短序，錄在下面：『自先公逝世，外間多有紀吾家事者，或作箚談，或爲小說，然皆妄事窺測，無從確評，譽毀全非，事迹終隱，予竊有感焉。爰就昔之朝夕接觸於耳目者，筆以存之，善者弗飾，不善無諱，事雖微末，但期於虛構者有以正耳。斯吾家史，故曰「私乘」，若有系於國故，亦靡或遺焉。辛酉二月叙於海上。』第一段爲「先公紀畧」，但四續又輟。寒雲任何事都是有始無終的，那「私乘」沒有人督促，更不會完成了。

（二）戲子和評劇家

這時尚在民國九年，那位擅長寫作的戲劇演員汪優游（本名仲賢，撰有「惱人春色」、「上海俗語圖說」等書），用「戲子」二字爲筆名，在「晶報」上發表「敬告評劇家」一文，連載了五期。斥責一些評劇家的說外行話，不值一笑。於是評劇家大起公憤，即以「評劇家」及「看報人」爲筆名，向「戲子」還擊。繼之又有署名「第二號戲子」、「第二號看報人」、「第二號評劇家」、「不是評劇家」來應戰，成爲混戰局面。那「第二號看報人」便是姚民哀，民哀平素也喜歡談戲，他看到「戲子」的猖獗，出來打抱不平，除在「晶報」撰稿痛斥「戲子」外，又在其他報刊上開闢第二戰場。在意氣用事之下，出言不愼，辱及梨園祖師，以致伶界中人羣起攻之，且欲訴諸武力。民哀是弱不禁風的書生，怎能經得起拳脚，因此大爲驚懼，結果由孫玉聲（「梨園公報」編輯）、周鳳文（藝名夜來香，爲彈詞家周雲瑞之父）兩人陪同之下，到梨園公所，向祖師叩頭謝罪，才得了却一重公案。

（三）「慶頂珠」靴鞋之爭

「晶報」的評劇家以蘇少卿、春覺生、侯疑始、何海鳴、馮小隱、馬二先生爲中堅。從談劇中忽然談到「慶頂珠」一劇中之蕭恩打扮，有的說蕭上場應當穿靴的，也有說蕭恩是個漁翁，應當穿洒鞋，並有說當年譚叫天唱這齣戲就穿洒鞋的。於是各執一詞，大肆譏抨，但終不能斷定誰是誰非。恰巧馬連良應聘來滬在亦舞台登台唱「慶頂珠」，那些參戰分子要證明穿靴說的合法，便預先向馬連良通關節，請他飾蕭恩穿靴；還有一些要證明穿洒鞋的合法，也向馬連良打交道，請他上場穿洒鞋，這樣却使馬連良十分爲難，幸而馬連良的父親馬西園，代設調停之策，頭場用裹腿洒鞋，以後却穿靴，兩面圓到，皆大歡喜。

（四）其他的小紛擾

小隱和馬二是親兄弟，但在評劇方面意見是不一致的。兩人因論鼓娘劉翠仙，小起冲突。有一次，小隱發表「說蹻」，馬二著文駁斥。張聊止因研究梅蘭芳，曾和小隱開過筆戰，此次他便力爲馬二後援；梅健盦則贊同小隱的意見，助小隱張目。後由丹斧寫了「保蹻平議」遊戲文，才化干戈爲玉帛。又馬二斥責李涵秋反對新思潮，涵秋撰文反譏，馬二再斥，涵秋幾一怒出社。又范君博吟「青鳳詞」和陳小蝶鬧翻。小隱「論抄襲」又和周劍雲開筆戰。又袁寒雲和何海鳴在報上各登一照片，彼此以偉人和公子相調笑。總之，丹斧是個好事者，有許多筆戰，往往是由丹斧挑撥出來，雙方交戰，他却處身局外看厮殺，眞狡猾極了。

晶報後期滄桑

一二八之役交通斷絕，租界和華界也不能相互來往，報的銷數大受影响，然又不能不出版。「晶報」自民國廿一年二月一日起，至三月廿四日止，每日出半張，稱爲「臨時特刊」，所載都是些戰訊，小說和小品文暫時擱置不登。就在那年十月十二日（即該報一千六百二十號），由三日刊改爲日刊，精神鬆懈，內容大不如前。加之以前一班寫作健將，如汪子實、李涵秋、袁寒雲、孫瞿爰，及畫家沈泊塵先後逝世。步林屋自辦「大報」，漱六山房（張春帆）主辦「平報」，俞逸芬辦「紅豆報」，畢倚虹辦「上海畫報」，對於「晶報」的供獻，都大大地打了個折扣。後來余大雄被狙擊而死，該報由錢芥塵接辦，每天出兩張，注重新聞電訊。編輯有吳農花、孫籌成，譯電爲陳海鷗、馬德祺，都是浙江人。採訪社會新聞的有沈小雁。後來日軍勢力侵到租界，對於報紙管理很嚴，編就先送與審查，利於日寇的消息，允予登載，否則橫加取締，這樣「晶報」的新聞電訊登載頗覺爲難，于是藉口紙張飛漲，減少篇幅，恢復原有體裁，減成一張，專登小品文，仍由吳農花主編。但精彩大減，銷數不多，不久便壽終正寢了。

「晶報」擁有多數的讀者，所以廣告是相當發達的。那些廣告，也反映了當時的社會情況，如市儈的故弄玄虛，寄一元，可獲純金鑽石首飾十種；又奉送珍貴百寶袋；又預定「社會風流史」一部，奉送言情小說十種；以及詩謎徵射，什麽「乙丑軒詩謎」、「弱柳居詩謎」，更有什麽「詩鏡」、「詩蛇」的徵射；都是帶着滑頭性質，以噱頭騙錢罷了。一二八之役以前，日商的廣告很多的，後來「晶報」却拒絕日商廣告，廣告版上留着開天窗式的空白，上標「日商廣告犧牲」字樣，「晶報」這一點愛國主義精神，却是值得一提的。

余大雄因「晶報」銷數很不惡，擬把它改爲雙日刊，且購置德國印刷機，設立晶報印刷所，更擬發行「神州潑克畫報」，預備間日一出。那麽今天有「晶報」、明天有「潑克」，等於天天有報發行。結果一再遷延，未能實現。又擬將「神州日報」的副刊脫胎而爲「實業定期日刊」，「教育定期日報」，和「晶報」的「社會定期日刊」，成爲三位一體，結果也告吹了。民國九年，大雄遊京師，晤徐凌霄、張聊止及馬二先生，擬發行「京津晶報」；民國十年晤漢口報界諸名流，又擬發行「武漢晶報」，結果都未成事實。

這一回：未老春心名流撞大板
恩情決絕 舞女講良心

話說有一位社會賢達，說他是張三吧。當他賢而未達的時候，曾經是敎書先生，在未做敎書先生之前，則在麻雀舘做巡場，但是英雄莫問出處，後來娶了一個頗有點積蓄的寡婦做太太，以後就交好運，炒樓買地，一帆風順，變成社會名流，也被人稱爲社會賢達。

這位張三先生辛苦了半輩子，既賢且達之後，開始有各項逢場作興的玩意，不久，愛上一位歌舞雙棲的紅小姐，就稱爲小紅小姐吧，他捧場捧得厲害，除了成爲「舞廳姑爺」之外，小紅每晚落場之後還要去一家夜總會唱宵夜，他便在幾個傍友前呼後擁之下，到夜總會去捧場。傍友的主要工作，是替小紅登台之時和唱完之後，大力鼓掌及大叫「安哥」，他興之所至，每人送三五百元車馬費。在郎財女貌的條件下，張三先生終於把小紅捕獲了，也許可以說，小紅已經俘虜了他。從此後，小紅不再伴舞，祇是唱歌，自然也是張三先生的黑市夫人。

一天中午，小紅剛起床，還未吃早餐，一個打扮得很樸素的中年婦人，帶了一大籃生菓兩枝洋酒來到，要送給小紅小姐。那些瘟生人客送禮上門，已經是慣常的事了，問道：「是那一位先生叫你送來的？怎會知道我住在這裏？」

婦人道：「是我自己送來，很唐突，我是張太，張三先生的太太。」

小紅愕然之後，她是老江湖，這種太太上門的事件也不是第一次，笑道：「原來張太，太客氣了，請坐，有什麽指敎？是給我找晦氣來了？」

「那裏！你看我像來找麻煩嗎？祇想向你訴幾句苦，不嫌我來打擾你吧？」

小紅笑道：「我知道你的來意，但是，你還是說下去，我會喜歡聽你的。」

張三太太道：「我丈夫很喜歡你，三個月來，已經很少回家了，偶然也回來一次，小兒女們想見爸爸一面，也十分艱難，因爲他回來的時候，祇是換件衣服之類，時間短暫得很，這時孩子們還在學校未放學，他回來的時候，幾乎不願和我談話，好像和我結了什麽寃仇，其實我自問婦道無虧，孩子們問我，怎麽長期不見爸爸，我也無辭以對，祇有告訴他們，爸爸忙透了，爲你們拼命賺錢，預備將來送你們去外國大學讀書，但這就增加孩子們對爸爸的懷念與關切，小紅小姐，這件事敎我怎辦？」

小紅道：「張太，你手上有多少錢？這樣的男人和他離婚便了。」

「沒有錢，我嫁他的時候，有五萬元交給他做生意，以後，他賺了許多錢，我們的環境漸漸好了，我信賴他，沒有向他提起過錢的問題，現在一切錢都在他手上，我們母子三人，每月祇得六百元作家用，連孩子們的學費在內；但是我不能離婚，這樣孩子們會心碎的。今天，我告訴他們，出來找爸爸，他們都跟我出來，現時還在門外等候。」

「那怎麽成，叫孩子們進來讓我看看。」

張三太太出門外把兩個孩子領進來道：「這個大寶，九歲，那個小寶，五歲。」又對孩子們道：「叫阿姨。」

大寶道：「媽，你說找爸爸，怎麽到阿姨家裏來？」

張三太太道：「阿姨是爸爸的秘書，知道爸爸去了那裏開會或者會客。」

大寶道：「謝謝阿姨替我們把爸爸找來。」

小紅道：「你爸爸很忙，他要賺很多錢。」

「我不要爸爸賺好多錢，我寧願不去外國讀大學。」

小紅對張太道：「孩子眞乖，你先帶他們回家，我們改天再談。」

張三太太對大的孩子道：「大寶乖，先帶妹妹回家，阿姨陪我去找爸爸……」

「我也去。」大寶小寶都搶着說：

「不行，爸爸去開業務會議，開會的地方不准孩子去的，先回家去等爸爸，我找到爸爸馬上就和他一道回來。」

小紅道：「孩子們識路嗎？」

「可以，他們放學也是行路回家的。」

大寶小寶離去後，張三太太道：「我們繼續談下去，一個人老珠黃的女人，改嫁是不行的，像我這樣年紀，還帶着孩子，即使我肯改嫁，有人要嗎？所以我立定心腸不離婚，但更主要的，還是爲了孩子們的心靈不要受創傷。小紅小姐，我有一句話，希望你衷心給我回答，你和我丈夫之間，有純眞而且忠實的愛情嗎？假如你失去他會怎樣？在我看來，女人失去丈夫就等於這一生都完結了，而你青春正盛，像初放的鮮花，你絕對不會愁失去什麼的，包括我丈夫在內。」

小紅道：「我知道，其實我與你丈夫根本談不上什麼愛情，而是一種買賣行爲罷了，他有錢要玩女人，我就讓他玩玩，他給我錢，我們的關係就是這樣，張太太，我可以幫你一個忙，把丈夫交還給你，在我，是沒有什麼損失的，香港有不少大把錢的男人，祇要他想玩女人，我便可以將他釣到手上，至於感情嗎？那是江湖撈女對人客，那有什麼感情可言，水流花榭兩無情，都是過眼烟雲罷了。祇是，我也告訴你一句老實話，你有一個完全沒有良心的丈夫，他對我說，太太患了一個絕症，短期內就死了，所以他愛上我，將來要和我正式結婚……」

張三太太道：「你相信嗎？我的身體像蠻牛一樣，怎會死，除非他將我謀殺。」

小紅道：「我相信你不能將丈夫控制約束，那麼我把張三放棄了，你未必能夠得到，結果，他還是落在另一個女人的手中，對你，還是毫無益處，所以，我向你提出另一個方法，暫時不要他落在別個女人手中，但我開始受你的委託，將他控制，以後便是向他橫刀直劍的亂斬亂劈……」

「你要殺他？」

小紅笑道：「這是我們的口頭語，那是要他在我身上不斷花錢，今天要三千，明天要五千，不到手，便給他冷言冷語，態度絕不合作，這樣，一直到他支持不住，自動離開我，在這一段期間內，他在我身上所花的錢，我全部送回來給你，作爲我的禮物，不過，有一點相當危險的地方，就是你丈夫不堪我需索的時候，他會弄到身敗名裂，你想想，那一個辦法比較好？」

張三太太道：「我寧取第二個辦法，因爲我眞的沒有把握使他重回懷抱，因爲我的年紀比他大五年，而且他是一個……」說到這裏便說不下去，聲音也哽咽了。

小紅道：「我明白，他是一個沒有良心的人，他的內心是希望你眞的患上了絕症，早點死的，所以他才會對別個女人這樣說，張太太，假如我有一個這樣的丈夫，我立刻就和他分手，寧可自己去街上乞食。」

「可是我不能拖住兩個孩子做乞丐，能夠讓他身與名俱裂，已經很夠了，這種男人，當他事業失敗，到處碰得灰頭土臉的時候，自然會回家來。」

小紅道：「那麼一言爲定，我決定幫你一個忙。」

張三太太握住小紅的手道：「我做夢也料不到能夠得到你這樣大的幫忙，不知怎生報答，如此大恩，難以言謝。」

小紅道：「你放心，我們對客人是另一套的，因爲他們花了錢要玩我，那麼我自然要用另一套對付他，但是，我們畢竟是江湖兒女，是有義氣，這件事保證令你不會失望。」

張三不知道太太曾經與小紅見面，而小紅也絕不露出半點口風，一晚，她對張三說：「我打算明天起，不唱夜總會的宵夜了，因爲太辛苦，每晚都要凌晨四時回家，過的生活不正常，但我現在是半個住家女人，怎能長期過這種生活，你贊成嗎？」

張三當然大表贊成，小紅道：「祇是有點小痲煩，我和夜總會最近續了一年約，要取消這個約，必須賠點錢，否則我會被控告，這筆數大約八千元左右。」

「我付給你一萬元好了。」張三說得爽快，行動也隨之而爽快，立刻就簽了一萬元支票給小紅，兩天後，小紅把這一萬元交給張太，她向所有塲子請假一個月，在這個月內，用許多種藉口向張三要錢，使他用了差不多七八萬元，以後，小紅說，要研究一些生財之道，開始學習炒股票。

張三先生聽小紅說炒股票，勸道：「那是玩火生意，可以一下子發財，也可以一下子損失得很重，還是做別項生意吧。」

小紅道：「不要在我興頭十足的時候澆冷水好不好？你可以支持我，也可以完全不支持。」

這句話，頗有威脅的意味，這是說，你不支持我的話，我還有別的男人支持，張三知道小紅沒有誇口，眞的，祇要她願意把手伸出去，便有別的男人跑過來，圍繞在她週圍，所以馬上答應，撥了十萬元給她去炒股票。小紅經常向張三報告，炒什麼股賺了多少，炒什麼股蝕了多少，張三都不在乎，他祇要心愛的人永遠在身邊。

這天，小紅突然來到寫字樓，脂粉未施，形狀狼狽，她是從來不到張三寫字樓的，這天突然來到，張三意味到有點不祥，掩上總經理室的門後，問道：「有什麼緊要的事找我？」

「你這人，一點心肝沒有，昨晚我在枱上，留下一張字條，請你回來時叫醒我，你簡直沒有瞧一眼，也沒有叫醒我。」

「很抱歉，我沒有留意到你留下字條，昨晚多飲了酒，回來時太過疲倦，在你身邊睡下來，什麼都不知道，那麼你現在來找我，有點什麼事？」

「不是有點事，而是有大事了，今天股票開市的時候，電話起得厲害，一連沉了幾天，今天突然大漲，我空出五萬股，看情形要廿五萬至三十萬才能夠應付。」

張三的臉色變了，沒有作聲，小紅道：「怎辦，三哥，今天不能立刻付出這筆錢，明天，再起價時，恐怕要三四十萬元，你有的是錢，難道不能替我解決困難？而且，當初我炒股票時，你是贊成的。假如你對我說一句沒有辦法，我也好及早另外找別的朋友幫忙。」

張三勉强答應想辦法，先寫了十萬元支票，小紅道：「我要廿五萬。」他苦笑道：「實不相瞞，我的銀行戶口沒有錢了，現在祇存有十七萬元，有八萬元是立刻要付給材料公司的，給你十萬，我還要立刻想辦法入一萬元才能支付。」

「那麼給我十五萬好了，貨欵可以推遲幾天。」小紅的臉色也不好看，她像等候張三攤牌。

張三終於勉强寫了十五萬元支票，交到她手上的時候，小紅才臉上恢復笑容道：「也許我會有好運氣，晚市回落幾個價位時，你的錢，我可以紋風不動，說不定我還可以轉危爲安。」

這天下午，張三向股票市場的朋友打探消息，知道電話搶手，再進幾個價位，知道十五萬元完了，他覺得讓小紅如此炒下去，不久就要完蛋，但小紅是不會完的，她還可以另外找男人，但是自己就吃大虧了。

張三產生一絲後悔之念的時候，小紅也出更辣的殺手，她暗中通知所有與張三有往來的戶口，立刻向張三的機構收賬，因爲張三的經濟十分困難，正在準備離開香港去外國，這一招果然狠辣，第二天，張三先生債主臨門的，來收賬的人，忽然多起上來，而且他們都不肯再通融，寧可要期票，迫於無奈，祇有開出七八張一個月以上的期票，接住，幾天之後，他無法再向材料公司賒入貨物，各方面都要付現錢，好像他的信用破產了。

晚上，張三回到家中，小紅不再是溫柔體貼，她也十分暴躁，情感很不平衡，提出要屋租，要家用，張三光火了，大聲道：「你的錢都蝕光了嗎？」

「何止蝕光，還要負債，你不給我五千元，明天休想開飯，阿巧姐的人工也未發。」

張三道：「沒有，迫死我也沒有錢了。」

小紅冷笑道：「大丈夫不可一日無權，小丈夫不可一日無財，你是小丈夫，不是大丈夫，現在沒有錢，還有臉在婦人女子跟前大聲說話，沒有錢，這個家就散了。」她說得毫不留情，張三氣得半死，爬起床來，罵道：「你好沒有良心，對我半點也不體諒。」

「體諒嗎？張先生，你忘記了我是個撈女，我要錢用的時候，從來就沒有向人如此低聲下氣，但你却把我當作不是人，好吧，我們分手好了，以後，你沒有本事就不可再玩女人，祇有那一點身家就學人家三妻四妾，像你這樣年紀，難道我與你同居，還爲了愛情，你是聽明人，也應該知道，難道是爲了錢，現在你說沒有錢了，難道要我跟你去見破產官，你跳樓的時候，希望我和你一齊由高樓大厦跳下去殉情？眞是笑話。」

這一頓罵，罵得毫無保留，也對張三的自尊心大肆摧殘，使他忍無可忍。他待要發作，但是覺得小紅會比他更兇，沒有再作聲，但內心却是十分後悔，怎會愛上這樣一個完全沒有半點情義的女人。

第二天，小紅收拾行李走了，臨行，她冷笑道：「張三先生，記住我的話，沒有錢就不要玩女人，我已經是十分有良心的撈女了，否則，你這個社會名流，非弄到你成爲新聞人物不可，很簡單，我告你一狀不負責維持家庭，你就沒有臉出來見人。」

當俏麗的人影在門口消失的時候，張三先生好像從噩夢醒過來，他覺得幾個月來沒有回家，不祇對不起妻子，也對不起兒女，自己爲了小紅這個女人，把事業都弄垮了，這個局面，不知如何維持，他回到寫字樓，看看堆在枱上的文件，其中有一份是薪水單，等候他簽字。但是，張三知道銀行的戶口根本就沒有錢。他陷入走投無路的環境了，沒有現金買材料，地盤也不能開工。

這晚，張三回家了，像一隻受傷的野獸，返回巢穴來喘息，家中，一切好像平常一樣，太太的臉上，還是有溫和的笑容，大寶小寶歡呼道：「爸爸回來了。」

張三十分感慨，內心十分慚愧，幾個月來沒有和孩子們見面了，大寶和小寶他們似乎都已經長高了一點。

吃晚飯的時候，張三默默無言，看見家中的餸菜很清淡。問道：「你一直沒有問我要錢，所以家中沒有錢了？」

「不會，我還有點錢，是我叔父分給我的遺產，我叔父死的時候，也找你不到。」

「叔父分給你多少遺產？」

「也沒有幾多，二十萬元還不到。」

張三臉上掠過一絲喜悅，但馬上就消失，也許他覺得再無顏向妻子提出錢的問題，但是，太太道：「你假定要用來週轉的話，這錢是可以動用的，我存的是活期。」

張三覺得眼睛有點發熱，他這時有幾萬元已經很滿意了，最低限度可以先清發了職員的欠薪，若是有現金買材料，地盤便可以馬上開工，繼續接生意。點頭道：「我眞的要錢用，看看能否借給我十餘萬周轉一下。」

「你怎麼？我們是夫婦嘛，怎會客氣起上來，我的錢還不是你的錢，你隨便動用好了。」

張三從此回家了，張太太經常想念小紅，她希望有一天能夠親自向她說一句多謝的話。

·江湖兒女·

中國歷史文物趣談

一把扇子的故事

·高貞白·

三十年前，某次在中央公園茶座遇傅增湘先生，他約我同去訪問他的鄉後輩卓君，他說，卓君藏有一把摺扇，是一件很有趣的歷史文物，可供欣賞。

卓君是四川華陽縣人，他的曾祖父是咸豐初年武英殿大學士卓秉恬（字靜遠，號海帆，嘉慶七年壬戌科翰林，咸豐五年死，年七十四，謚文端）。秉恬和當時的定郡王載銓頗有交情，這把扇子就是載銓送給他的。本來一把很普通的扇子，沒有什麽歷史價值的，但因爲這把扇子與載銓的「息肩圖」有關，且因之興起文字獄，那就值得一看了。

載銓在道光朝頗用事，道光帝很喜歡他，授御前大臣、工部尚書、步軍統領，權勢甚重，道光帝病危時，受顧命，所以當咸豐帝繼位的第一二年，載銓頗見信任，這當然是咸豐帝看在他是顧命大臣，稍爲給點面子，大概載銓以爲咸豐帝不過一個二十歲的少年，初掌政權，什麽都不懂，便事事擅作主張。但咸豐帝並非是一個十分庸懦之主，故對他寵眷已不如前，載銓甚感失望，因倩畫師爲繪行樂圖二卷，一名「曳車圖」，一名「息肩圖」，前者畫一老叟拉車狀，後圖畫載銓作園叟打扮，站在花担之旁，點綴一些菊花、秋海棠之類，筆致頗爲生動。二圖蓋寓本人盡瘁國事，現在得以稍息仔肩之意，其實藉此以發牢騷也。

圖成後，載銓自己題了六首七律詩在上，並請朝中達官和之。凡和詩的人，都送一把摺扇，一面畫的息肩圖臨本，另一面錄各家所和的詩，以留紀念，這倒也很別致，卓秉恬有和詩三章，故得一扇，扇骨極精美，刻有「道光戊申夏，行有恒堂製」字樣，是定王府自製之物。（載銓人極風雅，喜收藏書畫，又精于鑒別瓷器，自己還設計造瓷，派專人往景德鎮燒造，款作「行有恒堂製」。此種瓷器，爲道光朝諸瓷之冠，昔日北京琉璃廠極重視之，稱爲「有恒堂瓷」，而畧去行字。道光一朝的瓷器無甚足觀，祇行有恒堂一種，可爲生色耳。載銓又製有刻畫箋、角花箋，皆甚精，從前我藏有他的刻畫箋一張，長二尺，廣一尺，紙質晶瑩潤滑，內有刻畫花卉，映光處視之，筆畫甚工整，左側有刻畫的隸書一行「行有恒堂選製」六字。）

咸豐二年壬子（一八五二年）六月廿九日，諭內閣：

給事中袁甲三奏參定郡王載銓、刑部尚書恒春、侍郎書元各摺片，着載銓、恒春、書元即日赴軍機處閱看原奏各案所參情節，明白回奏。至該給事中所稱載銓廣收門生一節，着即指實具奏，毋得稍有含混！

袁甲三做諫官時，因爲喜歡彈擊權貴，直聲震于宇內，他劾載銓的奏疏，說他「肆意妄爲，不恤物議」，措詞很是峻厲。並說：「臣職雖微，然自通籍以來，受先帝豢養之恩已歷十有餘年。如有挾私妄干，搖惑聖聽之處，先帝陟降在天，斷不令臣倖逃法網也。」他又生怕載銓是道光帝生前所重用之臣，又受顧命，咸豐帝不便加以處分，于是在疏中加了一句「先帝時本未深資倚畀」，以便爲道光帝誤用解脫。此種辭令，一般諫官在此類彈章中是常有的。疏中又說，載銓聲氣烜赫，廣收門生，滿漢臣僚，多有拜他爲老師的，故有定門四配、十哲、七十二賢之稱。諭旨問袁甲三關于載銓廣收門生，有何證據，敎他指實具奏，七月初一日，咸豐帝諭旨云：

給事中袁甲三覆奏，定郡王載銓廣收門生一摺，據稱，載銓曾繪息肩圖一卷，題詠甚多，凡屬門生，皆係師生稱謂。着載銓將所繪息肩圖，即行呈進。

這就是「息肩圖」進呈御覽的由來，覆奏中有「應請旨飭令載銓將所藏息肩圖呈出，則某人爲門生，歷歷可數，無從含混矣」等語，咸豐帝看過此圖後，有沒有發還交載銓，今不可知，但載銓和一班題詠的大臣，都受到相當的懲罰，但並不嚴重，清代官場中所謂「風流處分」也。計受罰者有：載銓、大學士卓秉恬、祁寯藻（題詩時尚未入閣，時官戶部尚書、軍機大臣）、致仕大學士潘世恩、周祖培、柏葰、麟魁、吳鍾駿、黃贊湯、錫齡、文慶、慧成、富呢雅杭阿、潘曾瑩、潘曾綬、葉名澧等人。清代自康熙以來，屢興文字大獄，雍正、乾隆兩朝尤甚，以後即甚少見。以前的文字獄，大都對漢族而發，但這一次的文字獄，則由滿族親貴引起，實爲清代文字獄一特點，以前說文字獄者很少注意及之。最奇者，和詩中有成郡王載銳，他的曾祖即乾隆帝第十一子永瑆，封成親王，著名書法家也。載銳于道光三年襲封，咸豐九年死，但他却沒有受到處分，不知何故？或者他沒有在圖卷中題詩，後來補作，未及寫入原卷，另紙錄存，以待將來裱入，抑另有別種原因，今已無可查考。工部尚書王廣蔭沒有處分，則以其在咸豐元年十二月十四日死去，故免置議。現在把載銓原作附錄如後：

行有恒堂主人原作

汝身老去有誰憐，衰邁深慚俗累牽。
拱手好期長已矣；回頭所願允終焉。
風塵不用悲岐路；梅鶴真堪娛暮年。
莫問果能拋無味，力微應早怯頳肩。
丈夫磊落畏人憐，獨立能祛萬累牽。
身耐酸辛渾未已；路經偪仄合休焉。
担花勤動恒終歲；跋履忘勞亦有年。
老我情懷消欲盡，新詩漫賦聳吟肩。
力倦長途只自憐，苦無旁貸慨羈牽。
任勞從古皆如此；釋担于今見有焉。
張翰思蓴歸隱日；陶潛對菊遂初年。
白頭不作宵征計，袖手花間得息肩。
飽嘗甘苦可深憐，幾度徒勞境遇牽。
荷蕢壯懷曾久矣；灌園老況擬安焉。
路途厭倦悲塵世；筋力衰微失妙年。
解得優游林下趣，不妨滿載歌仔肩。
不無情堪冷眼憐，眈花多是宿因牽。
消磨壯志徒勞耳；放浪閒游窮慕焉。
老圃生涯容末路；群芬代謝感華年。
掉頭莫笑歸休早，兩袖清風負兩肩。
籬根砌角動遙憐，宿累獨教物外牽。
況復移來情厚也；更能卸却志高焉。
春風迴首傷疇昔；秋雨關心慨晚年。
老去不成莊蝶夢，且憑花担憩余肩。

載銓的曾祖是乾隆帝第一子永璜，「清史稿」諸王列傳說：「載銓初封二等輔國將軍，三進封輔國公，授御前大臣、工部尚書、步軍統領、襲爵。道光末，受顧命。文宗即位，益用事。咸豐二年六月，給事中袁甲三劾載銓營私舞弊，自謂操進退用人之權。刑部尚書恒春、侍郎書元，潛赴私邸，聽其指使，步軍統領衙門，但准收呈，例不審辦。而載銓不識大體，任意顚倒，遇有盜案咨部，乃以武斷資其規避。又廣收門生，外間傳聞有定門四配十哲七十二賢之稱。舉所繪息肩圖朝官題詠，有師生稱謂爲證。……」載銓的履歷大抵如此。他在咸豐四年九月逝世，追封親王，其嗣子溥煦襲封郡王。光緒三十三年，溥煦死，子毓朗襲貝勒。毓朗在光緒末年得慈禧信任，宣統二年任軍機大臣、軍諮大臣，辛亥後自署「餘痴生」，民國十一年（一九二二年）十一月逝世，在溥儀「大婚」後一月也。

和詩中的人物，畧介紹一下。慧成，字秋谷，鑲黃旗滿洲人，道光十六年丙申（一八三六年）檢討，道光廿二年以兵部右侍郎授河東河道總督，下一年以河決革職。他的和詩中有「柳枝桃葉成新侶；金谷瓊樓憶昔年」，深寓身世之感。他罷河督後，請人刻一小印，文曰：「曾經滄海」，印文有相關之意也。

祁寯藻，字叔穎，號春圃，山西壽陽人，嘉慶十九年編修，官至軍機大臣、體仁閣大學士，諡文端，工詩，有詩集行世。

富呢雅杭阿，字容齋，號芥丹，鑲黃旗蒙古人，道光廿四年甲辰科編修，官至侍郎。

麟魁，字棋谷，鑲白旗滿洲人，道光六年丙戌庶吉士，官至軍機大臣、兵部尚書、協辦大學士，同治元年死，諡文端。

潘世恩，字槐堂，號芝軒，吳縣人，乾隆五十八年癸丑科狀元，官至軍機大臣、武英殿大學士，咸豐四年死，諡文恭，著有「眞意齋文集」、「思補齋詩集」、「恩補齋筆記」。世恩以翰林拜相，壽至八十六，咸豐二年鄉舉重逢，詔許其就近赴順天鹿鳴筵宴，下一年重與恩榮宴，福命之厚，爲人所羨。長子曾綬，字紱庭，次子曾瑩，字星齋。星齋道光廿一年辛丑編修，官至工部左侍郎，著有「小鷗波館詩文鈔。」曾綬子即潘祖蔭，有聲于時。

柏葰字靜濤，蒙古正藍旗人，道光六年丙戌編修。他是咸豐八年戊午順天科場案的主角，九年問斬。這案的經過甚爲複雜，他雖非作弊，但家人出賣關節，他有失察之嫌，不能謂無罪。

被袁甲三所劾的刑部尚書恒春、侍郎書元，在這把扇子中不見有和章，據我推測，大概這把扇子是此案平靜後，載銓無恙，事後才請人寫扇，以贈和韻諸公的。又因書元、恒春二人題在卷中的和詩，有師生稱謂，恐起誤會，故不錄入扇中，以避招搖。

題詩獲譴諸臣所得處分，計載銓罰王俸二年，不准抵銷，解除統領侍衛內大臣職，並毋庸管理健銳營事務。恒春、書元降四級調用。內閣學士載齡、侍讀許誦恒，降二級調用；潘世恩、卓秉恬、祁寯藻、柏葰、周祖培、麟魁、吳鍾駿、黃贊湯、文慶、慧成、富呢雅杭阿、潘曾瑩、潘曾綬、葉名灃均罰俸半年，不准抵銷。

降級調用和罰俸，處分並不重，尤其是載銓，罰俸二年，在他們親郡王羣中，區區王俸是不放在眼內的。到下一年，載銓又升官了，加封親王銜，辦理巡防事宜。

這一件親貴文字獄，由文物而起，如果在雍正、乾隆之世，說不定會大興殺戮的，而竟無嚴刑峻罰，可見清末的文網已不十分高張了。有一說，咸豐帝初御極，討厭載銓擺出一副「託孤大臣」的面目，故意向他示威，奪去他的大權，遂授意袁甲三出此。甲三字午橋，河南項城人，道光十五年進士，咸豐九年升漕運總督，後來派爲欽差大臣與捻軍作戰，同治二年病死，諡端敏，袁世凱是他的姪孫。

三十年來，我一直懷念着這把扇子，它的下落如何我不知道，但既然凡有和詩的人都有一把，那麽和詩者的後人必有人保存，爲數也有十數把了，也許今日天壤間還有存在的，我們尚有機會可以碰到它呢。

談鼻煙

·范正儒·

鼻煙、鴉片、香煙這三種東西，發現於十六世紀前，由非必需變做了必需品，各有一個時代控制人類官能，實在是口腹之欲、視聽之娛以外的怪異享受，昔人嘗斥之爲「食妖」；可是我們的明代祖先對這三大「食妖」都全部「笑納」了。首先是鼻煙，其次是鴉片和香煙。到了清末，吃鼻煙和抽鴉片，成爲上流社會的二大嗜好；即以香煙論，在當時也是最時興的消遣品，而且在交際應酬上受人歡迎愛好。

清代末期，吸鼻煙成爲一時風尚。某次，潘祖蔭在軍機處向同僚們盛讚某提督是個好人，衆問何所見而云然？潘謂：「該員送給我的鼻煙，是頂刮刮的好煙，他怎麼不是好人！」某提督以上好鼻煙巴結上司，到底是成功了。至於今日，捲煙風靡全球，更加了不起，但因吸煙易患肺癌之說，逐漸獲得證實，歐美有些人實行復古，改吸鼻煙，鴉片則早已轉入地下活動了。

鼻煙原名 Snuff，譯音爲「士拿」，據清人趙之謙「勇廬閒話」上說：「鼻煙始於明萬曆九年（公元一五八一年），意大利人利瑪竇來華傳教，以此傳入中國。清自雍正乾隆諸朝，西洋人屢以入貢。朝廷頒賜大臣，多以鼻煙及鼻煙壺爲賞，其時民間未之見也。至清末光緒華洋通商，廣州天寶、怡和等洋行始採辦銷售，一時縉紳巨賈爭相購用，遂流行於中土矣。」

中國在帝制時代，妄自尊大，對於國際交誼，人家送來的禮物都稱「晉貢」。皇上對於那些貢品收了下來，享受之餘，轉以賞賜臣民，都稱「賞賜」。例如清代乾隆二十二年南巡，對外賞賜給安南、朝鮮、緬甸、琉球等國王以鼻煙及煙壺，對內賞賜王公大臣及外藩諸臣，都有御用鼻煙及鼻煙壺。所以鼻煙在清代中葉已盛行於朝野，直到清末光緒才流行於民間，入民國後吸者仍多。現在鼻煙已經式微，但在國外却又有捲土重來的趨勢。

相傳，在清時輸入的鼻煙，大致有十三太保、天寶素、怡和素、大金花、紅枝頭、黑枝頭、牙花等名目。張善澍「士拿補釋」云：「最佳者，每箱十三瓶，其瓶式有八角者居中，長方式者八，箱之四隅，則以三角式者四以實之，合成十三瓶，遂美其名曰十三太保。其他尚有牙花瓶、金花瓶、三角瓶、菩提花瓶諸名色。亦有水磨而加金花者，質由瓶分，昔人辨別至精。」這因爲，從前洋行買辦，多就形象定名，一箱十三瓶，便名爲「十三太保」了！

「士拿補釋」品評鼻煙諸品有一段說：「北人列煙品爲四：羊、酸、粿、豆。而南人則列煙品爲五：羊、酸、苦、豆、焦，認南人所列不當，苦爲粿香之轉，煙中實無此味，而焦粿並無分別」。他對羊、酸、粿、豆四品，並加以介說云：「羊羶神，酸知意，粿比於氣，豆麗於質」。實在說來，各有特色，未可一概而論。其他含有雜味兼品的，似非上品。它是用鼻腔嗅吸的煙藥，故名鼻煙。

清咸豐年間（一八五一——一八六一）最受清室王公貴族喜愛的紅瑪瑙鼻烟壺

趙之謙「勇廬閒話」對於辨色之法，說得很詳細：「大抵色深綠者爲上，有如墨色，鴨頭綠者次之。倘經歷年代，則變爲深紫，有如墨色，於日光斜映之，隱隱有光。鴨頭綠者，久則變爲微黃，均屬正貨。反之，太紫太黑，全無色澤者，則爲贋品」。他又說：「凡藏鼻煙，佳質經久，微含燥氣，當即密置近體單衣一袋內，三日必回原味，此經驗者。蓋懷袖枕席間，時得人氣，即煙壺瓷玉之屬，亦藉以涵泳精華，萬物人爲貴，精氣感物至神」。

至於鼻煙的製法，相傳是用乾煙絲爲主成份，每一分配福建煙六七分許，北細辛、香白芷、猪牙皂角（均焙乾研）、薄荷各二分、冰片三厘，共研細末。然後，雜以花露，鴨綠色的用葡萄露，最上品。玫瑰色的，用玫瑰露，次好。醬色的，便屬下品。若紫黑的較陳舊，老黃色的次陳，嫩黃色的是新貨，以色澤來分品質。從清末至民初，廣東造的鼻煙比內府造的尤勝，但其品質仍不及西洋造的鼻煙。

根據傳說，鼻煙的來歷是這樣的：一個曾隨哥倫布於一四九四年第二次航海的意大利僧侶，曾紀錄西印度羣島土人怎樣在花梨木盆裏，將煙草搗碎，用長管插入他們的鼻孔裏來嗅吸它的芬芳氣味。後來，住在墨西哥阿芝特克民族，把乾煙葉隨磨隨吸，就像我們今日吸鼻煙一樣。這方法輸入西班牙再轉入葡萄牙而入意大利，就在公元一五八一年（明萬曆九年）傳入中國，所以大西洋一帶可說是鼻煙的祖家。

西洋造鼻煙，以前是葡萄牙或意大利所出者最妙，近年甚難羅致。現時的鼻煙產地，當推英國造的最好，美國製的比較價廉。英國的鼻煙產自愛爾蘭，年產七百噸，是世界最佳的產品，除了供應本國六十萬嗜吸鼻煙者消耗外，每年還有大量的輸出。主要的銷場是澳洲、美國、南非和印度，但最上等的出品，則暢銷於南美洲、比利時、法國、東南亞各地，每年賺進的外滙，不下五十萬英鎊。

鼻煙之在歐美，是一種消耗很大的東西，它雖比不上捲煙、雪茄、煙斗，却也是香同蘭蕙，味辨芭菰的粉末煙藥。英國人吸鼻煙開始於一六一四年和一六六五年之間，那時大疫流行，人們認爲吸鼻煙可以防疫，抵抗傷風感冒，從此成了英國人的傳統癖好。近年來，英國許多工廠東主都認爲吸鼻煙比較安全，沒有亂擲火柴和煙頭引起火災的危險，更不會冒出使人討厭的煙霧，和久吸引起肺癌的憂慮。

據說華盛頓參議院開會的時候，就曾在大門的休憩室裏放着兩只綠瓶，裏面裝着上等的鼻煙，以便參議員們進門後，取些鼻煙嗅一下，通通鼻竅，醒醒腦筋，然後出席會議展開「舌戰」，確有抖擻精神之效。就是在西歐各社會階層，尤其倫敦、巴黎、羅馬等地許多牧師、演說家、歌唱家、政客、醫生等，日常必嗅鼻煙，認爲可使他的喉道清爽，說話流利。凡是從事集中注意力的職業，如畫家教員等，都嗜吸鼻煙。

瓶身為白玉，外嵌黑色金屬線，圖紋中有壽字，四面環繞的名貴鼻煙壺。

西洋造的鼻煙，有防疫，明目，治頭痛牙痛，並有追風發汗的效能，增强呼吸氣道抵抗能力。北京內府造的鼻煙，有辟疫，明目，療氣喘和便秘，通咽喉，常吸可治「腦漏」（慢性鼻炎及鼻竇炎），又能辟路上塵埃及溝渠臭氣。普通的廣東造鼻煙，可以通關竅，止頭痛，牠的芳香氣味可以辟除惡臭。儘管世人指斥鼻煙爲「食妖」，可是在現時香港以及南洋各地的潮州、福州僑民，愛吸鼻煙的仍然很多，他們鼻下口上，往往留有鼻煙的痕跡。

清代名士躭於此道者不少，他們認爲鼻煙功能宣竅、導滯、渾意、通神。那位寫「士拿補釋」的張善澍，對鼻煙的好處曾發揮議論說：「始而審之，穆乎其靜也。徐而察之，淵乎其永也。已過而索之，若有若無，綿乎其若存也。其氣銳，以達入神廬而淪靈府，無微而不至也。百骸九竅，竟日以怡也。」他對於鼻煙的欣賞和意境，委實使人有飄然神往之感。

靜道人更說得委宛有致：「春夏之氣舒，秋冬之氣斂。雨餘雪後，風前月下，其味獨眞。若暑日炎天，霜風煤火，雖有佳品，味亦或變。雨多之時，煙入壺宜少，其性忌燥也。籠火之時，亦然。春夏間宿雨初過，涼風忽至，鼻觀與煙味相合。秋金動肺，往往有聞煙亂咳者。惟閉庭月白，幽室燈青，或可一嘗滋味。冬日嚴寒，芯芬之眞，隱隱不出。或小陽時節，或晴雪梅花，心曠神怡，自多佳趣。」

清代乾隆時兩淮鹽運使高恆，他吸鼻煙有一種怪癖，每每叫他的侍妾赤裸着雙足，在足板上盛着鼻煙，隨蘸隨吸，樂乃無窮。像這種做法，才是眞正的「食妖」哩。「若乎窗明几淨，酒後茶餘，蘋果一盤，梅花數點，圖書古雅之旁，筆墨精良之外，蒲團趺坐，籐几睡醒，眞諦獨標，羣邪不入，一室之內，自有芝蘭。」那豈不是參透了吸鼻煙藝術的三昧了嗎？

既有吸鼻煙之事，跟着便創造了鼻煙壺，並且中國製的鼻煙壺也成爲世界最精美的工藝品。

據沈豫「秋陰雜記」云：「鼻煙始於清朝，其始止行八旗及士大夫，近日牧豎無不握此。壺則水晶、羊脂、瑪瑙、翡翠、茄瓢、瓷石等質，而蓋則珊瑚、珍珠、貓眼，無不鏤奇錯采。」王士禎「香祖筆記」則云：「鼻煙以玻璃爲瓶，貯之，顏色亦具紅紫黃白綠黑諸色，以象齒爲匙，就鼻嗅之，還納於瓶，皆內府製造。」

照此看來，鼻煙壺的質料，最初時用五彩玻璃，跟着就有翡翠、象牙、珊瑚、青貝、琥珀、硬玉、瑪瑙、紅玉髓、水晶、孔雀石、玳瑁、琉璃、金銀、黃銅、白銅、硬質或軟質磁器、琺瑯磁、漆器、竹器、果殼等，花紋圖案也極精巧。大凡有「鼻煙癮」的的，遇見知音也請客的，懷裏掏出一只鼻煙壺，拔去羅旋蓋，用小牙匙把煙未挑了出來，放在象牙碟子上，彼此用中指向碟子蘸了點，擦上鼻孔去，噴然一聲，即能通竅，提神醒腦。

直到現在，一般古董鑑賞家對於鼻煙壺的評價，還是以舊五色玻璃瓶，表面作蘋果色的稱爲極品。又京料套紅，畫面上套上山水花卉或故事彩色圖案，壺足題有「乾隆年製」，「古月軒」或「古月香」的篆文，都是最名貴的鼻煙壺。其次就是白色翡翠瑪瑙，雕縷蟲魚鳥獸，亦頗多精品。在香港的古玩市場中，常有中國名貴的鼻煙壺舊貨，爲外國遊客所搜購，它的實際用途就是用來盛鼻煙，也有遊客買來用以貯藏香水，那就似乎物非所用了！

而在西洋的鼻煙盒也是非常講究的，比之煙斗和煙嘴更要精緻得多。在十八世紀裏最有名的法國鼻煙盒是用黃金製成的，盒的四週用五彩琺瑯質塑造成美麗的人物。在十九世紀英國有一個納爾遜的臉型製成的鑲銀鼻煙盒，珍藏在維多利亞博物院裏。現在最名貴的金煙盒，其價值照方吋計算，每一方吋價至四五百英鎊。近年來，英美的時髦婦女，也有喜愛吸鼻煙的，其手袋中且都有一隻金煙盒呢。

聽戲雜記

尤飛公

筆者早年就讀滬上大同學院，其後易名為大同大學，時與先兄半狂同班，住宿校中，課餘之暇，愛聽京戲。先君在世時，亦喜崑曲，由俞振飛之尊人粟廬先生口授；俞是時方處館張紫東姻丈府第，先君以是對京劇亦深愛好。適於是時投資上海棋盤街新寧旅館，每隔二星期必來滬一次，專誠聽戲，每來即到校代我等告假外宿，翌晨返校上課，率我弟兄同住旅舍。是時夏月珊所設九畝地新舞台，排演連台本戲，我曾聽到「就是我」，由火裏罪人小說改編，可謂京劇現代戲之鼻祖。劇中人均穿西裝上台，仍用場面。月珊飾老偵探骨谷，潘月樵飾其子骨石，夏月潤飾演劇盜，邱治雲飾小偵探雪花，潘海秋飾雪花之戀人，毛韻珂飾女主角名皮冰。邱潘有一幕戲，曾仿西式台上擁吻，五十餘年前聽衆，引為大樂。就記憶所及，劇盜犯案纍纍，終為骨谷破案，困於某屋，骨谷每問某案何人所犯？劇盜即答稱「就是我」，故劇以「就是我」為名。劇盜不肯受降，骨谷用火焚屋，盜乃就擒。故小說譯名火裏罪人。連台多本，分數夕演畢，甚為叫座。毛韻珂原名七盞燈，本工花旦，偶演鬚生戲，每貼「辛安驛」，必以「空城計」壓軸，花旦扮相甚嫵媚，唱鬚生亦甚工穩，可謂多才多藝。

上海亦舞台前身為桂仙戲院，有貴俊卿、朱素雲、戚艷冰同台，筆者曾聽貴俊卿「捉放」、朱素雲「白門樓」諸劇，均極過戲癮。某夕，貴俊卿貼演「御碑亭」，赴考臨行前唱搖板，末句有囑妹小心門戶詞，含有雙關意義，實係囑妹留意嫂氏操守，唱時向妹以目視妻，眼神表情之佳，迄今憶及，猶有餘味。

桂仙後改亦舞台，為沈少安所辦，聘余叔岩演唱，筆者聽過「失印救火」，王長林為配駝背金縣令，一步三點頭，表演神似，極收綠葉之助。及「托兆碰碑」「搜孤救孤」諸劇。叔岩嗓音甜潤，道白清晰，叫天逝後，一人而已！

筆者就讀大同時，先君與鄭鷓鴣、周劍雲等合設新民圖書館於交通路，俾我弟兄休假日獲得休憩場所。股本每股五百元，劍雲原在哈同花園管理圖書館，為此辭職，與鷓鴣同在館中任事，編印「菊部叢刊」，每部售價一元，初版五百部，即以作股欵，由新民圖書館出售，專談戲劇。撰稿者有蘇少卿、劉豁公、馮小隱、馮叔鸞，鄭子褎、林老拙、舒舍予諸子，初版印書五百部，未匝月，書即售罄，再版一次。新民圖書館因出版「菊部叢刊」關係，劇評人每好來此會談，以此因由，遂組二六叙餐會。

上海丹桂第一台某年曾聘汪笑儂演唱，貼演「張松獻地圖」，以老三麻子王洪壽演關公，麒麟童是時尚未易名周信芳，演劉備，馮志奎張飛，堪稱最佳搭配，汪伶嗓音甚悶，惟末句盡情一放，為其專長。筆者聽過「胡廸罵閻羅」、「馬前潑水」諸劇，王洪壽除擅演關公戲外，兼擅徽調，「掃松下書」、「徐策跑城」亦常貼演，王作古之後，周信芳始演三麻子之徽劇拿手好戲，均係私淑王洪壽者。信芳嗓音雖啞，吃調甚高，道白做工，尤擅勝場，曾到北平演出，內行均稱許之。喜扮演不帶口面之小生，用大嗓唱被稱為大嗓子小生。某年第一台自關外聘到王靈珠、石月明，王面目粗黑，上裝貼片子後，却甚妍麗，曾繼芙蓉草之後，為周配演「紅蝴蝶」連台本戲，賣座甚盛。石月明面如冠玉，唱宗汪笑儂，曾為信芳配演「打嚴嵩」之小王常保童，用大嗓唱，戴紫金冠，扮相極俊。是時同台有正宗譚派鬚生羅筱寶，「捉放」、「空城」，均為素長，禹

二六叙餐會坐者自左至右為尤半狂鄭子褎劉豁公蘇少卿林老拙羅曲緣舒舍予丁慕琴楊懷白徐慕雲立者自左至右徐小麟黃轉陶包幼蝶余空我尤飛公吳天翁最右者包小蝶時在一九二〇年二月六日故名二六叙餐會

信芳其時爲後台總管事，捧石抑羅，碼子排得極前，某次與石合演「探母」，坐宮、見娘均歸石月明演出，僅令羅筱寶演出關一場，羅甚激憤，竟致昏倒台上。久記票房是時聲勢極盛，大抱不平，特致函第一台點唱羅筱寶「捉放曹」，須排大軸，並由社長錢一粟兄邀集社友，定座百席，特爲捧場；羅亦聚精會神，全力演唱，一句一彩，稍抒不平之氣。一說羅筱寶有癇疾，俗名羊癇風，不幸早卒，亦譚派一名角也。

貢月潤毛韻珂薛瑤卿在上海新舞台演唱時裝新劇之劇照

袁伯揆仲頤昆仲、譚瓶齋（澤闓）兄與愚弟兄深交，爲大世界大鼓場常客，曾聽到劉寶全、白雲鵬、常澍田、劉翠仙大鼓，劉寶全擅唱「鬧江州」、「長坂坡」、「馬鞍山」諸折，白多唱紅樓夢，常澍田唱八角快書，劉翠仙宗寶全，頗有工力，貌尤都麗，後爲仲頤兄納作姬室。仲頤行六，初娶譚組庵長女公子爲室，另納坤伶張文艷爲妾侍，張在共舞台演唱多年，專演風騷戲，友輩每羨仲頤兄艷福不淺，既儷名門淑女，復娶得唱大鼓之劉翠仙、唱京劇之張文艷爲姬侍，曾一任青島海關監督，近聞已病逝台北，回憶當年聽鼓時，每夕相叙。先兄結婚時特到蘇致賀，並餽贈譚女士手書立軸，失一老友，不勝惋惜。

張嘯林六十慶壽假上海海格路大滬花園舉行，廣邀北平名伶到滬演唱，連演二夜，筆者躬逢其盛，聽到梅蘭芳、譚富英之「法門寺」，因金少山缺席，改由馬富祿扮演劉瑾。小翠花「醉酒」最爲過癮，連泉踩蹺，蹺功工穩，啣杯身段，甚見功力，每於高裴二監對白時，于伶乘背身之際，加敷胭脂，表示酒醉，逐漸加紅，更爲演唱生色。大滬花園此次分二台同時開演，筆者與同好吳天翁、郭蘭馨諸兄，寧捨蘭芳富英「武家坡」不聽，而聽荀慧生、周信芳之「會審」，慧生扮相妍媚，嗓音甜潤，信芳藍袍，問供時道白表情，爲其專長，堪稱工力悉敵。尚小雲、荀慧生、章遏雲、新艷秋「四五花洞」，新艷秋畧有怯場，筆者連聽二通宵，極過戲癮，聆後撰稿分刋申報自由談、新聞報快活林及先兄所編小日報副刋，當時逸興遄飛，觀感所及，筆之於書，惜未彙集戲單，不無遺憾！

命筆至此，憶及昔年上海天蟾舞台，三小一白同台時，荀慧生陪尚小雲演「頭二本虹霓關」之丫環，以先得彩聲，小雲到後台，對荀大加申斥，責謂不守行規，此名爲啃角兒，是時荀尚未紅，默然聆受，不敢置辯。又一夕，天蟾貼演「大登殿」龔雲甫之王老夫人，小雲寶釧，郭仲衡平貫，小翠花代戰，代戰公主在台口演唱時，不知以何因由，小雲忽犯笑場，仲衡、雲甫亦忍俊不禁，相與笑場，台下聽衆乃大樂。

劉鴻聲來滬，獻藝大舞台，其三斬一碰，筆者俱曾聽過。劉嗓音特高，接近乙字調，或工尺調，惟以跛足，台步較差，筆者聽後有一感覺，當時聽來，似甚悅耳，但全劇聽罷，甚少回味，此則不若小余之唱，有繞樑三日之感，蓋以韻味勝耳！

高百歲嗓音佳盛時，學劉甚似，吃調亦高，隸第一台時，常貼演「斬黃袍」，後以嗓音漸差，避重就輕，改唱麒派，猶覺其較陳鶴峯、李如春等高出一籌。

天蟾舞台三小一白時期，聽到小樓，楊除扮相英俊，身材魁梧，嗓音宏亮，道白清晰外，尤具台型，「長坂坡」爲其絕活，筆者曾聆到「盜御馬」「長坂坡」諸劇外，又聽到「楚漢爭」分二夜演出，楊飾項羽，當然不作第二人想，尚小雲爲配虞姬，惟以劇本編排鬆懈，每見小樓偕小雲行軍過場，有數次之多，觀衆感到沉悶，及蘭芳編排「別姬」，在平與楊合演，遂有活霸王之譽，小樓當之，可告無愧。

高慶奎隸丹桂第一台時，筆者聽得極多，高嗓音特佳，能演靠把，每貼「珠簾寨」，必賣滿堂，麒麟童爲配程敬思，解寶一場甚見精彩。王靈珠二皇娘，扮相嫵媚，亦收綠葉之助，高唱宗譚，亦宗劉，故有大雜拌之稱，曾聽其演唱「探陰山」黑頭戲，克秀山爲配，高唱來頗有劉味，後又爲梅蘭芳跨刀，足見其唱做自有功夫，否則蘭芳亦不屑與之合唱也。

筆者聽尚和玉，係在上海天蟾舞台，先後聽到演唱「鐵籠山」、「四平山」、「賺歷城」，前場爲楊瑞亭之「冀州城」諸劇。尚和玉嗓雖悶啞，紮靠出場，即有大將風度，台口報名亮相時，穩如泰山，視小樓不遑多讓，道白口勁有力，開打俱合尺寸，聽後最過戲癮。

孖人牌不銹鋼刀剪

J. A. HENCKELS

「食在廣州」時代

·呂大呂·

「食在廣州」，名言也。但時至今日，「食在廣州」的時代已經過去了。住在香港的人，他們都說，應該把「食在廣州」這話改為「食在香港」。理由是今日在香港，吃什麽也有，粵菜、京菜、川菜、揚菜，各式菜館林立。粵菜中又有鳳城菜、潮州菜和東江菜。還有吃外國餐，從前只不過是英式美式和俄羅斯餐，現在則有意大利餐、法國餐、葡萄牙餐、西班牙餐、印尼餐、越南餐、日本餐、韓國餐、暹羅餐，多得很。加上各國來的鮮果，動輒飛機運到。蔬菜凍肉，種類繁多。這還不該把「食在廣州」一語，改稱為「食在香港」麽？

這話似乎言之成理，但老廣州食家，他們還是不肯承認。他們認為香港本身幷無怎樣傑出的食品和菜式，目前的香港，只是做到要吃什麽有什麽罷了。只合說得個多字，也只合稱作聚會之所，因之不能拿「食在廣州」時代比；也因之認為不可能取「食在廣州」這句話，來改作「食在香港」。

這些生活在「食在廣州」時代的老食家，他們認為這話，很有份量。當年的廣州是靠自己來博取這一個「榮銜」而不是為了各地各處的食一時薈粹，以「聚處」來獲得「食在廣州」之稱的。現在廣州這些最精美、最出名的食，都已經無復存在。無可諱言，這「食在廣州」的一句話已經成為一個名詞，也就是說只有這「食在廣州」的名詞存在，名存實亡了。

冬天是食的季節，胃口特別好，人心思食，這裏不妨談談「食在廣州」時代的傑出之作，在酒酣耳熱之際，以此來作為談助，也足以使老饕們垂涎三尺呢！

肆多發明 品皆獨特

廣州是廣東的省會首都，廣東人好食，廣州便成為廣東食風最盛的食府首都了。有最大的酒家，這便是稱為四大酒家的大三元、文園、南園和西園。有中型小型的酒樓，他們都要向四大酒家看齊，各有發明，以作為招牌菜。有十大茶室，四時食制嚴分，創星期美點，每一星期更換，從不同頭。其他小食肆也各擅勝場，各有其獨特的食品；便是擺檔、肩挑過街的食品，都有特長，都使人留戀。

廣州人講究食，不僅四時食制嚴分，便是早午晚食制也分得很清楚。有些食肆是專做早市生意的，有些是專做午市的，也有些是專做晚市，晚飯連宵夜的。更有在凌晨二時才開檔，做到五六時便收檔的。各自分開時間來供應他們的獨特食品。筆者在「食在廣州」時代，忝稱食家，覺得這個「時代」現在已經消失，不無惋惜與懷念，因而繼「四大酒家」、「十大茶室」之後，要把當時獨特而又有名的食，全寫在這裏，和前刊的「四大酒家」和「十大茶室」三篇彙合為一，這就簡直是一部「食在廣州」的食史。

這裏要說的是廣州當年食風最盛時的獨特作風的食，計為紫洞艇菜、荔枝灣艇仔粥、昌記腊味飯、榮記牛肉燒賣、二嫂粥、光記煲牛、亨記小型大菜酒家，以至于城隍廟羊雜湯、挑担上街的蝦子生根、鴨頭鴨翼。這些都是別具食風，而又在當年的廣州佔着食的重要地位的。

廣州有一種畫舫式的大艇，廣州人稱為紫洞艇。它的裝璜既雅而又華麗，艇首例由名人書寫招牌橫額，而每一艇的招牌也題得很雅，像「挹翠」，像「仙槎」，像「虫二」，像「聽濤」之類。這種紫洞艇可以說是水上酒家，但灣泊無一定，有時在珠江，有時在荔灣，而通常都是在水上艇的「鬼棚尾」為多，在鬼棚尾那裏，便成為飲花酌的艇了。

開艇飲宴 打扇取風

這些紫洞艇的菜式，別有一種，它比陸上其他酒家，有着不同的地方，主要是清新，別立門戶，成為「紫洞艇菜」。有幾個菜式，似乎是陸上的酒家所不及的，像清燉水魚，炒黃埔蛋，荔荷鴨，冬瓜盅，涼辦火鴨，瓜皮蝦等等，甚至蒸一條魚，都自有「紫洞艇菜」的特異之處。夏天裏，這些紫洞艇分佈在珠江口的白鵝潭和荔枝灣，最多人去預定，每隻艇最多不過容納兩席酒。任你只是筵開一席，這艇也屬于你的了。它除了以菜式馳譽之外，還有一樣是陸上酒家所無的，這便是它沒有電燈，全船用「煱紗燈」，另外，由于沒有電，自然是沒有風扇，他們就用人站在你的後面來打扇。你在船頭打牌，以至于開席，一直也有人拿着把鵝毛扇在你後面打扇取涼；這種享受，也只有紫洞艇局才可以享受到。

游荔枝灣 吃艇仔粥

廣州的西關，有地名荔枝灣，一河兩岸，海山仙館就在那裏，每逢夏天，不少人在那裏叫舢板往來遊河。過了海山仙館、何仙姑廟即出「大海」，遊河而兼遊海了。在荔枝灣的小河內以及出去小河的大海，都有許多魚生粥艇灣泊，獨沽一味魚生粥，省港澳人士都對這粥艇的魚生粥稱為艇仔粥。現在香港許多粥店粥檔賣的艇仔粥，便是發源于荔枝灣的；不過荔枝灣的艇仔粥是獨到，莫說香港現在所有的艇仔粥不能望其肩背，便是當時廣州各粥店也無法及得荔枝灣的既好吃而又別饒風味。當時港澳人士去到廣州，如果在夏天，第一件事便是去遊荔枝灣吃艇仔粥。他們沒有一個人對荔枝灣的艇仔粥不交口稱譽的。他們甚至說出一句笑話，說荔枝灣艇仔粥是用老鼠來熬粥，然後「粥底」才會這樣的鮮；這自然不是事實，只是拿來形容其鮮罷了。

荔枝灣艇仔粥的「粥底」確是其鮮無比的。他們熬粥是用蝦殼，這是他們的秘訣，以蝦殼晒乾，用布袋包着放在粥裏來熬，除了蝦殼外，還用大地魚；憑這個來使到「粥底」特別鮮。

艇仔粥原名「什錦魚生粥」，所用料，眞的是「什錦」，計有海蜇皮、魷魚、炸花生、切碎油條、叉燒和魚片，更在每碗粥上，加上好些蝦子，海蜇和魷魚切絲，都是爽口的，炸花生脆，叉燒香，魚片滑，蝦子增加鮮味，一碗小小的粥而有這許多作料，自然是好吃。奇怪的是除了荔枝灣的粥艇有這樣好吃的一碗粥外，別處沒法子比得上。主要原因是別的沒有用蝦殼熬粥的秘訣，而把舢板泊在粥艇旁邊，叫一碗吃一碗，那種風味在別的地方就不會獲得，只能讓荔枝灣獨擅勝場，也自然使省港澳的人吃到口碑載道了。

臘味煲飯 吃到沙底

在「食在廣州」時代的廣州，這時還未禁娼，廣州的風月場中，集中在西關的陳塘南一帶，妓院林立，花酌酒樓也很多。其中却有一間腊味飯店名喚昌記的，地方不多，佈置簡陋。但他的腊味飯却賣到大行其道。以他的生意而論，簡直可稱爲空前絕後，昌記之前，全廣州沒有這樣一間飯店有這樣得人稱道和好生意。昌記歇業以後，也再也不會有這樣一間飯店能夠有這樣的生意和這樣好吃的腊味飯的，這便稱得上空前絕後而無愧了。

大家知道，腊味飯是在夏天沒有的。這樣說，昌記的腊味飯，豈不是夏天沒有生意做？而不知昌記却有一味燒鴨肶飯，最爲了不起。他們的生意，是做了所有花酌的全數。所有花酌酒樓，做幾多席酒便是幾多席酒的生意，昌記却做盡了這幾間花酌酒樓的生意。當時，凡是飲客，不少在入局打牌時候先叫東西吃，叫的便是昌記的燒鴨肶飯，而不會是酒家的鷄球麵或是上湯生麵。開席時，吃完了幾個大菜，也不是吃酒家的炒飯伊麵，而是吃昌記的燒鴨肶飯或是腊味飯。幾乎千篇一律，成爲定例，因此說昌記的生意，他每一晚都是做遍了所有開筵坐花那裏飲客的生意。

昌記的腊味飯，有許多特式的地方，他具有一個條件是別的飯店無法比得上的。而這個條件完全取決于生意旺盛的關係，他生意越好，這個條件所具的水準越高，別的飯店沒有這樣好的生意便沒法子可以達得到這樣的一個標準了。因此可以說，昌記的腊味飯會這樣的好，這是關係到他的生意太好的原故。

原來，昌記用瓦罉煲飯，所有的腊味全放在飯面來蒸。生意好，賣的飯多，蒸的腊味也越多。用這樣多的腊味來放在一煲飯上面，這當然會使到這一煲飯更香，更軟滑了。同時生意好，一煲飯才煲好，新新鮮鮮的一碗一碗端到客人面前，這自然比之一煲飯擱上一個時候才吃會大大的不同，如果生意不好，當然無法可以做到這一個條件，這便是昌記腊味飯之所以凌駕任何飯店的原因，也是飲客們在飽饜膏粱之後也要吃昌記一碗飯的原因。而店吃的人，晚飯消夜也都認爲昌記是最難得的去處，生意越是好，出品就越是無人能及。

同時昌記還有許多使食家流連的地方，除了腊味用正貨而能特別新鮮使人客上口外，他的燒鴨是自己燒的，燒得「窩熟」和香脆。另外還有一味正大良積隆的鹹蛋，一味南乳蒸扣肉，一味鹹酸菜炒鵝腸，都是又平又靚的，更有一味「沙底」，尤爲食客所樂道。

什麼是「沙底」？這是一煲飯的飯底，一碗一碗的白飯取去後，餘下來煲底乾焦成塊的便是，一般人稱這個做「飯焦」，在飯店吃飯的人，大都稱爲「沙底」。好些飯店都拿這「沙底」，用水發開，作爲一碗白飯的給與指定要吃「沙底」的客人。也有些用湯來發，還隨意加上些牛肉或魚片，稱爲「牛肉沙底」或「魚片沙底」，另訂售價。昌記這個「沙底」是給店吃的客人搶着要的，爲的一煲飯只有一塊「沙底」，昌記賣飯雖多，但他的「沙底」就因爲賣飯多而「底底」新鮮。因而用湯發開，用碗裝上，像是泡飯似的沙底，還帶有飯焦的脆，自是與別不同。當時昌記的「沙底」，至爲店吃的客人所樂道。還有一樣就只是昌記所獨有而非任何一間飯店所可以做得來的，這便是「乾沙底」。

由于昌記煲煲飯新鮮，因而底底「沙底」也都脆，脆的「沙底」自然是離開鍋底，而且由于他每煲飯的蒸腊味多，「沙底」都會有着腊味油，這更容易把它原底取出來而成爲一個昌記獨有的「乾沙底」。客人們對夥記說了有「沙底」便來個乾的。他便會在一煲飯賣光後，拿着一把切腊味的刀，向着煲底一圈，即把一底「飯焦」圈了出來，然後拿一隻碗，載着大半碗南乳肉汁，把這「沙底」原底放在碗上端過來。客人便隨意用這乾脆的「沙底」蘸着南乳汁吃，甘香肥脆，確是一絕。而這一絕就非有昌記這樣一煲飯，一煲好即便賣完了飯不會做得來。一煲飯賣得時間長，這「沙底」便不脆了，只合做泡飯式的「沙底」了。

但後來禁了娼，經過八年抗戰，昌記這間飯店也光榮結束了。前無古人，後無來者，說他是空前絕後，眞的是當之無愧。

酒家雖小 座客常滿

粵菜中有好些是特別高貴的菜式，這些高貴菜式，大都沒有「例牌」菜價，因而三五知己小酌，可沒法子吃，固然價錢貴，也爲了份量大，許多食家都引爲憾事。

當時就有一間小型的酒家，地在西關十八甫的一條橫街中，酒家名亭記。這位老板阿亭，也會在四大酒家當過職。離職後，便開設了這間亭記酒家，以最名貴的菜式作爲小菜，使到二三知己小酌，得以吃到名貴的大菜式，份量不大，取價也不太貴。

亨記酒家走這個偏鋒很妙，他的菜式，一個個都是名貴的，四大酒家的招牌菜也有。大三元六十元大裙翅，他也有大裙翅，把六十元分爲十二份，每份五元。文園的江南百花鷄，他無須像文園的整隻才有交易，他分開四分一爲一個菜，南園的網鮑片，西園的鼎湖上素，他一樣有「例牌」菜。至于片皮乳猪，人家必須全體，他却有小碟上，一樣片皮，第二度的骨和肉却另碟。其餘如蒸名貴海鮮，他不須原條上，一分爲三四。加上種種名貴小菜，他會比起大酒家爲纖巧，像油泡田鷄扣，鹽焗鷄腰子，連紫洞艇的菜式他也要模仿。一時酒家雖小，享譽却大，座客常滿，晚飯消夜，站在店內，站在店門口來等候的大不乏人。難得在他能迎合客人的經濟和需要，更難得他的厨師也都有一手。

樓上樓下 各食各菜

西關「西來初地」，那裏有一間古老酒家，有兩三個菜式就只有他才會有的，當時港澳來的客人不少要到新遠來吃這幾個菜。

這幾個菜，一個是猪腦魚雲羮，一個是炒綿羊魚滑或是炒鷄片魚滑。現在猪腦魚雲羮在香港許多酒家也有，但這個菜的鼻祖是新遠來。新遠來發明了這個菜，廣州這許多酒家也沒有跟着他，却估不到數十年後的香港，却會大行其道。

他那綿羊絲魚滑和炒鷄片魚滑很特別，他盛菜的碟有一個底，這個底載滿了滾熱的水，然後放上一隻金屬的碟上去，上面舖着生的魚片，然後把炒好的綿羊絲或炒好的鷄片放上去。吃的時候，客人把碟面的綿羊絲或鷄片和碟底的魚片撈匀來吃，魚片由于碟底有滾熱的水，更加以上面這個有鑊氣的菜，人客一面撈匀一面吃，這些魚片便半生熟，直是吃得有味而又吃得有型，因之才招來廣州的食家，和港澳的客人，爲了這幾個獨特的菜而來。

但這間新遠來的最初期，原是一間低級的飯店，他只是賣煲猪肉湯、豆卜羮魚這些平價的家常菜式。西來初地是買賣舊雜貨聚集的地方，因之他的客人便都是肩挑負担之流，把一担籮放在一邊便來吃飯。後來他發明了這三個獨特的菜，便招來貴客了，可說完全和這些肩挑的「收賣佬」有天淵之別，因而他便闢了樓上專賣這幾個菜。難得是他對原有的老主顧，還一樣做他們的生意，樓下就依然做這低級飯店，樓上只賣這幾個獨特發明的菜。換言之，樓上樓下的生意完全不同，客人也不同，他這幾個獨特的菜，價幷不平，但樓上有，樓下無，樓下要吃這幾個菜可沒有交易，但事實上樓下的客也吃不起。

這似乎是怪狀，但古道猶存，倒值得讚。

鷄以校名 稱市師鷄

在老城，那裏有一間學校，這是廣州市立女子師範學校，學生很多，爲有名的學府。就在學校的前面，那裏有一間飯店，名馨記。馨記飯店很特別，生意極旺。起初，市師女學生的午飯，大都在他那裏，後來太旺了，女學生去到不容易找到座位，才顧而之他。不過後來却幷不因爲沒有座位不去，却爲了另外一個原因，便算馨記不收她們的飯錢，恭恭敬敬請她們去吃飯，她們也不會去。

原來馨記的鷄，賣到大行其道，人們在馨記吃飯，却替馨記這味鷄稱爲「市師鷄」。爲的當時的市立女子師範，人們簡稱爲「市師」，馨記既在市師的附近，人們便稱他爲「市師鷄」了。粵人以鷄喻女，但不是好名稱，這個稱謂，人們說「大吃市師鷄」是有着相關意義的，自然市師的女學生聽了不妥，只是無法奈何，唯一的法子便是絕不入去幫趁，但馨記的「市師鷄」却賣到大行其道了。

馨記一味市師鷄，每天總可以賣到好幾百頭，他用湯把鷄浸熟，因此他有一味菜乾湯，便是用這些鷄湯而成的，最得食客喜歡。他的賣鷄方法，你要鷄的什麽部份便完全給什麽部份你，鷄腿，鷄翼，鷄尾，任你指定。事實上他就鷄腿、鷄翼，鷄尾都一碟碟切定，以備客隨叫隨賣了。其中還有鷄雜，更有一樣最平的，是鷄頭鷄脚，一般好酒的人常會叫一碟最平的鷄頭鷄脚飲上三大杯。由于他的鷄取材好，製法好，這樣的賣鷄法又很特別，很能符合顧客心理。因而「市師鷄」在當時的廣州是佔有一個重要的單位，像他這樣的賣鷄法，香港現在還沒有。

午夜二時 開店賣粥

廣州對于粥品頗有研究，喜歡吃粥的人也很多，「二嫂粥」一出，却哄動了廣州的食家。原因「二嫂粥」確有許多獨特的地方，爲所有過去的粥店都沒有，這也是可以稱作空前絕後的。

第一，二嫂粥的營業時間是任何食肆所沒有的。他在午夜裏差不多二時才開始營業，到了將近天亮六時前便關門了。這個時間，他是專做好些「夜遊神」們的生意的。但却不少人專爲吃「二嫂粥」而特別不睡，或是睡到兩三點鐘的時候起床去吃。第二，「二嫂粥」這間小小粥店，另有一種風光，那些夜生活的男男女女都在這粥店裏，和這粥店擺設在門前一帶的好幾張桌子來吃粥，這種風光，在多年前的廣州市是不會見到的。第三，「二嫂粥」的用料，絕非一般粥店所可及，而他所以有這樣的用料，是具有特別原因、特別條件的。

首先得說這粥店的粥所以稱爲「二嫂粥」，原來這粥店是一家人所經營，翁姑兒媳都一齊落力拍演。其中一個風姿綽約的少婦，任羮粥之職，這便是二嫂，那位家翁和她的丈夫做「企堂」，家姑坐櫃收錢。家翁時時對着她叫「二嫂」，作爲她丈夫的兒子也一樣叫她「二嫂」。就爲了這個，人們知道她是叫二嫂了，粥是由她羮出來的，因而便得上了這「二嫂粥」的一個名稱。客人們無論男女，也對着她聲聲叫「二嫂粥」了。

這位二嫂有個兩三月大的嬰兒，有時由丈夫代她煑粥，她却解開了衣鈕當着客人們，露出了一雙潔白而豐滿的乳來對嬰兒哺乳，這更做成了一種風光。客人們常常說，「二嫂粥」是帶有乳花香的。

爲什麽「二嫂粥」會特別好？這是因爲它的作料特別和人不同。肉丸、肝、腰、粉腸、都很有獨到的鮮味。原來「二嫂粥」的店址是在梯雲橋畔，那裏近着屠塲，屠塲在午夜開舖營業，就是屠塲一屠了猪，便選了猪仔腰肝腸給她，這自然是鮮味逾常。加上她煑粥另有一手，肝和腰都切得很大塊，因而特別的爽，而肉丸美味，更難得是猪腸爽而不韌，便做成了一碗與衆不同的三及第粥。

屠塲是官辦的，不是人人也可以從屠塲在這剛屠好猪的時候便去買到這些作料。屠塲只是爲肉店屠猪，不可以賣。但由于屠塲中有一個有權力的人，是二嫂的表哥，他特別照顧表妹，才獲得這個優厚而又獨有的條件，因之「二嫂粥」便應運而生，使到「食在廣州」這句話，更多添了一點顏色了。

早市燒賣 宵夜煲牛

廣州獨樹一幟的食品很多，要不然也不會使「食在廣州」這話名副其實，西關第五甫那裏，有一間食肆名榮記，店址設立在一層樓上，沒有舖面，獨沽一味乾蒸牛肉燒賣。他這牛肉燒賣很妙，用最舊的陳皮同琢，那種陳皮香味，絕非任何茶樓酒家的牛肉燒賣所能有。而客來隨叫隨蒸，一蒸熟便端上來，深得又滑又爽之旨。他賣這一味牛肉燒賣，以十隻起碼計。客人坐下，動輒叫三十隻四十隻不等。這種吃法，外江館子叫蒸餃叫鍋貼常有，在廣東而對一樣食品一叫便是幾十隻的，當然就只有吃榮記乾蒸牛肉燒賣才會有這樣的作風，因而也就哄動一時，一個早上，他賣的牛肉燒賣就多得很，而他的營業時間就只在一個早晨，大概上午十時還不到，這家榮記便關門了。

除了榮記牛肉燒賣以外，還有長堤大三元酒家側的一間光記，他也是獨沽一味的。他這一味，全廣州的食肆也不會有的，名爲「煲牛」。牛只有炒，如果煲，這便只有煲牛腩。但他却是「煲牛」，他的煲牛很特別，用一個銅製有柄的小煲，這類煲是一般粥店用來煑粥的，他却用來「煲牛」。看他的煲牛手法很平常，先拿一把菜心放在煲底，加上他醃過的牛肉，再加點兒水，調好了味，蓋上了煲蓋，只一會兒便可上碟端給客人吃。菜香牛肉滑，與一般菜蘧炒牛肉不同，而且牛肉之滑，有過之而無不及，當時的售價只是二角錢一煲，既便宜又好吃。他的營業時間是消夜時間，但却賓客滿座，「光記煲牛」便成爲「食在廣州」中的一絕。

湯名羊雜 粥稱魚船

廣州的城隍廟，和許多地方的城隍廟一樣，醫卜星相雲集，其中也有食肆，一間歷史過百年的「福來居」，以手撕鷄、蘇鯽、蒸餃聞名，是一間外江館子，除此之外，還有小食檔羅列，其中最著名而又爲别處所無的是教門人開設的羊雜湯，最爲食家們所樂道，認爲是可口而又醒胃的食品。

羊雜湯是用羊肚，羊腸，羊肝切碎，加上白醋和匀的羊湯，更加上切碎的韮菜、辣椒而成，豐儉由人，平貴也有交易，固然不少販夫走卒來吃，衣冠人物也不少，大家認爲這個羊雜湯的獨特製法，是只有城隍廟這幾處回教人開設的檔口才有得吃，因之也成爲一絕。

在西關第十甫珠璣路那裏，有一間專賣魚粥的店子，名吳連記，他的魚粥也是獨特的，一般人賣魚粥，只有魚片粥、魚球粥，他却不然，在門口放了幾個大木盤，養着許多活的大鯇魚。粥品中有魚片粥、魚球粥之外，凡是魚的一切，可以說除了魚鱗外，都拿來成爲一個粥品，其中有魚腸粥最爲拿手。鯇魚腸又肥又腥，他却可以使到魚膏不溶化，而絕對沒有腥味，魚腸是爽的，附在魚腸那裏的魚肝是甘香的，因而極得人稱讚，魚腩粥也膾炙人口。而最特別的却是一碗以「魚船粥」爲名的粥品。

這個「魚船粥」是把一條魚所具備的除了魚鱗外，什麽也具備，魚脊，魚腩，魚頭，魚翅，魚骨，魚腸，魚皮無一不在一碗粥吃到。固然豐富，也極可口。由于這樣多姿多采，而又只有這間吳連記才有，因而成爲口碑載道，顧客如雲。

鴨頭鴨翼 蝦子生根

在這些小食中最風味特殊的要算「鴨頭鴨翼、鴨頸鴨朴」。這是用鹵水製成的食品，春夏兩季沒有賣，秋末北風初起才見有售。白天沒有賣，只有在晚上才有。沒有設店，沒有擺檔，必是由流動的小販叫賣的。寒夜北風虎虎中，那些賣鴨頭鴨翼的小販發出的聲音，他拖長了聲調，叫着「鴨頭鴨翼，鴨頸鴨朴」，聽了更使人有寒意，有蕭瑟之感。這種風味，未吃已經感到，吃的時候，他從一個用小炭爐暖着的東西中，取出來給你，塗上了一些醬，又熱又香，蕭瑟的寒意全給這美味的獨特食品把它消失了。廣州人對天氣開始冷，有兩句說話來代表，一句是「北大人到」，另一句便是「鴨頭鴨翼有得賣了」！可知鴨頭鴨翼這冬令的食品的給人看得如何的重要！

小食中還有蝦子生根一味，這也是流動小販才有得賣的精品，這樣食品是用麵筋浸在浮滿蝦子的湯中，熱而帶有特別的鮮味。它是四時的食品，小販在白天穿街過巷的叫賣。其味雋永，最惹人好感。

上面所說的這些「食在廣州」時代的食品，都是已經不復見之今日，而爲今日的老食家所懷念的。他們認爲這些食肆，這些食品都是「食在廣州」時代的功臣，現在就正是「功成身退」，只留得一般老食家作爲回憶了。

馬場三十年

老吉

上期由馬王談起，談到「空中霸王」與「螢火」，因爲行文匆促，和「螢火」同賽的「金牌」誤寫作「金章」，應在這裏更正。然後再談「螢火」，和上文所說「三王圖」中，還有一匹好馬「博落」。談起「博落」，是一九五二年度的新馬魁首，「空中霸王」不曾贏過「打比」，「螢火」贏了「打比」被罰去，而「博落」則是贏過「打比」一哩半路程者。更加此馬無論長、短途，乾、爛地，完全擅長，眞是一匹全材馬，可惜因早期拼搏太甚，因而賽齡不久，便一路每況愈下，這是馬主求勝太急之故，又要三復斯言，究竟馬匹不是機器也。

「螢火」在一九五一年全年的一月至十二月（中間由六月二日至九月廿二日休息渡暑假）中，一共上了陣有十次之多。（當年的馬匹，質素實不及現在，可以比較捱得起，一季中上陣最密者，有十一次之多，）爲兩個馬主，獲得了五次第一，三次第二，（其中兩次落第，）得獎金二萬一千五百元正。

一九五二年的上半年，「螢火」只上陣三次，除了公開賽、杯賽之外，都負一五九頂磅，又增加了三次頭馬，獎金也增至二萬九千七百五十元。

馬會當局，從一九五二年起，賽馬年度不是一年算而改爲一個年度一算，也即是從一九五二年下半年到一九五三年上半年算一個年度，這「年度」的算法一直到現在，仍舊這樣不變，因爲照這樣的算法，可以將暑假除去不算，比較上容易算一點。

在一九五二至五三年度中，「螢火」只上陣了三次。問題還是在初期拼傷了元氣，而體健上打了折扣，不能再多出賽，也即是我上文所說，牠在第一季一共出場了十次，次次都拼，實在拼得太厲害了。

「空中霸王」馬主黃寶賢君牽馬頭

不過，因馬質好，尚可以支持下去，所以仍有前途，五二至五三年度，雖只上陣三次，其中有兩次撞到「空中霸王」，却每次都跑在「霸王」的前面，而「空中霸王」則跑過了五二至五三度，即不能再出而宣告退休了。

這三次賽事，第一次在五二年十月十一日，出第一班馬半哩一七〇碼最短途，負一五九磅，由阿圖茂執轡，以一馬頭敗於莊洪康騎的「前進」（一四七），後者爆出了二百四十六元二角的大冷門。

跟住再在十月廿九日第一班一哩，仍負頂磅，敗於保亨的「快的盧」一頸，而贏了同負頂磅的「空中霸王」（招基繁）六乘，這一場賽事，大熱門不是「螢火」而是「空中霸王」，「螢火」是二熱門，而「快的盧」（一五三磅）是第三熱門，獨贏派彩廿七元九角。

「螢火」第三次上陣是在五二年十二月十三日出公開賽「秋季冠軍賽」一哩二五，快地由阿圖茂以二分十秒三贏出，這一場賽事，「空中霸王」（藺飛）連位置都打出，我在上文提及「空中霸王」敗於「螢火」和「博落」蹄下，也即是這一場，此後此馬便未再出場，這一休息，要到五三年十月十二日（五三至五四年度）方能再出，算日子，足足休息了十個月。

五三至五四年度，已沒有了「空中霸王」，却出了一匹「金谷鈴」，（馬主是已故的孫麟方兄），但與「螢火」在這年度之內，並未撞頭，因爲「金谷鈴」出的只是新馬賽也。

是年度，「螢火」因休息足夠，一共上陣六次，得了兩個第一，兩個第二，一個第三，僅落第了一次。

是年第一次第二天賽馬，由第一班馬跑一哩，爭「秋季碟」，「螢火」久休初出，負一五九磅，仍由阿圖茂執轡，第一大熱門，結果敗於鮑愛克（也即是先幾年的馬會秘書，今屆起，担任馬房經理，他能講得一口頗爲流利的北方話，爲人和藹可親，騎馬十分落力）騎的「露明山」與郭子猷騎的「快的盧」，讓磅實在太多了。「露明山」負一四八磅，「快的盧」負一四九磅。

這一場賽事，「露明山」出閘脫脚，鮑愛克一路用盡騎功，留放得宜，方能以一分四十四秒一的時間贏馬，但與現在相比，也只是六七班馬的功夫耳。

隔了兩個月，到十二月十二日的第二天，「

螢火」出爭「秋季冠軍賽」一哩二五，改由保亨執轡，大熱門又敗於飽愛克騎的「露明山」三乘，大家平磅，「露明山」一四七磅，「螢火」因保亨過重，負一四九磅）「螢火」體力，仍未足也。

一九五四年週年大賽，日期是第一天一月廿三，第二天一月廿七，第三天一月三十日，在一個星期之中，共賽三天，而且第二天是星期三。現在已改爲共賽四天而是每個星期六跑一天，一月份剛剛全部爲四天「週年大賽」佔去，這個一星期賽三天的辦法，已經取消了好多年了。

馬會慣例，週年大賽第一天，一定有一場「華商會所」金杯賽，而且也一定由第一班競爭，不過路程却不一定，五三年是一哩，由「空中霸王」獲得，五四年却改爲六化郎，現在則年年都是一哩一七一碼了。是日天氣不好，由下午一時起下了大雨，所以這一場六化郎賽，因爲排在下午四時開賽，已是由好地變成爛地了。

各位老看賽馬的讀者，當然一定記得，在三年前的廿幾年中，馬會在公衆假期周一或週年大賽時，不論跑十場或十一、二場，必定分正午與下午兩截賽事，中間隔一個午餐時間。第一場多數在十二時正開賽，中間隔半小時一場，跑四場，一時半後散場。下午從三時起再跑六場或多一些，但現在則早已取消了這個辦法。如跑十場，則從下午一時開賽，跑九場則從下午一時半開賽，一直跑下去，跑到五時半散場。因爲冬天日短，好像去年十二月廿七日賽馬十場，改在下午一時跑頭場，而今年元旦跑九場，則改在下午一時半跑頭場，如此一來，可以一氣呵成，看賽馬的不必在正午到一時半賽四場之後，要匆匆趕午餐而在三時以前趕回馬場，因爲在馬場午餐，價貴餐差，外出趕午餐而再趕回馬場，費事失時，對馬迷們很不方便。現在取消了這個辦法，當然馬迷們是十分贊成之至，可是近馬場的十另廿家酒樓或餐廳，則要少做好多生意了。

一九四五年賽馬時，週年大賽每天都是分上、下午開賽的，所以一月廿七那一天，由下午一時跑完了第三場之後下大雨，等「螢火」等上陣爭「華商會所杯」時，已是場地軟爛了。

這一場賽一共有六駒報名，保亨騎「螢火」，負重一五七磅，郭子猷騎「快的盧」，負一五五磅，莊洪康騎「約翰伯」，負一五二磅，其他三匹則是一四五磅一匹與一四二磅兩匹。

因爲場地一爛，「螢火」雖跑短路，一樣仍是第一熱門，獨贏票佔了全數五萬五千多中的一大半，結果「螢火」一路放頭放到底，而獲得「華商會所杯」，第二是吳文廣兄（現在「利博」的馬主）的「金杯」第二，怡和的「抗法鰲」第三，二熱門「快的盧」梗了頸跑第四。

「金杯」的騎師是吳祥輝兄，又是一位老友，祥輝兄因體健與年齡關係，在十五年前早已高掛馬靴，當年吳文廣與何肇陵兩位的馬匹，主任騎師便是祥輝兄，至於「抗法鰲」的騎師，則是已故的司馬克君。

「快的盧」眞是「螢火」的對頭冤家，「華商會所杯」賽「梗頸四」之後，再過一個多月，又與「螢火」同賽一哩，這一次「螢火」負一五九，比上賽加兩磅，「快的盧」負一五四磅，減一磅，上次兩駒之間「螢火」讓「快的盧」報了上次一箭之仇，直路上出盡全副工架，贏了「螢火」（保亨）一條頸，爆出了五十一元二角獨贏的冷門，因爲第二熱門是「博落」，「快的盧」雖是三熱門，但負票祇有「螢火」三萬票的一成半，而與「博落」（負一五九磅，比「螢火」還要重五磅，騎師是蔡克文老弟）的萬一票相比，也祇有一半也。

這是三王中的兩王，「螢火」與「博落」第二次同場，但，這兩次都是「螢火」贏了「博落」，而第一次則是一九五二年十二月十三日的「香港秋季冠軍賽」，當年路程一哩二五，場地快，同場馬七匹，大家負一四七平磅，其中祇有保亨與「快的盧」過重一磅，而且當時的第一班馬精華，全體上陣，其中就有「螢火」（阿圖茂）、「空中霸王」（蘭飛）、「博落」（蔡克文）、「快的盧」（保亨）與「金牌」（奧利華），此外尚有「必得」（陳杰）、「前進」（莊洪康）兩匹，不過是和興湊數而已，此賽三王聚會，「空中霸王」因配上了蘭飛較弱，所以大熱門是「博落」，有二萬七千多獨贏票，二熱門「螢火」與三熱門「空中霸王」，各有二萬三與二萬二票，賽跑結果，「螢火」大勝「博落」三馬位，第三是「快的盧」，「霸王」變成「梗頸四」，「螢火」獨彩派十四元四角，時間二分十秒三，還不及現在的第六班馬。各位，最近上月十一號，香港馬會第十天賽馬，第六班馬「樂童」，由外來職業騎師吉能（E.J. Cracknell）執轡，以二分十秒正贏了一哩二五，這個時間已比當年「螢火」的時間快了三線了，可見當時馬匹的質素，不及現時遠甚。

「博落」是一九五二年度新馬，編號S 49，馬主是香港梳沙拍賣公司的東主梳沙，（梳沙兩兄弟是「雙胞胎」，廣東話叫做「孖仔」），騎師一直是蔡克文老弟，按：蔡君除了自己經營棉花業之外，還是香港馬會賽馬日的計時員，高掛馬靴有十多年了，蔡克文由紅牌生到畢業升大師傅，在香港馬場馳騁多年，當年與莊洪康、陳杰三位並稱「馬場四騎士」，他騎「博落」是他一生騎馬的紀念，因爲「博落」贏過「打比」，贏過「冠軍」，又贏過「聖立治」（路程一哩七五），這是任何一位名騎師一生所不容易得到的殊榮，所以三王之中，「博落」雖敗於「螢火」，但「螢火」却得不到這個殊榮，至少贏了「打比」被罰去，等於贏不到「打比」也。

「螢火」在一九五四年四月十七日第十次賽馬，第二天出「沙宣挑戰杯」時，騎師又易爲已故的司馬克，因爲保亨老將高掛馬靴了，此賽，「螢火」負一五一磅，路程不是現在的一哩而係

「螢火」獲勝馬主依拉士君牽馬入場

一哩二五，當然牠又是天大熱門，獨彩票佔了總數六萬三千多票的一半有餘，結果又以二分十四秒三易勝第二的「拔萃」（騎師係現已退休而專致力於馬評的韋耀章兄）四馬位，第三是二熱門莊洪康騎的「美麗」。

是年度最後一次賽馬是五月廿二日，「螢火」仍由司馬克上陣，負一五九磅跑六化郎爭「董事杯」，這一仗慘了，「螢火」負了三萬三千多獨票（總票數祇有四萬八千不到），竟然跑了一個「梗頸」四，連第三位置都被打出，這一場的頭馬是早已離港赴美的西洋籍騎師奧利華的「愛維麽」，二馬是後去美國已故的愛夫諾脫（他也曾經在本港馬會担任過練馬師）的「約翰伯」，第三是韋耀章的「前進」。「愛維麽」當時雖是第二熱門，但負票祇有六千多，獨票派了卅一元七角，「約翰伯」是大冷門，位置有卅九元一角之多，「螢火」這一季共上陣六次，得兩次第一，兩次第二，一次第三，落第一次，也就是這一季的最後一場。

一九五四年至五五年度，「螢火」祇上陣了四次，跑了三次第一而落第了一次，第一次上陣是由該年度開始的十月九日第一次賽馬第一天的第三場，「廣東讓賽」大搖彩票竟然是由第一班馬担任運財，當時第一班馬報名有十九匹，上陣則有十三匹，獨彩票總數十三匹馬祇售出四萬七千多，「螢火」仍由司馬克策騎，大熱門佔了一萬六千多票，一哩一七一碼的路程，牠雖負一五九重磅，一樣以兩馬位之多，贏了韋耀章的「拔萃」和郭子猷的「快的盧」而做了運財童子，當時的頭彩獎金是九十萬九千四百六十八元正，如果照當時的幣值來算，（看現在的物價高漲來計數），這九十多萬元的數目，至少值現在的三、四百萬元了。

過了一個多月，「螢火」再跑一哩，大熱門又撞正寃家郭子猷的「快的盧」，這一囘司馬克與「螢火」負重一五九磅，郭子猷與「快的盧」則是一四八磅，結果，後者以一頸贏了前者，買「螢火」獨贏者預備撕票，却不料「紅燈」亮起，司馬克控訴郭子猷，在直路上近會員席處干擾了「螢火」在內欄的前進，（無巧不成書，這情形剛剛和今年元旦賽馬的最後第九場，第四班馬跑一哩，李家强騎的「地利」輸了一頸而控訴馬彼得騎的「馬來之星」,在直路近會員席處干擾「地利」的前進，結果得直，「地利」與「馬來之星」頭、二、馬對調），當年尚未有巡邏電影可看，董事會要請巡邏員作證，（當時馬會在草圈外欄內，共建有有五個小廂房，每隔一段距離有一個，逢每次賽馬前，派定五位巡邏員，他們多數是對賽馬有經驗者，譬如畢浩清兄，當時如果那天他不騎馬，馬會便請他做巡邏員，在每場賽事之前，用汽車在沙圈中送他們一個一個到小廂房處，賽完之後，又一個一個載囘終點處，如有控訴事件發生，他們便是證人之一）。同時再聽原、被告司馬克與郭子猷兩人的口供，然後由董事們裁定「快的盧」確有干擾「螢火」之處，於是再亮起「藍燈」，然後由廣播傳出「快的盧」干擾「螢火」屬實，取消頭馬，變爲「螢火」第一，奧利華騎的「瑪麗愛坦」由第三升第二，洪燓康騎的「金冠」由第四升第三，這叫做無端端發達，「螢火」獨彩十二元六角，買票者失而復得，仍舊照領獎金，同時，買中「快的盧」的，一場空歡喜，變成血本無歸。

講到這裏，我要任便帶上一筆，現在馬會已用了新例，凡是有控訴事件發生，不成立當然無事，如果成立，那末至多將頭馬與二馬的次序調一調，這對買連贏位的，完全無損失，因爲騎師與馬匹犯法，全部罰去，未免令無辜的博彩者大受損失，似乎太不公道了。

同時，馬主的獎金，因頭、二馬對調，當然要吃多少虧，現在的頭馬獎金一萬元，而二馬則是六千元，相差四千元之多，至於騎師方面，職業騎師跑頭馬獎金是一千元，而由第二以至包尾都是一百元，所以今年元旦日馬彼得首開其例，一千元拿少了九百，反而李家强則一百元變成了一千元。馬主方面，「地利」的張玉麟兄由六千元變成一萬元，「馬來之星」的陳渭南君由一萬元變了六千元了。

囘頭再講「螢火」得了這個控訴得直的頭馬之後，到一九五五年元旦日再負一五九磅跑六化郎事第一班「董事杯」，大約「螢火」對六化郎路程不大喜歡，所以凡出此程，多數會連位置都打出，這一次的六化郎，一萬四千多票的天大熱門，又是跑到不知去向，這一場的頭馬是已故布林利騎的「雪蹄仙」，派彩六十七元三角。

這一年因爲要造新看台，所以提早於四月廿三日跑最後一天馬，那一天的第六場，「香港冠軍渣打杯」賽一哩二五，奇怪得很，「螢火」竟然不是大熱門而是第三熱門，大熱門是已故孫麟方兄的「打比」馬「金谷鈴」（莊洪康），近二萬八千票跑「梗頸」四，二熱門是「雪蹄仙」（布林利），二萬二千多票，「螢火」（司馬克）祇有一萬另票，結果贏馬而獨彩有廿七元七角可派，可說是難得之至了。（二十）

銀海滄桑錄

「悲劇人物」周璇

蝶衣

周璇，最初是以她的歌聲吸引了電台廣播的聽衆。之後獲得了躍登銀幕的機會，逐漸在電影圈裏鍛鍊她的藝術生命，終能躋身於大牌明星之列，成爲千萬影迷崇拜的偶像之一。她的人生歷程是艱苦的；她的身世，也是以悲慘爲出發點。在中國影壇上，周璇可說是阮玲玉之外的另一個悲劇人物。

有一首電影插曲名爲「瘋狂世界」，曾由周璇在「漁家女」影片中唱出。這一首歌的起句是：「鳥兒爲什麼唱？花兒爲什麼開？你們太奇怪！太奇怪！」結句則是：「我不要這瘋狂的世界，瘋狂的世界！」

周璇在影片中唱出此曲時，她所飾演的角色已經發了瘋，失去了正常的理智。而在周璇逝世以前的若干年，她本人也像「漁家女」影片中的女主角一樣，陷入了痴癲的悲慘命運中；一曲「瘋狂世界」，竟然不啻爲她自己寫照。這自然是巧合，但也不妨說是「造化弄人」的一種預兆。

由於我在三十年前寫出的第一首歌詞「鳳凰于飛」，就是爲周璇主演的影片而作，因之使我認識了私底下的周璇；對於這位曾被譽爲「金嗓子」的歌唱明星，在我的印象中是並不陌生的。

這裏，我願意就我所知，並參考海外留存的若干資料，寫下這位悲劇人物的部份生平事蹟。她的一些遭遇，事實上也無異是過去電影演員生活史的一幅縮影。

周璇，原名小紅，一九一八年出生，原籍是江蘇省的常熟縣。

自幼被棄　養父姓周

有錢人家的孩子是個寶，沒錢人家的孩子是棵草。周璇一出世，便注定了她的「弱草」的命運；她誕生的地點是個窮苦家庭，父母迫於生計，無力盡鞠育之責，當她還在牙牙學語的時候，便離開了自己的雙親，被人收作了養女，帶到了上海。

周，是養父的姓。小紅，是養母給她起的名字。她自己本來姓什麼？不知道。

周璇（一九一八——一九五七）

養父在上海當巡捕，巡捕這一項職業，是隨着「租界」之開闢而產生的，其性質等於香港的「差人」，也就是「警察」的代名詞。

周小紅八歲的那一年，養父忽然雙目失明，既不能巡，更不能捕，也就失去了吃糧當差的資格。一家生計無法維持，養母只得跑進「薦頭店」去，找尋幫傭的工作。小紅呢？差一些給賣入娼門。

幸而養母的一個妹妹拯救了她，把她介紹到一個歌舞團裏去習藝。團主姓孫，團主的母親見到了小紅，憐其身世，又把她認作了螟蛉女。

不久歌舞團解散，小紅便留在孫家，幫着料理家務，同時也獲得了入學的機會。

一九三〇年，小紅十二歲，厄運又降臨孫家，一年之中連續死了三人。孫母怪小紅「八字不好」，要趕她出去。結果還是姓孫的介紹，讓她進入了「聯華歌舞團」，再度學歌學舞。

她唱着，跳着，刻苦練習了一個時期，漸漸懂得了竅門，有了顯著的進步。

但由於這個歌舞團是「小本經營」的組織，沒有獨闖天下的能力，因之只能在游戲場裏佔據一個地盤，表演一些「游藝會」形式的粗淺節目。

電台播唱　嚴華領導

到了一九三二年，甚至游戲場裏的表演地盤也失去了！歌舞團無法維持，只得解散。部份團員另起爐灶，組織了一個小型的唱家班，開始打進民營電台，担任歌唱節目。小紅也參加了這一個組織，並改名爲周璇。

這一個唱家班，後來蛻變爲「新華歌唱社」，由號稱爲「桃花太子」的嚴華領導。

「狂歡之夜」中的周璇（右）和金山（左）

嚴華是歌手，也是一位作曲家。他所寫的歌曲，最著名的一首是「賣相思」，起句曰：「我這心裏一大塊，左推右推推不開。」乃是根據湖北民歌改編的。嚴華的胞妹嚴斐亦能歌，當時也是「新華歌唱社」的社員之一。

周璇在嚴華的指導之下，歌藝日益純熟，一曲「小小茉莉」膾炙人口，經常有人打電話到電台去點唱。

之後，她又經由嚴華的介紹，與百代唱片公司簽訂了合約，就此一登龍門，聲價十倍；她所錄灌的唱片，銷售數額比任何一位歌星為多；她也就成了國內數一數二的一位紅歌星。

初拍電影　怯場飲泣

民國二十四年即西曆一九三五年，周璇開始參加電影工作，在許幸之導演的「風雲兒女」一片中，担任了一個小角色。此片是「電通」第二部出品，由王人美、袁牧之主演。

周璇在「風雲兒女」中雖未能嶄露頭角，但已引起了各方面的注意，次年即被嚴春堂主持的藝華影業公司所羅致，在徐蘇靈編劇，岳楓執導的「花燭之夜」中參加演出，此片的男女主角是王引、袁美雲，周璇的戲比較多些。

周璇是「花燭之夜」的第二女主角，由於担戲較多，不免有些怯場，輪到要拍她的戲的時候，忽然失去了她的踪影。找了好一回，纔在佈景板的後面發現了她，原來她心懷恐懼，正躲在黑暗裏偷偷地飲泣呢！

繼之，她又在黃嘉謨編劇，方沛霖導演的「化身姑娘」一片中飾演了一個角色，此片的女主角仍是袁美雲，周璇在片中聊備一格，未能展其所長。及至岳楓導演的「喜臨門」「百寶圖」兩片先後開拍，周璇纔正式擢升為第一女主角，奠定了她在電影界的基礎。

在這以前，周璇曾一度出借與張善琨主持的新華影業公司，在史東山編導，金山、胡萍主演的「狂歡之夜」一片中客串演出，此片即是根據「欽差大臣」的故事所改編；周璇在片中飾演縣長之女，担戲也相當吃重。會同演出者還有施超、顧而已、顧夢鶴、殷秀岑、王為一、游觀仁、姜修等人，周璇處身於許多演技派演員之間，由於累積了經驗，已不再似過去那樣的怯場了。

就在周璇開始走紅於電影界的同時，「桃花太子」嚴華以近水樓臺之故，已成了周璇實際上的丈夫與經理人；祇是為了不妨礙周璇的前途，沒有公開舉行婚禮而已。

抗戰時期　北上成婚

到了一九三七年，周璇在「藝華」高速度的製片方針之下，又先後主演了下列幾部影片：

「滿園春色」，編劇黃嘉謨，導演岳楓、徐蘇靈、方沛霖、陳鏗然，合演者袁美雲、徐琴芳、王引、牟菱（童星）、關宏達、王乃東。

「女財神」，編導吳村，合演者張翠紅、馬陋芬、韓蘭根、關宏達。

「三星伴月」，編導方沛霖，合演者馬陋芬、倉隱秋、關宏達。

袁牧之在「電通」停辦後轉入了明星影片公司，着手編導「馬路天使」一片，向「藝華」商借周璇，談判結果是由「明星」借出白楊，作為交換；白楊為「藝華」主演「神秘之花」一片，周璇則為「明星」主演「馬路天使」，與趙丹、趙慧深、魏鶴齡、謝俊、王吉亭、柳金玉、沈駿（童星）等會同演出。

周璇在「馬路天使」中飾演與她本人同名的小紅一角，並唱出了兩支插曲，其一是「四季歌」（獨唱），其二是「天涯歌女」（合唱），由田漢作詞，賀綠汀作曲，當時曾膾炙人口，風行一時。（按：以上兩曲在「文化大革命」時期，均已遭受清算；昔年衆口傳誦的名歌，都變作了「毒草」了。）

繼此之後，是抗日戰爭的全面爆發，不久國軍西撤，半壁山河成了淪陷區，偽組織在「俯首稱臣張楚起，縋城納欵劉齊立」的情況之下次第出現。嚴華趁着上海陷入「孤島」的時期，悄悄地帶着周璇北上，在故都渡過了一個冬天。次年回到上海，對人宣稱已結了婚，自此同居的形式成為過去，開始以夫婦的姿態出現。

一九三八年，金城大戲院的老闆柳中浩、柳中亮兄弟創設國華影片公司，周璇應邀加盟，主演「孟姜女」一片，由吳村編導，男主角是徐風。片成於一九三九年，公映後賣座成績超過了創業片「風流寃魂」（路明、徐琴芳主演）。從此凡是周璇主演的影片，拷貝便特別搶手。

民間故事　拷貝搶手

淪爲「孤島」後的上海電影界，爲了逃避現實，時裝片的製作陷入低潮，古裝的民間故事片大量出籠。繼「孟姜女」之後，周璇即成了一連串民間故事片的當然主角；自一九三九至一九四一年之間，由她担綱主演的古裝片有下列數部：

「李三娘」，張石川導演，舒適、洪逗、周起、嚴鳳凰合演。

「董小宛」，張石川、鄭小秋聯合導演，舒適、藍蘭、徐風、呂玉堃、龔稼農合演。

「三笑」，張石川、鄭小秋聯合導演，白雲、袁紹梅、龔稼農、陳競芳、周起、尤光照等聯合演出。

「孟麗君」，張石川導演，舒適、徐風、袁紹梅、龔稼農合演。

「蘇三豔史」，吳村編導，舒適、龔稼農、黃域、周起合演。

「西廂記」，張石川導演，白雲、慕容婉兒、蒙納、嚴鳳凰合演。片中插曲「拷紅」，由周璇主唱，傳誦一時。

「梅妃」，張石川導演，呂玉堃、袁紹梅、慕容婉兒合演。

其時周璇演了兩部時裝片，其一是張石川導演的「七重天」，其二是吳村導演的「新地獄」，劇中都穿插周璇唱歌。

不要以爲在兩年之間拍了八九部影片而大驚小怪，以爲是不可能的事。事實上，此一時期的民間故事片，與後來香港粵語片之號稱「七日鮮」，並無多大分別。所有佈景、道具，大都是採取「三房合一子」的辦法，幾部影片同時「派用場」的。例如其中的「三笑」一片，爲了要與「藝華」的那一部「三笑」（李麗華主演）打對台，就是在七日七夜之內趕拍完成的。當時粗製濫造的情況，於此亦可見一斑。

之後是一部時裝片「夜深沉」的開拍。由於此片，使周璇與嚴華之間的婚姻關係，起了劇烈的變化，也成了周璇生命史的一個轉捩點。

「馬路天使」中的周璇（右）和趙丹（左）

韓非送歸　一車同載

「夜深沉」是根據張恨水的章回小說所改編，由著名偵探小說家「霍桑探案」的作者程小青負責編劇，張石川執行導演，攝影師是董克毅。話劇抗戰時期的上海，話劇運動特別蓬勃。話劇舞台上人材輩出，短小精悍的韓非，出身於「苦幹劇團」，亦是當時的名演員之一。

劇而優則影，當石揮、張伐、黃宗英、白穆、史原等紛紛躍登銀幕之後，韓非亦爲「國華」羅致在旗下，當上了「夜深沉」一片的男主角，與「金嗓子」周璇演對手戲。

有一天晚上，在片場拍完了戲，由韓非送周璇回家，兩人同乘着一輛三輪車。

早期的流行歌曲，有一首就叫「三輪車上的小姐」，起句是：『三輪車上的小姐眞美麗，眼睛大來眉毛細。』

這一首歌，是陳歌辛的作品。

韓非是個樂天派人物，平時喜歡說說笑笑。他在車上低哼着「三輪車上的小姐」這一首歌，一路逗笑，把周璇送到了家門口，這纔原車獨載，打道回寓。

時間，大概也是在「夜深沉」的階段。嚴華正在眼巴巴的等候周璇歸來。

韓非「千里送京娘」的鏡頭，給等候中的嚴華看到了！

『對於愛的獨佔慾，可變爲恨。』當代大哲學家湯因比，對上面的兩句話亦有同感，認爲：『這是我們所稱爲愛的感情，所發生的兩面性矛盾。』在矛盾心理之下，「桃花太子」不能忍耐，醋意立時發作，當夜即與周璇大吵了一場，由此種下了「鏡破釵分」的根。

其間經過，當時我還在上海，曾直接間接的與聞其事，以下是一個大致的輪廓。

醞釀婚變　娜拉出走

周璇加盟「國華」後，就認了柳中浩爲義父。由於她主演的影片使柳家賺了大錢，搖錢樹加上義女的身份，自然與「國華」旗下其他的女演員不同。周璇的私生活，也受到義父義母的照顧，這是情理中事。

爭吵發生之後，周璇不堪精神虐待，在義父

母面前不免有一番哭訴。如何援助這一位義女？便成了柳中浩夫婦需要考慮的問題。

事態的演變是：周璇離開了家庭，效法娜拉之出走。

婚變的形勢出現，嚴華在反省之下起了恐慌，求助於老畫師丁悚。

丁悚與文藝界人士多所往還，但與柳中浩則並不熟識。因之，他只能示意嚴華，索性把這一件事公開出來，要求新聞界主持正義。

一次非正式的記者招待會，就在丁悚畫師的寓所展開。當時，我也是列席者之一。

嚴華當衆報告了周璇出走的經過，他諉過於柳家人的挑撥離間，而把自己干涉周璇自由的行動隱瞞起來，訴說着周璇背棄了他的痛苦。

無奈新聞界的同人，或多或少都知道一點嚴華與周璇之間的衝突起因，對嚴華充其量只能寄予同情，却未便在文字方面對周璇有所指責。

嚴華與周璇的「鏡破釵分」之局，終於未能挽囘；嚴華奈何不得周璇，對婚變的既成事實只好默認。

思想保守　心病難醫

周璇之離開嚴華，原是必然的，也是無可避免的趨勢。

周璇，可以說是由嚴華一手栽培起來的，但這一事實也成了二人情感上的致命傷。

由於周璇在嚴華的眼中，本來是一個黃毛丫頭；在日常生活環境裏，不可能如珍如寶那樣的愛護她，這是可想而知的。

同時，周璇已大紅大紫，成了銀幕上的偶像，收入亦遠較嚴華爲多，她不必倚靠丈夫生活。並且，被丈夫「瞧不起」的陰影，一直纏繞着她，她也極想擺脫。

如果做丈夫的能開通一點，聰明一點，婚姻關係還可以維持下去；但嚴華却不是那樣的人。

嚴華是受過教育的，無奈舊社會的保守思想仍留存在他的腦子裏，對於男女之間的正常社交，他未能認爲理所當然。對周璇的獨佔慾，十分强烈；對於婦女的貞操問題，還十分重視，還想有所防閑。

有一個傳說見之於鄭君里悼念周璇的那一篇文字中，我在上海時對這一件事未有所聞，因之不知眞實性是否可靠。這一個傳說指出：

「馬路天使」影片公映時，爲了海報上畫着周璇與男主角接吻的廣告，嚴華曾在南京大戲院當衆打周璇的面頰。

當衆侮辱周璇，也許是「欲加之罪」的誇張說法，目的在描寫周璇的不幸遭遇；事實可能並不如此。

但，嚴華的沉不住氣，則正是他的個性。周璇因一幅廣告畫而受責，並非不可能。

至於韓非的送周璇囘家，自然更容易引起嚴華的妬恨，而要認爲是「形跡可疑」了。

韓非，是婚變事件的導火線。自周璇與嚴華仳離後，韓非並未進一步與周璇結爲情儔，可知他其實是無辜的。

凶終隙末的情勢之造成，因素當然不止「夜深沉」一項。不過，可以千句併一句的說：

嚴華的潛意識，正像他改編的「賣相思」歌詞那樣：『我這心裏一大塊，左推右推推不開！』而那個時代又並無「心理治療」此一方法，於是縱有最好的醫生，也難治愈他的心病了！

勞燕分飛　終成定局

嚴華與周璇的「伯勞東向燕西飛」，因時間的消逝而成了定局，雙方不娶不嫁，這情況一直維持了好多年。

直到抗戰將要結束之前，嚴華所辦的一個小規模鋼針廠，總算營業不惡，在事業方面有了一些成就，這纔終止了獨身的生活，傳出了結婚的喜訊。

婚禮在上海的「紅棉酒家」舉行，當時我會是賀客之一，喝過他的喜酒。

「清宮秘史」中的周璇（左）和舒適（右）

至於周璇，則於「夜深沉」之後又主演了「解語花」「惱人春色」兩片，前者由范烟橋編劇，張石川導演，白雲、周起、尤光照、周芻等合演；後者由汪仲賢（優游）編劇，張石川導演，白雲、慕容婉兒、袁紹梅合演；兩片同攝於一九四一年。

此外，周璇並於一九四〇、一九四一年之間，另爲「國泰影片公司」主演了「黑天堂」（吳村編導）、「天涯歌女」（吳村編導）、「夢斷關山」（程小青編、何兆璋導）三片。「國泰」屬於「國華」同一系統，也是柳氏兄弟所主持。

之後，由於日本皇軍侵入租界，「國華」「國泰」宣告停辦，電影界的統一組織局面出現，「中國聯合影業公司」成立，周璇也就轉移了工作崗位，歸入「中聯」旗下，成為基本演員之一。（後來，「中聯」又改組為「華影」。）

在此一時期，周璇先後主演了「漁家女」「紅樓夢」「鸞鳳和鳴」「鳳凰于飛」諸片。「漁家女」，即是唱出「瘋狂世界」一曲的那一部戲。而「鳳凰于飛」的攝製，則已瀕臨「抗戰勝利」的前夕。

錄歌練舞 在場目覩

「鳳凰于飛」一片由歌舞片權威方沛霖導演，男主角是黃河。

最初，此片定名為「傾國傾城」；其時我在上海主編「萬象」雜誌（月刊），有一天下午，阿方哥（電影圈中人對方沛霖的暱稱）忽然枉駕過訪，我在編輯室與他會見，他對我說明即將開拍一部新片，片名「傾國傾城」，要我為該片撰寫歌詞。

我接受了他的委託，同時也提出了意見，我說：『目下是抗戰時期，「傾國傾城」的片名，似乎不大妥當。』

阿方哥恍然大悟，連聲說「對！對！」次日他再來找我，告訴我決定改名為「鳳凰于飛」，並且從此與我建立了友誼。

我為這一部歌舞片寫了主題歌「鳳凰于飛」之一之二，此外還有「前程萬里」「霓裳隊」「梅花操」「慈母心」等好多支插曲。

這是我為電影寫歌詞之開始，由於是一種新的嘗試，因之對工作頗感興趣，當歌曲在「丁香花園」片場錄音之時，我曾應邀旁聽；在舞蹈排練之時，我也曾蒞場目覩。

再後來全部歌曲在百代公司灌錄唱片，我也到場參觀。這時候，我已認識了黎錦光、陳歌辛、姚敏、李厚襄、嚴箇凡等多位著名的作曲家。

記憶中，周璇在錄音時發音很細，有如蚊鳴，五尺以外即聲不可聞。但一經播放出來，則又歌喉宛轉，十分動聽。

「夜店」中的周璇

更以後，周璇曾一度在中央大戲院舉行個人歌唱會，我也曾入座聆賞。她在引吭時，利用「麥格風」傳播聲浪，雖也清亮可聽，但却並非「高唱入雲」的那一種；「金嗓子」此一稱謂，事實上是有些溢美的。

兩度來港 屢結片緣

接着就是抗戰勝利的來臨。周璇為了避免意外的麻煩，即匆匆離滬，遠走香港。蒞港以後，即加盟「大中華影業公司」，主演了下列諸片：

「長相思」，范烟橋編劇，何兆璋導演，舒適、黃宛蘇、白沉合演。

「各有千秋」，朱石麟編導，黃河、龔秋霞、岑範合演。

「莫負青春」，吳祖光編導，呂玉堃、姜明、侯景夫合演。

「花外流鶯」，洪謨編劇，方沛霖導演，嚴化、呂玉堃、蒙納、徐莘園合演。

「歌女之歌」，方沛霖編導，顧也魯、王豪、平原合演。

以上「花外流鶯」與「歌女之歌」的全部歌詞，亦是由我撰寫，由阿方哥攜來香港錄音。

一九四七年，周璇從香港回到上海，為復業後的「國泰影業公司」主演了「戀江南」；為吳性栽創設的「文華影業公司」主演了「夜店」。這兩部影片，在當時曾被捧為「進步的電影」；而周璇亦被稱頌為「回到了進步的行列」。

但為時不久，周璇又再度來到香港。

其時，張善琨輔助李祖永造塔，「永華影業公司」宣告成立，周璇應邀主演「清宮秘史」，在片中飾演悲劇人物珍妃一角。

私蓄盡喪 神經錯亂

在抗戰時期的上海，曾有一個男子闖進了周璇的生活圈子，此人的姓名是朱懷德。朱懷德因外表謹愿的態度出現，逐漸取得了周璇的信任。周璇的歷年私蓄，大部份都拿了出來，交給了朱懷德，作為「囤貨」的資本。在花紗、棉布方面，周璇有巨額的投資。由於幣值的貶跌，起初是賺了錢。囤貨，當時被認為是唯一的「保值」辦法。周璇從上海來到香港，朱懷德曾追踪而來，把「虧蝕」的壞消息告訴了她。

歷年私蓄擲於虛牝，這是一個不小的打擊。嗣後，周璇回到上海，就傳出了她神經錯亂的消息。從一九五一年到一九五七年之間，她的瘋病壞的時候多，好的時候少。整整六年的歲月，差不多完全在昏迷狀態之中。

最後經過多方診治，雖有一些日子漸見痊可，但體質已十分虛弱。到了一九五七年七月十九日，又突然加上了「腦炎症」的磨折，遷延了二十餘天，用盡一切治療方法，都無法挽救她荏弱的生命。

一九五七年二十二日晚上八時五十五分，周璇病逝於上海第一醫院，在友好們的哀悼聲中，結束了她的「身世可憐」的一生，存年四十歲。

專載

「銀元時代」生活史

——六十年來的物價追想——

陳存仁

我從小到大沒有生過病，自從編纂辭典之後，白天常覺疲勞過度，遇到有些寫作上的困難問題，夜間不能成眠，有時睡到半夜入夢之時，擬好了一段文稿，或是想出了一個字，會得忽然清醒坐了起來，急急開了燈動筆記下。最初記好之後，也就入睡了。後來記了之後，覺得提起了虛火，自己都按捺不下，就繼續的做上兩三小時未完成的工作。從前年輕，少睡兩三個鐘頭無所謂，但是積了半年時間，究竟人不是鐵打的，就病起來了。

最初我不過常常覺得頭暈無力，接着就變成思想紛亂，明明一個字寫得對的，偏會認爲不對，橫看豎看，非經考証，或是問過二三個人，會得不敢決定。因此又想到自己的健康問題，疑神疑鬼，好像各種疾病都追隨而來，這時我覺得自己患上了心神不寧之症，新名詞就是神經衰弱。

我參加中國旅行社辦的華南旅行團遊覽廣州、石歧（中山縣）、澳門、香港等地，歸來之後，趙君豪主編的『旅行雜誌』要我寫一篇『華南旅行記』，都無法完成。其時衹感覺到自己腦力異常衰退，許多見聞的事情都想不起來，僅記得在廣州六榕寺吃到的一席素齋，化了銀元六枚，那時六榕寺是開放的，裏面還有蘇東坡手寫的石碑；在石歧吃鴿子，每隻的代價是雙毫二枚，好吃得很；在香港記得的士一上車就是二毫，之後每跳一跳咪錶是一毫子，這時因爲香港汽油便宜，是上海所不及的。此外，好多事印象模糊，自己覺得何以記憶力這樣的衰退，原來在這個時候，我已病得很深了。

工作疲勞　竟然病倒

神經衰弱雖不是一個重大疾病，但事實上，比眞正的病還要複雜和痛苦，我深知這種情況，衹要多休息就會好轉，所以我決定連診務都擺脫了，請一位老友來代診。

不料，世界書局收到了我的葯學大辭典全部稿件之後，在校對時，發生了許多問題，最普通的問題，就是中國葯材的名稱，從前的人都喜歡寫簡筆字，譬如『牛膝』兩字，簡筆寫成『牛七』。『田漆』寫成『田七』。『蒺藜』兩字寫成『夕利』。諸如此類的問題，等到一排好之後，就發覺到文字前後不能貫串，沈知方就來了一個電話，要我親自去作全篇統一修正。

我接了電話說：『我爲了這部辭典已患上了失眠症，整天沒有心緒，連診務都請人代理，我實在精力不濟，可否暫時讓我休息一些時日再講。』沈知方說：『不行，不行，這部書，不但是老兄聲名所寄，我們世界書局也認爲是一部鉅著，一定要趕着在新厦落成之前出版，你既然現在已暫停診務，那是再好也沒有了，請你每天抽出半天時間，到我們編輯所來修正一下，也可以把這件問題解決。』我答說：『這萬萬不能，你們的編譯所在虹口大連灣路，來來往往要一個小時以上，我如果照你的意思工作下去，身體完全要拆壞了。』沈知方說：『不要緊，不要緊，用我的自備汽車叫司機四寶天天接送你，不需你自己動筆，坐在局裏衹要你開開口就是了。』我迫於無奈，終於還是答應了他，誰知道這一下子，我眞的病倒了，每天下午二三點鐘時有三分熱度，人也日益消瘦，在這樣的情況之下，我就拉了一位老友尤學周，代替我到世界書局去工作。

所謂三分熱度，是從前的說法，事實上就是攝氏三十七度三，我覺得這種定時而至的熱度，既不是感冒或濕温，定然是一種虛熱，自己擬方服葯，但熱度毫無退却的跡象，想想倒有些像肺癆病開始的潮熱，這樣一想，神經格外的衰弱，失眠更甚。

那時上海私人醫生是沒有X光照射的，衹有海格路紅十字會醫院有一架，我和該院的院長顏福慶相識，通過一次電話，他就約了一個日期，叫我去照一照，說是雖有X光設備，但是照的人很少，因爲燈胆和菲林都由外國運來，價值昂貴，所以規定每星期三照一次，你要是想照的話，要付代價十五塊錢。我一聽這個價錢，當然認爲很貴，但是決定依期而往，去照射一下。（按從前物價雖然便宜，但是洋貨較貴，現在照一次也不過港幣十五元，足見現在便宜得多。）

X光照射的結果，肺部無恙，這在我心理上就安樂得多。可是自己用葯劑調治，全無效力，我知道這完全是虛熱，一定要着意進補，而且白天還要加多睡眠時間，否則，這個熱度是不會退的。

本來我喜歡看書的，隨時隨地手不釋卷，有時大便，無書可看，拿一本曆本看看，也覺得有所寄托。但到了這個時候，見了書本就覺得討厭；但在家中到處都是書，連床頭都有書，所以一睜眼就覺得厭惡異常。

在我療養期間，眞想離開家中，找一個幽靜的旅店住一個時期，來改換一下自己的環境。我的母親天天探望我，見到我這個情景，她心中極爲焦急，她問我：『旅館每天要多少房租？』我說：『大東、東亞這兩間旅館、每天房租要三元二角，滄州飯店每天要四元。』她說：『這樣昂貴的房租，住下去開支不得了，而且這種旅館也不見得安靜，不適宜於養病，不如你住到南市老家來。把住旅館的錢省掉，吃得好一些，那末即使長期休養，也用不了多少錢。』我一想，這也是一個辦法，因爲這次休養，至少要幾個月，的確可以省下好多錢的。

移居南市　巧逢參客

我移居到了南市，老家中房間極多，而書却一本都沒有，這對我說來，倒可以改變我的生活習慣。

每天進服藥物，都由我自己處方，但是三分熱度，退到了兩分就不動了，我想想這是大虛之象，一定要進服人參，增加一分體力，才能退除一分熱度，當時上海的參茸行都在南市裏鹹瓜街，人參的價值，是每兩銀元八枚，好多年來既沒有漲價，也沒有跌過。我就到參茸行去買了一両人參，煎湯進服，不過五天功夫，竟退了一分熱度。於是再到裏鹹瓜街，正要進入葆大參行，裏面走出一個關東大漢，是關外的人參客人，似曾相識，他見到了我，就叫我一聲：『陳大夫，兩三年不見，你怎麽瘦成這樣？』我說：『是呀！所以要來買些人參。』他低聲說：『那好極了，你不必問他們去買貴貨，我可以照批發價格賣些給你，要便宜得多。』於是兩人就到小東門一間點心店，叫了兩客湯包，祇售銅元數枚，各式有魚有肉的湯麵，也都用銅元計值，幸虧我腸胃無病，胃口還好，大家吃得很高興。吃罷之後，那位人參客人，就打開一個藍布包，裏面有兩鐵盒人參，都是眞正的吉林參。我問價錢，他說：『

作者同學醫友秦伯未能書善畫附圖為其信筆所繪清供圖

蘆頭好，蘆身粗壯，參鬚飄然的，每兩批價是六元四角，但是有一種較爲便宜的，祇是參鬚折斷，或是參段生得不好看，大參行不肯接受，我可以便宜些賣給你。』

我說：『人參的眞假，我是很懂得的，移山參一煎就發胖，參皮立刻散開來，頭煎的參湯，已經很淡，二煎就變成無數飛花，混濁不清。所以如果不是原枝完整的人參，人家不相信是眞貨的，你能不能送到我家裏，經過我煎煮之後，如果是眞的，我就買下來。』那人參客人說：『好！你不妨拿一包去試試。』

從前的生意人極講信用，口頭說妥了之後，就把人參秤了一下，包了給我，祇問我住在何處，並說：『我過幾天到你府上去收錢。』

我回到家裏，就把這種參段煎煮，一煮之下，發覺的確是眞正的老山吉林人參，等五天之後，那位人參客人來了，問我：『參質如何』？我說：『路道的確是眞的，但是這種碎段殘枝，價錢如何算法？』他豪爽得很說：『我從關外帶來的人參，有三十斤之多，壞就壞在這些零碎參段，沒有人要，天天住在客棧裏，東奔西跑，很難成交，我急於要還鄉，你既是識貨的，我一塊兒賣給你，價錢特別便宜，每兩祇收你三元，這和我的來價差不多。』我說：『好的』。於是我就全部買了下來，計重一斤有餘，祇花了五十多塊錢。

我天天呷參湯，再進服藥物，大約兩個月之後，才把虛熱退清，但是人却依然瘦得不像樣子，一時還不能恢復原狀。

上海勝蹟　游訪爲樂

那時節，我的同學醫友秦伯未也住在南市侯家浜，到我家來訪問我，相見之下，他說：『你這樣瘦法，接近落形了，還是要休息，不如再進服二劑膏滋葯。』我說：『也好』。

接着我就說：『療養期間有一樁苦事，就是寂寞得很，現在下午多睡熱度已退，可是上午這段時間，怎樣排遣呢？』伯未說：『你有的是小汽車，不妨開了車子，我和你遍訪南市各處古跡。』恰好伯未下午是在嵩山路應診，上午在家寫寫字，刻刻印，又能繪畫；相當悠閒，所以很高興的陪我同遊。

談到此時，逸興大發，我說：『今天我們就實行，先到那裏去？』伯未有考古癖好，他說：

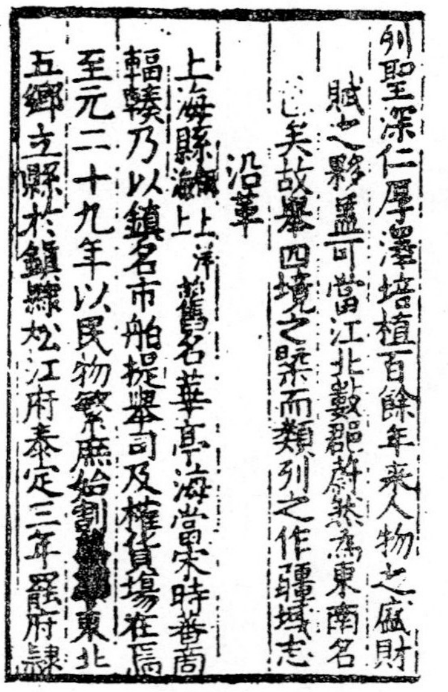
列聖深仁厚澤培植百餘年來人物之盛財
賦之夥蓋可當江北數郡蔚然爲東南名
邑矣故舉四境之槩而類列之作疆域志
沿革
上海縣[illegible]上洋 舊名華亭海當宋時番商
輻輳乃以鎮名市舶提舉司及榷貨場在焉
至元二十九年以民物繁庶始割華亭東北
五鄉立縣於鎮隸松江府泰定三年罷府隸

上海縣志舊名華亭

『我們第一天就去踏訪趙松雪的故居』，我說：『趙松雪是元朝時代人，（一二五四——一三二二）怎樣還找得到他的故居呢？』他說：『上海縣志上說他的故居是在石皮弄長生庵後面。』我說：『那末我們即刻就去』。

其實，我們對石皮弄熟得很，地方既小且狹，汽車是開不進去的，我們祇好安步當車的走進去，一邊走一邊尋，居然找到一條松雪街，兩個人開心得很，可惜多數房屋，都是後來翻造的小宅子，古老的舊屋有四間，是否就是趙松雪故居，也無從証實，祇得望屋興嘆！但是舊屋之中有一個尼姑佛堂，閉上了門，屋子既舊且破，我們敲門而入，兩個尼姑看見我們奇怪得很，因爲這間佛堂很少人去燒香禮佛的。於是她就問我們：『來做什麼？』我們說來燒一次香，飲一杯茶，老尼合掌說：『好，好。』料不到這個小地方，四面掛着許多名家書畫，如明代的董其昌、方淑儀，清代的何紹基、趙之謙、陸潤庠等；至於近代的人則有任伯年、李梅庵、吳昌碩，書畫和對聯，掛得琳瑯滿目，可惜見不到趙松雪的墨寶。

那位老尼也風雅得很，他說：『你們要找趙松雪的遺墨，我知道在滬西鶴沙鎮有一個廟叫永寧寺，裏面有趙孟頫手寫赤壁賦的石刻。』第二天我們就到滬西大塲去找鶴沙鎮，但是找了半天，連鶴沙鎮三字，鄉下人都不知道，我們祇得廢然而返。

那天我們就在大塲鎮上一家小飯店進餐，那家餐館所吃到的魚蝦，都很新鮮，因爲是當地的水產，所以價値相當便宜。我們一餐有酒有菜，祇花小洋四角。我和伯未談起：趙孟頫是以畫馬出名的，別署松雪道人，我們既然找到了這條松雪街，即使他的後人還居住在上海，至少也是他的十幾代的後裔了。我們上海，五代居住在一個舊宅是常有的，要是十多代子孫還居住在舊宅，那就不可能了，所以我們進餐以後，就把找尋趙松雪遺碑的事放棄了。

第二天早晨八點鐘，伯未拿了一本上海縣志到我家來，出示縣志說：『書上分明載出趙孟頫是湖州人，居住滬上鶴沙鎮，凡寺院鐘銘皆有其眞跡。如此看來，松雪街上那個尼庵中的老尼姑，必定有來歷，我們今天再去訪問她，問一個水落石出。』我也高興得很，洗了面就和他出門，但是大家還空着肚子，於是我們找一個館子去進早餐，見到福佑路舊校塲一個羊肉麵店，那是很有名的。

從前上海出售羊肉的麵店、攤檔，以及肩挑專賣生熟羊肉的小販多得很，羊的肥肉叫『腰胡』，瘦的叫『環掌』，羊的腿肉叫『圓筒』，吃客可以隨揀隨切，每碟不過銅元三五枚，湯是羊肉湯，麵是手切麵，一碗麵叫作『一挑』，光麵不過銅元二三枚而已。

我們吃罷了羊肉麵之後，覺得混身暖暖的，很是舒服，就急急的趕到尼姑庵，那老尼姑見到我們又來，而且伯未手上還拿了一本縣志，不由得另眼相看，泡了一壺茶，便和我們長談起來。

她說：『趙松雪的舊宅，眞是在這條松雪街上，原宅很大，大約一百多年前，他的後人出售給了耶穌教會，即是現在的那間聖公會教堂，所以一無遺跡可尋。』我們覺得她的話，決非虛構，而且她一定還知道得很詳細，因此我們再追問她的身世，她祇是笑而不言，只說她也能畫幾筆畫，她的丈夫是清代的名畫家，所以知道一些關於趙松雪的故事。她又說：『趙松雪有一部詩集，詩集的跋文中說出趙松雪葬在鶴沙鎮，究竟這個鎮在何處？已無從查考。（按：據老友胡戀珠君言：趙松雪葬在閔行鎮北紫籐花棚橋畔。）趙松雪的書畫，留散各方，不過在上海書坊舖中，有一種松雪小楷却很流行。』

伯未說：『上海人對保存古跡，根本沒有人着意打理，我們唯有到各寺去踏訪。』於是我們每天都到各寺院去觀察。

上海最古老的一個寺院是『靜安寺』，是三國時代赤烏年間與龍華寺龍華塔一同興建的。我們先到靜安寺，這個寺地方雖大，但是主要的大雄寶殿却小到極，此外都簡陋非常，想來歷史太久，屢經焚燬，已然面目全非。祇見寺院前的一

吾自小年便愛畫馬尔來得見韓
幹真跡三卷乃始得其意云
子昂題

趙松雪書法真蹟題人騎圖　（博雅藝術公司供給）

口『湧泉井』，因爲後來改建馬路，切斷水源，所以井水混濁不淸，依照上海縣志上所說：本來吳淞江有多條支流叫作湧泉浜，在靜安寺前，恰巧是幾條支流滙集之所，名爲海眼，這個井就是海眼所在，泉水晝夜不斷飛騰的，所以淸澈見底，井欄上面，還有皇帝御書，題了『天下第六泉』的評語，這幾個字，後來淸代末葉由名書家胡公壽重行書寫刻在石上、刻得很深，遊客都能一目瞭然。

我們在靜安寺中盤桓了好久，祇發現有一塊：『陳熙赤烏碑』，碑文很長，我還記得其中的兩句：『穹碑巍立紀孫吳，爲訪遺跡弔赤烏。』文中的年月已模糊得看不淸楚，伯未對詩詞很有研究，他說皮日休、陸龜蒙都有夜宿靜安寺的詩，足見靜安寺的歷史是很悠久的。

點石齋畫報吳友如繪天下第六泉

接着我們就到龍華，遠遠望到那座有名的『龍華塔』，相距不遠就是『龍華寺』，寺門口橫額寫着『勅賜大興國慈華禪寺』幾個字，這個寺院，院基也很大，但是看來經過幾個朝代，或遭兵災，或遭回祿，想來一再改建，已非舊時面目。

龍華寺祇有在春季桃花盛開之際，遊客絡繹不絕。我們去的時節正在深秋，寺內顯得很冷落，我們就在方丈室小坐，一個招待我們的知客僧，倒了茶後再也不來理睬我們。祇見方丈慇懃的侍奉一個文人模樣的香客，桌上舖着紙墨筆硯，求他寫字，那客人拿起筆來就寫了一首龍華浮圖詩，署名『張繼』，我們兩人才知道原來這位香客就是黨國要人。張繼和我們不相識，不足爲怪，伯未大不高興，而龍華寺方丈對我們也不加招呼，伯未大不高興，見到那張寫字的桌子很長，而且還有剩餘白紙，於是他也提起筆來，就寫上一首唐代皮日休的龍華夜泊詩：『今寺猶存古刹名，草橋霜滑有人行，尙嫌殘月淸光少，不見波心塔影橫。』伯未寫的一手魏碑字體，筆酣墨飽，片刻而就，張繼就說：『江南畢竟多文士，這位先生的字寫得眞是不錯。』於是方丈就一變本來的態度，含笑招呼，並且邀我們和張繼互相通名，同進素齋。飯後，就陪同我們遍遊全寺，內中建築最好的一座樓宇，叫作『藏經樓』。張繼要求登樓一看，方丈面有難色，但又不得不開鎖讓我們入內，但是走進裏面一看，所謂藏經，只是一些最普通的版本，也祇有華嚴經、楞嚴經等，連『大藏經』都沒有，方丈頗有愧色，大家悵然而別。

龍華塔爲上海名勝之一

我們和張繼離開龍華寺，張繼還想走一程，他遙指遠處一個大操場，說：『那邊地方很平坦，我們不妨去走走。』走到那裏，張繼似乎有些凄凄切切的神情，他說：『這個地方，過去槍殺過好多革命同志！』所以他神情有些黯然。

伯未說：『你知道嗎？這個地方還槍斃過一個閻瑞生，在槍斃的那天，由四郊和租界上趕來看的，至少有五千人，其中一部份是娼門女子來看熱鬧的。因爲閻瑞生在北新涇麥田中謀殺一個妓女王蓮英，所得不過是一個鑽戒，後來逃到佘山教堂，教士拒不收容，因此在徐州車站被捕，從前殺人償命，所以他就在這裏槍斃的。』

我說：『槍斃閻瑞生的戲劇連演了幾年，戲中演出閻瑞生，是在西炮台槍斃。』伯未說：『這是不對的，槍斃那天我還到這裏來看的。』

張繼接着便問了我倆的籍貫，我畧爲介紹了自己，說是：『我是眞正的上海縣人，至於伯未，是上海縣城隍老爺秦裕伯後人，所以他名叫秦伯未。』張繼笑着說：『城隍廟我雖然去過，明天我們再去玩玩，好不好？』我們表示贊成，約定了第二天早晨見面的地方。

遊城隍廟 查城隍史

次晨八時，我們到了城隍廟前門口，張繼已等在那裏，伯未的書生習氣很重，又帶了一本『縣志』和『滬邑城隍神頌』，大家先在廟門口徘徊了一陣，見到廟門口上面有『保障海隅』四個大字扁額，是明代上海縣馮彬所題。兩邊雖然有好多玩具攤、洋金飾攤，因爲時尚早，攤販們尚未擺攤營業，我們在牆上還看得見有一塊石碑，上面刻着明永樂年間知縣張守約所建，屢經火災，已翻造修葺了好幾次。

從前的人迷信得很，他們有一種觀念，認爲陽間的事由縣知事管轄，陰間的事由城隍老爺去管理。城隍的資格，是選擇當地有德政的人，死後經地方人士奏請皇帝追封的。秦裕伯在明代以前，曾任元代官員，領導着民衆抵禦倭寇有功，及朱洪武崛起民間，驅走元順帝掩有天下，屢次徵辟秦裕伯復出，堅不應命，朱洪武勅封他爲上海城隍兼賜護海公銜。從『護海』兩字看來，當時倭寇曾經侵犯過上海，所以廟門口也寫着『保障海隅』的字樣。張繼就問伯未：『你的祖先，在上海還有什麽歷史古跡可尋？』伯未說：『秦裕伯公晚年住在浦東洋涇，那邊還有一座裕伯公題字的小橋，橋邊有一個秦裕伯廟，祖坟也在那邊附近。』

城隍廟門前及廟內前後廣場的各種小販攤檔不計其數，遊客不無擁擠之苦，却具左右顧盼之樂，整座廟宇雖建造得雕樑畫棟，金壁輝煌，終因香火太盛，全被燻黑如墨染塵封。大殿前有白石平台一方，兩旁各有一個石獅子，彫刻甚精，想是出於名匠之手。廟門築成左右中三門，惟中門上有兩個門神，高達丈餘，廟門外面即爲照牆，牆下兩側建有兩個吹鼓亭。但是城隍廟的廟祝，爲了增加收入，連之此種餘地斗室，也已租給人家改作商店與攤基，廟門內有一間專賣酒釀圓子的鋪子，甚爲著名。

上海邑廟中的大戲臺

二山門的門樓即是演酬神戲的戲台，遊人出入都要經過台下。

戲台前面，有一個大廣場，中間列有一個巨大鐵香爐與一座亭形的燎爐，專供善男信女燒香焚箔之用。四週都是小吃攤，如桂花糖粥攤、油汆魷魚攤、糟田螺攤、鷄鴨血湯攤，不下三五十家，攤販最老的一家爲朱義品齋的百草梨膏糖，吃客叢集。

我們走到西廊，見到一排都是圖章舖、刻字攤、書畫舖、裱畫店等，張繼大感興趣，買了些筆墨之類，有一方田黃舊章，光澤燦爛，索價銀元八枚，張繼竟然不還價就買了下來。我們不懂得田黃的價值，正在奇怪，後來才知道這塊田黃石章，是一位著名藏家的舊物，舊籍中說田黃與黃金同價，但是祇有此說，而事實上是有價無市的。（按後來上海地產大王程霖生，喜歡收集石濤畫和田黃圖章，因此田黃圖章的身價，果然與黃金相等。）

我們走完了西廊，就到了城隍的大殿，祇見無數人都在膜拜求籤，我們仔細的看看四面的楹聯石碑，於二門上眼見到頂上掛着一個大算盤，旁邊刻着：『人有千算，天祇一算。』八個大字之外，另一面在大殿外的屋樑上掛着兩隻木做的大船，帆槳俱備，這是象徵秦裕伯公用此船出海與倭寇作戰的。據說這兩隻船的底部，常極濕潤，有水滴下，說是秦裕伯公夜間常駕船出海巡查的。其實因爲此船終日受人間香火和潮氣薰蒸所致，種種傳說，不外是神話而已。

廟大殿後的西側有一個寢宮，俗呼內苑，是秦裕伯公夫人的居室，平日是不開放的，伯未和廟祝很熟，一經請求，廟祝就說：『你是城隍老爺的子孫，當然可以。』當即開門讓我們進去參觀，裏面床帳被褥齊備，特別是許多衣冠，都是明代的欵式，而且裏面還有城隍神夫婦倆的塑像，令人肅然起敬。

大殿之外的西邊，有一個星宿殿，殿內三面陳列有金漆塑像六十尊，高僅五尺，膜拜的人非常之多，每一個塑像的前面，供有朱漆金字神主牌位，牌位上雕刻着甲子、乙丑等字樣，凡是符合這個干支年份的人，都要去晉香禮拜，張繼也找了符合自己年齡的金像，竟然也上了三枝香，並且口中喃喃有詞，不知道他祈禱些什麽。

我們再走出來，朝北通路踱去，那裏就是文昌閣，裏面供奉着梓童帝君，俗稱他爲文昌帝君。小孩子在入學啓蒙之前，父母必然帶他們去敬香叩頭，希望小孩入學之後，能多得一些智慧。但此間翻建樓屋後，巧不過的由鐫業公會所主辦的一所小學校就在文昌閣的樓上，令人有文風郁郁之感。

上海邑廟豫園中的假山

文昌閣外面，有不少毗連着的屏聯箋扇店，出售許多近人的書畫扇面，最多的畫是任伯年、吳昌碩、倪墨畊和王一亭。售價都很便宜，張繼買了一幅任伯年的百子圖，代價爲銀元十枚，他高興得很，任伯年是吳昌碩的老師，後來他的畫藝名聲很大，尤其是他畫的『歲朝清供圖』，當年上海城內大戶人家，幾乎大半都有懸掛的。

再走過幾步，就到了清芬堂，堂額是曾農髯題的，這堂俗稱『桂花廳』，原是一個很大的茶館，有很多人每天按時按刻的到那邊飲茶。茶館的前面有一個廣場，全是卜筮星相者、江湖賣解者，以及玩魔術者的集中地，也是小孩子最喜歡玩的地方。

張繼對星相好像很有研究，特地找到一個星相家名叫曹鐵口，他就走進去，請他相了一陣，還拆了一個字，大概說得很準，張繼讚不絕口，連說：『靈得很！靈得很！』

張繼忽然想起一個地方叫作『大假山』，他說這裏面有一個廳，是二次革命黨人與滬紳聚議之所，我倒想去看看，伯未說這就是『豫園』中所俗稱的萃秀堂，平時是不開放的，但是我可以帶你去。一會兒進入該園門，見到了一座假山，據說堆假山的人是明代上海著名叠山家張南陽。張南陽最善用見石不露土的手法，堆出的假山千變萬化，而結構謹嚴，畫意盎然，豫園的假山，就是他用大量黃石叠成的。廳中掛着許多名人書畫，我們祇注意一幅董其昌的字，張繼安安定定的坐在一個桌子旁，好像正在迴想過去許多事情一般的，凝神沉思。

坐了片刻，我們再去走北端『九曲橋』和『湖心亭』，這也是邑廟的名勝之一，橋上遊人很多，熙攘往來，摩肩接踵。走過九曲橋南端的橋頭，那裏即爲桂花廳門前廣場，廳的西邊地方，祇見有許多賣花賣鳥的舖子，張繼也不暇逐一細看，祇問我們四美軒在那裏？我們就帶他去，他說從前此地也是茶居，陳其美、于右任、鈕惕生、沈縵雲、李平書等，常常相約在這裏傾談，現在的四美軒除了茶座以外，還設有許多攤檔式古董舖，樓上已然變爲書場，是評彈家獻藝之所。

上海邑廟中的九曲橋

走出四美軒，又向西邊走去，見到一家賣南翔饅頭的舖子，我們兩人想請他去吃點心，張繼說：『今天玩得時間相當多了，下次再叨擾吧！』這時已近中午，就由伯未陪送他到法租界，我就在這裏吃了一碗『小肉麵』，祇花了銅元八枚，吃罷了，我依舊回到舊宅作午睡，繼續過我的療養生活。

上海小吃　別具風味

我在家休養，雖很悠閒，却很無聊，上午總要出去走走，最喜歡去的地方，就是我的出生地小南門薛家浜舊居，撫今追昔，覺得很有趣味。

來來往往，有時搭車，有時步行，往往想找尋幼年時吃過的舖子，雖然事隔久遠，但大多數店舖依然存在。

在小南門外，王一亭的『梓園』後面也是園浜，有一個地方叫作『喬家柵』，是家以出售『擂沙圓』著名的舖子，門前沒有什麽招牌，就叫它爲『喬家柵圓子店』。（按後來我友王汝嘉在法租界也開了一家喬家柵，現在九龍也有一家喬家柵，都是沿用其名。）

喬家柵雖說賣的是『擂沙圓』，實際上以賣湯糰爲主，創設的人本是一位老嫗，她擅長做湯糰，皮薄且糯，肉精而滷多，每天她做四百個爲限，賣完了就不再做，後來門庭如市，客人吵着要吃，於是她不得不出動了三個媳婦、四個女兒幫着趕做，才能應付過去，但是舖子裏的桌椅設備極爲陳舊，所以後來他想出一個辦法來，就是把煑熟了的湯糰，撈出來滾上幾層紅豆沙，就稱爲『擂沙圓』，很多客人在吃罷湯糰之後，還買些擂沙圓帶回去。

我找到了那間舖子，見到椅桌依舊，老嫗經已身故，主持業務是她的幾個女兒，都已有了丈夫，因此連老嫗的大孫兒也在幫忙，門前有無數小販在等着批購擂沙圓，據說一天可以賣出很多個。那天我吃一碗湯糰，覺得滋味如舊，只花了銅元四枚。

帶鈎橋（俗稱打狗橋），有一家唐正和麵店，早晨供應湯包，這種湯包，皮薄液多，入口時一包鮮湯，每客也只銅元六枚，過了早晨，就改供應麵食，有魚麵、肉麵兩種，但是名目繁多，客人要在叫麵時預先說明：『揀瘦』，即是要瘦肉；『揀肥』，就是要肥肉；『去皮』，就是要除去一層肉皮；還有『輕麵重澆』，或是『重麵輕澆』，就是要多麵或是多澆；還有一種叫作『減底』，也就是澆頭多些，麵儘少無妨。

還有一種叫作『陽春』，即是陽春白雪的白字，來代表『光麵』。光麵祇售銅元三枚，若要麵多些，可以加一，即銅元四枚。也有許多名目，不要葱蒜，名爲『免青』，要湯多的叫作『寬湯』，要吃不太軟的麵叫作『硬麵』，有些客人叫一碗麵，要魚肉兼有，名爲『紅兩鮮』。客人吩咐定當之後，跑堂就大聲叫喊起來，有時一碗麵要連續叫出六七個名堂，如『大肉麵一碗來哉，要輕麵重澆、去皮揀瘦、寬湯、軟麵、免青』等，一連串名堂叫起來很是動聽，而所費不過銅元十二枚而已。這類麵店，在南市城廂內外，何止二三十家之多。

大型的糖菓店全城不過四五家，以大東門湯懋昌爲最大，出售的糖果，最普通的是『粽子糖』（按糖是三角，形如粽子）、烏龜糖（按形如龜背，即蘇曼殊日記中屢次提到的摩爾登糖）、牛皮糖、芝蔴糖、米花糖等。還有一種寸金糖，長約一寸，它的命名是從『一寸光陰一寸金』的格言而來的，糖內是糖酥，外有芝蔴，吃起來既甜且香，每包銅元二枚，大約有十多條；咖啡糖祇有外國貨，在城廂之內是買不到的。

南市的人儉樸得很，奢侈高貴的食品不多，祇有一家張祥豐蜜餞糖果棧，開在荷花池後，這家糖果棧規模很大，專門出售蜜餞涼果，如蜜棗、糖金柑、糖橘餅、糖佛手等。他們最出名的一種食品是花生糖，單是這種糖，每月要售出幾百斤，上海人互相送禮或是旅行出外，多數會買張祥豐的花生糖餽贈親友或自奉。

水果舖，在南市很少，多數是攤檔，出售的水果，雖然隨時令更換，但花式是不多的，以龍華水蜜桃、三林塘西瓜最有名，其餘都是由江浙各省運來的，如崇明蘆粟、天台蜜橘、洞庭山枇杷。福建的橘子（俗名福橘）、廣東的橄欖，祇有新年前後作爲賀年用的。生梨和荸薺，買的時候你如果當場吃的話，攤販立刻幾下子就替你去了皮，光滑晶瑩。祇有在小東門外十六舖，才有正式的水果批發店，全上海的生果都是由這個地區批發出去的。

在那時上海的居民，都喜歡吃家常菜，很少上館子，所以在南市菜館是不多的，甚至連喜慶和壽辰，也是在家中大廳間排席宴客，酒席多數是四盆六碗一湯，菜餚不外乎『扣三絲』『走油蹄子』『炒時件』『全家福』等，較大規模的宴客，多數是假座城內『也是園』『羣學會』等大廳舉行。

南市最大的菜館，開在西門口，叫作丹鳳樓和城隍廟前面的鴻運樓，這是正正式式的徽菜館，以炒鱔糊著稱。其他菜館雖有十多家，規模都不大。

南市的幾條大街，有許多賣牛肉包的舖子，比較平民化，小洋二角可以買到一碗洋葱牛肉絲。此外，到處都有素菜館，專賣『素什景』，小洋一角半可以炒滿滿的一大碗。普通人家，如果臨時有客來，要添菜的話，都是刻板的在就近這類舖子買一碟炒牛肉絲，或是素什景。

酒店，南市很多，是專門供應熱酒爲主，門前都擺滿了作爲下酒用的小菜，不外乎發芽豆（俗稱獨脚蟹）、鹹水毛豆、鹽緊豆、豆腐干、拌海蜇、拌烏笋等，隨客取用，每碟不過銅元二三枚。在這類酒店中，約三五知己小飲，要是由一個人惠鈔的話，也不會超過大洋一元。如此看來，在那時住上海南市的人，生活是很簡單而舒適的。

南市也和租界上一樣，每天自朝到晚，不斷有叫賣各種小吃的小販，按時按刻的隨街叫賣，如大餅、油條、脆蔴花、絞力棒、白糖粥、臭豆腐干、火腿粽子、五香茶葉蛋等，幾乎都有規定的時間到來。就因爲這些小販會定時到來，所以一般市民聽到他們的叫賣聲，就會知道現在已是幾點鐘的感覺。

還有些小販，是隨着時令更換出賣應時小吃的，如『檀香橄欖』，一到冬令將近過年的時期，每夜出現在街頭。賣的人，多數是蘇州人，由於他們那種嗲聲嗲氣的語調，喝唱起市聲的歌調來，清脆好聽，還有賣『燙手熱白菓』等，都有大段唱詞。

最有趣的，是下午賣梨膏糖的小販，一男一

女，一個拉着手風琴，一個引吭高歌，每到一處，就會有無數小孩被他們的歌聲所吸引，唱一曲，就有很多孩子買他們的糖，生意也很好。

有一種鋪子，叫作『老虎灶』，橫街小巷到處都有，這是一種專賣滾水的鋪子，家家戶戶都備有一種『銅吊』，要熱水就上這種店裏去購買（按上海俗稱泡水）。熱水的價格，以杓量論值，十杓爲銅元一枚，他們還出售一種『水籌』，每一個銅元，可以買十根籌。如果你以銅元一枚去買兩杓水，那末他們就找還你八根水籌。

這種老虎灶，外面還放着一兩張桌子賣茶，爐灶的後面，還有一兩個木製浴盆，專供一些無家室單身漢洗澡之用，每次入浴，不過收銅元三枚而已。

城隍出巡　會景盛大

上海南市有一種風氣，每年都要出三次『城隍會』。第一次在清明，第二次在七月半，第三次在十月朝。這種城隍出巡，會景節目很多，路徑很長，每次出會，不但南市的人萬人空巷，甚至英法租界的人，也要拖男帶女的趕來看會。

我在南市養病期間，身體漸漸轉好，適逢十月朝的盛會，我先約定了城隍老爺的後代秦伯未，我對他說：『我小的時候，看過一次會，這次我要看個暢快，請你陪我去看。』他說：『會景如何組織？如不加以解說，你是不會懂的。』我說：『好！一切聽你。』

這種出會的風氣，歷史已久，舊時稱爲『賽神』，陸放翁詩『到家更約兩鄰女，明日柯橋看賽神。』所謂賽神，就是指出會而言。

上海南市的城隍會，一般善男信女，早期皆有組織，出會前二天晚上，每晚他們都聚集在廟中吃『會酒』。伯未就帶我去從吃會酒開始，會酒都由各人自己出錢，每餐一元，菜餚由玉清宮道士代辦，所以聚餐也就在玉清宮中，吃的都是大魚大肉。

會酒的座位，無形之中有一個規定，邑廟管理董事會的人排在中央，以邑紳姚子讓坐首席，旁爲銀錢業公會，由秦潤卿坐首席；豆米業公會由顧馨一坐首席。我和伯未坐在邊席，其餘都是辦事人員的坐位，滿滿的坐了八席。

上海城隍出巡圖（張文元繪）

此外，參加出會的人物，以及任職的重要人員，分別排在大廳的兩廡，坐席時，有一個面有痲皮（此間稱豆皮）的人，走來走去，非常忙碌，此人於出會時，却是負責排道子事宜的總指揮，我問伯未：『這個痲皮是誰？』他說：『此人重要得很，名夏秋堂。』（即城廂名醫夏應堂之弟，在東木橋獅子弄口開設老虎灶）。另外還有一個痲皮，在出會時騎『頂馬的』，這個人原來就是黃金榮，他那時已在法租界總巡捕房中任當高級職位，在他童年時，是邑廟後花園粹華堂裱畫店的學徒出身，成年後，他每次都參加出會的行列的。所謂『頂馬』，是會景行列的開道者，所以每次出會，騎頂馬的人，都要經過籌備的人商議決定的。

第二天我們又去參加吃會酒，吃的時候匆忙得很，伯未說：『今晚是出會的前夕，傳說有五位神道從各處而來，一位是由高昌廟迎來的高昌司，一位是由穿心街延眞觀迎來的春申侯，一位是財帛司，還有兩位名字記不起了。』我們吃罷了之後，祇聽得一片大鑼大鼓聲，諸神坐轎而來，預先供奉在城隍大殿上，舉行了一次大會師式的「排衙」景象，殿中香烟繚繞，鐵索瑯璫，鏗鏘有聲，作着審理案件的象徵，殿上一片陰深嚴肅的氣氛，令人不寒而慄。我與伯未畧爲參觀一下，就離開了，據說這是陰審的儀式，一直要審到半夜三更才告停止。

到了第三天，是出會的『正日』，城隍的坐駕轎，是一頂金碧輝煌的綠呢大轎，由八個人抬，這頂轎，轎中坐着的並不是大殿上的城隍神像，因爲這座神像是用就地生長的一株古老銀杏木彫刻飛金的巨像，無法搬動的，所以就由內宮中請出一尊較小呼爲「行宮」的城隍像來代表，形式是相仿的。城隍大轎請起時，鐘鼓號角齊鳴，鞭炮之聲，不絕於耳，四圍善男信女都跪在地上叩送。那時廟門外面，已經有儀仗排列着恭候，挨次作緩緩進行，最初是有四隻頂馬，跟着的是一塊路由牌，接着就是以兩人抬的兩面大鑼，這兩面鑼還是明代的遺物，聲響極大，隨後就是清道旗，肅靜廻避的虎頭牌，朱漆金字的官銜牌，上面寫着敕封顯佑伯、護海公、護國公等名堂，後面接着是高昌司、財帛司、春申侯等銜牌，此後便是許多皂隸，青袍赤帶，有的紅冠，有的黑冠，（俗稱紅黑帽）各人手執水火棍，以及各式刑具和鐵練，一路口中呼喊着『虎威』兩字，緩步前進，其中還有全副執事，都手執朱漆紅棍的兵器，如斧、鉞、刀、鎗等，這就是城隍的儀仗隊，中間還有幾對號角，吹的時候，其聲嗚嗚然，聲音使聽者驚心動魄。儀仗隊後面跟隨着很多穿黃色衣服的會衆，人數每次都有一百多人，這些人俗稱『黃衣會首』，多數是工人；有些人自以爲罪孽太重，則穿一種藍色短衣隨隊遊行，認爲是可以贖罪的。接着有無數女人，都身穿着紅綢衣褲，腰繫白縐裙子，都扮成女囚犯的狀態，皆是許願參加，希望贖罪的。後面叫作旗牌隊，着武士裝騎在馬上，人人手執五色絲綉的大旗，每到一個地廣人多的地方，便縱韁疾馳，藉此耀武揚威，叫作『出轡頭』。馬隊過後，又是穿玄衣紫帶的皂隸數十對，手握鐵練和手銬，鐵練又粗又重，一路走，一路在地上拖，鎯鐺之聲不絕。接着就有許多祖身露腹的大胖子，手執朴刀，作劊子手狀，這幾個人，都是從屠夫行業中挑選出來的，這種人腹大如鼓，胸前長着無數茸毛，臍部貼了一張膏藥，蹣跚而行，既威且武，這是最使到大家矚目的。後面跟着來的，百戲雜陳，有些是踏高蹺，有些是抬閣，有些是蕩湖船，大都是飾演武松打虎、八仙過海等民間故事。還有蚌殼精，是一個年輕貌美的女孩子扮演的，身穿肉色緊身衣，綉花紅肚兜，兩面蚌殼，一張一翕，很是動人。其中還有一個瘟官，抹上白鼻的丑臉，歪戴烏紗帽，拖着小鬍子，右手執着白紙扇，左手拿着一個『便壺』，坐在轎子裏作飲酒狀，這是諷刺糊塗瘟官的一幕，幾乎是每次出會必有的一個會景節目，瘟官之後，跟着的就是抬閣。

所謂『抬閣』，是一個方形的台，上面立着一個小孩子，兩手托着兩三個男女，看來好像力大無比，其實裏面是有一個鐵架支持着的。這些男女扮演唐僧取經、水漫金山等民間故事。這種抬閣是會景中的主要節目，還有幾個小童扮成武松樣子，矗立在大人的肩上而行，也是很受人歡迎的。

此外，是『腰鑼』『萬民傘』『對馬』『清音』（俗稱小堂名），又有一班班的『清客串』，所謂清客串，即是笛簫笙管的音樂合奏，聲調悠揚，非常動聽。

會景之中，最教人看來有慘不忍覩之感的就是『托香爐』，是用銀鈎一排，刺進臂部的皮肉內，下垂銅練，拖着一隻十多斤重的錫香爐，這種人的臂部皮肉，幾乎已生了結蒂組織，所以從來沒有血液外流。一般看會景的人，都認爲是獲得城隍的保祐，所以不會流血的。

還有許多黑衣紫帶的陰皂隸，耳邊插上一張黃紙，手執卷牘或刑具，彷彿捏着傳票與刑具要捉人的模樣。陰皂隸每兩人一排，眼睛相向直視，眼珠一動不動（俗稱鬥鷄眼）。扮這種皂隸的也是熟手的人充當，否則一路上不霎眼，是辦不到的。雖然扮陰皂隸的定眼不霎，盲視以行，但還有侍候左右的照料人，頻呼「上下高低」之聲作指示。

最後是城隍的神轎，由八個人抬着，另有許多皂隸和武士護駕，呼喝之聲，震天動地，看會的人也覺得城隍神的威靈顯赫，兩旁寂靜無聲，迷信的男女跪地膜拜。富有之家，都在自己門口設香案迎神。先於城隍之前而行是高昌司春申侯財帛司等五座神轎，此後又有許多穿紅衣白褲的男女犯人，手上鎖銬，頸項套枷，有些背上還插着『斬條』，斬條上寫着罪狀，有若干婦女因爲身患重病時所許永遠出會扮犯人之願的，特地乘坐了小轎（這種小轎是沒有頂的）參加行列，借此贖罪還願。有些是由租界上來的妓女，也穿上女裝囚衣，戴上了銀製手銬和銀練，打扮得花枝招展，她們是藉此來出風頭的。

城隍出巡，先期向神求籤占卜，有時從東轅門出發，朝東而行；有時由西轅門出發，朝西而行，總之一定要繞行城廂一週而抵達南郊義塚。義塚是無主孤魂的葬身之地，名爲『萬人塚』（俗稱化人攤），在這個地方也有一些老百姓跪在那裏，焚香膜拜，等候神駕到來，一邊跪求超脫，一邊號泣追思，一時哭聲遍野，只此情況，也極悽切動人。

神座在南郊義塚前排齊之後，小休片刻，再起駕回轅。其他高昌司、財帛司等也各自擺駕回衙，一場盛會也就此宣告結束了。

這種出會儀式，迷信的觀念濃厚之極，但是能對一部份不法份子，掀起心理上的鎮壓作用，其效果或能補法律所不及。

從前上海連租界在內，盜刼案件甚少，一年之中不過幾宗；至於殺人案，好像幾十年來不過三五件，最著名的就是閻瑞生謀殺案、張欣生逆倫案、詹周氏殺夫案等。一件案事發生出來，全市的人都驚爲大事，於是新聞連刊不已，舞台上編成戲劇演出，比之香港，差以千里。現在香港刼殺案年年升級，七〇年被殺者七十多人，七一年竟達到九十八人。我執筆時，正有一個出身於小康之家的十五歲學生，在銅鑼灣恩平道因搶刼一隻手錶，揮刀殺死了一位股票商人，我深深的感到，這種男童根本上沒有人生道德的修養和家庭教育的薰陶，當然對神道設教更沒有一些兒影踪，所以他們胡作非爲，全無顧忌。我認爲迷信觀念必需打破，但是因果律是很科學的，種什麼因結什麼果，爲了搶一個錶而殺人，終於被捕，從此一生前程完全毀滅，又何苦來由呢？所以我認爲因果律是永遠存在的。負責家庭教育的父母們，和担任學校教育的教師們，對因果律似乎也可以提倡一下。（八）

1969
THE QUEEN'S AWARD
TO INDUSTRY
英國樂頓男仕皮鞋
榮獲英女皇一九六九年特別獎
款美價廉·舒適輕便
特別選用
法國野狼皮製造
NORTON
MADE IN ENGLAND
大人公司有售

大人總目錄

第一期（一九七〇年五月十五日）：

第二期（一九七〇年六月十五日）：

第三期（一九七〇年七月十五日）：

第四期（一九七〇年八月十五日）：

第五期（一九七〇年九月十五日）：

第六期（一九七〇年十月十五日）：

第七期（一九七〇年十一月十五日）：

第八期（一九七〇年十二月十五日）：

第九期（一九七一年一月十五日）：

第十期（一九七一年二月十五日）：

第十一期（一九七一年三月十五日）：

第十二期（一九七一年四月十五日）：

第十三期（一九七一年五月十五日）：

第十四期（一九七一年六月十五日）：

第十五期（一九七一年七月十五日）：

第十六期（一九七一年八月十五日）：

第十七期（一九七一年九月十五日）：

第十八期（一九七一年十月十五日）：

第十九期（一九七一年十一月十五日）：

第二十期（一九七一年十二月十五日）：

第二十一期（一九七二年一月十五日）：

第二十二期（一九七二年二月十五日）：

第二十三期（一九七二年三月十五日）：

第二十四期（一九七二年四月十五日）：

第二十五期（一九七二年五月十五日）：

第二十六期（一九七二年六月十五日）：

第二十七期（一九七二年七月十五日）：

第二十八期（一九七二年八月十五日）：

第二十九期（一九七二年九月十五日）：

第三十期（一九七二年十月十五日）：

第三十一期（一九七二年十一月十五日）：

第三十二期（一九七二年十二月十五日）：

第三十三期（一九七三年一月十五日）：

第三十四期（一九七三年二月十五日）：

第三十五期（一九七三年三月十五日）：

第三十六期（一九七三年四月十五日）：

第三十七期（一九七三年五月十五日）：

第三十八期（一九七三年六月十五日）：

第三十九期（一九七三年七月十五日）：

第四十期（一九七三年八月十五日）：

第四十一期（一九七三年九月十五日）：

第四十二期（一九七三年十月十五日）：

大人（五）

數位重製・印刷　秀威資訊科技股份有限公司
http://www.showwe.com.tw
114 台北市內湖區瑞光路 76 巷 65 號 1 樓
電話：+886-2-2796-3638
傳真：+886-2-2796-1377
劃　撥　帳　號　19563868　戶名：秀威資訊科技股份有限公司
讀者服務信箱：service@showwe.com.tw
網　路　訂　購　秀威網路書店：https://store.showwe.tw
網路訂購：order@showwe.com.tw

2017 年
全套精裝印製工本費：新台幣 30,000 元（不分售）

Printed in Taiwan　ISBN: 978-986-326-369-2　CIP: 078

本期刊僅收精裝印製工本費，僅供學術研究參考使用

ISBN 978-986-326-369-2
9 789863 263692　30000

讀者回函卡

感謝您購買本書，為提升服務品質，請填妥以下資料，將讀者回函卡直接寄回或傳真本公司，收到您的寶貴意見後，我們會收藏記錄及檢討，謝謝！
如您需要了解本公司最新出版書目、購書優惠或企劃活動，歡迎您上網查詢或下載相關資料：http:// www.showwe.com.tw

您購買的書名：＿＿＿＿＿＿＿＿＿＿＿＿＿＿＿＿＿＿＿＿

出生日期：＿＿＿＿年＿＿＿＿月＿＿＿＿日

學歷：□高中（含）以下　□大專　□研究所（含）以上

職業：□製造業　□金融業　□資訊業　□軍警　□傳播業　□自由業
□服務業　□公務員　□教職　□學生　□家管　□其它＿＿＿

購書地點：□網路書店　□實體書店　□書展　□郵購　□贈閱　□其他

您從何得知本書的消息？
□網路書店　□實體書店　□網路搜尋　□電子報　□書訊　□雜誌
□傳播媒體　□親友推薦　□網站推薦　□部落格　□其他＿＿＿＿＿

您對本書的評價：（請填代號　1.非常滿意　2.滿意　3.尚可　4.再改進）
封面設計＿＿　版面編排＿＿　內容＿＿　文／譯筆＿＿　價格＿＿

讀完書後您覺得：
□很有收穫　□有收穫　□收穫不多　□沒收穫

對我們的建議：＿＿＿＿＿＿＿＿＿＿＿＿＿＿＿＿＿＿＿＿

＿＿＿＿＿＿＿＿＿＿＿＿＿＿＿＿＿＿＿＿＿＿＿＿＿＿＿＿

＿＿＿＿＿＿＿＿＿＿＿＿＿＿＿＿＿＿＿＿＿＿＿＿＿＿＿＿

＿＿＿＿＿＿＿＿＿＿＿＿＿＿＿＿＿＿＿＿＿＿＿＿＿＿＿＿

請貼
郵票

11466
台北市內湖區瑞光路 76 巷 65 號 1 樓
秀威資訊科技股份有限公司 收
BOD 數位出版事業部

（請沿線對折寄回，謝謝！）

姓　　名：＿＿＿＿＿＿＿＿＿　年齡：＿＿＿＿　性別：□女　□男

郵遞區號：□□□□□

地　　址：＿＿＿＿＿＿＿＿＿＿＿＿＿＿＿＿＿＿＿＿＿＿＿＿

聯絡電話：(日) ＿＿＿＿＿＿＿＿＿＿ (夜) ＿＿＿＿＿＿＿＿＿＿

E-mail：＿＿＿＿＿＿＿＿＿＿＿＿＿＿＿＿＿＿＿＿＿＿＿＿